Albert Hourani, einer der ganz großen Orientalisten, erzählt die Geschichte der arabischen Völker vom frühen 7. Jahrhundert bis in die jüngste Vergangenheit und endet mit der Intifada der Palästinenser und dem Golfkrieg. Der Altmeister der Arabistik hat seine moderne Darstellung für ein breites Publikum geschrieben. Nicht umsonst wurde sein Werk in den Vereinigten Staaten, aber auch in der Bundesrepublik zum Bestseller.
Hourani beschreibt plastisch und analysiert klug und originell das Entstehen der muslimischen Gemeinde mit ihren vielfältigen Aufspaltungen und Rivalitäten. Er zeigt, wie das islamische Großreich in einer stürmischen Aufbruchphase die arabische Halbinsel, den Nahen Osten, Nordafrika und einen großen Teil Spaniens erobert und beherrscht hat. Umfassend wird das osmanische Zeitalter seit dem 16. Jahrhundert dargestellt, dem das Aufkommen der Nationalstaaten nach dem Ersten Weltkrieg ein Ende bereitete.
Albert Houranis Werk ist eines der seltenen Beispiele von – wie dies ein amerikanischer Rezensent vermerkte – »guter alter erzählender Geschichtsschreibung«.

Albert Hourani, 1915 als Sohn libanesischer Eltern in Manchester geboren, studierte in Oxford. Er lehrte zunächst an der Amerikanischen Universität in Beirut. Während des Zweiten Weltkrieges arbeitete er als Attaché der britischen Regierung beim Armeehauptquartier in Kairo. Nach dem Krieg lehrte er in Oxford am St Anthony's College; zuletzt – bis 1971 – war er Direktor des Middle East Center. Seit 1979 emeritiert, wirkte er als Gastprofessor in Chicago, Harvard und Dartmouth. 1995 ist er als einer der führenden Experten für die Geschichte des Nahen Ostens verstorben.
Von Albert Hourani stammen u. a. *Arabic Thought in the Liberal Age* (1962, rev. 1983), *Europe and the Middle East* (1980), *The Emergence of the Modern Middle East* (1981).

Unsere Adresse im Internet: www.fischer-tb.de

Albert Hourani

Die Geschichte der arabischen Völker

Aus dem Englischen von
Manfred Ohl und Hans Sartorius

Fischer Taschenbuch Verlag

2. Auflage: November 2000

Veröffentlicht im Fischer Taschenbuch Verlag GmbH,
Frankfurt am Main, Oktober 2000

Lizenzausgabe mit freundlicher Genehmigung
des S. Fischer Verlages, Frankfurt am Main
Die englische Originalausgabe erschien 1991 unter dem Titel
›A History of the Arab People‹ bei Faber and Faber Ltd., London.

Die deutsche Erstausgabe erschien 1992 im S. Fischer Verlag GmbH,
Frankfurt am Main
Für die deutsche Ausgabe:

Die Begriffe aus der Arabistik wurden von Susanne Enderwitz überprüft.
Karten: Graphik Harald und Ruth Bukor
Druck und Bindung: Clausen & Bosse, Leck
Printed in Germany
ISBN 3-596-12503-0

Für meine Kollegen und Studenten am
St. Antony's College, Oxford

INHALT

VORWORT

Thema dieses Buches ist die Geschichte der arabischsprechenden Teile der islamischen Welt vom Aufstieg des Islam bis in unsere Zeit. In manchen Perioden mußte ich jedoch über das Thema hinausgehen, zum Beispiel bei der Betrachtung der Frühzeit des Kalifats, des Osmanischen Reiches und der Expansion des europäischen Handels und Herrschaftsgebietes. Man könnte einwenden, das Thema sei zu weit oder zu eng gefaßt, denn die Geschichte des Maghreb unterscheide sich von der Geschichte des Nahen Ostens, oder die Geschichte der Länder mit Arabisch als wichtigster Sprache lasse sich nicht getrennt von der Geschichte anderer muslimischer Länder betrachten. Irgendwo muß man jedoch eine Grenze ziehen, und ich habe sie hier gezogen – unter anderem auch wegen der Begrenztheit meines Wissens. Ich hoffe, das Buch wird zeigen, daß ein genügendes Maß an Einheit historischer Erfahrung zwischen den einzelnen Regionen besteht, um sie in einen Zusammenhang zu stellen und um so darüber zu schreiben.

Dieses Buch ist für eine allgemeine Leserschaft bestimmt, die etwas über die arabische Welt erfahren möchte, und es ist für Studienanfänger gedacht. Spezialisten wird klar sein, daß in einem Werk dieser Themenbreite vieles, was ich sage, auf der Forschungsarbeit anderer basiert. Ich habe versucht, die wesentlichen Tatsachen darzustellen und sie im Licht dessen zu interpretieren, was andere geschrieben haben. Die Bibliographie enthält die Werke der Autoren, denen ich zu Dank verpflichtet bin.

HINWEIS DES AUTORS

Geographische Begriffe

Bei einem Buch, das einen so langen Zeitraum umfaßt, mußte ich eine Entscheidung über die Schreibweisen von Namen treffen. Ich habe die Namen moderner Staaten benutzt, um geographische Regionen zu kennzeichnen, selbst wenn diese Namen in der Vergangenheit nicht in Gebrauch waren. Es erschien mir einfacher, das ganze Buch hindurch denselben Namen zu benutzen, als ihn entsprechend der geschichtlichen Periode zu ändern. Daher bezeichnet »Algerien« eine bestimmte Region in Nordafrika, obwohl dieser Name erst in der Neuzeit in Gebrauch kam. Im allgemeinen benutze ich Namen, die dem westlichen Leser vertraut sind. Das Wort »Maghreb« ist vermutlich so bekannt, daß es anstelle von »Nordwestafrika« verwendet werden kann. Bei »Maschreq« ist das nicht der Fall, und deshalb benutze ich statt dessen »Naher Osten«. Ich habe die muslimischen Teile der Iberischen Halbinsel als »Andalus« bezeichnet, denn ein Wort ist einfacher als eine Wortverbindung. Wenn ich den Namen eines heutigen souveränen Staates benutze, während ich über eine vor der Existenz dieses Staates liegende Periode schreibe, bezeichnet er eine grob definierte geographische Region; nur wenn ich über die Neuzeit schreibe, bezieht sich der Name auf das heutige Staatsgebiet. Zum Beispiel bezeichnet »Syrien« im größten Teil des Buches eine bestimmte Region mit gewissen natürlichen und sozialen Gegebenheiten und einer insgesamt einheitlichen Vergangenheit. Ab der Entstehung des Staates Syrien nach dem Ersten Weltkrieg verwende ich den Namen nur noch dafür. Ich muß wohl kaum darauf hinweisen, daß diese Handhabung kein politisches Urteil darüber beinhaltet, welche Staaten bestehen und wie ihre Grenzen verlaufen sollten.

Karte 1 enthält die wichtigsten verwendeten geographischen Begriffe.

Zur Umschrift

Für eine bessere Lesbarkeit des Textes wurde auf die wissenschaftliche Transkription verzichtet. Die englische Umschrift arabischer Namen, Wörter und Termini wurde nach den Vorschlägen der Dudenredaktion eingedeutscht. Im Deutschen nicht oder anders gebräuchliche Laute sind:

'	Stimmabsatz
th	stimmloses englisches th (thing)
dsch	stimmhaftes italienisches g (giorno)
ch	stimmloses deutsches ch (Bach)
dh	stimmhaftes englisches th (there)
r	gerolltes r
z	stimmhaftes deutsches s (Rose)
gh	Gaumen-r (norddt. Wagen)
q	tiefes k
w	englisches w (water)

Wörter, die im Deutschen vertraut sind, wurden in ihrer üblichen Form belassen (z. B. Koran statt Qur'an). Dasselbe gilt für eine Anzahl von Länder- und Städtenamen (z. B. Khartum statt Chartum). Der stimmlose Kehllaut des Arabischen wurde außer bei kursiv gesetzten Termini am Wortanfang weggelassen und in der Wortmitte bzw. am Wortende nur durch ein Apostroph als Stimmabsatzzeichen markiert (z. B. Ali, schari'a). Auch die Vokallängungen und emphatischen Laute wurden nicht berücksichtigt.

Daten

Seit frühislamischer Zeit legen Muslime der Datierung von Ereignissen den Tag von Muhammads Übersiedlung von Mekka nach Medina im Jahre 622 n. C. zugrunde. Arabisch wird diese Auswanderung als die Hidschra bezeichnet. In den europäischen Sprachen fügt man deshalb islamischen Jahresangaben die Initialen n. H. hinzu.

Das Jahr des muslimischen Kalenders hat nicht die gleiche Länge wie das christliche Jahr. Grundlage für die Berechnung des christlichen Jahres ist ein vollständiger Umlauf der Erde um die Sonne, der ungefähr dreihundertfünfundsechzig Tage dauert. Das muslimische Jahr hat zwölf Monate, die jeweils einem Mondumlauf um die Erde entsprechen. Das unter diesen

Voraussetzungen gemessene Jahr ist etwa elf Tage kürzer als das Sonnenjahr.

Informationen über die Umrechnung muslimischer Daten in christliche Daten und umgekehrt finden sich in den *Wüstenfeld-Mahlerschen Vergleichstabellen zur muslimischen und iranischen Zeitrechnung* (Wiesbaden 1961).

Die Datumsangaben in diesem Buch sind alle Daten der christlichen Zeitrechnung, es sei denn, es ist im Kontext wichtig, das muslimische Datum oder Jahrhundert anzugeben.

Im Falle von Herrschern sind die Daten der Thronbesteigung und des Todes (oder der Absetzung) angegeben, bei anderen Personen Geburts- und Sterbedatum. Ist das Datum der Geburt unbekannt, findet sich nur das Todesdatum (z. B. gest. 1456), bei noch lebenden Personen nenne ich nur das Geburtsdatum (z. B. geb. 1905). Sind nur ungefähre Lebensdaten bekannt, wird dies durch *ca.* deutlich gemacht (z. B. *ca.* 1307–1358).

PROLOG

Im Jahre 1382 bat ein arabischer Gelehrter im Dienste des Herrschers von Tunis seinen Herrn um die Erlaubnis für eine Pilgerfahrt nach Mekka. Nachdem sie ihm erteilt worden war, bestieg er ein Schiff nach Alexandria in Ägypten. In seinem fünfzigsten Lebensjahr verließ er, wie sich herausstellte, für immer die Länder des Maghreb, in denen er und seine Vorfahren auf unterschiedlichen Gebieten eine bedeutende Rolle gespielt hatten.

Abd ar-Rahman ibn Chaldun (1332–1406) gehörte einer Familie an, die nach der arabischen Eroberung Spaniens aus dem südlichen Teil Arabiens dorthin gekommen war und sich in Sevilla niedergelassen hatte. Als die christlichen Reiche im Norden Spaniens sich ausdehnten, siedelte die Familie nach Tunis über, wie viele Familien, die traditionell im Staatsdienst oder im Bereich der Kultur gearbeitet hatten. Sie bildeten in den Städten des Maghreb (des westlichen Teils der islamischen Welt) ein Patriziat, dessen Dienste die dortigen Herrscher gerne in Anspruch nahmen. Ibn Chalduns Urgroßvater spielte eine Rolle am Hof von Tunis, fiel aber in Ungnade und fand den Tod; sein Großvater diente dem Thron ebenfalls, sein Vater jedoch gab die Politik und den Staatsdienst auf und führte das zurückgezogene Leben eines Gelehrten. Ibn Chaldun selbst erhielt nach der Sitte der Zeit durch seinen Vater und durch Gelehrte, die in den Moscheen oder Schulen von Tunis unterrichteten oder die Stadt besuchten, eine gründliche Ausbildung. Und während er als junger Mann an anderen Orten lebte, setzte er seine Studien fort, denn es entsprach der Tradition, in der er stand, daß ein Mann Wissen bei allen suchen sollte, die es weitergeben konnten. In seiner Autobiographie erwähnt er die Namen der Lehrer, deren Vorlesungen er hörte, sowie die Fachgebiete, die sie unterrichteten: der Koran, für die Muslime das Wort Gottes, der es durch den Propheten Muhammad in arabischer Sprache offenbarte; der *hadith* oder die Überlieferung dessen, was der Prophet sagte und tat; Jurisprudenz, die Wissenschaft vom Gesetz und den sozialen Normen, die formal auf Koran und Hadith ruhte; die arabische Sprache, ohne welche sich die Religionswissenschaften nicht verstehen ließen; außerdem die rationalen Wissenschaften Mathematik, Logik und Philosophie. Er berichtet Einzelheiten über die Persönlichkeit und das Leben seiner Lehrer, und er schreibt, daß die meisten von ihnen, wie seine Eltern, dem Schwarzen Tod, der großen Pestepidemie zum Opfer fielen, der um die Mitte des vierzehnten Jahrhunderts die Welt heimsuchte.

Schon in jungen Jahren brachten Ibn Chalduns Sprachbeherrschung und seine Kenntnis der Rechtswissenschaft ihn in die Dienste des Herrschers von Tunis – zunächst als Sekretär, später in verantwortungsvollere und daher gefährdetere Ämter. Es folgten zwanzig Jahre wechselhaften Glücks. Er verließ Tunis und diente anderen Herrschern im Maghreb; er ging nach Granada, der Hauptstadt des letzten noch überlebenden muslimischen Reiches in Spanien. Dort wurde er gunstvoll aufgenommen und mit einer Mission zu dem christlichen Herrscher Sevillas, der Stadt seiner Vorfahren entsandt. Dort aber zog er Mißtrauen auf sich und reiste überstürzt nach Algerien ab. Hier trat er neue Ämter an: Vormittags erledigte er Regierungsgeschäfte und lehrte anschließend in der Moschee. Unter seiner Mitwirkung schlossen Führer der Araber- und Berberstämme aus der Wüste und den Bergen politische Treuebündnisse mit den Herrschern, denen er diente. Der Einfluß, den er dadurch gewann, erwies sich als nützlich, wenn er, was wieder und wieder in seinem Leben geschah, bei seinem Herrn in Ungnade fiel. Einmal verbrachte er vier Jahre (1375–79) unter dem Schutz eines arabischen Stammesführers in einer Festung im algerischen Hinterland. In diesen Jahren, während er frei war von den Geschäften der Welt, verfaßte er eine große, breit angelegte Geschichte der Dynastien des Maghreb.

Der erste Teil dieser Geschichte, die *Muqaddima* (Vorrede) zieht bis auf den heutigen Tag das Interesse auf sich. Ibn Chaldun versucht darin, den Aufstieg und Fall von Dynastien auf eine Weise zu erklären, die in seiner Sicht fortan als Kriterium für die Glaubwürdigkeit historischer Aufzeichnungen dienen sollte. Die früheste und einfachste Form der menschlichen Gesellschaft, glaubte er, war die der Steppen- und Bergvölker, die Ackerbau oder Viehzucht betrieben und in lockerer Gefolgschaft zu Führern standen, die Gehorsam nicht erzwingen konnten. Solche Völker besaßen eine gewisse natürliche Tugend und Stärke, waren jedoch unfähig, aus eigener Kraft eine stabile Regierung, Städte oder Hochkulturen hervorzubringen. Dazu bedurfte es eines Herrschers mit absoluter Autorität. Und ein solcher Herrscher konnte sich nur durchsetzen, wenn es ihm gelang, eine Gruppe von Anhängern zu bilden und zu beherrschen, die *asabiya* besaßen, das heißt, Gemeinschaftsgeist, der sich darauf richtete, Macht zu erlangen und zu bewahren. Diese Gruppe ließ sich am besten aus den tatkräftigen Männern der Steppengebiete und Berge rekrutieren; eine Gruppe konnte zusammengehalten werden durch Abhängigkeiten oder das Gefühl einer tatsächlichen oder fiktiven gemeinsamen Herkunft. Gefestigt wurde sie durch eine Religion, zu der sich alle bekannten. Eine starke Gefolgschaft mit dem Gefühl der Zusammengehörigkeit ermöglichte einem Herrscher die Gründung einer Dynastie; war ihre Macht stabil, entstanden große Städte mit spezialisiertem Handwerkertum, mit Luxus und hoher Kultur.

Jede Dynastie trug jedoch den Keim ihres Niedergangs in sich. Tyrannei, Zügellosigkeit und ein Verlust der Führungsqualitäten konnten sie schwächen. Die Macht mochte vom Herrscher auf Mitglieder der eigenen Gruppe übergehen, doch früher oder später konnte die Dynastie durch eine andere, auf ähnliche Weise entstandene ersetzt werden. Wenn das geschah, verschwand oft nicht nur der Herrscher, sondern das ganze Volk, auf das sich seine Macht gegründet hatte, fiel zusammen mit der von ihm geschaffenen Lebensweise auseinander; wie Ibn Chaldun in einem anderen Zusammenhang sagt: »Bei einer allgemeinen Veränderung der Umstände ist es, als habe die gesamte Schöpfung sich verändert und die ganze Welt sich gewandelt.«[1]

Die Griechen und die Perser, »zu ihrer Zeit die größten Mächte der Welt«[2], waren von den Arabern verdrängt worden, die dank ihrer Stärke und ihres Zusammenhalts eine Dynastie hervorgebracht hatten, deren Macht sich von Zentralasien bis Spanien erstreckte. Aber die Araber ihrerseits waren in Spanien und im Maghreb von den Berbern und weiter im Osten von den Türken verdrängt worden.

Das wechselnde Geschick der Herrscher bestimmte das ihrer Diener. Als Ibn Chaldun nach Alexandrien reiste, stand er am Anfang einer neuen Laufbahn. Er unternahm die Pilgerfahrt nach Mekka noch nicht – das sollte er später tun –, sondern begab sich nach Kairo, das ihm als eine Stadt von besonderem Rang erschien, anders als alle Städte, die er kannte: »Metropole der Welt, Garten des Universums, Treffpunkt von Nationen, Ameisenhügel von Völkern, heilige Stätte des Islam, Sitz der Macht.«[3] Kairo war die Hauptstadt des Mamluken-Sultanats, einer der größten Staaten der damaligen Zeit, der neben Ägypten auch Syrien umfaßte. Ibn Chaldun wurde dem Herrscher vorgestellt, gewann seine Gunst und erhielt zunächst eine Leibrente und dann Anstellungen erst an einer, dann an einer zweiten königlichen Hochschule. Er sandte einen Boten an seine Familie in Tunis, um sie nachkommen zu lassen, aber sie ertranken alle auf der Schiffsreise.

Ibn Chaldun lebte bis zu seinem Tod in Kairo. Er verbrachte einen Großteil seiner Zeit mit Lesen und Schreiben, aber das Muster seines früheren Lebens wiederholte sich im Wechsel von Einfluß und Ungnade. Wenn er die Gunst des Herrschers verlor, machte er seine Feinde dafür verantwortlich, aber möglicherweise lagen die Gründe auch in seiner Persönlichkeit. Mehrmals ernannte ihn der Herrscher zum Richter an einem der obersten Gerichtshöfe, aber jedesmal gab Ibn Chaldun diese Position wieder auf oder verlor sie. Er begleitete den Sultan nach Syrien und besuchte die heiligen Stätten in Jerusalem und Hebron. Er reiste ein zweites Mal nach Syrien, als Damaskus von Timur Lenk (Tamerlan) belagert wurde, einem der großen asiatischen Eroberer, der ein Reich geschaffen hatte, das sich von Nordindien bis Syrien und Anatolien erstreckte. Ibn Chaldun führte Gespräche mit Timur Lenk; er sah in ihm ein Beispiel jener Befehlsgewalt, die sicher auf der Stärke seiner Armee und seines Volkes ruhte und auf die Timur Lenk eine neue Dynastie gründen konnte. Es gelang Ibn Chaldun nicht, Damaskus vor der Plünderung zu bewahren, aber er erreichte für sich die freie Rückreise nach Ägypten. Unterwegs indessen wurde er in den Hügeln von Palästina überfallen und ausgeraubt.

Ibn Chalduns Leben, wie er es schildert, verrät uns etwas über die Welt, der er angehörte. Es war eine Welt, welche die Menschen in ihr ständig an die Zerbrechlichkeit all ihres Strebens gemahnte. Seine eigene Laufbahn zeigt deutlich, wie unsicher die Zweckbündnisse waren, auf die Dynastien sich zur Erhaltung ihrer Macht stützten. Das Zusammentreffen mit Timur Lenk vor Damaskus machte deutlich, wie sehr der Aufstieg einer neuen Macht das Leben von Städten und Völkern beeinflußte. Außerhalb der Stadt war die Ordnung gefährdet. Der Gesandte eines Herrschers konnte ausgeraubt werden, aber ein in Ungnade gefallener Höfling konnte außerhalb des Bereichs städtischer Kontrolle Zuflucht finden. Der Tod der Eltern durch die Pest und der Tod von Frau und Kindern durch Schiffbruch war ihm eine tiefe Lehre über die Machtlosigkeit des Menschen in der Hand des Schicksals.

Eines war jedoch beständig oder schien es zu sein. Denn eine Welt, in der eine Familie aus dem südlichen Arabien nach Spanien übersiedeln, sechs Jahrhunderte später wieder etwas näher an den Ort ihrer Herkunft zurückkehren konnte und sich immer noch in vertrauter Umgebung befand, besaß eine Einheit, welche die Trennungen von Zeit und Raum überwand. Die arabische Sprache öffnete überall in dieser Welt die Türen zu Ämtern und Einfluß; ein Wissenskanon, der über Jahrhunderte hinweg durch eine bekannte Kette von Lehrern weitergegeben worden war, schützte eine sittliche Gemeinschaft vor dem Verfall, selbst wenn die Herrscher wechselten.

Pilgerstätten wie Mekka und Jerusalem waren unverrückbare Pole der menschlichen Welt, auch wenn die Macht sich von einer Stadt in eine andere verlagerte. Und der Glaube an einen Gott, der die Welt erschaffen hatte und sie erhielt, gab den Schicksalsschlägen einen Sinn.

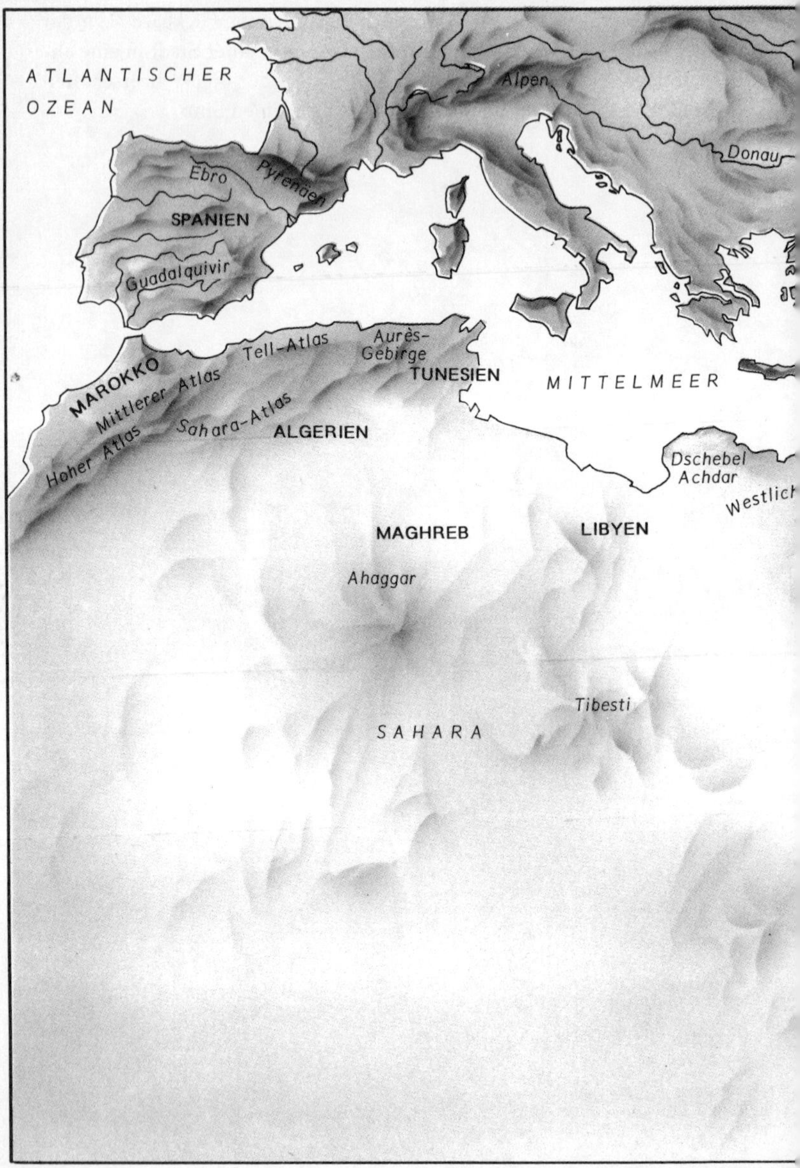

Das Gebiet, auf das sich das Buch bezieht, mit den wichtigsten geographischen Gegebenheiten

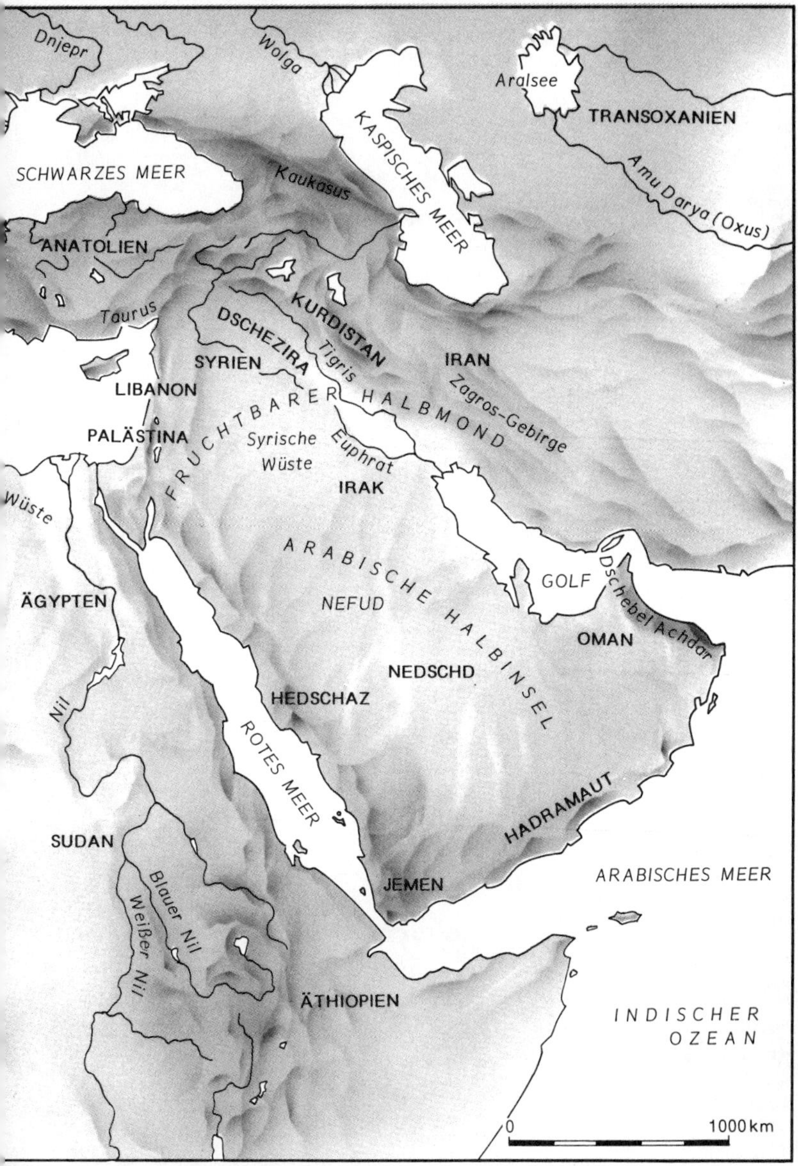

und häufig verwendeten Namen.

ERSTER TEIL

DIE ERSCHAFFUNG EINER WELT

(Siebtes bis zehntes Jahrhundert)

Zu Beginn des siebten Jahrhunderts entstand in den Randgebieten der großen Reiche der Byzantiner und der Sasaniden, die die westliche Hälfte der Welt beherrschten, eine religiöse Bewegung. In Mekka, einer Stadt im westlichen Arabien, rief Muhammad Männer und Frauen zu sittlicher Reform und zur Unterwerfung unter den Willen Gottes auf. Dieser Wille Gottes drückt sich in dem aus, was Muhammad und seine Anhänger als ihnen offenbarte göttliche Botschaften anerkannten, die später in einem Buch, dem Koran, zusammengefaßt wurden. Im Namen dieser neuen Religion, des Islam, eroberten arabische Armeen die umliegenden Länder und gründeten ein neues Reich, das Kalifat. Es umfaßte große Teile des byzantinischen Reiches, das ganze Reich der Sasaniden und erstreckte sich von Zentralasien bis Spanien. Das Machtzentrum des Reiches verlagerte sich unter den Umaiyaden-Kalifen von Arabien nach Damaskus und später unter den Abbasiden nach Bagdad im Irak.

Im zehnten Jahrhundert zerbrach das Kalifat. In Spanien und Ägypten kam es zur Bildung von rivalisierenden Kalifaten, aber die soziale und kulturelle Einheit, die sich im Inneren des Reiches entwickelt hatte, erwies sich als dauerhaft. Ein Großteil der Bevölkerung war muslimisch geworden (das heißt, zu Anhängern der Religion des Islam), doch daneben gab es auch jüdische, christliche und andere Glaubensgemeinschaften. Die arabische Sprache hatte sich ausgebreitet und wurde zum Medium einer Kultur, die Elemente der Traditionen aller in der muslimischen Welt aufgegangenen Völker in sich vereinte und die ihren Ausdruck in der Literatur, in einer Rechtsordnung, einem theologischen System und der Geisteshaltung fand. Muslimische Gesellschaften entwickelten in unterschiedlichen äußeren Umgebungen spezifische Institutionen und Formen. Die Verbindungen zwischen Ländern des Mittelmeerbeckens und denen des Indi-

schen Ozeans ließen ein einheitliches Handelsgefüge entstehen und führten zu Veränderungen in Landwirtschaft und Handwerk, die Grundlage für das Wachstum großer Städte mit einer urbanen Zivilisation wurden. Ausdruck dieser Zivilisation waren Gebäude in einem spezifisch islamischen Stil.

Kapitel 1

Eine neue Macht in einer alten Welt

Die Welt, in die die Araber kamen

Die Welt des Ibn Chaldun muß den meisten Menschen, die darin lebten, ewig erschienen sein. Doch Ibn Chaldun wußte, daß sie eine frühere verdrängt hatte. Siebenhundert Jahre vor seiner Zeit hatten die Länder, die er kannte, unter der Herrschaft »der zwei größten Mächte ihrer Zeit« ein anderes Gesicht gehabt.

Viele Jahrhunderte lang waren die Länder des Mittelmeerbeckens Teil des Römischen Reiches gewesen. Die ländlichen Gebiete brachten Getreide, Früchte, Wein und Öl hervor, und der Handel verlief auf friedlichen Seerouten. In den großen Städten hatte eine reiche Klasse vielfältigen Ursprungs Anteil an der griechischen und lateinischen Kultur des Reiches. Ab dem vierten Jahrhundert nach Christus verlagerte sich das Zentrum imperialer Macht nach Osten. Konstantinopel trat als Hauptstadt an die Stelle Roms; der Kaiser war Mittelpunkt der Loyalität und das Symbol des Zusammenhalts. Später kam es zu dem, was man eine »horizontale Teilung« genannt hat und die in anderen Erscheinungsformen bis in unsere Zeit weiterbestehen sollte. In Deutschland, England, Frankreich, Spanien und Norditalien herrschten Barbarenkönige, obwohl das Gefühl, zum Römischen Reich zu gehören, noch immer bestand. Das südliche Italien, Sizilien, die nordafrikanische Küste, Ägypten, Syrien, Anatolien und Griechenland blieben unter der direkten kaiserlichen Herrschaft Konstantinopels. In dieser geschrumpften Form war das Reich eher griechisch als römisch. (In seiner späteren Zeit wird es im allgemeinen häufiger nach Byzanz, dem früheren Namen von Konstantinopel, »byzantinisch« als »römisch« genannt.) Der Kaiser regierte durch griechischsprechende Beamte; die großen Städte im östlichen Mittelmeerraum, Antiochia in Syrien und Alexandria in Ägypten, waren Zentren griechischer Kultur und entsandten Angehörige der örtlichen Eliten in den kaiserlichen Dienst.

Eine weitere und tiefgreifendere Veränderung hatte stattgefunden. Das Reich war christlich geworden, nicht nur durch ein offizielles Dekret des Herrschers, sondern infolge von Bekehrungen auf unterschiedlichen Ebenen. Die Mehrheit der Bevölkerung war christlich, obwohl an der Schule von Athen bis ins sechste Jahrhundert heidnische Philosophen lehrten, obwohl in den Städten jüdische Gemeinden existierten und die Erinnerungen an heidnische Götter immer noch in den zu Kirchen umgewandelten Tempeln spukten. Das Christentum verlieh der Loyalität zum Kaiser eine neue Dimension und den örtlichen Kulturen seiner Untertanen einen neuen Rahmen. Christliche Vorstellungen und Symbole fanden ihren Ausdruck nicht nur im Griechischen, das in den Städten gesprochen wurde, sondern auch in den Literatursprachen der verschiedenen Regionen des Reiches: Armenisch in Ostanatolien, Syrisch in Syrien, Koptisch in Ägypten. Die Gräber von Heiligen und andere Pilgerstätten bewahrten und pflegten manchmal in einer christlichen Form die uralten Glaubensvorstellungen und religiösen Praktiken einer Region.

Die Institutionen der Selbstverwaltung griechischer Städte waren mit dem Erstarken der kaiserlichen Bürokratie verschwunden, aber Bischöfe übernahmen oft in ihrem Einflußbereich die Führung der Menschen. Als der Kaiser Rom verließ, hatte der Bischof der Stadt, der Papst, eine Möglichkeit der Machtentfaltung, wie sie den Patriarchen und Bischöfen der oströmischen Städte versagt blieb. Sie standen in enger Verbindung zur Reichsregierung, doch sie konnten immerhin die Interessen ihrer Stadt verteidigen und die Stimmung der Bewohner zum Ausdruck bringen. Auch Einsiedler oder wundertätige Heilige, die in Anatolien und Syrien an den Rändern der Städte oder des besiedelten Landes lebten, mochten als Schiedsrichter bei Streitigkeiten oder als Sprecher der ländlichen Gemeinde auftreten, und der Mönch in der ägyptischen Wüste lieferte ein Beispiel für eine Gesellschaft, die sich von der säkularen, der städtischen Welt unterschied. Neben der offiziellen orthodoxen Kirche entstanden andere, in Doktrin und Praxis von ihr abweichende Religionsgemeinschaften; sie waren entweder Ausdruck von Loyalität oder Opposition aller jener gegenüber der Zentralgewalt, die eine andere Sprache als Griechisch sprachen.

Bei den wichtigsten doktrinären Unterschieden ging es um die Natur Christi. Das Konzil von Chalkedon hatte im Jahre 451 Christus zwei Naturen zugeschrieben: eine göttliche und eine menschliche. Die Mehrheit innerhalb der Kirche in Ost und West akzeptierte diese Formulierung, und die Reichsregierung unterstützte sie. Erst später kam es allmählich und in erster Linie als Folge der Autoritätsfrage zu einer Spaltung zwischen der

Kirche in den byzantinischen Gebieten, der griechisch-orthodoxen Kirche mit ihren Patriarchen an der Spitze des Priestertums, und der Kirche in Westeuropa, die den Papst in Rom als höchste Autorität anerkannte. Es gab jedoch Glaubensgemeinschaften, die daran festhielten, daß Christus nur ein einziges Wesen besitze, das sich aus zwei Wesen zusammensetzte. Diese monophysitische Doktrin wurde von der armenischen Kirche in Anatolien vertreten, von den meisten ägyptischen Christen (nach dem alten Namen für Ägypten »Kopten« genannt) und von vielen syrischsprachigen Christen in Syrien (als syrisch-orthodox oder nach dem Namen ihres bekanntesten Theologen als »Jakobiten« bezeichnet). Wieder andere unterschieden deutlicher zwischen den beiden Wesen Christi, um seine volle Menschlichkeit zu Lebzeiten zu behaupten. Für sie lebte das Wort Gottes seit seiner Empfängnis in dem Menschen Jesus. Diese Doktrin galt für die Nestorianer; sie wurden nach einem Denker genannt, der diese Auffassung vertrat. Ihre Kirche hatte die meisten Anhänger unter den Gläubigen im Irak, jenseits der Ostgrenze des byzantinischen Reiches. Im siebten Jahrhundert bildete sich nach dem Versuch, einen Kompromiß zwischen dem orthodoxen und dem monophysitischen Standpunkt zu finden, eine weitere Gruppierung: die Monotheleten. Sie schrieben Christus zwei Wesen, aber nur einen Willen zu.

Im Osten des byzantinischen Reiches, auf der anderen Seite des Euphrat, lag ein anderes großes Reich: das Reich der Sasaniden. Ihre Herrschaft erstreckte sich über den heutigen Iran und Irak bis nach Zentralasien. Das heute als Iran oder Persien bezeichnete Land umfaßte eine Reihe von Regionen mit hoher Kultur und alten Städten, die von unterschiedlichen ethnischen Gruppierungen bevölkert wurden. Sie waren durch Steppen oder Wüsten voneinander getrennt, und es gab keine großen Flüsse, die eine leichte Verbindung zwischen ihnen ermöglicht hätten. Von Zeit zu Zeit wurden sie von starken, langlebigen Dynastien geeint; die letzte war die Dynastie der Sasaniden, deren Macht sich ursprünglich auf die persischsprachigen Völker des südlichen Iran stützte. Die Sasaniden errichteten einen Familienstaat, der durch eine hierarchisch gegliederte Beamtenschaft regiert wurde. Sie versuchten, eine feste Grundlage für Loyalität und Einheit zu schaffen, indem sie die altiranische Religion wieder zum Leben erweckten, die traditionell mit dem Religionsstifter Zoroaster in Verbindung gebracht wurde. Nach dieser Glaubenslehre war das Universum ein Schlachtfeld, wo gute und böse Geister unter dem höchsten Gott gegeneinander kämpften. Die guten Geister würden schließlich aus eigener Kraft gewinnen, aber tugendhafte Männer und Frauen von ritueller Reinheit konnten den Sieg beschleunigen.

Nachdem Alexander der Große 334–33 vor Christus den Iran erobert hatte und ihn enger mit der Welt des östlichen Mittelmeerraumes verband, drangen Ideen der griechischen Welt nach Osten vor. Gleichzeitig verbreitete sich die Lehre Manis, eines Religionslehrers aus dem Irak, im Westen. Mani versuchte, alle Propheten und Lehrer in einem einzigen religiösen System zu vereinigen (dem Manichäismus). Unter den Sasaniden wurde die Lehre des Zoroaster in philosophischer Ausprägung, mit größerem Nachdruck auf dem Dualismus von Gut und Böse, mit einer Priesterschaft und festen Formen der Verehrung wiederbelebt und ist als Mazdaismus oder Zoroastrismus bekannt. Als Staatsreligion stützte der Mazdaismus die Macht des Herrschers. Er galt als gerechter König, der die Harmonie zwischen den verschiedenen gesellschaftlichen Klassen wahrte.

Die Hauptstadt der Sasaniden, Ktesiphon, lag nicht auf den Hochebenen des Iran, sondern im fruchtbaren und bevölkerten, von Euphrat und Tigris bewässerten Gebiet des mittleren Irak. Außer Zoroastrianern und Manichäern gab es im Irak Anhänger der nestorianischen Kirche, die im Staatsdienst eine wesentliche Rolle spielten. Dieses Gebiet war auch das wichtigste Zentrum jüdisch-religiöser Gelehrsamkeit, und es bot heidnischen Philosophen und gelehrten Medizinern aus den griechischen Städten des Mittelmeerraums Zuflucht. Die persische Sprache war in verschiedenen Formen weit verbreitet; die damalige Schriftform ist als Pahlevi bekannt. Ebenfalls verbreitet war Aramäisch, eine semitische, dem Hebräischen und Arabischen verwandte Sprache. Sie wurde zu dieser Zeit im ganzen Nahen Osten gesprochen, und eine ihrer Ausformungen ist die syrische Sprache.

Die beiden Reiche umfaßten die wichtigsten, dauerhaft besiedelten Kulturregionen der westlichen Halbkugel. Weiter südlich, zu beiden Seiten des Roten Meeres, gab es jedoch zwei andere Gesellschaften mit traditionellen Machtstrukturen, die von der Landwirtschaft und dem Handel zwischen dem Indischen Ozean und dem Mittelmeerraum lebten. Die eine war Äthiopien, ein altes Königreich mit dem koptischen Christentum als Staatsreligion. Die andere war der Jemen im Südwesten der Arabischen Halbinsel, ein Land fruchtbarer Täler und Umschlagplatz für den Fernhandel. An einem Punkt ihrer Geschichte waren diese kleinen Stadtstaaten in einem größeren Reich aufgegangen, das geschwächt wurde, als in frühchristlicher Zeit der Handel zurückging, der später jedoch wieder an Stärke gewinnen sollte. Der Jemen hatte eine eigene Sprache, die sich vom Arabischen unterschied, wie es sonst überall in Arabien gesprochen wurde, und er hatte eine eigene Religion: Priester dienten einer Vielzahl von Göttern in den Tempeln, die Pilgerstätten waren, aber auch Verwaltungszentren großer Ländereien. Die Gläubigen verrichteten dort ihre Gebete, obwohl gemeinschaftliche Formen der Verehrung unbekannt waren. In späteren Jahrhunderten drangen von Syrien auf den Handelswegen und von Äthiopien jenseits des Roten Meeres christliche und jüdische Einflüsse in den Jemen vor. Im sechsten Jahrhundert zerstörte ein dem Judaismus zugeneigter König ein christliches Zentrum, aber der christliche Einfluß nahm durch Invasionen aus Äthiopien wieder zu; an diesen Auseinandersetzungen waren auch Byzantiner und Sasaniden beteiligt.

Zwischen den großen Imperien des Nordens und den Königreichen am Roten Meer lag ein Gebiet, das sich von ihnen unterschied. Der größere Teil der Arabischen Halbinsel bestand aus Steppengebieten oder Wüste mit Oasen, in denen es genug Wasser gab, um Nahrungsmittel anzubauen. Die Bewohner sprachen arabische Dialekte und unterschieden sich auch in ihrer Lebensweise voneinander. Ein Teil lebte als Nomaden und weidete Herden von Kamelen, Schafen oder Ziegen im Umkreis der spärlichen Wasserstellen in der Wüste. Diese Völker bezeichnet man traditionell als »Beduinen«. Daneben gab es seßhafte Bauern, die in den Oasen Getreide anbauten und Palmen pflanzten, und Händler oder Handwerker, die in kleinen Marktflecken lebten. Manche verbanden auch mehrere dieser Lebensweisen miteinander. Das Gleichgewicht zwischen den Nomaden und den seßhaften Gruppen war immer gefährdet. Die beweglichen, bewaffneten Kamelnomaden stellten zwar eine Minderheit der Bevölkerung dar, doch sie erhoben sich ebenso wie die städtischen Kaufleute über die Ackerbauern und Handwerker. Auch ihr Ethos von Mut, Gastfreundschaft, Familienloyalität und Stolz auf die Abstammung dominierte. Die Nomaden standen nicht unter einer stabilen Herrschaft, sondern schlossen sich jeweils Führern aus Familien an, um die sich eine mehr oder weniger beständige Anhängerschaft scharte. Der charakteristische Dialekt der gemeinsamen Herkunft galt als ein Ausdruck für Zusammenhalt und Loyalität. Solche Gruppierungen bezeichnet man üblicherweise als Stämme.

Die Macht der Stammesführer ging oft von Oasen aus, wo sie enge Bindungen zu den Kaufleuten unterhielten, die den Handel im Stammesgebiet organisierten. In diesen Oasen ermöglichte es jedoch die Macht der Religion auch anderen Familien, eine andere Form von Einfluß zu gewinnen. Die Religion der Viehzüchter und Pflanzer scheint keine klaren Formen gehabt zu haben. Man sah in Steinen, Bäumen und anderen natürlichen Gegenständen die Verkörperungen örtlicher Gottheiten, die mit Gestirnen identifiziert wurden. Gute und böse Geister durchzogen die Welt in Gestalt von Tieren; Wahrsager behaupteten, übernatürliche Weisheiten zu verkünden. Aus heutigen religiösen Praktiken in Südarabien schließt man, daß die Götter nach damaliger Vorstellung in einem Heiligtum wohnten, einem *haram*, einem Bezirk oder einer Siedlung, die von Stammeskonflikten ausgeklammert blieb. Der *haram* war Ziel von Pilgerreisen und Opferplatz; er war ein Treffpunkt, und dort wurden Streitigkeiten geschlichtet. Diese heilige Stätte wurde von einer Familie behütet, die unter dem Schutz eines benachbarten Stammes stand.[1] Eine solche Familie konnte zu Macht oder Einfluß gelangen, indem sie geschickt ihr religiöses Prestige, ihre Rolle als Schlichterin von Stammesstreitigkeiten und die Gelegenheiten zum Handel nutzte.

Diese Welt des Nahen Ostens sah im sechsten und zu Beginn des siebten Jahrhunderts viele Veränderungen. Byzanz und das Sasanidenreich führten lange Kriege gegeneinander, die mit Unterbrechungen von 540 bis 629 dauerten. Die hauptsächlichen Kampfgebiete lagen in Syrien und im Irak. Für kurze Zeit drangen die Sasanidenheere bis zum Mittelmeer vor und besetzten neben den großen Städten Antiochia und Alexandrien auch das heilige Jerusalem. Aber Kaiser Heraklios drängte sie nach 620 wieder zurück. Die Sasanidenherrschaft erstreckte sich vorübergehend auch bis in das südwestliche Arabien. Dort hatte das jemenitische Reich als Folge der äthiopischen Invasionen und des Niedergangs der Landwirtschaft einen großen Teil seiner früheren Macht eingebüßt.

Die Macht und der Einfluß der Großreiche reichten bis auf die Arabische Halbinsel, und seit Jahrhunderten waren Nomaden vom nördlichen und zentralen Arabien in die ländlichen Teile einer Region gezogen, die man heute oft als den »Fruchtbaren Halbmond« bezeichnet: Die Bevölkerung im Inneren von Syrien, im Gebiet westlich des Euphrat im unteren Irak und in der Gegend zwischen Euphrat und Tigris im oberen Irak (Dschezira) bestand weitgehend aus Arabern. Sie brachten ihr Ethos und ihre gesellschaftlichen Organisationsformen mit sich. Manche der Stammesführer übten ihre Macht von Oasenstädten aus; sie hielten im Auftrag der Reichsregierungen andere Nomaden von den besiedelten Gebieten fern und zogen Steuern ein. Deshalb konnten sie stabilere politische Gemeinschaften schaffen, etwa die der Lachmiden mit der Hauptstadt Hira in einer Region, die nicht unter direkter Kontrolle der Sasaniden stand, und die der Ghassaniden in einem vergleichbaren Gebiet von der Größe des byzantinischen Reiches. Die Bewohner dieser Staaten erwarben politische und militärische Kenntnisse und öffneten sich Ideen und Glaubensvorstellungen, die aus den imperialen Ländern kamen; Hira war ein Zentrum des Christentums. Aus diesen Staaten, aus dem Jemen und auch durch Kaufleute, die auf den Handelswegen durch die Länder zogen, drang Kunde von der Außenwelt und ihrer Kultur nach Arabien, und es kamen auch Siedler von dort. In den Oasen des Hedschaz in Westarabien lebten jüdische Handwerker, Händler und Bauern, und in Zentralarabien gab es christliche Mönche und Konvertiten.

Die Sprache der Dichtung

Unter den Hirtenstämmen verbreitete sich offenbar das Gefühl einer kulturellen Identität; erkennbar wird das am Entstehen einer gemeinsamen, aus den arabischen Dialekten entstandenen dichterischen Sprache. Es handelte sich um eine Hochsprache mit Verfeinerungen in Grammatik und Vokabular. Sie entwickelte sich allmählich, vielleicht durch Überarbeitung eines Dialekts oder durch das Verschmelzen mehrerer Dialekte. Benutzt wurde sie von Dichtern verschiedener Stammesgruppen und in den Oasenstädten. Ihre Dichtung hat sich vielleicht aus der rhythmischen, erhabenen und gereimten Hochsprache der Anrufungen oder Zaubersprüche entwickelt, aber was uns überliefert ist, läßt sich in keiner Hinsicht als primitiv bezeichnen. Es ist das Ergebnis einer langen Tradition, zu deren Entstehung und Bereicherung nicht nur Stammestreffen und das Leben in Marktflecken beigetragen haben, sondern auch die Höfe arabischer Dynastien an den Rändern der Großreiche – ganz besonders der Hof von Hira am Euphrat, der offen war für christliche und mazdaistische Einflüsse.

Die aus dieser Tradition hervorgegangenen Regeln der Dichtkunst sind kompliziert. Die am höchsten geschätzte dichterische Form war die Ode oder *qasida*, ein Gedicht mit bis zu hundert Zeilen in einem von mehreren gültigen Metren und einem einzigen durchgehaltenen Reim. Die einzelnen Verse sind stets in Halbverse geteilt. Im ersten Vers reimen sich beide Halbzeilen, in den übrigen Versen nur die jeweils zweiten. In der Regel war jeder Vers in seiner Bedeutung abgeschlossen, und Zeilensprünge waren selten, doch das verhinderte nicht die Weiterführung von Gedanken oder Gefühlen im nächsten Vers und durch das ganze Gedicht.

Gedichte wurden nicht niedergeschrieben, obwohl das möglich gewesen wäre, denn die Schrift war auf der Arabischen Halbinsel bekannt. Inschriften in den Sprachen Südarabiens reichen Jahrhunderte zurück. Die frühesten arabischen Inschriften in aramäischer Schrift hat man auf das vierte Jahrhundert datiert. Später entwickelte sich eine eigene arabische Schrift, die möglicherweise nicht nur für Inschriften, sondern auch im Fernhandel Verwendung fand. Doch Gedichte wurden verfaßt, um öffentlich vorgetragen zu werden, entweder vom Dichter oder von einem *rawi*, einem Rezitator. Das hatte gewisse Folgen. Der Sinn oder Inhalt mußte in einer

Zeile vermittelt werden, einer Einheit aus Worten, deren Bedeutung die Zuhörer sofort erfassen konnten; jeder Vortrag war einzigartig und unterschied sich vom nächsten. Dem Dichter oder dem *rawi* blieb Raum für Improvisation innerhalb eines Rahmens allgemein akzeptierter Verbalformen oder -muster, um mit bestimmten Worten oder Wortkombinationen bestimmte Ideen oder Gefühle auszudrücken. Deshalb hat es möglicherweise keine einzig authentische Fassung eines Gedichts gegeben. Die Versionen der überlieferten Gedichte wurden sehr viel später von Philologen oder Literaturkritikern nach den linguistischen oder poetischen Normen ihrer Zeit verfaßt. Dabei haben sie möglicherweise neue Elemente in die Gedichte eingeführt, die Sprache umgeformt, damit sie ihren Vorstellungen von dem entsprach, was richtig war, und vielleicht sogar durch die Verbindung kürzerer Stücke Qasiden hergestellt. In den zwanziger Jahren unseres Jahrhunderts stellten zwei Wissenschaftler, ein Engländer und ein Ägypter, auf Grund dieser unbezweifelbaren Tatsachen die Theorie auf, daß die Gedichte selbst das Werk späterer Jahrhunderte seien. Aber die meisten, die sich mit diesem Thema eingehend beschäftigt haben, stimmen inzwischen wohl darin überein, daß die Gedichte in ihrer Substanz aus der Zeit stammen, der sie traditionell zugeschrieben wurden.

Gelehrte und Kritiker einer späteren Zeit betrachteten bestimmte Gedichte unter der Vielzahl der Überlieferungen als vollkommene Beispiele altarabischer Dichtung. Man faßte sie unter dem Begriff *Mu'allaqat* oder »aufgehängte Gedichte« zusammen, doch Ursprung und Bedeutung dieses Namens liegen im dunkeln. Die Dichter, von denen sie stammen – Labib, Zuhair, Imru' al-Qais und ein halbes Dutzend anderer –, galten als große Meister ihrer Kunst. Üblicherweise bezeichnete man die Dichtung dieser Zeit als *diwan* der Araber, als das Verzeichnis ihrer Taten oder den Ausdruck ihrer kollektiven Erinnerung. Aber der deutliche Stempel der Persönlichkeit des Dichters ist ebenfalls erkennbar.

Die späteren Kritiker und Gelehrten unterschieden im allgemeinen drei Elemente in der *qasida*, aber nur, um eine lockere Vielfalt der Praxis in eine feste Form zu bringen. Das Gedicht begann im allgemeinen mit der Beschwörung eines Ortes, an dem der Dichter einmal geweilt hatte; es konnte auch die Beschwörung einer vergangenen Liebe sein. Die Stimmung ist nicht erotisch, sondern ruft vielmehr die Vergänglichkeit des menschlichen Lebens in Erinnerung:

Die Stätten sind unbelebt, die Plätze, an denen wir rasteten und jene, an denen wir lagerten, in Mina, Ghaul und Ridscham sind verlassen. In den Flutläufen von Raiyan sind Flußbetten nackt und glattgeschliffen, wie der Stein Inschriften bewahrt. Der schwarze Dung liegt ungestört, seit jene, die hier rasteten, weiterzogen: Lange Jahre sind darüber hinweggegangen, Jahre heiliger und gewöhnlicher Monde. Quellen, die von den Sternen zum Fließen gebracht wurden, haben sie gespeist, und die Wasser der Gewitterwolken haben sie genährt: schwere Regengüsse und leichte Schauer, die Wolken der Nacht, jene, die den Himmel am Morgen bedecken, und die Abendwolken, deren Stimmen einander antworten.[2]

Danach folgte vielleicht eine Reise auf dem Kamelrücken, bei der der Dichter vom Kamel spricht, der Landschaft und der Jagd, und er drückt dabei aus, daß er seine Stärke und sein Selbstvertrauen wiedergewonnen hat, als er sich mit den Kräften der Natur messen mußte. Das Gedicht mag schließlich darin gipfeln, daß der Stamm des Dichters gepriesen wird:

Ein Haus mit einem hohen Dach wurde für uns erbaut, und jung und alt versuchen gleichermaßen, seine Höhe zu erreichen [...] Sie sind es, die kämpfen, wenn der Stamm in Not ist, seine Ritter und seine Schiedsrichter. Sie sind wie die Quelle für alle, die ihre Hilfe suchen, oder für Witwen, deren Trauerjahr lang ist. Sie sind ein solcher Stamm, daß der Neid ihm nicht schaden kann, und keiner seiner Angehörigen ist so unehrenhaft, mit dem Feind zu gehen.[3]

Unter dem Lobpreis und der Prahlerei ist manchmal jedoch ein anderer Ton zu hören, der die Grenzen menschlicher Kraft angesichts der allmächtigen Natur anklingen läßt:

Ich bin der Bürde des Lebens müde, täusche dich nicht, wer achtzig Jahre gelebt hat, wird müde. Ich weiß, was heute geschieht und was gestern geschehen ist, aber ich kann nicht sagen, was das Morgen bringen wird. Ich habe die Schicksalsgöttinnen gesehen, wie ein Kamel durch das Dunkel stapfen sehen; jene, die sie streifen, sterben, und jene, die ihnen entgehen, leben weiter, um alt zu werden.[4]

Muhammad und das Erscheinen des Islam

In der Mitte des siebten Jahrhunderts wurde eine neue politische Ordnung geschaffen, welche die gesamte Arabische Halbinsel, das ganze sasanidische Imperium und die syrischen und ägyptischen Provinzen des byzantinischen Reiches betraf. Alte Grenzen verschwanden, und neue wurden gezogen. Die herrschende Gruppe innerhalb dieser neuen Ordnung rekrutierte sich nicht aus den Völkern der großen Reiche, sondern aus Arabern. Sie kamen aus dem westlichen Arabien, zu einem großen Teil aus Mekka.

Vor dem Ende des siebten Jahrhunderts legitimierte diese herrschende arabische Gruppe ihre neue Ordnung durch eine Offenbarung, die Gott Muhammad, einem Bewohner Mekkas, in Form eines heiligen Buches, des

Korans, geschenkt hatte: eine Offenbarung, die jene vervollständigte, welche frühere Propheten oder Sendboten Gottes erhalten hatten, und den Islam begründete, eine neue Religion, die sich von Judaismus und Christentum unterschied. Die Wissenschaft streitet darüber, wie sich diese Glaubensvorstellungen entwickelten. Die arabischen Quellen, die über das Leben Muhammads und die Bildung einer Gemeinde um ihn berichten, stammen aus späterer Zeit. Der erste Biograph, dessen Werk wir kennen, schrieb es erst über ein Jahrhundert nach Muhammads Tod. Quellen in anderen Sprachen bezeugen die Eroberung eines Reiches durch die Araber, aber was sie über Muhammads Sendung berichten, unterscheidet sich von den Überlieferungen der muslimischen Tradition und muß erst noch untersucht und diskutiert werden. Andererseits besteht kaum ein Grund, daran zu zweifeln, daß der Koran im wesentlichen ein Dokument des Arabien im siebten Jahrhundert ist, auch wenn es einige Zeit gedauert haben mag, bis er seine endgültige schriftliche Form annahm. Außerdem enthalten die traditionellen Biographien und Geschichtswerke Elemente, die sehr wahrscheinlich nicht erfunden sind. Zweifellos geben solche Werke spätere Versuche wieder, Muhammad in das nahöstliche Muster eines frommen Mannes und das arabische Muster eines Mannes von vornehmer Herkunft zu pressen. Daneben sind sie auch ein Spiegelbild dogmatischer Kontroversen der Zeit und des Ortes ihrer Entstehung: des Irak im achten Jahrhundert. Trotzdem enthalten sie Tatsachen über Muhammads Leben, seine Familie und Freunde, die wahrscheinlich authentisch sind. Deshalb scheint es das beste zu sein, der traditionellen Darstellung der Ursprünge des Islam zu folgen, allerdings mit Vorsicht. Dies zu tun, bietet einen Vorteil: Da diese Darstellungen Muhammads und der Korantext ohne wesentliche Veränderungen im Geist und in der Vorstellung islamischer Gläubiger lebendig geblieben sind, ermöglichen sie ein Verständnis ihres Geschichtsbildes und ihres Ideals dessen, was das menschliche Leben sein sollte.

Der dunkelste Teil von Muhammads Leben in den Darstellungen der Biographen ist seine Frühzeit. Sie berichten, daß er im oder um das Jahr 570 in Mekka, einer Stadt im Westen Arabiens, geboren wurde. Seine Familie gehörte zum Stamm der Quraisch, wenn auch nicht zu seiner mächtigsten Sippe. Angehörige des Stammes waren Händler, die Abkommen mit den Viehzüchterstämmen der Umgebung hatten und Beziehungen nach Syrien und in den Südwesten Arabiens unterhielten. Man bringt sie auch mit dem Heiligtum der Stadt in Zusammenhang, mit der Ka'ba, wo die Bildnisse der Lokalgötter aufbewahrt wurden. Muhammad heiratete Chadidscha, eine Kaufmannswitwe, und übernahm die Führung ihrer Geschäfte. Männer, die später seine Lebensgeschichte schrieben, haben mehrere Anekdoten festgehalten, in denen eine Welt gezeichnet wird, die auf einen Führer wartet, und einen Mann, der eine Berufung sucht. Ein Gottsucher gibt seiner Sehnsucht Ausdruck, unterwiesen zu werden: »O Gott, wenn ich wüßte, wie du angebetet werden möchtest, würde ich dich anbeten. Aber ich weiß es nicht.« Jüdische Rabbiner, christliche Mönche und arabische Wahrsager verkünden das Kommen eines Propheten. Ein Mönch, dem Muhammad auf einer Handelsreise im südlichen Syrien begegnet, »blickte auf seinen Rücken und sah das Siegel des Prophetentums zwischen seinen Schultern«. Gegenstände der Natur begrüßten ihn: »Kein Stein oder Baum, an dem er vorüberkam, der nicht gesagt hätte: ›Friede sei mit dir, o Apostel Gottes!‹«.[5]

Muhammad wurde zum einsamen Wanderer in den Felsen der Wüste, und eines Tages, als er etwa vierzig Jahre alt war, geschah etwas: ein Kontakt mit dem Übernatürlichen, spätere Generationen nannten es die Nacht der Macht oder des Schicksals. Nach einer Version rief ein Engel, der in Gestalt eines Mannes am Horizont auftauchte, ihm zu, er sei zum Sendboten Gottes berufen; nach einer anderen hörte er die Stimme des Engels, der ihm befahl vorzutragen. Muhammad fragte: »Was soll ich vortragen?«, und die Stimme erwiderte:

> Sag: Im Namen deines Herrn, der erschuf,
> erschuf den Menschen aus geronnenem Blut.
> Sag: Denn dein Herr ist allgütig,
> der die Feder gelehrt,
> gelehrt den Menschen, was er nicht gewußt.
> Fürwahr! Siehe, der Mensch ist wahrlich frevelhaft,
> wenn er sich im Reichtum sieht.
> Siehe, zu deinem Herrn ist die Rückkehr.[6]

An diesem Punkt geschah etwas, das auch aus dem Leben anderer bekannt ist, die sich übernatürliche Kräfte zuschrieben: Einige, die davon erfahren, erkennen den Anspruch an, und diese Anerkennung bekräftigt wiederum den Anspruch. Es waren wenige, die dafür empfänglich waren, darunter seine Frau Chadidscha: »Frohlocke, Sohn meines Onkels, und sei guten Mutes. Bei ihm, in dessen Hand Chadidschas Seele liegt, hoffe ich, daß du der Prophet Seines Volkes sein wirst.«

Von da an verkündete Muhammad seinen Anhängern eine Reihe von Botschaften, die ihm, wie er glaubte, von einem Engel Gottes offenbart worden waren. Das Ende der Welt werde kommen; Gott, der Allmächtige, der die Menschen geschaffen hatte, werde sie alle richten; die Wonnen des Himmels und die Qualen der Hölle wurden in lebhaften Farben gemalt.

Wenn die Menschen sich im Leben dem Willen Gottes unterwarfen, konnten sie seiner Barmherzigkeit sicher sein, wenn sie gerichtet wurden. Und nach Gottes Willen sollten sie ihre Dankbarkeit durch regelmäßiges Gebet und andere Observanzen, durch Mildtätigkeit und Selbstbeherrschung auf sexuellem Gebiet bezeigen. Gott wurde als »Allah« bezeichnet, ein Name, den man bereits einem der örtlichen Götter gegeben hatte (auch arabischsprechende Juden und Christen rufen Gott heute noch so an). Die Gläubigen, die sich dem Willen Gottes unterwarfen, nannte man später Muslime; der Name ihrer Religion, der Islam, ist aus derselben Sprachwurzel abgeleitet.

Allmählich sammelte sich eine kleine Schar Anhänger um Muhammad: ein paar junge Angehörige der einflußreichen Quraisch-Sippen, einige andere aus unbedeutenderen Familien, Männer von Stämmen, die sich unter den Schutz der Quraisch gestellt hatten, und Handwerker und Sklaven. Als Muhammads Rückhalt stärker wurde, verschlechterten sich seine Beziehungen zu den führenden Sippen der Quraisch. Sie erkannten seinen Anspruch, ein Gesandter Gottes zu sein, nicht an und sahen in ihm jemanden, der ihre Lebensweise angriff. »O Abu Talib«, sagten sie zu seinem Onkel, der ihn schützte, »dein Neffe hat unsere Götter verflucht, unsere Religion beleidigt, unsere Lebensweise verhöhnt und unsere Vorväter des Irrtums beschuldigt.« Muhammads Lage verschlechterte sich, als Chadidscha und Abu Talib im selben Jahr starben.

Mit der Ausarbeitung seiner Lehre wurden die Unterschiede zu den traditionellen Glaubensvorstellungen deutlicher. Götterbilder und mit ihnen verbundene Riten wurden von ihm scharf kritisiert, neue Formen des Gottesdienstes, vor allem das regelmäßige gemeinsame Gebet, waren ebenso vorgeschrieben wie eine neue Art guter Werke. Muhammad stellte sich mit größerem Nachdruck in die Reihe der Propheten jüdischer und christlicher Tradition.

Schließlich wurde seine Lage so schwierig, daß er 622 Mekka verließ und sich in einer zweihundert Meilen nördlich gelegenen Oasensiedlung niederließ. Sie hieß Yathrib und wurde später unter dem Namen Medina bekannt. Männer aus Yathrib, die auf Handelsreisen nach Mekka gekommen waren, hatten ihm den Weg geebnet. Sie gehörten zwei verschiedenen Stämmen an und brauchten einen Schiedsrichter für ihre Stammesstreitigkeiten. Sie hatten in Nachbarschaft mit den jüdischen Bewohnern der Oase gelebt und waren bereit, eine Lehre anzunehmen, die durch einen Propheten und ein heiliges Buch verkündet wurde. Die Übersiedlung Muhammads nach Medina, die spätere Generationen als den Beginn der muslimischen Epoche betrachteten, ist als *hidschra* bekannt. Das Wort hat nicht nur die negative Bedeutung der Flucht aus Mekka, sondern die positive, daß sich jemand schutzsuchend an einem anderen als dem heimatlichen Ort niederläßt. In späteren islamischen Jahrhunderten benutzte man es, um das Verlassen einer heidnischen oder sündigen Gemeinde zugunsten einer anderen, die nach den Morallehren des Islam lebte, zu kennzeichnen. Die frühen Biographen haben die Texte von Vereinbarungen überliefert, die Muhammad und seine Anhänger angeblich mit den beiden größten Stämmen und einigen jüdischen Gruppen trafen. Diese Abkommen unterscheiden sich nicht sehr von Verträgen, die im heutigen Südarabien bei der Einrichtung eines *haram* geschlossen werden. Die Beteiligten hielten jeweils an den eigenen Gesetzen und Bräuchen fest, doch im ganzen Gebiet des *haram* herrschte Friede. Streitigkeiten wurden nicht durch Gewaltanwendung entschieden, sondern darüber urteilten »Gott und Muhammad«, und die Verbündeten gingen gemeinsam gegen alle Friedensstörer vor.

In Medina begann Muhammads Macht zu wachsen; sie strahlte innerhalb kurzer Zeit auf die ganze Oase und die umliegende Wüste aus. Er wurde bald in einen bewaffneten Kampf mit den Quraisch gezogen – möglicherweise ging es um die Kontrolle der Handelswege –, und im Verlauf der Auseinandersetzung bildete sich das Wesen der Gemeinschaft heraus. Die Muslime glaubten, es sei notwendig, für das zu kämpfen, was richtig war: »Als die Quraisch Gott gegenüber anmaßend wurden und sich seinem gnädigen Ratschluß widersetzten [...] gab er seinem Gesandten die Erlaubnis, zu kämpfen und sich zu schützen.« Sie kamen zu der Überzeugung, daß Gott und die Engel auf ihrer Seite kämpften und nahmen Niederlagen als Prüfungen hin, die Gott den Gläubigen auferlegte.

In dieser Periode der Machtausdehnung und des Kampfes nahm die Lehre des Propheten ihre endgültige Gestalt an. Die Teile des Korans, die Muhammad, wie man glaubt, zu der Zeit offenbart wurden, beziehen sich mehr als andere auf die Bestimmung der Formen ritueller Verehrung, auf die gesellschaftliche Moral, die Regeln sozialen Friedens, auf Besitz, Ehe und Erbrecht. Zu manchen Punkten werden ausdrückliche Gebote erlassen, zu anderen finden sich allgemeine Prinzipien. Gleichzeitig wird die Lehre universaler; sie richtet sich an das gesamte heidnische Arabien, implizit sogar an die ganze Welt, und sie setzt sich deutlicher von der jüdischen und der christlichen Lehre ab.

Die Entwicklung der Lehre des Propheten mag mit Veränderungen in seiner Beziehung zu den Juden von Medina in Zusammenhang stehen. Zwar bildeten sie einen Teil der ursprünglichen Allianz, aber ihre Lage wurde schwieriger, als Muhammads Missionsanspruch wuchs. Die Juden konnten ihn innerhalb ihrer Tradition nicht als echten Sendboten Gottes anerkennen, und er seinerseits beschuldigte sie, so wird es überliefert, die ihnen zuteil gewordene Offenbarung verdreht zu haben: »Ihr habt geheimgehalten, was euch befohlen wurde, offenbar zu machen.« Schließlich wurden einige jüdische Sippen vertrieben und andere getötet.

Möglicherweise infolge des Bruches mit den Juden änderte die Gemeinde beim Gebet die Richtung (*qibla*) und blickte nicht mehr nach Jerusalem, sondern nach Mekka. Auch wurde größerer Nachdruck auf die Linie spiritueller Vorväter gelegt, die Muhammad mit Abraham verband. Die Vorstellung, daß Abraham Begründer eines monotheistischen Glaubens und des Heiligtums in Mekka war, existierte bereits. Nun betrachtete man ihn weder als Juden noch als Christen, sondern als gemeinsamen Vorfahren beider und außerdem als Vorfahren der Muslime. Diese Veränderung stand auch im Zusammenhang mit einer Veränderung in Muhammads Beziehungen zu den Quraisch und Mekka. Es kam zu einer Art Interessenausgleich. Die Händler von Mekka liefen Gefahr, ihre Bündnispartner, die Führer der Beduinenstämme, und die Kontrolle über den Handel zu verlieren. Und in der Stadt selbst wuchs die Zahl der Anhänger des Islam. Eine Einigung mit der neuen Macht würde gewisse Gefahren beseitigen. Muhammads Gemeinde ihrerseits konnte sich nicht sicher fühlen, solange Mekka ihnen feindlich gesonnen war, und sie brauchten die Fähigkeiten der Patrizier von Mekka. Da man Abraham als den Gründer des *haram* von Mekka betrachtete, konnte man Mekka, wenn auch unter veränderten Vorzeichen, als Pilgerstätte zulassen.

Die Beziehungen waren 629 eng genug, um der muslimischen Gemeinde eine Pilgerreise nach Mekka zu ermöglichen. Ein Jahr später übergaben die Führer von Mekka die Stadt an Muhammad, der sie praktisch widerstandslos einnahm und die Prinzipien einer neuen Ordnung verkündete: »Jeder Anspruch aus Privilegien, Blut oder Besitz wird von mir aufgehoben; ausgenommen sind die Obhut des Tempels und die Wasserverteilung an die Pilger.«

Medina blieb jedoch seine Hauptstadt. Dort übte er die Autorität über seine Anhänger weniger durch eine reguläre Regierung als durch politische Manöver und persönlichen Einfluß aus. Einigen, wenn auch nicht allen Ehen, die er nach Chadidschas Tod schloß, lagen politische Überlegungen zugrunde. Es gab keinen durchdachten Verwaltungs- und Militärapparat, sondern schlicht Muhammad als Oberherrn mit einer Reihe von Stellvertretern, eine militärische Dienstpflicht der Gläubigen und eine Schatzkammer, die durch freiwillige Spenden und die Tributzahlungen von Stämmen gefüllt wurde, die sich ihm unterordneten. Muhammads Friede erstreckte sich über einen weiten Landstrich. Stammesführer mußten Verträge mit ihm schließen, denn er kontrollierte die Oasen und Märkte. Der Inhalt solcher Verträge wechselte. In manchen Fällen bekräftigten sie Treuebündnisse und den Verzicht auf Gewaltanwendung bei Konflikten, in anderen wurden Muhammads Prophetentum, die Pflicht zum Gebet oder die regelmäßige Zahlung finanzieller Beiträge anerkannt.

Im Jahr 632 besuchte Muhammad Mekka zum letzten Mal, und seine Rede dort wurde in den traditionellen Schriften als endgültige Erklärung seiner Botschaft festgehalten: »Wißt, daß jeder Muslim der Bruder eines Muslims ist und daß die Muslime Brüder sind.« Kämpfe zwischen ihnen sollten vermieden werden, und das Blut, das in heidnischer Zeit vergossen worden war, sollte nicht gerächt werden. Muslime sollten alle Menschen bekämpfen, bis sie sagten: »Es gibt keinen Gott außer Gott.«

Muhammad starb später im selben Jahr. Er hinterließ mehr als ein Erbe. Das erste war das seiner Persönlichkeit, gesehen mit den Augen seiner engsten Gefährten. Ihr Zeugnis, das hauptsächlich durch mündliche Überlieferung weitergegeben wurde, nahm erst viel später seine endgültige Form an und war zu dieser Zeit mit Sicherheit durch Hinzufügungen überhöht. Doch die Annahme erscheint plausibel, daß die Menschen, die Muhammad gekannt hatten und ihm gefolgt waren, schon sehr früh versuchten, ihr Verhalten an seinem auszurichten. Im Laufe der Zeit entwickelte sich ein Typus der Persönlichkeit, der bis zu einem gewissen Grad Muhammads Persönlichkeit widerspiegelt. In den Augen seiner Anhänger erscheint er als Mann, der früh im Leben nach der Wahrheit sucht, der später verwirrt ist von dem Gefühl, daß eine ungewisse Macht von oben auf ihn gefallen ist, und den es drängt zu verkünden, was ihm offenbart worden war; er gewinnt Vertrauen in seine Mission und ein Gefühl von Autorität, als sich Anhänger um ihn scharen. Er ist ein Schiedsrichter, bemüht, Frieden zu stiften und Streitfälle nach Rechtsprinzipien zu schlichten, die, wie er glaubt, göttlichen Ursprungs sind, ein geschickter Manipulator politischer Kräfte, ein Mann, der die gewohnten Formen menschlichen Handelns nicht verwirft, sondern versucht, sie in Grenzen zu halten, die nach seiner Vorstellung der Wille Gottes gezogen hat.

Wenn das Bild Muhammads allmählich ausgeschmückt und über die Generationen weitergegeben wurde, so gilt das auch für das Bild der von ihm gegründeten Gemeinde. Spätere Zeiten stellten sie als eine Gemeinschaft dar, die den Propheten verehrte, der die Erinnerung an ihn teuer war, die versuchte, seinem Pfad zu folgen, und danach strebte, durch den Islam Gott zu dienen. Zusammengehalten wurde sie von den fundamentalen Ritualen der Gottesverehrung, die alle einen kommunalen Aspekt hatten: Muslime begaben sich zur gleichen Zeit auf Pilgerreise, fasteten im selben Monat und kamen regelmäßig zum Gebet zusammen – diese Handlungen unterschieden sie am deutlichsten vom Rest der Welt.

Vor allem gab es das Erbe des Korans, eines Buches, das in einer Sprache von großer Kraft und Schönheit das Eingreifen eines transzendenten Gottes, die Quelle aller Macht und alles Guten, in die von ihm geschaffene menschliche Welt beschreibt. Es spricht von der Offenbarung des göttlichen Willens durch eine Folge von Propheten, die gesandt sind, die Menschen zu ermahnen und sie zu ihrem wahren Selbst als dankbare und gehorsame Geschöpfe zurückzuführen, von Gottes Gericht über die Menschen am Ende der Zeiten und von den Belohnungen und Strafen, die sich daraus ergeben.

Orthodoxe Muslime haben im Koran schon immer das Wort Gottes gesehen, das Muhammad in arabischer Sprache durch einen Engel zu verschiedenen Zeiten und in einer den Bedürfnissen der Gemeinde angemessenen Art geoffenbart wurde. Wenige Nichtmuslime würden diesen Glauben uneingeschränkt teilen. Im günstigsten Fall würden manche es für möglich halten, daß Muhammad in einem gewissen Sinn Eingebungen von außerhalb der menschlichen Welt erhalten hat. Aber sie werden behaupten, daß diese Eingebungen durch seine Persönlichkeit vermittelt und in seinen Worten ausgedrückt wurden. Diese Unterschiedlichkeit der Auffassungen kann nicht auf einem rein rationalen Weg aufgelöst werden; aber vielleicht können sich beide Seiten auf bestimmte Fragen einigen, die man legitimerweise zum Koran stellen darf.

Da ist zunächst die Frage danach, wann und wo er seine endgültige Form erhielt. Muhammad verkündete seinen Anhängern die Offenbarungen zu verschiedenen Zeiten, und sie bewahrten sie im Gedächtnis oder hielten sie schriftlich fest. Die meisten Gelehrten stimmen wohl darin überein, daß der Vorgang des Sammelns der unterschiedlichen Versionen und das Vorlegen eines allgemein anerkannten Textes in einer bestimmten Ordnung erst nach Muhammads Tod abgeschlossen wurde. Nach traditioneller Darstellung geschah das zur Zeit seines dritten Nachfolgers an der Spitze der Gemeinde – Uthman (644–56) –, aber es sind auch spätere Zeitpunkte genannt worden. Und einige muslimische Sekten beschuldigten andere, Material in den Text eingefügt zu haben, das nicht vom Propheten überliefert wurde.

Eine wichtigere Frage ist die nach der Originalität des Korans. Gelehrte haben versucht, ihn in den Kontext der Ideen der damaligen Zeit und seines Ursprungsortes zu stellen. Zweifellos finden sich im Koran Echos anderer Glaubenslehren: jüdische Ideen in seinen Doktrinen, Anklänge an die monastische Frömmigkeit des Ostchristentums im Ausmalen der Schrecken des Jüngsten Gerichts und in den anschaulichen Beschreibungen von Himmel und Hölle (aber nur wenige Bezüge zur christlichen Doktrin oder Liturgie); biblische Geschichten in anderen Versionen als die des Alten und Neuen Testaments und ein Widerhall der manichäischen Vorstellung von einer Folge von Offenbarungen, die verschiedenen Völkern zuteil wurden. Es finden sich im Koran auch Spuren einer heimischen, arabischen Tradition. Die Moralvorstellungen sind in mancher Hinsicht eine Weiterführung der damals in Arabien vorherrschenden Auffassung, obwohl sie in anderer mit ihnen brechen; die frühen Offenbarungen haben den Ton der Prophezeiungen arabischer Wahrsager und geben stammelnd Kunde von dem Gefühl einer Begegnung mit dem Übernatürlichen.

Solche Spuren der Vergangenheit müssen einen Muslim nicht bekümmern; er kann sie als Zeichen dafür betrachten, daß Muhammad am Ende einer Reihe von Propheten stand, die alle dieselbe Wahrheit verkündeten. Um wirkungsvoll zu sein, mochte die endgültige Offenbarung bereits bekannte und verstandene Worte und Bilder benutzen, und wenn Ideen oder Geschichten im Koran eine andere Form annahmen, lag das vielleicht daran, daß Anhänger der früheren Propheten die durch sie empfangene Botschaft entstellt hatten. Einige nichtmuslimische Wissenschaftler sind jedoch zu einer anderen Schlußfolgerung gelangt. Sie sagen, der Koran enthält wenig mehr als Entlehntes jener Vorstellungen und Ideen, die Muhammad in seiner Zeit und an seinem Ort zugänglich waren. Wer das behauptet, mißversteht jedoch, was Originalität bedeutet: Was immer von der religiösen Kultur der damaligen Zeit Übernommenes war, wurde so abgewandelt und umgeformt, daß für alle, die die Botschaft annahmen, die vertraute Welt neu erschaffen war.

Kapitel 2

Ein Reich wird geschaffen

Muhammads Nachfolger: die Eroberung eines Reiches

Muhammads Tod löste bei seinen Nachfolgern im ersten Augenblick Verwirrung aus. Abu Bakr, einer ihrer Führer, verkündete der Gemeinde: »O ihr Männer, wenn ihr Muhammad anbetet, ist Muhammad tot. Wenn ihr Gott anbetet, lebt Gott.« Aber auf Erden gab es eine Aufgabe, die zu erfüllen war. Es mußte ein Schiedsrichter bei Streitfällen und ein Entscheidungsträger innerhalb der Gemeinde gefunden werden. Muhammads Anhänger bestanden aus drei Gruppen: die frühen Gefährten, die ihn bei der *hidschra* begleitet hatten – diese Gruppe war durch Heiraten untereinander verbunden –, die einflußreichen Männer von Medina, die dort den Pakt mit ihm geschlossen hatten, und die in der Mehrzahl erst vor kurzem konvertierten Mitglieder der führenden Familien von Mekka. Bei einem Treffen der engen Gefolgsleute und Führer wurde ein Mann der ersten Gruppe zum Nachfolger (*chalifa* – daher das deutsche Wort »Kalif«) des Propheten gewählt: Abu Bakr, ein Gefährte der ersten Stunde, dessen Tochter A'ischa eine Frau des Propheten war.

Der Kalif war kein Prophet. Er war das Oberhaupt der Gemeinde, jedoch in keinem Sinne des Wortes ein Gesandter Gottes; er konnte nicht den Anspruch erheben, Verkünder weiterer Offenbarungen zu sein. Trotzdem umgab eine Aura der Heiligkeit und der Gotteswahl die Person und das Amt der frühen Kalifen; und diese Kalifen nahmen auch eine gewisse religiöse Autorität für sich in Anspruch. Abu Bakr und seine Nachfolger sahen sich bald aufgerufen, die Führung in einem größeren Umfang als Muhammad zu übernehmen. In Muhammads Lehre und Handeln lag implizit ein Universalismus: Der Prophet beanspruchte universale Autorität, der von ihm eingerichtete *haram* hatte keine natürlichen Grenzen; in seinen letzten Jahren waren militärische Expeditionen in die Grenzgebiete des Byzantinischen Reiches entsandt worden, und angeblich hatte Muhammad die

Herrscher der großen Reiche durch Emissäre aufgefordert, seine Botschaft anzunehmen. Nach seinem Tod drohten die Bündnisse zu zerbrechen, die er mit den Stammesführern geschlossen hatte. Einige wiesen nun seine Ansprüche auf das Prophetentum oder zumindest die politische Kontrolle durch Medina zurück. Um dieser Herausforderung zu begegnen, griff die Gemeinde unter Abu Bakr zu militärischen Aktionen (die Kriege der *ridda*). Zunächst wurde ein Heer geschaffen, und der Schwung siegreicher Schlachten trug die Krieger erst in die Grenzregionen der großen Reiche, und als sich der Widerstand dort als schwach erwies, in ihr Herz. Am Ende der Herrschaft des zweiten Kalifen, Umar ibn al-Chattab (634–44), waren ganz Arabien, ein Teil des Sasanidenreiches und die syrischen und ägyptischen Provinzen des Byzantinischen Reiches erobert; kurze Zeit später wurde der Rest des sasanidischen Gebietes besetzt.

In einem Zeitraum von wenigen Jahren waren die politischen Grenzen im Nahen Osten verändert worden, und das Zentrum des politischen Lebens hatte sich vom reichen, dicht bevölkerten Gebiet des Fruchtbaren Halbmondes in eine Kleinstadt verschoben, die am Rande der Welt von Reichtum und hoher Kultur lag. Der Wandel war so abrupt und unerwartet, daß er einer Erklärung bedarf. Von Archäologen entdecktes Material weist darauf hin, daß der Wohlstand und die Stärke der mediterranen Welt zerfielen, zum einen durch Barbareninvasionen, durch das Nachlassen landwirtschaftlicher Erträge und das Schrumpfen städtischer Märkte. Sowohl das byzantinische als auch das sasanidische Reich waren durch Pestepidemien und lange Kriege geschwächt. Byzanz hatte seine Kontrolle über Syrien erst nach dem Sieg über die Sasaniden im Jahre 629 wiederhergestellt, aber sie blieb zerbrechlich. Das arabische Heer, das in die beiden Reiche einmarschierte, war keineswegs eine Stammeshorde, sondern eine gut organisierte Streitmacht, und eine Anzahl der ihr angehörenden Soldaten hatte militärische Erfahrung im Dienste der großen Reiche oder während der Kämpfe nach dem Tod des Propheten erworben. Der Einsatz von Kamelen als Fortbewegungsmittel verschaffte ihnen einen Vorteil bei Feldzügen über große Entfernungen. Die Aussichten auf Land und Reichtum verbanden sie zu einer Interessengemeinschaft, und vielen verlieh die glühende Überzeugung, dem rechten Glauben zu dienen, eine besondere Art Stärke.

Vielleicht läßt sich jedoch eine andere Erklärung dafür finden, daß die Bevölkerung der unterworfenen Länder die arabische Herrschaft hinnahm. Für die meisten dieser Menschen machte es keinen Unterschied, ob sie von Iranern, Griechen oder Arabern regiert wurden. Die Herrschaft wirkte sich zum größten Teil nur auf das Leben in den Städten und ihrem direkten Hinterland aus. Und abgesehen von Beamten, von Angehörigen der Klassen, deren Interessen sich mit denen der Beamtenschaft verbanden, und den Hierarchien einiger religiöser Gemeinschaften interessierte es auch die Stadtbewohner vermutlich nicht sonderlich, wer über sie herrschte, solange sie sicher und friedlich lebten und die Steuern ein vernünftiges Maß nicht überschritten. Die Menschen auf dem Land und in der Steppe unterstanden ihren eigenen Anführern und hatten ihre eigenen Sitten und Gebräuche. Ihnen war es gleichgültig, wer in den Städten herrschte. Manchen brachte es sogar Vorteile, daß Griechen und Iraner durch die Araber ersetzt worden waren. Jenen, die als Häretiker in Opposition zur byzantinischen Macht standen, fiel es möglicherweise leichter, unter einem Herrscher zu leben, der den verschiedenen christlichen Gruppierungen unparteiisch gegenüberstand, besonders da die neue Religion, deren Doktrin und Glaubensgesetze noch nicht voll entwickelt waren, ihnen nicht fremd erscheinen mochte. In den Teilen Syriens und des Irak, die bereits von Volksstämmen arabischer Herkunft und Sprache bewohnt wurden, bereitete es den Anführern keine Schwierigkeiten, ihre Loyalität von den Kaisern auf die neue arabische Allianz zu übertragen, um so mehr, als sie vorher unter der Herrschaft der Lachmiden und Ghassaniden gestanden hatten, der arabischen Vasallenstaaten der beiden Großreiche, die nun verschwunden waren.

Mit der Erweiterung des unterworfenen Gebietes mußte sich auch die Form ändern, in der es regiert wurde. Die Eroberer übten ihre Macht von befestigten Feldlagern aus, in denen die arabischen Krieger stationiert waren. In Syrien befanden sich diese Lager in bereits bestehenden Städten, aber anderswo wurden neue Siedlungen gegründet: Basra und Kufa im Irak, Fustat in Ägypten (daraus entwickelte sich später Kairo) und andere an der nordöstlichen Grenze in Chorasan. Als Machtzentren waren diese Feldlager Anziehungspunkte für Einwanderer aus Arabien und den eroberten Ländern, und sie wuchsen und wurden Städte mit dem Statthalterpalast und der Moschee, dem öffentlichen Versammlungsplatz, als Mittelpunkt.

In Medina und den mit ihr durch Landverbindungen verknüpften Heerlager-Städten lag die Macht in den Händen einer neuen herrschenden Gruppe. Einige ihrer Angehörigen waren Gefährten des Propheten, frühe und treue Gefolgsleute, aber ein Großteil entstammte Familien aus Mekka und der nahe gelegenen Stadt Ta'if. Dies waren Männer von hohem militärischen und politischen Geschick. Als die Eroberungen andauerten, vergrößerte sich diese Gruppe durch Mitglieder führender Nomadensippen, wozu auch jene gehörten, die nach dem Tod des Propheten versucht hatten, die Herrschaft Medinas abzuschütteln. Die verschiedenen Gruppierungen vermischten sich bis zu einem gewissen Grad miteinander. Der Kalif Umar schuf ein Entlohnungssystem für alle, die im Namen des Islam gekämpft hatten. Es war nach militärischem Rang und dem Zeitpunkt des Übertritts abgestuft und verstärkte den Zusammenhalt der herrschenden Elite oder zumindest die Absonderung von denen, über die sie herrschte. Zwischen den neureichen Mitgliedern der Elite und den ärmeren Volksgruppen gab es schon seit früher Zeit Anzeichen von Spannungen.

Trotz des grundsätzlichen Zusammenhalts war die Gruppe durch persönliche Differenzen und Fraktionsinteressen gespalten. Die alten Gefährten des Propheten betrachteten die später Bekehrten, die die Macht mit ihnen teilten, mit Mißtrauen. Ansprüche, die sich auf eine frühe Bekehrung und enge Bindungen an Muhammad beriefen, stießen mit Ansprüchen zusammen, die auf Adel, alter und ehrwürdiger Abstammung gründeten. Die Bewohner von Medina erlebten, daß die Macht sich mehr und mehr in den Norden verschob, in die reicheren und dichter bevölkerten Länder Syrien und Irak, wo die Statthalter versuchten, sich von Medina unabhängig zu machen.

Diese Spannungen drängten unter der Herrschaft von Uthman ibn Affan (644–56), des dritten Kalifen, an die Oberfläche. Er wurde von einer kleinen Gruppe von Quraisch gewählt, nachdem der Kalif Umar aus persönlicher Rache ermordet worden war. Er schien Hoffnungen auf die Versöhnung der rivalisierenden Fraktionen zu bieten, denn er gehörte zum Kern der Quraisch, hatte sich aber früh zum Islam bekannt. Er betrieb jedoch Familienpolitik und ernannte Mitglieder seiner Sippe zu Provinzstatthaltern, was den Widerstand sowohl der Söhne der Prophetengefährten in Medina als auch von A'ischa, der Witwe des Propheten, und von Gruppen in Kufa und Fustat heraufbeschwor. Auch einige Stämme lehnten sich gegen die Herrschaft der Männer aus Mekka auf. Unruhen in Medina, bei denen die Widerstandsgruppen durch Krieger aus Ägypten unterstützt wurden, führten 656 zu Uthmans Ermordung.

Damit begann die erste Periode des Bürgerkriegs innerhalb der Gemeinde. Der nächste Anwärter auf das Kalifat, Ali ibn Abi Talib (656–61), war ein Quraischit, ein Frühbekehrter und Vetter Muhammads, der mit dessen Tochter Fatima verheiratet war. Er sah sich einer doppelten Opposition gegenüber. Uthmans Sippe stellte sich gegen ihn, aber das taten auch andere, die die Gültigkeit seiner Wahl anzweifelten. Der Machtkampf in Medina wurde in die Heerlager getragen. Ali erklärte sich in Kufa selbst zum Kalifen, die Dissidenten setzten sich in Basra fest. Er besiegte sie, stand dann aber sofort vor einer neuen Herausforderung aus Syrien. Der

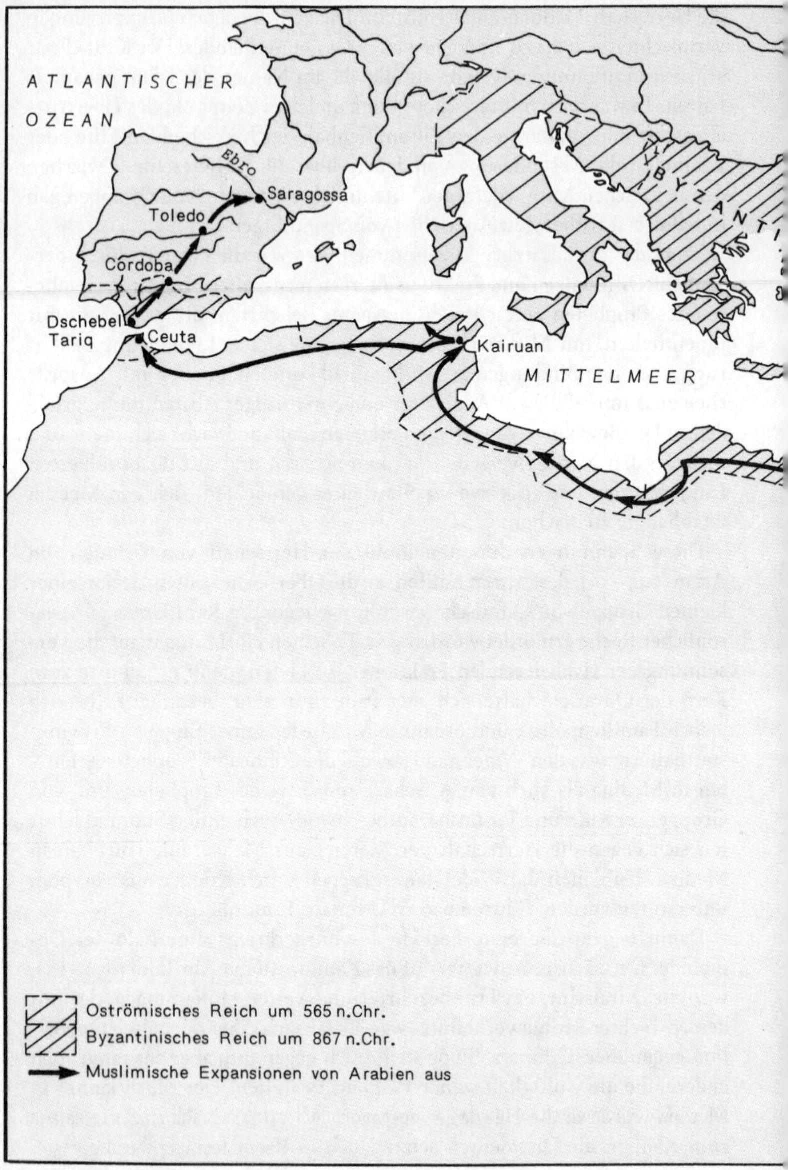

Die Expansion des islamischen Reiches.

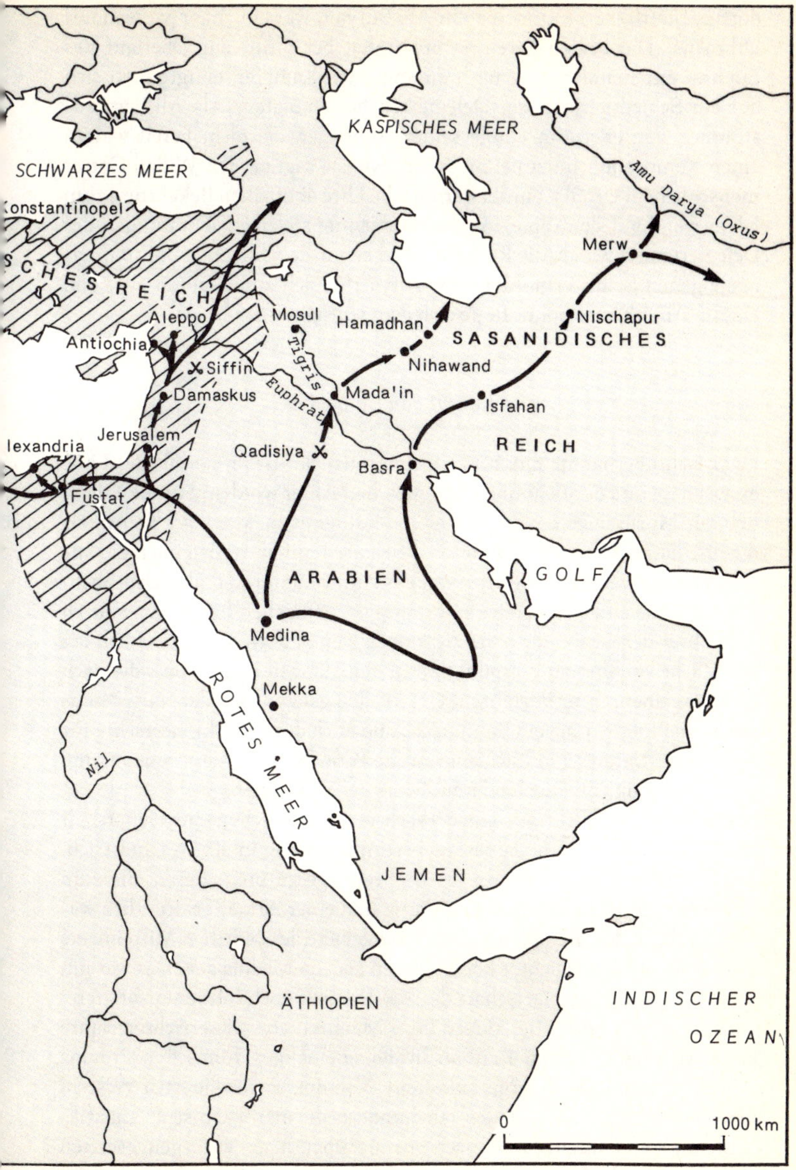
SCHWARZES MEER
KASPISCHES MEER
Konstantinopel
SCHES REICH
Aleppo
Antiochia
Siffin
Damaskus
Jerusalem
lexandria
Fustat
Mosul
Tigris
Euphrat
Hamadhan
Nihawand
Mada'in
Qadisiya
Basra
SASANIDISCHES
REICH
Isfahan
Nischapur
Merw
Amu Darya (Oxus)
GOLF
ARABIEN
Medina
Mekka
ROTES MEER
Nil
JEMEN
ÄTHIOPIEN
INDISCHER
OZEAN
0
1000 km

dortige Statthalter, Mu'awiya ibn Abi Sufyan, war ein enger Verwandter Uthmans. Die beiden Streitmächte trafen bei Siffin am Oberlauf des Euphrat aufeinander, aber nach anfänglichen Kämpfen einigte man sich auf ein Schiedsgericht von Delegierten beider Seiten. Als Ali dem zustimmte, verließen ihn einige seiner Anhänger, die nicht bereit waren, einen Kompromiß hinzunehmen und, wie sie sagten, den Willen Gottes menschlichem Urteil zu unterwerfen; die Ehre der frühen Bekehrung zum Islam stand auf dem Spiel. Während der monatelangen Beratungen der Delegierten schwand Alis Rückhalt, und er wurde schließlich in Kufa, seiner eigenen Stadt, ermordet. Mu'awiya rief sich zum Kalifen aus, und Hasan, Alis ältester Sohn, fügte sich dem stillschweigend.

Das Kalifat von Damaskus

Die Machtübernahme durch Mu'awiya (661–80) ist immer als das Ende einer Phase und der Beginn einer neuen betrachtet worden. Für die Mehrheit der Muslime gelten die vier ersten Kalifen, von Abu Bakr bis Ali, als die *raschidun*, die »Rechtgeleiteten«. Spätere Kalifen werden in einem anderen Licht gesehen. Zum einen war das Amt von nun an praktisch erblich. Der Gedanke einer Wahl oder zumindest der offiziellen Bestätigung durch die Führer der Gemeinde lebte zwar noch weiter, doch in Wirklichkeit lag die Macht von diesem Zeitpunkt an in den Händen einer Sippe, die nach Umaiya, einem ihrer Vorfahren, Umaiyaden genannt wurde. Nach Mu'awiyas Tod folgte ihm sein Sohn nach, und auch dessen Sohn herrschte für kurze Zeit. Daran schloß sich eine zweite Periode des Bürgerkriegs an, und der Thron ging auf einen anderen Zweig der Sippe über.

Das bedeutete nicht nur einen Wechsel der Herrscher. Zur Hauptstadt des Reiches wurde nun Damaskus bestimmt. Es lag in einem Landstrich, der fruchtbar genug war, um die Mehrerträge zu produzieren, die zum Unterhalt eines Hofes, einer Regierung und einer Armee erforderlich waren. Und von dort ließen sich die Küstengebiete des östlichen Mittelmeers und ihr Hinterland leichter kontrollieren als von Medina aus. Das war um so wichtiger, als die Herrschaft des Kalifen sich noch immer ausbreitete. Muslimische Streitkräfte stießen zum Maghreb vor. Sie errichteten ihre erste wichtige Garnison Kairuan in der ehemaligen römischen Provinz Afrika (Ifriqiya, das heutige Tunesien). Von dort zogen sie nach Westen, erreichten am Ende des siebten Jahrhunderts die marokkanische Atlantikküste und setzten bald darauf nach Spanien über. In der entgegengesetzten Richtung wurde das Gebiet östlich von Chorasan bis zum Oxus erobert, und es kam zu den ersten muslimischen Vorstößen in das nordwestliche Indien.

Ein solches Reich verlangte einen neuen Regierungsstil. Unter späteren Generationen, nach Ablösung der Umaiyaden durch eine ihnen feindliche Dynastie, herrschte die weitverbreitete Ansicht, die Umaiyaden hätten vor allem nach von Eigeninteressen diktierten weltlichen Zielen gehandelt – im Gegensatz zu den früheren Kalifen, denen es nur um die Verbreitung des Islam gegangen sei. Gerechter wäre es zu sagen, daß die Umaiyaden vor dem Problem standen, ein großes Reich zu verwalten, und sich deshalb auf die Kompromisse der Macht einlassen mußten. Die ehemaligen arabischen Stammesführer entwickelten allmählich einen Lebensstil, der sich an die Gepflogenheiten der Herrscher des Nahen Ostens anlehnte, sie empfingen Gäste und Untertanen bald mit dem Zeremoniell byzantinischer Kaiser oder iranischer Könige. Die ursprünglichen arabischen Heere wurden durch bezahlte stehende Armeen ersetzt. Eine neue herrschende Gruppe bildete sich aus Heerführern und Stammesoberhäuptern. Die führenden Familien von Mekka und Medina verloren ihre Bedeutung, denn sie waren dem Sitz der Macht fern, und sie versuchten mehr als einmal zu revoltieren. Auch die Loyalität der irakischen Städte war fragwürdig; sie mußten von starken, dem Kalifen treu ergebenen Statthaltern unter Kontrolle gehalten werden. Die Herrscher waren nun Städter mit seßhafter Lebensweise und standen Ansprüchen auf Macht und Führung, die sich auf Stammessolidarität gründeten, ablehnend gegenüber. »Ihr stellt Verwandtschaft über den Glauben«, warnte der erste Umaiyaden-Statthalter des Irak seine Untertanen, und Haddschadsch, einer seiner Nachfolger, zeigte der Stammesaristokratie und ihren Anhängern gegenüber noch größere Strenge.

Die bewaffnete Macht lag zwar in neuen Händen, aber die Finanzverwaltung blieb unverändert. Ihre Sekretäre rekrutierten sich aus den Gruppen, die früheren Herrschern gedient hatten; im Westen des Reiches waren es Griechen, im Osten Perser, die Pahlevi sprachen. Nach 690 wurde Arabisch zur Amtssprache erhoben, aber das bedeutete wahrscheinlich keine große Veränderung in Beamtenapparat und Verwaltungspraxis. Mitglieder der Sekretärsfamilien, die Arabisch sprachen, arbeiteten weiterhin in der Verwaltung, und besonders in Syrien traten viele von ihnen zum Islam über.

Die neuen Herren etablierten sich nicht nur in den Städten, sondern auch in den ländlichen Gebieten Syriens. Sie übernahmen Domänen oder Güter, deren Besitzer geflohen waren – besonders in den Gegenden des Landesinnern, die sich zur nordarabischen Steppe öffneten. Sie scheinen die Bewässerungsanlagen und die Anbaumethoden, die sie vorfanden, sorgsam bewahrt zu haben, und die Paläste und Häuser, die sie als Zentren der ökonomischen Kontrolle errichteten, folgten in Anlage und Ausgestaltung dem Stil der von ihnen vertriebenen herrschenden Schicht. Sie besaßen Audienzsäle und Bäder, Mosaikfußböden und reich geschmückte Türen und Decken.

In dieser und anderer Hinsicht mögen die Umaiyaden den Barbarenkönigen des weströmischen Reiches ähnlich erscheinen – nervöse Siedler in einer fremden Welt, die ständig den Schutz ihrer bewaffneten Macht brauchten. Einen Unterschied gab es jedoch. Die Herren im Westen hatten wenig Eigenes mitgebracht, was sie der Kraft der lateinisch-christlichen Kultur entgegensetzen konnten, in die sie hineingezogen wurden. Die arabische Herrscherschicht brachte etwas mit, was sie inmitten der Hochkultur des Nahen Ostens bewahren sollte, und das sich, durch diese Kultur modifiziert und entwickelt, als Idiom erweisen sollte, durch das es sich künftig selbst ausdrückte: der Glaube an eine Offenbarung, die Gott dem Propheten Muhammad in der arabischen Sprache gesandt hatte.

Die neue Ordnung bewies ihre Dauerhaftigkeit und ihre Eigenständigkeit zum ersten Mal klar und deutlich in den neunziger Jahren des siebten Jahrhunderts, während der Regierungszeit des Kalifen Abd al-Malik (685–705). Mit der Einführung des Arabischen als Verwaltungssprache kam ein neuer Münztypus in Umlauf, und das war bedeutsam, denn Münzen sind Symbole von Macht und Identität. Anstelle der Münzen mit Menschendarstellungen, die von den Sasaniden übernommen oder von den Umaiyaden in Damaskus geschlagen worden waren, prägte man neue Münzen, die nur Aufschriften trugen. Sie verkündeten in Arabisch die Einzigkeit Gottes und die Wahrheit der Religion, die sein Gesandter den Menschen gebracht hatte.

Noch wichtiger war die Errichtung von Monumentalbauten, die in sich eine öffentliche Erklärung dafür waren, daß es sich bei der von Muhammad verkündeten Offenbarung um die endgültige und vollständigste handelte und daß sein Reich ewig bestehen werde.

Die ersten Bauwerke für das Gemeinschaftsgebet (*masdschid*, daher das über das spanische *mesqita* abgeleitete deutsche Wort Moschee) dienten auch der Zusammenkunft der ganzen Gemeinde zur Erledigung öffentlicher Angelegenheiten. Sie unterschieden sich äußerlich nicht von anderen Gebäudetypen. In manchen Fällen handelte es sich sogar um alte, zu diesem Zweck umgebaute Gebäude, während andere im Zentrum muslimischer Siedlungen neu errichtet wurden. Die heiligen Stätten der Juden und Christen beeinflußten indessen die Vorstellungen der neuen Herren immer noch. Umar hatte Jerusalem nach der Einnahme besucht, und Mu'awiya war dort zum Kalifen ausgerufen worden. Nach 690 entstand in Jerusalem der erste Großbau, der Felsendom. Er machte deutlich, daß der Islam eine eigenständige Religion war und von Dauer sein würde. Er wurde auf dem Platz des jüdischen Tempels von Jerusalem errichtet, der in einen muslimischen *haram* umgewandelt worden war und vorübergehend den Pilgern diente, die den Felsen umschritten, den Ort, an dem Gott nach jüdischer Überlieferung von Abraham verlangt hatte, seinen Sohn Isaak zu opfern. Man hat die Errichtung des Doms an dieser Stelle überzeugend als einen symbolischen Akt interpretiert, durch den der Islam in die Nachfolge Abrahams gestellt wurde und der ihn vom Christentum und dem Judaismus loslöste. Die Inschriften im Innern, die frühesten bekannten Darstellungen von Korantexten, künden von der Größe Gottes »des Mächtigen, des Weisen«. Sie erklären, daß »Gott und seine Engel den Propheten segnen«, und fordern die Christen auf, Jesus als einen Apostel Gottes, als sein Wort und seinen Geist, nicht aber als seinen Sohn[1] anzuerkennen.

Ein wenig später begann der Bau einer Reihe großer Moscheen, die in ihrer Anlage den Erfordernissen des rituellen Gebetes gerecht wurden: in Damaskus und Aleppo, in Medina und Jerusalem, später auch in Kairuan, dem ersten arabischen Zentrum des Maghreb, und in Cordoba, der arabischen Hauptstadt in Spanien. Allen liegt im wesentlichen derselbe Plan zugrunde: Ein offener Innenhof führt zu einem überdachten Raum, der so angelegt ist, daß die langen Reihen der Gläubigen unter Anleitung eines Vorbeters (*imam*) ihr Gebet in Richtung Mekka verrichten können. Eine Nische (*mihrab*) kennzeichnet die Mauer, auf die sie blicken, und nahebei befindet sich eine Kanzel (*minbar*), wo freitags beim Mittagsgebet eine kurze Predigt gehalten wird. Dem Gebäude angefügt oder in seiner Nähe ist das Minarett, von dem der Muezzin (*mu'adhdhin*) zu den festgesetzten Zeiten die Gläubigen zum Gebet ruft.

Solche Gebäude waren nicht nur Zeichen einer neuen Macht, sondern Symbole des Wachsens einer neuen, eigenständigen Gemeinde. Von der Religion einer herrschenden Gruppe weitete sich der Glaube an die Muhammad geschenkte Offenbarung allmählich aus. Wir wissen wenig von diesem Vorgang und können nur Vermutungen darüber anstellen, wie er verlief. Araber, die bereits in Syrien oder im Irak lebten, mochten die Lehre aus Solidarität mit den neuen Herrschern ohne Schwierigkeiten annehmen (Teile eines Stammes, die Ghassaniden, taten es allerdings nicht). Beamte und Würdenträger, die für die neuen Herren arbeiteten, nahmen deren Glauben vielleicht aus Eigeninteresse oder einem natürlichen Drang zur Macht an; das mochte ebenso für Gefangene der Eroberungszüge oder sasanidische Krieger gelten, die sich den Arabern angeschlossen hatten. Wer sich in den neuen Städten niederließ, bekehrte sich vielleicht, um die besonderen Steuern nicht bezahlen zu müssen, die Nichtmuslimen auferlegt waren. Zoroastrianern, den Anhängern der alten persischen Religion, fiel es möglicherweise leichter als den Christen, Muslime zu werden, denn mit dem Ende der sasanidischen Herrschaft war ihre Kirche schwach geworden. Manche Christen fühlten sich unter dem Eindruck der Kontroversen über das Wesen Gottes und die Offenbarung von der Schlichtheit frühmuslimischer Reaktionen auf solche Fragen angezogen, die sich im großen und ganzen innerhalb der gleichen Gedankenwelt bewegten. Das Fehlen einer muslimischen Kirche oder eines komplizierten Rituals der Bekehrung, die Möglichkeit, sie mit wenigen schlichten Worten zu vollziehen, machte den Übertritt leicht. Wie einfach dieser Akt auch gewesen sein mag, er beinhaltete etwas Besonderes – die Bereitschaft anzuerkennen, daß den Menschen die Offenbarung in der arabischen Sprache geschenkt worden war. Und zusammen mit der Notwendigkeit des Umgangs mit arabischen Herrschern, Kriegern und Grundbesitzern führte das wahrscheinlich auch zur Übernahme des Arabischen als Alltagssprache. Überall, wohin der Islam kam, verbreitete sich die arabische Sprache. Dieser Vorgang war jedoch immer noch relativ neu. Außerhalb Arabiens herrschten die Umaiyaden über Länder, in denen der größte Teil der Bevölkerung nicht muslimisch war und nicht Arabisch sprach.

Die wachsende Größe und Stärke der muslimischen Gemeinde wirkte sich für die Umaiyaden nicht günstig aus. Syrien, ihr Kernland, war ein schwaches Glied in der Kette der Länder, die dem Reich einverleibt waren. Im Gegensatz zu den neugegründeten Städten im Iran, Irak und in Afrika waren die Städte Syriens älter als der Islam, und ihr Alltagsleben blieb von ihren Herrschern relativ unabhängig. Der syrische Handel litt schwer unter der Trennung von Anatolien, das in byzantinischer Hand blieb und jenseits einer neuen Grenze lag, an der wegen kriegerischer Auseinandersetzungen zwischen Arabern und Byzantinern häufig Unruhe herrschte.

Die Hauptstärke der muslimischen Gemeinde lag weiter östlich. Die irakischen Städte wuchsen durch Zuwanderer aus dem Iran und der Arabischen Halbinsel. Sie konnten sich den Reichtum der fruchtbaren, bewässerten Landstriche des südlichen Irak zunutze machen, wo sich bereits Araber als Grundbesitzer niedergelassen hatten. In diesen neuen Städten lebten mehr Araber als in den Städten Syriens, und das urbane Leben wurde bereichert durch Mitglieder der ehemaligen herrschenden Klasse des Iran, von der viele Beamte und Steuereinnehmer übernommen worden waren.

Ein ähnlicher Prozeß lief in Chorasan ab, im fernen Nordosten des Reiches. Bis Chorasan war der Islam bei seiner Expansion nach Zentralasien vorgedrungen, und in diesem Außenposten gab es große Garnisonen. Das für Ackerbau und Weidegründe geeignete Land zog auch hier arabische Siedler an. Schon sehr früh lebte deshalb dort ein verhältnismäßig hoher arabischer Bevölkerungsanteil Seite an Seite mit den Iranern, deren alte und herrschende Klasse der Grundbesitzer ihre Stellungen behielt. Es kam allmählich zu einer Art Symbiose. Die Araber, die keine aktiven Kämpfer mehr waren und sich auf dem Land oder in den Städten – Nischapur, Balch und Marv – ansiedelten, wurden in die iranische Gesellschaft aufgenommen, und Iraner fanden Zutritt zur herrschenden Gruppe der Araber.

Das Wachstum muslimischer Gemeinden in den östlichen Städten und Provinzen führte zu Spannungen. Persönlicher Ehrgeiz, lokale Mißstände und Parteienkonflikte trugen dazu bei, daß es auf vielen Ebenen zu Auseinandersetzungen kam – Volks- und Stammeszugehörigkeit spielten dabei ebenso eine Rolle wie die Religion. Natürlich ist es aus dem großen zeitlichen Abstand schwer zu entscheiden, wo genau die Unruheherde lagen. Da gab es zunächst unter den zum Islam Konvertierten, ganz besonders unter den Iranern, Verstimmung wegen der steuerlichen und anderen Privilegien für Einwohner arabischer Herkunft; der Unmut wuchs, als die Erinnerungen an die ersten Eroberungszüge verblaßten. Manche Konvertiten schlossen sich als »Klienten« (*mawali*) arabischen Stammesführern an, doch auch das verwischte die Trennungslinie zwischen ihnen und den Arabern nicht ganz.

Die Spannungen zeigten sich auch in Form von Stammesgegensätzen. Die Krieger der aus Arabien kommenden Heere brachten ihre Stammesloyalitäten mit, und unter den neuen Bedingungen konnten diese sogar noch erstarken. In den Städten und Dörfern der Zugewanderten lebten Gruppen, die sich auf eine gemeinsame Herkunft beriefen, auf engerem Raum zusammen als in der arabischen Steppe; starke Führer adliger Abstammung konnten mehr Anhänger um sich scharen. Die Existenz einer geeinten politischen Struktur ermöglichte es Führern und Gruppen, sich über weite Gebiete hinweg miteinander zu verbinden, und schuf manchmal gemeinsame Interessen. Beim Kampf um die Kontrolle der Zentralregierung konnte man sich Stammesnamen und die Loyalitäten, für die sie standen, zunutze machen. Ein Zweig der Umaiyaden war durch Heirat mit den Banu Kalb verbunden, die sich bereits vor der Eroberung Syriens dort angesiedelt hatten. Nach dem Tod von Mu'awiyas Sohn unterstützte eine Gruppe anderer Stämme im Kampf um die Nachfolge einen Prätendenten, der nicht zu den Umaiyaden gehörte. Wenn es das gemeinsame Interesse erforderte, wurde sogar die Idee einer gemeinsamen Herkunft jener

Stämme beschworen, die für sich in Anspruch nahmen, aus Zentralarabien oder dem Süden zu kommen. (Ihre Namen, Qais und Yaman, hielten sich als Symbole lokalen Konflikts in manchen Teilen Syriens bis in unser Jahrhundert.)

Von nachhaltigerer Bedeutung waren die Kontroversen über die Nachfolge im Kalifat und das Wesen der Autorität in der muslimischen Gemeinde. Den Ansprüchen Mu'awiyas und seiner Sippe stellten sich zwei Gruppen entgegen, die jedoch beide so amorph waren, daß man sie besser als Strömungen bezeichnet. Da gab es zunächst die verschiedenen, unter dem Namen Charidschiya zusammengefaßten Gruppen. Sie widersetzten sich den Ansprüchen von Stammesführern und erklärten, es gebe im Islam keinen Vorrang außer dem der Tugend. Nur der würdigste Muslim dürfe als *imam* herrschen, und wenn er vom rechten Weg abirre, sei ihm der Gehorsam zu verweigern. Uthman hatte den Ansprüchen seiner Sippe Priorität eingeräumt, und Ali hatte in dieser prinzipiellen Frage einem Kompromiß zugestimmt; deshalb waren sie beide im Unrecht gewesen. Nicht alle dieser Oppositionsgruppen zogen daraus dieselbe Schlußfolgerung; manche fanden sich zunächst mit der Herrschaft der Umaiyaden ab, andere rebellierten gegen sie, und wieder andere vertraten den Standpunkt, wahre Gläubige sollten versuchen, durch eine neue *hidschra* eine tugendhafte Gesellschaft an einem fernen Ort zu gründen.

Die andere dissidente Gruppe stützte die Herrschaftsansprüche der Prophetenfamilie. Diese Idee konnte die verschiedensten Formen annehmen. Auf lange Sicht erwies sich jene Form als die wichtigste, die Ali und seine Nachkommen als legitime Oberhäupter oder Imame der Gemeinde betrachtete. Um diese Vorstellung rankten sich andere, von denen manche den religiösen Kulturen der unterworfenen Länder entnommen waren. Danach hatten der Kalif Ali und seine Erben durch Übermittlung Muhammads eine besondere Beschaffenheit der Seele erhalten sowie eine besondere Kenntnis der inneren Bedeutung des Korans; in gewisser Hinsicht waren sie deshalb sogar übermenschlich. Einer der Nachkommen des Propheten, so glaubten sie, werde eines Tages auftreten und die Herrschaft der Gerechtigkeit einsetzen. Die Erwartung der Ankunft eines *mahdi*, »dessen, der geführt wird«, findet sich schon früh in der islamischen Geschichte. Im Jahr 680 zog Husain, Alis zweiter Sohn, mit einer kleinen Schar Verwandter und Gefolgsleute in den Irak, denn er hoffte, in der Umgebung von Kufa und in der Stadt selbst Unterstützung zu finden. Er fiel in einem Gefecht bei Kerbela im Irak. Sein Tod gab den Parteigängern Alis (der *schi'at Ali* oder Schiiten) die Kraft der Erinnerung an ein Martyrium. Einige Jahre später kam es zu einer anderen ebenfalls scheiternden

Revolte zugunsten von Muhammad ibn al-Hanafiya, eines anderen Sohnes von Ali, allerdings nicht von Fatima.

In den ersten Jahrzehnten des achten Jahrhunderts unternahmen die Umaiyaden eine Reihe von Bemühungen, oppositionelle Bewegungen dieser Art zu unterdrücken und die Schwierigkeiten zu bewältigen, die mit der Herrschaft über ein so riesiges und heterogenes Reich verbunden waren. Es gelang ihnen, die fiskalischen und militärischen Grundlagen ihrer Herrschaft vorübergehend zu stärken. Dann aber, in den vierziger Jahren, zerbrach ihre Macht unvermittelt in einem Bürgerkrieg an einem Bündnis von Gruppierungen mit unterschiedlichen Zielsetzungen, die jedoch die gemeinsame Opposition gegen die Umaiyaden einte.

Die Feinde der Umaiyaden waren im Osten des Reiches stärker als im Westen, ganz besonders unter den arabischen Siedlergruppen in Chorasan, deren Assimilation an die dortige iranische Gesellschaft bereits im Gang war, und unter den iranischen »Klienten«. Dort wie anderswo sympathisierten weite Kreise mit den Schiiten, waren aber zunächst kaum organisiert.

Eine wirkungsvolle Führung der Oppositionsgruppen stellte dann aber ein anderer Zweig der Prophetenfamilie, die Nachkommen seines Onkels Abbas. Mit dem Anspruch, der Sohn von Muhammad ibn al-Hanafiya habe ihnen sein Nachfolgerecht übertragen, bauten sie von ihren Stammsitzen am Rand der syrischen Wüste aus eine organisierte Bewegung auf, deren Mittelpunkt Kufa war. Zu ihrem Vertreter in Chorasan bestimmten sie Abu Muslim, einen Mann von unbekannter, möglicherweise persischer Herkunft. Ihm gelang es, die verschiedenen arabischen und anderen oppositionellen Gruppen zu koordinieren und ein Heer aufzustellen. Unter dem schwarzen Banner, das zum Symbol der Bewegung werden sollte, und im Namen der Familie des Propheten begann der Aufstand. Da kein Familienmitglied namentlich erwähnt wurde, weitete sich die Unterstützung für die Bewegung aus. Das Heer zog von Chorasan nach Westen, und die Umaiyaden wurden 749–50 in mehreren Schlachten geschlagen. Marwan II., der letzte Kalif der Dynastie, wurde bis nach Ägypten verfolgt und dort getötet. Inzwischen hatte man den ungenannten Abkommen Muhammads in Kufa zum Kalifen ausgerufen. Es war Abul-Abbas, kein Nachkomme von Ali, sondern von Abbas.

Der Historiker at-Tabari (839–923) hat beschrieben, wie die Ernennung verkündet wurde. Dawud, der Bruder von Abul-Abbas, stand in der Moschee von Kufa auf den Stufen der Kanzel und sprach zu den Gläubigen:

»Gepriesen sei Gott, voll Dankbarkeit, Dankbarkeit und noch mehr Dankbarkeit! Gepriesen sei der, der unsere Feinde vernichtet und uns unser Erbe von Muhammad unserem Propheten zurückgegeben hat. Gottes Segen und Friede seien mit ihm! O ihr Menschen, nun sind die dunklen Nächte der Welt vertrieben, ihre Decke ist gelüftet, nun überflutet Licht die Erde und den Himmel, und die Sonne erhebt sich von den Quellen des Tages, während der Mond an dem ihm zugewiesenen Platz aufgeht. Er, der den Bogen gefertigt hat, nimmt ihn wieder auf, und der Pfeil kehrt zu ihm zurück, der ihn abgeschossen hat. Das Recht ist dorthin zurückgekehrt, wo es entsprang, unter die Menschen vom Hause eures Propheten, Menschen voller Barmherzigkeit und Erbarmen mit euch und voll Wohlwollen euch gegenüber [...] Gott hat euch erblicken lassen, worauf ihr gewartet und worauf ihr euch gefreut habt. Er hat einen Kalifen aus der Sippe Haschims unter euch erscheinen lassen, und damit eure Gesichter erhellt und euch über das syrische Heer siegen lassen und auf euch die Herrschaft und den Glanz des Islam übertragen [...] Hat je ein Nachfolger des Gesandten Gottes diesen euren *minbar* bestiegen außer dem Befehlshaber der Gläubigen, Ali ibn Abi Talib, und dem Befehlshaber der Gläubigen Abdallah-ibn-Muhammad?« – und er wies mit der Hand auf Abul-Abbas.[2]

Das Kalifat von Bagdad

Eine neue Dynastie hatte damit die Macht ergriffen, und der Irak löste nun Syrien als Zentrum des muslimischen Kalifats ab. Die Macht von Abul-Abbas (749–54) und seinen Nachfolgern, die nach ihrem Vorfahren als Abbasiden bezeichnet werden, lag weniger in den östlichen Mittelmeerländern oder im Hedschaz, ihrer südlichen Verlängerung, als in den ehemaligen sasanidischen Territorien: dem südlichen Irak, den Oasen und Hochebenen des Iran, in Chorasan und dem Land weiter östlich davon bis nach Zentralasien. Es fiel dem Kalifen schwerer, den Maghreb zu regieren, aber das war auch weniger wichtig.

In mancher Hinsicht unterschied sich die Herrschaft der Abbasiden nicht sehr von der Herrschaft der letzten Umaiyaden. Sie standen von Anfang an vor dem unvermeidlichen Problem einer neuen Dynastie und der damit verbundenen Frage: Wie ließ sich die beschränkte Macht, die ein unsicheres Bündnis unterschiedlicher Interessen bietet, stabilisieren und dauerhaft machen? Die Abbasiden waren durch den Zusammenschluß von Kräften auf den Thron gekommen, die nur die Opposition gegen die Umaiyaden einte, und nun mußte die Machtstruktur innerhalb der Koalition geklärt werden. Der neue Kalif befreite sich als erstes von den Männern, die ihn an die Macht gebracht hatten. Abu Muslim und andere wurden ermordet. Auch innerhalb der Familie entstanden Konflikte. Zunächst wurden Angehörige zu Statthaltern ernannt, doch einige erwiesen sich als zu mächtig, und innerhalb einer Generation entstand eine neue herrschende Elite hoher Beamter. Ein Teil entstammte iranischen Familien, die traditionell im Staatsdienst standen und nun zum Islam konvertiert waren; andere kamen vom Hof des Herrschers, einige darunter waren freigelassene Sklaven.

Zur Konzentration der Macht in der Hand des Herrschers kam es unter den Nachfolgern von Abul-Abbas, besonders unter al-Mansur (754–75) und Harun ar-Raschid (786–809), und sie drückte sich in der Gründung einer neuen Hauptstadt aus – Bagdad. At-Tabari berichtet die Geschichte von Mansurs Besuch am Ort der künftigen Stadt.

> Er erreichte die Gegend der Brücke und überquerte den Fluß dort, wo sich heute Qasr as-Salam befindet. Danach verrichtete er das Nachmittagsgebet. Es war Sommer, und an der Stelle des Palastes stand damals die Kirche eines Priesters. Dort übernachtete er, und als er am nächsten Morgen erwachte, hatte er die wohltuendste und unbeschwerteste Nacht der Welt verbracht. Er blieb, und alles, was er sah, gefiel ihm. Dann sagte er: »An dieser Stelle werde ich die Stadt bauen. Auf dem Euphrat, dem Tigris und einem Netz von Kanälen kann alles hierhergebracht werden. Nur ein solcher Ort wird das Heer und die Bevölkerung ernähren können.« Also steckte er sie ab, bestimmte Geld für ihren Bau und legte mit eigener Hand den ersten Ziegelstein. Dabei sprach er: »Im Namen Gottes, und gepriesen sei Er. Die Erde ist Gottes. Er übergibt sie als Erbe dem unter seinen Dienern, den er bestimmt, und die Früchte, die daraus erwachsen, sind für alle, die ihn fürchten.« Dann sagte er: »Baut, und Gott segne euch!«[3]

Bagdad lag an einem Punkt, wo Euphrat und Tigris eng nebeneinander fließen; dank eines Kanalsystems war ein fruchtbares Anbaugebiet entstanden, das Nahrung für eine große Stadt produzieren und Abgaben für die Regierung leisten konnte. Es lag an strategischen Routen, die nach Iran und weiter zur Dschezira im Nordirak führten, wo Getreide angebaut wurde, und nach Syrien und Ägypten, wo die Loyalität zu den Umaiyaden nach wie vor groß war. Bagdad war eine neue Stadt, und das befreite die Herrscher von dem Druck, den die arabischen Muslime in Kufa und Basra ausüben konnten. Nach einer alten Tradition, die die Herrscher des Nahen Ostens von ihren Untertanen fernhielt, drückte sich in der Stadtplanung die Erhabenheit und die Distanz des Kalifen aus. Im Mittelpunkt, am Westufer des Tigris, lag die »Runde Stadt« mit dem Palast, den Kasernen und Amtsgebäuden; vor ihren Mauern befanden sich Märkte und Wohnquartiere.

In seiner Beschreibung des Empfangs einer byzantinischen Gesandtschaft durch den Kalifen al-Muqtadir im Jahr 917 erweckt al-Chatib al-Baghdadi (1002–71), der Historiograph Bagdads, die Pracht und das

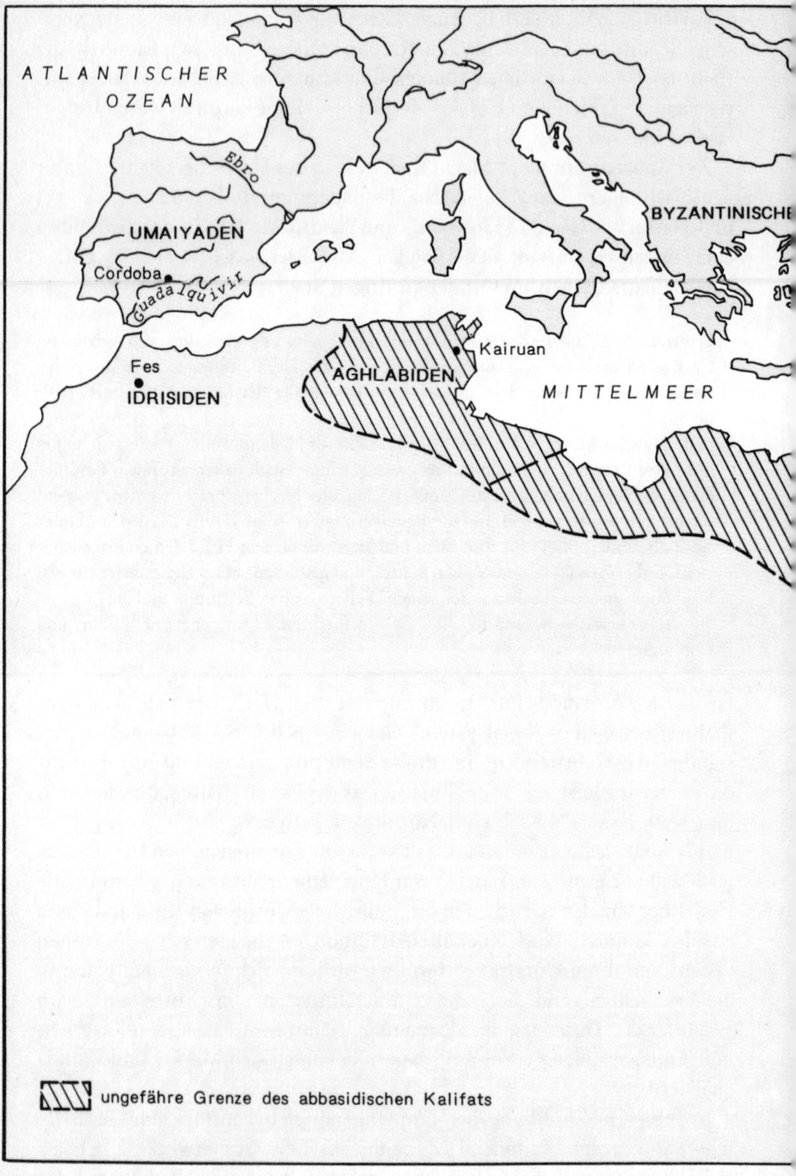

Das abbasidische Kalifat zu Beginn des 9. Jahrhunderts.

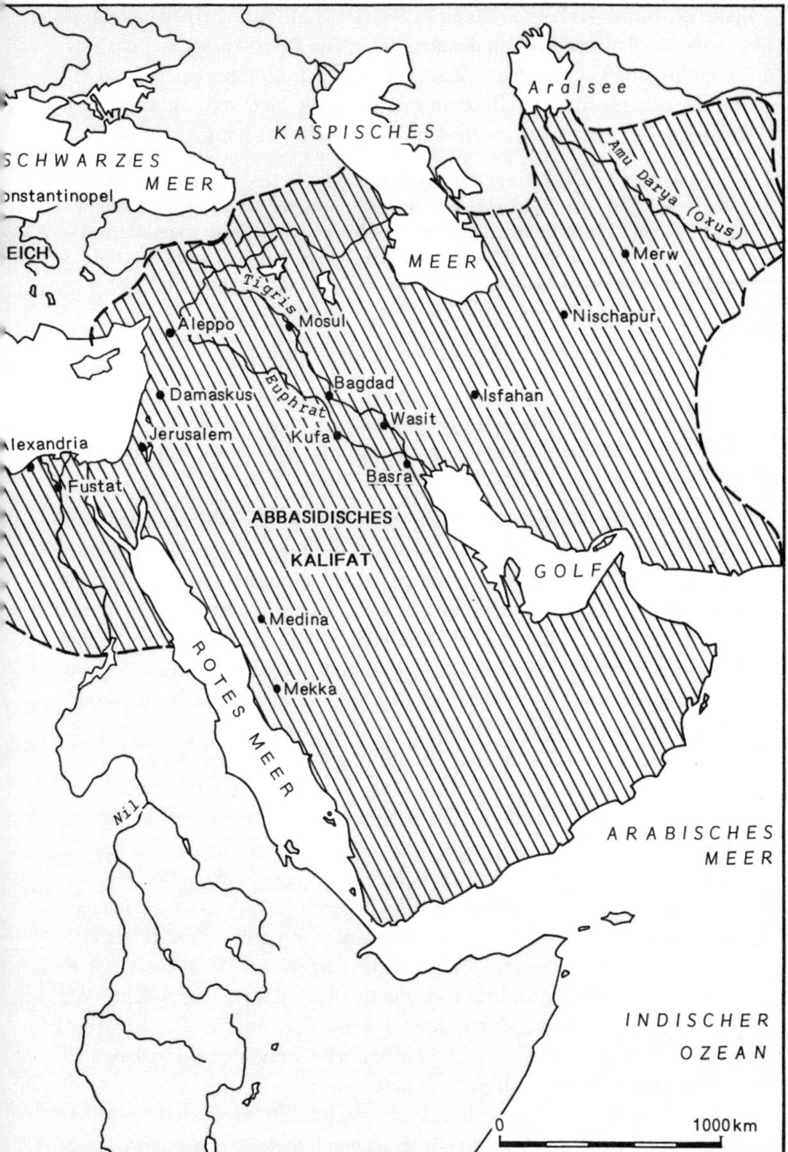
Aralsee
KASPISCHES
MEER
SCHWARZES
MEER
onstantinopel
EICH
Amu Darya (Oxus)
Merw
Nischapur
Tigris
Mosul
Aleppo
Euphrat
Bagdad
Damaskus
Isfahan
Wasit
Jerusalem
Kufa
lexandria
Basra
Fustat
ABBASIDISCHES
KALIFAT
GOLF
Medina
ROTES MEER
Mekka
Nil
ARABISCHES
MEER
INDISCHER
OZEAN
0
1000 km

Zeremoniell des Hofes zu neuem Leben. Der Kalif gewährte den Gesandten eine Audienz und befahl danach, ihnen den Palast zu zeigen: die Säle, Innenhöfe und Gärten, die Soldaten, Eunuchen, Kammerherren und Pagen, die Schätze in den Schatzkammern und die Elefanten mit den Schabracken aus pfauenfarbenem Brokat. In der Halle des Baums sahen sie:

> einen Baum, der in der Mitte eines großen runden Beckens stand, das mit klarem Wasser gefüllt war. Der Baum hat achtzehn Äste, und jeder Ast hat zahlreiche Zweige, auf denen alle Arten großer und kleiner goldener und silberner Vögel sitzen. Die meisten Äste des Baums sind aus Silber, aber einige sind aus Gold, und sie recken sich in die Luft und tragen Laub in verschiedenen Farben. Die Blätter des Baums bewegen sich, wenn der Wind weht, und die Vögel pfeifen und singen.

Schließlich wurden sie wieder vor den Kalifen geführt:

> Er war in goldbesetzte Gewänder gekleidet und saß auf einem Thron aus Ebenholz [...] Zur Rechten des Throns hingen neun Halsketten aus Edelsteinen [...] und zur Linken desgleichen, alle aus prächtigen Juwelen [...] Vor dem Kalifen standen fünf seiner Söhne, drei zur Rechten und zwei zur Linken.[4]

In diesen abgeschlossenen Palästen übte der Kalif seine Macht nach Formen aus, die von früheren Herrschern übernommen waren und die spätere Dynastien imitierten. Ein aufwendiges Hofzeremoniell unterstrich seine Erhabenheit: Höflinge kontrollierten den Zugang zu ihm, und in seiner Nähe stand der Scharfrichter, der die Urteile sofort vollstreckte. Unter den frühen Regenten bildete sich ein Amt heraus, das wichtig werden sollte, das Amt des *wazir*. Er war der Ratgeber des Kalifen mit einem mehr oder weniger starken Einfluß; später stand er an der Spitze der Verwaltung und war das Bindeglied zwischen der Verwaltung und dem Herrscher.

Die Verwaltung gliederte sich in eine Reihe von Ämtern oder *diwan*, deren Struktur unter anderen Dynastien wieder auftreten sollte. Es gab einen *diwan* für Heeresangelegenheiten, eine Kanzlei, die Briefe und Dokumente in gebührender Form verfaßte und aufbewahrte, und ein Schatzamt, das die Steuereinnahmen und die Ausgaben verwaltete und Buch darüber führte. Ein Herrscher, der durch eine über ein großes Gebiet verteilte Beamtenhierarchie regierte, mußte dafür sorgen, daß sie nicht zu stark wurde oder die Macht mißbrauchte, die sie in seinem Namen ausübte. Ein Spionagenetz informierte den Kalifen über die Vorgänge in den Provinzen, und er und seine Statthalter hielten öffentliche Sitzungen ab, in denen sie Beschwerden anhörten und darüber urteilten.

Eine absolute, durch eine Bürokratie vermittelte Herrschaft brauchte Abgaben und ein Heer. Unter den Abbasiden bildete sich aus den Gepflogenheiten frühislamischer Zeit das gültige Besteuerungssystem heraus, das soweit als möglich mit den Regeln des Islam in Einklang stand. Es gab zwei Hauptabgaben. Die eine wurde auf Land oder auf landwirtschaftliche Erträge erhoben (*charadsch*); in der Anfangszeit hatte ein Unterschied in Höhe und Art der Steuern zwischen muslimischen und nichtmuslimischen Landbesitzern bestanden. In der Praxis wurde das zwar weniger bedeutsam, es blieb jedoch gesetzlich verankert. Die zweite Abgabe war eine Kopfsteuer für Nichtmuslime, die ungefähr nach ihrem Vermögen festgesetzt wurde (*dschizya*). Daneben wurden importierte und exportierte Waren und das städtische Handwerk mit verschiedenen Abgaben belegt. Bei Bedarf besteuerte man gelegentlich auch das städtische Vermögen; diese Praxis wurde indessen von den strenggläubigen Muslimen offiziell verurteilt.

Die Soldaten aus Chorasan, durch die die Abbasiden an die Macht gelangt waren, wurden auf verschiedene Gruppen unter getrennter Führung aufgeteilt. Es war nicht leicht für die Kalifen, sich ihre Loyalität dauerhaft zu sichern. Auch wurden sie weniger schlagkräftig, nachdem sie in der Bevölkerung von Bagdad aufgegangen waren. Nach dem Tod von Harun ar-Raschid kam es zum Bürgerkrieg zwischen seinen Söhnen al-Amin und al-Ma'mun. Al-Amin wurde zum Kalifen ausgerufen, und die Armee von Bagdad kämpfte für ihn, erlitt jedoch eine Niederlage.

Zu Beginn des neunten Jahrhunderts löste man das Problem einer schlagkräftigen und loyalen Armee durch den Kauf von Sklaven und die Rekrutierung von Soldaten der türkischsprachigen Nomadenstämme auf der anderen Seite der Grenze in Zentralasien. Diese Türken und andere Volksgruppen von den Rändern der besiedelten Gebiete waren Fremde. Sie hatten keine Verbindungen zu der mit ihrer Hilfe beherrschten Gesellschaft und standen in einem persönlichen Abhängigkeitsverhältnis zum Kalifen. Der Eintritt türkischer Soldaten in die Dienste der Abbasiden setzte einen Prozeß in Gang, der das politische Leben der islamischen Welt nachhaltig gestalten sollte.

Als al-Mu'tasim (833–42) die Hauptstadt von Bagdad nach Samarra, einer neuen Stadt weiter nördlich am Tigris, verlagerte, tat er es unter anderem auch deshalb, um die Soldaten von der Bevölkerung Bagdads fernzuhalten, die seiner Herrschaft feindselig gegenüberstand. Samarra blieb ein halbes Jahrhundert lang Sitz der Regierung, die nun zwar frei vom Druck der Bevölkerung war, jedoch unter den Einfluß türkischer Militärführer geriet, die allmählich die Regierung des Kalifen beherrschten. In dieser Zeit wurden auch die Statthalter in den äußeren Provinzen des Reiches praktisch unabhängig, und im Irak selbst war die Macht des Kalifen durch verbreitete und lang andauernde Aufstände der schwarzen Sklaven in den Zuckerrohrplantagen und Salzsümpfen des Südens bedroht – der Aufstand der Zandsch 868–83. Einige Jahre später, 892, kehrte der Kalif al-Mu'tadid nach Bagdad zurück.

Je ferner der Kalif rückte und je mächtiger er war, desto wichtiger wurde es, seine Macht in den Moralvorstellungen seiner Untertanen zu verwurzeln. Die Abbasiden bemühten sich systematischer als die Umaiyaden darum, ihre Macht im Rahmen des Islam zu rechtfertigen. Sie benutzten von Anfang an religiöse Symbole. Der Kalif nahm für sich in Anspruch, als Mitglied der Prophetenfamilie kraft göttlicher Autorität zu herrschen. Daneben behauptete er, seine Herrschaft stehe in Übereinstimmung mit dem Koran und den Regeln des rechten Verhaltens, die immer häufiger entsprechend den Gewohnheiten des Propheten, das heißt der Praxis (*sunna*) definiert wurden. Im Einklang mit diesem Anspruch spielten religiöse Würdenträger eine wachsende Rolle in der Regierung, und das Amt des Richters (*qadi*) erhielt ein größeres Gewicht. Seine Funktionen wurden von denen des Statthalters losgelöst. Er hatte keine politischen oder finanziellen Pflichten; seine Aufgabe war es, Konflikte zu entscheiden und Urteile im Rahmen des sich allmählich entwickelnden islamischen Rechtssystems oder islamischer gesellschaftlicher Normen zu sprechen. Der oberste *qadi* war ein Würdenträger von erheblicher Bedeutung in der Staatshierarchie.

Mit ihrem Anspruch, die legitimen Herrscher zu sein, standen die frühen Abbasiden im Gegensatz zu dem Machtanspruch eines anderen Zweigs aus der Familie des Propheten. Dies waren die Nachkommen Alis und ihre Anhänger, die Schiiten. Nicht alle Schiiten waren fanatische Gegner der Abbasidenherrschaft. Der Imam Dscha'far as-Sadiq (*ca.* 700–65), für die Schiiten der sechste *imam*, war ein Quietist, der seine Anhänger zum passiven Widerstand bis zur Ankunft des *mahdi* aufrief, den Gott senden werde, um die Herrschaft von Religion und Gerechtigkeit wieder aufzurichten. In den ersten beiden Generationen abbasidischer Herrschaft gab es jedoch mehrere revolutionäre Bewegungen im Namen von Mitgliedern der Familie Alis. Und als Antwort auf diese Bewegungen unternahm Mamun (813–33), der Sohn Haruns, zweimal den Versuch, seinen Herrschaftsanspruch fester zu untermauern. Zunächst ernannte er Ali ar-Rida, in dem viele Schiiten den achten *imam* sahen, zu seinem Nachfolger. Er tat es mit dem Argument, Ali ar-Rida sei das würdigste Mitglied der Familie des Propheten. Damit wollte er indirekt zum Ausdruck bringen, daß die Nachfahren von Abbas im Prinzip das gleiche Recht auf die Thronfolge hatten wie die Nachkommen Alis, wenn man die Kalifenwürde dem würdigsten Mann innerhalb der Familie zusprach. Später förderte Ma'mun die

Ideen gewisser rational orientierter Theologen und versuchte, ihre Zustimmung zur Bedingung für die Übernahme des Amtes zu machen. Er stieß aber auf den Widerstand jener Theologen, nach deren Ansicht der Koran und das Verhalten des Propheten bei buchstabengetreuer Auslegung genügend Richtlinien boten. Dies war ein letzter Versuch, durch die Macht des Herrschers eine einzige Auslegung der Glaubenslehre zu erzwingen. Er wurde danach praktisch für alle Zeiten aufgegeben. Eher pragmatisch und allmählich setzte sich der Glaube an die Bedeutung des Korans und das Handeln (*sunna*) des Propheten als Grundlage eines einheitlichen Glaubens durch und verfestigte sich nach und nach zu einer Richtung, die sich vom Schiismus unterschied und als Sunnismus bekannt wurde.

Kapitel 3

Die Bildung einer Gesellschaft

Das Ende der politischen Einheit

Selbst auf dem Höhepunkt ihrer Macht war die Wirksamkeit der Herrschaft abbasidischer Kalifen begrenzt. Sie erstreckte sich hauptsächlich auf die Städte und die sie umgebenden fruchtbaren Gebiete. Ferne Bergregionen und Steppenzonen waren praktisch nicht unterworfen. Mit der Zeit verfing sich die Autorität des Kalifen in den Widersprüchen zentralisierter, bürokratischer Regierungssysteme. Um seine fernen Provinzen beherrschen zu können, mußte der Kalif seine Statthalter ermächtigen, Abgaben zu erheben und einen Teil der Einnahmen zum Unterhalt der örtlichen Streitkräfte zu verwenden. Der Kalif versuchte, seine Statthalter durch ein Spionagenetz unter Kontrolle zu halten, konnte jedoch nicht verhindern, daß manche Gouverneure ihre Positionen so weit ausbauten, daß sie ihre Macht innerhalb der eigenen Familie weitergeben konnten, während sie – zumindest offiziell – loyal die wichtigsten Interessen ihres Souveräns vertraten. Auf diese Weise bildeten sich lokale Dynastien, etwa die Saffariden in Ostiran, (867 – *ca.* 1495), die Samaniden in Chorasan (819–1005), die Tuluniden in Ägypten (868–905) und die Aghlabiden in Tunesien (800–909). Die Aghlabiden eroberten von Tunesien aus Sizilien, das bis zur Einnahme durch die Normannen in der zweiten Hälfte des elften Jahrhunderts unter der Herrschaft arabischer Dynastien verblieb. Die wachsende Selbständigkeit der Statthalter hatte zur Folge, daß weniger Steuergelder nach Bagdad flossen, und das zu einer Zeit, da der untere Irak einen Rückgang der Ernten und den Zerfall des Bewässerungssystems erlebte. Um seine Stellung in den Zentralprovinzen zu stärken, mußte der Kalif sich zunehmend auf sein Söldnerheer stützen, dessen Führer ihrerseits größere Macht über ihn erlangten. 945 rissen die Buyiden, eine Sippe von Söldnerführern vom Rand des Kaspischen Meeres, die bereits einige Provinzen beherrschten, die Macht in Bagdad an sich.

Die Buyiden nahmen verschiedene Titel an, darunter auch den alten iranischen Titel *Schahanschah* (König der Könige), aber nicht den des Kalifen. Die Abbasiden trugen ihn noch drei Jahrhunderte, aber in ihrer Geschichte begann ein neuer Abschnitt. Die tatsächliche Macht über die zentralen Reichsgebiete lag von nun an in der Hand einer anderen, von militärischen Gruppen gestützten Dynastie, die indessen das Kalifat der Abbasiden formal anerkannte, ohne ihm politische Macht zuzugestehen.

In manchen Regionen entstanden im Namen islamischer Sekten Widerstands- und Sezessionsbewegungen, die zur Gründung eigenständiger politischer Einheiten führten. Einige dieser Bewegungen traten unter dem Namen Charidschiten auf oder unter dem einer ihrer Untergruppen, der Ibaditen. Die Überzeugung, das Amt des Imam, des Oberhauptes der Gemeinde, sollte von dem würdigsten Manne gehalten werden, und man sollte ihn absetzen, wenn er sich als unwürdig erwies, entsprach sehr gut den Bedürfnissen lockerer Stammesverbände in abgeschiedenen Gegenden. Sie brauchten möglicherweise von Zeit zu Zeit einen Führer oder einen Schiedsrichter, aber sie wollten ihm keine permanente oder organisierte Macht übertragen. So entstand um die Mitte des achten Jahrhunderts in Oman in Südostarabien ein ibaditisches Imamat, das die Abbasiden am Ende des neunten Jahrhunderts jedoch wieder aufhoben. In Teilen des Maghreb widersetzten sich Berberstämme der islamischen Herrschaft, und nachdem sie Muslime geworden waren, verbreitete sich unter ihnen charidschitisches Gedankengut. Einige Zeit hielt sich eine mächtige Dynastie ibaditischer Imame, die Rustamiden (777–909). Ihre Hauptstadt war Tahert in Westalgerien, und sie wurden von den Ibaditen in Oman anerkannt.

Weiter verbreitet waren Bewegungen, die den Anspruch der Nachfahren von Ali ibn Abi Talib auf das Imamat stützten. Die Mehrheit der Schiiten im Irak und in den umliegenden Ländern erkannte die Herrschaft der Abbasiden an oder fand sich zumindest mit ihr ab. Ihre Imame lebten friedlich unter den Abbasiden, obwohl sie in der Hauptstadt manchmal Einschränkungen hinnehmen mußten. Die Buyiden waren in weitestem Sinne Schiiten und stellten die formale Oberhoheit der Kalifen nicht in Frage; das gleiche galt für die lokale Dynastie der Hamdaniden (905–1004) in Nordsyrien.

Aus anderen schiitischen Gruppierungen gingen jedoch eigene Dynastien hervor. Nach Ansicht der Zaiditen sollte der *imam* das würdigste Mitglied der Prophetenfamilie sein, und er mußte seine Bereitschaft unter Beweis stellen, Widerstand gegen unrechtmäßige Herrscher zu leisten. Sie erkannten Muhammad al-Baqir (gest. 731) nicht an, der für den Großteil der

Schiiten der fünfte *imam* war, sondern dessen Bruder Zaid (daher ihr Name). Sie gründeten im neunten Jahrhundert im Jemen ein Imamat, ein weiteres bestand zu dieser Zeit bereits am Südufer des Kaspischen Meeres.

Eine direktere Herausforderung für die Abbasiden bildeten Gruppen eines anderen schiitischen Zweiges, die Isma'iliten. Ihr Ursprung liegt im dunkeln, doch sie scheinen als Geheimorganisation begonnen zu haben, deren Zentrum zunächst im Irak und in Chuzistan, im südwestlichen Iran, lag und später in Syrien. Sie unterstützte den Anspruch Isma'ils, des ältesten Sohnes von Dscha'far as-Sadiq, auf das Imamat. Die Mehrheit der Schiiten sieht in ihm den sechsten *imam*. Isma'il starb 760, fünf Jahre vor seinem Vater, und die Mehrheit der Schiiten erkannte schließlich seinen Bruder Musa al-Kazim (gest. 799) als *imam* an. Nach Überzeugung der Isma'iliten war jedoch Isma'il unwiderruflich zum Nachfolger seines Vaters bestimmt gewesen, und sein Sohn Muhammad hätte daher nach ihm *imam* werden müssen. Sie glaubten, dieser Muhammad werde früher oder später als der *mahdi* zurückkehren, der gesandt sei, um die innere Bedeutung der Offenbarungen des Korans zu enthüllen und gerecht über die Welt zu herrschen.

Die Bewegung missionierte auf breiter Basis. Eine ihrer Gruppen, die Qarmaten, gründete im Osten Arabiens eine Art Republik; eine andere setzte sich im Maghreb fest und eroberte mit Hilfe von Berbersöldnern Kairuan. Im Jahre 910 erschien ein Mann namens Ubaidallah in Tunesien, der seine Abstammung auf Ali und Fatima zurückführte. Er nahm den Kalifentitel an, und seine Familie begründete im Zeitraum von fünfzig Jahren eine stabile Dynastie, die Fatimiden, die ihren Namen von Fatima, der Tochter des Propheten ableiteten. Aus religiösen und politischen Gründen zogen sie nach Osten in die Länder der Abbasiden und besetzten 969 Ägypten. Von dort dehnten sie ihre Herrschaft auf das westliche Arabien und Syrien aus, verloren jedoch bald Tunesien.

Die Fatimiden nahmen beide Titel an, den des *imam* und den des Kalifen. Als Imame beanspruchten sie die Oberhoheit über alle Muslime, und ihr Staat wurde zu einem Zentrum der Missionstätigkeit. Lange nach dem Ende des Fatimidenstaates bestanden im Jemen, in Syrien, in Iran und später auch im Westen Indiens noch Gemeinden, die von Anhängern der Fatimiden gegründet worden waren.

Die Fatimiden waren nicht nur Imame, sondern Herrscher über ein großes Reich, dessen Zentrum im Niltal lag. Kairo war ihre Gründung, eine imperiale Stadt nördlich von Fustat, das Symbol ihrer Macht und Unabhängigkeit. Ihre Regierungsformen orientierten sich an dem des früheren Kalifats in Bagdad. Die Macht lag ausschließlich in der Hand des Kalifen und wurde durch Pracht und aufwendiges Zeremoniell zur Schau gestellt. Unter den Fatimidenkalifen war es üblich, daß sie sich der Bevölkerung von Kairo in feierlichen Prozessionen zeigten. Die hohen Staatsbeamten versammelten sich im großen Saal des Palastes; der Kalif trat mit dem Szepter in den Händen hinter einem Vorhang hervor, bestieg sein Pferd und ritt zum Palasttor, wo alle Trompeten erschallten. Umgeben von seinem Gefolge und seinen Truppen ritt er durch Straßen, die Händler mit Brokat- und feinen Leinenstoffen geschmückt hatten. Die Prozessionen waren Ausdruck beider Aspekte fatimidischer Herrschaft. Manche waren religiöser Natur, andere demonstrierten die Identifikation des Herrschers mit dem Leben der Stadt und mit dem Fluß.

Die Einnahmen aus den fruchtbaren Regionen des Deltas und des Niltals, von Handwerk und Gewerbe in den Städten und dem Handel im Mittelmeer und dem Roten Meer bildeten die Grundlage der Fatimidenmacht. Sie waren hoch genug, um eine Armee zu unterhalten, die aus Söldnern bestand, die außerhalb Ägyptens angeworben wurden: Berber, Schwarze aus dem Sudan und Türken. Der Kalif unternahm keinen systematischen Versuch, den ägyptischen Muslimen, die zum größten Teil Sunniten blieben, die isma'ilitische Doktrin aufzuzwingen. Mit ihnen zusammen lebten große christliche und jüdische Gemeinden in einer weitgehend friedlichen Symbiose.

Der Anspruch der Fatimiden auf das Kalifat war eine direkte Herausforderung der Abbasiden. Eine weitere Herausforderung, diesmal für Fatimiden und Abbasiden, kam aus dem Westen der muslimischen Welt. Diese von den Arabern eroberten Gebiete – Marokko und Spanien – ließen sich vom östlichen Mittelmeer nur schwer und vom Irak aus überhaupt nicht unter Kontrolle halten. Das arabische Militär und die Beamten dort verfolgten bald Eigeninteressen und konnten das leicht in einer Form deutlich machen, die Erinnerungen an die Triebkraft weckte, die sie so weit von Arabien weggeführt hatte. Am Ende des achten Jahrhunderts begab sich Idris, ein Urenkel Alis, nach Marokko, fand dort Unterstützung und gründete eine Dynastie, die in der Geschichte Marokkos einen wichtigen Platz einnimmt: Die Idrisiden erbauten Fes und begründeten eine bis heute lebendige Tradition, in der unabhängige Dynastien Marokko beherrschen und ihren Machtanspruch mit der Abstammung vom Propheten legitimieren.

Wichtiger für die Geschichte der gesamten muslimischen Welt war der separate Weg, den Spanien oder Andalus (um ihm seinen arabischen Namen zu geben) einschlug. Die ersten Araber landeten 710 in Spanien und errichteten dort bald eine Provinz des Kalifats, die bis in den Norden der

Iberischen Halbinsel reichte. Den Arabern und Berbern der ersten Besiedlungswelle folgte bald eine große Zahl Soldaten aus Syrien, die eine bedeutende Rolle spielen sollten. Nach der Machtergreifung der Abbasiden suchte nämlich ein Umaiyade Zuflucht in Spanien und fand dort Unterstützung. Er gründete eine neue Umaiyadendynastie, die dreihundert Jahre an der Macht blieb. Der Herrscher nahm jedoch erst um die Mitte des zehnten Jahrhunderts den Kalifentitel an.

Im neuen Umaiyadenreich vollzog sich der gleiche Prozeß des Wandels, wie ihn der Osten erlebte. Eine Gesellschaft, in der Muslime über eine nichtmuslimische Mehrheit herrschten, veränderte sich allmählich so weit, daß ein beträchtlicher Teil der Bevölkerung die Religion und die Sprache der Herrscher übernahm, und eine zunächst dezentralisierte Regierung, die sich politischer Manipulation als Machtinstrument bediente, wandelte sich zu einer mächtigen zentralistischen Regierung, die mittels bürokratischer Kontrolle herrschte.

Wiederum wurde eine neue Hauptstadt gegründet: Cordoba am Guadalquivir. Der Fluß war die Wasserstraße für den Transport der Massengüter, die für Ernährung und Gewerbe erforderlich waren; in der umliegenden Ebene wurden auf bewässertem Land Getreide und andere landwirtschaftliche Erzeugnisse für die Stadt angebaut. Cordoba lag am Schnittpunkt wichtiger Handelsstraßen und war ein großer Markt für den Austausch von Gütern zwischen den Regionen. Als die Dynastie autokratischer wurde, zog sie sich wieder aus dem städtischen Leben zurück. Der Kalif verlegte seinen Hof in eine Königsstadt, nach Medinat az-Zahra, in einiger Entfernung von der Hauptstadt Cordoba. Dort residierte er in Prunk und Pracht, umgeben von einer herrschenden Schicht aus Arabern und arabisierten Familien – die Trennung des Herrschers von der Gesellschaft war nicht so ausgeprägt wie in Bagdad –, der jedoch auch ehemalige Sklaven vom Schwarzen Meer, aus Italien und anderswo angehörten. In der Armee gab es ebenfalls einen festen Kern ausländischer Söldner neben Arabern und Berbern, die als Gegenleistung für ihren Militärdienst Land erhalten hatten.

Wie in Syrien nutzten die Umaiyaden, seit ihren Ursprüngen im Hedschaz Stadtbewohner, ihre Macht, um die Interessen der Städte und des besiedelten Landes zu fördern. Die Städte – zuerst Cordoba und später Sevilla – wuchsen mit dem vom bewässerten fruchtbaren Land erarbeiteten Reichtum, denn es gelang, mit Anbauverfahren, die man aus dem Nahen Osten übernahm, Überschüsse zu produzieren. In diesen Gebieten spielten die Araber eine bedeutende Rolle als Grundbesitzer und Pflanzer, auch wenn ein großer Teil der autochthonen Bevölkerung dort verblieb.

Im Hochland um die bewässerten Ebenen lebten berberische Einwanderer aus den Bergen des Maghreb als kleine Bauern und Schafhirten.

Der Zuzug von Berbern aus dem Maghreb nach Spanien hielt länger an als die Einwanderung der Araber aus dem Osten, und vermutlich war ihre Zahl auch höher. Im Laufe der Zeit konvertierte auch ein Teil der einheimischen Bevölkerung zum Islam; am Ende des zehnten Jahrhunderts bestand die Mehrheit der Bewohner von Andalus möglicherweise aus Muslimen. Aber Seite an Seite mit ihnen lebten andere, die nicht konvertierten, allen voran Christen und eine beachtliche Zahl jüdischer Handwerker und Händler. Zusammengehalten wurden diese Gruppen durch die Toleranz der Umaiyaden gegenüber Juden und Christen und durch die Verbreitung der arabischen Sprache; sie war im elften Jahrhundert die Sprache der Mehrheit, also der Christen, Juden und Muslime gleichermaßen. Toleranz, eine gemeinsame Sprache und eine lange Tradition unabhängiger Herrschaft trugen alle zum Entstehen einer ausgeprägt andalusischen Gesellschaft und eines andalusischen Bewußtseins bei. Ihre islamische religiöse Kultur entwickelte sich in anderen Bahnen als die der östlichen Länder, und auch ihre jüdische Kultur wurde unabhängig von der des Irak, dem wichtigsten Zentrum religiösen jüdischen Lebens.

Deshalb kamen in der Annahme des Kalifentitels durch Abd ar-Rahman III. (912–61) nicht nur dynastische Interessen zum Ausdruck, sondern auch die eigene Identität von Andalus. Mit seiner Herrschaft erreichte die unabhängige Macht der spanischen Umaiyaden ihren Höhepunkt. Bald darauf, im elften Jahrhundert, sollte ihr Reich in eine Reihe kleinerer Staaten zerfallen, die von Araber- oder Berberdynastien (die »Parteienkönige« oder »Cliquenkönige«, *muluk at-tawa'if*) regiert wurden. Ein ähnlicher Prozeß vollzog sich im Abbasidenreich.

Eine geeinte Gesellschaft: die ökonomischen Grundlagen

Der Zerfall eines zentralistischen Regierungssystems in Ost und West war kein Zeichen sozialer oder kultureller Schwäche. Inzwischen war eine muslimische Welt entstanden, die durch vielerlei Bindungen zusammengehalten wurde und die eine große Zahl von Macht- und Kulturzentren hatte.

Das Aufgehen eines so riesigen Gebietes in einem einzigen Reich hatte im Laufe der Zeit eine ökonomische Einheit hervorgebracht, die nicht nur durch ihre Größe allein bedeutungsvoll war, sondern weil sie die beiden großen Meere der zivilisierten Welt miteinander verband: das Mittelmeer und den Indischen Ozean. Kaufleute, Handwerker, Gelehrte und Pilger konnten sich hier frei bewegen, und ebenso frei fand ein Austausch von Gedanken, Stilen und Techniken statt. Dieses riesige Gebiet wechselseitiger Beeinflussung ermöglichte das Entstehen großer Städte, starker Regierungen, eines übernationalen Handels und auf Grund des Reichtums blühende Landstriche, die alle Bedingungen für ein sich gegenseitig förderndes Miteinander erfüllten.

Die Schaffung des muslimischen Reiches und später der Staaten auf seinem früheren Territorium ließ Großstädte entstehen, deren Paläste, Regierungen und Bewohner neben Nahrung und Rohmaterial für Handwerk und Gewerbe Luxusgüter benötigten, um Reichtum und Macht zur Schau zu stellen, und in denen die Vielschichtigkeiten des Stadtlebens den Wunsch nach Neuem und nach Imitation der Moden der Mächtigen oder der Fremden weckten. Städtischer Bedarf und die relativ bequemen Verbindungen wiesen dem schon immer existierenden Fernhandel neue Richtungen und brachten ihm neue Organisationsformen. Große, sperrige Güter konnten nicht gewinnbringend über sehr große Strecken transportiert werden; eine Stadt war für die meisten Nahrungsmittel auf das unmittelbare Hinterland angewiesen. Aber der Gewinn bei manchen Gütern war so groß, daß er auch einen langen Transport sinnvoll machte. Pfeffer und andere Gewürze, Edelsteine, edle Gewebe und Porzellan kamen aus Indien und China, Pelze aus den Ländern des Nordens, und im Austausch dafür lieferte man Korallen, Elfenbein und Stoffe. In den Großstädten des Mittleren Ostens lebten nicht nur Konsumenten, sondern Produzenten von Manufakturwaren zum Eigengebrauch und zum Export. Manche Güter wurden in Großproduktion hergestellt: Rüstungen und Waffen in staatlichen Arsenalen, edle Stoffe für die Paläste in Manufakturen, Zucker in Raffinerien, Papier in Papiermühlen – aber das meiste entstand in kleinen Textil- oder Metallwerkstätten.

Vor der Erfindung von Eisenbahn und Automobil war der Transport auf dem Wasser billiger, schneller und sicherer als auf dem Landweg. Damit die Bewohner einer Großstadt ernährt werden konnten, war es beinahe eine Voraussetzung, daß die Stadt an der Küste oder einem schiffbaren Fluß lag; auch die Hauptrouten des Fernhandels waren Seewege – zu dieser Zeit besonders die des Indischen Ozeans. Unter den Abbasiden waren die wichtigsten Umschlagzentren für den Handel auf diesen Routen Basra im unteren Irak und Siraf an der iranischen Golfküste. Beide lagen im Herrschaftsbereich der Abbasiden und konnten den Bedarf der Hauptstadt befriedigen. Im zehnten Jahrhundert kam es zu einer gewissen Verlagerung des Handels vom Persischen Golf zum Roten Meer, da Kairo zum Zentrum von Handel und Macht aufgestiegen war und die Nachfrage aus den italienischen Handelsstädten kontinuierlich wuchs. Doch das war erst ein Anfang.

Ab Basra und Siraf lag der Handel mit dem Osten hauptsächlich in den Händen iranischer, arabischer oder jüdischer Händler, die auf arabischen Schiffen zu den Häfen der indischen Westküste oder noch weiter segelten. Einige Zeit fuhren sie sogar bis China, aber nach dem zehnten Jahrhundert waren die Häfen in Südostasien ihre entferntesten Ziele. Auch mit dem Süden bestanden Handelsverbindungen – mit Süd- und Westarabien und mit Ostafrika. Von Basra wurden die Waren auf dem Fluß nach Bagdad gebracht und von dort entweder auf den Wüstenrouten nach Syrien und Ägypten transportiert oder durch Anatolien nach Konstantinopel und Trapezunt oder auf der großen Handelsstraße von Bagdad nach Nischapur im nordöstlichen Iran und weiter nach Zentralasien und China. Über lange Strecken wurden die Waren in großen, gut organisierten Karawanen auf Kamelrücken getragen, über kürzere Strecken auch von Maultieren oder Eseln. Im größten Teil des Nahen Ostens verschwand nach dem Aufstieg des muslimischen Reiches der Transport auf Rädern und erlangte erst im neunzehnten Jahrhundert wieder Bedeutung. Dafür sind mehrere Gründe genannt worden: Die römischen Straßen wurden vernachlässigt und unpassierbar; die neue arabische Herrenschicht hatte ein besonderes Interesse an der Kamelzucht, und der Transport auf dem Kamelrücken war wirtschaftlicher als auf Wagen oder Karren.

Der Handel im Mittelmeer war zunächst ständig gefährdet und begrenzt. Westeuropa hatte sich noch nicht so weit erholt, daß es viele Güter für den Export produzieren konnte oder in größerem Maße Bedarf an Importen hatte; außerdem versuchte das Byzantinische Reich einige Zeit, die Seemacht und den Seehandel der Araber einzuschränken. Den wichtigsten Faktor bildete der Handel entlang der europäischen Südküste, der Spanien und den Maghreb mit Ägypten und Syrien verband; dabei kam Tunesien die Rolle eines Umschlagplatzes zu. Auf dieser Route bauten Kaufleute, darunter viele Juden, den Handel mit spanischer Seide, Gold aus Westafrika und Metallen und Olivenöl aus. Später, im zehnten Jahrhundert, gewann der Handel mit Venedig und Amalfi große Bedeutung.

Starke Regierungen und große Städte konnten ohne eine produktive Landwirtschaft nicht leben; aber die Landwirtschaft ihrerseits brauchte eine starke Regierung und Städte, die in die Landwirtschaft investierten, um zu florieren. In den von den Arabern eroberten Ländern, besonders jenen, die viele arabische Einwanderer anlockten, wuchs eine neue landbesitzende Klasse heran. Enteignetes Land, das offiziell dem Herrscher gehörte, wurde Arabern mit der Verpflichtung überlassen, Steuern zu entrichten. Im zehnten Jahrhundert bildete sich eine Praxis heraus, nach der die Erhebung von Steuern auf Land Beamten oder Offizieren übertragen wurde, die dadurch praktisch Grundbesitzer wurden und ein Interesse daran hatten, die landwirtschaftliche Produktion in Gang zu halten. Die Bauern, die das Land vorher bearbeitet hatten, taten das in vielen Fällen auch weiterhin, obwohl es in manchen Gegenden zur Abwanderung von Bauern und Viehzüchtern kam. Die uns vorliegenden Zeugnisse weisen darauf hin, daß das Verhältnis von Grundbesitzer und Pächter auf der Teilung der Ernte in der einen oder anderen Form basierte: Nach Entrichtung der Steuern wurden die Produkte in einem festgelegten Verhältnis zwischen denen verteilt, die Land, Saatgut, Tiere und Arbeit stellten. Für bewässertes Land oder bei geplanten Baumpflanzungen waren die Übereinkünfte komplizierter.

Landbesitzer, die durch den Handel oder auf anderem Weg Gewinne machten, setzten diese für die landwirtschaftliche Produktion ein, und mit Hilfe ihres Kapitals wurden neue Techniken eingeführt. Es gibt Zeugnisse dafür, daß mit der Ausdehnung des islamischen Reiches neue Nutzpflanzen in Umlauf kamen oder daß zumindest die bereits bekannten sich weiter verbreiteten. Im allgemeinen verlief die Ausbreitung in Richtung Westen, von China oder Indien über Iran zum Mittelmeer: Reis, Zuckerrohr, Baumwolle, Wassermelonen, Auberginen, Orangen und Zitronen wurden in weiten Landstrichen angepflanzt. Manche dieser Produkte erforderten hohe Investitionen für Bewässerung und Bodenverbesserung. Alte Bewässerungssysteme wurden wiederhergestellt – zum Beispiel im Südirak – und neue angelegt. Die Ausbreitung in Richtung Westen läßt sich in Spanien erkennen, das von Syrien das Schöpfrad (*na'ura, noria*) und von Iran den unterirdischen Kanal (*qanat*) übernahm. Auch neue Methoden des Fruchtwechsels kamen so nach Spanien.

Durch solche Verbesserungen wurden die Agrarüberschüsse erhöht; in Zusammenhang mit den Wachstumsimpulsen für Handel und Gewerbe vergrößerte sich die Bedeutung, die Geld in der Wirtschaft des Nahen Ostens und des Mittelmeerraums spielte. Ein international anerkanntes Geldsystem entstand. Der Strom von Edelmetallen, besonders von afrikanischem Gold in das Kalifat, ermöglichte eine Erweiterung des Münzumlaufs. Der Golddinar der Abbasiden blieb jahrhundertelang die wichtigste Handelswährung, und islamische Silbermünzen hat man sogar in Skandinavien und in Wychwood Forest nördlich von Oxford gefunden. Mit der Entwicklung des Münzwesens ging der Aufbau eines Kreditsystems einher. Großkaufleute nahmen Einlagen entgegen und gaben Kredite. Auch Geldverleiher und Steuereinnehmer setzten ihr akkumuliertes Bargeld für Darlehen ein. Kaufleute mit Geschäftsfreunden oder Kunden an anderen Orten stellten ihnen Schuldscheine oder Kreditbriefe aus.

Eine komplexe und ausgedehnte Wirtschaft hätte ohne ein System übereinstimmender Erwartungen von Partnern, die keine persönlichen Kontakte unterhielten und als Unbekannte miteinander Geschäfte machten, nicht existieren können. In manchen Fällen stellten Familienbande diese Übereinstimmung her, zum Beispiel unter den jüdischen Kaufleuten, die im Mittelmeerraum und auch darüber hinaus reisten, Handelsbeziehungen anknüpften und dabei die Grenzen zwischen muslimischen und christlichen Ländern überschritten. Wenn solche Bindungen nicht existieren, brauchte man Gesetze oder allgemein anerkannte Normen gesellschaftlicher Moral. In gleicher Weise brauchten Grundbesitzer und Pächter klare, anerkannte Regeln für Landbesitz, Teilung der Erträge, Besteuerung, Rechte an Wasser, Bäumen und Bodenschätzen.

Wirtschaftsverbindungen verlangten daher ein System allgemein anerkannten Verhaltens, und das wurde erst möglich, als immer größere Teile der Bevölkerung in den Ländern unter muslimischer Herrschaft selbst Muslime wurden und als sich die Menschen jene gesellschaftlichen Verhaltensregeln zu eigen machten, die sich aus Muhammads Offenbarungen ableiten ließen.

Die Einheit von Glaube und Sprache

Es ist nicht einfach, etwas über die Stadien zu sagen, in denen sich die Islamisierung der von den Arabern unterworfenen Völker vollzog. Aber eine Untersuchung über die Annahme spezifisch muslimischer Namen hat Größenordnungen ergeben, die glaubwürdig erscheinen.[1] Nach dieser Schätzung waren am Ende der Umaiyadenherrschaft (das heißt, in der Mitte des zweiten islamischen und achten christlichen Jahrhunderts) weniger als zehn Prozent der Bevölkerung von Iran und Irak, Syrien und Ägypten, Tunesien und Spanien Muslime. Auf der Arabischen Halbinsel muß der Prozentsatz jedoch sehr viel höher gewesen sein. Abgesehen von den arabischen Stämmen, die bereits vor der muslimischen Eroberung im Irak und in Syrien lebten, kamen die Konvertiten wohl entweder aus den unteren Gesellschaftschichten – etwa kriegsgefangene Soldaten – oder aus der Beamtenschaft des Sasanidenreiches, die in die Dienste der neuen Herren trat. Es wurde kein Druck ausgeübt, und für andere Gruppen gab es im Grunde keinen Anreiz zu einem Glaubenswechsel. Die Konvertiten lebten zumeist in oder nahe den großen urbanen Zentren der arabischen Bevölkerung und der arabischen Macht, wo islamische Institutionen erstmals ihre Tätigkeiten aufnahmen – die Moschee, der Gerichtshof. Diese Städte im Irak und in Iran, Kairuan in Nordafrika und Cordoba in Spanien, waren die Zentren, von denen der Islam ausstrahlte.

Am Ende des vierten islamischen Jahrhunderts (des zehnten Jahrhunderts nach Christus) hatte sich das Bild verändert. Ein Großteil der Bevölkerung war mittlerweile muslimisch geworden. Nicht nur Städter, sondern auch eine große Zahl von Landbewohnern müssen bekehrt worden sein. Ein Grund dafür ist vielleicht, daß der Islam inzwischen als Religion klarer definiert und die Trennungslinie zwischen Muslimen und Nichtmuslimen stärker gezogen worden war. Muslime lebten nun nach einer sorgfältig ausgearbeiteten Ordnung, die Rituale, Glaubensfragen und Gesetze umfaßte und die sich deutlich von anderen Bevölkerungsgruppen unterschied; das muslimische Bewußtsein war stärker geworden. Der Status von Christen, Juden und Zoroastriern war genauer umrissen und in mancher Hinsicht dem der Muslime untergeordnet. Die Andersgläubigen waren das »Volk des Buches«, da sie eine geoffenbarte Heilige Schrift besaßen, oder sie wurden das »Volk des Bundes« genannt, denn man hatte Schutzverträge mit ihnen geschlossen (der sogenannte Vertrag von Umar). Im allgemeinen zwang man sie nicht zum Glaubenswechsel, aber sie mußten gewisse Beschränkungen hinnehmen. Sie entrichteten eine besondere Steuer; sie durften bei ihrer Kleidung bestimmte Farben nicht tragen; sie konnten keine muslimische Frau heiraten; vor Gericht galt ihre Aussage nichts gegen die eines Muslim; ihre Häuser und Gebetsstätten durften nicht auffällig sein; sie waren von Machtpositionen ausgeschlossen (obwohl an verschiedenen Orten Juden und Christen als Sekretäre oder Finanzbeamte für muslimische Herrscher arbeiteten). Es hing von den örtlichen Bedingungen ab, wie streng diese Regeln eingehalten wurden, aber die Lage einer Minorität ist selbst unter den günstigsten Umständen unsicher, und deshalb bestand natürlich immer der Anreiz, zum Islam überzutreten.

Der Prozeß der Konversion erfaßte jedoch nicht alle. In frühislamischer Zeit hatte man zwar die Juden vom größeren Teil der Arabischen Halbinsel vertrieben. Aber in den großen Städten anderer muslimischer Länder lebten sie weiterhin als Händler und Handwerker und in manchen ländlichen Distrikten als kleine Kaufleute – im Nordirak, im Jemen und in Marokko. Daß sie überlebten und sogar eine Blüte erlebten, lag nicht nur an der Kraft ihres Gemeinschaftssinnes, sondern auch daran, daß es ihnen gelang, gewisse ökonomische Positionen in den Nischen einer komplexen Gesellschaft zu besetzen. Auch waren sie nicht mit einem der Staaten zu identifizieren, mit denen die Muslimherrscher von Zeit zu Zeit im Krieg lagen.

Für die Christen sah die Lage anders aus. Manche hatten religiöse Bindungen an das Byzantinische Reich und konnten in Kriegszeiten in den Verdacht geraten, mit dem Feind zusammenzuarbeiten. Die Bindungen ihrer Gemeinschaft waren nicht so eng wie bei den Juden; in einigen Landesteilen war das Christentum bei den Menschen vielleicht auch nicht so tief verwurzelt. Es gab Gegenden, in denen das Christentum völlig ausstarb, in anderen blieb es die Religion einer Minorität. In Spanien gehörte ein großer Teil der Bevölkerung auch weiterhin der römisch-katholischen Kirche an; anderswo überlebte das Christentum in Sekten, die sich während der ersten Jahrhunderte als Folge der großen Kontroversen über die Natur und das Wesen Christi von der Hauptkirche abgespaltet hatten: Nestorianer, Monophysiten und Monotheleten. Die Christen lebten nicht nur in den Städten, sondern auch in ländlichen Gebieten, besonders in Oberägypten, in den Bergen des Libanon und im Nordirak.

Die arabische Sprache verbreitete sich zusammen mit dem Islam, in manchen Gegenden war sie bereits in vorislamischer Zeit in Gebrauch. Im Innern von Syrien und im Westirak sprach zur Zeit der Eroberung durch die Araber bereits ein Großteil der Bevölkerung arabisch. Die neuen Städte mit ihren zugewanderten Bewohnern und der von Arabern dominierten Herrenschicht waren Zentren, die auf das Umland ausstrahlten. Das Arabische breitete sich als gesprochene Sprache in Form von Dialekten aus, die von lokalen Umgangssprachen beeinflußt wurden, und als Schriftsprache in einer Form, deren Einheit und Kontinuität im Koran – dem in arabischer Sprache von Gott gesandten Buch – bewahrt wurde.

Als gesprochene Sprache stieß Arabisch im Iran an eine Grenze, denn dort sprach man weiterhin Persisch. Als Schriftsprache dagegen gab es für Arabisch in der Welt des Islam keine Grenzen. Die Religion trug die Sprache mit sich. Konvertiten nichtarabischer Herkunft, besonders Iraner, lasen den Koran auf Arabisch und spielten eine bedeutende Rolle bei der Ausformung des Gedanken- und Rechtssystems, das im Koran wurzelte. Die Nichtbekehrten bedienten sich zu religiösen und literarischen Zwekken weiterhin ihrer eigenen Sprachen, so blieben die Liturgien mancher Ostkirchen zum Beispiel syrisch oder koptisch. Hebräisch und Aramäisch waren die Sprachen jüdischer Frömmigkeit und Gelehrsamkeit; die zoroastrischen heiligen Schriften erhielten ihre endgültige Form nach dem Vordringen des Islam in Pahlevi, die vor der Eroberung gebräuchliche Form des Persischen. Aber selbst in dieser Hinsicht trat eine Veränderung ein. Arabisch wurde in einigen Ostkirchen zur Sprache des Ritus und der religiösen Literatur; die Juden in Spanien gebrauchten Arabisch in der Philosophie, Wissenschaft und Poetik. Das erste große Hindernis für die Ausbreitung des Arabischen stellte das Aufkommen von Persisch in einer islamisierten Form als Literatursprache im neunten Jahrhundert dar. Aber auch im Iran blieb Arabisch weiterhin die Hauptsprache religiöser und juristischer Gelehrsamkeit.

Daher nehmen in den Schriften dieser Zeit Worte wie »Araber« oder »arabisch« weiter gefaßte Bedeutungen an, welche die früheren überlagern. Sie mögen einerseits auf Gruppen verweisen, deren Ursprünge auf der Arabischen Halbinsel liegen, besonders auf jene, die für sich in Anspruch nehmen konnten, den Nomadenstämmen mit ihrer kriegerischen Tradition anzugehören; oder man meinte damit alle – von Marokko und Spanien bis zur iranischen Grenze –, die Arabisch als Umgangssprache übernommen hatten; die Bedeutung der Wörter kann jedoch sogar so weit gehen, daß damit all jene gemeint sind, für die Arabisch das prinzipielle Ausdrucksmittel in einer höchst literarischen Kultur geworden war.

Unter den Umaiyaden erlebte die poetische Tradition eine Blüte; die meisten berühmten Dichter der frühen Periode entstammten noch arabischen Beduinenstämmen: Achtal, Farazdaq und Dscharir. Etwas hatte sich jedoch verändert. Unter der Schirmherrschaft der Höfe – der Hof der Umaiyaden in Damaskus, aber auch die Residenzen mächtiger Stammesführer – vergrößerte sich die geographische Reichweite der Dichtung, und nicht selten veränderte sich auch ihr Wesen. Preislieder auf den Herrscher und die Mächtigen nahmen einen größeren Raum ein; gleichzeitig fand die Liebesdichtung (*ghazal*) zu einem persönlicheren Ton.

Während der Spätzeit der Umaiyaden und der frühen Periode der Abbasidenherrschaft kam es zu einer fundamentaleren Veränderung. Der Islam veränderte den Blick der Menschen auf die arabische Sprache. Der Koran war das erste auf arabisch geschriebene Buch; nach Überzeugung der Muslime war er in dieser Sprache geoffenbart worden. Er benutzte die gehobene Sprache der Dichtung früherer Zeit, aber sie diente nun einem anderen Zweck. Für alle, die daran glaubten, daß der Koran das Wort Gottes sei, war es ein absolutes Gebot, daß sie seine Sprache verstanden; sie sahen in der alten Dichtung nicht nur den *diwan* der Araber, sie war nun auch die Norm für die richtige Sprache.

Arabisch wurde nun nicht nur das Ausdrucksmedium für alle, die von der Arabischen Halbinsel in andere Regionen des Reiches kamen, sondern auch für jene anderer Herkunft, die den islamischen Glauben annahmen oder diese Sprache zumindest bei ihrer Arbeit oder in ihrem Leben gebrauchten. Das galt besonders für die Beamten aus persischen oder anderen Gebieten, die den neuen Herren dienten. Das Zentrum literarischen Schaffens verlagerte sich von den Oasensiedlungen und Stammeslagern in die neuen Städte: zunächst nach Basra und Kufa und dann in die neue Reichshauptstadt Bagdad. Das literarische Milieu veränderte und erweiterte sich; es schloß die Kalifen und ihre Höfe ein, die hohen Würdenträger und die neue städtische Elite gemischter Herkunft. Mündliches Verfassen und die Rezitation von Gedichten mögen auch weiterhin gepflegt worden sein, doch man begann nun, literarische Werke niederzuschreiben; mit dem Beginn des neunten Jahrhunderts sorgte die Einführung des Papiers für eine Verbreitung der geschriebenen Werke. Zuvor hatte man zum Schreiben Papyrus und Pergament benutzt; aber in der zweiten Hälfte des achten Jahrhunderts gelangte aus China die Technik der Papierherstellung in den Westen. Zunächst wurde Papier in Chorasan produziert, dann aber auch in anderen Teilen des Reiches, und um die Mitte des zehnten Jahrhunderts hatte das Papier den Papyrus mehr oder weniger verdrängt.

Es war nur natürlich, daß mit der Verbreitung der arabischen Sprache in manchen Menschen, die sie lernten, das Bedürfnis nach einem umfassenderen Verständnis wuchs. Die Sprachwissenschaften sind in erster Linie von Männern entwickelt worden, für die Arabisch eine erworbene Sprache war, und die deshalb über sie nachdenken mußten. Die Anfänge der Lexikographie, das Sammeln und Klassifizieren von Wörtern, gehen auf Gelehrte zurück, die auf den Marktplätzen mit Beduinen zusammentrafen. Die Grammatik, eine Erklärung der Struktur des Arabischen, wurde zuerst von Sibawaih (gest. 793), einem Nichtaraber, systematisch erfaßt. Alle späteren Werke basieren auf seinen Schriften. Der Wunsch, in diese Sprache tiefer einzudringen und sie besser zu verstehen, brachte Gelehrte auch dazu, die altarabische Dichtung zu sammeln und zu studieren. Bei der Herausgabe der Gedichte in schriftlicher Form müssen diese Männer sie verändert haben, und gleichzeitig wurden die formalen Prinzipien der Dichtkunst ausgearbeitet, die einen so großen Einfluß auf spätere Dichter haben sollten. Ibn Qutaiba (828–89), der erste bedeutende Literaturtheoretiker, schrieb eine Abhandlung über die typische *qasida*, an der sich spätere Dichter orientierten. Nach seiner Ansicht sollte die *qasida* mit der Erinnerung an entschwundene Orte und eine verlorene Liebe beginnen, mit der Schilderung einer Reise fortfahren und im eigentlichen Thema gipfeln – dem Lobpreis, der Elegie oder der Satire.

Die Schriften der Theoretiker waren für die Entwicklung der Dichtkunst vielleicht weniger von Bedeutung als die Praxis von Dichtern einer neuen Art. Ihre Dichtung war individueller als die der Verfasser vorislamischer Qasiden. Manche von ihnen waren keine Araber, sie lebten in Städten und kannten die poetische Tradition, deren Erbe sie antraten, benutzten sie jedoch mit bewußter literarischer Kunstfertigkeit. Es entwickelte sich ein neuer Stil, der *badi'*. Er war gekennzeichnet durch eine kunstvolle Sprache und rhetorische Figuren: Das Vokabular war gewählt, die Worte standen oft in Antithese zueinander, aber alles wurde nach wie vor in dem für die frühe Dichtung charakteristischen starren Rahmen von Metren und Reimen ausgedrückt.

Die Themen der Dichtung waren nun vielfältiger als zuvor. Die Dichter schrieben über die erotische Liebe, begnügten sich nicht mehr mit dem formalisierten Bedauern um den Verlust der Geliebten oder den Verzicht auf die verbotene Liebe. Manche Dichter beteiligten sich an den religiösen und ethischen Kontroversen der frühen islamischen Jahrhunderte: Abu l-Ala' al-Ma'arri (973–1057) schrieb Gedichte und ein kunstvolles Prosawerk, in denen allgemein akzeptierte Vorstellungen von der Offenbarung und dem Leben nach dem Tode angezweifelt wurden.

Es war nur natürlich, daß ein besonderes Gewicht auf Panegyrik gelegt wurde, das Preisgedicht, allerdings weniger auf den Stamm des Dichters als auf den Herrscher oder den Gönner. Im Preisgedicht verkürzte sich der erste Teil dessen, was für Ibn Qutaiba die typische *qasida* gewesen war, und wurde schlicht zur Einführung in das Hauptthema. Der Dichter pries den Herrscher oder Gönner in kunstvollen und förmlichen Worten; manchmal spürte man dahinter trotzdem die Persönlichkeit des Dichters und seine Gefühle.

Kritiker in späterer Zeit sahen in al-Mutanabbi (915–68) den größten Meister dieser Art Dichtung. Er entstammte einer arabischen Familie, wurde in Kufa geboren und verbrachte einen Teil seiner frühen Jahre bei dem arabischen Stamm der Banu Qalb. In seiner Jugend war er auch politisch aktiv und lebte in späteren Jahren als Hofdichter verschiedener Herrscher in Aleppo, Kairo, Bagdad und Schiraz. Seine vielleicht fruchtbarste Zeit waren die Jahre, in denen er als Hofdichter bei Saif ad-Dawla, einem Hamdanidenherrscher über Aleppo und Nordsyrien, lebte. Der Herrscher wird in Hyperbeln gepriesen. Als sein Herr eine Krankheit überwindet, schreibt der Dichter:

> Ruhm und Ehre wurden geheilt, als Du geheilt wurdest, und Schmerz ging von Dir auf Deine Feinde über ... Licht, das von der Sonne gewichen war, als sei sein Verlust eine Krankheit des Körpers, kehrte zu ihr zurück ... Die Araber sind ohnegleichen in der Welt, da sie von seiner Rasse sind, aber Fremde teilen sich mit den Arabern seine Wohltaten ... Ich beglückwünsche nicht Dich allein zu Deiner Genesung; wenn es Dir gut geht, geht es allen Menschen gut.[2]

In solchen Preis mischt sich jedoch ein gewisses Eigenlob, etwa in einem Gedicht, das entstand, als er glaubte, Saif ad-Dawla habe seine Gunst einem anderen geschenkt:

> O du gerechtester aller Menschen, nur nicht im Umgang mit mir, ich liege mit Dir im Streit, und du bist mein Gegner so gut wie mein Richter ... Ich bin es, bei dem selbst die Blinden sehen können, was er geschrieben hat, und der selbst die Tauben dazu bringt, seine Worte zu hören. Ich schließe im Schlaf die Lider vor den herumirrenden Worten, während andere Männer ihretwegen schlaflos liegen und miteinander wetteifern ... in welcher Sprache trägt das Gesindel, weder Araber noch Perser, Dir seine Dichtung vor? Dies ist ein Vorwurf an Dich, aber er ist in Liebe geschrieben; er ist mit Perlen eingelegt, und sie sind meine Worte.[3]

Die Dichter führten eine alte Tradition fort, aber arabische Prosa war etwas Neues. Der Koran ist das erste Prosawerk in Hocharabisch (zumindest das erste überlieferte), und das Entstehen anderer war in gewisser Hinsicht eine natürliche Folge. Geschichten über den Propheten und die Siege der Araber wurden gesammelt und niedergeschrieben, und populäre Prediger entwickelten eine rhetorische Sprache für islamische Themen. Einige Zeit später entstand eine andere Art künstlerischer Prosa; sie wandte sich Themen zu, die aus anderen Kulturen kamen. Eines der frühesten und berühmtesten Beispiele dafür ist *Kalila wa Dimna*, eine Sammlung moralischer Fabeln aus dem Tierleben. Sie kam auf dem Weg über das Pahlevi aus dem Sanskrit und wurde von Ibn al-Muqaffa' (*ca.* 720–56), einem Abbasidensekretär iranischer Herkunft, in arabischer Prosa verfaßt.

Er ist ein Beispiel für die arabisierten und islamisierten Beamten, die Ideen und literarische Gattungen ihrer eigenen Tradition in das Arabische einbrachten. Daneben gab es jedoch eine andere Gruppe Schriftsteller, die sich von der gewaltigen Welt inspirieren ließen, die durch die Verbreitung des Islam und sein Reich entstanden war: die Vielzahl der Völker und Länder, die neue Vielfalt menschlicher Charaktere, die neuen Probleme von Moral und Verhalten. Sie versuchten, diese Themen im Licht der Normen des neuen islamischen Glaubens zu sehen und sie in einer angemessenen Form auszudrücken. Unter den Vertretern dieser neuen Literaturgattung, der *adab*, ragt al-Dschahiz (776/7–868/9) als Schriftsteller von ungewöhnlichem Format und großer Lebendigkeit der Umsetzung hervor, die er in eine beispielhafte Sprache kleidet. Er entstammte einer der afrikanischen Familien, die ursprünglich als Sklaven zu den arabischen Stämmen gekommen, inzwischen jedoch völlig arabisiert worden waren. Er wuchs in Basra auf und wurde später von dem Kalifen al-Ma'mun unterstützt und gefördert. Seine intellektuelle Neugier richtete sich auf vieles, und seine

Werke sind Sammlungen ungewöhnlichen und interessanten Wissens über die menschliche und die natürliche Welt: Länder, Tiere, die Eigenarten der Menschen. Wie ein roter Faden zieht sich durch alles eine Art moralischer Kommentar zu Freundschaft und Liebe, Neid und Stolz, Habsucht, Falschheit und Aufrichtigkeit:

> Der Adelige heuchelt keinen Adel, wie auch ein Sprachgewandter keine Beredsamkeit vorgibt [...] Man braucht niemals etwas zu übertreiben, wenn man in sich nicht Unzulänglichkeit verspürt, und der Anmaßende nimmt sich nur etwas heraus, weil er die Schwäche seiner Kraft in sich fühlt. Hochmut ist bei allen Menschen abstoßend [...] (Er) ist schlimmer als Grausamkeit, die ihrerseits schon die schlimmste Sünde ist, und Demut ist besser als Erbarmen, das seinerseits schon die beste der frommen Handlungen ist.[4]

Die *adab*-Literatur, die sich in der Frühzeit der Abbasiden entwickelte, sollte erbauen und unterhalten. Ein *qadi* aus Bagdad, at-Tanuchi (940–94), schrieb drei Bände Geschichten, die sowohl literarische Unterhaltung als auch eine Folge sozialer Dokumente über die Welt von Ministern, Richtern und geringeren Würdenträgern am Abbasiden-Hof sind. Im folgenden Jahrhundert verfaßte Abu Haiyan at-Tauhidi (gest. 1023) Essays und Abhandlungen über eine Vielfalt von Themen, die unter den Gelehrten und Schriftstellern seiner Zeit in Mode waren. Sie sind in einem ansprechenden literarischen Stil geschrieben und verraten ein breites Wissen und einen eminent klugen Kopf. Unterhaltung war der Hauptzweck der *maqamat*, einer Folge von Erzählungen in gereimter Prosa (*sadsch*), in denen ein Erzähler Geschichten über einen Schwindler oder einen Landstreicher in allen möglichen Situationen berichtet. Diese Gattung wurde von al-Hamadhani (968–1110) und al-Hariri (1054–1122) zum Höhepunkt ihrer Entwicklung geführt und blieb in arabischen literatischen Kreisen bis ins zwanzigste Jahrhundert populär.

Die Überlieferung der Vergangenheit ist in allen Gesellschaften wichtig. Aber sie ist von besonderer Bedeutung in Gemeinschaften, die auf dem Glauben gründen, daß sich einmalige Geschehnisse zu bestimmten Zeiten und an bestimmten Orten ereigneten. Vor dem Aufkommen des Islam hatten die arabischen Stämme eigene mündliche Überlieferungen der Taten ihrer Vorfahren, und in einem gewissen Maß sind sie in den Gedichten enthalten, die wir aus dieser Zeit kennen. In den frühislamischen Jahrhunderten erlangte die Geschichte eine neue Bedeutung und wurde schriftlich festgehalten. Es entwickelten sich zwei eng miteinander verwandte Arten der Geschichtsschreibung. Auf der einen Seite zeichneten Philologen und Genealogen die mündlich überlieferte Geschichte der arabischen Stämme auf; dies war nicht nur wichtig für das Studium der arabischen Sprache, sondern lieferte unter Umständen auch wertvolles Beweismaterial zu praktischen Fragen in Hinblick auf die Verteilung der Beute bei Eroberungen oder Landverteilung in den neuen Siedlungsgebieten. Andererseits war es noch wichtiger, die Ereignisse im Leben des Propheten und der ersten Kalifen, die ersten Eroberungen und die öffentlichen Angelegenheiten der muslimischen Gemeinde festzuhalten. Solche Informationen wurden von Gelehrten weitergegeben, im Verlaufe politischer und theologischer Kontroversen verändert oder gar neu erfunden und von Geschichtenerzählern ausgeschmückt. So entstand allmählich eine Unzahl von darstellenden Geschichten, und daraus entwickelten sich mehrere Literaturgattungen: Sammlungen von Hadithen; Biographien des Propheten, Sammlungen der Lebensbeschreibungen der Überlieferer von Hadithen und schließlich erzählende Historiographien, welche die *gesta Dei* überlieferten, die göttliche Vorsehung in Hinblick auf seine Gemeinde – diese enthielten oft ein Element exemplarischer Erzählung, aber auch einen festen Kern Wahrheit. Die Einführung des islamischen Kalenders, der ab der *hidschra* eine chronologische Ordnung schuf, lieferte den Rahmen, in dem die Ereignisse festgehalten werden konnten.

Die Tradition der Geschichtsschreibung erreichte ihre volle Reife im neunten Jahrhundert mit dem Erscheinen von historiographischen Werken mit einem weiteren Gesichtskreis und größerem Verständnis der Materie: die Werke von al-Baladhuri (gest. 892), at-Tabari (839–923) und al-Mas'udi (gest. 928). Thema dieser Schriftsteller war die gesamte Geschichte des Islam und manchmal die Gesamtheit dessen, was sie als bedeutsam für die Menschheitsgeschichte hielten. So beschäftigt sich Mas'udi mit den Annalen der sieben alten Völker, die seiner Ansicht nach eine wirkliche Geschichte besaßen: die Perser, Chaldäer, Griechen, Ägypter, Türken, Inder und Chinesen. Die Masse der Informationen mußte geordnet werden: im Falle der islamischen Geschichte nach Jahren, in anderen Fällen nach solchen Kriterien wie der Regentschaft von Königen. Die Informationen mußten auch beurteilt werden. Das offensichtlichste Kriterium lieferte der *isnad*: welche Überliefererkette gab es für ein bestimmtes Ereignis und wie weit konnte man ihren Aussagen trauen? Es gab jedoch auch andere Kriterien: ein überlieferter Bericht konnte entsprechend einem allgemeinen Verständnis des Verhaltens von Herrschern und der Veränderungen menschlicher Gesellschaften als glaubwürdig oder unglaubwürdig beurteilt werden.

Ein anderer Schriftsteller, al-Biruni (973–*ca.* 1050), ist einzigartig in der Breite seines Interessenspektrums und seines Verständnisses. Sein berühmtes *Kitab tarich al-Hind* (Geschichte Indiens) stellt vielleicht den größten durchgehaltenen Versuch eines muslimischen Schriftstellers dar, die Grenzen der islamischen Welt zu überschreiten und sich das anzueignen, was in einer anderen kulturellen Tradition von Wert war. Wie er im Vorwort selbst klarstellt, ist sein Werk keine Polemik.

> Dies ist kein Buch der Kontroverse und des Disputs, das die Argumente eines Gegners zur Debatte stellt und das Falsche daran vom Richtigen unterscheidet. Es ist ein ehrlicher Bericht, der die Aussagen von Hindus wiedergibt und ihnen hinzufügt, was die Griechen zu ähnlichen Themen gesagt haben, um einen Vergleich zwischen ihnen anzustellen.[5]

Indisches religiöses und philosophisches Denken in seiner besten Form wird darin vorgelegt:

> Da wir beschreiben, was es in Indien gibt, erwähnen wir ihren Aberglauben. Aber wir sollten darauf hinweisen, daß dies nur eine Sache des gemeinen Volkes ist. Jene, die dem Weg der Rettung folgen oder dem Pfad von Vernunft und Schlußfolgerung und die Wahrheit kennen wollen, würden es vermeiden, einen anderen als Gott allein anzubeten oder gar ein Götzenbild.[6]

Letzten Endes, so erklärt al-Biruni, ähneln die Glaubensvorstellungen der Hindus denen der Griechen. Auch bei den Griechen verehrte die Allgemeinheit in den Tagen religiöser Unwissenheit und vor dem Aufkommen des Christentums Götterbilder, während die Anschauungen der Gebildeten mit denen der Hindus vergleichbar waren. In einer Hinsicht unterschied sich jedoch selbst die Hinduelite von den Muslimen:

> Die Inder unserer Zeit machen eine Reihe von Unterschieden zwischen den Menschen. Wir sind in dieser Hinsicht von ihnen verschieden, denn für uns sind alle Menschen gleich, ausgenommen in ihrer Frömmigkeit. Das ist die größte Barriere zwischen ihnen und dem Islam.[7]

Die islamische Welt

Bis zum dritten und vierten islamischen Jahrhundert (neuntes oder zehntes Jahrhundert n. C.) hatte sich eine erkennbar »islamische Welt« herausgebildet. Ein Weltreisender hätte anhand dessen, was er sah und hörte, erkennen können, ob ein Land unter muslimischer Herrschaft stand oder nicht. Diese äußeren Formen waren durch eine Völkerwanderung weitergetragen worden – von Dynastien und ihren Armeen, von Händlern, die durch die Länder am Rande des Indischen Ozeans und des Mittelmeers zogen, und von Handwerkern, die durch ihre Auftraggeber – die Herrscher oder die Reichen – von einer Stadt in die andere gelockt wurden. Diese äußeren Formen wurden auch durch importierte oder exportierte Gegenstände verbreitet, die einem bestimmten Stil entsprachen – durch Bücher, Metallarbeiten, Keramik und vielleicht besonders durch Textilien, die wichtigsten Waren des Fernhandels.

Vor allem die großen Gebäude waren äußere Symbole dieser »Welt des Islam«. In späteren Zeiten bildete sich eine regionale Moscheenarchitektur heraus, aber in den frühen Jahrhunderten gab es von Cordoba bis in den Irak und darüber hinaus bestimmte gemeinsame Merkmale. Neben den großen Moscheen gab es kleinere für Basare, Stadtviertel oder Dörfer. Dort betete man zwar gemeinsam, aber es wurde keine Freitagspredigt gehalten. Solche Moscheen wurden meist aus örtlichen Baumaterialien errichtet, und in ihnen spiegelten sich regionaler Geschmack und regionale Traditionen.

Die Moschee war inzwischen in vielen Fällen ein Zentralbau, um den sich eine Reihe anderer religiöser Gebäude gruppierte: das Haus, in dem der *qadi* Recht sprach, Herbergen für Reisende oder Pilger und Hospitäler für die Kranken. Diese Bauten zu finanzieren und zu unterhalten, war ein vom Koran vorgeschriebenes wohltätiges Werk. Eine andere Art Gebäude – die Heiligtümer – spielte eine besondere Rolle für den Zusammenhalt der muslimischen Gemeinschaft über die Grenzen einer Stadt oder Region hinaus. Bestimmte Schreine waren Pilger- und Gebetsstätten, die von früheren religiösen Traditionen übernommen worden waren und eine islamische Bedeutung erhalten hatten: die Ka'ba in Mekka, der Felsendom in Jerusalem oder das Grab Abrahams in Hebron. Neben ihnen entstanden neue Anziehungspunkte: die Gräber jener, die mit der Frühgeschichte des Islam verbunden waren. Muslime sahen in Muhammad zwar einen Menschen wie alle anderen, doch mit der Zeit entstand die Glaubensvorstellung, er werde beim Jüngsten Gericht für sein Volk sprechen, und viele Muslime besuchten nun während der Wallfahrt nach Mekka auch sein Grab in Medina. Die Grabstätten der schiitischen Imame, besonders jener, die für ihren Glauben gestorben waren, wurden schon sehr früh zum Ziel von Pilgern. Das Grabmal des Kalifen Ali in Nadschaf weist Elemente auf, die in das neunte Jahrhundert zurückreichen. Im Laufe der Zeit vermehrten sich überall in der islamischen Welt die Gräber derer, die als »Freunde Gottes« galten und Fürsprache bei ihm einlegen konnten. Zweifellos entstanden manche an Orten, die früheren Religionen oder in der jeweiligen Region seit urdenklichen Zeiten heilig gewesen waren.

Eine zweite Art Bauwerk war Ausdruck der Macht eines Herrschers. Darunter befanden sich große Anlagen von allgemeinem Nutzen: Karawansereien entlang der Handelsstraßen und Aquädukte oder andere Wasserversorgungsanlagen. In den trockenen Ländern des Mittleren Ostens und des Maghreb war es ein Akt kluger Politik, die Bevölkerung der Städte mit Wasser zu versorgen; infolgedessen breitete sich die Bewässerung des Agrarlandes mit der Expansion der Araber am Mittelmeer aus. Es waren jedoch die Paläste, die am eindrucksvollsten imperiale Größe demonstrierten: Lusthäuser, umgeben von Gärten und plätschernden Brunnen, Symbole für ein abgeschiedenes Paradies, und offizielle Paläste, die das Zentrum von Herrschaft und Rechtsprechung sowie des fürstlichen Lebens waren. Aus den Schilderungen von Schriftstellern und den Ruinen in Samarra weiß man etwas über die Paläste der Abbasiden. Man erreichte sie über offene Plätze, die Paraden oder Reiterspielen dienten; hinter hohen Mauern führten Pfade durch Gärten zu einer Reihe von Innentoren, bis man im Mittelpunkt vor der Residenz und den Staatsgemächern des Kalifen stand und die von einer Kuppel gekrönte Halle, in der er hofhielt, erblickte. Diese Gebäude, die Macht, Pracht, Genuß und Absonderung von der Außenwelt symbolisierten, wurden überall in der muslimischen Welt imitiert. Es entstand auf diese Weise ein Stil, der viele Jahrhunderte überdauerte.

In gewisser Hinsicht gab es an den Palästen nichts spezifisch »Islamisches«. Auch in diesem Fall vereinigte die Eingliederung großer Teile der Welt in ein einziges Reich Elemente unterschiedlichen Ursprungs zu einem neuen Ganzen. Die Herrscher standen über die Grenzen der islamischen Welt hinaus miteinander in Verbindung. Man tauschte Geschenke aus, Gesandtschaften kehrten mit wunderbaren Geschichten in die Heimat zurück; die Mächtigen erfaßte immer schnell der Wunsch nach etwas Neuem. Die Ausschmückung der Paläste zeigte die traditionellen Attribute fürstlichen Lebens überall auf der Welt: der Kampf und die Jagd, der Wein und der Tanz.

Dies waren die Themen der Wandgemälde, auf denen die Darstellungen von Tieren und Menschen vorherrschten. In Gebäuden, die religiösen Zwecken dienten, vermied man solche figürlichen Darstellungen. Obwohl der Koran die Abbildung von Lebewesen nicht ausdrücklich verbot, sahen die meisten Rechtsgelehrten, gestützt auf den *hadith*, darin einen Verstoß gegen die alleinige Macht Gottes, Leben zu schaffen. In der Umaiyadenmoschee in Damaskus zeigen die in der Frühzeit entstandenen Mosaiken Natur und Häuser in einem recht realistischen Stil, der an römische Wandgemälde erinnert; Darstellungen von Menschen und Tieren fehlen allerdings. Die Wände der Moscheen und anderer öffentlicher Gebäude blieben jedoch keineswegs leer. Sie wurden mit Schmuckwerk überzogen: Blumen und Pflanzen, häufig weitgehend stilisiert, sowie Ornamente aus Linien und Kreisen, die auf komplizierte Weise miteinander verbunden und endlos wiederholt sind, und vor allen Dingen Kalligraphie. Die Schreibkunst mag weitgehend ein Werk von Beamten in den Kanzleien der Herrscher gewesen sein, aber sie hatte eine besondere Bedeutung für Muslime, nach deren Glauben sich Gott den vielen durch sein Wort in arabischer Sprache mitgeteilt hatte. Die Schriftform dieser Sprache wurde von Kalligraphen so hoch entwickelt, daß sie sich als Wandschmuck anbot. Worte in endlosen Formvarianten, als Wiederholungen oder als Sätze, wurden mit pflanzlichen oder geometrischen Formen verschmolzen. So wurde die Kalligraphie zu einer der wichtigsten islamischen Künste; die arabische Schrift schmückte nicht nur Gebäude, sondern auch Münzen, Messing- oder Tonwaren und Stoffe, besonders wenn sie in den königlichen Webereien hergestellt wurden und als Geschenke dienten. Man benutzte die Schrift, um den Ruhm und die Ewigkeit Gottes zu verkünden – wie in den Inschriften um die Kuppel des Felsendoms – oder die Großzügigkeit und Erhabenheit eines Wohltäters oder das Können eines Architekten.

Die in dieser Zeit von der städtischen muslimischen Bevölkerung gebauten Häuser sind verschwunden. Aber es sind genug von den darin verwendeten Dingen erhalten, um zu zeigen, daß manche Kunstwerke enthielten, die denen in den Palästen vergleichbar waren. Bücher wurden für Kaufleute und Gelehrte kopiert und illustriert; Glas-, Metall- und Keramikarbeiten wurden für sie gefertigt. Textilien waren von besonderer Bedeutung – auf den Fußböden lagen Teppiche, niedrige Sitzgestelle waren mit Stoff bezogen, und an den Wänden hingen Teppiche oder Behänge. Alle diese Dinge weisen im großen und ganzen die gleiche Art Schmuck auf wie die religiösen Gebäude, nämlich stilisierte Pflanzen und Blumen, geometrische Muster und arabische Worte. Es fehlen spezifisch fürstliche Themen, doch die menschliche Gestalt kommt durchaus vor; in Ägypten entstandene Keramiken zeigen Menschen, und in den Handschriften illustrieren Tiere und Menschen Fabeln oder stellen Alltagsszenen dar.

So lebten die Männer und Frauen im Nahen Osten und im Maghreb spätestens im zehnten Jahrhundert in einem Universum, das in den Begriffen des Islam definiert war. Die Welt wurde eingeteilt in das Haus des Islam und das Haus des Krieges; Orte, die den Muslimen heilig waren oder mit ihrer Frühgeschichte in Zusammenhang standen, gaben dem Haus des

Islam ihren unverkennbaren Charakter. Das Zeitmaß bildeten die fünf täglichen Gebete, die wöchentliche Predigt in der Moschee, die jährliche Fastenzeit im Monat Ramadan, die Wallfahrt nach Mekka und der islamische Kalender.

Der Islam gab den Menschen auch eine Identität, durch die sie sich gegen andere definieren konnten. Wie alle Menschen lebten die Muslime auf verschiedenen Ebenen. Sie dachten nicht ununterbrochen an das Jüngste Gericht und den Himmel. Außerhalb ihrer individuellen Existenz definierten sie sich bei den meisten Alltagsangelegenheiten im Sinne der Familie oder der weiteren Verwandtschaftsgruppe, der Hirtengruppe oder dem Stamm, dem Dorf oder dem ländlichen Distrikt, dem Viertel oder der Stadt. Daneben waren sie sich jedoch bewußt, daß sie einer größeren Einheit angehörten: der Gemeinschaft der Gläubigen (der *umma*). Die gemeinsamen rituellen Handlungen und die Auffassung von der Bestimmung des Menschen in dieser und in der nächsten Welt verbanden sie miteinander und trennten sie von den Menschen anderen Glaubens, ganz gleich, ob sie mit ihnen im Haus des Islam lebten oder außerhalb seiner Grenzen. Die Identifikation der Araber mit dem Islam war im elften Jahrhundert noch so stark, daß al-Biruni, selbst iranischer Herkunft, sagen konnte:

> Unsere Religion und unser Reich sind arabisch und sind Zwillinge, das eine wird beschützt von der Macht Gottes, das andere vom Herrn des Himmels. Wie oft haben sich die Stämme der Untertanen nicht versammelt, um dem Staat einen nichtarabischen Charakter zu geben! Aber sie hatten mit dieser Absicht keinen Erfolg.[8]

Das Konzept des modernen ethnischen Nationalismus, nach dem alle, die eine gemeinsame Sprache haben, in einer geschlossenen politischen Einheit leben sollten, existierte damals natürlich nicht, ebensowenig wie das einer Territorialnation, die in einem Gebiet lebt, das durch natürliche Schranken deutlich gegen andere abgegrenzt ist. Es gab jedoch ein gewisses Bewußtsein von den besonderen Eigenschaften einer Stadt und ihres Hinterlandes, das sich in islamischen Begriffen ausdrücken konnte. Eine Untersuchung Ägyptens hat gezeigt, daß sich das Bewußtsein von Ägyptens Besonderheit hielt – seine natürlichen Vorzüge und seine natürliche Fruchtbarkeit, sein Platz in der islamischen Geschichte, seine Helden, Märtyrer und Heiligen. Dahinter lebte die Erinnerung an eine Vergangenheit vor dem Islam, an die Wunderwerke aus alter Zeit, die Pyramiden und die Sphinx, die alten Schreine, Rituale und ländlichen Glaubensvorstellungen, bei denen Männer und Frauen immer noch Schutz suchen konnten.[9]

Kapitel 4

Die Ausformung des Islam

Die Autoritätsfrage

Die Verbreitung der arabischen Sprache bei anderen Völkern veränderte das Wesen dessen, was in dieser Sprache geschrieben wurde. Die Veränderung zeigte sich nicht nur in den säkularen Werken, sondern noch auffälliger in einer neuen Art Literatur, in der die Bedeutung und die Implikationen der von Muhammad erhaltenen Offenbarungen formuliert wurden. Wer zum Islam konvertierte, sah sich Fragen zu seinem neuen Glauben gegenüber, denen er nicht ausweichen konnte. Diese Fragen entsprangen nicht nur intellektueller Neugier, sondern auch der Kritik, die Christen, Juden und Zoroastrier am Islam übten. Vielleicht aber stand hinter ihnen noch eher das Bedürfnis, die Implikationen des Glaubens für das Leben in der Gesellschaft herauszuarbeiten. Natürlich versuchte man, diese Fragen im Licht des bekannten Wissens und der eigenen Denkmethoden zu beantworten, die die Menschen mit in die neue Gemeinschaft einbrachten oder bei den Nichtbekehrten vorfanden, denn in den ersten Jahrhunderten standen sich Judaismus, Christentum und Islam offener gegenüber als später. Ebenfalls natürlich war, daß dieser Prozeß dort die meisten Früchte trug, wo man dem Denken traditionell den höchsten Wert beimaß und der Fundus an Wissen am größten war. Die Veränderung der Maßstäbe und die Verlagerung des Schwerpunkts in der gesamten islamischen Politik fanden ihre Parallelen im Denken. Medina und Mekka verloren ihre Bedeutung nicht, aber noch wichtiger wurde Syrien und am wichtigsten der Irak mit seinem fruchtbaren kulturellen Nährboden – dem Judaismus, nestorianischen Christentum und den Religionen des Iran.

Die Ausformung des Islam in ein System religiöser Wissenschaft und Praxis fand weitgehend während der Abbasidenzeit im Irak statt. In gewisser Hinsicht war sie eine Weiterführung von Gedankenströmungen, deren Anfänge weit in vorislamische Zeit zurückreichten, obwohl damit nicht behauptet werden soll, daß der Islam ihnen keine neue Richtung verliehen habe.

Gelehrten und Denkern standen für ihre Arbeit Materialien unterschiedlicher Art zur Verfügung. Da gab es an erster Stelle den Koran. Wann immer er seine endgültige Form auch erhalten haben mochte, es gab keinen Anlaß, daran zu zweifeln, daß er in seiner Substanz seit der Zeit des Propheten vorlag, und das bedeutete im wesentlichen: Gott ist der Allmächtige; durch die Propheten ist Er mit der Menschheit in Verbindung getreten; Er fordert den Glauben, die Dankbarkeit, die Gebete und wohltätige Werke von den Menschen, am jüngsten Tag findet das Gericht statt, bei dem Seine Barmherzigkeit und Seine Gerechtigkeit sichtbar werden.

Darüber hinaus gab es eine lebendige Tradition, die zeigte, wie die Gemeinschaft der Gläubigen sich seit der Zeit des Propheten verhalten hatte; sie wurde weitergegeben und von späteren Generationen ausgearbeitet; ihr Kern war eine Art kollektive Erinnerung an das Wesen des Propheten. Daneben lebte die Erinnerung an das öffentliche Handeln der Glaubensgemeinschaft und der Kalifen, ihrer Oberhäupter, an ihre Politik und ihre Konflikte; besonders lebendig blieben für die Menschen die Kämpfe und Kontroversen unter der Herrschaft von Uthman, die Widerstandsbewegungen, die sie beendeten, und Alis Anspruch auf das Kalifat und die ersten Spaltungen unter den Anhängern Muhammads.

Nicht nur die Tradition literarischer Konvertiten, sondern das innerste Wesen des Islam selbst – die Offenbarung von Worten und daher auch von Gedanken und Wissen – machte es notwendig, daß jene, die dem Willen Gottes folgen wollten, nach Wissen forschten und über das Wesen dieser Religion nachdachten. Die Suche nach religiösem Wissen, *ilm*, setzte bereits früh in der islamischen Geschichte ein. Allmählich entstand eine Körperschaft gut unterrichteter und interessierter muslimischer Gelehrter (*alim*, Plur. *ulama*).

Bei der Ausformung des Islam folgte man vielen Denk- und Studienrichtungen, die jedoch zweifellos alle miteinander verbunden sind. An erster Stelle stand das Autoritätsproblem; seine Lösung war von größter Dringlichkeit. Die Lehre Muhammads hatte eine Glaubensgemeinschaft entstehen lassen, die sich verpflichtete, nach den vom Koran vorgegebenen oder implizierten Normen zu leben. Aber wer sollte in dieser Gemeinschaft Autorität haben, und um welche Art Autorität sollte es sich handeln? Diese Frage ging einher mit den Spaltungen und Konflikten der ersten fünfzig Jahre, und sie fand ihre Antwort im Licht der Reflexion über diese Probleme. Sollte die Nachfolge Muhammads, das Kalifat oder das Imamat oder wie auch immer es genannt wurde, allen Muslimen offenstehen oder nur den Gefährten des Propheten oder nur seiner Familie? Wie sollte der Kalif gewählt werden? Wo lagen die Grenzen seines legitimen Handelns? Sollte man ihm den Gehorsam verweigern oder ihn absetzen, wenn er unrechtmäßig handelte?

Im Laufe der Zeit kristallisierten sich unterschiedliche Einstellungen zu solchen Fragen heraus. Die Gruppe der Gläubigen, die ab einem gewissen Punkt als Sunniten bekannt wurde, vertrat die Ansicht, es sei für alle Muslime wichtig, in Frieden und Eintracht zusammenzuleben. Daraus folgte, daß sie das in der Vergangenheit Geschehene akzeptierten. Sie erkannten deshalb die vier ersten Kalifen als legitim und als tugendhaft oder rechtgeleitet (*raschidun*) an; spätere Kalifen mochten nicht immer gerecht gehandelt haben, erklärten die Sunniten, aber man sollte auch sie als legitim anerkennen, solange sie nicht gegen die fundamentalen Gebote Gottes verstoßen hatten. Es gibt historische Hinweise darauf, daß die Umaiyadenkalifen den Anspruch erhoben, nicht nur Nachfolger des Propheten als Oberhaupt der Gemeinde zu sein, sondern Vizekönige Gottes auf Erden und die entscheidenden Interpreten des göttlichen Gesetzes.[1] Die Sunna in ihrer entwickelten Form sah in den Kalifen jedoch weder Propheten noch unfehlbare Interpreten des Glaubens, sondern Führer, deren Aufgabe es war, den Frieden und die Gerechtigkeit in der Gemeinschaft zu erhalten. Dazu mußte ein Kalif entsprechende Tugenden und Kenntnisse der religiösen Gesetze besitzen. Überdies wurde allgemein akzeptiert, daß der Kalif aus dem Stamm des Propheten, den Quraisch, kommen sollte.

Alle Strömungen, welche die Autorität der Kalifen in Frage stellten, entwickelten allmählich eigene Theorien einer legitimen Autorität. Nach Ansicht der Ibaditen mußte es nicht jederzeit einen *imam* geben, aber jeder Muslim konnte unabhängig von seiner Familie oder Herkunft *imam* werden. Er sollte von der Gemeinde gewählt werden; er sollte in Übereinstimmung mit dem vom Koran und *hadith* vorgegebenen Recht handeln; wenn er dagegen verstieß, sollte er abgesetzt werden. Die schiitischen Strömungen erkannten die Ansprüche der ersten drei Kalifen nicht an. Für sie war Ali ibn Abi Talib der einzige rechtmäßig ernannte Nachfolger des Propheten als *imam*. Sie waren indessen über die Legitimität der Nachfolger Alis und die Autorität der Imame zerstritten. Die Zaiditen standen in ihren Ansichten den Sunniten am nächsten. Sie vertraten den Standpunkt, jeder Nachkomme Alis und Fatimas könne *imam* werden, vorausgesetzt, er sei fromm, besitze die notwendigen Kenntnisse und habe unter Beweis gestellt, daß er stark genug war, um gegen das Unrecht vorzugehen. Und deshalb, so erklärten sie, könne sich die Linie der

Imame immer wieder erneuern. Die Zaiditen sprachen dem *imam* jede Unfehlbarkeit oder mehr als menschliche Autorität ab.

Die beiden anderen bedeutenden schiitischen Strömungen gingen jedoch noch weiter. Beide stimmten darin überein, daß der jeweilige *imam* seinen Amtsnachfolger bestimmte und daß der so ernannte *imam* der einzige und unfehlbare Interpret der vom Propheten empfangenen göttlichen Offenbarung war. Die Richtung, die später die meisten Anhänger gewinnen sollte, behauptete, die Nachfolge sei unter den Nachfahren Alis weitergegeben worden, bis der zwölfte *imam* im neunten Jahrhundert verschwunden war (daher der weitverbreitete Name »Zwölfer« oder *Ithna 'aschariya*). Da die Welt ohne einen *imam* nicht bestehen konnte, glaubte man, der zwölfte sei nicht gestorben, sondern lebe im verborgenen (*ghaiba*); anfangs hielt er durch Vermittler die Verbindung zu den muslimischen Gläubigen, danach war er den Blicken der Lebenden entzogen, die seine Wiederkunft erwarteten, mit der die Herrschaft des Rechts begründet würde. Die Isma'iliten stimmten ihnen darin zu, daß der *imam* der unfehlbare Interpret der Wahrheit sei, aber die Linie der sichtbaren Imame sei mit dem siebten, Muhammad ibn Isma'il, zu Ende gegangen. (Manche Anhänger dieser Richtung änderten jedoch ihre Überzeugung, als die Fatimidenkalifen das Imamat für sich beanspruchten.)

Diese unterschiedlichen Auffassungen vom Kalifat oder Imamat hatten unterschiedliche Implikationen für das Wesen der Regierung und ihre Rolle in der Gesellschaft. Die Ibaditen und die Zaiditen waren Sekten, die sich von der universalen islamischen Gesellschaft gelöst hatten, weil sie die Herrschaft ungerechter Regierungen ablehnten. Sie wollten nach ihrer Interpretation des religiösen Gesetzes leben und waren nicht bereit, einem *imam* oder einem Herrscher die Macht zu übertragen, die ihn zum unrechten Handeln verleiten mochte. Andererseits wünschten Sunniten, die »Zwölfer-Schiiten« und die Isma'iliten auf ihre unterschiedliche Weise eine Autorität, die das Gesetz verteidigen und die Ordnung der Gesellschaft aufrechterhalten konnte. So kam es nach dem Ende des ersten Jahrhunderts zu einer *de facto*-Trennung zwischen denen, die am Gesetz festhielten (für die Sunniten die *ulama* und für die Schiiten der verborgene *imam*), und den Männern des Schwertes, die die Macht besaßen, eine weltliche Ordnung durchzusetzen.

Die Macht und die Gerechtigkeit Gottes

In der Frage der menschlichen Autorität spiegelten sich in gewisser Hinsicht fundamentalere Fragen, die sich aus dem Koran ergaben: Fragen über das Wesen Gottes und Seiner Haltung gegenüber der Menschheit, über Seine Einheit und Seine Gerechtigkeit.

Der Gott des Koran ist transzendent, und es gibt nur einen Gott, aber der Koran legt ihm Attribute bei: Er besitzt einen Willen und Wissen, Er kann hören, sehen und sprechen, und in gewisser Hinsicht ist der Koran Sein Wort. Wie lassen sich solche Eigenschaften mit der Einheit Gottes vereinbaren? Wie, im besonderen, lassen sich solche auch dem Menschen eigene Attribute in Begriffen beschreiben, die die unendliche Distanz zwischen Gott und Menschen wahren? In welcher Beziehung steht der Koran zu Gott? Kann man ihn als Sprache Gottes bezeichnen, ohne zu implizieren, daß Gott eine seinen Geschöpfen vergleichbare Eigenschaft des Sprechens hat? Mit dieser Art von Problemen muß sich jede Religion auseinandersetzen, die an einen höchsten Gott glaubt, der sich in der einen oder anderen Form den Menschen offenbart. Für Christen ist die Offenbarung an eine Person gebunden; infolgedessen kreiste die prinzipielle theologische Frage der Christen in den ersten Jahrhunderten um die Beziehung dieser Person zu Gott; für Muslime ist die Offenbarung ein Buch, und deshalb ist der Status dieses Buches von fundamentaler Bedeutung.

Die Frage nach dem Wesen Gottes führte zu der Frage seines Verhaltens gegenüber den Menschen. Bei jedem Menschen, der den Koran gelesen oder gehört hatte, blieben mit Sicherheit zwei Eindrücke lebendig: Gott ist allmächtig und allwissend. Aber der Mensch ist verantwortlich für sein Handeln, und Gott wird ihn dafür richten. Wie ließen sich aber diese beiden Aussagen miteinander vereinbaren? Auch das ist ein inhärentes Problem jedes monotheistischen Glaubens: Wenn Gott allmächtig ist, wie kann Er dann das Böse auf der Welt zulassen, und wie kann Er die Menschen für ihre Missetaten verurteilen? Einfacher formuliert: Ist der Mensch frei in seinen Handlungen, oder sind sie alle von Gott bestimmt? Hat der Mensch diese Handlungsfreiheit nicht, wie kann Gott ihn für seine Taten richten? Ist der Mensch aber frei und kann deshalb von Gott gerichtet werden, orientiert sich dann das Urteil an einem für den Menschen erkennbaren Rechtsprinzip? Wenn ja, gibt es dann nicht ein Rechtsprinzip, dem auch Gott in Seinem Handeln unterworfen ist, und kann Gott dann noch allmächtig genannt werden? Wie werden Muslime gerichtet werden? Nur nach ihrem Glauben oder nach dem Glauben und dem Ausdruck ihres Glaubens oder auch nach guten Werken?

Der Koran warf implizit solche Fragen auf, und sie stellten sich jedem, der ihn ernst nahm. Aber beim systematischen Nachdenken darüber ging es nicht nur um den Text, sondern auch um eine Methodik, mit der man sich dem Text näherte. Dahinter stand die Überzeugung, daß sich Wissen erlangen ließ, wenn die menschliche Vernunft bestimmten Regeln folgte. Der Glaube an die richtig geleitete Vernunft hatte das intellektuelle Leben in den Regionen geformt, in die der Islam vordrang, und auch im Hedschaz selbst. Im Koran finden sich durchaus Spuren dialektischer Argumentation, deshalb überrascht es nicht, daß die ersten erhaltenen und etwa gegen Ende des ersten islamischen oder siebten christlichen Jahrhunderts entstandenen Dokumente zeigen, daß der Koran im Hedschaz, in Syrien und in Iran unter Anwendung dialektischen Denkens ausgelegt wurde. Es bildeten sich die ersten Gruppen, die man als Denkschulen bezeichnen kann. Die einen argumentierten, der Mensch habe einen freien Willen und bestimme seine Handlungen selbst; die anderen erklärten, der Mensch habe keinen freien Willen und Gott habe keine Attribute, die er mit den Menschen teile und anhand derer man ihn beschreiben könne.

Um die Mitte des zweiten islamischen Jahrhunderts (des achten christlichen Jahrhunderts) entstand eine Schule im umfassenderen Sinn; eine Schule von Denkern mit einer klaren und übereinstimmenden Haltung zu einer ganzen Reihe von Problemen. Natürlich beinhaltet der Begriff Schule nicht, daß ihre Anhänger alle genau die gleichen Gedanken vertraten oder daß sich diese Gedanken nicht von einer Generation zur nächsten entwickelt haben. Es handelte sich um die Mu'tazila (oder »die sich absondern«). Nach ihrer Überzeugung ließ sich die Wahrheit finden, wenn man den Inhalt des Korans unter dem Aspekt der Vernunft betrachtete; und auf diese Weise formulierten sie Antworten auf längst gestellte Fragen und erklärten: Gott ist der Alleinige. Er hat keine Attribute, die Seinem Wesen etwas hinzufügen. Vor allen Dingen hat Er keine menschlichen Attribute; der Koran kann nicht das von Ihm gesprochene Wort sein, er muß auf andere Weise geschaffen worden sein. Gott ist gerecht und deshalb an ein Rechtsprinzip gebunden. Der Mensch muß daher frei sein, denn es wäre nicht gerecht, den Menschen für Handlungen zu richten, die er nicht aus freiem Willen begehen kann. Wenn die Menschen frei und dem Gericht unterworfen sind, folgt daraus, daß der Glaube ohne gute Werke nicht genügt. Ein Muslim, der sich schwerer Vergehen schuldig gemacht hat, kann weder als Ungläubiger noch als wahrer Gläubiger gelten; er steht zwischen beiden.

Zur gleichen Zeit bildete sich jedoch eine andere Betrachtungsweise dieser Probleme heraus. Sie war vorsichtiger und skeptischer in Hinblick auf die Möglichkeit, mit Hilfe der Vernunft zu anerkannten Wahrheiten zu gelangen. Sie war sich auch deutlicher bewußt, daß es eine Gefahr für die Glaubensgemeinschaft darstellte, wenn rationales Argumentieren und Debattieren zu weit getrieben wurden. Die Anhänger dieser Richtung legten der Erhaltung der Einheit von Gottes Volk größere Bedeutung bei als der Übereinstimmung in dogmatischen Fragen. Sie hielten die Welt des Koran für die einzige sichere Grundlage für Glauben und Volksfrieden; Richtschnur für die Interpretation des Korans, soweit er interpretiert werden mußte, sollte die Praxis des Propheten und seiner Gefährten, die *sunna*, sein, und zwar so wie sie an spätere Generationen weitergegeben worden war. Diese Haltung ist bestimmt schon in frühislamischer Zeit vertreten worden, doch ihrem praktischen Wesen entsprechend wurde erst sehr viel später als bei den spekulativeren Schulen ein Lehrsystem daraus. Ahmad ibn Hanbal (780–855) war für die Formulierung dieser Haltung der bedeutendste Vertreter. Er wurde wegen dieser Auffassung zeitweise verfolgt.

Das einzige, so sagt ibn Hanbal, worauf der Gläubige sich stützen kann, sind der Koran und die *sunna* des Propheten; beide zeigen uns, daß Gott allmächtig ist und daß Seine Gerechtigkeit nicht die menschliche Gerechtigkeit ist. Wenn der Koran Gott Attribute beilegt, müssen sie als göttlich angesehen werden; sie sind menschlichen Attributen nicht analog, und man kann nicht hinterfragen, wie sie ihm innewohnen. Zu diesen Attributen gehört der Koran. Er ist Gottes Sprache, denn der Koran selbst sagt es, und er ist ungeschaffen, denn »nichts an Gott ist erschaffen, und der Koran ist Teil Gottes«. Der Mensch muß den Willen Gottes durch sein Tun und seinen Glauben erfüllen. Das Konzept eines Gottes, der auf unergründliche Weise richtet, mag grausam erscheinen, aber darin inbegriffen ist eine Art Zusicherung höchster göttlicher Fürsorge für die Welt, selbst wenn die Wege dieser Fürsorge nicht die Wege der Menschen sind und selbst wenn alles in der Vergangenheit Geschehene den Menschen nach Gottes Willen bestimmt war. Mit diesen grundlegenden Gedanken wurde die *sunna* zu einer ausgeformten Glaubensrichtung.

Die Kontroverse zwischen den Rationalisten und den Anhängern von Ibn Hanbal hielt lange an – allerdings unter sich wandelnden Vorzeichen. Spätere mu'tazilitische Denker waren stark von griechischem Gedankengut beeinflußt. In der wachsenden Sunnitengemeinde verloren sie allmählich an Bedeutung, aber in den schiitischen Denkrichtungen, die sich ab dem elften Jahrhundert herausbildeten, blieb ihr Einfluß ungebrochen. Ein Religionsgelehrter, der im wesentlichen die »traditionalistische« Haltung vertrat, verteidigte sie mit der Methode des rationalen Denkens (*kalam*): al-Asch'ari (gest. 935) trat für eine wörtliche Interpretation des Korans ein; er behauptete jedoch, das lasse sich, zumindest bis zu einem gewissen Punkt, durch die Vernunft rechtfertigen, und über diesen Punkt hinaus müsse der Koran einfach akzeptiert werden. Gott war der Alleinige. Seine Attribute waren Teil seines Wesens; sie waren nicht Gott, aber sie waren nicht verschieden von Gott. Zu ihnen gehörten Hören, Sehen, Sprechen, aber sie waren nicht wie das Hören, Sehen und Sprechen der Menschen; diese Eigenschaften mußten akzeptiert werden, »ohne zu fragen wie« (*bila kaif*). Gott ist die unmittelbare Ursache allen Geschehens im Universum, und Er ist durch nichts außerhalb Seiner selbst begrenzt. Im Augenblick des Handelns verleiht Er den Menschen die Macht zu handeln; Er will und Er schafft, was gut und was böse in der Welt ist. Die richtige Reaktion des Menschen auf das geoffenbarte Wort Gottes ist der Glauben; wenn der Mensch den Glauben besitzt, aber keine guten Werke tut, ist er trotzdem ein Gläubiger, und der Prophet wird am jüngsten Tag für ihn eintreten.

Im Denken Asch'aris liegt ein gewisser Nachdruck auf der Bedeutung des Nichtstreitens in der Religion und auf der Anerkennung der Herrschaft eines *imam* oder Kalifen, ohne sich mit dem Schwert dagegen aufzulehnen. Bestimmte Meinungsverschiedenheiten blieben jedoch bestehen. Sie kreisten um die Legitimität einer metaphorischen, im Gegensatz zur wörtlichen Exegese des Korans, um den genauen Sinn, in dem der Koran »unerschaffen« ist – gilt dies für den Text an sich oder nur für seine Übermittlung an die Menschen? – und um die Notwendigkeit guter Werke neben dem Glauben. Solche Auffassungsunterschiede führten in der Regel jedoch nicht zu Konflikten innerhalb der sunnitischen Gemeinde.

Die schari'a

Der Koran enthält nur implizit ein Lehrsystem, aber er sagt explizit den Menschen, was Gott von ihnen erwartet. Er ist vor allen Dingen eine Offenbarung des göttlichen Willens und stellt fest, was die Menschen tun müssen, um Gott zu gefallen, und wie sie am jüngsten Tag gerichtet werden. Er enthält einige ausdrückliche Gebote, zum Beispiel in Hinblick auf die Ehe und die Besitzverteilung nach dem Tod eines Muslims. Aber es gibt nur wenige solcher detaillierten Aussagen; in den meisten Fällen wird der Wille Gottes in Form allgemeiner Prinzipien zum Ausdruck gebracht. Gebote und Prinzipien befassen sich damit, wie die Menschen Gott verehren, aber auch, wie sie sich untereinander verhalten sollen. Bis zu einem gewissen Maß ist diese Unterscheidung allerdings künstlich, denn eine religiöse Handlung hat einen gesellschaftlichen Aspekt, und ein Akt der Gerechtigkeit und wohltätiges Handeln sind in gewisser Hinsicht auch auf Gott gerichtet.

Die gedankliche Beschäftigung mit dem Koran und die Praxis der frühislamischen Gemeinde führten bald zu einer allgemeinen Übereinstimmung in Hinblick auf bestimmte grundsätzliche Pflichten des Muslims; es sind dies die sogenannten »Säulen des Islam«. Dazu gehörten das öffentliche mündliche Bekenntnis: »Es gibt keinen Gott außer Gott, und Muhammad ist der Prophet Gottes«, und das rituelle Gebet, bei dem bestimmte Worte in einer bestimmten Häufigkeit und in festgelegter Körperhaltung wiederholt werden mußten; das sollte fünfmal am Tag geschehen. Andere »Säulen« waren die Spende eines gewissen Einkommensanteils für festgelegte wohltätige Zwecke oder für das Allgemeinwohl, das strenge Fasten von Sonnenaufgang bis Sonnenuntergang für einen ganzen Monat im Jahr, den Ramadan, der mit einem Fest endete, und der Haddsch, die Wallfahrt nach Mekka während einer genau festgelegten Zeit des Jahres. Zum Haddsch gehörte eine Reihe ritueller Handlungen, und er endete ebenfalls mit einem Fest, an dem die ganze Gemeinschaft der Gläubigen teilnahm. Zu diesen ausdrücklichen Geboten gehörte auch die grundsätzliche Aufforderung, nach dem Weg Gottes (*dschihad*) zu trachten; das konnte eine weitgefaßte oder auch die präzise Bedeutung haben, für die Ausdehnung der Grenzen des Islam zu kämpfen.

Von Anfang an war jedoch mehr erforderlich als Einigkeit über die grundlegenden Formen der Gottesverehrung. Auf der einen Seite standen jene Gläubigen, die den Koran ernst nahmen und überzeugt waren, er enthalte implizit Regeln für das ganze Leben, da alle menschlichen Handlungen in den Augen Gottes von Bedeutung seien und am Tag des Gerichts berücksichtigt würden. Andererseits gab es den Herrscher und seine Stellvertreter, die Entscheidungen zu einer Vielzahl von Problemen treffen mußten, die vom Koran nicht erfaßt wurden. Ihre eigene Überzeugung und die Begriffe, in denen sie ihre Herrschaft rechtfertigten, beanspruchten aber zumindest, daß ihre Entscheidungen wenigstens nicht im offenen Widerspruch zu dem standen, was der Koran nach allgemeiner Ansicht zum Ausdruck brachte oder implizit von den Gläubigen forderte.

In der Periode der ersten Kalifen und der Umaiyaden fanden daher zwei Entwicklungen statt. Der Herrscher, seine Statthalter und Bevollmächtigten, die *qadis*, sprachen Recht und entschieden Streitigkeiten. Dabei berücksichtigten sie die Gebräuche und Gesetze der verschiedenen Regionen. Gleichzeitig versuchten strenggläubige Muslime, alles menschliche Handeln dem Urteil ihrer Religion zu unterstellen und ein ideales System menschlichen Verhaltens zu erarbeiten. Dazu mußten sie nicht nur den Wortlaut des Korans in Betracht ziehen und ihn interpretieren, sondern auch die überlieferten Erinnerungen der Gemeinde. Sie mußten erforschen, wie der Prophet angeblich gehandelt hatte (sein gewohnheitsmäßiges Verhalten, seine Praxis oder *sunna*, die zunehmend in »Traditionen« oder Hadithen festgehalten wurde); sie mußten sich damit beschäftigen, wie die ersten Kalifen Entscheidungen getroffen hatten und was die geschichtlich angesammelte Weisheit der Glaubensgemeinde für das rechte Handeln hielt (die *sunna* der Gemeinde).

Die beiden Prozesse verliefen nicht völlig voneinander getrennt. Der Kalif, Statthalter oder *qadi*, modifizierte zweifellos existierenden Brauch im Lichte der sich entwickelnden Auslegung des Islam; und die Gelehrten übernahmen manches von den herrschenden Sitten der jeweiligen Gemeinschaft in ihr Idealsystem. In der Anfangszeit gab es jedoch wenig Berührungspunkte. Außerdem zeigten sich innerhalb der beiden Entwicklungen unterschiedliche Tendenzen. Wenn man bedenkt, wie das Reich entstand und verwaltet wurde, müssen Brauchtum und gesellschaftliche Ordnungen in den einzelnen Regionen sehr unterschiedlich gewesen sein. Die Gelehrten wiederum lebten auf viele Orte verstreut – in Mekka und Medina, Kufa, Basra und in den syrischen Städten –, und jeder dieser Orte hatte seine eigenen Denkschulen, in denen sich die Überlieferungen ebenso widerspiegelten wie die Bedürfnisse und Gewohnheiten der Region, in der sie sich zu einem örtlichen Konsens (*idschma*) geformt hatten.

Mit dem Aufkommen der Abbasiden um die Mitte des zweiten islamischen Jahrhunderts (des achten christlichen Jahrhunderts) veränderte sich jedoch die Lage. Die Entstehung eines zentralistisch und bürokratisch regierten Staates machte eine Übereinstimmung darüber erforderlich, auf welche Weise Streitfälle geregelt und die Gesellschaft regiert werden sollte. Die von den Abbasiden beanspruchte religiöse Legitimation ihrer Herrschaft verlangte darüber hinaus, daß alles, worauf man sich einigte, nachvollziehbar auf der Lehre des Islam basierte. Dadurch näherten sich die beiden Entwicklungen einander an. Der *qadi* wurde, zumindest in der Theorie, ein von der Exekutivmacht unabhängiger Richter, der Entscheidungen im Licht der religiösen Lehre traf. Das wiederum machte die Forderung nach einem allgemeinen Konsens über die praktischen Implikationen des Korans dringender. Der Koran, die Praxis oder *sunna* des Propheten, zusammengefaßt in Hadithen, die Meinungen von Gelehrten, die Praxis oder *sunna* örtlicher Glaubensgemeinschaften – sie alle waren wichtig, aber bislang herrschte keine Einigkeit darüber, wie ihre Beziehung untereinander auszusehen habe.

Den entscheidenden Schritt zur Definition der Rechtsprechung unternahm asch-Schafi'i (767–820). Der Koran, so erklärte er, war das eigentliche Wort Gottes: Er drückte den Willen Gottes in allgemeinen Regeln und Geboten zu bestimmten Angelegenheiten aus (Gebet, Almosen, Fasten, Wallfahrt, das Verbot des Ehebruchs, das Verbot von Wein und Schweinefleisch). Von gleicher Bedeutung war jedoch die Praxis oder *sunna* des Propheten, die in den Hadithen aufgezeichnet worden war. Sie hatte größeres Gewicht als die Traditionen der verschiedenen Gemeinden. Die *sunna* des Propheten war eine deutliche Manifestation des göttlichen Willens, und ihr Rang wurde durch Koranverse bestätigt: »O ihr, die ihr glaubt, gehorchet Gott und seinem Gesandten.«[2] Die Taten und Worte des Propheten legten die Implikationen der allgemeinen Bestimmungen des Korans offen und gaben Anleitung bei Dingen, zu denen der Koran schwieg. Für asch-Schafi'i waren Koran und *sunna* gleichermaßen unfehlbar. Die *sunna* konnte den Koran nicht außer Kraft setzen, aber der Koran auch nicht die *sunna*. Sie konnten einander nicht widersprechen; scheinbare Widersprüche ließen sich in Einklang bringen, oder man konnte davon ausgehen, daß ein späterer Koranvers oder ein Ausspruch des Propheten einen früheren aufhob.[3]

Der göttliche Wille mochte in Koran oder *sunna* noch so klar zum Ausdruck kommen, die Frage nach der Interpretation oder danach, wie bestimmte Prinzipien auf eine neue Situation anzuwenden waren, stellte sich immer wieder. Nach schafi'itischem Denken gab es für den gewöhnlichen Muslim nur eine Methode, Irrtümer zu vermeiden: Er mußte die Interpretation den Religionsgelehrten überlassen, die mit Hilfe ihrer Vernunft innerhalb enggezogener Grenzen erklärten, was Koran und Hadith enthielten. Wenn sich eine neue Situation ergab, sollte jemand, der fähig war, seine Vernunft zu gebrauchen, mit Hilfe der Analogie (*qiyas*) die Lösung des Problems finden. Er mußte versuchen, in der Situation ein Element zu entdecken, das mit einer Situation vergleichbar war, für die bereits eine Regelung vorlag. Diese disziplinierte Anwendung der Vernunft bezeichnete man als *idschtihad*, und die Rechtfertigung dafür ließ sich in einem *hadith* finden: »Die Gelehrten sind die Erben des Propheten.«[4] Führte die Anwendung der Vernunft zu einer Einigung, verlieh man diesem Konsens (*idschma*) den Rang einer gesicherten und unbestreitbaren Wahrheit.

Asch-Schafi'i selbst formulierte diesen Grundsatz in der breitesten Bedeutung: Sobald die Gemeinde als Ganze sich in einer Frage geeinigt hatte, war die Sache für immer abgeschlossen. Wie ein *hadith* es ausdrückte,

»gibt es in der Gemeinde als ganzer keinen Irrtum, wenn es um Aussagen des Korans, der *sunna* und der Analogie geht«. Asch-Schafi'i fügte seinen Interpretationsprinzipien eine Art Anhang hinzu, der allgemein akzeptiert wurde: Wer den Koran und die *sunna* auslegt, kann das nicht ohne ausreichende Kenntnis der arabischen Sprache tun. Asch-Schafi'i zitiert Stellen des Korans, in denen erwähnt wird, daß er in arabischer Sprache geoffenbart worden war: »Wir haben Dir einen arabischen Koran offenbart [...] in klarem Arabisch.«[5] Nach Asch-Schafi'is Ansicht sollte jeder Muslim wenigstens soviel Arabisch lernen, daß er das Glaubensbekenntnis (*schahada*) ablegen, den Koran rezitieren und den Namen Gottes (*Allahu akbar*, »Gott ist groß«) anrufen konnte; ein Religionsgelehrter mußte natürlich mehr als das können.

Nachdem diese Grundsätze formuliert und allgemein anerkannt waren, konnte man versuchen, sie in Einklang mit der Gesamtheit der Gesetze und Moralvorschriften zu bringen. Dieser Prozeß der Rechtsentwicklung, *fiqh*, führte zu einem Ergebnis, dem man schließlich den Namen *schari'a* gab. Allmählich entstand eine Reihe von »Gesetzesschulen« (*madhahib*, Singular *madhhab*), die sich nach frühen Religionsgelehrten benannten, von denen sie sich herleiteten: die Hanafiten von Abu Hanifa, die Malikiten von Malik, die Schafi'iten von Asch-Schafi'i, die Hanbaliten von Ibn Hanbal und einige andere, die sich nicht durchsetzen konnten. Sie unterschieden sich in bestimmten wesentlichen Punkten in der Auslegung der Gesetze sowie in den Prinzipien juristischer Argumentation und besonders in Hinblick auf den Stellenwert der Hadithe, der Legitimität, der Grenzen und Methoden des *idschtihad*.

Die vier Schulen fanden alle ihren Platz in der sunnitischen Gemeinde. Andere muslimische Gruppierungen hatten eigene für sie verbindliche Systeme von Recht und Gesellschaftsmoral. Die Schulen der Ibaditen und der Zaiditen unterschieden sich nicht wesentlich von denen der Sunniten. Doch innerhalb der »Zwölfer«-Schia wurden die Rechtsgrundlagen anders definiert: Der Konsens der Gemeinschaft hatte nur Gültigkeit, wenn der *imam* in den Prozeß einbezogen war. Auch im schiitischen materiellen Recht bestanden einige deutliche Unterschiede.

Trotz des teilweise theoretischen Wesens der *schari'a* oder gerade deshalb sollten die *ulama*, die sie lehrten, auslegten und anwandten, eine bedeutende Stellung in den muslimischen Staaten und Gesellschaften einnehmen. Als Hüter einer sorgsam ausgearbeiteten Norm sozialen Verhaltens konnten sie den Entscheidungen eines Herrschers bis zu einem gewissen Punkt Grenzen setzen oder ihm zumindest als Ratgeber dienen. Sie konnten außerdem als Sprecher der Gemeinde oder zumindest der Gemeinde ihrer Stadt auftreten. Im großen und ganzen versuchten sie jedoch, sich sowohl von der Regierung als auch von der Gesellschaft fernzuhalten; sie wahrten das Bewußtsein von einer gottgeleiteten Gemeinde, die die Zeiten überdauerte und nichts mit den Interessen von Herrschern oder den Launen der Volksmeinung zu tun hatte.

Die Traditionen des Propheten

In den politischen und theologischen Kontroversen der ersten drei Jahrhunderte bediente man sich der Hadithe, und auch für das sich entwikkelnde Rechtssystem war der *hadith* als eine der Gesetzesgrundlagen bedeutsam. Die Beziehung von Theologie und Recht zum *hadith* war jedoch nicht einfach. Politik und Theologie bedienten sich nicht nur des *hadith*, sondern schufen weitgehend die Gesamtheit der überlieferten Traditionen. Dieser Vorgang führte zur Entstehung einer anderen Religionswissenschaft, der Hadith-Kritik, der Ausarbeitung und Anwendung bestimmter Kriterien, um Traditionen, die als authentisch gelten konnten, von anderen, zweifelhaften oder erkennbar falschen zu unterscheiden.

Die Gemeinde, die sich um Muhammad bildete, hatte von Anbeginn an ein gewohnheitsmäßiges Verhaltensmuster, eine *sunna*, in zwei Ausformungen. Als Gemeinde schuf sie sich im Laufe der Zeit ihr eigenes Modell rechten Verhaltens, das sich aus einer Art Konsens heraus entwickelte und sichergestellt wurde. Der Gemeinde gehörten jedoch auch Menschen an, die versuchten, die *sunna* des Propheten zu bewahren, die Erinnerung daran, was er gesagt und getan hatte. Seine Gefährten erinnerten sich an ihn und gaben ihr Wissen an die nächste Generation weiter. Die Berichte seiner Taten und Worte wurden schon sehr früh nicht nur mündlich, sondern auch schriftlich überliefert. Manche frommen Muslime standen der Niederschrift von Hadithen zwar mißtrauisch gegenüber, denn sie fürchteten, dadurch könne dem Buch, dem Koran, etwas von seinem einzigartigen Rang genommen werden, doch andere förderten die Aufzeichnungen, und am Ende der Umaiyadenzeit lagen viele der Hadithen, die später in Biographien des Propheten aufgenommen wurden, in schriftlicher Form vor.

Der Vorgang war damit jedoch nicht abgeschlossen. Die *sunna* der Gemeinde und die überlieferte *sunna* des Propheten variierten von Ort zu Ort und von Zeit zu Zeit. Erinnerungen verblassen, Geschichten verändern sich beim Erzählen, und nicht alle, die sie aufzeichnen, halten sich an die Wahrheit. Am Anfang war die *sunna* der Gemeinde die wichtigere der beiden, aber mit der Zeit maßen Rechtsgelehrte und manche Theologen der *sunna* des Propheten größere Bedeutung bei. Rechtsgelehrte wollten die gesellschaftlichen Sitten und die Verwaltungsordnung, die sich herausgebildet hatten, in Zusammenhang mit den religiösen Grundsätzen bringen; eine Möglichkeit bestand darin, sie auf den Propheten selbst zurückzuführen. Wer sich an den großen Kontroversen über die Frage der Autorität oder über das Wesen Gottes und des Korans beteiligte, versuchte, im Leben und in den Äußerungen Muhammads Unterstützung für seine Ansichten zu finden. Auf diese Weise erweiterte sich im zweiten und dritten islamischen Jahrhundert (ungefähr das achte und neunte Jahrhundert nach Christus) der Corpus der Muhammad zugeschriebenen Äußerungen. Bis zu einem gewissen Punkt wurde das allgemein als literarischer Kunstgriff hingenommen, der wiederum durch einen *hadith* gerechtfertigt war: »Was an guter Rede zu hören ist, stammt von mir.« Man erkannte jedoch sehr früh die Gefahr, die darin lag. So entstand eine kritische Bewegung mit dem Ziel, das Wahre vom Falschen zu unterscheiden. Möglicherweise gegen Ende des ersten islamischen Jahrhunderts begannen religiöse Denker auf der Suche nach Gewährsleuten, die von ihren Eltern oder einem Lehrer eine mündliche Überlieferung bekommen hatten, weite Reisen zu unternehmen. Sie versuchten, eine Überlieferung möglichst durch eine Kette von Gewährsleuten auf den Propheten oder einen seiner Gefährten zurückzuführen. Dadurch wurde der Corpus der Überlieferungen verringert und vereinheitlicht.

Durch diesen Prozeß, teils Erinnerung, teils Erfindung, nahmen die Hadithe ihre endgültige Form an. Jeder bestand aus zwei Teilen: einem Text, der einen Ausspruch oder eine Handlung des Propheten wiedergab – in manchen Fällen Worte, die er nach eigener Aussage von Gott empfangen hatte –, sowie der Aufzählung der Überlieferer zurück bis zu einem Gefährten des Propheten, der den Ausspruch gehört oder das Geschehen als Zeuge mit angesehen hatte. Beide Elemente waren keineswegs unanfechtbar. Der Text konnte erfunden oder falsch in Erinnerung geblieben sein, und dasselbe galt natürlich auch für die Überlieferer. Und in vielen Fällen schien es in der Tat, als sei die lückenlose Kette der Gewährsleute bis zurück zum Propheten lediglich ein Kunstgriff der Verfasser. Deshalb bestand die Notwendigkeit einer wissenschafliche Hadith-Kritik, durch die anhand klarer Prinzipien das Wahre vom Falschen unterschieden werden konnte.

Gelehrte, die sich die kritische Untersuchung der Hadithe zur Aufgabe machten, richteten ihr Hauptaugenmerk auf die Überliefererkette (*isnad*). Sie überprüften die Geburts- und Sterbedaten sowie die Wohnorte von

Überlieferern verschiedener Generationen auf die Wahrscheinlichkeit einer Begegnung und untersuchten die Glaubwürdigkeit der Betreffenden. Zur richtigen Durchführung dieser Arbeit bedurfte es eines Gespürs für die Authentizität oder Plausibilität des Textes; ein erfahrener Traditionalist entwickelte dabei im Laufe der Zeit ein scharfes Unterscheidungsvermögen.

Anhand dieser Kriterien konnten die Gelehrten die Überlieferungen nach dem Grad ihrer Zuverlässigkeit ordnen. Die beiden großen Sammlungen von al-Buchari (810–70) und Muslim (*ca.* 817–75) enthalten nur solche Hadithe, von deren Authentizität die Autoren überzeugt waren. Andere Sammlungen, denen man allgemein eine gewisse Autorität zubilligt, legen weniger strenge Maßstäbe an. Die Schiiten hatten eigene Sammlungen von Hadithen der Imame.

Die meisten westlichen Wissenschaftler und einige moderne Muslime sind noch weit skeptischer als Buchari oder Muslim und halten viele Hadithe, die beide als authentisch ansahen, für Konstruktionen, die aus dem Meinungsstreit über Autorität und Doktrin oder die Entwicklung der Rechtsordnung erwuchsen. Damit soll jedoch die bedeutende Rolle, die Hadithe in der Geschichte der muslimischen Gemeinschaft gespielt haben, keineswegs in Frage gestellt werden. Nicht weniger wichtig als die Frage nach ihrem Ursprung ist die Frage nach der Art ihrer Anwendung. In Augenblicken politischer Spannung, wenn der Feind vor den Toren stand, forderte der Herrscher vielleicht die *ulama* auf, als eine Art Bekräftigung all dessen, was Gott für sein Volk getan hatte, in der großen Moschee Abschnitte aus der Sammlung al-Bucharis zu lesen. Spätere Autoren, die sich mit Theologie, Rechts- oder Geisteswissenschaften befaßten, konnten ihre Ideen auf Hadithen aus dem großen Reservoir stützen, das selbst dann noch vorhanden war, nachdem Buchari und Muslim ihre Werke vorgelegt hatten.

Der Pfad der Mystik

Theologie, Rechts- und Traditionswissenschaft begannen alle bei den Aussagen des Korans und endeten damit, daß sie die Ansprüche des Islam untermauerten und die Abgrenzungen zu den verwandten monotheistischen Religionen festigten. Es gab allerdings auch Gedankenströmungen, die einen ähnlichen Ansatz hatten, jedoch dazu neigten, die Gemeinsamkeit der Muslime mit den Anhängern anderer Religionen zu betonen.

Eine dieser Richtungen des Denkens und Handelns bezeichnet man allgemein als »Mystizismus«; die arabische Entsprechung dieses Wortes ist *tasauwuf* (auf das die deutsche Form, Sufismus, zurückgeht), was sich möglicherweise auf die wollenen Gewänder (*suf*) bezieht, die manche der frühen Anhänger angeblich getragen haben. Es besteht inzwischen allgemein Einigkeit darüber, daß der Koran die Quelle der Inspiration für den Mystizismus war. Ein Gläubiger, der über seine innere Bedeutung meditiert, mag von einem Gefühl der überwältigenden Transzendenz Gottes und der völligen Abhängigkeit aller Geschöpfe von ihm erfüllt werden: Gott der Allmächtige, der Unergründliche, der alle führte, die an ihn glaubten, denn seine Größe war allgegenwärtig und jeder menschlichen Seele nahe, die auf ihn vertraute, »dir näher als die Ader an deinem Hals«. Der Koran enthält ausdrucksstarke Vorstellungsbilder von der Nähe Gottes zum Menschen und der Möglichkeit des Menschen, darauf zu reagieren. Es wird gesagt, Gott habe vor der Erschaffung der Welt einen Bund (*mithaq*) mit den Menschen geschlossen. Er fragte sie: »Bin Ich nicht euer Herr?« Und sie erwiderten: »Ja, wir bezeugen es.«[6] Muhammad hat zu Lebzeiten angeblich eine geheimnisvolle Reise unternommen, zuerst nach Jerusalem und dann in das Paradies, wo ihm gestattet wurde, sich Gott auf eine gewisse Entfernung zu nähern und Sein Gesicht zu schauen.

Bereits in frühislamischer Zeit scheinen zwei eng miteinander verbundene Entwicklungen eingesetzt zu haben. Es gab eine Strömung hin zu Frömmigkeit und Gebet mit dem Ziel reiner Absicht und des Verzichts auf eigennützige Motive und weltliche Genüsse und eine andere, die über die innere Bedeutung des Korans meditierte. Beide Bewegungen entstanden mehr in Syrien und im Irak als im Hedschaz, und es war natürlich, daß sie ihre Impulse aus den Denkweisen und Formen moralischen Handelns zogen, die bereits in der Welt existierten, in der Muslime lebten. Die Konvertiten hatten ihre eigenen überlieferten Sitten in den Islam eingebracht, und sie lebten in einer Umgebung, die immer noch mehr christlich und jüdisch als muslimisch war. Es war die letzte große Zeit des ostchristlichen Mönchstums und asketischen Denkens und Handelns. Der Prophet hatte mönchisches Leben im Prinzip mißbilligt. »Kein Klosterleben im Islam«, heißt es in einem berühmten *hadith*, und die islamische Entsprechung war, wie man sagte, der *dschihad*. In Wirklichkeit scheint der Einfluß christlicher Mönche jedoch sehr tiefgreifend gewesen zu sein: Ihre Vorstellung von einer verborgenen Welt der Tugend, die den bloßen Gesetzesgehorsam weit überstieg, und der Glaube, daß der Rückzug aus der Welt, Kasteiungen und die Wiederholung des Namens Gottes im Gebet mit Gottes Hilfe zur Reinheit des Herzens führen konnte und zur Befreiung von allen weltlichen Dingen, um sich auf diese Weise einer höheren, intuitiven Erkenntnis Gottes zu nähern, muß auch auf Muslime großen Eindruck gemacht haben.

Im Keim sind solche Ideen in muslimischer Ausprägung bereits im ersten islamischen Jahrhundert, in den Worten von al-Hasan al-Basri (642–728) erkennbar:

> Der Gläubige erwacht betrübt und geht betrübt zu Bett, und das ist alles, was ihn umgibt, denn er steht zwischen zwei erschreckenden Dingen: die Sünde, die er begangen hat, und dem Nichtwissen, was Gott mit ihm tun wird, und der ihm noch bewilligten Zeit, und dem Nichtwissen, welches Unglück über ihn kommen wird [...] hüte dich vor dieser Wohnstatt, denn es gibt keine Macht und Gewalt außer in Gott, und denke an das künftige Leben.[7]

Bei den frühen Mystikern findet das Bewußtsein von der Ferne und der Nähe Gottes seinen Ausdruck in der Sprache der Liebe: Gott ist das einzige angemessene Objekt menschlicher Liebe, Er ist allein um seiner selbst willen zu lieben. Das Leben des wahren Gläubigen ist ein Pfad, der zur Erkenntnis Gottes führt, und so wie der Mensch Gott näher kommt, so kommt Gott dem Menschen näher und wird »sein Sehen, sein Hören, seine Hand und seine Zunge«.

In einem überlieferten Fragment seiner Autobiographie zeigt at-Tirmidhi, ein Schriftsteller des dritten islamischen und neunten christlichen Jahrhunderts, der über spirituelle Themen schrieb, wie eine Seele zum Pfad hingezogen werden kann. Während einer Pilgerreise betete er im *haram*, als er plötzlich einen Augenblick der Reue über seine Sünden erlebte. Bei der Suche nach der richtigen Art zu leben, stieß er auf ein Buch von al-Antaki, das ihm half, Selbstdisziplin zu üben. Allmählich schritt er auf dem Pfad voran, zügelte seine Leidenschaften und zog sich aus der Gesellschaft zurück. Er wurde dabei unterstützt durch Träume vom Propheten; auch seine Frau hatte Träume und Visionen. Er wurde verfolgt und verleumdet von jenen, die behaupteten, er führe unerlaubte Neuerungen in die Religion ein, aber diese Leiden halfen ihm, sich zu läutern. Eines Abends kam er von einer Andachtsübung zurück, bei der er sich auf Gott besonnen hatte, als sein Herz sich öffnete und ihn ein süßes Wohlbefinden erfaßte.[8]

Im folgenden Jahrhundert wurde der Pfad, auf dem Männer und Frauen Gott näherkommen konnten, und die Überlegungen über das Ende dieses Pfades weiter erforscht. Möglicherweise kannte man bereits im achten Jahrhundert das charakteristische Ritual, gemeinsam den Namen Gottes (*dhikr*) zu wiederholen; zu dem Ritual gehörten verschiedene Körperbewegungen, Atemübungen oder Musik. Diese Praktiken sollten nicht automatisch zur ekstatischen Gottesschau führen, sondern die Seele von den Zerstreuungen der Welt freimachen. Die Gedanken der Sufimeister über das Wesen des Wissens, das am Ende des Pfades stand, wurden von den Gläubigen, die den Pfad beschritten, zunächst mündlich überliefert und später schriftlich festgehalten. Auf diese Weise entwickelte sich eine gemeinsame Sprache, in der sich das Wesen der mystischen Vorbereitung und Erfahrung ausdrücken ließ, und es entstand das Gefühl einer Gruppenidentität unter jenen, die sich auf dieser »Reise« befanden.

In diesem, dem dritten islamischen Jahrhundert (neuntes christliches Jahrhundert) wurden der Pfad zur Erkenntnis Gottes und das Wesen dieser Erkenntnis zum ersten Mal in einer systematisierten Form zum Ausdruck gebracht. In den Schriften von al-Muhasabi (gest. 857) wird die Lebensweise eines Wahrheitssuchers beschrieben, und al-Dschunaid (gest. 910) analysiert das Wesen der Erfahrung, die am Ende des Pfades liegt. Am Ende des Pfades steht der wahre und aufrichtige Gläubige vielleicht Gott von Angesicht zu Angesicht gegenüber, wie alle Menschen in dem Augenblick, in dem der Bund geschlossen wurde, und seine Attribute werden durch die Attribute Gottes ersetzt, seine indivuelle Existenz ist aufgehoben – aber nur für einen Augenblick. Danach kehrt er in seine eigene Existenz und in die Welt zurück; in sich aber trägt er die Erinnerung an diesen Augenblick, an die Nähe Gottes, aber auch an seine Transzendenz:

> Die Liebe Gottes ist in ihrem Wesen die Erleuchtung des Herzens durch Freude über die Nähe zum Geliebten; und wenn das Herz von dieser überströmenden Freude erfüllt ist, findet es sein Entzücken darin, mit der Erinnerung an den Geliebten allein zu sein [...] und wenn Einsamkeit verbunden ist mit der geheimen Zwiesprache mit dem Geliebten, dann überwältigt die Freude dieses Zwiegesprächs den Geist, so daß er keinen Anteil mehr nimmt an der Welt und an dem, was in ihr ist.[9]

Muhasabi und Dschunaid lebten und schrieben in der nüchternen sunnitischen Tradition; sie kannten die *schari'a*, und ihnen lag daran, daß ein Muslim, ganz gleich, wie weit er auf dem mystischen Pfad fortgeschritten war, die Gebote voll Aufrichtigkeit befolgte. Ihre Vorstellung von der überwältigenden Größe und Macht Gottes steht der eines Theologen wie al-Asch'ari nicht so fern, für den die Kraft allen Handelns von Gott kommt und ein Gläubiger auf Gottes Führung hoffen kann. In beiden Auffassungen lebt die Vorstellung vom Einbruch des Göttlichen in das menschliche Leben und von einer unergründlichen Vorsehung, die das Leben der Menschen nach ihren Absichten formt. Das Gefühl, von der Präsenz Gottes erfüllt zu sein, und sei es auch nur für einen Augenblick, konnte berauschend wirken, und manche Sufis, deren Vorstellungen sich nicht sehr von denen Dschunaids unterschieden haben mögen, versuchten, die unbeschreibliche Erfahrung in einer hyperbolischen und farbigen Sprache auszudrücken, die Widerspruch wecken konnte. Abu Yazid al-Bistami (gest. *ca.* 875) versuchte, den Augenblick der Ekstase zu beschreiben, in dem der Mystiker, der eigenen Existenz entblößt, von der Existenz Gottes erfüllt ist. Doch am Ende begriff er, daß das in diesem Leben eine Illusion ist, daß das menschliche Leben bestenfalls erfüllt sein kann von der wechselnden Anwesenheit und Abwesenheit Gottes. Ein berühmteres Beispiel ist al-Halladsch (*ca.* 857–922), der in Bagdad wegen blasphemischer Äußerungen hingerichtet wurde. Er war ein Schüler Dschunaids, und seine Lehre mag sich nicht sehr von der seines Meisters unterschieden haben, doch er verkündete sie im Ton ekstatischer und erfüllter Liebe. Sein Ausspruch: »Ich bin die Wahrheit [oder Gott]«, war vielleicht nur ein Versuch, die mystische Erfahrung, in der die Eigenschaften des Menschen von denen Gottes ersetzt werden, in Worte zu fassen. Aber man konnte ihn durchaus auch anders deuten. Ebenso ließ sich seiner These, die wahre Pilgerreise sei nicht die nach Mekka, sondern die spirituelle Reise, auf die der Mystiker sich in seinem Zimmer begeben könnte, die Implikation entnehmen, die getreue Erfüllung der religiösen Pflichten sei unwichtig. Vielleicht forderte etwas in seinem Wesen solche Mißverständnisse heraus, denn er war von einer Richtung des Sufismus beeinflußt (der Malamatiya), die möglicherweise auf das christliche Mönchstum des Vorderen Orients zurückging und in der es das Bestreben gab, sich durch Handlungen zu demütigen, die einem den Tadel der Welt einbringen: eine Art Abtötung der Selbstachtung.

Der Pfad der Vernunft

Spätere sufistische Spekulationen über die Erschaffung des Menschen durch Gott und die Rückkehr des Menschen zu ihm wurden stark von einer anderen Geistesströmung beeinflußt, die sehr früh einsetzte und versuchte, die Tradition griechischer Wissenschaft und Philosophie dem Arabischen einzuverleiben oder, anders ausgedrückt, diese Tradition durch das Medium der arabischen Sprache weiterzuführen und zu entwickeln.

Die Machtergreifung einer arabischen Dynastie verursachte keinen abrupten Bruch im intellektuellen Leben Ägyptens, Syriens, des Irak oder Irans. Die Schule von Alexandria bestand noch einige Zeit weiter, obwohl ihre Gelehrten schließlich nach Nordsyrien übersiedelten. Auch die medizinische Schule in Gundeschapur in Südiran, die unter der Schirmherrschaft der Sasaniden von nestorianischen Christen gegründet worden war, arbeitete weiter. An diesen und an anderen Orten gab es eine lebendige Tradition hellenistischen Denkens und hellenistischer Wissenschaften, obwohl ihre Interessen zu dieser Zeit begrenzter waren als zuvor und Syrisch das Griechische ersetzt hatte. Daneben bestanden eine bedeutende irakische Tradition jüdischer Gelehrsamkeit und eine iranische in Pahlevi, die einige wichtige, aus Indien stammende Elemente einschloß.

Während der ersten Generation muslimischer Herrschaft waren Übersetzungen aus dem Griechischen in das Syrische und dann in das Arabische nicht nötig, denn die meisten derer, die die Tradition weiterführten, waren immer noch Christen, Juden oder Zoroastrier. Und selbst die Konvertiten beherrschten noch die Sprachen des Denkens oder standen in Kontakt mit anderen, die es taten. Die herrschende arabische Gruppe interessierte sich wahrscheinlich nicht sonderlich dafür, was ihre Untertanen studierten; das wäre auch kaum möglich gewesen, denn die arabische Sprache war noch nicht fähig, wissenschaftliche und philosophische Konzepte präzise auszudrücken.

Beginnend mit den letzten Jahren des zweiten und bis zum vierten islamischen Jahrhundert (ungefähr vom achten bis zehnten Jahrhundert) arbeitete man intensiv an Übersetzungen, und zwar mit ausdrücklicher Ermutigung einiger Abbasidenkalifen – durchaus eine Seltenheit. Weitgehend übernahmen Christen diese Arbeit, deren erste Kultursprache Syrisch war – sie übersetzten aus dem Syrischen ins Arabische –, aber einige Werke wurden direkt aus dem Griechischen ins Arabische übertragen. Ein wesentlicher Teil der Arbeit bestand darin, die Möglichkeiten der arabischen Sprache, ihr Vokabular und ihr Idiom zu erweitern, um sie zu einem adäquaten Medium für das gesamte intellektuelle Leben der Zeit zu machen. Eine wichtige Rolle spielte dabei der bedeutendste Übersetzer seiner Zeit Hunain ibn Ishaq (808–73).

Praktisch die gesamte, noch durch die Schulen überlieferte griechische Kultur wurde in diese erweiterte Sprache aufgenommen. In vieler Hinsicht war es allerdings eine bereits stark geschrumpfte Kultur. Rhetorik, Poetik, Drama und Geschichte wurden nicht mehr gelehrt oder kaum noch studiert. Zu den üblichen Studien gehörten Philosophie (das meiste von Aristoteles, einige Dialoge von Platon und einige neuplatonische Werke), Medizin, die exakten Wissenschaften Mathematik und Astronomie und die okkulten Wissenschaften Astrologie, Alchemie und Magie. Philosophie, Wissenschaften und okkulte Studien waren natürlich noch nicht so klar voneinander getrennt wie heute.

Die Motive der Übersetzer und ihrer Schirmherren, der Kalifen, mögen zum Teil praktischer Natur gewesen sein: Medizinisches Können wurde gebraucht, und die Kontrolle über die Naturkräfte konnte Macht und Erfolg bringen. Daneben bestand jedoch auch eine umfassende intellektuelle Neugier, wie sie in den Worten von al-Kindi (*ca.* 801–66) zum Ausdruck kommt. Er war der Denker, mit dem die Geschichte der islamischen Philosophie praktisch ihren Anfang nimmt:

> Wir sollten uns nicht schämen, die Wahrheit anzuerkennen, ganz gleich, aus welcher Quelle sie zu uns kommt, selbst wenn frühere Generationen und fremde Völker sie uns bringen. Für den Wahrheitssucher ist nichts von höherem Wert als die Wahrheit selbst.[10]

In diesen Worten drückt sich nicht nur die Erregung aus, die die Entdekkung der griechischen Tradition wecken konnte, sondern auch das Selbstbewußtsein einer imperialen Kultur, die sich auf weltliche Macht und die Überzeugung vom Beistand Gottes stützte.

Diese Übersetzungen stehen am Beginn einer wissenschaftlichen Tradition in arabischer Sprache. Sie führte die spätgriechische Tradition in vieler Hinsicht fort und entwickelte sie weiter. Es war ein Zeichen dieser Kontinuität, daß Ibn Abi Usaibi'a , der Historiograph der arabischen Medizin, den hippokratischen Eid griechischer Ärzte im vollen Wortlaut aufnahm: »Ich schwöre bei Gott, dem Herrn über Leben und Tod [...] und ich schwöre bei Äskulap, und ich schwöre bei allen Heiligen Gottes [...]«[11]

In die Wissenschaften griechischen Ursprungs mischten sich jedoch Elemente, die aus iranischen und indischen Traditionen stammten. Bereits im neunten Jahrhundert erwähnt der Mathematiker al-Chwarizmi (*ca.* 800–47) den Gebrauch indischer – der sogenannten arabischen – Ziffern bei mathematischen Berechnungen. Diese Mischung der Elemente ist signifikant. So wie das Abbasidenkalifat die Länder des Indischen Ozeans und des Mittelmeerbeckens zu einer einzigen Handelszone vereinigte, so wurden die griechischen, iranischen und indischen Traditionen zusammengeführt, und man hat gesagt, daß »zum ersten Mal in der Geschichte... die Wissenschaft in internationalem Rahmen betrieben wurde«.[12]

Ganz gleich welchen Ursprungs, man integrierte die Wissenschaften ohne große Probleme in die Kultur und Gesellschaft, die sich in der arabischen Sprache artikulierte. Die Astronomen wurden zu Zeitmessern und legten die Zeiten für Gebet und rituelle Handlungen fest; Ärzte waren allgemein geachtet und konnten mitunter Einfluß auf die Herrscher ausüben. Manche Wissenschaften stellten Fragen nach den Grenzen menschlichen Wissens. Viele Ärzte wiesen die Behauptung der Astrologie zurück, die Konjunktion der Körpersäfte werde von der Konjunktion der Gestirne beherrscht; auch nicht alle Behauptungen der Alchemisten fanden Glauben. Vor allem die Philosophie stellte Fragen, denn in mancher Hinsicht schien es schwierig, die Methoden und Schlußfolgerungen der griechischen Philosophie mit den fundamentalen Lehren des Islam in Einklang zu bringen, die von Theologen und Rechtsgelehrten ausgearbeitet wurden.

Die Philosophie ging von der Voraussetzung aus, daß der Mensch durch die richtig angewandte menschliche Vernunft eine bestimmte Kenntnis des Universums erlangen konnte. Aber ein Muslim zu sein bedeutete, daran zu glauben, daß manches für das menschliche Leben wesentliche Wissen den Menschen nur durch das den Propheten geoffenbarte Wort Gottes geschenkt worden war. Wenn der Islam recht hatte, wo lagen dann die Grenzen der Philosophie? Waren die Behauptungen der Philosophen richtig, wozu bedurfte es dann der Prophezeiung? Der Koran lehrte, daß Gott die Welt durch sein schöpferisches Wort »Werde« geschaffen hatte. Wie ließ sich das mit der aristotelischen Theorie vereinbaren, nach der die Materie ewig und nur ihre Form geschaffen sei? Die arabischsprachige Welt kannte Plato nur durch die Interpretation späterer Denker, und selbst Aristoteles wurde auf der Grundlage eines neuplatonischen Werkes mit dem irrigen Titel »Die Theologie des Aristoteles« interpretiert. Für diese späteren Denker hatte Gott vermittels einer Hierarchie von Emanationen, die alle von ihm ausgingen, die Welt erschaffen und erhalten. Wie ließ sich diese Ansicht mit der Idee eines allmächtigen Gottes vereinbaren, der trotzdem direkt in die menschliche Welt eingriff? Wie konnte Platos Theorie, nach der die beste Form der Regierung die eines Philosophen-Königs war, mit der muslimischen Vorstellung in Einklang gebracht werden, daß die Herrschaft zur Zeit des Propheten und der ersten Kalifen am besten dem Willen Gottes für die Menschen entsprach?

Abu Bakr ar-Razi (865–925), ein berühmter medizinischer Autor des neunten Jahrhunderts, gab eindeutige Antworten auf solche Fragen. Nur die menschliche Vernunft konnte zu gesichertem Wissen verhelfen; der Pfad der Philosophie war offen für jeden Zweck; die Behauptung, Offenbarungen erhalten zu haben, war falsch, und Religionen waren gefährlich.

Die Auffassung al-Farabis (gest. 950) war vielleicht typischer für Philosophen, die überzeugte Muslime blieben. Nach seiner Ansicht konnte der Philosoph mit Hilfe der Vernunft die Wahrheit finden und danach leben. Aber nicht alle Menschen waren Philosophen und in der Lage, die Wahrheit direkt zu begreifen. Die meisten konnten sie nur durch Symbole erkennen. Manche Philosophen besaßen die Fähigkeit, die Wahrheit durch die Vorstellung und durch den Intellekt zu erkennen und sie sowohl in

Form von Bildern als auch von Ideen zu verkünden. Das waren die Propheten. Die prophetische Religion war also ein Pfad, die Wahrheit durch Symbole allen Menschen verständlich zu machen. Den verschiedenen Religionen lagen unterschiedliche symbolische Systeme zugrunde, aber alle versuchten, derselben Wahrheit Ausdruck zu verleihen. Das bedeutete nicht, daß es allen Propheten in gleicher Angemessenheit gelang.

Philosophie und islamische Religion, so meinte al-Farabi, widersprachen daher einander nicht. Sie drückten dieselbe Wahrheit nur in unterschiedlicher Form aus, die den verschiedenen Ebenen entsprach, auf denen die Menschen sie verstehen konnten. Der Erleuchtete kann nach der Philosophie leben; wer durch Symbole die Wahrheit erlangt und ein gewisses Maß an Verständnis erreicht hat, kann von der Theologie geleitet werden; gewöhnliche Menschen sollen der *schari'a* gehorchen.

Die Gedanken al-Farabis liefen daher darauf hinaus, daß die Philosophie in ihrer reinen Form nicht für jedermann bestimmt sei. Die Unterscheidung zwischen der intellektuellen Elite und der Masse sollte zum Gemeinplatz islamischen Denkens werden. Die Philosophie blieb zwar lebendig, wurde jedoch zur Privatangelegenheit – häufig von Medizinern –, der man mit Vorsicht nachging und die oft Mißtrauen erregte. Trotzdem fanden einige der philosophischen Ideen Eingang in das Denken dieses und späterer Zeitalter. Die Zeit al-Farabis war auch die Zeit der Fatimiden, und neuplatonische Vorstellungen von der Hierarchie göttlicher Emanationen lassen sich im ausgereiften System der Isma'iliya feststellen. In einer sehr viel späteren Periode fanden sie auch Aufnahme in die theoretischen Systeme, mit denen Sufi-Schriftsteller ihre Suche und das, was sie an deren Ende zu finden hofften, erklärten.

ZWEITER TEIL

ARABISCH-MUSLIMISCHE GESELLSCHAFTEN

(Elftes bis fünfzehntes Jahrhundert)

In den fünf Jahrhunderten, die Thema dieses Teils sind, war die islamische Welt in mancher Hinsicht geteilt, bewahrte in anderer aber ihre Einheit. Die Grenzen der muslimischen Welt veränderten sich – sie dehnte sich in Anatolien und Indien aus, verlor Spanien jedoch an christliche Reiche. Innerhalb dieser Grenzen kam es zu einer Spaltung zwischen Gebieten mit Arabisch als erster Kultur- und Alltagssprache und anderen, wo es die Hauptsprache religiöser und rechtswissenschaftlicher Literatur blieb, das wiederbelebte Persisch jedoch zum wichtigsten Medium weltlicher Kultur wurde. Die Türken, eine dritte ethnische und sprachliche Gruppe, gewannen an Bedeutung. Sie stellten in großen Gebieten des östlichen Teils der muslimischen Welt die herrschende Elite. In den arabischsprachigen Regionen überlebte das Abbasidenkalifat von Bagdad bis in das dreizehnte Jahrhundert, aber es kam zu einer klaren politischen Aufteilung in drei Territorien: Irak, der üblicherweise mit Iran verbunden war; Ägypten, das üblicherweise Syrien und das westliche Arabien beherrschte; und der Maghreb mit seinen verschiedenen Regionen.

Trotz der politischen Teilungen und Veränderungen gab es in den arabischsprachigen Gebieten der muslimischen Welt gesellschaftliche und kulturelle Formen, die in dieser Periode relativ stabil blieben und in den einzelnen Regionen Ähnlichkeiten aufwiesen.

Dieser Teil des Buches untersucht die Welt der Stadtbevölkerung, der Bauern, der Viehzüchter-Nomaden und die Verbindungen zwischen ihnen; und er zeigt auf, wie Interessengemeinschaften zwischen den Oberschichten städtischer Bevölkerung und den Herrschern entstanden, deren Macht durch eine Reihe von Autoritätsvorstellungen gerechtfertigt war. Im Mittelpunkt der städtischen Hochkultur stand die Tradition von Religions- und Rechtsgelehrsamkeit, die in eigenen Einrichtungen, den madaris *(Medresen) gepflegt wurden. Verbunden damit waren andere Traditionen säkularer Literatur, des philosophischen und wissenschaftlichen Denkens und der mystischen Betrachtung, die durch Sufi-Bruderschaften weitergegeben wurden; sie alle spielten eine wichtige Rolle bei der Integration der verschiedenen Schichten der muslimischen Gesellschaft. Die Zahl der Juden und Christen nahm ab; aber Christen und Juden bewahrten ihre eigenen religiösen Traditionen; vor allem die Juden wirkten am Aufblühen von Philosophie und Literatur mit und nahmen im städtischen Handel einen bedeutenden Platz ein.*

Kapitel 5

Die arabisch-muslimische Welt

Staaten und Dynastien

Am Ende des zehnten Jahrhunderts war eine islamische Welt entstanden, die von einer gemeinsamen religiösen Kultur in arabischer Sprache und durch menschliche Bindungen zusammengehalten wurde, die sich im Kontext von Handel, Umsiedlung und Pilgerreisen entwickelt hatten. Diese Welt bildete jedoch nicht länger eine politische Einheit. Drei Herrscher – in Bagdad, in Kairo und in Cordoba – erhoben Anspruch auf den Kalifentitel, und es gab andere, die *de facto* über unabhängige Staaten regierten. Es war eine bemerkenswerte Leistung gewesen, so viele Länder mit unterschiedlichen Kulturen und Interessen über einen so langen Zeitraum in einem einzigen Reich zusammengehalten zu haben. Ohne die Kraft der religiösen Überzeugung wäre das kaum möglich gewesen. Aus ihr war zunächst eine wirkungsvoll herrschende Gruppe in Westarabien hervorgegangen; dann hatte sich eine Interessengemeinschaft zwischen dieser Gruppe und der expandierenden Klasse der Gesellschaften herausgebildet. Das Abbasidenkalifat verfügte weder über die militärischen noch über die administrativen Ressourcen, die es ihm ermöglicht hätten, den Rahmen der politischen Einheit in einem Reich, das sich von Zentralasien bis zur Atlantikküste erstreckte, auf Dauer zu erhalten. Ab dem zehnten Jahrhundert ist die politische Geschichte der Länder, in denen die Herrscher und ein zunehmend größerer Teil der Bevölkerung Muslime waren, eine regionale Geschichte vom Aufstieg und Fall von Dynastien, deren Macht von ihrer Hauptstadt bis an Grenzen ausstrahlte, die meist nicht klar gezogen waren.

Es wird hier nicht der Versuch unternommen, eine detaillierte Geschichte all dieser Dynastien zu schreiben, aber zumindest soll ein allgemeines Bild der wesentlichen Ereignisse gezeichnet werden. Zu diesem Zweck kann man die islamische Welt in drei große Gebiete mit jeweils einem eigenen Machtzentrum aufteilen. Das erste umfaßte Iran, das Land jenseits des Oxus, und den südlichen Irak; sein wichtigstes Machtzentrum war noch einige Zeit nach dem zehnten Jahrhundert Bagdad, da es im Herzen eines reichen Agrarbezirks und eines weitgespannten Handelsnetzes lag und während der Herrschaft der Abbasidenkalifen an Einfluß und Ansehen gewonnen hatte. Das zweite Gebiet schloß Ägypten, Syrien und Westarabien ein; sein Machtzentrum war Kairo, eine von den Fatimiden gegründete Stadt mit einem landwirtschaftlich produktiven Hinterland. Kairo war auch ein Kreuzungspunkt von Handelswegen, die die Länder am Indischen Ozean mit denen des Mittelmeeres verbanden. Das dritte Gebiet ist der Maghreb und Andalus, der muslimische Teil Spaniens; es hatte kein beherrschendes Machtzentrum, sondern mehrere Zentren, die in Regionen mit intensiver landwirtschaftlicher Nutzung lagen und an Punkten, die eine Kontrolle des Handels zwischen Afrika und der mediterranen Welt ermöglichten.

Sehr vereinfacht kann man die politische Geschichte aller drei Regionen in mehreren Perioden sehen. Die erste umfaßt das elfte und zwölfte Jahrhundert. In diesem Zeitraum stand das östliche Gebiet unter der Herrschaft der Seldschuken, einer türkischen Dynastie, die sich auf eine türkische Armee stützte und der sunnitischen Richtung des Islam angehörte. Die Seldschuken schwangen sich 1055 in Bagdad unter der formellen Oberhoheit der Abbasiden zu den wahren Herren auf. Sie herrschten über den Iran, Irak und den größten Teil Syriens und entrissen dem byzantinischen Kaiser große Gebiete Anatoliens (1038–1194). Sie beanspruchten aber nicht die Kalifenwürde. Üblicherweise bezeichnet man sie und die Herrscher späterer Dynastien als »Sultan«, das bedeutet in etwa »Träger der Macht«.

In Ägypten regierten bis 1171 die Fatimiden; sie wurden dann von Salah ad-Din (Saladin, 1169–93), einem Militärführer kurdischer Abstammung, entmachtet. Der Herrscherwechsel brachte auch eine Änderung der religiösen Bindungen mit sich. Die Fatimiden hatten der isma'ilitischen Richtung der Schia angehört; Salah ad-Din war Sunnit; ihm gelang es, die Kampfkraft und die religiöse Begeisterung der ägyptischen und syrischen Muslime zu entfachen, um die europäischen Kreuzritter zu besiegen, die am Ende des elften Jahrhundert in Palästina und an der syrischen Küste christliche Staaten errichtet hatten. Die von Salah ad-Din gegründete Dynastie, die Aiyubiden, herrschte in Ägypten von 1169 bis 1252, in Syrien bis 1260 und in Teilen Westarabiens bis 1229.

Im Westen zerfiel das Umaiyadenkalifat von Cordoba im frühen elften Jahrhundert in eine Reihe kleinerer Reiche; das wiederum ermöglichte es den christlichen Staaten, die im Norden Spaniens überlebt hatten, sich nach Süden auszudehnen. Ihre Expansion wurde allerdings durch das Entstehen zweier aufeinanderfolgender Dynastien für einige Zeit aufgehalten, deren Macht auf der Idee einer religiösen Reform und der Kampfstärke marokkanischer Berbervölker beruhte. Zuerst war es die Dynastie der Almoraviden, die aus den Randgebieten der Wüste im südlichen Marokko kamen (1056–1147) und danach die der Almohaden. Sie konnten sich auf die Bündnistreue der Berberstämme des Atlas verlassen; zu ihrem Reich gehörten zum Zeitpunkt seiner größten Ausdehnung Marokko, Algerien, Tunesien und der muslimische Teil Spaniens (1130–1269).

Eine zweite Periode umfaßt in etwa das dreizehnte und vierzehnte Jahrhundert. Während des dreizehnten Jahrhunderts wurde das östliche Gebiet von einer nichtmuslimischen Mongolendynastie bedroht. Die Mongolen erschienen mit einem Heer, das sich aus Angehörigen mongolischer und türkischer Stämme der innerasiatischen Steppen zusammensetzte, und fielen über die muslimische Welt her. Sie unterwarfen Iran und den Irak und erzwangen 1258 das Ende des Abbasidenkalifats von Bagdad. Ein Zweig der mongolischen Herrscherfamilie regierte beinahe ein Jahrhundert lang (1256–1336) Iran und den Irak und konvertierte während dieser Zeit zum Islam. Die Mongolen versuchten, weiter nach Westen vorzudringen, wurden jedoch in Syrien von einer ägyptischen Armee aus Militärsklaven (Mamluken), die von den Aiyubiden ins Land gebracht worden waren, aufgehalten. Die Führer dieser Armee stürzten die Aiyubiden und bildeten eine militärische Elite, die sich durch Nachschub aus dem Kaukasus und Zentralasien selbst erneuerte und mehr als zwei Jahrhunderte über Ägypten herrschte (1250–1517); Syrien stand ab 1260 unter ihrer Herrschaft; die Mamluken kontrollierten auch die heiligen Städte in Westarabien. In der westlichen Region wurden die Almohaden von mehreren Nachfolgedynastien verdrängt, darunter den Mariniden in Marokko (1196–1465) und den Hafsiden (1228–1574), die von ihrer Hauptstadt Tunis aus regierten.

In dieser zweiten Periode veränderten sich die Grenzen der muslimischen Welt erheblich. An manchen Stellen mußten die Muslime vor den Angriffen der christlichen Staaten Europas zurückweichen. Sizilien ging an die nordeuropäischen Normannen verloren und der größte Teil Spaniens an die christlichen Reiche im Norden der Iberischen Halbinsel; um die Mitte des vierzehnten Jahrhunderts beherrschten die Christen mit Ausnahme des Königreiches Granada im Süden das gesamte Land. Die arabisch-muslimische Bevölkerung Siziliens und Spaniens hielt sich noch einige Zeit, wurde am Ende jedoch entweder durch Konversion oder Ver-

Der Nahe Osten und der Maghreb gegen Ende des 11. Jahrhunderts.

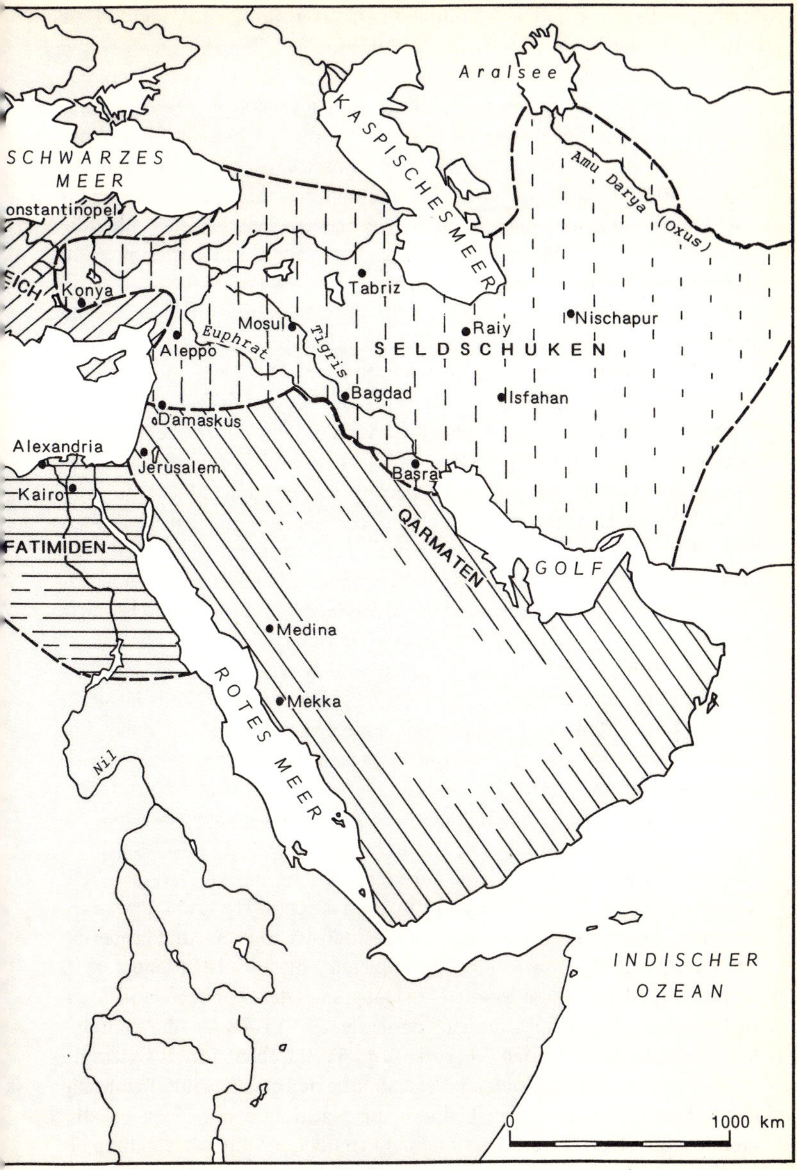
Aralsee
KASPISCHES MEER
SCHWARZES MEER
onstantinopel
EICH
Konya
Amu Darya (Oxus)
Tabriz
Mosul
Tigris
Euphrat
Aleppo
Raiy
Nischapur
SELDSCHUKEN
Bagdad
Isfahan
Damaskus
Alexandria
Jerusalem
Basra
Kairo
QARMATEN
FATIMIDEN
GOLF
Medina
Mekka
ROTES MEER
Nil
INDISCHER OZEAN
0
1000 km

treibung ausgelöscht. Die Mamluken zerstörten ihrerseits endgültig die von den Kreuzrittern in Syrien und Palästina gegründeten Staaten, und andere türkische Dynastien führten die von den Seldschuken begonnene Expansion in Anatolien fort. Durch den andauernden Zuzug türkischer Stämme und die Bekehrung eines Großteils der griechischen Bewohner veränderte sich überdies die Bevölkerungsstruktur. Die muslimische Herrschaft und muslimischen Völker dehnten sich außerdem im Osten bis nach Nordindien aus. Auch in Afrika verbreitete sich der Islam über die Handelswege in die Sahelzone am südlichen Rand der Sahara, im Niltal und entlang der ostafrikanischen Küste.

In der dritten Periode, die ungefähr das fünfzehnte und sechzehnte Jahrhundert umfaßt, standen die muslimischen Staaten vor einer neuen Herausforderung der westeuropäischen Staaten. Die Produktion und der Handel europäischer Städte wuchsen; die von venezianischen und genuesischen Kaufleuten exportierten Stoffe wurden eine Konkurrenz für die Textilerzeugnisse aus den muslimischen Städten. Die christliche Eroberung Spaniens fand 1492 mit der Eroberung des Königreichs Granada ihren Abschluß; die christlichen Könige von Portugal und Spanien herrschten nun über die ganze Iberische Halbinsel. Die spanische Macht bedrohte auch die Muslimherrschaft über den Maghreb; außerdem waren südeuropäische Seeräuber, die im östlichen Mittelmeerraum die Handelsschiffe überfielen, für die Muslime eine ernste Gefahr.

Neue Militär- und Marinetechniken und besonders der Einsatz von Schießpulver trugen wesentlich zu einer größeren Machtkonzentration und der Entstehung mächtigerer und langlebigerer Staaten bei, die in dieser Periode den größten Teil der muslimischen Welt unter ihrer Kontrolle hatten. Im fernen Westen lösten neue Dynastien die Mariniden und andere ab – zuerst die Sa'diden (1511–1628) und danach die Alawiden, die von 1631 bis zum heutigen Tag herrschen. Am anderen Ende des Mittelmeeres entstand unter den Osmanen eine türkische Dynastie in Anatolien, der umstrittenen Grenze des byzantinischen Reiches. Die Osmanen weiteten ihr Herrschaftsgebiet zunächst nach Südosteuropa aus und eroberten dann das übrige Anatolien. Konstantinopel, die byzantinische Hauptstadt, wurde unter dem Namen Istanbul die Hauptstadt der Osmanen (1453). Im frühen sechzehnten Jahrhundert besiegten die Osmanen die Mamluken und gliederten Syrien, Ägypten und Westarabien ihrem Reich ein (1516–17). Sie übernahmen die Verteidigung der maghrebinischen Küste gegen Spanien und wurden dadurch die Nachfolger der Hafsiden. Ihr Herrschaftsgebiet erstreckte sich schließlich über den ganzen Maghreb bis an die Grenzen Marokkos. Ihr Reich sollte bis 1922 existieren.

Weiter im Osten gründete Timur (Tamerlan), ein Herrscher, der mit seiner siegreichen Armee aus Angehörigen innerasiatischer Stämme Iran und Transoxanien erobert hatte, eine Dynastie, die sich aber kaum mehr als ein Jahrhundert halten konnte (1370–1506). Anfang des sechzehnten Jahrhunderts wurde sie von der neuen und über zwei Jahrhunderte bestehenden Dynastie der Safawiden verdrängt, die ihre Herrschaft vom nordwestlichen Iran auf das ganze Land und weit über seine Grenzen hinaus ausdehnten (1501–1732). Die Moguln, eine Dynastie, die auf die mongolischen Herrscher und Timur zurückging, gründeten ein Reich in Nordindien mit der Hauptstadt Delhi (1526–1858).

Außerhalb der Grenzen dieser vier großen Reiche – des Reiches der Alawiden, Osmanen, Safawiden und Moguln – gab es kleinere Staaten auf der Krim und dem Land nordöstlich des Oxus, in Zentral- und Ostarabien und in den neu zum Islam bekehrten afrikanischen Ländern.

Araber, Perser und Türken

Diese politischen Veränderungen zerstörten jedoch nicht die kulturelle Einheit der islamischen Welt; sie verstärkte sich sogar, als immer größere Teile der Bevölkerung konvertierten und der islamische Glaube sich in Denksystemen artikulierte und durch einflußreiche Institutionen wirkte. Im Laufe der Zeit trat jedoch eine gewisse Spaltung innerhalb der großen kulturellen Einheit in Erscheinung; in den östlichen Teilen der islamischen Welt löschte die neue Religion, der Islam, das Bewußtsein der Vergangenheit nicht so weit aus wie im Westen.

Im westlichen Teil der muslimischen Welt verdrängte Arabisch allmählich die Landessprachen. In Iran und in anderen Ostgebieten sprach man weiterhin persisch. Der Unterschied zwischen Arabern und Persern bestand seit der Zeit, als die arabischen Eroberer das Sasanidenreich unterworfen, seine Beamten in den Dienst der Abbasidenkalifen übernommen und seine gebildete Schicht in das Werden einer islamischen Kultur einbezogen hatten. Das Gefühl der Verschiedenheit äußerte sich mit feindseligen Untertönen in der *schu'ubiya*, einer in Arabisch geführten literarischen Kontroverse über die jeweiligen Verdienste der beiden Völker bei der Ausformung des Islam. Perser benutzten Pahlevi weiterhin in der religiösen zoroastrischen Literatur und eine gewisse Zeit auch in der Staatsverwaltung.

Im zehnten Jahrhundert entstand etwas Neues: eine Hochliteratur in einer neuen Form des Persischen, die sich in der grammatischen Struktur nicht wesentlich vom Pahlevi unterschied, jedoch in arabischer Schrift geschrieben wurde; arabische Lehnwörter dienten zur Vergrößerung des Wortschatzes. Dieser kreative Vorgang scheint seinen Anfang an den Höfen lokaler Herrscher in Ostiran genommen zu haben, die die arabische Sprache nicht beherrschten. Die neue Literatur war gewissermaßen ein Spiegelbild der an anderen Höfen verfaßten arabischen Werke, zu denen lyrische Poesie und Preisgedichte gehörten, aber auch Geschichte und Religion.

Es gab jedoch eine andere, ausgesprochen persische literarische Form aus vorislamischer Zeit – das epische Gedicht; sein Inhalt war die überlieferte Geschichte Irans und seiner Herrscher; nun wurde es in Neupersisch wiederbelebt und erhielt mit dem *Schahname* von Firdaūsi (*ca.* 940–1020) seine endgültige Prägung. Unter den muslimischen Ländern nahm Persien durch die starke und bewußte Verbindung mit seiner vorislamischen Vergangenheit eine Sonderstellung ein. Das führte jedoch nicht zur Ablehnung seines islamischen Erbes; Perser benutzten auch weiterhin Arabisch für religiöse und juristische Werke und verfaßten säkulare Literatur auf persisch; der Einfluß dieser Doppelkultur reichte im Norden bis nach Transoxanien und im Osten bis in das nördliche Indien.

Auf diese Weise zerfielen die muslimischen Länder in zwei Teile; im einen war Arabisch die einzige kulturelle Hochsprache, im anderen dienten Arabisch und Persisch unterschiedlichen Zwecken. Eng verbunden mit der Sprachgrenze war die Eigenständigkeit der politischen Machtzentren. Durch den Aufstieg der Fatimiden im Westen und der Seldschuken im Osten entstand eine sich allerdings immer wieder verändernde Grenze zwischen Syrien und dem Irak. Das Verschwinden des Abbasidenkalifats, die Zerschlagung der Macht Bagdads durch die Mongolen und ihre spätere Niederlage gegen die Mamluken in Syrien machten diese Teilung permament. Von nun an standen im Osten Territorien unter der Herrschaft von Staaten mit Machtzentren in Iran, Transoxanien oder Nordindien; die Länder im Westen wurden von Kairo oder Städten des Maghreb oder Spaniens beherrscht. Der Südirak, das ehemalige politische und kulturelle Zentrum, war damit zur Grenzregion geworden.

Die politische Teilung konnte man jedoch nicht als eine Teilung zwischen Arabern und Persern betrachten, denn ab dem elften Jahrhundert waren die meisten herrschenden Gruppen in beiden Gebieten weder von ihrer Sprache noch von ihrer politischen Tradition her arabischer oder persischer Herkunft, sondern Türken, die Nachfahren der kriegerischen Nomadenvölker Innerasiens. Ihr Vordringen über die nordöstliche Grenze in das islamische Reich hatte während der Abbasidenzeit begonnen. Zunächst waren es wenige gewesen, dann hatten ganze Gruppen die Grenze überschritten und waren Muslime geworden. Manche traten in die Armeen der Herrscher ein, und mit wachsender Macht entwickelten sie eigene Dynastien. Die Seldschuken waren türkischer Abstammung; als sie ihre Macht nach Westen und auf Anatolien ausdehnten, zogen Türken mit ihnen. Viele der in Ägypten herrschenden Mamluken kamen aus türkischen Gebieten; die Türken stellten den größten Teil der Krieger in den Armeen der Mongolen; und so hatte der Mongoleneinfall die permanente Ansiedlung großer türkischer Gruppen in Iran und in Anatolien zur Folge. Die militärische Stärke der späteren Dynastien der Osmanen, der Safawiden und der Moguln beruhte auf der Kampfkraft türkischer Armeen.

Die von Türken gegründeten Dynastien benutzten Formen des Türkischen als Militärsprache und am Hof. Aber mit der Zeit integrierten sich die Türken in die Welt der arabischen oder arabisch-persischen Kultur, oder sie fungierten zumindest als ihre Gönner und Beschützer. In Iran war Türkisch die Sprache der Herrscher und des Militärs, Persisch dagegen die Verwaltungs- und Kultursprache und Arabisch die Sprache von Religion und Recht. Im Westen war Arabisch die Herrschaftssprache, die Sprache der Staatsverwaltung und der Hochkultur; später änderte sich das bis zu einem gewissen Grad, als der Aufstieg des Osmanischen Reichs zur Entstehung einer eigenen osmanisch-türkischen Sprache und Kultur führte, die sowohl von hohen Beamten als auch im Palast und im Heer gesprochen und gepflegt wurde. Im Maghreb und den noch verbliebenen Gebieten des muslimischen Spanien war Arabisch die erste Sprache von Verwaltung und Hochkultur. Zwar spielten Berber aus dem Atlas und von den Rändern der Sahara von Zeit zu Zeit eine politische Rolle, doch sie wurden stets von der arabischen Kultur aufgesogen. Mit der Eroberung durch die Osmanen im sechzehnten Jahrhundert gelangte etwas von ihrer Sprache und von ihrer politischen Kultur bis zur Küste des Maghreb.

Dieses Buch beschäftigt sich mit dem westlichen Teil der islamischen Welt, in dem Arabisch die vorherrschende Sprache der Hochkultur und in der einen oder anderen Form auch allgemeine Umgangssprache war. Es wäre natürlich falsch zu glauben, der Islam sei völlig abgeschnitten von der ihn umgebenden Welt gewesen. Arabischsprachige Länder hatten immer noch vieles gemeinsam mit Ländern, in denen persisch oder türkisch gesprochen wurde. Die Länder am Indischen Ozean und um das Mittelmeer standen in enger Verbindung miteinander – ganz gleich, ob der Islam ihre Hauptreligion war oder nicht. Die ganze Welt lebte mit den gleichen Beschränkungen, die ihr die Begrenztheit menschlicher Ressourcen und technischer Kenntnisse über ihren Einsatz auferlegten. Es wäre auch zu vereinfacht, sich das riesige Territorium der islamischen Welt als ein einziges »Land« vorzustellen. Man sollte die Gebiete mit Arabisch als Hauptverkehrssprache besser als eine Gruppe Regionen von unterschiedlicher geographischer Lage und Eigenart sehen. Hier gab es Völker mit einem Erbe ausgeprägter sozialer und kultureller Traditionen; sie hatten überlebt und mit ihnen Lebensweisen, vielleicht auch Gewohnheiten von Denken und Fühlen, selbst wenn das Bewußtsein vom Leben in vorislamischer Zeit nur noch schwach oder praktisch erloschen war. In diesen Regionen lassen sich recht ähnliche Prozesse beobachten; eine gemeinsame Sprache und die darin zum Ausdruck gebrachte Kultur erleichterten den urbanen gebildeten Schichten den Umgang miteinander.

Geographische Unterteilungen

Das Gebiet, in dem Arabisch die Hauptverkehrssprache war, läßt sich – etwas vereinfacht – in fünf Regionen unterteilen. Die erste ist die Arabische Halbinsel, wo die arabischsprachige muslimische Gemeinschaft entstanden war. Die Halbinsel ist eine dreiseitig von der sie umgebenden Welt getrennte Landmasse – vom Roten Meer, dem Arabisch-Persischen Golf und dem Arabischen Meer (ein Teil des Indischen Ozeans); sie ist unterteilt in Gebiete mit unterschiedlichen natürlichen Gegebenheiten, und zu den meisten Zeiten fand dort auch eine unterschiedliche historische Entwicklung statt. Die wesentliche Trennungslinie verläuft parallel zum Roten Meer ungefähr von Norden nach Süden. Auf der Westseite dieser Linie befindet sich ein vulkanisches Felsgebiet. Der flache Küstenstreifen, die Tihama, geht in Hügelland und Hochebenen und danach in Gebirgsketten über – Hedschaz, Asir und Jemen –, deren Gipfel im Süden bis zu viertausend Meter erreichen. Die südliche Gebirgskette verlängert sich nach Südosten und wird von einem großen Tal, dem Wadi Hadramaut, durchschnitten.

Die Berge des Jemen liegen am südlichsten Punkt dieses Gebiets, das von den Monsunwinden des Indischen Ozeans erreicht wird. Hier wurde schon seit langem Frucht- und Getreideanbau betrieben. Weiter nördlich sind die Regenfälle spärlicher und unregelmäßiger; es gibt keine nennenswerten Flüsse; aber Quellen, Brunnen und zeitweilig wasserführende Flußläufe sichern eine begrenzte Wassermenge. Zur nomadischen Lebensweise mit mehr oder weniger regelmäßigen Wanderungen im Jahresverlauf gehörte die Zucht von Kamelen und anderen Tieren, aber auch die Nutzung von Dattelpalmen und Fruchtbäumen in den Oasen mit reichlichem Wasservorkommen. Das nichtseßhafte Leben der Stämme eignete sich am besten zur vollen Ausschöpfung der natürlichen Ressourcen.

Im Osten der Gebirge fällt das Land zum Arabisch-Persischen Golf ab. Im Norden und Süden liegen Sandwüsten (die Wüste Nefud und »das Leere Viertel«), dazwischen befindet sich eine Felssteppe, der Nedschd und al-Hasa, ihre Verlängerung an der Golfküste. Abgesehen von einigen hochgelegenen Gebieten im Norden sind die Regenfälle hier spärlich, doch Quellen und periodische Überflutungen ermöglichten den Menschen ein seßhaftes Leben in den landwirtschaftlich genutzten Oasen, und Kamele wurden über große Entfernungen hinweg zu wechselnden Weidegründen getrieben. Im südöstlichen Zipfel der Halbinsel liegt ein drittes Gebiet: Oman; es ist dem Jemen im Südwesten nicht unähnlich. Dort steigt die Küstenniederung zu einem Gebirge von einer Höhe bis über dreitausend Meter an. Quellen und Bäche liefern Wasser, das dank eines alten Bewässerungssystems eine permanente Landwirtschaft möglich machte. An der Küste liegen eine Reihe Häfen, wo die Einheimischen seit alter Zeit Fischerei und Perlentaucherei betrieben. In nordsüdlicher Richtung verlaufende Routen im Westen der Halbinsel waren die Handelswege, die Länder am Indischen Ozean mit den Ländern rund um das Mittelmeer verbanden. Die wichtigsten Karawanenstraßen im Osten führten entlang einer Kette von Oasen nach Syrien und in den Irak. Die Häfen an der Golfküste und in Oman waren Anlaufpunkte für Schiffe, die von der indischen und der ostafrikanischen Küste kamen. Da Lebensmittel und Rohmaterialien nur in geringem Umfang selbst produziert wurden, konnten sich die Häfen und Marktflecken nicht zu großen Städten, zu Macht- und Manufakturzentren entwickeln. Mekka und Medina, die heiligen Städte, lebten von der Freigebigkeit der Nachbarländer.

Im Norden geht die Arabische Halbinsel in ein zweites Gebiet über, den Fruchtbaren Halbmond; es ist das halbmondförmige Land, das sich um den Rand des Hamad oder der Syrischen Wüste zieht, eine nördliche Verlängerung der Steppen und Wüsten des Nefud. Hier gab es alte und hohe Zivilisationen, die im Westen von der römischen und griechischen und im Osten von der iranischen überlagert wurden. In diesem Land und weniger auf der Halbinsel entwickelten sich die Gesellschaft und Kultur islamischer Prägung.

Die westliche Hälfte des Fruchtbaren Halbmondes war für frühere Gelehrte und Reisende »Syrien«. Wie in Westarabien verlaufen die geographischen Grenzen in diesem Gebiet von West nach Ost. Hinter einem flachen Küstenstrich erhebt sich ein Bergland mit dem Libanongebirge in der Mitte, das im Süden zum palästinensischen Hügelland abfällt. Im Osten liegt eine Senke, die Teil des Großen Grabens ist, der sich durch das Tote Meer und das Rote Meer bis nach Ostafrika zieht. Dahinter steigt das Land wieder zu einer großen Hochebene an, die allmählich in die Steppengebiete und die Wüste Hamad übergeht. An manchen Stellen wurde das Wasser des Orontes und kleinerer Flüsse mit Hilfe alter Bewässerungssysteme zur Erhaltung fruchtbarer Oasen genutzt, die besonders in der Gegend der alten Stadt Damaskus liegen. Zum größten Teil hing die Möglichkeit des Ackerbaus jedoch von den Niederschlagsmengen ab. An den Osthängen der Küstenhügel und -berge fällt genügend Niederschlag, um eine normale Landwirtschaft zu ermöglichen – vorausgesetzt, die Hänge der Hügel sind terrassiert; überall sonst sind die Aussichten auf Erträge unsicher und verändern sich von Jahr zu Jahr; auch die Extreme von Hitze und Kälte sind hier größer. Deshalb war es auf den Ebenen im Landesinnern manchmal vorteilhafter, Getreide anzubauen, und dann wieder, Kamele und Schafe zu züchten.

Syrien war eng mit den übrigen Ländern des östlichen Mittelmeeres verbunden – auf dem Seeweg durch seine Häfen und zu Land durch die Küstenstraße, die bis nach Ägypten führte. Im Landesinnern bestand außerdem eine Verbindung nach Westarabien und durch die Wüste oder an ihrem Nordrand entlang zu den Ländern im Osten. Der Fernhandel und die Überschußproduktion von Nahrungsmitteln und Rohmaterialien ließen zwei große Städte entstehen, die im Landesinnern lagen, aber mit der Küste verbunden waren – im Norden Aleppo und in der Mitte Damaskus.

Die Wege durch oder um den Hamad führten in die Flußniederungen von Euphrat und Tigris. Beide Ströme entspringen in Anatolien und fließen ungefähr in südöstliche Richtung; sie nähern sich einander an, trennen sich wieder und vereinigen sich schließlich, ehe sie in den nördlichen Teil des Arabisch-Persischen Golfs münden. Das Land, das sie umschließen, ist in zwei Gebiete unterteilt. Im Norden, der Dschezira – für Reisende und Gelehrte früher das Obere Mesopotamien –, erschwerte es die karge Bodenbeschaffenheit, das Wasser der Ströme für Bewässerung und Getreideanbau zu nutzen, abgesehen von ihrer unmittelbaren Umgebung oder den Ufern ihrer Nebenflüsse. In größerer Entfernung von den Flußläufen schwankt die Niederschlagsmenge erheblich, und der Boden ist mehr oder weniger unfruchtbar. Deshalb entschieden sich die Menschen dort meistens dafür, Kamele, Rinder und Schafe zu züchten. Im Nordosten der Flüsse liegt ein anderes Gebiet, das zum anatolischen Bergland gehört. Es wird nach seinen Bewohnern, den Kurden, häufig Kurdistan genannt. Hier konnte man wie in den Bergtälern an der syrischen Küste Land und Wasser zur Pflanzung von Bäumen in den hochgelegenen Gebieten und weiter unten zum Getreideanbau nutzen. Durch den regelmäßigen Wechsel von den Winterweiden in den Flußtälern zu den Sommerweiden im Hochgebirge fanden auch große Schaf- und Ziegenherden das ganze Jahr über genügend Nahrung.

Weiter südlich im Irak hatte das Land einen anderen Charakter. Durch die Schneeschmelze in den anatolischen Bergen schwellen die Flüsse im Frühjahr an, und die Wassermassen überschwemmen die umliegenden Niederungen. Über viele Jahrtausende hinweg ist durch die abgelagerten Schlammassen ein riesiges Schwemmlandgebiet entstanden – der Sawad. Dort konnte man in großem Maßstab Getreide anbauen und Dattelpalmen pflanzen. Die Bewässerung war hier einfacher als im Norden, denn es gab in der Ebene kaum Erhebungen, und seit alter babylonischer Zeit sorgte ein ausgedehntes Kanalsystem für eine gleichmäßige Verteilung des Wassers im Sawad. Die flache Ebene und das Ausmaß der Überschwemmungen machten jedoch eine regelmäßige Instandhaltung der Kanäle notwendig. Wenn sie nicht gesäubert und ausgebessert wurden, trat das Hochwasser über die Ufer, setzte das umliegende Land unter Wasser, und dann entstanden unfruchtbare Sümpfe. Das Fehlen von Erhebungen erleichterte es den Nomaden, mit ihren Herden in die Flußtäler vorzudringen. Sie nutzten das Land als Weiden, wodurch es dem Ackerbau verloren ging. Sicherheit und Wohlstand des Sawad hing von der Stärke der Regierungen ab, unter deren Schutz das Land stand. Sie bezogen ihrerseits Nahrung, Rohstoffe und Reichtum aus diesem fruchtbaren Gebiet. Im Herzen des Sawad, wo sich Euphrat und Tigris einander nähern, war eine Reihe großer Städte entstanden: Babylon, das Ktesiphon der Sasaniden, und Bagdad, die Hauptstadt der Abbasiden.

Neben den Verbindungswegen mit Syrien und dem Nefud führten Handelswege vom Irak in das iranische Hochland im Osten; allerdings waren die Routen im Süden einfacher als im Norden. Die Flüsse waren auf dem größten Teil ihrer Länge nicht ohne weiteres schiffbar. Aber von dort, wo sie zusammenflossen und in den Golf mündeten, führten Wasserstraßen zu den Häfen des Golfs und des Indischen Ozeans. Basra, die wichtigste Endstation der Schiffe, war einige Zeit der bedeutendste Hafen des Abbasidenreiches.

Im Westen der Arabischen Halbinsel, auf der anderen Seite des Roten Meeres und einer schmalen Landbrücke im Norden, liegt eine Sandwüste und dahinter ein drittes Gebiet – das Niltal. Der Fluß entspringt im Hochland von Ostafrika, verbreitert sich auf seinem Weg nach Norden und wird von Nebenflüssen gespeist, die in den äthiopischen Bergen entspringen. Er durchfließt ein Schwemmlandbecken, das durch Schlammablagerungen über viele Jahrtausende hinweg entstanden ist und sich stellenweise von

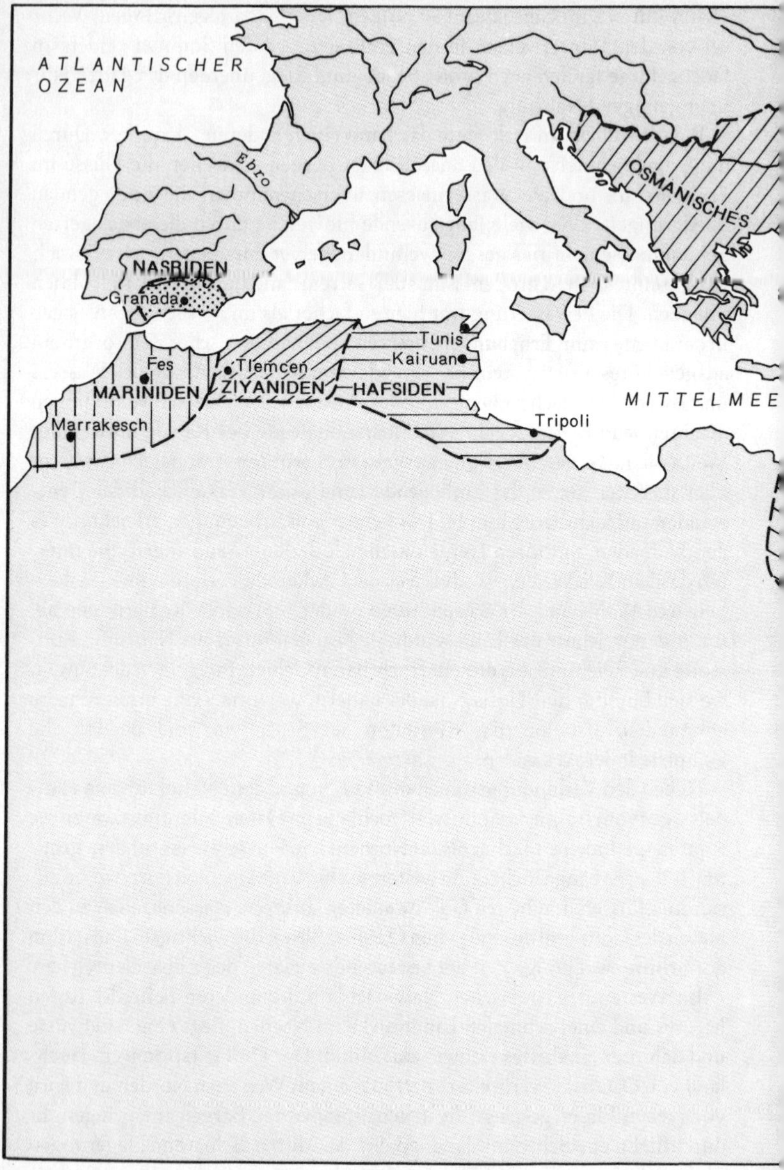

Der Nahe Osten und der Maghreb gegen Ende des 15. Jahrhunderts.

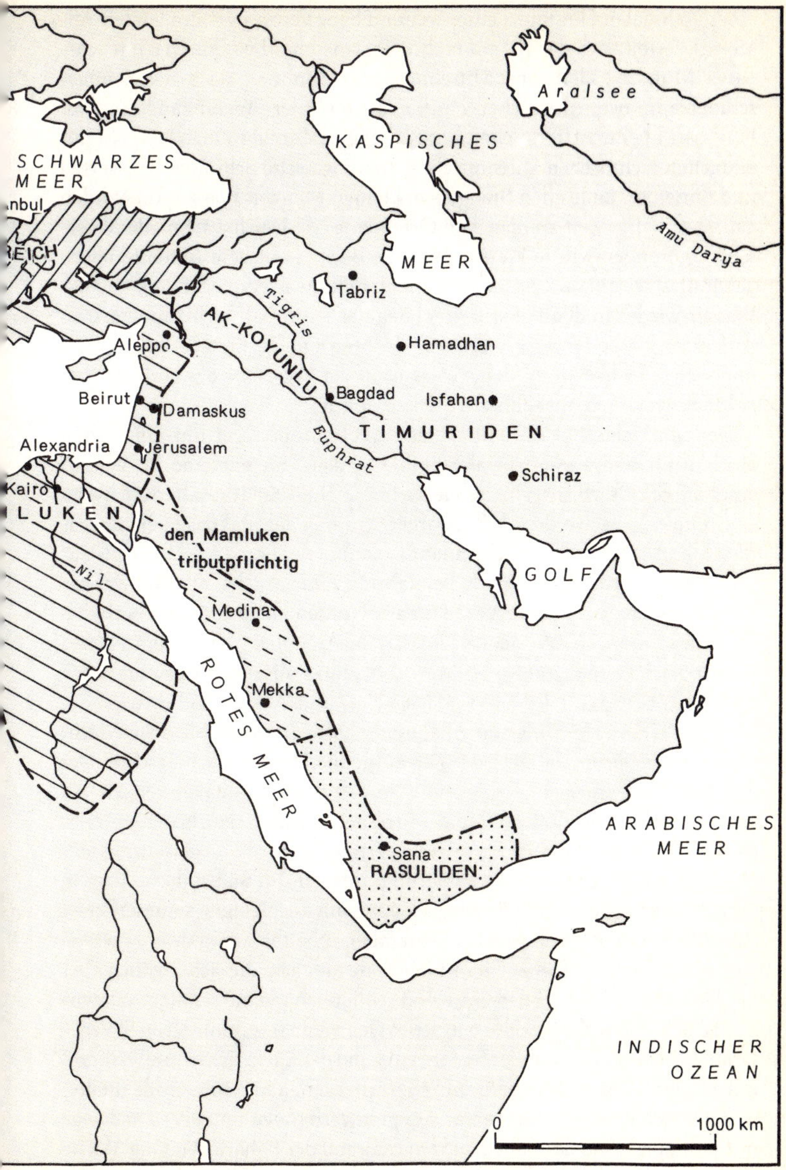

SCHWARZES MEER
nbul
REICH
KASPISCHES MEER
Aralsee
Amu Darya
Tabriz
Tigris
AK-KOYUNLU
Aleppo
Hamadhan
Beirut
Damaskus
Bagdad
Isfahan
TIMURIDEN
Alexandria
Jerusalem
Euphrat
Schiraz
Kairo
LUKEN
den Mamluken tributpflichtig
Nil
GOLF
Medina
ROTES MEER
Mekka
ARABISCHES MEER
Sana
RASULIDEN
INDISCHER OZEAN
0
1000 km

einem schmalen Flußtal zu einer weiten Ebene verbreitert. Im letzten Abschnitt verteilt sich der Nil auf mehrere Arme und fließt durch ein fruchtbares Mündungsdelta ins Mittelmeer. Im Sommer, nach der Schneeschmelze im ostafrikanischen Hochland, steigt der Wasserstand, und der Fluß tritt über die Ufer. Schon seit früher Zeit entnahm man dem Nil mit einfachen technischen Hilfsmitteln – archimedische Schraube, Wasserrad und Eimer am Ende einer Stange – in kleinen Mengen Wasser. Im Norden gab es seit alter Zeit an manchen Orten eine Art Deichsystem: Bei Überschwemmungen wurde Wasser in große Becken mit befestigten Rändern geleitet, wo es einige Zeit stand; wenn der Flußwasserspiegel sank und das Wasser wieder in den Nil sickerte, blieb der fruchtbare Schlamm zurück. Auf diese Weise bewässerte Felder brachten üppige Erträge an Getreide und vielen Feldfrüchten. In der Wüste auf der Westseite des Flußtales befanden sich Oasen mit seßhaften Ackerbauern.

Der nördliche Teil des Niltals ist Ägypten, ein Land mit einer alten Hochkultur und großer sozialer Einheitlichkeit. Sie entstand im Verlauf einer langen Geschichte, in der Herrscher in einer Stadt residierten, die an dem Punkt liegt, wo der Fluß mehrere Arme bildet und das Delta durchfließt. Kairo war die letzte der Stadtgründungen, deren Geschichte bis auf Memphis im dritten vorchristlichen Jahrtausend zurückgeht. Hier war das Zentrum eines Verkehrsnetzes, das nach Norden zu den Mittelmeerhäfen und von dort über das Meer nach Syrien, Anatolien, den Maghreb und Italien, nach Osten zum Roten Meer und zum Indischen Ozean und nach Süden zum Oberlauf des Nils und nach Ost- und Westafrika führte.

Am Oberlauf des Nils war die gesellschaftliche und politische Macht weniger zu spüren, die über das Delta und die Hauptstadt herrschte. Der Nil durchfließt hier ein Gebiet, in dem es praktisch niemals regnet. An seinem Ostufer lag nur ein schmaler Streifen landwirtschaftlicher Nutzfläche. Das flache Land am Westufer ermöglichte die Ausweitung des Agrarlandes mit Hilfe von Bewässerungsanlagen. Im Süden dieser Region ohne Niederschläge schließt sich ein Gebiet mit ausgiebigen sommerlichen Regenfällen an, die von Mai bis September anhalten können. Hier waren Getreideanbau und Viehzucht in einer Zone möglich, die sich westlich über das Flußbecken hinaus ausdehnte und schließlich in eine sandige Halbwüste, beziehungsweise im Süden in weite Gegenden mit immergrüner Vegetation überging. Das war der Sudan, ein Land der Viehzüchter und Bauern, mit Dörfern, Nomadenlagern und Marktflecken, aber ohne große Städte. Durch den Nil war der Sudan mit Ägypten verbunden und über Landwege mit Äthiopien und der Sahelzone am Südrand der Sahara. Von der Wüste im Westen Ägyptens bis hin zur Atlantikküste erstreckt sich eine vierte

Region, die arabisch Maghreb genannt wird; es ist das Land des Westens oder des Sonnenuntergangs. Es umfaßt die heutigen Staaten Libyen, Tunesien, Algerien und Marokko. Das flache Küstenland an Mittelmeer und Atlantik weitet sich stellenweise zu Ebenen – der Sahel in Tunesien und die marokkanische Küstenebene am Atlantik. Hinter diesem Küstenstreifen wird das Land von Gebirgsketten durchzogen: dem Dschebel Achdar in Libyen, den Bergen des nördlichen Tunesien, dem Tell-Atlas und dem Rif in Marokko. Daran schließen sich südlich Hochebenen oder Steppengebiete an, die wiederum in Gebirge übergehen, der Aurès in Algerien und weiter im Westen der Mittlere Atlas und der Hohe Atlas. Im Süden liegen Steppen, die allmählich in der Sahara aufgehen, eine Stein- und Sandwüste mit Palmenoasen. Im Süden der Sahara schließt sich der Sahel oder der Westsudan an, ein Grasland, das durch Regenfälle und den Niger bewässert wird.

Der Maghreb hat nur wenige Flüsse, die sich zur Bewässerung eignen; Menge und Zeitpunkt der Niederschläge regulierten auch Form und Umfang der Besiedlung. In den Küstengebieten und an den Gebirgshängen, die dem Meer zugewandt sind, bringen die vom Mittelmeer oder Atlantik heranziehenden Wolken Regen; hier war der Anbau von Getreide, Oliven, Früchten und Gemüse möglich; in den Höhenlagen überzogen dichte Wälder die Berge. Da im Hochland hinter den Bergen die Regenfälle von Jahr zu Jahr und auch innerhalb des Jahres schwankten, bot sich eine gemischte Nutzung mit Getreideanbau und Weidewirtschaft an. Die Schaf- und Ziegenherden zogen im Rhythmus der Jahreszeiten zu ihren Weideflächen. Die Steppen- und Wüstenregionen im Süden eigeneten sich besser als Weiden. Schaf- und Kamelzüchter trieben im Sommer ihre Herden aus der Wüste nach Norden. Die Sahara war das einzige Gebiet des Maghreb, wo Kamele gezüchtet wurden; die Kamele waren Jahrhunderte vor der Entstehung des Islam dorthin gekommen. Die Sandregionen der Sahara waren kaum bewohnt, aber in anderen Teilen der großen Wüste lebten Viehzüchter und Oasenbauern, die Dattelpalmen und andere Bäume pflanzten.

Auch die wichtigsten Routen, die den Maghreb mit der Außenwelt verbanden, verliefen von Norden nach Süden. Die Häfen an Mittelmeer und Atlantik stellten die Verbindung mit der Iberischen Halbinsel, Italien und Ägypten her. Von diesen Küstenorten führten die Wege nach Süden durch Siedlungsland und eine Kette von Oasen in der Sahara bis zum Sahel und weiter. An gewissen Punkten führten die Wege zu den Küsten durch große Agrargebiete; dort entstanden Städte, die sich selbst versorgten. Zwei dieser Gebiete sind von besonderer Bedeutung. Das eine liegt an der marokkanischen Atlantikküste. In frühislamischer Zeit war dort Fes gegründet worden; sehr viel später und weiter südlich entstand Marrakesch. Das andere Gebiet ist die tunesische Küstenniederung. Die Stadt mit der größten Bedeutung dort war in frühislamischer Zeit Kairuan, später wurde es von Tunis verdrängt, das nahe dem alten Karthago an der Küste liegt. Diese beiden Regionen mit ihren großen Städten strahlten ihre wirtschaftliche, politische und kulturelle Macht auf die umliegenden Gebiete aus. Algerien lag zwischen beiden; es hatte kein besiedeltes Gebiet, das groß und stabil genug gewesen wäre, um die Entstehung eines vergleichbaren Machtzentrums zu ermöglichen. Es geriet vielleicht deshalb eher in den Einflußbereich seiner beiden Nachbarn. Ganz ähnlich erstreckte sich die Macht von Tunis auf das westliche Libyen (Tripolitanien), während die Cyrenaica weiter östlich, die vom übrigen Maghreb durch die Libysche Wüste getrennt war und hier bis an die Küste reicht, mehr in der Einflußsphäre Ägyptens lag.

Das fünfte Gebiet war die Iberische Halbinsel beziehungsweise Andalus, der Teil, der von Muslimen beherrscht und hauptsächlich von Muslimen bewohnt wurde (seine größte Ausdehnung erreichte es im elften Jahrhundert, verlor aber allmählich an Größe und verschwand am Ende des fünfzehnten Jahrhunderts völlig). In mancher Hinsicht glich es Syrien, denn es setzte sich aus kleineren, mehr oder weniger voneinander abgeschnittenen Regionen zusammen. Das Innere der Iberischen Halbinsel ist eine ausgedehnte, von Randgebirgen eingeschlossene und durchzogene Hochebene. Von diesen Gebirgen fließt eine Reihe von Flüssen durch die Niederungen zur Küste: Der Ebro mündet in das nördliche Mittelmeer, der Tejo fließt durch Portugal in den Atlantik, und der Guadalquivir mündet weiter im Süden ebenfalls in den Atlantik. Zwischen den Gebirgen, die sich um das zentrale Hochplateau und am Mittelmeer entlangziehen, liegt im Norden das bergige Katalonien, und im Süden erstrecken sich Ebenen. Klimatische Unterschiede und uneinheitliche Niederschlagsmengen sorgten für eine unterschiedliche Vegetation und entsprechend andere Nutzungsmöglichkeiten. Im kühlen Klima der hohen Berge gab es Korkeichen-, Eichen- und Kiefernwälder und dazwischen Weide- und Ackerbaugebiete, wo Getreideanbau und Viehzucht möglich war. Die zentrale Hochebene mit ihrem extremen Klima eignete sich für eine gemischte Nutzung, den Anbau von Getreide und Oliven und als Weideland für Schafe und Ziegen. In den warmen Flußtälern und Küstenniederungen gediehen Citrusfrüchte und andere Obstarten. In den reichen und fruchtbaren Anbaugebieten in der Nähe schiffbarer Flüsse lagen die großen Städte – Cordoba und Sevilla.

Spanien war Teil der mediterranen Welt, und die Häfen der Ostküste verbanden es mit den anderen Mittelmeerländern: Italien, dem Maghreb,

Ägypten und Syrien. Von größter Bedeutung waren die Verbindungen mit Marokko, seinem südlichen Nachbarn; die schmale Meerenge, die beide Landmassen trennte, stellte für Handel, Wanderung und neue Ideen, aber auch für Invasionsarmeen kein Hindernis dar.

Muslimische Araber und andere Glaubensgemeinschaften

Im elften Jahrhundert war der Islam die Religion der Herrscher, der Oberschichten und eines wachsenden Teils der Bevölkerung. Aber es ist nicht sicher, ob er irgendwo außerhalb der Arabischen Halbinsel die Religion einer Mehrheit war. Gleichermaßen war Arabisch die Kultursprache und in hohem Maß die Sprache der städtischen Bevölkerung, aber es hielten sich auch andere Sprachen aus der Zeit vor der muslimischen Eroberung. Im fünfzehnten Jahrhundert hatte der arabische Islam die gesamte Region überzogen. Es war meist der Islam sunnitischer Prägung, obwohl es auch noch Anhänger der in früheren Jahrhunderten entstandenen Richtungen gab. In Südostarabien und an den Rändern der Sahara fanden sich Gemeinden der Ibaditen, die ihre geistige Abstammung auf die Charidschiten zurückführten, die nach der Schlacht von Siffin die Führerschaft Alis abgelehnt und im Irak und dem Maghreb gegen die Herrschaft der Kalifen rebelliert hatten. Im Jemen bekannten sich große Teile der Bevölkerung zur zaiditischen Schia. Die »Zwölfer« und die Isma'iliten waren im zehnten Jahrhundert im Osten der arabischen Welt dominante schiitische Sekten gewesen; inzwischen hatten sie viel von ihrem früheren Einfluß verloren; die »Zwölfer« waren nach wie vor in Teilen des Libanon weit verbreitet, im Südirak, wo sich ihre wichtigsten Schreine befanden, und an der Westküste des Arabisch-Persischen Golfs. Isma'iliten hielten sich in einigen Gebieten des Jemen, in Iran und in Syrien, wo es ihnen an verschiedenen Orten gelungen war, den sunnitischen Herrschern Widerstand zu leisten – den Aiyubiden in Syrien und den Seldschuken weiter im Osten. (Durch Berichte über ihre Aktivitäten, die in der Zeit der Kreuzzüge nach Europa drangen, entstand der Name »Assassinen«. In arabischen Quellen finden zwar sich keine Angaben, doch es wurde behauptet, sie lebten unter der Herrschaft des »Alten vom Berge«.) In Syrien fanden sich auch Anhänger anderer schiitischer Sekten, die Drusen und die Nusairier. Im Nordirak gab es daneben die Yaziden, deren Religion sich aus christlichen und islamischen Elementen zusammensetzte, und im Südirak die Mandäer, deren Glauben auf ältere religiöse Vorstellungen und Praktiken zurückging.

Im zwölften Jahrhundert waren die christlichen Kirchen des Maghreb praktisch verschwunden; ein Großteil der Bevölkerung in den muslimischen Reichen von Andalus gehörten der römisch-katholischen Kirche an. Koptische Christen stellten noch bis zum fünfzehnten Jahrhundert ein bedeutendes Element der ägyptischen Bevölkerung, obwohl ihre Zahl durch Übertritte zum Islam abnahm. Weiter im Süden, im Sudan, war das Christentum im fünfzehnten oder sechzehnten Jahrhundert ausgelöscht, da sich der Islam über das Rote Meer und am Nil entlang ausbreitete. In ganz Syrien und im Nordirak hielten sich christliche Gemeinden, allerdings in beschränktem Maße. Hauptsächlich in den Städten gab es Mitglieder der griechisch-orthodoxen Kirche, andere waren Angehörige von Sekten, die als Folge der Kontroversen über die Natur Christi entstanden waren: die syrisch-orthodoxe Kirche oder die Monophysiten und die Nestorianer. Im Libanon und anderen Teilen Syriens gab es eine vierte Sekte, die Maroniten; sie hatten die monotheletische Doktrin vertreten, seit dem zwölften Jahrhundert jedoch, als die Kreuzfahrer die syrische Küste beherrschten, hatten sie die Doktrin der römisch-katholischen Kirche übernommen und erkannten das Supremat des Papstes an.

Das Judentum war in der Welt des arabischen Islam sogar noch weiter verbreitet. Im Maghreb war in vorislamischer Zeit ein Großteil der bäuerlichen Landbevölkerung zum Judentum bekehrt worden, und es gab dort, sowie im Jemen und gebietsweise im Fruchtbaren Halbmond immer noch ländliche jüdische Gemeinden. Auch in den meisten Städten der Region fand man Juden; sie spielten eine bedeutende Rolle in Handel, Produktion, Geldwesen und Medizin. In der Mehrzahl waren sie Anhänger der orthodoxen Richtung und lebten streng nach den mündlich überlieferten Gesetzen und deren Auslegung im Talmud und durch Talmudgelehrte. In Ägypten, Palästina und anderswo gab es jedoch auch Karaiten, die den Talmud nicht anerkannten. Sie folgten eigenen, von ihren Lehrern aus der Schrift abgeleiteten Gesetzen.

Ein Großteil der jüdischen Gemeinschaften sprach um diese Zeit bereits arabisch, allerdings in eigenen Formen; Hebräisch wurde immer noch für liturgische Zwecke benutzt. Auch unter den Christen im Fruchtbaren Halbmond, in Ägypten und Spanien hatte sich das Arabische verbreitet; Aramäisch und Syrisch nahmen als Verkehrs- und Schriftsprachen an Bedeutung ab, fanden aber in der Liturgie noch immer Verwendung; in Ägypten diente das Koptische im fünfzehnten Jahrhundert praktisch nur noch religiösen Zwecken. Viele Christen in Andalus hatten Arabisch als Verkehrssprache übernommen, doch ihre überlieferten romanischen Sprachen hatten überlebt und begannen wieder aufzublühen. An den Rändern der arabischen Flut, in Gebirgen und Wüstengebieten, sprach man andere Sprachen: Kurdisch in den Bergen des Nordirak, Nubisch im Norden des Sudan und mehrere andere Sprachen im Süden; Berberdialekte hielten sich in den Bergen des Maghreb und in der Sahara. Kurden und Berber waren jedoch Muslime, und soweit ihnen Bildung vermittelt wurde, geschah dies in der arabischen Sprache.

Kapitel 6

Die ländlichen Gebiete

Das Land und seine Nutzung

Die Länder, die sich in einer Linie von der Atlantikküste bis zum Indischen Ozean ziehen, hatten nicht nur eine dominierende Religion und Kultur, auch ihre Umwelt hatte gewisse Gemeinsamkeiten, zum Beispiel das Klima, geographische Besonderheiten, Bodenbeschaffenheit und Vegetation. Es ist manchmal behauptet worden, die Religion des Islam eigne sich ganz besonders für eine bestimmte Umgebung oder sie habe diese Umgebung sogar geschaffen, und eine Voraussetzung für muslimische Gesellschaften sei die Wüste oder zumindest eine bestimmte Beziehung zwischen Wüste und Stadt. Solche Theorien sind jedoch gefährlich; es gibt Länder mit einem anderen Klima und einer andersartigen Gesellschaft, etwa Teile von Süd- und Südostasien, wo sich der Islam ausgebreitet und wo er Wurzeln geschlagen hat. Deshalb empfiehlt es sich, die Religion und die Umwelteinflüsse und -bedingungen getrennt zu betrachten.

Es lassen sich gewisse generelle Aussagen über das Klima der meisten Länder machen, deren Religion zu dieser Zeit im wesentlich der Islam und deren Sprache das Arabische war. Die Küste, wo die Meereswinde auftreffen, hat ein feuchtes Klima, das Landesinnere ein »Kontinentalklima« mit großen Unterschieden zwischen Tag- und Nachttemperaturen und zwischen Sommer und Winter. Überall ist der Januar der kälteste Monat, im Juni, Juli und August dagegen ist es am heißesten. In manchen Regionen gibt es regelmäßige, reiche Niederschläge. Meist liegen diese Gebiete an der Küste oder an den dem Meer zugewandten Gebirgshängen. Die über das Meer heranziehenden Wolken regnen sich an den Bergen ab: am Atlas an der marokkanischen Atlantikküste, am Rif, dem Gebirge im Osten Algeriens und Norden Tunesiens, und am Cyrenaicamassiv an der Südküste des Mittelmeeres; an seiner Ostküste sind es die Berge des Libanon und weiter im Innern die des nordöstlichen Irak. In Südwestarabien bringen

Wolken vom Indischen Ozean den Regen. Hier fällt die Regenzeit in die Sommermonate, in die Zeit der Monsunwinde; in den anderen Gebieten regnet es meist von September bis Januar. Die Niederschlagsmenge in der Monsunregion liegt durchschnittlich bei mehr als 500 mm im Jahr, an manchen Stellen weit darüber.

Auf den Ebenen und Hochplateaus hinter den Küstengebirgen ist die Niederschlagsmenge geringer; im Jahresdurchschnitt liegt sie bei 250 mm. Die Durchschnittsangaben können jedoch täuschen; in den Gebieten des Landesinneren schwankt die Niederschlagsmenge von Monat zu Monat und von Jahr zu Jahr erheblich. Das kann Folgen für die Landwirtschaft haben; in manchen Jahren gibt es kaum Regenfälle, und dann fallen die Ernten aus.

Neben diesen Zonen mit beträchtlichen, wenn auch unregelmäßigen Niederschlägen liegen andere, wo nur sehr viel weniger oder kaum Regen fällt; manche dieser Regionen befinden sich in Küstennähe – zum Beispiel in Unterägypten, wo keine Berge die Regenwolken aufhalten –, andere weit im Landesinneren. Die jährliche Niederschlagsmenge kann hier zwischen Null und 250 mm schwanken. Die meisten Gebiete sind jedoch nicht völlig wasserlos. Selbst in Teilen der Arabischen Wüste und der Sahara gibt es Quellen und Brunnen, die von gelegentlichen Regenfällen oder von Grundwasser gespeist werden, das sich am Fuß der Gebirkgsketten in Meeresnähe sammelt und sich einen unterirdischen Weg bahnt. An anderen Stellen wird das trockene Land vielleicht von Flüssen bewässert, die Regenwasser von fernen Bergen heranbringen. Viele dieser Flüsse sind Wadis, die im Sommer austrocknen und sich nur während der Regenzeit füllen. Andere führen ständig Wasser, wie die Flüsse, die in Spanien, an der marokkanischen Atlantikküste, in Algerien und Syrien in den Bergen entspringen und zum Meer fließen; außerdem gibt es natürlich die beiden großen Flußsysteme, die der Nil, der Euphrat und der Tigris bilden.

Sie ermöglichen das Leben in den großen Flachlandgebieten, die sie durchfließen; aber sie haben einen unterschiedlichen Überflutungsrhythmus. Der Nil und seine Nebenflüsse bringen das Wasser von Niederschlägen im äthiopischen und ostafrikanischen Hochland in die Ebene; diese Niederschläge fallen im Frühjahr und Sommer und verursachen eine Folge von Überschwemmungen – zuerst im Weißen Nil und dann im Blauen Nil und seinen Nebenflüssen. Die Fluten erreichen Ägypten im Mai und steigen weiter an, bis zu ihrem Höhepunkt im Spetember; danach gehen sie zurück, und im November ist das Hochwasser wieder gesunken. Im anatolischen Hochland, wo Euphrat und Tigris entspringen, schmilzt im Frühjahr der Schnee. Im Tigris wälzen sich diese Wassermassen von März bis

Mai, im Euphrat etwas später ins Tiefland; in beiden Fällen sind die Fluten so gewaltig, daß die Ströme über die Ufer treten und mehrmals ihren Lauf geändert haben. Im Süden des Irak hatten sich durch das Absinken des Landes in der Zeit vor dem Aufkommen des Islam ausgedehnte Sümpfe gebildet.

Unterschiede der geographischen Beschaffenheit, der Temperatur und Wasserversorgung haben gemeinsam dazu beigetragen, daß auch ein unterschiedlicher Boden entstand. In den Küstenebenen und an den Berghängen über dem Meer ist die Erde fruchtbar; in den Bergen muß sie jedoch durch Terrassenanlagen gehalten werden, wenn sie während der Regenzeit nicht weggeschwemmt werden soll. Auf den Ebenen im Landesinnern ist die Erde magerer, aber immer noch fruchtbar. Dort, wo diese Ebenen allmählich in Steppen und Wüsten übergehen, verändert sich der Charakter des Landes. Erdansammlungen an Stellen, wo es reichlich Grundwasser gibt, sind umgeben von Fels- und Steingebieten, Vulkanmassiven und Sanddünen, wie die des »Leeren Viertels« und der Nefud in Arabien und den Ergregionen der Sahara.

Seit urdenklichen Zeiten hat der Mensch überall dort, wo Erde und Wasser vorhanden waren, Früchte, Getreide und Gemüse angebaut. Aber manche Arten stellen bestimmte Anforderungen. Drei Wachstumsgrenzen waren von besonderer Bedeutung. Die erste galt für die Anpflanzung von Olivenbäumen; Oliven lieferten Nahrung und Öl zum Kochen, das Holz der Bäume wurde verbrannt. Olivenbäume wachsen in sandiger Erde überall dort, wo die jährliche Niederschlagsmenge über 180 mm liegt. Die zweite betraf den Anbau von Weizen und anderem Getreide für den menschlichen Bedarf oder auch als Tierfutter. Dazu ist eine jährliche Niederschlagsmenge von mehr als 400 mm oder die Bewässerung der Felder aus Flüssen oder Quellen erforderlich. Die dritte Anbaugrenze bezog sich auf Dattelpalmen, die nur bei einer Minimaltemperatur von 16 °Celsius Früchte tragen, aber in wasserarmen Gebieten gedeihen. Das Vorhandensein von genügend Wasser und Vegetation ermöglichte die Nutzung als Weideland und Ackerfläche. Schafe und Ziegen brauchten Weiden, die nicht zu weit auseinanderlagen; Kamele konnten große Entfernungen zwischen ihren Weidegründen zurücklegen und mußten weniger regelmäßig getränkt werden.

Infolge der Verschiedenheiten der natürlichen Bedingungen waren der Mittlere Osten und der Maghreb schon vor den islamischen Anfängen in bestimmte große Produktionsgebiete unterteilt, die zwischen zwei Extremen lagen. Einerseits gab es Regionen, die jederzeit landwirtschaftlich nutzbar waren: die Küstenniederungen, wo man Oliven pflanzen konnte, die Ebenen und Täler, in denen Getreide angebaut wurde, und Oasen mit Palmen. Dort wurde überall auch Obst- und Gemüsebau betrieben; als der Islam sich vom Indischen Ozean bis zum Mittelmeer ausbreitete, führte das unter anderem auch zum Anbau neuer Arten von Nutzpflanzen. In dem riesigen Gebiet gab es Weiden für Rinder, Schafe und Ziegen; die Gebirgswälder mit ihrer Vielfalt an Bäumen lieferten Holz, Galläpfel, Harze und Kork. In anderen Regionen dagegen erlaubten ein geringes Wasservorkommen und spärliche Vegetation nur die Zucht von Kamelen oder anderen Tieren, und zum Überleben waren ausgedehnte jährliche Herdenwanderungen notwendig. Zwei dieser Gebiete hatten eine besondere Bedeutung: die Arabische Wüste und ihre nördliche Verlängerung, die Syrische Wüste, wo die Kamelzüchter den Winter im Nefud verbrachten und im Sommer in den Nordwesten nach Syrien oder in den Nordosten in den Irak zogen, und die Sahara, wo sie von der Wüste auf die Hochebenen oder zum Südrand des Atlas wanderten.

Zwischen diesen beiden Gegensätzen – Gebiete mit dem mehr oder weniger sicheren und ruhigen Leben der Ackerbauern und denen mit dem erzwungenen Nomadentum der Viehzüchter – lagen andere Regionen, in denen Ackerbau zwar möglich, allerdings unsicherer war, und wo man Land und Wasser auch dazu nutzen konnte, um Herden zu weiden. Das galt besonders für die Randzonen der Wüsten, wo nur in unregelmäßigen Abständen Regen fiel: die syrische Steppe, das Tal des Euphrat, die Ränder des Nildeltas und anderer bewässerter Gebiete des Niltals, die Bergsteppen Kordofan und Darfur im Sudan, und die Hochebenen und der Sahara-Atlas im Maghreb. Unter bestimmten Umständen konnte beinahe jedes Ackerbaugebiet zum Weideland werden, wenn es nicht durch seine geographische Beschaffenheit vor den Nomaden geschützt war. Die Viehzüchter der Sahara drangen zum Beispiel nie in den Hohen Atlas in Marokko vor.

Es wäre deshalb zu einfach, das Land in Regionen zu unterteilen, in denen seßhafte Bauern Ackerbau betrieben, und in andere, wo Nomaden ihre Herden weideten. Mischformen zwischen dem seßhaften und dem nomadischen Leben waren die Regel; es gab viele Möglichkeiten zur Nutzung des Landes. In manchen Regionen übten seßhafte Sippen oder Stämme die Kontrolle über ganze Gebiete aus; dort weideten nur ihre eigenen Herden unter Aufsicht von Hirten. In anderen nutzten Ackerbauern und Schafzüchter das Land gemeinsam. Daneben gab es Gebiete mit Stämmen, die mit ihren Herden vom Flachland zu den Bergweiden zogen, zu bestimmten Zeiten jedoch das Land auch bewirtschafteten. Und es gab Regionen mit einer rein nomadischen Bevölkerung, die vielleicht Siedlungen in Oasen oder am Wüstenrand unter ihre Befehlsgewalt gebracht hatten, wo Bauern für sie arbeiteten.

Man kann nicht sagen, daß zwischen »Stadt und Wüste« uralte und unüberwindliche Gegensätze bestanden und daß die einen das Land bestellten und die anderen mit ihren Herden von Ort zu Ort zogen. Seßhafte Pflanzer und nomadische Viehzüchter brauchten einander für den Austausch der Güter, die sie zu verkaufen hatten. Die Viehzüchter konnten nicht die ganze Nahrung produzieren, die sie brauchten – weder Getreide noch Datteln –, und die seßhafte Bevölkerung war nicht nur auf das Fleisch, die Häute und die Wolle der von den Nomaden gezüchteten Tiere angewiesen, sondern auch auf Kamele, Maultiere und Esel als Last- oder Reittiere. In Regionen, in denen beide Gruppen nebeneinander lebten, benutzten sie das gleiche Wasser und dasselbe Land mit seiner Vegetation und mußten möglichst akzeptable und dauerhafte Abkommen miteinander treffen.

Die Symbiose von Bauern und Nomaden war jedoch unstabil und neigte zu Veränderungen zugunsten der einen oder der anderen Seite. Einerseits verschaffte den Nomaden die Unstetigkeit und Härte ihres Lebens oft eine Vormachtstellung. Das galt besonders für die Beziehung zwischen den Kamelzüchternomaden der Wüste und den Oasenbewohnern. In manchen Oasen, die an wichtigen Handelswegen lagen, gab es eine Händlerschicht, unter deren Aufsicht die Märkte und Dattelpalmen standen, aber in anderen lag die Kontrolle über das Land bei den Herdenbesitzern; sie ließen die Felder von Bauern oder von Sklaven bearbeiten. In den Randzonen der Wüsten waren die Viehzüchter mitunter sogar stark genug, um von den Siedlungen eine Art Tribut oder *chuwa* zu erheben. Die ungleichen Beziehungen kamen in der Kultur der arabischen Nomaden in einer bestimmten hierarchischen Auffassung von der ländlichen Welt zum Ausdruck. Die Nomaden besaßen in ihrer eigenen Vorstellung eine Freiheit, einen Adel und eine Ehre, die Bauern, Kaufleuten oder Handwerkern fehlten. Andererseits gab es vielleicht Kräfte, die die Freiheit und die Stärke der Nomaden beschnitten und sie dazu brachten, seßhaft zu werden, wenn sie in die Ebenen oder Steppengebiete kamen.

Wenn die Symbiose tiefgreifend gestört wurde, so beruhte das nicht auf den ständigen Streitigkeiten zwischen den beiden Gesellschaftsformen, sondern hatte andere Gründe. Im Laufe der Jahrhunderte mag es zu Veränderung in Klima und Wasserversorgung gekommen sein. Für die zunehmende Austrocknung der Sahararegion über einen langen Zeitraum hinweg liegen viele Beweise vor. Die Nachfrage nach Erzeugnissen des Landes und der Wüste schwankte. Manchmal herrschte ein größerer oder geringerer Bedarf an Olivenöl, Getreide, Häuten, Wolle, Fleisch oder Lastkamelen. Zeitweise erreichte die Überbevölkerung unter den Nomaden kritische Ausmaße, denn sie führten im großen und ganzen ein gesünderes Leben als die Dorfbevölkerung; deshalb vermehrten sie sich stärker, als es ihre Versorgungsmöglichkeiten erlaubten. Von Zeit zu Zeit gab es politische Veränderungen; starke Herrscher neigten dazu, die Agrargebiete auszudehnen, aus denen sie die Nahrung für die Städte und Steuern für den Unterhalt ihrer Armeen bezogen.

Die arabische Eroberung der umliegenden Länder in frühislamischer Zeit war keine nomadische Flutwelle, die die seßhafte Welt überschwemmte und die alte Symbiose zerstörte. Arabische Armeen waren kleine Truppenverbände verhältnismäßig disziplinierter Krieger unterschiedlicher Herkunft. Ihnen folgten, zumindest im Irak und Iran, große Kontingente arabischer Viehzüchter, deren Zahlen nicht zu schätzen sind. Die neuen Herren waren jedoch an der Erhaltung der organisierten Landwirtschaft und damit des Systems von Abgaben und öffentlichen Einkünften interessiert. Die früheren Grundbesitzer wurden entweder enteignet oder gingen in der neuen herrschenden Klasse auf, aber die Bauernschaft blieb; Soldaten und Einwanderer wurden auf dem Land oder in den neugegründeten Städten angesiedelt. Von Chorasan und Transoxanien im Osten bis nach Andalus im Westen verrät das Wachstum von Städten zu einer bis dahin ungekannten Größe das Vorhandensein besiedelter ländlicher Gebiete, die groß und produktiv genug waren, um die Städte mit Nahrungsmitteln zu versorgen. Andererseits führten die Zunahme des Fernhandels innerhalb des riesigen muslimischen Reiches und die jährliche Wallfahrt nach Mekka zu einem steigenden Bedarf an Kamelen und anderen Reit- und Lasttieren.

Erst später, ab dem zehnten oder elften Jahrhundert, kam es zu einer Störung der Symbiose. An den Rändern des muslimischen Welt sickerten Nomadengruppen ein, die das Bevölkerungsgleichgewicht veränderten. Türkische Nomadenstämme drangen nach Iran und in die vor kurzem eroberten Gebiete Anatoliens vor und verschoben das Kräftegleichgewicht. Diese Bewegung setzte sich während und nach der Mongoleninvasion fort. Im fernen Westen zogen Berber aus dem Atlas und von den Rändern der Sahara nach Norden, nach Marokko und Andalus. In den Kerngebieten der muslimischen Welt mag jedoch eine andere Entwicklung stattgefunden haben. Eine Studie über eine Region gibt darüber Aufschluß.[1] Es handelt sich um die Region am Diyala, einem Nebenfluß des Tigris, in der großen, bewässerten Ebene des Südirak, die Bagdad mit Nahrungsmitteln und Rohstoffen für seine riesige Bevölkerung belieferte. Das seit babylonischer

Zeit ausgebaute Bewässerungssystem verlangte eine Regierung, die stark genug war, die Bewässerungsanlagen zu schützen und zu pflegen. Eine solche Regierung gab es in der frühen Periode der Abbasiden; damals war das System nach seinem Zerfall am Ende der Sasanidenherrschaft instandgesetzt und wiederhergestellt worden. Im Laufe der Jahrhunderte änderte sich jedoch die politische Lage. Bagdad wurde eine große und mächtige Stadt und ein wichtiges Handelszentrum. So ist es nicht verwunderlich, daß ein größerer Teil der auf dem Lande erwirtschafteten Überschüsse in die Stadt selbst flossen und nicht für die Erhaltung der ländlichen Gebiete eingesetzt wurden. Als die Schwäche der Zentralregierung immer augenscheinlicher wurde, fiel die Kontrolle über diese Region in die Hände von Statthaltern oder Steuereinnehmern, die natürlich kein so nachhaltiges Interesse an der Instandhaltung der Bewässerungsanlagen hatten. Möglicherweise führten aber auch ökologische Veränderungen zu der Entstehung großer Sumpfgebiete. Das über die Jahrhunderte hinweg bewährte und gepflegte Bewässerungssystem zerfiel allmählich. Der Landbevölkerung fehlten die Mittel, es selbst in Ordnung zu halten; infolgedessen strömte weniger Wasser in die Kanäle, landwirtschaftlich genutzte Flächen wurden aufgegeben und in Weideland umgewandelt.

Das Vordringen der Viehzüchternomaden mag also eine Folge des Niedergangs der Landwirtschaft und nicht ihre Ursache gewesen sein. Im Maghreb hat möglicherweise eine andere Entwicklung stattgefunden. Nach einer Theorie, die vielleicht von Ibn Chaldun stammt, haben moderne Historiker den Niedergang des seßhaften Lebens der Zuwanderung einiger arabischer Stämme im elften Jahrhundert, insbesondere der Banu Hilal zugeschrieben. Man glaubt, daß ihre Raubzüge und Plünderungen die gesamte spätere Geschichte des Maghreb entscheidend beeinflußt haben, da sie die starken Regierungen, die Hüter des seßhaften Lebens, stürzten und das Agrarland in Weiden umwandelten. Die ansässige Bevölkerung selbst ging in dieser Flutwelle arabischer Einwanderer unter. Neue Forschungen haben jedoch gezeigt, daß dieser Vorgang nicht so einfach war. Gruppen der Banu Hilal drangen tatsächlich in der ersten Hälfte des elften Jahrhunderts von Ägypten nach Tunesien vor. Das stand im Zusammenhang mit dem Versuch der Fatimiden, die Ziriden zu schwächen, eine örtliche Herrscherdynastie in Kairuan, die Vasallen der Fatimiden gewesen waren, deren Herrschaft sie jedoch abgeschüttelt hatten. Die Ziriden verloren durch einen Rückgang des Handels in Kairuan an Stärke, und ihr Reich zerfiel in kleinere Fürstentümer mit Provinzstädten. Möglicherweise halfen das Schwinden der alten Regierungsautorität und der Niedergang des Handels den Nomaden, in das politische Vakuum vorzustoßen. Ihre Expansion führte ohne Zweifel bei der Landbevölkerung zu Zerstörung und Unordnung, aber es weist nichts darauf hin, daß die Banu Hilal ein seßhaftes Leben grundsätzlich ablehnten, denn sie unterhielten zu anderen Dynastien gute Beziehungen. Wenn sich das Gleichgewicht auf dem Lande in dieser Zeit zugunsten der Nomaden verschob, mag das andere Ursachen gehabt haben. Dieser Vorgang scheint weder überall stattgefunden zu haben, noch von Dauer gewesen zu sein. Teile Tunesiens erholten sich, als die Almohaden und ihre Nachfolger, die Hafsiden, wieder eine starke Herrschaft errichteten. Das Vordringen der Nomaden, soweit es dazu kam, war deshalb möglicherweise eine Auswirkung und nicht der Grund für das Ende der ländlichen Symbiose. Offenbar waren die Banu Hilal auch nicht so zahlreich, daß durch ihre Zuwanderung die Berberbevölkerung durch Araber ersetzt worden wäre. Seit dieser Zeit kam es allerdings tatsächlich zu einer weiten Verbreitung der arabischen Sprache, und damit entstand die Vorstellung von einer Verbindung der ländlichen Völker des Maghreb mit denen der Arabischen Halbinsel. Aber das lag weniger an der Ausbreitung der arabischen Stämme als an der Assimilation der Berber.[2]

Stammesgesellschaften

Die Geschichte der ländlichen Gegenden in diesen Jahrhunderten ist nie geschrieben worden und kann kaum geschrieben werden, denn es fehlen die wesentlichsten Quellen. Für die osmanische Zeit finden sich solche Quellen in den großen osmanischen Archiven, mit deren Erforschung erst jetzt begonnen wurde. Für die neuere Zeit lassen sich Dokumente durch direkte Beobachtung ergänzen. Es ist gefährlich, von dem, was vor zwei oder dreihundert Jahren vorhanden war, und dem, was heute vorhanden ist, darauf zu schließen, was Jahrhunderte vorher vorhanden gewesen sein könnte. Es hilft uns vielleicht jedoch, Ereignisse und Vorgänge jener Zeit zu verstehen, wenn wir mit unserem Wissen über spätere Zeiten den »Idealtyp« einer ländlichen Gesellschaft konstruieren, wie sie in einer geographischen Umgebung wie der des Nahen Ostens und des Maghreb ausgesehen haben könnte.

Ohne Störungen und Eingriffe führten die ökonomischen und gesellschaftlichen Prozesse in solchen ländlichen Gegenden oft zu einer Gesellschaftsform, die man als »tribal« bezeichnet; und so muß als erstes gefragt werden, was man unter einem Stamm versteht.

Die fundamentale Einheit in Nomaden- und Dorfgemeinschaften war die Kernfamilie von drei Generationen: Großeltern, Eltern und Kinder lebten in einem aus Steinen, Lehmziegeln oder einem anderen lokalen Baumaterial errichteten Haus im Dorf oder in den gewebten Zelten der Nomaden. Die Männer kümmerten sich um die Landarbeit oder versorgten die Herden; die Frauen bereiteten die Mahlzeiten, hielten Häuser oder Zelte sauber und übernahmen die Erziehung der Kinder, aber sie halfen auch auf den Feldern oder bei den Herden. Kontakte zur Außenwelt waren ausschließlich den Männern vorbehalten.

Man darf annehmen, daß die Werte, die in dem Begriff »Ehre« zum Ausdruck kommen, seit urdenklichen Zeiten Geltung besitzen. Einen Ehrenkodex, den die Sozialanthropologen eingehend untersucht haben, gab es auf dem Land und in den Teilen der Bevölkerung, die nicht stark von den konventionellen städtischen Religionen beeinflußt sind. Man kann deshalb sagen, daß die Frauen der Dörfer und Steppen zwar nicht verschleiert gingen oder in aller Form unterdrückt wurden, aber doch in wesentlichen Punkten den Männern untergeordnet waren – das geschah in vielen Abwandlungen und in Relation zu Zeit und Ort. Nach weit verbreitetem Brauch, allerdings nicht nach islamischem Gesetz, gehörte der Grundbesitz den Männern und wurde von ihnen an ihre männlichen Nachkommen vererbt: »Söhne sind der Reichtum des Hauses.« Die Ehre des Mannes verlangte, daß er seinen Besitz verteidigte und die Ansprüche der Mitglieder seines Haushaltes oder seiner Sippe oder einer größeren Gruppe, der er angehörte, erfüllte; die Zugehörigkeit zu einem größeren Ganzen gereichte dem Einzelnen zur Ehre. Die Frauen der Familie – Mutter und Schwestern, Ehefrauen und Töchter – standen unter seinem Schutz, aber sie konnten seine Ehre beflecken – durch mangelnde Keuschheit oder durch ein Verhalten, das bei Männern, die keine Ansprüche auf sie hatten, Gefühle weckten, die die soziale Ordnung in Frage stellten. In die Achtung eines Mannes vor seinen Frauen mischte sich deshalb unter Umständen ein gewisser Argwohn oder sogar Furcht, da sie eine Gefahrenquelle darstellen konnten. Eine Studie über Beduinenfrauen in der westägyptischen Wüste berichtet von Gedichten und Liedern, die Frauen untereinander austauschen. Darin werden persönliche Gefühle und eine Liebe ausgedrückt, die stärker sein kann als eingegangene Verpflichtungen; verbotene Grenzen werden überschritten und Zweifel an der Gesellschaftsordnung erwachen, die für diese Frauen Gültigkeit hat und die sie formell akzeptieren:

> Er nahm deine Arme, die ausgestreckt auf dem Kissen lagen,
> vergaß seinen Vater und dann seinen Großvater.[3]

Wurde eine Frau älter, konnte sie jedoch als Mutter von Söhnen oder als Hauptfrau (wenn es mehr als eine Ehefrau gab) eine größere Autorität über die jüngeren Frauen der Familie gewinnen, aber auch über Männer.

In den meisten Fällen war eine Kernfamilie weder wirtschaftlich noch gesellschaftlich autark. Sie konnte auf zwei Arten in eine größere Einheit integriert sein: Einmal in die Sippe, die Gruppe der Verwandten, die ihre Abstammung vier oder fünf Generationen weit auf einen gemeinsamen Vorfahren zurückführten oder behaupteten, es zu können. Von dieser Gruppe konnten die Angehörigen im Notfall Hilfe erwarten, und sie waren zu Rache verpflichtet, wenn eines ihrer Miglieder angegriffen, verletzt oder getötet wurde.

Die zweite Einheit entstand durch dauerhafte ökonomische Interessen. Für alle, die das Land bestellten und seßhaft waren, bildete das Dorf – oder in einem großen Dorf, wie es in den Ebenen und Flußtälern der Fall sein konnte, das »Viertel« – eine solche Einheit. Selbst bei Uneinigkeiten zwischen den Sippen mußten Übereinkünfte über die Landnutzung getroffen werden. Mancherorts geschah das durch eine grundsätzliche Aufteilung des Bodens unter die Familien, wobei Weideflächen Gemeinschaftsbesitz blieben; in anderen Fällen kam es zu einer periodischen Aufteilung, so daß jede Familie einen Anteil erhielt, den sie bearbeiten konnte (das *muscha*-System). In bewässerten Landstrichen mußten außerdem Absprachen über die Wasserverteilung getroffen werden. Dabei gab es verschiedene Möglichkeiten: Zum Beispiel wurde das Wasser in einem Wasserlauf oder einem Kanal in Anteile aufgeteilt, die jeweils auf Dauer oder zeitlich wechselnd dem Besitzer eines bestimmten Grundstücks zugesprochen wurden. Auch über die Art der Landbestellung waren unter Umständen Vereinbarungen nötig. Jemand, der nicht genug oder überhaupt kein Land hatte, bearbeitete vielleicht gegen einen festgesetzten Anteil des Ertrags das Land eines anderen oder pflanzte Obstbäume auf fremdem Land und galt als ihr Besitzer. Die Hirten in Nomadengruppen – sie zogen gemeinsam von einem Weideplatz zum anderen – bildeten ähnlich gegliederte soziale Einheiten, denn das Nomadentum verlangte ein gewisses Maß an Zusammenarbeit und sozialer Disziplin. Dabei gab es jedoch keine Aufteilung; Weideland und Wasser galten als Gemeinbesitz aller, die es nutzten.

Zwischen den beiden Grundformen der sozialen Einheit – die eine basierte auf verwandtschaftlichen Beziehungen, die andere auf gemeinsamen Interessen – bestand eine komplexe Beziehung. In schriftlosen Gesellschaften erinnern sich wenige Menschen an fünf Generationen ihrer Vorfahren, und es war deshalb eher ein symbolischer Ausdruck gemeinsamer Interessen, Anspruch auf eine gemeinsame Abstammung zu erheben;

man wollte der Gruppe dadurch eine Stärke geben, die sie sonst nicht gehabt hätte. Unter bestimmten Umständen konnte es jedoch zum Konflikt kommen. Wer von seiner Gruppe um Beistand gebeten wurde, half vielleicht nicht rückhaltlos, weil er damit andere Interessen verletzte oder eine andere persönliche Beziehung gefährdete.

Neben den mehr oder weniger dauerhaften sozialen Kerneinheiten gab es in vielen Fällen größere. Alle Dörfer eines Distrikts oder alle Hirtengruppen eines Weidegebietes oder sogar weit voneinander entfernt lebende Gruppen betrachteten sich vielleicht als Angehörige eines größeren Ganzen, einer »Fraktion« oder eines »Stammes«, der sich in ihren Augen von anderen ähnlichen Gruppierungen unterschied und möglicherweise im Gegensatz zu ihnen stand. Existenz und Einheit des Stammes beruhten im allgemeinen auf der Abstammung von einem gemeinsamen Vorfahren; meist war jedoch nicht bekannt, wie sich eine Fraktion oder Familie genau von diesem Stammvater ableiten ließ; und die überlieferten Genealogien waren in vielen Fällen fiktiv; von Zeit zu Zeit wurden sie abgeändert und manipuliert, um den veränderten Beziehungen zwischen den verschiedenen Einheiten Rechnung zu tragen. Aber selbst wenn sie fiktiv waren, konnten sie durch Eheschließungen innerhalb der Gruppe Gewicht und Beweiskraft erlangen.

Der Stamm war in erster Linie ein Name, der in der Vorstellung all jener existierte, welche damit eine Zusammengehörigkeit zum Ausdruck bringen wollten. Er hatte potentiell Einfluß auf ihr Handeln, zum Beispiel im Fall einer Gefahr von außen oder in Zeiten einer Wanderung in großem Maßstab. Der Stamm konnte einen Gemeinschaftsgeist (*asabiya*) besitzen, der seine Mitglieder dazu brachte, sich in Notzeiten gegenseitig beizustehen. Alle, die einen gemeinsamen Namen trugen, teilten auch den Glauben an ein hierarchisches Ehrsystem. Die Kamelnomaden der Wüste betrachteten sich als die ehrenhaftesten Stämme, denn sie führten das freieste Leben, das am wenigsten von einer äußeren Autorität eingeschränkt wurde. In ihren Augen standen die Händler in den kleinen Marktstädten, die umherziehenden Hausierer und Handwerker (etwa die jüdischen Metallhandwerker in der Sahara und die Solubba, die Metallhandwerker der Arabischen Wüste) und die Landarbeiter in den Oasen außerhalb des Stammessystems.

Namen konnten zusammen mit den damit verbundenen Loyalitäten und Ansprüchen Jahrhunderte überdauern – manchmal in einem Gebiet, manchmal in großen Regionen. Die Banu Hilal liefern ein Beispiel dafür, wie ein Name, der in der populären Literatur verklärt wurde, sich über Generationen hinweg halten und Gruppen unterschiedlicher Herkunft, sowohl Berbern als auch Arabern, eine Art Einheit verleihen konnte. Ähnlich existieren in Südwestarabien die Namen Haschid und Bakil seit frühislamischer Zeit bis heute, und in Teilen von Palästina dienten die alten arabischen Stammesnamen Qais und Jaman bis in die Neuzeit als Identifikationsmerkmale und als Beistandslosung bei dörflichen Bündnissen. In den Berberregionen des Maghreb spielten die Namen Sanhadscha und Zanata eine ähnliche Rolle.

In der Hirtengruppe und im Dorf (oder im Viertel) lag die Autorität, soweit es eine solche gab, in den Händen der Ältesten oder der Familienoberhäupter, die die kollektive Erinnerung der Gruppe bewahrten, wichtige Fragen von gemeinsamem Interesse entschieden und Meinungsverschiedenheiten schlichteten, welche die Gruppe zu spalten drohten. Bei seßhaften und nomadischen Gruppen entwickelte sich unter Umständen eine andere Art Führerschaft auf einer höheren Ebene. In den Dörfern eines Bergtals oder eines Distrikts in den Ebenen oder bei Hirten, die denselben Namen benutzten, gewann eine Familie vielleicht eine Vormachtstellung. Eines ihrer Mitglieder übernahm entweder durch Wahl oder eigene Tapferkeit die Führung der gesamten Gruppe. Solche Familien stießen manchmal von außen zu der Gruppe und erwarben sich ihre Stellung durch militärischen Einfluß, durch religiöse Ämter oder durch ihr Geschick als Schiedsrichter bei Streitigkeiten; möglicherweise hatten sie in Angelegenheiten der Gruppe mit der Stadt und ihrer Regierung verhandelt. Unabhängig von ihrer Herkunft galten sie dann als Stammesangehörige derselben wirklichen oder fiktiven Herkunft.

Die Macht solcher Führer und Familien variierte sehr stark. Es gab einerseits die Führer (*schaich*) der Nomadenstämme, die wenig effektive Macht besaßen. Sie konnten sich nur auf ihren Ruf innerhalb des Stammes verlassen. Wenn sie sich nicht in einer Stadt niederließen und dort eine andere Art Herrscher werden konnten, fehlte ihnen die Macht, etwas durchzusetzen; sie konnten sich nur auf ihre Anziehungskraft verlassen, so daß die Nomadenstämme abhängig vom Erfolg oder Versagen ihrer führenden Familie stärker oder schwächer wurden; Anhänger stießen zu ihnen oder verließen sie, obwohl dieser Vorgang durch die Manipulation von Genealogien häufig verschleiert wurde, so daß es aussah, als gehörten die Neuankömmlinge schon immer zur Gruppe.

Ziemlich am anderen Ende des Spektrums befanden sich die führenden Familien seßhafter, Landwirtschaft treibender Gemeinschaften. Sie hatten in den mehr oder weniger isolierten Gemeinden in Bergtälern eine besondere Bedeutung. Diese Familien gehörten der Gruppe vielleicht schon lange an, oder es waren Eindringlinge von außen, die ihre Stellung durch

Waffengewalt oder religiösen Einfluß errungen hatten, aber unter Umständen auch von der Regierung einer benachbarten Stadt dort als Führer eingesetzt worden waren. Die Stammessolidarität, die sie mit der örtlichen Bevölkerung verband, hatte im Laufe der Zeit vielleicht an Stärke verloren, aber dafür besaßen sie dank der Kontrolle über Befestigungen und bewaffnete Krieger ein gewisses Maß an äußerer Macht. Und wenn sich die Macht in ihrer Hand konzentrierte, wurde die *asabiya* eines Stammes durch eine andere Beziehung ersetzt – durch das Verhältnis von Herr und Untertan.

Kapitel 7

Das städtische Leben

Märkte und Städte

Bauern und Nomaden konnten einen Großteil ihres Bedarfs selbst produzieren. Die Bauern bauten ihre Häuser aus Lehmziegeln, ihre Frauen webten Teppiche und Kleiderstoffe, umherziehende Handwerker stellten Metallgeräte her oder reparierten sie. Die Bauern mußten jedoch einen Teil ihrer Erzeugnisse, den Überschuß, gegen andere Güter eintauschen – entweder für Produkte aus anderen Landesteilen oder für Gegenstände, die von spezialisierten Handwerkern hergestellt wurden. Dazu gehörten Zelte, Einrichtungsgegenstände, Geschirr für die Tiere, Kochutensilien und Waffen, die für das Überleben notwendig waren.

An Stellen, wo mehrere landwirtschaftliche Gebiete aneinandergrenzten, wurden regelmäßig Märkte abgehalten. Es gab dafür einen allgemein bekannten Ort, der leicht erreichbar und als neutraler Treffpunkt anerkannt war. Die Märkte konnten wöchentlich stattfinden – und beispielsweise als *suq al-arba' a* oder »Mittwochsmarkt« bekannt sein – oder einmal im Jahr, an einem Tag, der für das Grab eines Mannes (oder einer Frau) eine besondere Bedeutung hatte, der (die) als »Freund(in) Gottes« galt. Manche dieser Märkte entwickelten sich im Laufe der Zeit zu Dauereinrichtungen und wurden zu Städten, in denen Kaufleute und Handwerker ihren spezialisierten Tätigkeiten nachgingen, ohne selbst Felder bebauen oder das eigene Vieh hüten zu müssen. Die Mehrheit dieser Marktflecken war klein, sogar kleiner als manche Dörfer. Dort lebten vielleicht nur ein paar hundert oder auch um tausend Einwohner; es gab einen zentralen Markt und eine Hauptstraße mit Läden und Werkstätten. Die Marktflecken unterschieden sich nicht wesentlich von den Siedlungen der Umgebung. Und abgesehen vom festen Kern der städtischen Bevölkerung wechselten die Bewohner bei einer Veränderung der politischen oder wirtschaftlichen Lage von der Stadt auf das Land oder umgekehrt. Kleinere

Städte, die weit entfernt von großen Städten oder in Oasen lagen, unterstanden in der Regel der Autorität des *schaich* eines benachbarten Stammes oder eines lokalen Führers. Stammes- oder Dorffehden wurden nicht in den Markt hineingetragen; allgemein vertrat man die Ansicht, daß Handwerker und kleine Kaufleute außerhalb der Stammesordnung standen, und deshalb waren sie nicht wie die Stämme dem Kodex von Ehre und Rache unterworfen.

Manche Städte waren jedoch mehr als Marktflecken von lokaler Bedeutung. Sie lagen an Stellen, wo mehrere landwirtschaftliche Bezirke mit unterschiedlichen Produkten aneinandergrenzten; und dort nahm der Austausch dieser Erzeugnisse verständlicherweise besonders große und komplexe Formen an. Aleppo im nördlichen Syrien war zum Beispiel ein Treffpunkt für Verkäufer und Käufer von Getreide aus den Ebenen im Landesinneren, von Früchten und Erzeugnissen der Obstgärten und Bergwälder im Norden; hier verkaufte man Schafe aus den Bergen und Kamele aus der Weite der Syrischen Wüste. Lieferte das Umland im Überfluß Nahrungsmittel und Rohstoffe, die sich problemlos zum Markt transportieren ließen, konnte die Stadt zu einem Zentrum von spezialisierten Handwerkern werden, die ihre Erzeugnisse dann in großem Maßstab herstellten. Lag die Stadt am Meer oder an einem Fluß oder an einer Karawanenstraße, die sie mit gleichartigen anderen Städten verband, konnte sie sich zu einem Umschlagsplatz entwickeln oder zum Hafen für den Fernhandel mit wertvollen Gütern, die so hohe Gewinne einbrachten, daß sich die Kosten und Risiken des Transports über weite Entfernungen hinweg lohnten.

Unter diesen Bedingungen und bei einer jahrzehnte- oder jahrhundertelangen Stabilität solchen Lebens konnten große Städte heranwachsen und sich erhalten. Das Entstehen eines islamischen Reiches und einer islamischen Gesellschaft, die die Welt des Indischens Ozeans mit der mediterranen Welt verband, war eine Voraussetzung für das Wachstum großer Städte, die sich wie eine Kette von einem Ende der islamischen Welt zum anderen zog: Cordoba, Sevilla und Granada in Andalus, Fes und Marrakesch in Marokko, Kairuan und später Tunis in Tunesien, Fustat und danach Kairo in Ägypten, Damaskus und Aleppo in Syrien, Mekka und Medina in Westarabien, Bagdad, Mosul und Basra im Irak und weiter östlich die Städte des Iran, Transoxaniens und Nordindiens. Manche dieser Städte hatten bereits in vor-islamischer Zeit bestanden, andere verdankten ihre Gründung der islamischen Eroberung oder der Macht späterer Dynastien. Die meisten lagen im Landesinneren, nicht an der Küste; die Herrschaft der Muslime über die Mittelmeerküsten war ungesichert, und Häfen konnten vom Meer angegriffen und schlechter verteidigt werden.

Im zehnten und elften Jahrhundert waren die großen Städte der islamischen Länder die größten in der westlichen Hemisphäre. Zahlen können nicht mehr als grobe Schätzwerte sein, aber nach der Ausdehnung des Stadtgebietes und der Anzahl und Größe öffentlicher Gebäude zu urteilen, erscheint es nicht ausgeschlossen, daß Kairo zu Beginn des vierzehnten Jahrhunderts eine Viertelmillion Einwohner hatte; im vierzehnten Jahrhundert sank diese Zahl jedoch infolge einer Pestepidemie, dem »schwarzen Tod«; und es dauerte einige Zeit, bis Kairo wieder die frühere Größe erreichte. Die Zahl, die manchmal für Bagdad in der Zeit der größten Machtentfaltung der Abbasiden angegeben wird – eine Million oder mehr – ist ganz sicher zu hoch. Aber Bagdad muß zumindest vergleichbar mit Kairo gewesen sein; um 1300 allerdings war die Stadt als Folge des Zerfalls der Bewässerungskanäle im Umland und der Eroberung und Plünderung durch die Mongolen weitgehend entvölkert. Cordoba in Spanien mag ebenfalls eine Stadt dieser Größenordnung gewesen sein. Die Bevölkerungszahlen für Aleppo, Damaskus und Tunis im fünfzehnten Jahrhundert liegen etwa in der Größenordnung von fünfzig- bis einhunderttausend. In Westeuropa gab es um diese Zeit keine Stadt von der Größe Kairos. Florenz, Venedig, Mailand und Paris hatten vielleicht einhunderttausend Einwohner, während die Städte in England, den Niederlanden, in Deutschland und Zentraleuropa kleiner waren.

Die städtische Bevölkerung

Ein reiches und beherrschendes Element der städtischen Bevölkerung waren die großen Kaufleute, die eine Stadt mit Nahrungsmitteln und Rohstoffen aus den ländlichen Gebieten versorgten oder den Fernhandel mit wertvollen Gütern betrieben. Die Hauptwaren des Fernhandels in dieser Zeit waren Textilien, Glas, Porzellan aus China und – vielleicht am wichtigsten von allem – Gewürze. Sie kamen aus Süd- und Südostasien und wurden in frühislamischer Zeit in Basra und Siraf, den beiden Häfen am Golf, und später in einem der ägyptischen Häfen am Roten Meer entladen und nach Kairo transportiert. Von dort brachte man sie in die ganze mediterrane Welt – entweder auf Landrouten oder auf dem Seeweg über die Häfen Damietta, Rosetta und Alexandrien. Gold aus Äthiopien kam auf dem Nil und mit Karawanen nach Kairo und aus dem Gebiet des Niger durch die Sahara in den Maghreb. Sklaven bezog man aus dem Sudan, aus Äthiopien und aus den slawischen Ländern.

Nicht der gesamte Handel lag in den Händen muslimischer Kaufleute;

das Frachtgeschäft im Mittelmeer wurde weitgehend von europäischen Kaufleuten und Schiffen kontrolliert – zuerst von jenen aus Amalfi, danach von genuesischen und venezianischen Händlern. Im fünfzehnten Jahrhundert beteiligten sich auch Franzosen und Engländer an diesen Geschäften. Die Kaufleute in den großen muslimischen Städten hatten die Kontrolle über die wichtigen Landrouten im Maghreb, in West- und Zentralasien und über die Seewege des Indischen Ozeans, bis die Portugiesen am Ende des fünfzehnten Jahrhunderts den Seeweg um das Kap der Guten Hoffnung entdeckten. Die meisten dieser Händler waren Muslime wie die Karimi, die einige Zeit den ägyptischen Gewürzhandel beherrschten. Aber daneben gab es die jüdischen Kaufleute von Bagdad, Kairo und aus den Städten des Maghreb, die durch ihre Familien oder durch Glaubensbrüder Verbindungen zu den italienischen, nordeuropäischen und byzantinischen Städten hielten. Neben den Händlern der großen Städte gab es eng miteinander verbundene Kaufmannsgruppen in kleineren Ortschaften, die den Handel mit bestimmten Gütern kontrollierten. (Diese Tradition hat sich bis in die Neuzeit gehalten; im Maghreb kamen solche Gruppen in einer späteren Zeit von der Insel Dscherba vor der tunesischen Küste, aus der Oase Mzab am Wüstenrand und aus dem Bezirk Sus in Südmarokko.)

Für Handelsunternehmungen gab es zwei übliche Formen. Die eine war die Partnerschaft – oft von Mitgliedern einer Familie; zwei oder mehrere Partner teilten sich die Risiken und Gewinne im Verhältnis zu ihren Investitionen. Die andere Form war die *commenda* (*mudaraba*), bei der ein Investor jemandem Güter oder Kapital übergab, der damit Handel trieb und dem Investor danach das Kapital zusammen mit einem vorher festgelegten Gewinnanteil zurückzahlte. Die Kaufleute einer Stadt hatten oft Vertretungen in anderen Städten, und obwohl es kein organisiertes Bankenwesen gab, bestanden mehrere Möglichkeiten, Kredite über große Entfernungen hinweg zu vergeben – etwa durch das Ausstellen von Wechseln. Gegenseitiges Vertrauen, das auf gemeinsamen Werten und allgemein anerkannten Regeln basierte, war die Grundlage des Handels.

Die großen Städte waren auch Manufakturzentren, in denen Massenwaren für den lokalen Markt produziert wurden – Textilien, Metallarbeiten, Töpferwaren, Lederwaren und haltbar gemachte Nahrungsmittel – und Qualitätswaren, vor allem feine und kostbare Gewebe, für einen größeren Markt. Es gibt jedoch Hinweise darauf, daß die Produktion für Märkte außerhalb der muslimischen Welt ab dem elften Jahrhundert an Bedeutung verlor und dafür der Transithandel mit ausländischen, in China, Indien oder Westeuropa hergestellten Waren wichtiger wurde. Diese Veränderung stand in Zusammenhang mit dem Aufblühen des urbanen Lebens in Europa und im besonderen mit dem Wachstum der Textilindustrie in Italien.

Üblicherweise gab es nur kleine Produktionsbetriebe. Der Meister beschäftigte ein paar Arbeiter und Lehrlinge in seiner Werkstatt; zu den größeren Betrieben gehörten solche, die für einen Herrscher oder das Militär produzierten – Waffenschmiede und königliche Textilmanufakturen – oder die Zuckerraffinerien in Ägypten und an einigen anderen Orten. Die Händler waren nicht die einzige, fest in der Stadt verwurzelte Schicht. Ladenbesitzer und Gewerbetreibende bildeten eine urbane Klasse mit einer eigenen Tradition. Fertigkeiten wurden vom Vater an den Sohn weitergegeben. Das Eigentum oder der Besitz eines Ladens oder einer Werkstatt konnte über Generationen vererbt werden, und die Zahl solcher Betriebe war durch Platzmangel, mitunter auch durch staatliche oder städtische Regelungen begrenzt. Ein Chronist des modernen Fes hat darauf hingewiesen, daß die Lage und Größe der wichtigsten Basare und Handwerkerbezirke zu Beginn des zwanzigsten Jahrhunderts ungefähr den Berichten des Schriftstellers Leo Africanus (*ca.* 1485–1554) über das sechzehnte Jahrhundert entsprach. Die Gewinne dieser Gesellschaftsschicht waren nicht so hoch wie die der großen Kaufleute. Durch Gewerbe oder den Einzelhandel ließ sich nicht solcher Reichtum erwerben wie durch den Fernhandel mit wertvollen Gütern. Viele Handwerker hatten nur ungenügende finanzielle Mittel; eine Studie über Kairo zeigt, daß sich ein beträchtlicher Teil der Läden und Werkstätten im Besitz großer Händler oder religiöser Stiftungen befand. Als eine zuverlässige und beständige Bevölkerungsschicht, die im Einklang mit allgemeingültigen Regeln von Ehrlichkeit und anständiger Arbeit einer ehrenhaften Beschäftigung nachging, genossen sie jedoch einiges Ansehen. Es gab eine Hierarchie in der Achtung, welche die Gewerbe genossen; sie reichte von der Edelmetallverarbeitung, der Papier- und Parfümherstellung bis hin zu so »schmutzigen« Gewerben wie Gerber, Färber und Schlachter.

Neben dieser stabilen Schicht von Handwerkern und Ladenbesitzern mit festen und permanenten Adressen gab es einen großen Bevölkerungsanteil, der Beschäftigungen nachging, die weniger Können verlangten: Hausierer, Straßenreiniger und das großstädtische Proletariat mit unregelmäßiger Beschäftigung. In den meisten Fällen müssen ländliche Zuwanderer einen großen Anteil dieser Schicht gebildet haben. Die Grenze zwischen Stadt und Land war nicht klar gezogen; in der Umgebung der Städte lagen Marktgärten, wie die in der Ghuta, der großen, bewässerten obsterzeugenden Region um Damaskus; die Männer, die diese Gärten bearbeiteten, lebten unter Umständen in der Stadt. An den Rändern der

Städte gab es Bezirke, in denen die Karawanen zusammengestellt und wohin Tiere gebracht und für den langen Weg ausgerüstet wurden. Diese Bezirke waren Anziehungspunkte für eine ständig fluktuierende Bevölkerung aus dem Umland. Auch Dürreperioden oder unruhige Zeiten trieben Bauern aus ihren Dörfern in die Städte.

Das Gesetz und die ulama

Das Leben in den großen Städten stellte andere Anforderungen als das Leben von Dorf- und Zeltbewohnern. Die Interaktion spezialisierter Arbeiter und der Verkäufer von Produkten, das Zusammentreffen von Menschen unterschiedlicher Herkunft und Religion, die vielfältigen Möglichkeiten und Probleme des Lebens auf Straßen und Märkten verlangten eine Verhaltensnorm, ein System von Regeln und Gewohnheiten, deren Gültigkeit anerkannt und die häufiger befolgt als übertreten wurden. Örtlicher Brauch (*urf*) allein, den die Ältesten der Gemeinde bewahrten und interpretierten, reichte in einer Stadt nicht mehr aus. Seit der Abbasidenzeit akzeptierte die städtische Muslimbevölkerung allgemein die *schari'a*; Muslimherrscher sahen in ihr eine Richtschnur für den Umgang der Muslime untereinander. Die *schari'a* bestimmte die Formen kommerzieller Verträge, die Grenzen, innerhalb derer legitime Gewinne gemacht werden konnten, die Beziehungen von Eheleuten und die Teilung von Grundbesitz.

Die Richter, die die *schari'a* anwandten, wurden an besonderen Hochschulen, den *madaris* ausgebildet. Ein *qadi* saß in seinem Haus oder in einem Gerichtsgebäude, und ein Sekretär hielt seine Entscheidungen schriftlich fest. Im Prinzip war nur die mündliche Aussage ehrbarer Zeugen anerkannt; es bildete sich deshalb eine Gruppe von Gerichtszeugen (*udul*) heraus, die für die Wahrheit der Aussagen anderer bürgten und ihnen Glaubwürdigkeit verliehen. In der Praxis konnten schriftliche Dokumente zugelassen werden, wenn *udul* sie beglaubigten und so in eine mündliche Zeugenaussage verwandelten. Im Laufe der Zeit erkannten manche Dynastien die vier *madhahib* oder Rechtsschulen als gleichwertig an: unter den Mamluken gab es offiziell ernannte Kadis aller vier *madhahib*. Jeder *qadi* fällte Urteile in Übereinstimmung mit der Lehrmeinung seiner eigenen *madhhab*. Es gab keine Berufungsinstanz; der Spruch eines *qadi* konnte von einem anderen nur bei Vorliegen eines Verfahrensfehlers aufgehoben werden.

Im Prinzip entschied der Richter nach dem einzig anerkannten Recht, das sich aus der Offenbarung ableitete. In der Praxis war das System jedoch nicht so allumfassend oder unflexibel wie es scheinen mag. Die *schari'a* erfaßte nicht den gesamten Bereich menschlichen Handelns. Am genauesten war sie in Fragen des Familienrechts (Ehe, Scheidung und Erbe), weniger eindeutig in Handelsangelegenheiten und am wenigsten klar in strafrechtlichen und konstitutionellen Fragen. Der *qadi* besaß eine gewisse Kompetenz in strafrechtlichen Dingen, wenn es um bestimmte Handlungen ging, die der Koran ausdrücklich verbot und mit vorgegebenen Strafen belegte (unerlaubter Geschlechtsverkehr, Diebstahl, der Genuß von Wein); außerdem hatte er die allgemeinere Befugnis, Verstöße gegen die Religion zu bestrafen. (In der Praxis lag das Strafrecht, besonders in Fällen, die das Staatswohl betrafen, meist in der Hand des Herrschers oder seiner Beamten und nicht beim *qadi*.)

Selbst in dem Bereich der Rechtsprechung, der üblicherweise dem *qadi* überlassen blieb, war das Recht nicht so unflexibel, wie man anhand der Gesetzesbücher glauben könnte. Der *qadi* sah sich häufig in der Rolle eines Vermittlers, der den sozialen Frieden wahren wollte, indem er bei einem Streitfall eine von beiden Parteien akzeptierte Lösung fand, anstatt nach dem Buchstaben des Gesetzes zu urteilen. Neben dem *qadi* gab es noch einen anderen kundigen Fachmann, den Rechtsgutachter (*mufti*), der für Entscheidungen (*fatwa*) in Fragen des Gesetzes zuständig war. Der *qadi* erkannte Fetwas oftmals an, und nach einer gewissen Zeit wurden sie in die Gesetzeshandbücher aufgenommen.

Der *qadi* war eine zentrale Gestalt im Leben der Stadt. Er sprach nicht nur Recht, sondern war beim Tod eines Mannes auch verantwortlich für die Aufteilung des Grundbesitzes nach den Bestimmungen des Erbrechts; und ein Herrscher konnte ihm noch weitere Befugnisse übertragen. Die Juristen, die Recht sprachen, es lehrten und deuteten, und andere, die religiöse Funktionen versahen – als Vorbeter in den Moscheen oder Prediger – bildeten inzwischen eine besondere gesellschaftliche Schicht der urbanen Gesellschaft: die *ulama*, die Religionsgelehrten, die Hüter der anerkannten Glaubensordnung, des Wertsystems und der überlieferten Praktiken. Man kann sie nicht als eine geschlossene Klasse ansehen, denn sie verteilten sich auf die ganze Gesellschaft, hatten verschiedene Funktionen und genossen ein unterschiedlich hohes Ansehen. An ihrer Spitze jedoch stand eine Gruppe, die voll in die städtische Elite integriert war – die oberen *ulama'*. Das waren die Richter an den wichtigsten Gerichtshöfen, Professoren der großen Hochschulen, Prediger der Hauptmoscheen und Hüter von Heiligtümern, wenn sie für ihre Gelehrsamkeit und Frömmigkeit bekannt waren. Manche dieser Männer nahmen für sich die Abstammung vom Propheten durch seine Tochter Fatima und ihren Mann Ali ibn Abi Talib in Anspruch. Inzwischen brachte man den Nachfahren des Propheten, den Sayids oder Scherifen, besondere Achtung entgehen, und mancherorts übernahmen sie Führungsrollen. Die beiden Dynastien, die ab dem sechzehnten Jahrhundert Marokko beherrschten, gründeten ihren Legitimitätsanspruch auf ihren Status als Scherife.

Die oberen *ulama* waren eng verbunden mit den anderen Schichten der urbanen Elite, den großen Händlern und den Meistern geachteter Gewerbe. Sie hatten eine gemeinsame Kultur; die Händler schickten ihre Söhne in die Schulen, wo sie von den Religionsgelehrten in Arabisch und dem Koran und manchmal auch in der Rechtswissenschaft unterrichtet wurden. Es war nicht ungewöhnlich, daß ein Mann nicht nur Gelehrter und Lehrer, sondern auch Händler war. Die Kaufleute brauchten die *ulama* als Juristen, die offizielle Dokumente zuverlässig abfaßten, Besitzstreitigkeiten regelten und nach dem Tod eines Mannes die Aufteilung des Erbes überwachten. Einflußreiche und geachtete Kaufleute konnten als *udul* fungieren, als Männer von gutem Ruf, deren Aussage ein *qadi* anerkannte.

Es gibt Hinweise darauf, daß Familien von Kaufleuten, Handwerksmeistern und *ulama* durch Heirat gezielt Verbindungen miteinander knüpften; so konnte die Verflechtung ökonomischer Interessen unter Umständen durch eine Ehe untermauert werden, denn eim Familienverbund sorgte für eine Konzentration des Reichtums der Stadt in wenigen Händen. Der persönliche Charakter der Beziehungen, von denen der Handel abhängig war, führte zum schnellen Aufstieg und auch zum Fall von Familien, die ihren Reichtum im Handel investierten; *ulama*-Familien neigten dazu, sich länger zu halten; die Väter machten es sich zur Aufgabe, ihre Söhne zu Nachfolgern heranzuziehen; und wer hohe Ämter bekleidete, konnte seinen Einfluß zugunsten jüngerer Familienmitglieder geltend machen.

Ob Händler oder obere *ulama*, wer Reichtum hatte, konnte ihn durch ein von der *schari'a* gebilligtes System religiöser Stiftungen (*auqaf* oder *hubus*) von einer Generation an die nächste weitergeben. Ein *waqf* war die dauernde Festlegung der Einkünfte aus Grund- oder Immobilienbesitz für wohltätige Zwecke, etwa den Unterhalt von Moscheen, Schulen, Hospitälern, öffentlichen Brunnen oder Herbergen für Reisende, für die Befreiung von Gefangenen oder die Pflege kranker Tiere. Diese Einkünfte konnten jedoch auch zum Nutzen der Familie des Stifters dienen. Der Stifter ernannte ein Familienmitglied zum Stiftungsverwalter und legte ein Salär für ihn fest. Oder er bestimmte, daß die Überschüsse aus dem Stiftungsvermögen so lange seinen Nachkommen zuflossen, bis die Familie ausstarb, und erst dann wohltätigen Zwecken zugeführt werden durfte. Solche Bestimmungen führten jedoch zu Mißbrauch. Deshalb wurden Stiftungen der Kontrolle des *qadi* und schließlich des Herrschers unterstellt; sie sicherten in einem gewissen Maß die Übertragung von Vermögenswerten vor den Unberechenbarkeiten des Handels, der Verschwendungssucht von Erben oder dem Zugriff von Herrschern.

Sklaven

Die vertikale Einteilung der städtischen Bevölkerung im Sinne von Reichtum und gesellschaftlichem Ansehen wurde durch weitere Unterteilungen ergänzt, zwischen Freien und Sklaven, Muslimen und Nichtmuslimen, Männern und Frauen.

Hausdiener stellten ein mehr oder weniger geschlossenes Element der arbeitenden Bevölkerung. Sie waren eine Gruppe für sich. Viele von ihnen waren Frauen, denn diesen standen in der Stadt nur Tätigkeiten offen, die im Haus verrichtet werden konnten. Außerdem waren die Diener und Dienerinnen häufig Sklaven. Mit der Sklaverei verbanden sich in muslimischen Gesellschaften nicht die gleichen Assoziationen wie in den Ländern Nord- und Südamerikas, die von den westeuropäischen Nationen entdeckt und ab dem sechzehnten Jahrhundert besiedelt wurden. Sklaverei war ein vom islamischen Recht sanktionierter Status. Nach diesem Recht konnte ein frei geborener Muslim nicht versklavt werden; Sklaven waren Nichtmuslime, die im Krieg gefangen oder anderweitig erworben worden waren, oder sie waren Kinder von Sklaven und in der Sklaverei geboren. Sie besaßen nicht die vollen Rechte der Freien, aber die *schari'a* gebot, sie gerecht und freundlich zu behandeln. Es galt als Verdienst, einen Sklaven freizulassen. Die Beziehung von Herr und Sklave konnte eng sein und weiterbestehen, nachdem der Sklave frei war. Er heiratete vielleicht die Tochter seines früheren Herrn oder führte die Geschäfte für ihn.

Der juristische Begriff des Sklaven umfaßte höchst verschiedene gesellschaftliche Gruppierungen. Seit der frühen Abbasidenzeit hatten die Kalifen Sklaven in ihre Heere aufgenommen, die von den zentralasiatischen Türkenvölkern kamen. Militärsklaven und Freigelassene waren die Stützen der Dynastien, manchmal auch ihre Gründer. Sie kamen hauptsächlich aus Zentralasien und dem Kaukasus, im Maghreb und Andalus aus den slawischen Ländern. Die Mamluken, die von 1250 bis 1517 über Ägypten und Syrien herrschten, waren ursprünglich eine Gruppe von Truppenkommandeuren, die als Sklaven gekauft und nach ihrer Ausbildung sowie dem Übertritt zum Islam freigelassen worden waren.

Die Militärsklaven bildeten jedoch eine eigene Klasse, und man kann kaum behaupten, sie hätten denselben niederen Status wie die meisten anderen Sklaven gehabt. In manchen Regionen gab es Landarbeitersklaven. Eine aus Ostafrika stammende Gruppe dieser Sklaven spielte während der Abbasidenzeit mehrmals eine bedeutende Rolle. Sklaven kultivierten das Land im oberen Niltal und in den Oasen der Sahara. Größtenteils waren Sklaven und Sklavinnen in den Städten jedoch Hausbedienstete beziehungsweise Konkubinen. Man brachte sie aus Schwarzafrika auf dem Weg über den Indischen Ozean und das Rote Meer oder auf dem Nil oder auf den Routen durch die Sahara. Meist handelte es sich um Frauen; es gab jedoch auch Eunuchen, die über die Abgeschlossenheit des Haushalts gegenüber der Außenwelt wachten.

Muslime und Nichtmuslime in der Stadt

Die Stadt war ein Ort der Begegnung und der Trennung. Außerhalb der Arabischen Halbinsel lebten beinahe in allen Städten Einwohnergruppen, die der einen oder anderen jüdischen oder christlichen Glaubensgemeinschaft angehörten. Sie spielten eine Rolle im öffentlichen Leben der Stadt, bildeten aber einen eigenen Teil der Gesellschaft. Mehrere Faktoren unterschieden sie von den Muslimen. Sie entrichteten eine besondere staatliche Kopfsteuer (*dschizya*). Islamisches Gesetz und islamischer Brauch verlangten, daß sie Erkennungszeichen ihres Status trugen: besondere Kleidung, das Verbot bestimmter, mit dem Propheten in Verbindung gebrachter Farben (besonders Grün); sie durften keine Waffen tragen und keine Pferde reiten, auch keine neuen Gebetsstätten errichten und alte ohne Genehmigung instandsetzen oder sie so bauen, daß sie muslimische religiöse Gebäude überragten. Solche Restriktionen wurden jedoch nicht immer oder unterschiedslos durchgesetzt. Strenger beachtete man die Ehe- und Erbgesetze. Ein Nichtmuslim konnte einen Muslim nicht beerben; ein Nichtmuslim konnte keine muslimische Frau heiraten, ein Muslim dagegen durfte eine Jüdin oder eine Christin heiraten. Der Übertritt von Muslimen zu einer anderen Religion war streng verboten.

Es war ein Zeichen der Sonderstellung von Juden und Christen, daß ihnen tendenziell in bestimmten ökonomischen Bereichen eine besondere Bedeutung zukam, daß sie von anderen aber praktisch ausgeschlossen blieben. Einzelne Juden und Christen bekleideten an den Höfen mancher Herrscher oder im Verwaltungsapparat wichtige Positionen. Unter den Fatimiden, Aiyubiden und Mamluken spielten in Ägypten koptische Beamte eine bedeutende Rolle in der Finanzverwaltung. In der Medizin ragten die Juden hervor, und jüdische Hofärzte waren mitunter sehr einflußreich. Ein Jude oder Christ, der zum Islam übertrat, konnte sogar noch höher aufsteigen; einige Konvertiten wurden sogar oberste Minister und erlangten große Macht.

Die Juden der muslimischen Städte spielten außerdem eine bedeutende Rolle im Fernhandel mit den europäischen Mittelmeerhäfen und bis in die Zeit der Mamluken auch mit den Häfen des Indischen Ozeans. Gewerbe im Bereich der Edelmetalle und Medikamente befanden sich häufig in der Hand von Juden und Christen, die entweder selbständig oder für Muslime arbeiteten.

Die Beziehung von Muslimen und Nichtmuslimen war nur ein Aspekt der komplexen sozialen Beziehungen der Menschen, die Seite an Seite in einer Stadt lebten; die Umstände bestimmten, welcher Aspekt in einer bestimmten Zeit und an einem bestimmten Ort dominierte. In den frühen Jahrhunderten islamischer Herrschaft scheint es einen regen gesellschaftlichen und kulturellen Austausch zwischen den drei Religionen gegeben zu haben. Die Beziehungen zwischen Muslimen und Juden im umaiyadischen Spanien und zwischen Muslimen und Nestorianern im Bagdad der Abbasiden waren eng und problemlos. Mit der Zeit wurden die Barrieren jedoch höher. Der Übertritt von Christen und, vielleicht in geringerem Ausmaß, von Juden zum Islam machte eine Mehrheit zur Minderheit. Als der Islam sich von der Religion einer herrschenden Elite in den Glauben der Mehrheit der städtischen Bevölkerung verwandelte, entwickelte er seine eigenen sozialen Institutionen, innerhalb derer Muslime ohne Berührung mit Nichtmuslimen leben konnten.

In den langen Jahrhunderten muslimischer Herrschaft gab es mehrere Perioden bewußter und anhaltender Verfolgungen von Nichtmuslimen durch Muslimherrscher: zum Beispiel unter dem fatimidischen Kalifen al-Hakim (996–1021) in Ägypten, unter den Almohaden im Maghreb und unter einigen zum Islam konvertierten Mongolenherrschern in Iran und im Irak. Zu solchen Verfolgungen kam es allerdings nicht auf Betreiben der Wortführer der Sunniten, und sie fanden auch nicht deren Rechtfertigung; das Augenmerk der Religionsgelehrten, der *ulama*, richtete sich darauf, daß Nichtmuslime die Gesetze nicht verletzten, die ihren Status definierten, aber innerhalb dieser Grenzen bestanden sie auf dem Schutz, den die *schari'a* den Ungläubigen gewährte. Der Druck auf Juden und

Christen ging vielleicht hauptsächlich von den urbanen Massen aus – etwa in Zeiten von Krieg oder wirtschaftlicher Not, wenn sich unter Umständen Feindseligkeiten gegen nichtmuslimische Beamte des Herrschers richteten. In solchen Augenblicken mochte der Herrscher darauf kurzfristig mit einer strikten Durchsetzung der Gesetze oder mit der Entlassung seiner nichtmuslimischen Beamten reagieren. Zu derartigen Krisen kam es mehrmals während der Zeit der Mamlukenherrschaft in Ägypten und Syrien.

Die organisierten christlichen und jüdischen Gemeinden boten angesichts gelegentlicher Bedrängnis und der permanenten Benachteiligungen einer Minorität Schutz, und sie wahrten ein gewisses Maß an Solidarität. Die unterschiedlichen christlichen und jüdischen Gemeinschaften wurden zusammengehalten durch die Solidarität der lokalen Gruppe, die sich um eine Kirche oder eine Synagoge scharte, oder durch eine höhere Autorität, die sie anerkannten. In der Abbasidenzeit galten bei den Juden die höchsten Ehren dem »Exilarchen« oder »Führer in der Gefangenschaft«; dieses Amt stand den Nachfahren des Königs David zu. Eine wirksamere Führung ging jedoch von den Leitern der wichtigsten Hochschulen oder Gelehrtengruppen aus, von denen es im Irak zwei und eine in Palästina gab. Sie ernannten die Richter der verschiedenen Gemeinden. Später, als das Kalifat zerfiel, tauchten lokale Führer auf: Richter, Gelehrte und »weltliche« Führer, wie der *naqib* oder *ra'is al-yahud* in Ägypten, ein Amt, das von Nachfahren des großen Denkers Maimonides bekleidet wurde.

In ähnlicher Weise lag in den verschiedenen christlichen Gemeinschaften die Autorität bei Patriarchen und Bischöfen. Unter den Abbasidenkalifen nahm der nestorianische Patriarch in Bagdad und unter den späten ägyptischen Dynastien der koptische Patriarch in Kairo eine besondere, einflußreiche und geachtete Stellung ein. Bei den Vorstehern der Gemeinden lag die Verantwortung für die Einhaltung der Bedingungen der *dhimma* oder des Schutzbundes – Frieden, Gehorsam und Ordnung – zwischen dem muslimischen Herrscher und seinen nichtmuslimischen Untertanen. Sie mögen eine Rolle bei der Festsetzung der Kopfsteuer gespielt haben, aber üblicherweise scheint sie von Regierungsbeamten eingetrieben worden zu sein. Auch innerhalb der Gemeinde hatten sie eine Funktion, denn ihrer Aufsicht unterstanden die Schulen und sozialen Einrichtungen, und sie versuchten, Abweichungen von der Doktrin oder der liturgischen Praxis zu verhindern. Daneben führten sie die Oberaufsicht über die Gerichte, wo Richter zivilrechtliche Fälle verhandelten, die Gemeindemitglieder betrafen, oder Streitigkeiten schlichteten. Auf Wunsch konnten Christen und Juden jedoch ihre Fälle dem muslimischen *qadi* vorlegen; und das scheint auch öfter geschehen zu sein.

Frauen in der Stadt

Soweit wir informiert sind, spielten Frauen nur eine begrenzte Rolle im städtischen Wirtschaftsleben. Sie waren Hausbedienstete oder halfen manchmal vielleicht ihren Ehemännern bei seinem Handwerk oder Gewerbe, und sie waren Tänzerinnen und Sängerinnen. Im allgemeinen beteiligten sie sich jedoch nicht an den wichtigsten Tätigkeiten einer großen Stadt, an der Produktion wertvoller Exportwaren in großem Umfang. Sichtbar im Arbeitsprozeß standen die Frauen armer Familien. Entprechend ihres Reichtums, ihrer Macht und ihres Ansehens sorgte eine Familie dafür, daß ihre Frauen in einem besonderen Teil des Hauses, im *harim*, ein abgesondertes Leben führten; und wenn sie das Haus verließen, verbargen sie das Gesicht auf Straßen und an öffentlichen Orten hinter dem Schleier. Ibn al-Haddsch (geb. 1336), ein ägyptischer Jurist der malikitischen Rechtsschule, sagte, Frauen sollten nicht ausgehen, um auf dem Markt einzukaufen, denn sie könnten zu unschicklichem Benehmen verleitet werden, wenn sie mit Händlern zusammenkamen:

> Einige der frommen Männer früherer Zeit (möge Gott Gefallen an ihnen finden) haben gesagt, daß eine Frau ihr Haus nur bei drei Gelegenheiten verlassen soll: Wenn sie zu ihrem Bräutigam gebracht wird, beim Tod ihrer Eltern und wenn man sie selbst zu Grabe trägt.[1]

Ein Leben in der Abgeschiedenheit des *harim* bedeutete nicht, völlig vom Leben ausgeschlossen zu sein. In den Frauengemächern der großen Haushaltungen, bei gegenseitigen Besuchen, in den öffentlichen Badehäusern, die zu bestimmten Zeiten für Frauen reserviert waren, bei Hochzeitsfesten und den Feiern nach der Geburt eines Kindes trafen Frauen zusammen und hielten ihre Kultur lebendig. Manche beteiligten sich durch Stellvertreter an der Verwaltung ihres Besitzes, und es gibt dokumentierte Fälle, in denen Frauen vor einem *qadi* erschienen und ihr Recht verlangten. Wie auf dem Land konnte eine Frau, die Söhne geboren hatte, mit zunehmendem Alter auch in der Stadt große Macht in der Familie gewinnen.

Trotz allem beruhte die Gesellschaftsordnung auf den größeren Rechten und der übergeordneten Macht der Männer; der Schleier und der *harim* waren sichtbare Zeichen dafür. Eine in der Kultur des Nahen Ostens tief verwurzelte Auffassung von den Beziehungen zwischen Männern und Frauen, die auf eine Zeit lange vor der Entstehung des Islam zurückging und durch ländliche Bräuche seit urdenklichen Zeiten lebendig gehalten wurde, verstärkte sich in der Stadt, veränderte sich aber auch durch die Ausformung der *schari'a*.

Der Koran verkündete in klaren Worten die Gleichheit von Mann und Frau: »Wer recht das Rechte getan hat, sei es Mann oder Weib, wofern sie gläubig waren, die treten ein ins Paradies.«[2] Der Koran schrieb auch Gerechtigkeit und Wohlwollen im Umgang der Muslime miteinander vor. Es ist wahrscheinlich, daß seine Bestimmungen in Hinblick auf Ehe und Erbschaft den Frauen eine bessere Stellung als im vorislamischen Arabien verschafften (wenn auch nicht unbedingt in den von den Muslimen eroberten Ländern). Das System von Gesetz und idealer Gesellschaftsmoral, die *schari'a*, gab den Rechten der Frauen einen verbindlichen Ausdruck, legte aber auch ihre Grenzen fest.

Nach der *schari'a* sollte jede Frau unter der Vormundschaft eines Mannes stehen – Vater, Bruder oder ein anderes Familienmitglied. Die Eheschließung einer Frau war ein zivilrechtlicher Vertrag zwischen dem Bräutigam und ihrem Vormund. Ein Vater konnte als Vormund seine Tochter ohne deren Zustimmung verheiraten, solange sie noch nicht in der Pubertät war. Hatte sie dieses Alter erreicht, war ihre Zustimmung erforderlich, aber wenn sie vorher noch nicht verheiratet gewesen war, konnte Schweigen als Zustimmung gelten. Der Ehevertrag sah eine Morgengabe (*mahr*) des Bräutigams an die Braut vor; über dieses Brautgeld konnte sie frei verfügen, und auch alles, was sie sonst besaß oder erbte, blieb in ihrem Besitz. Die Ehefrau schuldete ihrem Mann Gehorsam, dafür stand ihr das Recht auf angemessene Kleidung, Wohnung und Unterhalt zu und auf Sexualverkehr mit ihrem Mann. Die Verfasser juristischer Schriften stellten fest, daß Empfängnisverhütung unter gewissen Umständen erlaubt sei, der Ehemann sollte sie jedoch nicht ohne Zustimmung der Ehefrau praktizieren.

Es gab jedoch einige Bereiche, in denen die Beziehung von Ehemann und -frau auf Ungleichheit beruhte. Eine Ehefrau konnte ihren Mann nur aus guten Gründen verlassen (wegen Impotenz, Wahnsinn, Verweigerung ihrer Rechte) und nur durch den Gang zum *qadi* oder in gegenseitigem Einvernehmen die Scheidung erlangen. Der Ehemann dagegen konnte seine Frau ohne Angabe von Gründen verstoßen. Er tat das durch eine schlichte Formel, die er in Anwesenheit von Zeugen aussprach. (Im schiitischen Recht unterlag die Verstoßung der Ehefrau etwas strengeren Regeln, andererseits sah es bei der Ehe auf Zeit, die *mut'a*, eine Abfindung vor.) Der Ehekontrakt konnte einen gewissen Schutz vor einer Verstoßung bieten, wenn er vorsah, daß der Ehemann einen Teil des Brautgeldes, den sogenannten »aufgeschobenen« Teil (*mu'addschal*), auszahlen mußte, wenn er seine Frau verstieß. Eine Frau durfte auf die Hilfe und Unterstützung ihrer männlichen Verwandten rechnen; wurde sie verstoßen, konnte sie mit ihrem Besitz in das Haus der Familie zurückkehren. Die Kinder aus der Ehe standen unter ihrer Ohut, und es war ihre Pflicht, sie bis zu einem bestimmten Alter aufzuziehen, das in den verschiedenen Gesetzestexten unterschiedlich festgesetzt wird. Danach unterstanden sie der Aufsicht des Vaters oder der seiner Familie.

Die *schari'a*, die sich auf den Koran und das Vorbild des Propheten stützte, erlaubte einem Mann, mehr als eine Frau zu nehmen – bis zu vier –, vorausgesetzt, er behandelte sie alle gerecht und vernachlässigte keiner gegenüber seine ehelichen Pflichten. Daneben konnte er Sklavinnen in beliebiger Zahl als Konkubinen haben, die ihm gegenüber keinerlei Rechte geltend machen durften. Der Ehevertrag konnte jedoch auch so abgefaßt sein, daß ihm andere Ehefrauen oder Konkubinen untersagt waren.

Die Ungleichheit zeigte sich auch in der Erbgesetzgebung, die die *schari'a* ebenfalls aus den Worten des Korans ableitete. Es war einem Mann nicht gestattet, mehr als ein Drittel seines Besitzes Personen oder für Zwecke zu hinterlassen, denen sonst kein Erbteil zugestanden hätte. Der Rest wurde nach strengen Regeln aufgeteilt. Die Ehefrau konnte im Höchstfall ein Drittel erhalten. Hinterließ der Mann Söhne und Töchter, stand einer Tochter nur die Hälfte des Anteils eines Sohnes zu; hinterließ er nur Töchter, erhielten sie einen bestimmten Teil seines Vermögens, aber der Rest floß seiner männlichen Verwandtschaft zu. (Dies war sunnitisches Recht; nach schiitischem Recht erbten die Töchter alles, wenn es keine Söhne gab.) Die Bestimmung, daß Töchtern nur halb soviel zustand wie Söhnen, findet ihre Entsprechung in einer anderen Klausel der *schari'a*: In einem Gerichtsverfahren hatte das Zeugnis einer Frau nur halb soviel Gewicht wie das eines Mannes.

Das Gesicht der Stadt

Die Stadt war ein Ort, an dem Händler und Handwerker ihrer Tätigkeit nachgingen, wo Gelehrte studierten und lehrten, Herrscher oder Statthalter, bewacht von ihren Garden, Hof hielten, Richter Recht sprachen und wohin Dorf- und Wüstenbewohner kamen, um ihre Erzeugnisse zu verkaufen und zu erstehen, was sie brauchten. In der Stadt fanden sich Händler aus fernen Gebieten ein, um zu kaufen und zu verkaufen, und Studenten, um bei einem berühmten Professor zu studieren.

In der *madina*, dem Herzen jeder großen Stadt (wenn auch nicht notwendigerweise ihrem geographischen Mittelpunkt), standen zwei verschiedene Gebäudekomplexe. Zu dem einen gehörte die Hauptmoschee, die nicht nur Versammlungsort war, sondern auch eine Stätte der Gelehrsamkeit und des Gebetes; dort konnte das kollektive Bewußtsein der Muslimbevölkerung in Momenten der Krise seinen Ausdruck finden. Daneben befanden sich in der *madina* das Haus oder das Gerichtsgebäude des höchsten *qadi*, Hochschulen und die Läden von Buch-, Kerzen- oder Devotionalienhändlern; außerdem gab es dort manchmal das Grab eines Heiligen, dessen Leben man auf besondere Weise mit der Geschichte der Stadt in Verbindung brachte. Zum zweiten Komplex gehörte der zentrale Markt (*suq*); er war der wichtigste Umschlagplatz der Waren. Auf diesem Platz oder in seiner Nähe befanden sich Läden, in denen Stoffe, Schmuck, Gewürze und andere wertvolle Güter verkauft wurden; außerdem standen hier Lagerhäuser für importierte Waren und die Büros der Geldwechsler, die als Bankiers die Finanzierung des Auslandshandels übernahmen. Diese Läden, Lagerhäuser und Büros waren in vielen Fällen nebeneinander in einer langen Reihe angeordnet, in einem Viereck von Straßen, die parallel zueinander verliefen oder sich kreuzten, oder sie bildeten eine dichtgedrängte Ansammlung von Gebäuden, die so eng miteinander verbunden waren, daß dazwischen kein Platz für Straßen blieb. Ein dritter Komplex, den man in der Nähe moderner Stadtzentren findet, trat damals kaum in Erscheinung. Die Regierungsmacht war in ihren Wächtern, Marktaufsehern und Polizeiinspektoren präsent, aber sie zeigte sich nicht in großen, auffälligen Gebäuden.

Das Marktgebiet diente hauptsächlich dem Tausch von Geld gegen Waren; ein großer Teil, besonders die Läden und Lager mit wertvollen Gütern, wurde nachts verschlossen und bewacht. Die Werkstätten und Läden, die Textilien und Metallarbeiten verkauften, lagen in einiger Entfernung davon, ebenso wie die Wohnungen der Menschen, die dort arbeiteten. Reiche Kaufleute und Gelehrte lebten oft in der Nähe des Marktes, aber der Großteil der Bevölkerung hatte Häuser in eigenen Wohnvierteln außerhalb des Zentrums. Solche Viertel bestanden aus einem Gewirr von Gäßchen und Sackgassen, die von einer Hauptstraße abgingen. In manchen Perioden hatten diese Viertel eigene Tore, die nachts geschlossen und bewacht wurden. In einem Viertel mochten ein paar hundert oder ein paar tausend Menschen leben; es gab dort eine Moschee, eine Kirche oder Synagoge, einen kleinen Markt (*suwaiqa*) für die täglichen Bedürfnisse und oft auch ein öffentliches Badehaus (*hammam*) – ein wichtiger Treffpunkt. Auch einige reiche und mächtige Familien hatten ihre Häuser im Viertel, um ihren Einfluß bei den Bewohnern aufrechtzuerhalten und ihre Rolle als Wohltäter spielen zu können. Andere hatten ihre Haupt- oder Nebenwohnungen am Stadtrand, wo der Bau größerer Häuser inmitten von Gärten möglich war. Das Viertel gehörte seinen Bewohnern und stellte in gewisser Hinsicht eine Erweiterung ihrer Häuser dar. Seine Ungestörtheit wurde in Notfällen von den jungen Männern gesichert, die oft in Gruppen (*zu'ar, aiyarun, fityan*) organisiert waren. Solche Gruppen bestanden über lange Zeiträume hinweg und vertraten gewisse moralische Ideale. Gab es in der Stadt Unruhen, dehnte sich ihr Operationsfeld manchmal aus.

Weiter entfernt vom Zentrum, in der Nähe der Stadtmauern oder sogar außerhalb, lagen die ärmeren Viertel, in denen die ländlichen Zuwanderer lebten. Dort wurden die Karawanen ausgerüstet, zusammengestellt, auf den Weg gebracht und bei ihrer Rückkehr begrüßt; Lasttiere wurden gekauft und verkauft, und die Bewohner aus der ländlichen Umgebung boten ihre Früchte, ihr Gemüse und Kleinvieh zum Verkauf an. Hier befanden sich auch die Betriebe, deren Arbeit mit Lärm oder üblen Gerüchen verbunden war, etwa Schlachtereien und Gerbereien. Hinter diesen Quartieren und außerhalb der Stadtmauern lagen die Friedhöfe, die nicht nur bei Begräbnissen wichtige Treffpunkte waren.

Die Bewohner eines Viertels waren tendenziell durch eine gemeinsame religiöse, ethnische oder regionale Herkunft, durch Verwandtschaft oder Heirat miteinander verbunden. Solche Bindungen förderten das Entstehen einer Solidarität, die sehr stark sein konnte. Juden und Christen neigten dazu, auf Grund familiärer Bindungen oder gemeinsamer Herkunft eher in bestimmten Vierteln als in anderen zu leben. Vielleicht wollten sie auch in der Nähe ihrer Gebetsstätte sein, oder ihre unterschiedlichen Bräuche, die eine Absonderung der Frauen verlangten oder nicht verlangten, machte die unmittelbare Nähe zu Muslimfamilien schwierig. Im Maghreb lebten Juden orientalischer oder berberischer Herkunft oft getrennt von Juden, die aus Andalus kamen, jedoch nicht in ausschließlich christlichen oder jüdischen Vierteln. In den meisten Orten gab es kein Ghetto. Am Ende des fünfzehnten Jahrhunderts war Marokko jedoch zur Ausnahme geworden. Der Herrscher richtete in Fes und anderen Städten eigene jüdische Viertel ein, um die Juden vor Belästigungen zu schützen.

Es gab viele Abweichungen von diesem allgemeinen Modell einer Stadt. Dabei spielten die Eigenart eines Landes, seine historische Tradition und das Wirken von Dynastien eine Rolle. Aleppo zum Beispiel war eine alte Stadt; sie war lange vor dem Aufkommen des Islam groß geworden. Der Stadtkern befand sich immer noch dort, wo er in hellenistischer und byzantinischer Zeit gelegen hatte. Die Hauptstraßen waren nicht mehr so breit wie früher; seit Kamel und Esel den Transport auf Wagen und Karren ersetzten, mußten sie nur noch so breit sein, daß zwei beladene Lasttiere einander passieren konnten. Die quadratische Anlage der Hauptstraßen ließ sich im Labyrinth der von Mauerbögen überwölbten Gassen des *suq* immer noch erkennen. Die große Moschee lag an der Stelle, wo sich am Ende der von Säulen gesäumten Hauptstraße das Forum oder der große Versammlungsplatz befunden hatte.

Kairo dagegen war eine Neugründung. In den frühen Jahrhunderten islamischer Herrschaft in Ägypten hatte sich das Macht- und Regierungszentrum von Alexandria landeinwärts an den Punkt verlagert, wo sich das Niltal zum Delta verbreitert; nördlich der byzantinischen Festung, die man Babylon genannt hatte, war eine Reihe städtischer Zentren entstanden: Fustat, Qata'i und schließlich al-Qahira oder Kairo. Das Stadtzentrum von Kairo wurde von den Fatimiden geschaffen; es blieb bis in die zweite Hälfte des neunzehnten Jahrhunderts praktisch unverändert. In seinem Herzen lag die Azharmoschee, die von den Fatimiden als Lehrstätte des Islam isma'ilitischer Prägung errichtet wurde; sie bestand als eines der größten Zentren sunnitischer Gelehrsamkeit und als Hauptmoschee der Stadt weiter. In ihrer Nähe befand sich das Grab Husains, des Sohns Alis, des vierten Kalifen und seiner Frau Fatima, der Tochter des Propheten. Nach dem Volksglauben hatte man den Kopf Husains nach seiner Ermordung in Kerbala hierher gebracht. Nicht weit davon entfernt war die Hauptstraße, die vom Nordtor der Stadt (Bab al-Futuh) zum Südtor (Bab Zuwaila) führte. Zu beiden Seiten dieser Straße und in Nebengassen befanden sich Moscheen, Schulen und die Läden von Händlern, die Stoffe, Gewürze, Gold und Silber verkauften.

Fes war auf eine andere Weise entstanden. An den gegenüberliegenden Ufern eines kleinen Flusses lagen zwei Siedlungen, die im Laufe der Zeit zu einer Stadt wurden. Zu ihrem Zentrum wählte man schließlich die Stelle, wo sich das Grab des angeblichen Stadtgründers Maulai Idris befand. Daneben stand die große Lehrmoschee, die Qarawiyin, mit ihren angegliederten Schulen; sie war umgeben von einem Gewirr von Suqs, die nachts durch Tore geschützt wurden. Dort lagerte und verkaufte man Gewürze, Gold- und Silberarbeiten, importierte Webwaren und stellte Lederpantoffeln her, ein typisches Erzeugnis der Stadt.

Die Hauptmoschee und der zentrale *suq* einer Stadt waren die Punkte, von denen die kulturelle und die ökonomische Macht ausgingen. Die politische Macht hatte jedoch einen anderen Sitz. In frühislamischer Zeit mögen der Herrscher und seine Statthalter im Herzen einer Stadt residiert haben, aber in einer späteren Periode war eine bestimmte Trennung zwischen der *madina*, dem Zentrum wesentlicher urbaner Aktivitäten, und dem königlichen Palast oder der Königsstadt üblich geworden. So hatten die Abbasiden die von ihnen gegründete Stadt Bagdad für einige Zeit verlassen und waren nach Samarra am mittleren Tigris übersiedelt, und spätere Herrscher folgten ihrem Beispiel. Die Aiyubiden und Mamluken in Kairo residierten in der von Salah ad-Din auf einem Hügel über der Stadt erbauten Zitadelle; die spanischen Umaiyaden errichteten ihren Palast in Madinat az-Zahra außerhalb von Cordoba; spätere marokkanische Herrscher gründeten Neu-Fes, eine Königsstadt im Randgebiet des alten Fes. Die Gründe für eine Trennung von Volk und Regent sind unschwer zu erkennen: Abgeschlossenheit war ein Ausdruck von Macht und Erhabenheit; der Herrscher wollte vielleicht gegen den Druck der öffentlichen Meinung abgeschirmt sein und seine Truppen vom Kontakt mit dem städtischen Leben fernhalten, das ihre ausschließliche Loyalität gegenüber seinen Interessen schwächen konnte.

In der Königsstadt befanden sich der Palast mit dem Königlichen Schatzhaus, das Münzamt und die Ämter der Sekretäre. Die äußeren Höfe des Palastes hatten öffentliche Funktionen: Hier wurden Gesandte empfangen, die Paraden der königlichen Truppen abgenommen, der Rat sprach Recht und nahm Petitionen entgegen. Wer Geschäfte zu erledigen hatte, war in diesem Teil des Palastes zugelassen, und dort erschien auch der Herrscher an bestimmten Tagen und zu bestimmten Anlässen. Die inneren Höfe waren dem Herrscher vorbehalten, das heißt seiner Familie, seinen von Eunuchen bewachten Frauen und den Palastsklaven, die eine Art Erweiterung seiner Persönlichkeit darstellten. Das Ausmaß der Abgeschlossenheit variierte jedoch von einer Dynastie zur anderen. Die Hafsiden führten ein recht öffentliches Leben, die Mamluken schirmten sich stärker ab.

In der Königsstadt befanden sich auch die Kasernen für die königlichen Garden, die Paläste und Häuser hoher Würdenträger und besonderer Werkstätten, die Güter für den Bedarf des Hofes und des Heeres produzierten – das Arsenal, Märkte für Pferde und Waffen und Webereien, in denen die feinen Stoffe für den Palast hergestellt wurden. Die Besitzer oder Beschäftigten lebten vielfach in der Nähe. So befand sich das Wohnquartier der jüdischen Gold- und Silberschmiede in der Königsstadt von Fes.

Häuser in der Stadt

Im fünfzehnten Jahrhundert entstanden in den Suqs der Städte große Gebäude, die um einen Innenhof errichtet waren; im Erdgeschoß enthielten sie Lagerräume, darüber befanden sich manchmal Herbergen für Händler oder andere Reisende. Solche Gebäude in ihren unterschiedlichen Formen wurden in Syrien und Irak *chan* genannt, in Ägypten *wikala* und im Maghreb *funduq*. Ein anderer Gebäudetyp – zumindest im Maghreb – war die *qaysariya*, wo man wertvolle Güter lagerte. Viele dieser Gebäude wurden von Herrschern oder den Großen einer Stadt errichtet und Stiftungen übergeben, damit das daraus erzielte Einkommen religiösen oder karitativen Zwecken diente.

Soweit städtische Wohngebäude bekannt sind, gehörten sie zu drei Kategorien. In manchen Städten scheinen die Behausungen der Armen weitgehend aus offenen Höfen mit Hütten bestanden zu haben. Im überfüllten Stadtzentrum von Kairo lebten sowohl die Armen als auch die Handwerker und Kleinhändler, die in der Nähe ihres Arbeitsplatzes sein mußten, in Mehrfamilienhäusern. Ein typisches Mehrfamilienhaus war wohl um einen Innenhof gebaut, hatte im Erdgeschoß Werkstätten und mehrere Treppen, die in zwei oder drei obere Stockwerke führten, in denen sich abgeschlossene Wohnungen mit mehreren Zimmern befanden.

Für Familien in besseren Verhältnissen oder solche, die in weniger bevölkerten Gebieten lebten, hatten sich allmählich andere Hausformen entwickelt. In Südwestarabien wurde das Haus sorgsam geplant – ein symmetrischer Steinbau mit mehreren Stockwerken. Im Erdgeschoß wurden Tiere gehalten und darüber lagerte Getreide. Danach folgten zwei oder drei Geschosse mit Wohnräumen und als letztes der große Empfangsraum mit der besten Luft und freiem Blick. In anderen Gegenden hat sich die typische Form großer Wohnhäuser in vielen regionalen und zeitlichen Varianten aus einer Mischung des griechisch-römischen mediterranen Hauses und traditionellen iranischen und irakischen Bauweisen entwickelt.

Man erreichte das Haus durch eine von der Hauptstraße abzweigende Gasse. Außer der Größe der Haustür verriet nichts dem Neid des Herrschers oder der Neugier Vorübergehender den Reichtum des Besitzers. Die Häuser waren gebaut, um von innen, nicht von außen gesehen zu werden. Die Tür war das wichtigste äußere Element; sie bestand aus Eisen oder Holz und hatte eine Umfassung aus kunstvoll behauenem Stein. Darüber befand sich vielleicht ein Fenster, von dem man jeden Näherkommenden beobachten konnte. Hinter der Tür führte ein Gang um die Ecke, so daß man von der Straße aus nichts sehen konnte. Durch den Gang erreichte man einen großen Innenhof, um den mehrere Zimmer lagen – auch der offizielle Empfangsraum (*madschlis* oder *qa'a*). In dicht bevölkerten Stadtteilen ersetzte vielleicht ein großer Raum den Innenhof. Der Empfangsraum befand sich oft auf der dem Eingang gegenüberliegenden Seite des Innenhofs; man betrat ihn ebenfalls durch eine Tür oder einen *iwan*, den großen Rundbogen, der sich vom Iran aus nach Westen verbreitet hatte. An manchen Orten lag vor dem Hauptraum noch ein Vorzimmer. Im mamlukischen Kairo hatte sich dieser Raum zu einer Art überdachtem Hof entwickelt, mit einem tiefer gelegenen Springbrunnen und Sitzgelegenheiten an allen Seiten. Die Räume der Familie lagen getrennt von diesem Empfangszimmer und den damit verbundenen Räumlichkeiten; dort konnten die Frauen, Kinder und Dienstboten so abgeschlossen von der Außenwelt sein, wie sie oder der Hausherr es wünschten. In sehr großen Häusern drückte sich die Trennung zwischen dem für Besucher zugänglichen Teil und dem Familienteil durch zwei Innenhöfe aus, in kleineren Häusern durch die unterschiedliche Funktion von Erdgeschoß und Obergeschoß. In großen Häusern gab es außerdem ein Badehaus oder *hammam*.

Stein als Baumaterial war vielerorts teuer, und man errichtete die Häuser oft aus Ton- oder Lehmziegeln mit einer Steinumfassung für die Haustür. Die großen Räume im Erdgeschoß hatten in vielen Fällen gewölbte Decken aus Ziegelsteinen, um die Feuchtigkeit zu verringern oder um die Last der oberen Stockwerke zu tragen; die anderen Decken bestanden aus Holz. In die Decken eingelassen waren unterschiedliche Vorrichtungen zur Belüftung oder wirksamen Luftzirkulation. Wände, Türen und Decken waren verziert; das Holz wurde in verschiedenen Farben gestrichen (in Marokko war die typische Farbe grün, in Tunesien blau). Die Wände waren verputzt und hatten Stuckornamente mit Blumenmustern. Stein wurde kunstvoll bearbeitet und mit kalligraphischen oder floralen Motiven verziert. Die Fenster hatten Holzläden; das als *maschrabiya* bekannte hölzerne Gitterwerk tauchte zuerst unter den Fatimiden in Ägypten auf und war in der Mamlukenperiode allgemein verbreitet.

Es gab in den Häusern wenig Mobiliar, abgesehen von Truhen und Vorratsschränken. Ein Historiker der Stadt Kairo hat darauf hingewiesen, daß die Rolle der Holzmöbel in europäischen Häusern in Kairo Stoffen zufiel. Empfangsräume waren mit Sofas und Kissen ausgestattet. Matratzen und Kissen, die auf dem Fußboden oder auf Holz- oder Steinsockeln lagen, dienten als Betten. An den Wänden hingen Wandbehänge, auf dem Fußboden und auf Betten lagen Teppiche. Nachts spendeten Kupferlampen Licht, und bei kaltem Wetter brannte in kupfernen Kohlepfannen Holzkohle oder aromatisches Holz. Das Essen wurde auf großen runden Silber- oder Kupfertabletts angerichtet, die auf niedrigen Holzgestellen lagen. Gegessen wurde aus Tonschalen und -schüsseln oder bei den Reichen aus chinesischen Porzellanschalen; für Getränke gab es Gläser und Tonbecher. Man nahm sich mit einem Stück Fladenbrot von den Gerichten, die auf dem großen Tablett angerichtet waren; die Reichen benutzten allerdings Löffel und Messer.

Brot war im Leben der Armen von fundamentaler Bedeutung; die Regierungen maßen der Notwendigkeit, die Versorgung der Stadt mit Brotgetreide sicherzustellen, große Bedeutung bei, und wenn das Getreide knapp oder teuer wurde, brachen häufig Unruhen aus. Brot wurde in den meisten Regionen aus Weizen gebacken, mit Olivenöl weich gemacht und zusammen mit Gemüse gegessen – mit Zwiebeln, Knoblauch oder solchen Arten, die wie Auberginen durch die islamische Expansion in den Mittelmeerraum gekommen waren. Die Ernährung der wohlhabenderen Schichten war abwechslungsreicher: eine größere Auswahl an Gemüsen und Früchten (entsprechend den Anbau- oder Bezugsmöglichkeiten – Weintrauben, Orangen, Pfirsiche und Aprikosen in den Mittelmeerländern und Datteln im Irak und an den Wüstenrändern) sowie Fleisch: vorzugsweise Geflügel und Lamm und weniger Rind; am Meer, an Flüssen und Seen aß man auch Fisch. Fleisch wurde in Oliven- oder Sesamöl und mit Gewürzen zubereitet. Der Koran verbot zwar den Alkoholgenuß, aber offenbar trank man vielfach Wein und andere starke Getränke, die entweder von örtlichen Christen hergestellt oder aus Westeuropa importiert wurden.

Die Kette der Städte

Solange die städtische Ordnung und die Kontrolle des Umlandes, geschützt durch die Interessenallianz des Herrschers und der urbanen Elite, aufrechterhalten wurde, konnten Reichtum und Macht von einer Generation an die nächste weitergegeben werden. Damit wurden auch eine Kultur, ein Wissenskanon, eine Wertordnung, Verhaltensnormen und die Idealtypen der Persönlichkeit überliefert. Es ist vermutet worden, daß der im frühen zwanzigsten Jahrhundert in Fes geltende Verhaltenskodex, die *qa'ida*, im wesentlichen dem Kodex entspricht, den Leo Africanus im sechzehnten Jahrhundert beschreibt.[3] Die Prinzipien richtigen Verhaltens und Denkens, von Lernen und Können stellten die Grundlage für das Band zwischen den Generationen, aber auch das zwischen Städten dar. Ein Netz von Straßen durchzog die islamische Welt. Auf ihnen trugen nicht nur Kamele und Esel ihre Last von Seide, Gewürzen, Glas und edlen Metallen, auch Gedanken, Neuigkeiten, Moden und Denk- und Verhaltensweisen gerieten auf diesen Wegen in Umlauf. Wenn sich Kaufleute und die Führer der Karawanen auf den Märkten trafen, wurden Neuigkeiten ausgetauscht und auf ihre Bedeutung hin untersucht. Händler aus einer Stadt ließen sich in einer anderen nieder und hielten eine enge und dauerhafte Verbindung zwischen beiden Städten aufrecht. Von Zeit zu Zeit zog auch die Gewalt über diese Straßen, wenn ein Heer die Macht eines anderen Herrschers oder die Herausforderung der bestehenden Macht in das Land trug; und auch diese Bewegungen brachten neue Vorstellungen vom Leben in der Gesellschaft mit sich.

Seit Beginn der islamischen Geschichte zogen auch Männer auf der Suche nach Wissen durch das Land, um die Tradition vom Reden und Handeln des Propheten zu verbreiten. Sie nahmen den Kontakt zu allen auf, die durch viele Generationen hinweg Überlieferungen von seinen Gefährten erhalten hatten. Im Laufe der Zeit erweiterte sich der Zweck dieser Reisen. Man wollte Religionswissenschaft bei einem berühmten Lehrer studieren oder suchte eine spirituelle Ausbildung bei einem frommen Meister. Viele, die nach Wissen oder Weisheit suchten, kamen aus Dörfern und kleinen Städten in die Metropolen: im südlichen Marokko an die Qarawiyin-Moschee in Fes und aus dem algerischen und tunesischen Osten an die Zaituna in Tunis. Die Azhar-Moschee in Kairo zog Studenten aus einem weiten Umkreis an, wie die Namen der Studentenherbergen zeigen: *riwaq* oder Kloster des Maghreb, Syriens und Äthiopiens. Die Hochschulen in den heiligen Städten der Schiiten im Irak – Nadschaf, Kerbela, Samarra und Kazimain am Stadtrand von Bagdad – waren das Ziel von Studenten aus anderen schiitischen Gemeinden in Syrien und Ostarabien.

Das Leben des berühmten Reisenden Ibn Battuta (1304 – ca. 1377) veranschaulicht die Bindungen zwischen den islamischen Städten und Ländern. Seine Pilgerreise, die er als Einundzwanzigjähriger begann, stand am Beginn eines Wanderlebens. Sie führte ihn aus seiner Heimatstadt Tanger in Marokko über Syrien nach Mekka, von dort nach Bagdad und in den südwestlichen Iran, in den Jemen, nach Ostafrika, Oman und an den Persischen Golf, nach Kleinasien, in den Kaukasus und nach Südrußland, nach Indien, auf die Malediven und nach China, wieder zurück in den heimatlichen Maghreb und von dort nach Andalus und in die Sahara. Überall, wohin er kam, besuchte er die Gräber der Heiligen und unterhielt sich mit Gelehrten, mit denen ihn eine gemeinsame Kultur verband, deren Medium die arabische Sprache war. Er wurde an den Höfen der Fürsten wohlwollend aufgenommen, und einige ernannten ihn zum *qadi*; diese Ehre, die ihm an Orten zuteil wurde, die der Heimat so fern lagen wie Delhi und die Malediven, zeigt, welches Ansehen die Vertreter religiöser Gelehrsamkeit im arabischen Sprachraum genossen.[4]

Kapitel 8

Städte und ihre Herrscher

Die Entstehung von Dynastien

Zur Aufrechterhaltung von Gesetz und städtischer Ordnung bedurfte es einer weltlichen Macht, eines Herrschers, dessen Position sich von der des Stammesscheichs unterschied, der seine ungesicherte Autorität den Sitten und allgemeiner Übereinstimmung verdankte.

Es wirkt vielleicht wie ein Paradox, daß in der islamischen Geschichte (möglicherweise aber auch in der Geschichte andernorts) die Herrscherdynastien ihre Stärke oft den ländlichen Gebieten verdankten, manche sogar von dort stammten, daß sie aber nur überleben konnten, wenn sie sich in den Städten behaupteten und aus der Interessengemeinschaft mit der städtischen Bevölkerung neue Kraft zogen.

Um zu überleben, mußte eine Dynastie Wurzeln in der Stadt schlagen; sie brauchte den Reichtum, der aus Handel und Gewerbe kam, und die Legitimität, die nur die *ulama* ihr geben konnten. Der Vorgang des Entstehens von Dynastien vollzog sich durch die Eroberung von Städten. Ein Eroberer nahm eine Reihe Städte ein, die an einer Handelsstraße lagen. Das Werden und Wachsen von Städten hing wiederum weitgehend von der Macht der Dynastien ab. Einige der größten Städte der islamischen Welt waren praktisch Schöpfungen von Dynastien: Bagdad war eine Gründung der Abbasiden, Kairo eine der Fatimiden, Fes eine der Idrisiden, Cordoba eine der Umaiyaden. Ein Herrscher konnte Handelsrouten in einem gewissen Maß umleiten, so daß sie durch seine Hauptstadt verliefen; für eine Stadt konnte es den Niedergang bedeuten, wenn ihr Herrscher sie verließ oder nicht mehr in der Lage war, sie zu verteidigen, so wie Kairuan es erlebte, nachdem die Ziriden die Stadt praktisch aufgegeben hatten.

Das erste Ziel einer Dynastie bestand darin, an der Macht zu bleiben. Deshalb lebte der Herrscher etwas abgesondert von der Stadtbevölkerung; er umgab sich mit einem Hofstaat, der weitgehend aus Militärs bestand oder Menschen fremder Herkunft, allen voran seine Familie und sein *harim*, seine persönlichen Mamluken – Schwarzafrikaner oder konvertierte Christen im Maghreb und Türken, Kurden oder Tscherkessen weiter östlich – und hohe Palastbeamte, die sich zum großen Teil aus diesen Mamlukengruppen rekrutierten. Das Söldnerheer, das die Truppen ersetzte, die die Dynastie an die Macht gebracht hatten, stammte ebenfalls von außerhalb der Stadt. Das Heer der Seldschuken rekrutierte sich hauptsächlich aus Türken; das Heer der Aiyubiden war in seiner Zusammensetzung weniger einheitlich. In Syrien entstammte die Führung einer Militäraristokratie unterschiedlicher Herkunft – Türken, Kurden oder konvertierte Griechen –, in Ägypten hauptsächlich dem Reservoir türkischer und kurdischer Neuankömmlinge. Auch unter den Mamluken setzte sich das Militär aus verschiedenen Gruppierungen zusammen. Den Kern bildeten die Einheiten der Sultansmamluken, die der Herrscher entweder gekauft und in den Palastschulen ausgebildet oder von seinem Vorgänger übernommen hatte. Die hohen Offiziere hatten wiederum eigene militärische Gefolgsleute, die in ihrem Haushalt ausgebildet wurden. Die Solidarität der Gruppe aus einem Haus konnte das ganze Leben oder noch länger bestehen. Die Mamluken waren keine Gruppe mit erblichen Vorrechten oder erblichem Rang, die Söhne der Mamluken sogar von der zentralen militärischen Macht ausgeschlossen. Es gab jedoch eine Heereseinheit, die sich aus frei geborenen Muslimen zusammensetzte; ihr konnten die Söhne von Mamluken beitreten und zu Amt und Würden gelangen. Unter den Hafsiden rekrutierte sich das Heer ursprünglich aus Angehörigen der ländlichen Stämme. Nachdem die Dynastie ihre Position jedoch gefestigt hatte, stützte sie sich zunehmend auf Söldner – Araber aus Andalus, christliche Konvertiten aus Europa und Türken.

In dem Maße, wie es einer Dynastie gelang, sich zu behaupten, versuchte sie, Mitglieder der herrschenden Gruppe zu Provinzstatthaltern zu ernennen, wenn auch mit unterschiedlichem Erfolg, denn die Eigenart einer Region und die Tradition der Herrscherfamilie konnten dabei zu Schwierigkeiten führen. Die Seldschuken herrschten über ein ausgedehntes Reich mit fruchtbaren Ebenen, die Gebirge oder Wüsten voneinander trennten; in ihrer Tradition lag die Autorität in der Familie, nicht bei einzelnen Angehörigen dieser Familie. Deshalb war ihr Reich weniger ein zentralistischer Staat als eine Gruppe mehr oder weniger unabhängiger Provinzen unter der Herrschaft von Familienmitgliedern. Die Herrschaft der Aiyubiden in Syrien war ähnlich strukturiert, und zwar als eine Art Staatenbund mit mehreren Machtzentren, in denen Aiyubidenprinzen herrschten. Sie waren der Form nach dem Familienoberhaupt zur Treue verpflichtet, duldeten aber keine allzu große Einmischung. In Ägypten konnten die Aiyubiden jedoch dank der geographischen Gegebenheiten und der langen Tradition zentralistischer Herrschaft direkte Kontrolle ausüben. Auch bei den Mamluken standen die Provinzstatthalter in Syrien, die der militärischen Elite entstammten, weniger unter dem direkten Zugriff Kairos als die Statthalter in Unterägypten. Oberägypten ganz unter Kontrolle zu behalten, fiel den Mamluken allerdings schwer, denn dort gewann eine mächtige Familie von Stammesführern, die Hawara, immer mehr an Einfluß. Auch die Hafsiden hatten Probleme bei der Kontrolle der fernen Reichsgebiete, da einige Scheiche und weit entfernte Städte mehr oder weniger autonom waren; im Laufe der Zeit gewann die Zentralregierung jedoch größere Macht.

Eine starke Herrschaft über ein großes Reich verlangte eine aufwendige Bürokratie. In den meisten Staaten bestand die von den Abbasiden eingeführte Aufgabenteilung zwischen den Beamten fort. Es gab eine Kanzlei *(diwan al-inscha)*, in der Briefe und Dokumente in korrekter Sprache und in Übereinstimmung mit anerkannten Formen und Präzedenzfällen ausgefertigt und archiviert wurden; ein Schatzamt, das die Festsetzung, die Einnahme und die Ausgabe von Steuern überwachte, und eine besondere Abteilung, die Heeresabrechnungen und -unterlagen erstellte. Der *wazir* blieb unter den Seldschuken auch weiterhin wie bei den Abbasiden der Beamte, dessen Kontrolle die gesamte Zivilverwaltung unterstand; unter anderen Dynastien und Herrschern waren seine Funktionen und seine Machtbefugnisse begrenzter. Im Mamlukenstaat unterstand nur das Schatzamt seiner Leitung; die Hafsiden hatten für jedes der drei Ämter einen eigenen *wazir*; und der Kämmerer (*hadschib*), der Zugang zum Herrscher hatte, konnte wichtiger sein als jeder von ihnen.

Der *wazir* und die anderen hohen Würdenträger mochten aus der Militärelite hervorgegangen sein, aber im allgemeinen war die Staatsverwaltung ein Bereich, in dem Angehörige der örtlichen Stadtbevölkerung eine Rolle spielten. Sie und weniger die Militärs besaßen die für die Arbeit in der Staatskanzlei oder im Schatzamt erforderliche Bildung und Ausbildung. In begrenztem Maße kamen hohe Beamte aus dem Kreis von Männern mit der vollen Ausbildung zum *alim*; üblicherweise traten jedoch Anwärter auf Ämter und Würden nach einer Grundausbildung in Sprache und Religionswissenschaft und einer Art Lehrzeit, in der sie lernten, Dokumente abzufassen oder Abrechnungen zu führen, bereits in frühen Jahren in den Staatsdienst. Ein Anwarter trat vielleicht in die Dienste eines hohen Beamten und hoffte, nicht nur von seinem Beispiel, sondern von seiner Protektion zu profitieren. Unter solchen Umständen muß es im

Staatsdienst eine Art Erblichkeit gegeben haben – Söhne wurden von ihren Vätern ausgebildet und gefördert; wahrscheinlich wurde auch beim Wechsel des Herrscherhauses eine gewisse Kontinuität gewahrt, wenn die Beamten der entmachteten Dynastie bereit waren, dem neuen Herrscher zu dienen. Ganz sicher gab es jedenfalls eine Kontinuität bei der Zusammensetzung von Staatskanzlei und Schatzamt.

Auf diese Weise fanden Mitglieder einer städtischen Gesellschaft, die von einer fremden Dynastie oder Gruppe beherrscht wurde, zumindest auf einer bestimmten Ebene Eingang in die herrschende Elite. Persische Beamte dienten den türkischen Seldschuken, Ägypter und Syrer arbeiteten für die Mamluken. Ein Herrscher konnte jedoch auch Beamte von außerhalb der städtischen Elite heranziehen, deren Abhängigkeit von ihm deshalb wahrscheinlich größer war. Die Aiyubiden brachten Beamte aus Ägypten, dem Irak und Westiran nach Syrien, den Hafsiden dienten Exilanten aus Andalus, und unter den Mamluken in Ägypten gab es jüdische und koptische Beamte, die meist zum Islam übergetreten waren.

Die Rechtsprechung gehörte zu den wichtigsten Pflichten eines muslimischen Herrschers; auch in diesem Bereich bestand für gebildete Angehörige der urbanen Bevölkerung eine Möglichkeit, in seine Dienste zu treten. So ernannte der Herrscher Absolventen der religiösen Lehranstalt und der Rechtsschule, die er fördern wollte, zu Richtern. *Qadi* und *mufti* kamen zum größten Teil aus der ortsansässigen Bevölkerung; ein starker Herrscher bedachte bei ihrer Ernennung unter Umständen auch Fremde. Die Hafsiden betrauten zum Beispiel andalusische Gelehrte mit hohen Ämtern.

Die Allianz zwischen den militärischen Machthabern und der städtischen Elite zeigte sich auch, wenn der Herrscher selbst oder sein Provinzstatthalter Recht sprachen. Nicht alle Fälle und Streitigkeiten kamen vor den *qadi*. Der Herrscher konnte entscheiden, welche er dem *qadi* überließ und welche er sich vorbehielt. Das waren die meisten kriminellen Vergehen, Fälle, die Staatsinteressen oder die öffentliche Ordnung berührten, und solche, die schwierige juristische Probleme und Grundsatzfragen aufwarfen. Für einen autokratischen Herrscher war die Anhörung von Beschwerden *(mazalim)* gegen Beamte, denen er Machtbefugnisse übertragen hatte, von besonderer Bedeutung. Er mußte seinen Untertanen eine Möglichkeit des Zugangs zu ihm offenhalten. Bereits in der Abbasidenzeit hatte sich ein speziell ernannter Würdenträger in regelmäßigen Sitzungen Klagen und Gesuche angehört. Diese Einrichtung bestand auch unter späteren Dynastien. Manche Angelegenheiten wurden mit normalen administrativen Methoden erledigt, aber der Herrscher gab auch selbst

Audienzen, in denen er Gesuche entgegennahm und Anordnungen erließ. Der Mamlukensultan in Kairo saß jede Woche feierlich in der Ratsversammlung, umgeben von seinen wichtigsten militärischen und zivilen Würdenträgern, den Qadis der vier *madhahib*, einem speziellen Militärrichter und den führenden Muftis. Er traf seine Entscheidungen nach Beratung mit ihnen, war aber nicht strikt an die Gesetzesvorschriften gebunden. Im Tunis der Hafsiden gab es ebenfalls eine wöchentliche Sitzung des Herrschers mit den höchsten Qadis und Muftis.

Das Interessenbündnis

Zwischen den beiden Polen einer Stadt, dem Palast und dem Markt, herrschten enge und vielschichtige Beziehungen, die auf beiderseitigen Bedürfnissen, aber divergierenden Interessen beruhten. Der Herrscher war auf die ökonomischen Unternehmungen der Stadt angewiesen, die ihn mit Waffen und Ausrüstung für sein Heer und seine Schiffe versorgten, aber auch mit persönlichen Bedarfsartikeln und Schmuck für ihn selbst, sein Gefolge und seine Familie, und schließlich mit dem Geld, um diese Dinge zu bezahlen, Geld, das er durch reguläre Besteuerung oder durch spezielle Abgaben einnahm. Das Vermögen der Kaufleute war ein finanzielles Reservoir, aus dem das Herrscherhaus schöpfen konnte, wenn es zusätzliche Geldmittel brauchte, die nicht durch Steuereinnahmen zur Verfügung standen. Überdies war die gebildete Klasse, die Elite, für den Herrscher ein menschliches Reservoir, aus dem Beamte für den Verwaltungs- oder den juristischen Dienst kamen; Dichter und Künstler schmückten seinen Hof und trugen ihm den Ruf von Pracht und Großzügigkeit ein. Die städtische Bevölkerung ihrerseits und besonders die Schicht, die Reichtum und Ansehen besaß, brauchte die Macht des Herrschers, denn er garantierte den Nachschub an Versorgungsgütern aus dem flachen Land, sicherte die Handelsstraßen und unterhielt Beziehungen zu anderen Herrschern, die dem Handel den Weg ebneten.

Die städtische Bevölkerung brauchte den Herrscher auch, damit er die Ordnung und das Rechtssystem aufrechterhielt, ohne die das Leben in einer vielfältigen, zivilisierten Gesellschaft unmöglich war. Die Aktivitäten auf dem Markt mußten geregelt werden, Straßen waren zu beleuchten, sauber zu halten und nachts vor Dieben und Gesindel zu schützen, Abfälle mußten beseitigt, die Wasserleitungen gereinigt und instandgehalten werden. Für solche Aufgaben ernannte ein Herrscher einen Statthalter, der an verschiedenen Orten unterschiedliche Amtsbezeichnungen trug. Ihm standen die Polizeikräfte (*schurta*) zur Verfügung, deren Angehörige üblicherweise vor Ort rekrutiert wurden; außerdem gab es Wachen für die Stadtviertel und Nachtwächter für die Märkte und Straßen. Auf dem Markt tat ein besonderer Beamter Dienst, der Preise, Gewichte und Maße sowie die Qualität der Waren und die Geschäftsabwicklung überwachte. Seine Autorität beruhte auf einem Koranvers, der es Muslimen zur Pflicht machte, »das zu gebieten, was gut, und zu verbieten, was schlecht ist«. In manchen Fällen wurde jemand aus religiösen, in anderen Fällen aus militärischen Kreisen dazu ernannt. In einigen Städten, darunter in San'a im Jemen, war die allgemeine Übereinkunft zur Abwicklung von Geschäften in einer Art Kodex schriftlich festgehalten.

Die Aufrechterhaltung von Ordnung und die Erhebung von Abgaben standen in einer engen Verbindung. Ein großer – vielleicht der größte – Teil der Einnahmen eines Herrschers kam aus der Besteuerung landwirtschaftlicher Produkte, aber es gab auch zahlreiche wichtige städtische Steuern. Zusätzlich zu der Kopfsteuer für Juden und Christen lagen Zölle auf Waren, die in die Stadt kamen oder von dort ausgeführt wurden; auch die Besitzer von Läden oder Werkstätten entrichteten verschiedene Abgaben.

Die Stadt ließ sich nicht regieren ohne ein gewisses Maß an Zusammenarbeit zwischen dem Herrscher und den Einwohnern oder zumindest den Einwohnern, die ein Interesse an einer stabilen Ordnung hatten. Neben den Beamten im eigentlichen Sinn gab es Angehörige der urbanen Gemeinschaften, die der Herrscher als deren Sprecher oder Vertreter anerkannte. Sie waren verantwortlich für die Loyalität ihrer Gemeinschaft, für die Aufrechterhaltung der Ordnung, sowie die Umlegung der jeweils fälligen Steuern auf die einzelnen Mitglieder. Die wichtigste Rolle bei der Wahrung der städtischen Ordnung spielten die Vorsteher der Viertel oder Quartiere. Sie zogen die Steuern ein, mit denen Haushaltungen oder Wohngebäude belegt waren. Daneben gab es die Vorsteher der verschiedenen Handwerker- oder Händlergruppen. Die Gesamtheit aller, die ein bestimmtes Handwerk ausübten, wurde nicht notwendigerweise als eine einzige Gruppe angesehen; es konnte zu einer Aufteilung in mehrere zonale Gruppen kommen. Es scheint kein ausreichendes Beweismaterial dafür vorzuliegen, daß solche Gruppen als »Gilden« im Sinne des europäischen Mittelalters organisiert waren, mit einer autonomen Gemeinschaftsexistenz, die in gegenseitiger Hilfe oder strikten Regeln bei der Aufnahme von Mitgliedern oder Ausbildung junger Leute zum Ausdruck kam. Aber die Tatsache, daß der Herrscher sie als eine Einheit betrachtete, die spezielle Abgaben bezahlte oder spezielle Dienste leistete, und die Konzentration ihrer Werkstätten in einer Ecke des Marktes muß zu einer gewissen

Solidarität unter ihnen geführt haben. Eine dritte Gruppe setzte sich aus den Mitgliedern spezifisch jüdischer oder christlicher Gemeinden zusammen. Auch sie hatten ihre Sprecher, die für die Erhebung der Kopfsteuer und für die unter gewissen Umständen zweifelhafte Loyalität der Gruppe verantwortlich waren.

Auf höherer Ebene konnte es Sprecher für breitere Interessen geben. Unter den Hafsiden vertrat zum Beispiel ein *amin al-umana* die Vorsteher aller Handwerke. Vielleicht gab es auch einen *ra'is at-tuddschar*, den Vertreter der auf den lukrativen Fernhandel spezialisierten Großkaufleute. Ihm kam besondere Bedeutung zu, wenn der Herrscher innerhalb kurzer Zeit große Summen aufbringen mußte. Auf einer noch höheren Ebene befanden sich Männer, die unter bestimmten Umständen für eine ganze Stadt sprechen konnten. Obwohl die Stadt vielleicht ohne offizielle rechtliche Institutionen war, besaß sie doch eine Art Gemeinschaftsgeist, der sich in Krisenzeiten zeigte, wenn zum Beispiel eine Dynastie eine andere ablöste. Dieser Mann konnte etwa der höchste *qadi* sein. Er war ein vom Herrscher ernannter Beamter und stand überdies an der Spitze jener Gelehrten, die die *schari'a*, die normativen Bestimmungen der allgemeinen Lebensführung, bewahren sollten, und deshalb konnte er dem Kollektivbewußtsein der Gemeinschaft Stimme verleihen. An manchen Orten gab es auch einen »Führer« *(ra'is)* für die gesamte Stadt, aber es ist nicht klar, welche Aufgabe er hatte.

Es ist wenig darüber bekannt, wie die Führer oder Sprecher von ihren Gruppen ernannt wurden. Wahrscheinlich geschah das auf sehr unterschiedliche Weise. Es scheint jedoch sicher, daß sie ihre Funktion nicht hätten erfüllen können, wenn sie nicht das Vertrauen des Herrschers oder seines Statthalters und all jener, für die sie sprachen, besessen hätten.

Die Verbindungen zwischen Herrscher und Stadt, die Beamte und Sprecher aufrechterhielten, waren labil und wechselhaft; sie bewegten sich zwischen den Polen von Allianz und Feindseligkeit. Es gab eine grundsätzliche Interessengemeinschaft, die durch ökonomische Zusammenarbeit gestärkt werden konnte. Mitglieder der herrschenden Elite müssen in Gemeinschaftsunternehmungen investiert haben. Ihnen gehörte ein Großteil der öffentlichen Gebäude, Bäder, Märkte und Chane. Herrscher und hohe Beamte errichteten in großem Stil öffentliche Bauten und stellten sie den Stiftungen zur Verfügung. Eine Untersuchung der großen Städte des Mamlukenreiches hat ergeben, daß von 171 in Damaskus für religiöse Zwecke errichteten oder instandgesetzten Gebäuden der Sultan persönlich zehn, hohe Militäroffiziere zweiundachtzig, andere Beamte elf, Kaufleute fünfundzwanzig und *ulama* dreiundvierzig finanzierten.[1] Eine Studie über

Jerusalem in der Mamlukenzeit hat ergeben, daß von sechsundachtzig *auqaf* zumindest einunddreißig von Mamlukenoffizieren eingerichtet wurden, die sich in die örtliche Gesellschaft eingegliedert hatten, und eine geringere Zahl von Beamten, *ulama* und Kaufleuten.[2]

Das Interessenbündnis demonstrierte seine Macht in den großen Zeremonien, an denen die ganze Stadt teilnahm und während welcher der Herrscher sich dem Volk zeigte. Bei der Thronbesteigung eines Herrschers fand die Investitur (*bai'a*) statt, ein Relikt frühislamischen Brauchtums, als der Herrscher noch vom Volk gewählt wurde. Im Tunesien der Hafsidenzeit kannte man zum Beispiel zwei solcher Zeremonien. Bei der ersten leisteten die führenden Regierungsbeamten den Treueid, bei der zweiten zeigte sich der Herrscher der Bevölkerung seiner Hauptstadt. In gewisser Weise wiederholten sich die Präsentation der Macht und die Zustimmung der Bevölkerung jeden Freitag, wenn der Name des legitimen Herrschers beim Mittagsgebet in der Predigt genannt wurde. Daneben gab es größere, jährliche Zeremonien, bei denen der Herrscher in der Öffentlichkeit erschien; sie hatten nicht alle eine religiöse Bedeutung. Eine Chronik von Kairo in der Mamlukenzeit, ein Werk von Ibn Iyas, erwähnt die jährlichen Zeremonien am Geburtstag des Propheten, beim Deichdurchstich, wodurch in der Überflutungszeit Nilwasser in den Kanal geleitet wurde, der Kairo durchzog, zu Beginn und am Ende des Ramadan, bei Aufbruch der Pilgerkarawane von Kairo nach Mekka und bei ihrer Rückkehr. Daneben gab es auch besondere Anlässe. Zum Beispiel beim Empfang ausländischer Gesandter oder der Geburt eines Sohnes im Herrscherhaus wurde die Stadt auf Kosten der Kaufleute und Ladenbesitzer illuminiert, und der Herrscher zeigte sich seinem Volk.

Das Interessenbündnis, das auf diese unterschiedliche Art zum Ausdruck kam, konnte jedoch zerbrechen. Innerhalb der herrschenden Gruppe konnte das Gleichgewicht zwischen dem Herrscher und jenen, auf die er sich stützte, ins Wanken geraten. Im Mamlukenstaat zogen zum Beispiel die mamlukischen Militärführer und ihre Haushalte einige der wichtigsten Pflichten der Beamten des Herrschers an sich. In manchen Fällen verweigerten die Truppen den Gehorsam und störten den Frieden der Stadt oder bedrohten die Macht des Herrschers. Auf diese Weise lösten die Aiyubiden in Kairo die Fatimiden ab, dann verdrängten Mamluken die Aiyubiden, und schließlich ging die Macht von einem Mamlukenhaushalt auf einen anderen über. Auf seiten der städtischen Bevölkerung konnte der Sprecher, der die Wünsche und Befehle des Herrschers den Untertanen vermittelte, auch die Klagen und Forderungen der Gruppe vorbringen, als deren Wortführer er auftrat. Waren die Steuern zu hoch, die Soldaten aufrührerisch, mißbrauchten Beamte ihre Macht oder waren die Nahrungsmittel knapp, kam den oberen *ulama* eine besondere Rolle zu. Deshalb versuchten sie prinzipiell, dem Herrscher gegenüber eine gewisse Unabhängigkeit zu wahren.

Die Unzufriedenheit der besitzenden Klassen in der Stadt äußerte sich allerdings nur selten in offenem Ungehorsam. Sie hatten bei Unruhen zuviel zu verlieren. Ihre seltenen Augenblicke freien Handelns kamen, wenn ein Feind und Rivale den Herrscher besiegt hatte und die Notablen der Stadt die Bedingungen ihrer Übergabe an den neuen Herrn aushandeln konnten. Unter den städtischen Massen indessen konnte die Unzufriedenheit durchaus zu offenem Aufruhr führen. Die Handwerker und Ladenbesitzer rebellierten nicht so leicht, höchstens unter dem Druck von Härten, der Unterdrückung durch Beamte, hohen Preisen und Nahrungsmittel- oder Materialknappheit. Normalerweise fügten sie sich den Umständen, denn auch ihr Interesse lag in der Aufrechterhaltung der Ordnung. Das Proletariat jedoch, die Masse ländlicher Zuwanderer, ungelernte Gelegenheitsarbeiter, Bettler und Gewohnheitskriminelle in den städtischen Randbezirken, befand sich eher in einem permanenten Zustand der Rebellion.

In Zeiten von Hunger oder Furcht konnte aber auch die ganze Stadtbevölkerung in Bewegung geraten. Angestachelt von Volkspredigern, die die Unterdrückung (*zulm*) anprangerten und in leuchtenden Farben die Vision einer gerechten islamischen Ordnung beschworen, mochte der Mob vielleicht zum *suq* ziehen. Dann schlossen die Händler ihre Läden, und ein Sprecher der Bevölkerung trug dem Herrscher Beschwerden gegen seine Beamten vor oder gegen Geschäftsleute, die im Verdacht standen, das Brot künstlich zu verknappen. Angesichts einer solchen Volksbewegung mochte der Herrscher vielleicht seine Politik ändern, um einige Forderungen zu erfüllen; Beamte wurden entlassen oder hingerichtet und die Getreidespeicher der Kaufleute geöffnet. Der Markt wurde wieder geöffnet, die Koalition der rebellischen Kräfte löste sich auf, aber die städtische Masse war – für den Augenblick zwar besänftigt und gebändigt – von einer gerechten islamischen Ordnung so weit entfernt wie zuvor.

Die Kontrolle über die ländlichen Regionen

Der Herrscher und die städtische Bevölkerung (zumindest ihre Oberschicht) hatten ein gemeinsames Interesse daran, die ländlichen Regionen unter ihrer Kontrolle zu halten. Sie wollten sicherstellen, daß der Überschuß an landwirtschaftlichen Produkten, der nicht für den Eigenbedarf der Landbewohner gebraucht wurde, zu möglichst günstigen Bedingungen in die Stadt gelangte. Der Herrscher brauchte diese Erträge, entweder als Naturalien oder in Geld umgewandelt, um seinen Hof, die Beamten und das Militär zu unterhalten. Außerdem mußten die ländlichen Gebiete seiner Macht unterstehen, um Angriffe von außen zu verhindern oder Entwicklungen zu unterbinden, durch die eine neue Dynastie entstehen und seine Herrschaft über die Hauptstadt gefährdet werden konnte. Die Stadtbevölkerung brauchte die Überschüsse der Landwirtschaft zur Nahrungsmittelversorgung, und sie war auf die zuverlässige Lieferung von Rohstoffen für ihre Gewerbe angewiesen. Die städtische Oberschicht neigte dazu, in der Landbevölkerung und den ländlichen Regionen eine Gefahr zu sehen, denn die Menschen dort standen außerhalb der Welt urbaner Zivilisation und der *schari'a* und waren deshalb potentiell eine Bedrohung für sie. So dankt asch-Scha'rani (gest. 1565), ein ägyptischer Autor des sechzehnten Jahrhunderts, Gott für: »meine *hidschra*, mit dem Segen des Propheten bin ich vom Land nach Kairo gekommen, von der Region der Härte und Unwissenheit in die Stadt der Freundlichkeit und des Wissens«.[3]

Vor der Neuzeit waren die Grenzen nicht klar und präzise gezogen; man stellt sich deshalb die Macht einer Dynastie am besten nicht so vor, daß sie sich gleichmäßig über ein durch Grenzen festgelegtes und allgemein als Herrschaftsbereich anerkanntes Gebiet erstreckte, sondern daß sie von einer Reihe urbaner Zentren ausstrahlte; der Einflußbereich einer Dynastie nahm im allgemeinen mit der Entfernung und dem Vorhandensein natürlicher oder menschlicher Hindernisse ab. Im Bereich ihrer Ausstrahlung lagen drei Zonen, in denen sich Wesen und Ausmaß der Kontrolle unterschieden. Zu der ersten Zone gehörten Steppen, Wüstengebiete oder Bergregionen, die so arm, so abgelegen oder so unzugänglich waren, daß sich die Anstrengung einer Eroberung nicht lohnte; ein Herrscher beschränkte sich deshalb darauf, die wichtigsten Handelsrouten durch solche Gebiete offenzuhalten und Aufstände zu verhindern. Die dort ansässigen Stammesführer konnten nicht unterworfen oder gezwungen werden, die landwirtschaftlichen Überschüsse, falls vorhanden, zu für sie ungünstigen Bedingungen an den Hof abzugeben. Sie nahmen vielleicht Handelsbeziehungen zur Stadt auf und verkauften ihre Erzeugnisse auf dem Markt, um das zu erwerben, was sie selbst nicht produzieren konnten. In solchen unwegsamen Regionen konnte der Herrscher nur durch politische Klugheit, Einfühlungsvermögen und Taktieren einen gewissen Einfluß geltend machen; er wiegelte etwa einen Stammesführer gegen einen anderen auf oder setzte offiziell ein bestimmtes Familienmitglied und nicht ein anderes in ein begehrtes Amt ein. In manchen Fällen besaß der Herrscher jedoch das ererbte religiöse Ansehen, das zu seinem Status gehörte und ihm eine besondere Autorität sicherte; das galt für die zaiditischen Imame im Jemen, für die ibaditischen Imame in Oman und ab dem sechzehnten Jahrhundert für die marokkanischen Herrscher, die den Anspruch erhoben, Scherifen, also Nachfahren des Propheten zu sein.

In einer zweiten Zone von Gebirgs-, Oasen- oder Steppengebieten konnte der Herrscher seine Macht schon unmittelbarer ausüben, da sie näher an der Stadt oder an großen Handelswegen lagen und einen größeren Überschuß produzierten. Solche Gebiete verwaltete der Herrscher nicht direkt, sondern durch lokale Führer, deren Stellung sehr viel problematischer war als die der Führer in den Bergen oder Wüsten. Als Gegenleistung für ihre Amtseinsetzung entrichteten sie einen jährlichen oder periodisch festgesetzten Tribut, der notfalls durch die Entsendung von Truppen oder den Entzug der Anerkennung und die Ernennung eines anderen eingetrieben wurde.

Zwischen den beiden ersten Zonen verlief keine feste Trennungslinie. Ihr Verlauf hing jeweils von der Macht des Herrschers und auch von der Nutzung des Landes ab – ob nun durch Ackerbau oder durch Viehzucht. Besiedelte Gebiete ließen sich leichter unter Kontrolle halten als die Weidegründe der Nomaden. Es gibt Hinweise dafür, daß sich ab dem zehnten oder elften Jahrhundert die erste Zone auf Kosten der zweiten vergrößerte. In Oberägypten verdrängten die Hawara jene Nomaden, die von Berbern abstammten, also die tribalen Gruppen, die von Kairo aus regiert werden konnten (*arab at-ta'a*, »Araber des Gehorsams«); bis ins neunzehnte Jahrhundert blieb ein Großteil dieser Region unter dem Einfluß der Hawara.

Ähnlich führte im Maghreb die vielschichtige wirtschaftliche und gesellschaftliche Entwicklung, die später symbolisch ihren Ausdruck in der Geschichte vom Einfall der Banu Hilal fand, zu einem Schwinden der Macht städtischer Herrscher; daran sollte sich im Verlauf mehrerer Jahrhunderte nichts ändern.

Es gab jedoch eine dritte Zone; das waren die Ebenen und Flußtäler, in denen Getreide, Reis oder Datteln angebaut wurden, und die Marktgärten, aus denen Obst und Gemüse in die Städte kamen. Der Herrscher und die mit ihm verbundene städtische Oberschicht übten in dieser Zone eine stärkere und direktere Kontrolle aus; vor allem geschah das in Gegenden, in denen die landwirtschaftlichen Erträge von umfassenden Bewässerungsanlagen abhingen. Eine permanente Stationierung von Truppen oder regelmäßige Feldzüge garantierten die Ordnung in dieser Zone und verhinderten das Aufkommen einflußreicher lokaler Stammesführer.

In den von der Dynastie abhängigen Gebieten vollzog sich der ökonomische Warenaustausch zugunsten der Stadt. Das Besteuerungssystem diente als wichtigstes Instrument, um den landwirtschaftlichen Überschuß zu günstigen Bedingungen abzuschöpfen. Im Prinzip war dies in allen islamischen Ländern mehr oder weniger gleich. Der Herrscher bezog seine Einkünfte aus drei Arten der Besteuerung: der Kopfsteuer – sie entrichteten die Mitglieder anerkannter nichtmuslimischer Gemeinschaften –, verschiedenen Abgaben, mit denen städtischer Handel und städtisches Gewerbe belegt waren, und der Steuer auf landwirtschaftliche Erzeugnisse. In kultivierten Anbaugebieten wurde entweder das Land besteuert, wobei die Methoden der Festsetzung in einigen Ländern von Zeit zu Zeit wechselten (zum Beispiel in Ägypten; dort war die periodische Veranlagung ein Relikt aus alter Zeit), oder es wurde ein bestimmter Teil der Ernten als Steuer festgesetzt. Die Steuer auf Getreide und andere lagerfähige Erzeugnisse wurde oft in Naturalien bezahlt, aber auf verderbliche Waren wie etwa Früchte in Geld. Ähnlich berechnete man die Steuer auf Weideland – in Gegenden, wo die Regierung stark genug war, sie einzutreiben – entweder nach der Fläche, oder man setzte einen bestimmten Teil des Tierbestandes fest.

Seit der Buyidenherrschaft im zehnten Jahrhundert entwickelte sich in manchen Ländern die Praxis der Landzuteilung, damit in eigener Verantwortung Steuern eingezogen wurden (*iqta*). In den Genuß der Steuerhoheit konnte ein Mitglied der herrschenden Familie kommen oder ein hoher Beamter, der dann nicht besoldet wurde. Das Steueraufkommen einer ganzen Provinz wurde manchmal dem Statthalter überlassen, der damit die Verwaltungsausgaben bestritt und einen festen Teil der Einnahmen als Salär behielt; oder man teilte die Steuereinnahmen für ein bestimmtes Stück Land einem Offizier als Sold zu, der dafür in eigener Verantwortung eine Anzahl Krieger anheuerte, ausrüstete und bezahlte. Diese Art der Zuteilung sollte große Bedeutung annehmen und sich weit verbreiten. Das System wurde bei den Seldschuken in Iran und im Irak praktiziert; die Aiyubiden brachten es in den Westen, und die Mamluken entwickelten es weiter. Im Maghreb entstand ein entsprechendes System. Ein Stammesführer erhielt für seine militärischen Dienste die Kontrolle über ein Gebiet: Stämme, die auf diese Weise als Armeen rekrutiert wurden, waren als *dschaisch* oder Heerstämme bekannt.

Ein Herrscher kann kaum jemals die Absicht gehabt haben, die Steuereinnahmen auf Dauer in fremde Hände zu geben oder den Empfängern der Zuteilungen eine permanente und völlige Kontrolle über das Land einzuräumen. Der *iqta* wurden durch verschiedene Methoden beschnitten. Im mamlukischen Ägypten, über das uns besonders ausführliche Informationen vorliegen, wurde nur die Hälfte des Landes als *iqta* vergeben; der Rest blieb dem Herrscher und seiner Familie vorbehalten. Die Landvergabe erfolgte entweder an die Mamluken des Herrschers oder an hohe Militärs, denen es im Prinzip gestattet war, einen gewissen Teil für sich selbst zu behalten. Mit dem Rest der Einnahmen mußten sie die 10, 40 oder 100 berittenen Krieger bezahlen, die sie für das Heer zu stellen hatten. Der Ernannte hatte normalerweise keine persönliche Bindung an das Gebiet seiner *iqta*. Hatte er mehrere erhalten, lagen sie nicht beieinander. Er erhob die Steuern nicht selbst, sondern überließ das zumindest bis in die Spätzeit der Mamluken den Beamten des Herrschers. Der *iqta* ging nicht auf seine Söhne über. In anderen Ländern und zu anderen Zeiten scheinen die Ernannten weniger streng und weniger dauerhaft kontrolliert worden zu sein; das Recht, die Steuereinnahmen zu behalten, wandelte sich zum Recht, Steuern zu erheben, den Anbau der landwirtschaftlichen Produkte zu überwachen und über die Bauern zu herrschen.

Die Steuererhebung war einer der Wege, auf denen die direkte Kontrolle des Herrschers über das Hinterland in die Kontrolle durch einzelne Bürger der Stadt überging, die sich einen Teil der landwirtschaftlichen Überschüsse aneignen konnten. Es ist naheliegend, vielleicht aber irreführend, sie als Grundbesitzer zu bezeichnen. Wesentlich ist, daß sie Ansprüche auf den ländlichen Produktionsüberschuß erheben und diese Ansprüche durch die militärische Macht des Herrschers durchsetzen konnten. Diejenigen, denen eine *iqta* übertragen worden war, erhielten vielleicht den Löwenanteil der Einnahmen, aber Beamte, die mit der Steuererhebung betraut waren, Kaufleute, die die Bewirtschaftung des Landes oder die fälligen Steuern vorfinanzierten, und die *ulama*, deren Aufsicht der *waqf* unterstand, befanden sich wahrscheinlich in einer vergleichbaren Position.

Es fehlen zwar Dokumente, aber man darf wohl mit Sicherheit annehmen, daß die von der *schari'a* autorisierten und geregelten landwirtschaftlichen Verträge in all ihren Formen weit verbreitet waren. Eine Art Vertrag scheint es zu allen Zeiten gegeben zu haben; es war die *muzara'a*, die Teilung der Erträge oder die Halbpacht. Es handelte sich um eine Übereinkunft zwischen dem Besitzer und dem Pächter eines Grundstücks, der das Land bearbeitete. Besitzer und Pächter teilten sich den Ertrag in einem Verhältnis, das von dem Beitrag abhängig war, den jeder leistete. Stellte der Besitzer Saatgut, Zugtiere und Gerät zur Verfügung, erhielt er vielleicht vier Fünftel, und der Bauer, der seine Arbeit einbrachte, ein Fünftel. Nach dem Gesetz konnten solche Abkommen nur zeitlich befristet getroffen werden, in der Praxis müssen sie aber häufig unbegrenzte Zeit gültig gewesen sein. Es waren viele Varianten solcher Verträge möglich, und wahrscheinlich hing die genaue Aufteilung der Erträge von Faktoren wie der Bereitstellung von Land, Arbeitskraft und der relativen Stärke der beiden Parteien ab. Im Extremfall konnte ein Bauer praktisch an das Land gekettet sein, weil er ständig bei dem Eigentümer verschuldet war, sich dessen Macht nicht widersetzen konnte und kein anderes Stück Land fand, das er hätte bearbeiten können.

Vorstellungen politischer Autorität

Die Beziehungen zwischen dem Herrscher und entfernten ländlichen Gebieten – Bergtälern, Steppe und Wüste – waren zu distanziert und indirekt, um in moralischen Begriffen definiert werden zu müssen. Die Macht des Herrschers wurde anerkannt, solange sie die Distanz wahrte; die Männer aus den Bergen und den Steppen dienten als Soldaten in seinem Heer, konnten aber auch dem Herausforderer dienen, der die Dynastie stürzen wollte. Auch die Beziehung zwischen dem Herrscher und seinen nichtmuslimischen Untertanen beruhte nicht auf einem gemeinsamen moralischen Band. Selbst wenn es eine friedliche und stabile Beziehung war, so standen Christen und Juden in gewisser Hinsicht doch immer außerhalb der Gemeinschaft. Sie konnten dem Herrscher keine unerschütterliche und vollkommene Treue entgegenbringen, wie das bei einer Übereinstimmung von Glauben und Absichten der Fall gewesen wäre. Für die muslimischen Stadtbewohner war die Situation anders. Der Herrscher und seine Beamten machten direkt und kontinuierlich ihren Einfluß geltend. Sie erhoben Steuern, wahrten die Ordnung und verschafften dem Recht Geltung. In den Händen der Regierenden lag die Macht, ohne die Handel und Gewerbe nicht blühen und die Tradition von Recht und Gelehrsamkeit nicht weiterleben konnte. Unter diesen Umständen war es nur normal, daß die *ulama* als die eigentlichen Schöpfer und Bewahrer der moralischen Welt des Islam die Frage stellten, wer der legitime Herrscher sei und im Rahmen welcher Grenzen man ihm gehorchen sollte; die *ulama* mußten auch dem Volk bestätigen, daß der Herrscher von Rechts wegen und nicht nur aufgrund seiner Macht Gehorsam von seinen Untertanen fordern konnte.

Es gab viele unterschiedliche Bindungen zwischen dem Herrscher und bestimmten Persönlichkeiten oder Gruppen: Treueversprechen, die sich als Schwur oder Gelöbnis äußerten, als Dankbarkeit für erwiesene Wohltaten und Hoffnungen auf künftige Gunstbeweise. Hinter diesen Formen standen jedoch bestimmte allgemeine Vorstellungen, wie sich Autorität legitimieren müsse, um von größeren Gruppen oder der Gemeinschaft als Ganzes anerkannt zu werden.

Die Frage, wer das Recht zum Herrschen hatte, war im ersten Jahrhundert islamischer Geschichte kritisch gestellt und untersucht worden. Wer war der legitime Nachfolger des Propheten als Oberhaupt der Gemeinschaft – der Kalif oder der *imam*? Wie sollte er bestimmt werden? Wo lagen die Grenzen seiner Autorität? Hatte er ein uneingeschränktes Recht auf Gehorsam, oder war es legitim, gegen einen gottlosen und ungerechten Herrscher zu rebellieren und ihn abzusetzen? Ibaditen und Schiiten verschiedener Richtungen hatten ihre Antworten auf solche Fragen gegeben. Sunnitische *ulama* waren im Laufe der Zeit zu der Ansicht gekommen, der Kalif sei das Oberhaupt der Gemeinschaft, nicht aber der unfehlbare Interpret des Glaubens; sie erklärten, die *ulama* seien die Hüter des Glaubens und daher in gewisser Hinsicht die Nachkommen des Propheten. Die Sunniten räumten die Möglichkeit ein, daß ein Kalif ungerecht sein konnte, und zogen daraus die Schlußfolgerung, daß es in diesem Fall die Pflicht der Gläubigen sei, sich ihm zu widersetzen; mit diesem Argument hatten die Anhänger der Abbasiden ihre Revolte gegen die Umaiyaden gerechtfertigt, denen man vorwarf, ihre Autorität in ein weltliches Herrschertum umgewandelt zu haben.

Erst im vierten islamischen Jahrhundert (dem zehnten christlichen Jahrhundert) kam es zu einer umfassenden Formulierung der Theorie des Kalifats. Eine Veränderung der Lage bedrohte die Stellung der Abbasidenkalifen; das führte zu dem Versuch, das Kalifat zu verteidigen, indem man es definierte. Die Bedrohung kam von zwei Seiten. Durch die Entstehung des Fatimidenkalifats in Kairo und das wiederbelebte umaiyadische in Andalus stellte sich nicht nur die Frage nach dem legitimen Kalifen, sondern auch die Frage: Konnte es mehr als einen Kalifen geben, oder bedeutete die Einheit der *umma*, daß es nur ein einziges Oberhaupt geben konnte? In dem Gebiet, das noch die Oberhoheit der Abbasiden anerkannte, waren lokale Herrscher praktisch unabhängig. Selbst in der Hauptstadt Bagdad brachte die Militärdynastie der Buyiden die Kanzlei des Kalifen unter ihre Kontrolle und konnte deshalb in seinem Namen Erlasse verkünden. Zeitweilig schienen die Buyiden eine unabhängige Autorität zu beanspruchen, indem sie sich den alten iranischen Titel des *schahanschah* zulegten.

In diesem politischen Kontext wurde die berühmteste theoretische Darlegung und Verteidigung des Kalifats geschrieben, jene von al-Mawardi (gest. 1058). Das Kalifat, so stellte er fest, und seine Legitimation beruhe auf einer Stelle im Koran: »O ihr, die ihr glaubt, gehorchet Allah und gehorchet dem Gesandten und denen, die Befehl unter euch haben«[4], und deshalb sei es gottgewollt. Der Kalif habe die Aufgabe, die Gemeinschaft zu schützen und ihre Angelegenheiten auf der Grundlage der wahren Religion zu regeln. Der Kalif müsse religiöses Wissen, Gerechtigkeitssinn und Mut besitzen. Er solle aus dem Stamm der Quraisch kommen, dem der Prophet angehört hatte, und es könne immer nur einen Kalifen geben. Der Kalif könne seine Macht entweder zu einem bestimmten Zweck oder unbegrenzt delegieren – entweder in einer Provinz seines Reiches oder im ganzen Reichsgebiet. Aber der *wazir* oder *amir*, dem die Macht übertragen werde, solle die Autorität des Kalifen anerkennen und seine Macht im festgelegten Rahmen der *schari'a* ausüben. Diese Formulierung ermöglichte es, die existierenden Machtverhältnisse mit der theoretisch definierten und anerkannten Autorität des Kalifen zu vereinbaren; und sie gab dem Kalifen das Recht, die ihm verbliebene Macht zu bewahren und von anderen Dynastien die Macht zurückzufordern, die er ihnen übertragen hatte.

Bis zum Ende des Bagdader Kalifats gelang es, ein Gleichgewicht zwischen Autorität und Macht in der einen oder anderen Form zu wahren. Die *ulama* konnten sich damit abfinden, daß der Sultan das Recht hatte, die in seiner Hand liegende militärische Macht auszuüben, vorausgesetzt, er blieb dem Kalifen gegenüber loyal und herrschte in Übereinstimmung mit dem rechten Glauben. Das Gleichgewicht war jedoch nicht stabil. In der Hauptstadt selbst und in ihrer Umgebung besaß der Kalif noch Reste wirklicher Macht, die er zu vergrößern suchte – besonders in der Zeit des Kalifen an-Nasir (1180–1225). Ein starker Sultan würde dagegen immer danach streben, seinen Machtbereich auszudehnen. Und dann gab es eine dritte Autorität im Staat, die *ulama*. Sie erhoben den Anspruch, bestimmen zu können, was rechter Glaube sei. Um die Bedingungen zu definieren, unter denen die Beziehung von Kalif, Sultan und *ulama* geregelt werden könnten, stellten al-Ghazali (1058–1111) und andere, die in der religiösen Tradition standen, die Theorie auf, die Macht stehe dem Kalifen zu, ihre Ausübung könne jedoch auf mehr als eine Person verteilt werden. Das Kalifat (oder Imamat, wie die Theoretiker es üblicherweise bezeichneten) setzte sich aus drei Elementen zusammen: die legitime Nachfolge des Propheten, die Lenkung der weltlichen Geschicke der Gemeinschaft und die Wahrung des Glaubens. Nach al-Ghazalis Ansicht sollten diese drei Aspekte idealerweise in einer Person vereint sein, durften aber notfalls auch getrennt werden, wie es in seiner Zeit geschah. Der Kalif verkörperte die Nachfolge des Propheten; der Sultan stand an der Spitze der militärischen Macht, und er übte die Regierungsfunktionen aus; die *ulama* wachten über den Glauben und die religiöse Praxis.

Im Laufe der Zeit wurde aus der dreiseitigen Beziehung eine zweiseitige. Das Kalifat von Bagdad endete mit der Eroberung durch die Mongolen 1258, und die von Mamlukensultanen in Kairo gestützten Abbasidenkalifen waren nicht allgemein anerkannt. Die Erinnerung an das Kalifat blieb lebendig, und die Gesetzbücher erkannten es als die ideale Form islamischer Autorität an, aber obwohl mächtige Herrscher wie die Hafsiden weiterhin den Titel trugen, war es das Hauptziel politischen Denkens – unter all jenen, die in der Rechtstradition standen –, die Beziehungen zwischen dem Herrscher mit dem Schwert und den *ulama* zu definieren, die den wahren Glauben hüteten und für sich beanspruchten, im Namen der *umma* zu sprechen. Ein altes, viel zitiertes Sprichwort aus der Sasanidenzeit sagt: »Religion und Herrschertum sind zwei Brüder, und keiner kann ohne den anderen auskommen.«[5] Es bestand ein allgemeiner Konsens darüber, daß die Macht mit dem Schwert errungen und in der *bai'a*-Zeremonie von der Allgemeinheit anerkannt wurde; die Macht mit dem Schwert konnte jedoch nur dann eine rechtmäßige Autorität sein, wenn sie dafür eingesetzt wurde, die *schari'a* und damit die Struktur des sittlichen und zivilisierten Lebens aufrechtzuerhalten. Der Herrscher sollte die Gerichtshöfe unterstützen, die *ulama* achten und sie beim Regieren zu Rate ziehen. Im Rahmen der *schari'a* konnte er Politik betreiben, Verfügungen erlassen, Entscheidungen treffen und Recht in Fällen sprechen, die das Wohl der Gesellschaft und die Staatssicherheit berührten. Die *ulama* ihrerseits sollten einem gerechten Sultan die Anerkennung gewähren, indem sie seinen Namen in die wöchentliche Freitagspredigt einbezogen.

In diesem und in anderen Punkten zog Ibn Taimiya (1263–1328), einer der bedeutendsten religiösen Gelehrten der Mamlukenära, die logischen Schlußfolgerungen aus der Situation seiner Zeit. Für ihn bedeutete die Einheit der *umma* – die Einheit des Glaubens an Gott und an die Botschaft des Propheten – keine politische Einheit. Innerhalb der *umma* mußte es eine Autorität geben, um das Recht zu verteidigen und zu verhindern, daß der einzelne seine Grenzen überschritt, aber diese Autorität konnte von mehr als einem Herrscher ausgehen. Wie er seine Macht erlangte, war weniger wichtig; aber von großer Bedeutung war, wie er seine Macht ausübte. Der rechte Gebrauch der Macht war eine Art religiöser Dienst. Der Herrscher sollte Politik im Rahmen der *schari'a* machen und in Zusammenarbeit mit den *ulama* regieren. Aus der Beziehung zwischen Herrscher und *ulama* folgte, daß der Herrscher die Interessen der muslimischen urbanen Oberschicht respektieren sollte. In den Ländern östlich des Maghreb, in denen ab dem zehnten Jahrhundert die Herrscher meist türkischer oder fremder Herkunft waren, leitete sich daraus auch der Anspruch ab, daß der Herrscher die lokale, arabischsprachige Bevölkerung zu Rate zog und ihre Mitwirkung an der Regierung garantierte.

Nach allgemeiner Auffassung sollte man selbst einem ungerechten oder gottlosen Herrscher Gehorsam leisten, denn jede Ordnung war besser als Anarchie; al-Ghazali sagte dazu: »Die hundertjährige Tyrannei eines Sultans verursacht weniger Schaden als ein Jahr der Tyrannei von Untertanen gegen Untertanen.«[6] Rebellion war nur gerechtfertigt, wenn ein Herrscher eindeutig gegen ein Gebot Gottes oder Seines Propheten verstieß. Das bedeutete jedoch nicht, daß die *ulama* einen ungerechten Herrscher so achten sollten wie einen gerechten. Unter den *ulama* (bei Sunniten und Schiiten gleichermaßen) galt traditionell die strenge Regel, daß sie sich von den weltlichen Herrschern fernhielten. Al-Ghazali zitiert dazu einen *hadith*: »In der Hölle ist ein Tal eigens den *ulama* vorbehalten, die Könige aufsuchen.« Der tugendhafte *alim* sollte sich von ungerechten Fürsten oder Beamten fernhalten. Einen gerechten Herrscher durfte er besuchen, allerdings ohne jede Unterwürfigkeit, und wenn er erlebte, daß der Herrscher etwas Verwerfliches tat, hatte er ihn zu tadeln. Wenn er sich fürchtete, durfte er schweigen, aber es war besser, den Herrscher überhaupt nicht aufzusuchen. Empfing er den Besuch eines Fürsten, sollte er seinen Gruß erwidern und ihn zur Tugendhaftigkeit ermahnen. Noch besser war es jedoch, dem Fürsten überhaupt nicht zu begegnen. (Andere *ulama* vertraten jedoch die Ansicht, sie sollten den Herrscher bei allem Erlaubten unterstützen, auch wenn der Herrscher ungerecht war.)

Eng verflochten mit solchen von Theologen und Rechtsgelehrten vorgetragenen Ideen waren andere, geistigen Traditionen entnommene Gedanken, die dazu beitrugen, die Kultur der islamischen Welt zu fördern. Der Philosoph al-Farabi definierte im zehnten Jahrhundert in seinem Buch *Al-madina al-fadila* (*Die Ansichten der Bürger der idealen Stadt*) die Normen, nach denen ein Staat zu beurteilen sei. Der beste Staat wird von einem Herrscher regiert, der gleichzeitig Philosoph und Prophet ist und durch seinen Intellekt und seine Vorstellungskraft mit der Aktiven Intelligenz, einer Emanation Gottes, in Verbindung steht. In Ermangelung eines solchen Herrschers kann der sittliche Staat von einer Gruppe von Männern gelenkt werden, die kollektiv die erforderlichen Eigenschaften besitzen, oder von Herrschern, die vom Gründer erlassene Gesetze achten und interpretieren (in diesem Falle das frühe Kalifat). Das andere Extrem sind Gesellschaften, deren herrschende Schicht kein Wissen vom Guten besitzt; diesen Gesellschaften fehlt das gemeinsame Gute; sie werden durch Gewalt oder natürliche Eigenschaften wie eine gemeinsame Herkunft, Wesensmerkmale oder eine Sprache zusammengehalten.

Einen allgemeineren Einfluß übten Theorien aus, die einen anderen Ursprung hatten, zum Beispiel die alte iranische Auffassung vom Königtum. Solche Theorien wurden manchmal in Form von Kreisen dargestellt. Danach ist die Welt ein Garten; sein Zaun ist ein Herrscher oder eine Dynastie; der Herrscher wird von Kriegern gestützt; die Krieger werden mit Geld entlohnt; das Geld kommt von den Untertanen; die Untertanen werden durch Gerechtigkeit geschützt, und der Herrscher sorgt für Gerechtigkeit. Anders ausgedrückt: Die menschliche Welt besteht aus unterschiedlichen Schichten; alle gehen ihren eigenen Aktivitäten und Interessen nach. Damit die Menschen in Harmonie zusammenleben und ihren Beitrag zur Gesellschaft leisten, bedarf es einer regulativen Macht, und dafür gibt es das Königtum. Dies ist eine natürliche Ordnung, die von Gott erhalten wird. »In jedem Jahrhundert und zu jeder Zeit erwählt Gott (der Erhabene) einen Vertreter des Menschengeschlechts, stattet ihn mit großen und königlichen Tugenden aus und vertraut ihm die Geschäfte der Welt und das Wohlergehen Seiner Diener an.«[7] Für die Erfüllung dieser Aufgaben braucht er vor allem Weisheit und Gerechtigkeit. Wenn ihm diese Tugenden oder die Kraft, sie zu verteidigen, fehlen, dann »breiten sich Verderbtheit, Verwirrung und Unordnung aus ... das Herrschertum verschwindet, Schwerter werden gezogen, und wer der Stärkere ist, tut, was er will.«[8]

Um das zu tun, wozu Gott ihn auserwählt hat, muß der Herrscher außerhalb der verschiedenen Schichten der Gesellschaft stehen. Er wird weder von ihnen gewählt – in solchen Schriften wird generell vorausgesetzt, daß es sich um ein ererbtes Amt handelt –, noch ist er ihnen verantwortlich, sondern nur seinem eigenen Gewissen und, am Tag des Gerichts, Gott, dem er Rechenschaft über seine Verwaltung ablegen muß. Es sollte eine klare Trennung zwischen den Herrschenden und den Beherrschten geben. Der Monarch und seine Beamten sollten über den Interessen stehen, die sie regeln.

In der ganzen islamischen Geschichte gab es eine Reihe von Schriften, die solche Ideen darlegten und Schlußfolgerungen daraus zogen. So wie in den Werken der Rechtsgelehrten die Interessen und die Anschauungen der *ulama* und der Schichten zum Ausdruck kamen, deren Sprecher sie waren, so vertraten diese Schriften die Interessen derjenigen, welche in den Vorzimmern der Macht saßen. Das waren die Bürokraten, die einer Dynastie nach der anderen dienten und ihre Tradition als Staatsdiener wahrten. Das berühmteste dieser Werke war das *Buch der Staatslenkung* von Nizam al-Mulk (1018–92), dem Obersten Staatsminister des ersten Seldschukensultans in Bagdad. Sein Buch und andere enthalten nicht nur Grundsätze, sondern auch praktische Ratschläge zur Staatsführung für den Herrscher und die Erziehung von Prinzen – daher der Name »Fürstenspiegel«, unter dem diese Gattung auch bekannt ist (in Europa wurde er für eine ähnliche Literaturgattung benutzt). Der Fürst erhält Ratschläge, wie er Beamte auswählen soll, wie er sie unter Kontrolle hält, indem er sich Auskünfte über sie beschafft, wie er mit den Bittgesuchen und Beschwerden seiner Untertanen umgeht, um zu verhindern, daß seine Diener die Macht mißbrauchen, die sie in seinem Namen ausüben; der Fürst soll den Rat der Alten und Weisen befolgen und erhält Hinweise, wie er seine Gesellschafter für Mußestunden auswählt, wie er Krieger unterschiedlicher Rassen in seine Dienste nehmen und sich ihre Treue bewahren kann. Die Ratschläge kreisen hauptsächlich um Gefahren, denen ein autokratischer Herrscher ausgesetzt ist: sich von seinen Untertanen zu isolieren und es zuzulassen, daß seine Untergebenen die Macht mißbrauchen, die sie in seinem Namen ausüben.

Kapitel 9

Die Wege des Islam

Die Säulen des Islam

So unterschiedlich die Gesellschaften waren, die in dem großen Bogen Landes lebten, der sich vom Atlantik bis zum Persischen Golf erstreckte, so gab es doch ein gemeinsames Band: Zuerst war eine dominierende Gruppe und später eine Mehrheit muslimisch; sie lebten unter der Autorität von Gottes Wort, dem Koran, der dem Propheten Muhammad in arabischer Sprache offenbart worden war. Alle, die dem Islam angehörten, bildeten eine Gemeinschaft, die *umma*. »Ihr seid die beste Gemeinde, die für Menschen erstand. Ihr heißet, was Rechtens ist, und ihr verbietet das Unrechte und glaubet an Allah.«[1] Diese Worte des Korans sagen etwas Wesentliches über die Anhänger des Islam aus. Durch das Bemühen, Gottes Gebote zu verstehen und zu befolgen, suchten Männer und Frauen nicht nur die rechte Beziehung zu Gott zu schaffen, sondern auch zueinander. Wie der Prophet bei seiner »Abschiedswallfahrt« sagte: »Wisset, daß jeder Muslim eines Muslims Bruder ist, und daß die Muslime Brüder sind.«[2]

Bei der Erhaltung dieses Gefühls, einer Gemeinde anzugehören, spielten bestimmte Handlungen oder Rituale eine besondere Rolle. Sie waren Pflicht für alle Muslime, die sie vollziehen konnten; sie schufen aber nicht nur eine Verbindung zwischen allen, die sie gemeinsam vollzogen, sondern auch zwischen den Generationen. Die Vorstellung von einer *silsila*, einer Kette von Zeugen, die vom Propheten bis an das Ende der Welt nicht abriß und die Wahrheit durch direkte Weitergabe von einer Generation an die nächste überlieferte, war in der islamischen Kultur von großer Bedeutung; gewissermaßen war diese Kette hinter dem weltlichen Auf und Ab von Dynastien und Völkern die wahre Geschichte der Menschheit.

Die Handlungen oder Rituale nannte man allgemein die »Säulen des Islam«. Die erste war die *schahada*, das Bekenntnis: »Es gibt keinen Gott außer Gott, und Muhammad ist der Prophet Gottes.« Das Ablegen dieses

Bekenntnisses war eine feierliche Handlung, durch die jemand Muslim wurde. Das Bekenntnis wurde täglich bei den rituellen Gebeten wiederholt. Es enthielt die Substanz der Glaubenssätze, durch die Muslime sich nicht nur von Ungläubigen und Polytheisten unterschieden, sondern auch von Juden und Christen, die in derselben monotheistischen Tradition standen: Es gibt nur einen Gott, Er hat Seinen Willen der Menschheit durch eine Reihe von Propheten geoffenbart, und Muhammad ist der Prophet, in dem diese Linie ihren Höhepunkt und ihr Ende findet; er ist »das Siegel der Propheten«. Eine regelmäßige Bekräftigung des Glaubensbekenntnisses sollte täglich im rituellen Gebet stattfinden, in der *salat*, der zweiten Säule. Anfangs wurde die *salat* zweimal täglich durchgeführt; später kam man allgemein zu der Ansicht, es müsse fünfmal am Tag stattfinden – bei Tagesanbruch, mittags, nachmittags, nach Sonnenuntergang und in der frühen Nacht. Die Gebetszeiten wurden von einem Muezzin (*mu'adhdhin*) von einem erhöhten Platz, üblicherweise einem zur Moschee gehörigen Turm oder Minarett, öffentlich ausgerufen (*adhan*). Das Gebet hatte eine festgelegte Form. Nach der rituellen Waschung (*wudu*) nahm der Gläubige verschiedene Körperhaltungen ein – er verbeugte sich, kniete nieder und legte sich ausgestreckt auf die Erde – und sprach eine Reihe unveränderlicher Gebete, in denen er die Größe Gottes und die Niedrigkeit des Menschen in Gottes Gegenwart verkündete. Danach folgten unter Umständen individuelle Anrufungen oder Bittgebete (*du'a*).

Diese Gebete konnten überall verrichtet werden, abgesehen von bestimmten Orten, die als unrein galten. Aber es war lobenswert, zusammen mit anderen in einem Gebetssaal oder einer Moschee (*masdschid*) zu beten. Besonders ein Gebet sollte öffentlich verrichtet werden – das Mittagsgebet am Freitag. Es fand in einer besonderen Moschee (*dschami*) statt, in der es eine Kanzel (*minbar*) gab. Nach den rituellen Gebeten bestieg ein Prediger (*chatib*) die Kanzel und hielt eine Predigt (*chutba*), die ebenfalls eine mehr oder weniger übliche Form hatte: das Lob Gottes, Segnungen des Propheten, eine moralische Ansprache oft zu Angelegenheiten, die die Gemeinschaft als Ganzes betrafen, und schließlich das Herabrufen von Gottes Segen auf den Herrscher. Auf diese Weise in der *chutba* genannt zu werden, galt bald als eines der Zeichen der Souveränität.

Die dritte Säule war in gewisser Hinsicht eine Erweiterung der Gebetshandlung. Es war die *zakat*, die Pflicht, Almosen zu geben, das heißt, man stiftete etwas von seinem Einkommen für bestimmte Zwecke: für die Armen, die Bedürftigen, zur Unterstützung von Schuldnern, für die Befreiung von Sklaven oder das Wohlergehen von Reisenden. Die *zakat* wurde als Verpflichtung für alle angesehen, deren Einkommen eine gewisse Höhe überstieg. Sie sollten einen bestimmten Teil des Einkommens stiften; diese Abgabe wurde vom Herrscher oder seinen Beamten erhoben und verteilt, aber man konnte frommen Männern zusätzliche milde Gaben zur Verteilung übergeben oder den Bedürftigen direkt zukommen lassen.

Muslimen waren zwei weitere, nicht weniger bindende Verpflichtungen auferlegt, die seltener erfüllt werden konnten. Zu einer bestimmten Zeit im liturgischen Jahr wurden die Muslime feierlich an die Oberherrschaft Gottes und die Unterwerfung des Menschen unter Allah erinnert. (Für religiöse Zwecke galt der Kalender des Mondjahres; das Mondjahr ist ungefähr elf Tage kürzer als das Sonnenjahr. Deshalb kam es vor, daß sich diese Zeremonien im Sonnenjahr zeitlich verschoben. Der religiöse Kalender, an den man sich in den Städten allgemein hielt, konnte von der Landbevölkerung nicht benutzt werden, denn er traf nicht auf die Regenzeiten zu, das Hochwasser der Flüsse, die jahreszeitlichen Wechsel von warm und kalt – also auf die wichtigen Ereignisse im Jahreszyklus der Bauern. Sie rechneten deshalb zum größten Teil nach älteren, solaren Kalendern.)

Die beiden zusätzlichen Säulen waren *saum*, das jährliche Fasten während des Monats Ramadan, und *haddsch*, die Pilgerreise nach Mekka, die ein gläubiger Muslim zumindest einmal im Leben durchführen sollte. Im Ramadan, dem Monat, in dem der Koran zuerst offenbart worden war, galt für alle Muslime, die älter als zehn Jahre waren, das Gebot, von Tagesanbruch bis zum Einbruch der Nacht weder zu essen noch zu trinken sowie keinen Geschlechtsverkehr zu haben. Ausgenommen davon waren alle Menschen mit körperlichen Gebrechen, die das Fasten unmöglich machten, und Geistesgestörte; auch wer schwere körperliche Arbeit verrichtete, im Krieg kämpfte und sich auf einer Reise befand, war von dieser Pflicht entbunden. Das Fasten galt als feierliche Buße für die Sünden und als Akt der Selbstverleugnung im Angesicht Gottes. Der fastende Muslim begann den Tag mit einer entsprechenden Absichtserklärung und sprach vielleicht während der ganzen Nacht besondere Gebete. Das Erlebnis gemeinschaftlichen Fastens eines ganzen Dorfes oder einer ganzen Stadt stärkte das Gefühl von einer Gemeinde, die über Zeit und Raum hinausging; die Stunden nach Einbruch der Dunkelheit verbrachte man oft mit Besuchen oder bei gemeinsamen Mahlzeiten; das Ende des Ramadan wurde als eines der beiden großen Feste im liturgischen Jahr mit tagelangen Festen, mit Besuchen und dem Austausch von Geschenken (*al-fitr*) gefeiert.

Wenigstens einmal im Leben sollte ein Muslim, der dazu in der Lage war, die Wallfahrt nach Mekka unternehmen. Das konnte zu jeder Jahreszeit geschehen (*umra*), aber ein Pilger im wahrsten Sinne des Wortes begann die Wallfahrt zusammen mit anderen Muslimen zu einem bestimmten Zeitpunkt im Jahr, im Monat Dhul-Hiddscha. Wer nicht frei oder geistig gesund war, wem die notwendigen finanziellen Mittel fehlten, alle, die ein bestimmtes Alter noch nicht erreicht hatten, und (gemäß einigen Gelehrten) Frauen ohne einen Ehemann oder Beschützer, der sie begleiten konnte, waren von dieser Verpflichtung befreit. Es gibt Beschreibungen von Mekka und dem Haddsch aus dem zwölften Jahrhundert, die zeigen, daß zu dieser Zeit bereits Einigkeit darüber bestand, wie ein Pilger sich verhalten sollte und was er am Ende der Reise erwarten durfte.

Die meisten Pilger reisten in Gruppen, die sich in den großen Städten der muslimischen Welt bildeten. Zur Zeit der Mamluken waren die Pilgerfahrten, die in Kairo und Damaskus ihren Anfang nahmen, die wichtigsten. Die Gläubigen aus dem Maghreb kamen auf dem See- oder Landweg nach Kairo, wo sie sich den ägyptischen Pilgern anschlossen. Danach zogen sie in einer Karawane, die im Namen des Herrschers von Ägypten aufgestellt, beschützt und geführt wurde, über Land durch den Sinai und das westliche Arabien zu den heiligen Stätten. Die Pilgerreise von Kairo dauerte zwischen dreißig und vierzig Tage; am Ende des fünfzehnten Jahrhunderts nahmen daran jedes Jahr etwa dreißig- bis vierzigtausend Pilger teil. Die Gläubigen aus Anatolien, dem Iran, Irak und Syrien sammelten sich in Damaskus; ihre von dem Herrscher von Damaskus organisierte Karawane war ebenfalls zwischen dreißig und vierzig Tagen unterwegs; man vermutet, daß zwischen zwanzig- bis dreißigtausend Pilger jährlich diesen Weg nahmen. Kleinere Gruppen zogen aus Westafrika durch den Sudan und über das Rote Meer und aus dem Südirak und den Häfen am Persischen Golf durch Zentralarabien.

An einem bestimmten Punkt des Weges nach Mekka reinigte sich der Pilger durch Waschungen, zog ein aus einem Stück gefertigtes weißes Gewand an, den *ihram*, und erklärte durch eine Art Weihe seine Absicht, die Pilgerfahrt zu machen: »Hier bin ich, o mein Gott, hier bin ich; Du hast keinen Gefährten, hier bin ich; wahrlich, Ehre und Preis sei Dir und dem Reich«.[3]

Nach der Ankunft in Mekka betrat der Pilger den heiligen Bezirk, den *haram*, mit seinen geweihten Gebäuden und Stätten. Spätestens im zwölften Jahrhundert hatten diese das Aussehen, das sie bis heute behielten: der Brunnen von Zamzam, den der Erzengel Gabriel geöffnet haben soll, um Hagar und ihren Sohn Ismael zu retten; der Felsen mit Abrahams Fußabdruck und gewisse Örtlichkeiten, die mit den Imamen oder den verschiedenen Schulen, den *madhahib*, in Verbindung gebracht werden. Im Mittelpunkt des *haram* steht die Ka'ba, das würfelartige Gebäude mit dem

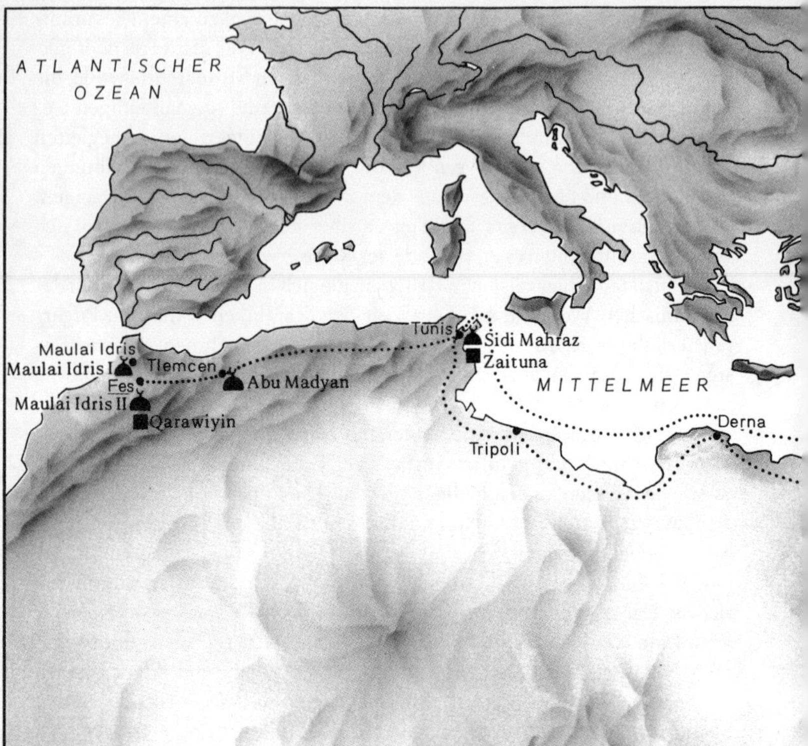

Pilgerstraßen, Heiligtümer und Zentren der Gelehrsamkeit.

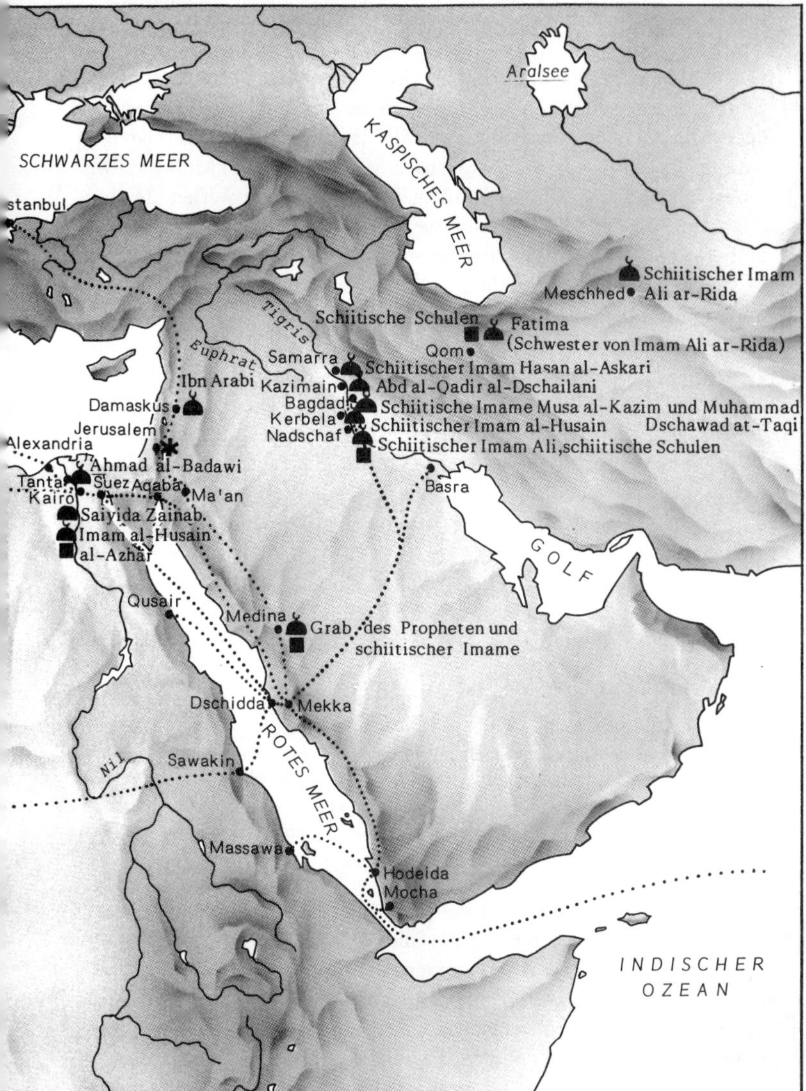
Aralsee
KASPISCHES MEER
SCHWARZES MEER
stanbul
Schiitischer Imam
Meschhed
Ali ar-Rida
Tigris
Schiitische Schulen
Fatima
(Schwester von Imam Ali ar-Rida)
Qom
Euphrat
Samarra
Schiitischer Imam Hasan al-Askari
Ibn Arabi
Kazimain
Abd al-Qadir al-Dschailani
Bagdad
Schiitische Imame Musa al-Kazim und Muhammad
Dschawad at-Taqi
Damaskus
Kerbela
Schiitischer Imam al-Husain
Jerusalem
Nadschaf
Schiitischer Imam Ali, schiitische Schulen
Alexandria
Ahmad al-Badawi
Tanta
Suez
Aqaba
Ma'an
Basra
Kairo
Saiyida Zainab
Imam al-Husain
al-Azhar
GOLF
Qusair
Medina
Grab des Propheten und schiitischer Imame
Dschidda
Mekka
ROTES MEER
Nil
Sawakin
Massawa
Hodeida
Mocha
INDISCHER OZEAN
0
1000 km

schwarzen Stein, das Muhammad von den Götzenbildern befreit und zum Zentrum muslimischer Gottesverehrung gemacht hatte. Die Pilger umrunden die Ka'ba siebenmal und berühren oder küssen dabei den schwarzen Stein. Am achten Tag des Monats ziehen sie zum Hügel Arafa östlich der Stadt. Dort stehen sie einige Zeit still; das ist die wesentliche Handlung der Pilgerreise. Auf dem Rückweg nach Mekka werden in Mina zwei weitere symbolische Handlungen durchgeführt: Die Pilger werfen Steine auf eine Säule, die den Teufel symbolisiert, und opfern ein Tier. Damit ist das Ende der Weihezeit für den Pilger erreicht, die mit dem Anlegen des *ihram* begonnen hat; der Pilger zieht das Gewand aus, kehrt in sein Land zurück und nimmt sein normales Leben wieder auf.

Die Wallfahrt war in vieler Hinsicht das zentrale Ereignis des Jahres, vielleicht eines ganzen Lebens. In der Pilgerfahrt nach Mekka drückte sich die Einheit der Muslime am umfassendsten aus. Sie war gewissermaßen der Inbegriff aller Reisen. Wer nach Mekka kam, um zu beten, mochte in Medina bleiben, um zu studieren; die Gläubigen brachten vielleicht Waren mit, um die Kosten der Reise zu bezahlen; mit der Karawane reisten Händler, die ihre Waren unterwegs oder in den heiligen Städten verkauften. Die Pilgerreise war auch ein Marktplatz für den Austausch von Neuigkeiten und Ideen aus allen Teilen der islamischen Welt.

Der berühmte Reisende Ibn Battuta bringt mit seinen Worten etwas von dem zum Ausdruck, was das Erlebnis der Pilgerreise für die Gläubigen bedeutete:

> Eine der wunderbaren Taten Gottes, des Allerhöchsten, ist es, daß Er die Herzen der Menschen mit dem instinktiven Drang geschaffen hat, diese erhabensten Heiligtümer aufzusuchen, und mit dem Sehnen, sich an diesen erhabenen Plätzen einzufinden, und daß Er der Liebe zu ihnen solche Macht über die Herzen der Menschen eingeräumt hat, daß keiner sie betritt, ohne daß sie sein ganzes Herz ergreifen, oder daß er sie ohne den Schmerz der Trennung verläßt.[4]

Der *haddsch* war ein Akt des Gehorsams gegenüber Gottes Gebot, das im Koran zum Ausdruck kommt: »Es ist die Pflicht aller Menschen gegenüber Gott, als Pilger zum Haus zu kommen, wenn er dorthin kommen kann.«[5] Er war ein Bekenntnis des Glaubens an einen Gott und ein sichtbarer Ausdruck der Einheit der *umma*. Die vielen tausend Pilger aus der ganzen islamischen Welt unternahmen die Pilgerreise gleichzeitig; zusammen umrundeten sie die Ka'ba, standen in Arafa, steinigten den Teufel und opferten ihre Tiere. Die Ankunft und die Abreise waren von offiziellen Feiern begleitet, wurden in den örtlichen Chroniken verzeichnet und in späterer Zeit zumindest an den Wänden der Häuser dargestellt. Wenn die

Pilger in Mina ihre Tiere opferten, wurde auch in jedem muslimischen Haushalt ein Tier getötet, um das große volkstümliche Fest des Jahres einzuleiten, das Fest des Opfers (*id al-adha*).

Das Gefühl, einer Gemeinschaft der Gläubigen anzugehören, kam in dem Gedanken zum Ausdruck, daß Muslime verpflichtet waren, sich um das Gewissen der anderen zu kümmern, die Gemeinschaft zu schützen und wenn möglich, sie zu erweitern. Der *dschihad* war der heilige Krieg gegen alle, die die Gemeinschaft bedrohen, seien es feindliche Ungläubige von außen oder Nichtmuslime von innen, die ihren Schutzvertrag brachen; der *dschihad* galt üblicherweise als eine Verpflichtung und war praktisch gleichbedeutend mit einer Säule. Die Pflicht des *dschihad* leitete sich wie die anderen Pflichten aus dem Koran ab: »O ihr, die ihr glaubt, kämpft gegen die Ungläubigen in eurer Nähe.«[6] Juristische Schriften definierten genau das Wesen und das Ausmaß dieser Verpflichtung. Der heilige Krieg war nicht die individuelle Pflicht aller Muslime, sondern eine Verpflichtung der Gemeinde, eine ausreichende Zahl Kämpfer zu stellen. Nach der großen Expansion des Islam in den ersten Jahrhunderten und mit dem Beginn des Gegenangriffs aus Westeuropa neigte man dazu, den *dschihad* eher als Verteidigung und weniger als Eroberung zu sehen.

Natürlich nahmen nicht alle, die sich Muslime nannten, diese Verpflichtungen gleich ernst oder maßen ihrer Erfüllung die gleiche Bedeutung zu. Es gab unterschiedliche Ebenen individueller Überzeugung und auch allgemeinere Unterschiede zwischen dem Islam der Städte, der ländlichen Gebiete und der Wüste. Das Spektrum reichte vom Gelehrten oder gottesfürchtigen Händler in der Stadt, der die täglichen Gebete verrichtete, das jährliche Fasten befolgte und die *zakat* entrichten konnte, bis zum Beduinen in der Wüste, der nicht regelmäßig betete, der während des Ramadan nicht fastete, weil er sein ganzes Leben lang mehr oder weniger hungerte, und der die Wallfahrt nach Mekka nicht unternahm, aber trotzdem bekannte: »Es gibt keinen Gott außer Gott, und Muhammad ist sein Prophet.«

Die Freunde Gottes

Von Anfang an hatte es Anhänger des Propheten gegeben, für die eine äußere Observanz wertlos war, wenn darin nicht die Aufrichtigkeit der Absicht zum Ausdruck kam, der Wunsch, Gottes Gebote aus der Erkenntnis Seiner Größe und der Bedeutungslosigkeit des Menschen heraus zu befolgen, und wenn der Glaube nicht als elementare Form einer sittlichen Disziplin betrachtet wurde, die sich auf das ganze Leben erstreckte.

Schon in früher Zeit hatte das Verlangen nach der Reinheit der Absicht möglicherweise unter dem Einfluß von Mönchen der Ostkirchen zu asketischen Praktiken geführt. Es entwickelte sich auch die Vorstellung, es könne zwischen Gott und dem Menschen nicht nur die Beziehung von Befehlen und Gehorchen geben, sondern eine Beziehung, in der ein Mensch den Willen Gottes aus Liebe zu Ihm erfüllte und aus dem Wunsch heraus, Ihm nahe zu sein, um so die Liebe zu erfahren, die Gott dem Menschen entgegenbrachte. Solche Gedanken in Verbindung mit geistigen Übungen wurden in Jahrhunderten weiterentwickelt. Allmählich entstand die Vorstellung von einem geistigen Pfad, auf dem der wahre Gläubige Gott näherkommen konnte; Gruppen, die diese Vorstellung übernahmen und versuchten, sie in die Tat umzusetzen, wurden als Sufis bekannt. Im Laufe der Zeit kam es zu einem allgemeinen, wenn auch nicht absoluten Konsens über die wichtigsten Stufen (*maqam*) auf diesem Pfad. Die ersten Stufen waren Reue und Abwendung von den Sünden der Vergangenheit. Das führte zur Enthaltsamkeit selbst von Dingen, die erlaubt waren, die Seele jedoch von der Suche nach ihrem wahren Ziel ablenken konnten. Schritt der Wanderer auf diesem Pfad fort, hatte er zu lernen, auf Gott zu vertrauen und geduldig seinen Willen zu erfüllen, dann würde auf eine Zeit der Angst und Hoffnung vielleicht eine Offenbarung des göttlichen Wesens folgen, das heißt, ein spirituelles Erwachen, bei dem alle Dinge verschwanden und nur Gott da war. Die menschlichen Eigenschaften des Wanderers, der diesen Punkt erreicht hatte, wurden ausgelöscht; an ihre Stelle traten göttliche Eigenschaften, und Mensch und Gott waren in Liebe vereint. Diese kurze Erfahrung des Göttlichen (*ma'rifa*) hinterließ ihre Spur. Die Seele war verwandelt, wenn sie in die alltägliche Welt zurückkehrte.

Die Bewegung hin zur Einheit mit Gott erfaßte die Gefühle ebenso wie den Geist und die Seele, und entsprechend den verschiedenen Stufen gab es Gnaden (*hal*, Plur. *ahwal*), Gefühlszustände oder intensive Erlebnisse, die, wenn überhaupt, nur in Metaphern oder Bildern ausgedrückt werden konnten. Im Arabischen und den anderen islamischen Literatursprachen entwickelte sich allmählich ein System poetischer Bilder, durch das die Dichter versuchten, den Zustand der Gnade zu beschwören, den man auf dem Pfad zur Erkenntnis Gottes erleben konnte, und das Erlebnis der Einheit, die als das Ziel galt. Es waren Bilder menschlicher Liebe, in denen der Liebende und der Geliebte sich spiegeln, Bilder des Trunkenseins von Wein, Bilder von der Seele als einem Tropfen im Wasser des göttlichen Meeres oder als einer Nachtigall auf der Suche nach der Rose, die eine Manifestation Gottes ist. Poetische Bilder sind jedoch vieldeutig, und es ist nicht immer leicht zu erkennen, ob der Dichter versucht, menschliche Liebe auszudrücken oder die Liebe Gottes.

Ernsthafte und besorgte Muslime waren sich der Gefahren des Pfades bewußt. Der Wanderer mochte sich verirren, und die überirdischen Gnaden mochten ihn betören. Man zweifelte jedoch nicht daran, daß manche menschlichen Seelen plötzlich in Ekstase fallen und den Pfad allein oder unter der Führung eines bereits gestorbenen Lehrers oder des Propheten gehen konnten. Die meisten Wanderer brauchten jedoch die Lehre und die Führung eines anderen, der bereits als ein Meister des spirituellen Lebens (*schaich, murschid*) auf dem Pfad weit vorangeschritten war. Ein bekanntes Sprichwort warnte: »Wer keinen *schaich* hat, dessen *schaich* ist der Teufel.« Der Schüler mußte seinem Meister blindlings folgen; er sollte so passiv sein wie ein Toter unter den Händen des Leichenwäschers.

Im späten zehnten und im elften Jahrhundert gab es eine weitere Entwicklung. Die Schüler eines Meisters begannen, sich als eine spirituelle Familie auf demselben Pfad (*tariqa*) zu sehen. Manche geistigen Familien bestanden lange Zeit; sie führten ihren Stammbaum auf einen großen spirituellen Meister zurück, dessen Namen die *tariqa* trug; durch den Meister führte der Pfad über Ali oder Abu Bakr direkt zum Propheten. Manche dieser »Pfade« oder »Orden« breiteten sich durch Schüler, die ein Meister ermächtigt hatte, seine Methode zu lehren, über große Gebiete der islamischen Welt aus. Meist waren die Bruderschaften nicht straff organisiert. Schüler eines Meisters konnten einen eigenen Orden gründen, aber im allgemeinen erkannten sie die geistige Verwandtschaft mit dem Meister an, der sie den Pfad gelehrt hatte. Von den Orden, die die größte Verbreitung fanden und am längsten bestanden, hatten einige im Irak zu wirken begonnen, etwa der Rifa'iya-Orden, der bis ins zwölfte Jahrhundert zurückreicht, der Suhrawardiya-Orden im dreizehnten Jahrhundert und der am weitesten verbreitete Orden, die Qadiriya, die nach Abd al-Qadir al-Dschilani (1077/78–1166), einem Heiligen aus Bagdad benannt ist, aber erst im vierzehnten Jahrhundert eigenständig in Erscheinung trat. Von den in Ägypten entstandenen Orden wurde der Schadhiliya-Orden am bedeutendsten, vor allem im Maghreb, wo er von al-Dschazuli (gest. *ca.* 1465) organisiert wurde. In anderen Teilen der muslimischen Welt erlangten wieder andere Orden oder Ordensgruppen eine große Bedeutung, zum Beispiel die Maulawiya in Anatolien und die Naqschbandiya in Zentralasien. Einige der Sufi-Orden verbreiteten sich später auch in den arabischsprachigen Ländern.

Nur relativ wenige Anhänger solcher Orden weihten ihr ganzes Leben dem Pfad und lebten in Klöstern (*zawiya, chanqa*); in den Städten hatte eine Bruderschaft oft nur ein kleines Gebäude, aber es gab auch große Klöster mit einer Moschee, einem Ort für spirituelle Übungen, Schulen und Herbergen für Besucher. Die Gebäude umstanden im allgemeinen das Grab des Meisters, dessen Namen der Orden trug. Die meisten Mitglieder der Orden lebten jedoch in der Welt; es konnten sowohl Männer als auch Frauen sein. In manchen Fällen bedeutete die Mitgliedschaft jedoch kaum mehr als eine nominelle Zugehörigkeit, aber in anderen wurde der Schüler von seinem Lehrer in Lehren und Übungen eingeweiht, die ihm halfen, auf dem Pfad zur Ekstase der Vereinigung mit Gott voranzuschreiten.

Die einzelnen Orden unterschieden sich in ihrer Haltung zu den beiden Wegen des Islam: der Weg der *schari'a* bedeutete die Unterwerfung unter das Gesetz, das sich aus den Geboten Gottes im Koran ableitete; der Weg der *tariqa* war die Suche nach der direkten Gotteserfahrung. Es gab die »vernünftigen« Orden. Sie lehrten, der Gläubige soll nach der Auslöschung des Ich und der Ekstase der mystischen Vision in die Welt des Alltags zurückkehren, in den Grenzen der *schari'a* leben und seine Pflichten gegenüber Gott und seinen Mitmenschen erfüllen, ihnen jedoch einen neuen Sinn verleihen. Es gab aber auch jene, nach deren Lehre die Vereinigung mit Gott den Gläubigen mit der Exstase der göttlichen Präsenz auch nach diesem Erlebnis noch erfüllt, so daß er fortan sein wahres Leben in Einsamkeit verbringt; sie ließ es gleichgültig, wenn man ihnen die Vernachlässigung der in der *schari'a* festgelegten Pflichten vorwarf, ja, sie sahen in dem Vorwurf vielleicht ein Mittel, das ihnen half, sich von der Welt abzuwenden (Malamatiya). Die »vernünftige« Richtung vertraten Bruderschaften, die sich auf Dschunaid beriefen, die Anhänger der mystischen Weltabkehr sahen in Abu Yazid al-Bistami ihren Meister.

Die Aufnahme in einen Orden war mit einem Initiationsritus verbunden: Der Novize schwor dem *schaich* die Treue, er erhielt von ihm einen besonderen Mantel und ein geheimes Gebet (*wird* oder *hizb*). Neben den individuellen Gebeten gab es ein Ritual, den zentralen Akt der *tariqa* mit einem charakteristischen Merkmal, das sie von anderen unterschied. Es war der *dhikr* oder die Wiederholung des Namens Allahs in der Absicht, die Seele von allen weltlichen Ablenkungen zu befreien, damit sie der Vereinigung mit Gott entgegenfliegen konnte. Der *dhikr* konnte verschiedene Formen annehmen. Bei manchen Orden (besonders der Naqschbandiya) erfolgte die Wiederholung stumm, in Verbindung mit bestimmten Atemtechniken und der Konzentration auf bestimmte Körperteile, auf den *schaich*, den namensgebenden Ordensgründer oder auf den Propheten. Bei den meisten Orden war es ein kollektives Ritual *(hadra)*, das regelmäßig an bestimmten Wochentagen in einer *zawiya* des Ordens durchgeführt wurde. Die Teilnehmer standen in Reihen und wiederholten den Namen Allahs häufig zu Musik oder der Rezitation eines Gedichts; in manchen Orden fand ein ritueller Tanz statt, wie etwa das anmutige Kreisen der Maulawis; oder es gab eine Vorführung bestimmter Fertigkeiten: Messer wurden quer durch die Wangen gestoßen oder brennende Kohlen in den Mund genommen. Die Wiederholung des Namens Allahs und die Vorführungen wurden immer schneller und schneller, bis die Teilnehmer in eine Trance fielen, in der sie nichts mehr von der materiellen Welt wahrnahmen.

Die gemeinsamen Rituale waren eingebettet in persönliche Gebete, Lobpreisungen Gottes, Bekundungen der Liebe zu Ihm und Bitten um geistige Gnaden. Manche bestanden aus kurzen Anrufungen, mit denen Gott gepriesen oder der Segen auf den Propheten herabgefleht wurde, andere waren länger:

> Preis sei Ihm, den die Berge preisen, mit allem, was auf ihnen wächst;
> Preis sei Ihm, den die Bäume preisen, während sie ihre Blätter treiben;
> Preis sei Ihm, den die Dattelpalmen in der Reife ihrer Früchte preisen;
> Preis sei Ihm, den die Winde preisen in den Weiten des Meeres.[7]

Die Sammlungen solcher Gebete wurden großen geistigen Meistern zugeschrieben.

Die Vorstellung eines Pfades, der zu Gott führte, implizierte den Glauben, daß der Mensch nicht nur das Geschöpf und der Diener Gottes war, sondern sein Freund (*wali*) werden konnte. Der Koran rechtfertigte solche Gedanken: »O Du, Schöpfer der Himmel und der Erde, Du bist mein Freund in dieser Welt und in der nächsten.«[8] Allmählich entwickelte sich eine Theorie der Heiligkeit (*wilaya*). Der Freund Gottes war jemand, der immer in Seiner Nähe stand, dessen Gedanken sich nur auf Ihn richteten und der die menschlichen Leidenschaften gemeistert hatte, die einen Menschen von Gott entfernten. Frauen konnten ebenso Heilige sein wie Männer. Es hatte immer Heilige auf der Welt gegeben und würde sie auch immer geben. Im Laufe der Zeit gewann diese Idee festere Gestalt: Es gab demnach immer eine bestimmte Zahl Heiliger auf der Welt; wenn einer starb, nahm ein anderer seinen Platz ein; die Heiligen bildeten eine Hierarchie, welche aus den unbekannten Herrschern der Welt bestand – mit dem *qutb* an ihrer Spitze waren sie die Achse, um die sich die Welt drehte.

Die »Freunde Gottes« konnten für andere bei Allah Fürsprache einlegen, und ihre Fürsprache hatte manchmal sichtbare Folgen auf der Welt. Sie konnte Heilung von Krankheiten oder von Unfruchtbarkeit bewirken oder einem Menschen im Unglück helfen. Die Zeichen der Gnade (*karamat*) waren wiederum Beweise für die Heiligkeit des Freundes Gottes. Der Glaube fand weite Verbreitung, daß die übernatürliche Macht, mit der ein Heiliger die Gnade auf die Welt brachte, seinen Tod überdauerte und daß man an seinem Grab um seine Fürsprache bei Gott bitten konnte. Besuche der Gräber von Heiligen, die man berührte oder an denen man betete, wurden eine fromme Übung, obwohl manche Denker dies für eine gefährliche Neuerung hielten, denn das bedeutete, daß es zwischen Gott und den Gläubigen Vermittler geben könne. Das Grab des Heiligen, ein quadratisches Gebäude mit einer Kuppel und innen weiß getüncht, das allein oder in einer Moschee stand oder das den Kern bildete, um den herum eine *zawiya* gewachsen war, wurde zu einem vertrauten Anblick auf dem Land und in der Stadt.

So wie der Islam die Ka'ba nicht verwarf, sondern ihr eine neue Bedeutung gab, so brachten Konvertiten ihre eigenen, uralten Rituale in den Islam ein. Die Vorstellung, daß bestimmte Orte die Wohnungen von Göttern oder übermenschlichen Wesen waren, hatte es fast überall seit alters her gegeben. Ungewöhnliche Felsen oder Steine, alte Bäume, Quellen, die unvermittelt aus der Erde sprudelten, galten als sichtbare Zeichen für die Präsenz eines Gottes oder eines Geistes, von dem man etwas erflehen oder dem man Opfer bringen konnte, indem man Stoffstreifen als Votivgaben an die Bäume band oder Tiere schlachtete. Überall auf der Welt, wohin der Islam vordrang, brachte man nun solche Orte mit muslimischen Heiligen in Verbindung, und sie erhielten auf diese Weise eine neue Bedeutung.

Manche Heiligengräber wurden Zentren für große öffentliche liturgische Handlungen. Der Geburtstag eines Heiligen oder ein Tag, der mit ihm in Zusammenhang stand, wurde mit einem Volksfest begangen. Muslime aus der näheren und ferneren Umgebung versammelten sich ihm zu Ehren, berührten das Grab oder beteten an ihm und nahmen an den Festlichkeiten teil. Meist waren diese Gräber nur von lokaler Bedeutung, aber manche lockten Besucher aus weiter Ferne an. »Nationale« oder »universale« Schreine waren die von Maulai Idris (gest. 791), dem angeblichen Gründer der Stadt Fes, von Abu Midyan (*ca.* 1126–97) in Tlemcen in Westalgerien, von Sidi Mahraz, dem Schutzheiligen der Seeleute, in Tunis, von Ahmad al-Badawi (*ca.* 1199–1276) in Tanta im ägyptischen Nildelta – um ihn entstand ein Kult, in dem Wissenschaftler ein Überleben der altägyptischen Verehrung des Bubastis in neuer Form sehen – und von Abd al-Qadir, nach dem der Qadiriya-Orden benannt ist, in Bagdad.

Im Laufe der Zeit sah man den Propheten und seine Familie im Lichte der Heiligkeit. Nach allgemeiner Vorstellung würde die Fürbitte des Propheten am Tage des Gerichts zur Rettung aller beitragen, die an seinen

Auftrag geglaubt hatten. Er galt nun als *wali* und als Prophet, und seine Gruft in Medina wurde ein Ort des Gebetes und der Bitte um Beistand; ein Besuch dort war entweder eine Ergänzung oder auch der Grund einer Pilgerreise. Der Geburtstag des Propheten (der *maulid*) wurde Anlaß zu allgemeinem Feiern; diese Praxis scheint sich unter den Fatimidenkalifen in Kairo entwickelt zu haben; sie war schon im dreizehnten und vierzehnten Jahrhundert weit verbreitet.

Ein lebender oder toter Heiliger konnte auch weltliche Macht bedeuten – besonders auf dem Lande, wo das Fehlen der organisierten, bürokratischen Regierungsgewalt das freie Spiel sozialer Kräfte erlaubte. Der Wohnsitz oder das Grab eines Heiligen war ein neutraler Ort, zu dem Menschen sich flüchten konnten und wo Angehörige von Gruppen, die fern voneinander lebten oder sich sonst feindlich gegenüberstanden, zusammentrafen und Geschäfte miteinander machten. Das Fest eines Heiligen war gleichzeitig ein ländlicher Jahrmarkt, wo Güter gekauft und verkauft wurden; sein Grab wachte vielleicht über einen Markt oder über den Kornspeicher eines Nomadenstammes. Der Heilige oder seine Nachkommen und die Hüter des Grabes zogen Nutzen aus dem Ruf der Heiligkeit; Gaben der Pilger verschafften ihnen Reichtum und Ansehen, und man wandte sich an sie, damit sie bei Streitigkeiten als Schiedsrichter fungierten.

Um Gelehrte und fromme Männer, die in dem Ruf standen, Wunder zu wirken und Streit zu schlichten, bildeten sich unter Umständen oppositionelle Bewegungen zu einem Herrscher, der als ungerecht oder illegitim galt. In manchen Fällen verstärkte sich der Einfluß eines religiösen Lehrers, eines *mahdi*, dank einer weit verbreiteten volkstümlichen Vorstellung. Die Menschen glaubten, der von Gott geleitete und gesandte Mann werde die Herrschaft der Gerechtigkeit einleiten, die vor dem Ende der Welt wiederhergestellt werden sollte. Beispiele dafür finden sich in der gesamten islamischen Geschichte. Der berühmteste und erfolgreichste Fall eines von seinen Anhängern als *mahdi* anerkannten Mannes war vielleicht Ibn Tumart (*ca.* 1078–1130). Er war ein in Marokko geborener religiöser Reformator, der nach seinen Studien im Nahen Osten in den Maghreb zurückkehrte und zur Wiederherstellung der ursprünglichen Reinheit des Islam aufrief. Er gründete mit seinen Anhängern das Almohadenreich, das sich auf seinem Höhepunkt über den Maghreb und Teile des muslimischen Spanien erstreckte; die Erinnerung an Ibn Tumart legitimierte spätere Dynastien, vor allem die Hafsiden in Tunesien.

Kapitel 10

Die Kultur der *ulama*

Die ulama *und die* schari'a

Im Mittelpunkt der Gemeinde von Muhammads Anhängern standen die Religionsgelehrten (*ulama*); es waren Männer, die den Koran, den Hadith und das Gesetz studiert hatten und für sich in Anspruch nahmen, die Hüter der Gemeinschaft, die Nachfolger des Propheten zu sein.

Der Kampf um die politische Nachfolge des Propheten im ersten islamischen Jahrhundert stand in Zusammenhang mit der Frage der religiösen Autorität. Wer hatte das Recht, die durch den Koran und durch Muhammads Leben vermittelte Botschaft auszulegen? Für die Schiiten und die verschiedenen Gruppen, die sich von ihnen abspalteten, lag die Autorität bei einer Linie von Imamen; sie waren die unfehlbaren Interpreten der im Koran enthaltenen Wahrheit. Seit frühislamischer Zeit war jedoch eine Mehrheit der Muslime in den arabischsprachigen Ländern Sunniten, das heißt, sie lehnten die Idee eines unfehlbaren *imam* ab, der gewissermaßen die Offenbarung des Willens Gottes in die Gegenwart ausdehnen konnte. Für die Sunniten war der Wille Gottes endgültig und vollständig im Koran und in der *sunna* des Propheten offenbart; und die Männer, die die Fähigkeit besaßen, ihn zu auszulegen, die *ulama*, wachten über das moralische Gewissen der Gemeinschaft.

Zu Beginn des elften Jahrhunderts bestanden klare Unterschiede zwischen den verschiedenen *madhahib* oder »Schulen« der Sitten- und Rechtsauslegung; sie waren besonders deutlich bei den vier am weitesten verbreiteten und langlebigsten – den Schafiiten, Malikiten, Hanafiten und den Hanbaliten. Die Beziehungen zwischen den Vertretern der verschiedenen *madhahib* waren zeitweilig sehr gespannt gewesen; während der Abbasidenherrschaft in Bagdad hatten Schafiiten und Hanafiten städtische Fraktionen, die einander bekämpften, mit ihren Namen unterstützt. Später wurden die Meinungsverschiedenheiten jedoch weniger kontrovers ausgetragen. In manchen Regionen beherrschte die eine oder die andere Rechtsschule mehr oder weniger ausschließlich das Feld. Im Maghreb waren die Malikiten beinahe als einziger *madhhab* vertreten; in Ägypten, Syrien, in Irak, Iran und im Hedschaz besaßen die Schafiiten großen Einfluß und die Hanafiten in Zentralasien und Indien. Die Hanbaliten waren ein wesentliches Element in Bagdad und ab dem zwölften Jahrhundert in den syrischen Städten. So wie die theologischen Schulen sich allmählich gegenseitig akzeptierten, so taten es auch die Rechtsschulen. Selbst wenn eine Dynastie Mitglieder einer bestimmten Schule mit der Rechtspflege betraute, hatten die anderen ebenfalls ihre eigenen Richter und Rechtssachverständigen.

Bei einigen Meinungsverschiedenheiten zwischen den *madhahib* ging es um die genaue Definition und das relative Gewicht der Prinzipien der Rechtswissenschaft (*usul al-fiqh*). In Hinblick auf den *idschma* erkannten die Hanbaliten nur den der Gefährten des Propheten und nicht die späterer Gelehrten an und räumten deshalb dem *idschtihad* breiteren Raum ein, vorausgesetzt, er wurde von den Gelehrten in Übereinstimmung mit den strikten Regeln der Analogie angewandt. Eine andere Schule, die der Zahiriten, die einige Zeit in Andalus großen Einfluß hatte, später aber erlosch, hielt ausschließlich an der wörtlichen Bedeutung von Koran und Hadith fest, wie sie von den Gefährten des Propheten interpretiert worden war; sie lehnten spätere Rechtsfindungen und einen Konsens ab. Ibn Tumart, der Gründer der Almohadenbewegung und -dynastie, lehrte eine ähnliche Doktrin, aber er beanspruchte für sich die Stellung des einzigen unfehlbaren Interpreten von Koran und Hadith. Zwei der Rechtsschulen ließen bei der Anwendung von *idschtihad* einen gewissen Spielraum zu. Die Hanafiten erklärten, es müsse nicht immer die strikte Analogie angewandt werden und die Gelehrten dürften innerhalb gewisser Grenzen Koran und Hadith nach eigenem Ermessen auslegen (*istihsan*); und auch die Malikiten erlaubten einem Gelehrten, im Interesse des menschlichen Wohls (*istislah*) über die strikte Analogie hinauszugehen.

Diese Prinzipien wurden nicht einfach um ihrer selbst willen entwickelt und diskutiert; sie bildeten die Grundlage des *fiqh*, des Versuchs, durch verantwortungsvolles menschliches Bemühen die Lebensführung (*schari'a*) in allen Einzelheiten vorzuschreiben, die Muslime befolgen sollten, um dem Willen Gottes zu entsprechen. Alles menschliche Tun in bezug auf Gott oder auf andere Menschen ließ sich im Licht des Korans und der *sunna* untersuchen, so wie das menschliche Tun von denen, die befähigt waren, *idschtihad* anzuwenden, interpretiert und nach fünf Regeln eingeteilt wurde: Es konnte obligatorisch, empfohlen, moralisch neutral, verwerflich oder verboten sein.

Gelehrte der verschiedenen *madhahib* stellten allmählich feste Regeln menschlichen Verhaltens für alle Handlungen auf, für die sich dem Koran und dem Hadith Weisungen entnehmen ließen. Eine dieser Vorschriftensammlungen, die von Ibn Abi Zaid al-Qairawani (gest. 996) stammt, einem Gelehrten der malikitischen Schule, beginnt mit den grundlegenden Wahrheiten, »denen die Zunge Ausdruck verleihen und die das Herz glauben soll«, also mit einer Art Glaubensbekenntnis. Danach befaßt er sich mit solchen Handlungen, die sich direkt auf Gott richten, also religiöse Handlungen (*ibadat*): das Gebet und die rituelle Reinigung, die dem Gebet vorausgeht, das Fasten, das Spenden von Almosen, die Pilgerreise und die Pflicht zum Kampf (*dschihad*) für die Sache des Islam. Auf die *ibadat* folgen Handlungen, durch die Menschen miteinander in Beziehung treten (*mu'amalat*). Zuerst geht er auf ganz persönliche menschliche Beziehungen ein, auf die Ehe und die Art der Eheschließung und Scheidung; dann kommen die weiter gefaßten Beziehungen, die weniger persönlich sind – Kauf- und ähnliche Verträge, auch Vereinbarungen über das Streben nach Gewinn, Erbschaften und Hinterlassenschaften, die Schaffung von *auqaf* (Stiftungen); es folgen unerlaubte Handlungen wie Ehebruch und Weingenuß, für die der Koran genaue Strafen vorschreibt. Weiter werden die Verfahrensweisen für Richter festgelegt, die über Straftaten urteilen, und zum Abschluß folgen moralische Ermahnungen:

> Es ist die Pflicht jedes Gläubigen, immer, bei jedem Wort oder jeder frommen Tat, an die Liebe Gottes zu denken: Die Worte oder Handlungen dessen, der ein anderes Ziel im Auge hat als die Liebe Gottes, sind unannehmbar. Heuchelei ist minderer Polytheismus. Jede Sünde zu bereuen, ist eine Pflicht, und das schließt ein, daß man nicht weiterhin Unrecht begeht, begangenes Unrecht wiedergutmacht, sich fortan verbotener Handlungen enthält und beabsichtigt, nicht rückfällig zu werden. Der Sünder soll Gott um Verzeihung anflehen, auf seine Vergebung hoffen, seine Strafe fürchten, seiner Wohltaten eingedenk sein und ihm seine Dankbarkeit zeigen [...] der Mensch soll die Hoffnung auf die göttliche Barmherzigkeit nicht aufgeben.[1]

Zwischen den verschiedenen *madhahib* (Schulen) bestanden Unterschiede in Hinblick auf inhaltliche Fragen, aber auch in Hinblick auf die Prinzipien der Auslegung, doch meist waren sie nicht sehr wesentlich. Selbst innerhalb eines *madhhab* konnte es unterschiedliche Auffassungen geben, denn keine auch noch so genaue und ausführliche Gesetzessammlung konnte jede mögliche Sachlage erfassen. Nach einer oft wiederholten Maxime war ab dem zehnten Jahrhundert ein individueller Urteilsspruch nicht mehr möglich: Bei Fragen, wo ein Konsens erreicht worden war, »ist die Tür zum *idschtihad* verschlossen«. Es scheinen jedoch keine klaren Beweise dafür vorzuliegen, daß diese Regel jemals formuliert oder allgemein anerkannt wurde; in der Praxis wurde der *idschtihad* in jedem *madhhab* angewandt, aber nicht nur von Richtern, die Entscheidungen treffen mußten, sondern auch von Rechtsgutachtern (*muftis*). Ein *mufti* war im wesentlichen ein Privatgelehrter, der für sein Wissen und seine Fähigkeit bekannt war, durch Anwendung des *idschtihad* in umstrittenen Fragen Regelungen zu treffen. Die *fatwas* (Entscheidungen) bekannter *muftis* konnten nach einiger Zeit in maßgebliche Bücher zur islamischen Pflichtenlehre (*fiqh*) aufgenommen werden, aber es mußten weiterhin *fatwas* getroffen werden. Ungefähr ab dem dreizehnten Jahrhundert ernannten Herrscher offizielle *muftis*, die mitunter Gehälter bezogen; aber ein Privatgelehrter, der von Klienten bezahlt wurde, die ihn um eine Entscheidung baten, und der dem Herrscher in keiner Weise verpflichtet war, nahm eine besonders geachtete Stellung in der Gesellschaft ein.

Üblicherweise bezeichnet man das Produkt von *fiqh*, die *schari'a*, als das »islamische Gesetz«; das ist gerechtfertigt, denn seit der Abbasidenzeit diente es als ein Denksystem, auf das sich die von den Herrschern ernannten *qadis* stützten, wenn sie Urteile fällten oder Streitigkeiten schlichteten. In Wirklichkeit war es sowohl mehr als auch weniger das, was heute üblicherweise als ein Gesetz gilt. Es war mehr, denn es nahm auch zu privaten Handlungen klare Stellung, die weder den Nachbarn eines Menschen noch den Herrscher betrafen wie etwa persönliche Gottesverehrung, gesellschaftliches Verhalten, kurz Dinge, die man als »Umgangsformen« bezeichnen könnte. Das islamische Gesetz war eine normative Richtschnur für alles menschliche Tun. Es versuchte, die Handlungen zu klassifizieren, um auf diese Weise die Muslime darin zu belehren, wie sie nach dem Willen Gottes leben sollten. Es war weniger als ein Gesetz, denn manche seiner Bestimmungen waren rein theoretisch, so daß sie in der Praxis nie oder kaum befolgt wurden, und es überging ganze Handlungsbereiche, die in einer Gesetzessammlung ihren Platz hätten. In Angelegenheiten des Personenstandes war es am genauesten – Eheschließung und Scheidung, Vermächtnis und Erbschaft; im Hinblick auf Verträge, Verpflichtungen und alles, was wirtschaftliche Unternehmungen betraf, war es weniger ausführlich; es umfaßte nicht das ganze Gebiet, das man heute als Strafrecht bezeichnet – Tötung galt als Privatangelegenheit der Familien der Betroffenen untereinander; es war keine Tat, bei der die Gesellschaft durch ihre Richter eingreifen sollte. Und das islamische Gesetz äußerte sich praktisch nicht zu verfassungs- oder verwaltungsrechtlichen Fragen.

Selbst auf den Gebieten, auf denen die *schari'a* am genauesten in ihren

Aussagen war, konnte die Macht des Herrschers oder die tatsächliche gesellschaftliche Praxis ihre Autorität zurückweisen. In den meisten Dynastien sprachen der Herrscher oder seine Beamten bei vielen Straftaten das Urteil – besonders dann, wenn es um die Staatssicherheit ging; der Herrscher entschied über die Verfahrensweise, die Art der Bestrafung und das Strafmaß. Ähnlich verfuhr man auch in den ländlichen Gebieten. Entscheidungen wurden in Übereinstimmung mit *urf* getroffen, den Bräuchen der Gemeinde, die von den Dorf- oder Stammesältesten bewahrt und angewandt wurden. An manchen Orten scheint es eine Art schriftlich fixiertes »Gewohnheitsrecht« gegeben zu haben, und an anderen mögen regelmäßige Gerichtssitzungen oder Ratsversammlungen stattgefunden haben; dies gilt besonders für die Berberstämme des Maghreb. Wahrscheinlich war das jedoch die Ausnahme.

So wie die *schari'a* sich durch einen langsamen und komplizierten Vorgang der Interaktion zwischen den in Koran und Hadith enthaltenen Normen und den örtlichen Bräuchen und Gesetzen der unter islamische Herrschaft gekommenen Gesellschaften entwickelt hatte, so kam es zu einem fortwährenden, beiderseitigen Angleichungsprozeß zwischen der *schari'a* – nachdem sie ihre endgültige Form angenommen hatte – und den Praktiken muslimischer Gesellschaften. Es hat sich zum Beispiel gezeigt, daß die Richtlinien des hanafitischen Gesetzes in Hinblick auf kommerzielle Praktiken mit den Praktiken ägyptischer Kaufleute übereinstimmten, die in völlig anderen Dokumenten überliefert sind. Die Bestimmungen der *schari'a* zu Verträgen wurden durch die Aufnahme bestimmter *hiyal* oder juristischer Kunstgriffe in dem hanafitischen Kodex modifiziert, und dadurch wurden Praktiken wie die Berechnung von Zinsen in den Gesetzesbereich hineingeholt.[2] Ähnlich wurde der Erlaß von Verordnungen und die Rechtsprechung durch Herrscher und ihre Beamten durch das Prinzip der *siyasa schar'iya* (Staatsführung in den Grenzen der *schari'a*) gerechtfertigt, indem man erklärte: Da Gott dem Herrscher seinen Platz in der menschlichen Gesellschaft gegeben hat, um Religion und Moral zu bewahren, und da seine Macht durch seine Anerkennung durch die Gesellschaft sanktioniert ist, hat er das Recht, solche Verordnungen zu erlassen und die Entscheidungen zu treffen, die zur Aufrechterhaltung einer gerechten sozialen Ordnung nötig sind – vorausgesetzt, er übertritt nicht die von der *schari'a* gezogenen Grenzen. Es galt als das Recht des Herrschers zu entscheiden, welche Fälle dem *qadi* vorgelegt werden sollten und über welche er selbst urteilen wollte.

Der Rhetorik zuliebe wurden *urf* und *schari'a* zwar häufig in Gegensatz zueinander gestellt, aber sie standen nicht notwendigerweise in Konflikt miteinander. Alles, was im *urf* der *schari'a* nicht widersprach, akzeptierte diese als erlaubt. In Teilen des Maghreb gab es sogar Versuche, die *schari'a* im Rahmen der herrschenden Sitten zu interpretieren. Spätestens ab dem fünfzehnten Jahrhundert belegen Aufzeichnungen in Marokko die Anwendung einer als *amal* bekannten Prozedur durch Qadis: Der *qadi* war berechtigt, aus den juristischen Meinungen die auszuwählen, die am besten den lokalen Bräuchen oder Interessen entsprach, selbst wenn sie nicht von der Mehrheit der Gelehrten gestützt wurde.

Wir wissen wenig über das ländliche Gewohnheitsrecht in jener Zeit. Aber Untersuchungen über Vorgänge in neuerer Zeit lassen vermuten, daß es zu dem umgekehrten Vorgang gekommen ist, daß nämlich die *schari'a* in einem gewissen Maß Eingang in den örtlichen Brauch gefunden hat. Die Eheschließung wurde etwa in Übereinstimmung mit islamischer Terminologie vollzogen, aber die damit verbundenen Rechte und Pflichten, die Fragen in Hinblick auf Scheidung und Erbschaft, die sich daraus ergaben, wurden nach örtlichem Brauch entschieden. Vielerorts lief das Vererben von Grundbesitz an Töchter dem Brauch zuwider, obwohl es in Übereinstimmung mit der *schari'a* stand. Auseinandersetzungen über Land oder Partnerschaft wurden vielleicht dem *qadi* in der nächsten Stadt zur Entscheidung oder zur Schlichtung vorgetragen; Verträge oder Vereinbarungen, denen die Parteien ein gewisses Gewicht oder Dauerhaftigkeit geben wollten, wurden ebenfalls dem *qadi* vorgelegt, damit er sie in der formellen Sprache der *schari'a* abfaßte; aber hinterher wurde das Dokument möglicherweise im Kontext des örtlichen Brauchs interpretiert. Mit den Worten eines Wissenschaftlers, der solche Dokumente aus dem Jordantal untersucht hat: »Der Brauch liefert meist die Substanz und die *schari'a* die Form«.[3]

Die Überlieferung des Wissens

Die Rechtsgelehrten, die den Konsens der Gemeinschaft erarbeiteten und wahrten, entsprachen im sunnitischen Islam noch am ehesten dem, was wir heute als Lehrer bezeichnen. Für sie war es von grundlegender Bedeutung sicherzustellen, daß das Verständnis des *fiqh* und seiner Grundlagen vollständig von einer Generation zur nächsten übermittelt wurde.

Schon in früher Zeit scheint es ein formales Vorgehen für die Vermittlung religiösen Wissens gegeben zu haben. In den Moscheen, besonders in den großen Versammlungsmoscheen, scharten sich die Studenten um einen Lehrer, der an einer Säule saß und ein Thema erläuterte, indem er aus einem Buch vorlas und das Gelesene kommentierte. Spätestens ab dem elften Jahrhundert entstand jedoch eine Art Institution, die hauptsächlich der Vermittlung von Rechtswissenschaft diente, die *madrasa*. Ihr Ursprung wird oft auf Nizam al-Mulk (1018–92) zurückgeführt, den *wazir* des ersten Seldschukenherrschers von Bagdad; tatsächlich liegt dieser Ursprung jedoch noch weiter zurück. Die *madrasa* war oft, allerdings nicht immer, einer Moschee angegliedert, und zu ihr gehörten Unterkünfte für die Studenten. Sie wurde von einem Stifter als *auqaf* gegründet; dadurch erhielt sie ihre finanzielle Ausstattung, und ihr Bestehen war gesichert, denn Grundbesitz, dessen Einkünfte frommen oder wohltätigen Zwecken zuflossen, konnte nicht veräußert werden. Die Stiftungsgelder wurden für den Unterhalt der Gebäude, das Gehalt eines oder mehrerer ständiger Lehrer und in manchen Fällen für Stipendien oder die Speisung der Studenten verwendet. Jeder Reiche konnte solche *auqaf* gründen, aber die größten und langlebigsten wurden von Herrschern oder hohen Würdenträgern eingerichtet – in Irak und Iran von den Seldschuken, in Syrien und Ägypten von den Aiyubiden und Mamluken, und im Maghreb von den Mariniden und Hafsiden.

Manche dieser Schulen wurden für die Lehre des Korans oder des Hadith gegründet, aber in den meisten Fällen war der Hauptzweck das Studium und die Lehre des *fiqh*. Um ein Beispiel zu nehmen: Die in der Mamlukenzeit eingerichtete Tankiziya-*madrasa* in Jerusalem hatte vier Hallen (*iwan*), die um einen Innenhof lagen, in denen jeweils Hadith, hanafitisches Recht und Sufismus gelehrt wurde – die vierte war eine Moschee. Die Stiftungsmittel waren gedacht für fünfzehn Studenten, die Recht, zwanzig, die Hadith und fünfzehn, die Sufismus studierten; außerdem für die Lehrer dieser Fächer. Die Studenten schliefen in der *madrasa*, und daneben gab es ein Hospiz für zwölf Witwen.[4] Eine *madrasa* konnte für die Lehre einer einzigen Schule, mehr als einer oder aller vier großen Schulen gegründet werden; dies traf auf die Sultan Hasan-*madrasa* in Kairo zu, wo sich vier Schulen, eine für jeden *madhab*, um einen Innenhof gruppierten. Der *mudarris*, der Inhaber eines Lehrstuhls, und seine Assistenten, die untergeordnete Fächer unterrichteten, boten einen mehr oder weniger regulären Lehrgang an. Der Student einer *madrasa* hatte normalerweise bereits eine Schule besucht, *maktab* oder *kuttab*, wo er Arabisch und wahrscheinlich den Koran auswendig gelernt hatte. An der *madrasa* studierte er ergänzende Fächer – arabische Grammatik und die Annalen der frühislamischen Perioden –, aber das Hauptstudium waren die Religionswissenschaften: das Lesen und die Interpretation des Korans, Hadith, die Grundlagen des religiösen Glaubens (*usul ad-din*), Rechtswissenschaft (*usul al-fiqh*) und *fiqh*. Die wichtigste Lehrmethode bestand in der Darlegung eines Textes durch den *mudarris*, den seine Assistenten später vielleicht noch ausführlicher erläuterten; der Nachdruck lag auf dem Auswendiglernen des Lehrstoffs, aber auch auf dem Verständnis des Erinnerten.

Im ersten Abschnitt des Studiums, der üblicherweise mehrere Jahre dauerte, lernte der Student die Sammlung der Rechtsvorschriften, über die unter den Gelehrten der jeweiligen *madhhab* ein Konsens herrschte. Viele Studenten beließen es dabei, nicht alle bereiteten sich auf Positionen in der Justiz vor. Söhne von Kaufleuten und andere ließen sich vielleicht ein paar Jahre lang soweit ausbilden. Auf einer höheren Stufe gab es einen Bereich für rechtliche Fragen, zu denen die Ansichten selbst innerhalb eines *madhhab* auseinandergingen, da die Rechtsprinzipien auf eine unbegrenzte Vielfalt der Umstände angewandt werden mußten. Studenten, die Rechtslehrer oder Kadis in den oberen Rängen oder Muftis werden wollten, studierten länger. Auf dieser höheren Ebene wurde der *idschtihad* nach der Methode des formalen logischen Disputs gelehrt: Es wurde eine These vorgelegt, auf die mit einer Gegenthese zu antworten war, und darauf folgte der Dialog von Einwänden und Antworten.

Wenn ein Student die Lektüre eines Buches mit einem Lehrer beendet hatte, konnte er ihn um ein *idschaza* bitten, um eine schriftliche Bestätigung, daß A dieses Buch bei B studiert hatte. Auf einer höheren Stufe konnte er eine andere Art *idschaza* erhalten, die bestätigte, daß er kompetent war, *idschtihad* als *mufti* anzuwenden oder ein bestimmtes Buch oder ein Thema zu unterrichten. Auf dieser Stufe war es üblich, daß die Schüler den Lehrer und die Stadt wechselten, und sich von allen, deren Lehren sie gehört hatten, eine *idschaza* ausstellen ließen; ein solches Vorgehen wurde durch den *hadith* gerechtfertigt, der es Muslimen zur Pflicht machte, Wissen zu suchen, wo immer es zu finden war.

Eine *idschaza* konnte ein umfangreiches Dokument sein, das eine ganze Kette generationenlanger Überlieferung von Lehrer auf Schüler aufführte und so den Empfänger in eine lange Reihe geistiger Vorfahren stellte. Als natürliche Folge war es Ausdruck einer bestimmten Vorstellung vom Leben eines ernsthaften und gelehrten Muslims. Zweifellos wurde das System oft mißbraucht. Wir lesen von Gleichgültigkeit und Unwissenheit, auch von Stiftungsgeldern, die veruntreut oder zu anderen Zwecken mißbraucht wurden. Trotzdem war der Gelehrte einer der Idealtypen des Muslims, der sich über die Jahrhunderte hinweg hielt. Abd al-Latif (1162/3–1231), ein Rechtsgelehrter und Arzt aus Bagdad, schildert, wie ein Schüler sein sollte, der ein Gelehrter werden will:

> Ich empfehle dir, deine Wissenschaften nicht nur aus Büchern ohne die Hilfe eines Lehrers zu lernen, selbst wenn du deiner Verständnisfähigkeit trauen magst. Wende dich an die Lehrer jeder Wissenschaft, die du dir aneignen willst, und sollte das Wissen deines Lehrers begrenzt sein, eigne dir alles an, was er bieten kann, bis du einen anderen findest, der größeres Wissen besitzt. Du mußt ihn verehren und achten [...] Wenn du ein Buch liest, unternimm alle Anstrengungen, es auswendig zu lernen und seinen Sinn zu verstehen. Stell dir vor, das Buch wäre verschwunden, und du kannst ohne es auskommen, sein Verlust berührt dich nicht [...] Man sollte Historien lesen, Biographien und die Erfahrungen von Nationen studieren. Dadurch wird es sein, als lebte man in seiner kurzen Lebenszeit als Zeitgenosse von Völkern der Vergangenheit, stünde auf vertrautem Fuß mit ihnen und kennte die Guten und die Bösen unter ihnen [...] Du sollst dir in deinem Verhalten die frühen Muslime zum Vorbild nehmen. Deshalb lies die Biographie des Propheten, studiere seine Taten und seine Anliegen, tritt in seine Fußstapfen und versuche dein Möglichstes, es ihm in allen Dingen gleichzutun [...] Du solltest deiner Natur ständig mißtrauen, anstatt eine gute Meinung von ihr zu haben, deine Gedanken gelehrten Männern und ihren Werken unterordnen, mit Vorsicht verfahren und Hast vermeiden [...] Wer die Anstrengung des Studiums nicht ertragen hat, wird die Freude des Wissens nicht kosten [...] Wenn du dein Studieren und Nachdenken beendet hast, beschäftige deine Zunge mit dem Aussprechen von Gottes Namen und singe sein Lob [...] Beklage dich nicht, wenn die Welt sich von dir abwendet, denn sie würde dich nur davon abhalten, vortreffliche Eigenschaften zu erwerben [...] wisse, daß Gelehrsamkeit eine Spur hinterläßt und einen Duft, der ihren Besitzer verrät; ein Lichtstrahl fällt auf ihn, und Glanz umgibt ihn, weist auf ihn hin [...][5]

Eine wesentliche und charakteristische islamische Literaturgattung verdankt ihr Entstehen einem ähnlichen Antrieb wie das Erteilen einer *idschaza*. Es ist das biographische Lexikon. Seine Ursprünge finden sich in der Hadith-Sammlung. Um die Echtheit eines *hadith* zu verifizieren, mußte man wissen, wer ihn überliefert und von wem der Betreffende ihn seinerseits erhalten hatte. Es war wichtig, sich davon zu überzeugen, daß die Übermittlung keine Lücken aufwies, aber auch, daß jene, die ihn übermittelt hatten, ehrlich und zuverlässig gewesen waren. Allmählich erstreckte sich das Sammeln der Biographien von Trägern der Hadithe auch auf andere Gruppen der Gesellschaft – Rechtsgelehrte, Ärzte, Sufimeister und so weiter. Eine typische Gattung war das regionale, den bedeutenden Persönlichkeiten (manchmal auch Frauen) einer Stadt oder einer Gegend gewidmete Lexikon, das auch eine Einführung in die Topographie und Geschichte der Region enthielt. Das erste wesentliche Beispiel für dieses Genre war das aus dem elften Jahrhundert stammende Werk über Bagdad von al-Chatib al-Baghdadi (1002–71). Für manche Städte gab es eine Reihe solcher Arbeiten; für Bagdad liegen Biographien bedeutender Personen für das neunte, zehnte, elfte, zwölfte und dreizehnte islamische Jahrhundert (fünfzehntes bis neunzehntes christliches Jahrhundert) vor. Die ehrgeizigsten Autoren versuchten, die gesamte islamische Geschichte zu behandeln – allen voran Ibn Challikan (1211–82).

Ibn Challikans Werk umfaßt Herrscher und Minister, Dichter und Grammatiker ebenso wie Religionsgelehrte. In solchen Büchern nahmen jedoch die Gelehrten von Moschee und *madrasa* einen zentralen Platz ein, wie um zu zeigen, daß die Geschichte der muslimischen Gemeinschaft im wesentlichen die Geschichte der ununterbrochenen Überlieferung von Wahrheit und islamischer Hochkultur war. Die Biographie eines Gelehrten begann häufig mit seiner Abstammung und dem Ort und Datum seiner Geburt. Sie enthielt Einzelheiten seiner Ausbildung: welche Bücher er wo und bei wem studiert und welche Arten von *idschaza* er erhalten hatte. Damit wurde er in zwei Abstammungslinien gestellt, die physische und die geistige. Die beiden waren nicht immer verschieden, denn ein Junge begann die Studien manchmal bei seinem Vater, und es gab lange Gelehrtendynastien. Die Biographie informierte über sein Werk und seine Reisen, über die von ihm verfaßten Bücher und über seine Studenten; mitunter fanden sich darin auch persönliche Anekdoten. Sie enthielt ein Loblied auf seine Qualitäten, das weniger dazu diente, ihn von anderen Gelehrten zu unterscheiden, als ihn in den Rahmen eines Idealtyps zu stellen.

kalam

Wer *fiqh* an der *madrasa* studierte, lernte auch die grundlegenden Glaubensdogmen. Allerdings scheint der Prozeß ihrer Entwicklung und die Methode ihrer Verteidigung keinen großen Raum im Studienplan eingenommen zu haben. Als das Schulsystem ausgereift war, hatten die großen Diskussionen, durch die der Sunnismus definiert worden war, weitgehend ein Ende gefunden. Selbst nach der Zeit, in der die Mu'tazila in der Gunst der Abbasidenkalifen gestanden hatte, war sie etwa ein Jahrhundert lang eine blühende und wichtige geistige Strömung. Ihr letzter bedeutender und systematischer Denker war Abd al-Dschabbar (*ca.* 936–1025). Erst im elften Jahrhundert wurde die mu'tazilitische Lehre unter dem Einfluß der Abbasidenkalifen und der seldschukischen Herrscher in Bagdad und andernorts unterdrückt. Sie spielte weiterhin eine wichtige Rolle in der Ausformung der schiitischen Theologie und wurde an den schiitischen Hochschulen gelehrt. Im Sunnismus sank die Mu'tazila jedoch zu einer Untergrundströmung herab, bis sich in moderner Zeit das Interesse an ihr wiederbelebte.

Schuld am Niedergang der Mu'tazila war unter anderem der besonders in Bagdad und Damaskus anhaltende starke Einfluß der traditionalistischen Lehre von Ibn Hanbal, aber auch die Weiterentwicklung der von al-Asch'ari begonnenen Richtung: die Erklärung und Verteidigung der Inhalte von Koran und Hadith mittels rationaler Argumentation auf der Grundlage der Prinzipien der Logik (dialektische Theologie, *ilm al-kalam*). Es war ein Zeichen der Verbreitung des Ascharismus, vielleicht sogar der Grund dafür, daß viele Rechtsgelehrte ihn als Glaubensgrundlage akzeptierten, auf der ihr *fiqh* ruhte. Das galt besonders für die schafiitischen Gelehrten.

Die Verbindung von ascharitischen *kalam* und *fiqh* war jedoch keineswegs allgemein anerkannt. Die Hanbaliten lehnten den *kalam* ebenso ab wie manche Schafiiten. Auch die im Maghreb vorherrschende malikitische Rechtsschule verurteilte theologische Spekulation, und die Almoraviden verboten Theologie als Lehrfach. Ibn Tumart und die Almohaden unterstützten jedoch den *kalam*, hauptsächlich in seiner ascharitischen Ausformung, obwohl sie sich in der Rechtswissenschaft streng an die Zahiriya hielten. Im Nordosten der muslimischen Welt war eine andere Version des *kalam*, dessen Ursprünge auf al-Maturidi (gest. 944) zurückgingen, in den hanafitischen Rechtsschulen weitgehend anerkannt. Sie unterschied sich vom Ascharismus in einer Reihe von Punkten, besonders in der Frage des freien menschlichen Willens und seiner Beziehung zur Omnipotenz und Gerechtigkeit Gottes: Menschliches Handeln, so lehrten die Maturiden, entspringt der Macht Gottes, doch sündiges Handeln entspringt nicht Seiner Liebe und findet nicht Sein Gefallen. Die frühen Seldschukensultane, die aus einer Gegend kamen, in der die Verbindung von maturidischem *kalam* und hanafitischem *fiqh* weit verbreitet war, machten den Versuch, diese Kombination mit in den Westen zu nehmen. Es bestand jedoch zwischen ascharitischen und maturidischen Denkern keine anhaltende Spannung oder Feindschaft, und ihre Meinungsverschiedenheiten waren nicht von bleibender Bedeutung. In den sunnitischen Medresen späterer Jahrhunderte waren die Lehrbücher, die die grundsätzlichen Glaubensdogmen zusammenfaßten, Ausdruck des allgemeinen Konsens unter den Gelehrten.

al-Ghazali

Die Hauptströmung sunnitischen Denkens erkannte die Theologie al-Asch'aris und die Schlußfolgerungen, zu denen sie führte, zwar an, aber sie tat es mit Vorbehalten und in Grenzen. Diese Vorbehalte fanden ihren Ausdruck in klassischer Form durch al-Ghazali, einen Philosophen von nachhaltigem Einfluß und mit einem umfassenden Verständnis aller geistigen Strömungen seiner Zeit. Als Meister des ascharitischen *kalam* war er sich bewußt, auf welch gefährliche Wege die Theologie ihn führen konnte. Er versuchte, die Grenzen zu definieren, innerhalb derer *kalam* erlaubt war. Grundsätzlich war es eine defensive Haltung: Durch diskursives Denken und diskursive Argumentation sollte der aus Koran und Hadith hergeleitete Glaube gegen die verteidigt werden, die ihn leugneten, und ebenso gegen alle, die versuchten, ihn falsch oder spekulativ zu interpretieren. Diese Methode sollte jedoch niemand anwenden, der dadurch in seinem Glauben verwirrt werden mochte, und man sollte damit auch kein Gedankengebäude errichten, das hinausging über das, was Koran und Hadith festlegten. Es war nur eine Methode für Sachverständige, die unabhängig und außerhalb der religiösen Schulen arbeiteten.

Muslime sollten die vom Willen Gottes, der in Koran und Hadith zum Ausdruck kam, abgeleiteten Gesetze befolgen – das war das Grundprinzip von al-Ghazalis Denken. Diese Gesetze mißachten bedeutete, sich in einer Welt führungslosen menschlichen Willens und menschlicher Spekulation zu verlieren. Daß die Menschen dem Willen Gottes gehorchen sollten, aber auf eine Weise, die sie Gott näherbrachte, war das Thema eines der größten und berühmtesten Werke islamischer Theologie, Ghazalis *Ihya ulum ad-din* (Die Wiederbelebung der Religionswissenschaften).

In *Al-munqidh min ad-dalal* (Der Erretter aus dem Irrtum), einem Werk, das oft – nicht ganz richtig – als seine Autobiographie bezeichnet wird, zeigt al-Ghazali den Weg auf, der ihn zu dieser Schlußfolgerung geführt hat. Nach frühen Studien in den beiden Städten Tus und Nischapur in Chorasan wurde er Lehrer an der berühmten, von Nizam al-Mulk, dem *wazir* der vom Seldschukensultan gegründeten Bagdader *madrasa*. Dort kam er zu der Überzeugung, daß die äußere Befolgung der *schari'a* nicht genügte, und er suchte nach dem rechten Weg des Lebens. »Weltliche Wünsche mit ihrem Anspruch, so zu bleiben, wie ich war, begannen an mir zu zerren, während der Bote des Glaubens rief: ›Davon! Auf und davon!‹«[6]

Er kam zu der Überzeugung, daß er allein durch die Anwendung seines Intellekts nicht finden konnte, was er brauchte. Dem Weg des Philosophen folgen und die Wahrheit des Universums aus den ersten Prinzipien konstruieren, mußte unweigerlich dazu führen, sich in einem Sumpf unerlaubter Neuerungen zu verirren. Der Weg der Schia, der Lehre eines unfehlbaren Interpreten des Glaubens zu folgen, war gefährlich. Er forderte um einer inneren Wahrheit willen und der Überzeugung, daß jemand, der diese innere Wahrheit kenne und frei von den Einschränkungen der *schari'a* sei, vielleicht die Preisgabe dessen, was offenbart worden war.

Muhammad war nach al-Ghazalis Ansicht der einzige unfehlbare Lehrer, und der richtige Weg bestand darin, an seine Offenbarung zu glauben, an dieses »Licht, das Gott in die Herzen Seiner Diener wirft, eine Gabe und ein Geschenk von Ihm«[7]. Al-Ghazali forderte dazu auf, den Weg zu gehen, den diese Offenbarung wies, ihn in Aufrichtigkeit und mit ganzem Herzen zu gehen, und alles aufzugeben außer dem Dienst an Gott.

Die Schrift *Ihya ulum ad-din* beschäftigt sich mit der inneren Beziehung zwischen Handlungen und Neigungen der Seele oder – anders ausgedrückt – zwischen äußerlichem Befolgen der Regeln und dem Geist, der ihnen Sinn und Wert verleiht. Al-Ghazali glaubte an eine Wechselbeziehung und erklärte, Tugenden und ein guter Charakter werden durch richtiges Handeln geformt und gestärkt.

> Wer seine Seele reinigen, sie durch gute Taten vervollkommnen und erfrischen will, kann das nicht durch einen Tag der Gottesanbetung tun, noch kann er es durch einen Tag der Auflehnung verhindern, und das meinen wir, wenn wir sagen, daß eine einzige Sünde keine ewige Strafe verdient. Aber ein Tag der Enthaltung von der Tugend führt zum nächsten, und dann verdirbt die Seele allmählich, bis sie in Trägheit versinkt.[8]

Handlungen waren jedoch nur von Wert, wenn Geist und Seele sie mit dem Ziel durchführten, Gott zu erkennen und Ihm zu dienen.

Der Wunsch, diese Beziehung zu erhellen, bestimmt den Inhalt und den Aufbau des *Ihya*. Der erste seiner vier Teile untersucht die Säulen des Islam, die fundamentalen Pflichten der Religion – Gebete, Fasten, milde Gaben und die Pilgerreise. Dabei geht al-Ghazali jeweils über die äußere Observanz hinaus, das heißt, die genaue Festlegung, wie die Pflicht zu erfüllen sei, und erläutert die Bedeutung und den Nutzen, wenn sie im richtigen Geist erfüllt wurde. Das Gebet erhält seinen vollen Wert erst dann, wenn es mit der Kraft der Seele gesprochen wird, das heißt mit dem Verständnis der Worte und einer inneren Reinheit, der Zurückweisung aller Gedanken, die sich nicht voll Verehrung, Furcht und Hoffnung auf Gott richten. Das Fasten ist von Wert, wenn es die Seele frei macht, damit sie sich Gott zuwenden kann. Almosen sollen aus dem Wunsch heraus gegeben werden, Gott zu gehorchen und die weltlichen Güter als wertlos zu betrachten. Die Pilgerreise soll in reinen Absichten durchgeführt werden und mit den Gedanken an das Ende des Lebens, an den Tod und an das Gericht.

Der zweite Teil des Buches geht über rituelle Observanz hinaus zu anderen Handlungen mit sittlichen Implikationen, besonders solche, die Menschen aneinander binden: Essen und Trinken, die Ehe, der Erwerb materieller Güter und das Hören von Musik. In jedem Fall wird die Frage des rechten Handelns im Hinblick auf das Hauptziel des Menschen geprüft, das darin besteht, Gott näherzukommen. Für die Ehe wird zum Beispiel ein ausgewogenes Verhältnis von Vorteilen und Nachteilen festgestellt. Sie schenkt einem Mann Nachkommen, bewahrt ihn vor ungesetzlichen fleischlichen Begierden und kann ihm einen Vorgeschmack auf das Paradies geben; andererseits vermag sie ihn von der Suche nach der richtigen Erkenntnis Gottes durch die rechte Erfüllung seiner religiösen Pflichten ablenken.

Der dritte Teil enthält eine systematische Darstellung der menschlichen Leidenschaften und Wünsche, die, auf die falsche Weise erfüllt, verhindern, daß der Mensch geistigen Gewinn aus den äußeren religiösen Handlungen zieht, und die ihn ins Verderben stürzen. Der Teufel dringt über die fünf Sinne, die Vorstellungskraft und die fleischlichen Begierden in das menschliche Herz ein. Al-Ghazali gibt einen Überblick über die Götzen des Menschen: Völlerei, Sinnenlust, Sprache – wenn sie zu Streit, Unanständigkeit, Lüge, Spott, Verleumdung und Schmeichelei, Zorn, Haß und Eifersucht genutzt wird – das Verlangen nach Reichtum und weltlichem Ruhm oder nach dem geistigen Ruhm, der zur Heuchelei führt; zu seinem Katalog der falschen Idole gehören auch der Stolz auf Wissen oder Frömmigkeit, auf Herkunft, körperliche Gesundheit oder Schönheit.

Solche Regungen können durch Bittgebete an Gott im Zaum gehalten werden – vorzugsweise während ritueller Feierlichkeiten, während des allgemeines Gebets, des Fastens und der Pilgerreise – durch die Wiederholung des Namen Gottes, durch Meditation und Selbsterkenntnis und mit Hilfe eines Freundes oder geistigen Lehrers. Auf diese Art und Weise kann die Seele zur Umkehr veranlaßt und auf einen anderen Weg gebracht werden, der zur Erkenntnis Gottes führt.

Der letzte Teil des Buches ist diesem Weg zu Gott gewidmet, dessen letztes Ziel die »völlige Reinigung der Seele von allem außer Gott dem Allerhöchsten [...] das völlige Aufgehen des Herzens im Denken an Gott« ist.[9] Hier spiegeln al-Ghazalis Gedanken die der Sufi-Meister wider. Der Weg zu Gott ist durch eine Reihe von Stufen (*maqam*) gekennzeichnet. Die erste ist die Reue, das Abwenden der Seele von ihrem Gefangensein durch falsche Götter; darauf folgen Geduld, Furcht und Hoffnung, der Verzicht selbst auf solche Dinge, die nicht sündhaft sind, vielleicht aber ein Hindernis auf dem Pfad darstellen, das Vertrauen auf Gott und die Unterwerfung unter Seinen Willen. Jeder dieser Stationen entsprechen gewisse Offenbarungen und Visionen, das heißt, spirituelle Tröstungen für den Wanderer. Wenn sie sich einstellen, geschieht das durch Gottes Gnade, und sie sind nicht von Dauer.

Während die Seele auf dem Pfad fortschreitet, zählt ihr eigenes Bemühen weniger, und sie wird mehr und mehr von Gott geleitet. Ihre Aufgabe ist »Reinigen, Klären und Glätten, dann das Bereitsein und Warten, nicht mehr«. In jedem Stadium besteht die Gefahr des Verharrens und nicht Weiterkommens oder des sich Verlierens in Illusionen; aber es kann sein, daß Gott eingreift und der Seele die Gabe gewährt, Ihn zu schauen. Das ist der Höhepunkt des Aufstiegs, aber er kommt nur als Gnade, die gewährt und wieder entzogen werden kann:

> Schimmer der Wahrheit werden in das Herz scheinen. Am Anfang wird es wie der schnelle Blitz sein und nicht bleiben. Dann wird es wiederkommen und vielleicht verweilen. Kommt es wieder, mag es bleiben oder weggenommen werden.[10]

Auf diesem höchsten Punkt, wenn der Mensch in der Kontemplation Gottes, der sich durch Liebe geoffenbart hat, die Wahrnehmung seiner selbst verliert, begreift er den wahren Sinn der Pflichten, die die *schari'a* auferlegt; dann ist der Mensch in der Lage, sie auf die richtige Weise zu erfüllen. Möglicherweise wird ihm jedoch auch eine andere Wirklichkeit bewußt. Al-Ghazali macht Andeutungen über eine andere Art des Wissens (*ma'rifa*) – es geht dabei um Engel und Teufel, Himmel und Hölle und um Gott selbst, Seine Essenz, Seine Eigenschaften und Seine Namen. Dieses Wissen eröffnet Gott dem Menschen in seiner innersten Seele. Al-Ghazali äußert sich in diesem Buch nicht darüber, obwohl es andere, ihm zugeschriebene Werke gibt, in denen er ausführlich darauf eingeht. Dieses andere Wissen ist kein Stadium des völligen Aufgehens in Gott oder der völligen Vereinigung mit Ihm; im höchsten Fall ist es eine momentane Nähe zu Ihm, ein Vorgeschmack auf das Leben nach dem Tode, wenn der Gläubige Gott vielleicht aus der Nähe schauen darf.

Kapitel 11

Divergierende geistige Strömungen

Der Islam der Philosophen

In Moscheen und *madaris* waren *fiqh* und die ergänzenden Wissenschaften die wesentlichen Lehrfächer. Aber außerhalb widmete man sich anderen Studien. Eine Idee von nachhaltiger Bedeutung war die Vorstellung der Philosophen, daß die menschliche Vernunft zu einer nachweisbaren Kenntnis der Wahrheit führen konnte, wenn sie sich an die von der aristotelischen Logik festgelegten Regeln hielt.

Diese philosphische Richtung, deren Vorläufer in der islamischen Welt al-Kindi und al-Farabi gewesen waren, erreichte ihren Höhepunkt im Werk von Ibn Sina (Avicenna, 980–1037). Ibn Sina sollte einen tiefgreifenden Einfluß auf die gesamte spätere islamische Kultur haben. In einer kurzen fragmentarischen Autobiographie beschreibt er seine in dieser Zeit üblich gewordene Ausbildung im Studium des Korans, den arabischen Sprachwissenschaften, in der Jurisprudenz und den rationalen Wissenschaften von Logik, Mathematik und Metaphysik: »Im Alter von achtzehn Jahren hatte ich all diese Wissenschaften studiert [...], heute ist mein Wissen reifer, ansonsten ist es dasselbe; seither habe ich nichts dazugelernt.«[1]

Er leistete Beiträge zu mehr als einer dieser Wissenschaften, aber den größten Einfluß auf das spätere Denken hatte sein Versuch, die Wahrheiten des Islam in Begriffe zu fassen, die der aristotelischen Logik und der späteren griechischen Metaphysik entnommen waren. Das grundsätzliche Problem, das die islamische Offenbarung für alle darstellte, die eine beweisbare Wahrheit suchten, lag in dem scheinbaren Widerspruch zwischen der Einheit Gottes und der Vielzahl geschaffener Wesen; aus praktischen Gründen konnte dieses Dilemma als Widerspruch zwischen dem absoluten Guten Gottes und dem scheinbaren Bösen der Welt formuliert werden. Die Philosophen der Richtung, die mit Ibn Sina ihren Höhepunkt erreichte, fanden Antworten auf solche Fragen im Neuplatonismus, der dadurch annehmbarer gemacht wurde, daß ein Hauptwerk dieser Schule, eine Art Interpretation eines Teils der *Enneaden* von Plotin, allgemein als das Werk von Aristoteles (die sogenannte »Theologie des Aristoteles«) galt. Für diese Schule bestand das Universum aus einer Reihe göttlicher Emanationen; so konnten diese Denker die Einheit Gottes mit der Vielheit in Einklang bringen. In Ibn Sinas Formulierung war Gott die erste Ursache oder der Schöpfer, der notwendig Seiende, in dem Essenz und Existenz eins waren. Von ihm emanierte eine Folge von zehn Intelligenzen, die von der Ersten Intelligenz bis hinunter zur Wirkenden Intelligenz reichte, welche die Welt körperlicher Wesen beherrschte. Die Wirkende Intelligenz übermittelte dem menschlichen Körper Ideen durch die Ausstrahlung des göttlichen Lichtes, und dadurch wurde die menschliche Seele geschaffen.

Der Symbolismus des Lichtes, der in sufischen wie in anderen mystischen Vorstellungen verbreitet war, ließ sich aus dem Koran ableiten:

> Gott ist das Licht der Himmel und der Erde,
> das Bild Seines Lichtes ist eine Nische,
> in der eine Lampe steht
> (die Lampe ist ein Glas,
> das Glas ein funkelnder Stern),
> entzündet von einem heiligen Baum
> einer Olive weder des Ostens noch des Westens,
> deren Öl schon leuchten würde,
> selbst wenn kein Feuer es erfaßt:
> Licht auf Licht
> (Gott führt zu Seinem Licht, wen Er will).[2]

So wie die Seele durch den Vorgang des Herabsteigens vom ersten Seienden geschaffen wurde, ein Vorgang, der auf das Überfließen göttlicher Liebe zurückging, so sollte das menschliche Leben ein fortwährendes Aufsteigen durch Liebe und Verlangen sein, eine Rückkehr über die verschiedenen Seinsstufen hin zum ersten notwendig Seienden.

Wenn aber das göttliche Licht in die menschliche Seele fällt und wenn die Seele durch eigene Anstrengung zu ihrem Schöpfer zurückkehren kann, wozu braucht man dann Prophezeiungen, das heißt, besondere Offenbarungen Gottes? Ibn Sina erkannte die Notwendigkeit an, in Propheten die Lehrer zu sehen, die Wahrheiten über Gott und das künftige Leben enthüllten und den Menschen jene Handlungen zur Pflicht machten, die ihnen Gott und die Unsterblichkeit bewußt machen – das Gebet und andere rituelle Kulthandlungen. Für ihn war die Prophezeiung jedoch nicht einfach eine Gnade Gottes, sondern menschliches Erkenntnisvermögen, und zwar seine höchste Form. Der Prophet hatte Anteil an der Hierarchie der Intelligenzen und konnte bis zur Ersten Intelligenz aufsteigen. Allerdings war das keine ausschließliche Gabe der Propheten; ein Mensch mit hohen geistigen Gaben konnte es durch Askese ebenfalls erreichen.

Ein solches Gedankengebäude schien im Widerspruch zum Inhalt der göttlichen Offenbarung des Korans zu stehen – zumindest, wenn man sie in ihrer wörtlichen Bedeutung nahm. Im berühmtesten Meinungsstreit der islamischen Geschichte übte al-Ghazali heftige Kritik an den Hauptpunkten, in denen eine Philosophie wie die Ibn Sinas seinem Verständnis der Offenbarungen des Korans entgegenstand. In seinem *Tahafut al-falasifa* (*Die Unlogik der Philosophen*) hob er drei Irrtümer hervor, die er im Denken der Philosophen sah. Sie glaubten an die Ewigkeit der Materie: Die Emanationen des Göttlichen Lichts durchdrangen die Materie, erschufen sie aber nicht. Sie beschränkten die Erkenntnis Gottes auf Universalien, auf die Ideen, aus denen sich einzelne Wesen bildeten, nicht auf die einzelnen Wesen selbst. Diese Vorstellung war unvereinbar mit dem koranischen Bild eines Gottes, der sich um jedes Lebewesen in seiner Individualität sorgte. Drittens glaubten sie an die Unsterblichkeit der Seele, nicht aber an die Unsterblichkeit des Körpers. Die Seele war ihrer Ansicht nach ein separates Wesen, das durch den Wirkenden Intellekt in den materiellen Körper einfloß; an einem bestimmten Punkt ihrer Rückkehr zu Gott wurde der Körper, an den die Seele gebunden war, zu einem Hindernis; nach dem Tod befreite sich die Seele vom Körper und brauchte ihn nicht mehr.

Damit sagte al-Ghazali, daß der Gott der Philosophen nicht der Gott des Korans sei, der zu jedem Menschen sprach, ihn richtete und ihn liebte. Nach seiner Ansicht ließen sich die Schlußfolgerungen, zu denen der unbeständige menschliche Geist ohne Führung von außen kommen konnte, nicht mit den Erkenntnissen vereinbaren, die der Menschheit durch die Propheten enthüllt worden waren. Dieser Herausforderung stellte sich ein Jahrhundert später ein anderer Verteidiger des philosophischen Denkens, Ibn Ruschd (Averroes, 1126–98). Er war in Andalus geboren und hatte dort studiert. Die philosophische Tradition war zwar erst spät nach Andalus gekommen, hatte aber tiefe Wurzeln geschlagen. Ibn Ruschd widerlegte ausführlich al-Ghazalis Interpretation der Philosophie in einem Werk, dessen Titel auf al-Ghazalis Buch Bezug nahm: *Tahafut at-tahafut* (Die Unlogik der Unlogik). In einem andern Werk, *Fasl al-maqal* (Die maßgebende Abhandlung), behandelt er ausdrücklich den von al-Ghazali gesehenen Widerspruch zwischen den Offenbarungen der Propheten und den Schlußfolgerungen der Philosophen. Er vertrat die Ansicht, philosophisches Denken sei nicht unerlaubt; es lasse sich durch einen Verweis auf den Koran legitimieren: »Haben sie nicht nachgedacht über das Reich des Himmels und der Erde und darüber, welche Dinge Gott geschaffen hat?«[3] Aus solchen Gottesworten ging klar hervor, daß es keinen Widerspruch zwischen den Schlußfolgerungen der Philosophen und den Aussagen des Korans geben konnte:

> Da diese Religion wahr ist und zum Studium auffordert, das zur Erkenntnis der Wahrheit führt, wissen wir, die muslimische Gemeinschaft, mit Bestimmtheit, daß überzeugendes Studium nicht zu [Schlußfolgerungen] führt, die im Widerspruch zu dem stehen, was die Schrift uns schenkt. Denn Wahrheit ist nicht der Feind der Wahrheit, sondern steht im Einklang mit ihr und bezeugt sie.[4]

Wie lassen sich aber die scheinbaren Widersprüche erklären? Ibn Ruschds Antwort darauf war, daß man nicht alle Worte des Korans wörtlich nehmen soll. Wenn die wörtliche Bedeutung von Koranversen scheinbar den Wahrheiten widersprach, zu denen Philosophen durch die Anwendung ihrer Vernunft gekommen waren, mußten diese Verse metaphorisch interpretiert werden. Die meisten Menschen waren jedoch nicht fähig, philosophisch zu denken oder die metaphorische Deutung des Korans anzuerkennen. Deshalb sollte die Philosophie nur jenen zugänglich gemacht werden, die sie verstanden:

> Ein jeder, der kein Mann der Gelehrsamkeit ist, muß diese Stellen in ihrer scheinbaren Bedeutung nehmen, und ihre allegorische Deutung ist für ihn Unglaube, denn sie führt zum Unglauben. [...] Ein jeder aus der Klasse der Denker, der ihm solches [eine Interpretation] enthüllt, ruft ihn zum Unglauben auf. [...] Deshalb sollten allegorische Deutungen nur in philososphischen Büchern dargelegt werden, denn wenn sie in philosophischen Büchern stehen, werden sie nur von Männern der philosophischen Klasse gesehen.[5]

Philosophie war für die Elite (*chassa*), für die Allgemeinheit (*amma*) reichte die wörtliche Bedeutung. Prophezeiungen waren für beide vonnöten; für die *chassa*, damit sie nicht vom rechten sittlichen Weg abkam, und für die *amma*, um die Wahrheit in annehmbaren Bildern auszudrücken. Dialektisches Denken, *kalam*, war für Denker, die sich in einer Zwischenposition befanden, denn Dialektik stützte die der *amma* angemessene Ebene der Wahrheit durch Logik; aber dialektisches Denken hatte seine Gefahren, da die rationalen Prinzipien nicht ausreichend bewiesen waren.

Ibn Ruschds Werk hatte offenbar keinen großen und anhaltenden Einfluß auf das islamische Denken nach ihm, obwohl die lateinischen Übersetzungen einiger seiner Bücher eine starke Wirkung auf die westliche christliche Philosophie haben sollten. Ibn Sinas Gedanken blieben jedoch von zentraler Bedeutung sowohl für das religiöse als auch für das philosophische Denken. Im zwölften Jahrhundert setzte trotz al-Ghazali ein gewisser Annäherungsprozeß zwischen *kalam* und Philosophie ein. Seit der Zeit von Fachr ad-Din ar-Razi (1149–1209) begannen Werke über *kalam* mit Erläuterungen zur Logik und der Natur des Seins; darauf baute dann eine rationale Erklärung der Gottesidee. Auf diese Weise wurde ein logisches Gebäude errichtet, um die Offenbarungen des Korans zu verteidigen und zu erläutern. Erst danach gingen solche Bücher zu Dingen über, die ausschließlich auf der Grundlage der Offenbarungen akzeptiert werden sollten.

Ibn Arabi und die Theosophie

In Ibn Sinas Schriften finden sich Hinweise auf den *ischraq*, die Ausstrahlung göttlichen Lichtes, die es den Menschen ermöglicht, in Verbindung mit der Hierarchie der Intelligiblen zu treten. Spätere Autoren bezogen den Begriff *ischraq* auf das alte esoterische Wissen des Ostens (*scharq* ist das arabische Wort für »Osten«) und benutzten *ischraq* für die systematische Formulierung der Letzten Wirklichkeit, die hinter den Worten des Korans, lag und den Erfahrungen der Sufis Sinn verlieh.

As-Suhrawardi unternahm den Versuch, eine Theosophie zu formulieren, und verursachte damit einen Skandal, der 1191 zu seiner Hinrichtung durch den Aiyubidenherrscher von Aleppo führte. Die ausführlichste und dauerhafteste Formulierung stammt von Ibn Arabi (1165–1240). Er war ein Araber aus Andalus, dessen Vater mit Ibn Ruschd befreundet gewesen war. Er hatte den Philosophen kennengelernt und an seinem Begräbnis teilgenommen. Auf die üblichen Studien in Andalus und im Maghreb folgte eine Zeit der Reisen in die östlichen Länder. Er unternahm die Pilgerreise nach Mekka; sie scheint für sein Denken von großer Bedeutung gewesen zu sein. Eine Vision zeigte ihm, daß die Ka'ba der Punkt war, an dem die Letzte Wirklichkeit mit der sichtbaren Welt zusammentrifft; dort begann er mit der Niederschrift seines umfassendsten Werks, *Al-futuhat al-makkiya* (*Die Enthüllungen von Mekka*). Er lebte einige Zeit im Seldschukensultanat Anatolien und ließ sich danach in Damaskus nieder, wo er starb. Sein Grab auf dem Berg Qasiyun, der im Westen der Stadt aufragt, wurde zu einer Pilgerstätte.

Im *Futuhat* und in anderen Arbeiten versuchte er eine Vision des Universums als einen endlosen Strom der Existenz, die vom und zum göttlichen Wesen fließt, in Worte zu fassen. Das primäre Symbol dieses Stroms war das Licht. Der Vorgang ließ sich in einem seiner Aspekte als das Überfließen der Liebe Gottes sehen, als das Verlangen des Notwendigen Seienden, sich durch die Rückspiegelung Seines Wesens selbst zu erkennen. Eine häufig von Autoren des Sufismus zitierte Tradition des Propheten sagte dazu: »Ich war ein verborgener Schatz, und es war mein Verlangen, bekannt zu sein, deshalb erschuf ich die Geschöpfe, damit ich bekannt werde.«[6]

Die Erschaffung erfolgte durch die Manifestation des Wesens Gottes durch Seinen Namen oder Seine Eigenschaften. Die Namen ließen sich in drei Aspekten sehen: an sich als Teil der Essenz des göttlichen Seins, als ewige Archetypen oder Formen; und sie waren in bestimmten und begrenzt existierenden Wesen verwirklicht. In ihrer wirkenden Form waren die Namen als Herren bekannt. Sie manifestierten sich in Bildern, die die kreative Imagination Gottes hervorbrachte; und konkrete Wesen waren eine Verkörperung dieser Bilder.

Alle geschaffenen Dinge waren deshalb Manifestationen bestimmter Namen durch die Vermittlung von Bildern, und der Mensch war fähig, sie alle zu manifestieren. Die Vorstellung von einem privilegierten Status der Menschen stand in Verbindung mit dem Bund (*mithaq*), den Gott laut Koran vor der Erschaffung der Welt mit den Menschen geschlossen hatte. Ibn Arabi und andere Autoren nennen den Archetypus, durch den der Mensch geschaffen wurde, das »Licht Muhammads« oder die »Wahrheit Muhammads«. Dies war der »klare Spiegel«, in dem das göttliche Sein sich ganz widergespiegelt sehen konnte. In gewisser Weise waren demnach alle Menschen vollkommene Manifestationen Gottes, aber in anderer Hinsicht war das nur ein Vorrecht bestimmter Menschen. Ibn Arabis Idee des »vollkommenen Menschen« (*al-insan al-kamil*) wurde von al-Dschili (gest. *ca.* 1428), einem seiner Anhänger, weiterentwickelt. Ein vollkommener Mensch manifestiert im höchsten Maße das Wesen Gottes; er ist im höchsten Maße nach Seinem Bilde geschaffen; er ist eine sichtbare Verkörperung des ewigen Urbildes, des »Lichtes Muhammads«.

Die Propheten sind privilegierte Menschen, und sie manifestieren die Namen Gottes; in *Fusus al-hikam* (*Perlen der Weisheit*) zählte Ibn Arabi die Kette der Propheten von Adam bis Muhammad auf und erklärte, für welchen göttlichen Namen jeder von ihnen stand. Muhammad, das Siegel der Propheten, war die vollkommenste dieser prophetischen Manifestationen. Es gab jedoch auch Heilige, die durch Askese und den Erwerb inneren Wissens (*ma'rifa*) zu Spiegeln werden konnten, die das Licht Gottes zurückwarfen. Propheten waren auch Heilige, aber Heilige nicht immer Propheten, denn es war nicht ihre besondere Aufgabe, die Offenbarung der Wahrheit oder eines Gesetzes zu verkünden. Es gab eine unsichtbare Hierarchie der Heiligen, die die Ordnung der Welt aufrechterhielten, und an ihrer Spitze stand ein »Pol« (*qutb*) für jedes Zeitalter. (Ibn Arabi sah sich eindeutig als einen *qutb*, ja sogar als das Siegel oder den vollkommensten Heiligen.)

Wer *ma'rifa* besaß, mußte trotzdem wie der gewöhnliche, nicht erleuchtete Mensch in den Grenzen des von einem Propheten offenbarten Gesetzes leben. Ibn Arabi war ein Vertreter der zahiritischen Schule, der strikten und buchstabengetreuen Interpretation des in Koran und Hadith enthüllten Gesetzes. Er vertrat jedoch die Ansicht, daß alle Offenbarungen durch Propheten und Gesetzgeber die eine Wirklichkeit offenbarten, und erklärte: Alle Menschen beten in unterschiedlicher Form den einen Gott an.

Das Ausströmen von Gott kann in einem anderen Aspekt als Einströmen in Gott betrachtet werden; Lebewesen sind Spiegel, die die Erkenntnis Gottes auf Ihn zurückwerfen; der Abstieg der Wesen vom Notwendigen Sein ist auch ein Aufstieg zu Ihm. Der Pfad des Aufstiegs, den die *ma'rifa* erhellt, führt über mehrere Stufen, über dauerhafte Fortschritte in der geistigen Entwicklung. Es sind Stufen der Selbsterkenntnis: »Wer sich selbst erkennt, erkennt seinen Herrn.« Auf dem Weg erreicht er vielleicht die Urbilder, das sind wahrnehmbare Manifestationen des Namen Gottes in der Zwischenwelt der Bilder (*alam al-mithal*). Darüber hinaus wird ihm vielleicht eine Vision Gottes zuteil, in der der Schleier einen Augenblick gelüftet wird und Gott sich dem Suchenden zeigt. Eine solche Vision hat zwei Momente: Der Suchende ist sich im Glanz der Vision Gottes (*fana*) seiner Persönlichkeit und der anderer Wesen nicht mehr bewußt, und er sieht Gott in Seinen Geschöpfen (*baqa*), lebt und bewegt sich unter ihnen, bleibt sich aber dessen bewußt, daß es sich um eine Vision handelt.

In seinen Versuchen, die in den Momenten der Vision enthüllte Wirklichkeit des Universums zu beschreiben, benutzt Ibn Arabi den Ausdruck *wahdat al-wudschud* (Einheit des Seins oder der Existenz); später gab es viele Kontroversen um die richtige Auslegung. Man konnte die »Einheit des Seins« so deuten, daß nichts außer Gott existiert, daß alles andere entweder unwirklich oder Teil Gottes ist. Man konnte sie jedoch auch auf die unter Philosophen übliche Unterscheidung zwischen dem notwendigen Seienden und dem kontingenten Seienden beziehen, und das bedeutete: Gott allein ist das notwendige Seiende und existiert durch Seine eigene Natur; alle anderen Wesen verdanken ihre Existenz dem Schöpfungsakt oder einem Vorgang der Emanation. Die »Einheit des Seins« konnte sich jedoch auch auf die kurzen Erfahrungen der Vision beziehen, in denen der Suchende im Wahrnehmen der Manifestation Gottes sich selbst vergißt. Dann ist er in Gott, oder Gott ist in ihm und ersetzt vorübergehend die menschlichen Eigenschaften durch Seine Eigenschaften.

Bei dieser Auslegung wäre es schwierig, die Idee von *wahdat al-wudschud*, mit der zwischen Gott und Seinen Geschöpfen bestehenden Trennung, mit dem unendlich großen Abstand zwischen den Geschöpfen und Gott in Einklang zu bringen, die der Koran klar und deutlich zu lehren scheint. Ein Wissenschaftler hat eine große Zahl kritischer Arbeiten zusammengestellt, die in späteren Zeiten über Ibn Arabi geschrieben wurden. Im großen und ganzen halten sich jene, die seine Grundauffassung als unvereinbar mit der Wahrheit des Islam ablehnen, mit denen, die Ibn Arabi verteidigen, die Waage. Theologen und Rechtsgelehrte haben zahlreiche *fatwa* dazu verfaßt, meist, aber nicht immer, um ihm zu widersprechen.[7] Die bemerkenswerteste Rechtfertigung seiner Lehre stammt von dem osmanischen Sultan Selim I. (1512–20), der nach der Eroberung Syriens im Jahre 1516 Ibn Arabis Grab in Damaskus restaurierte. Aus diesem Anlaß veröffentlichte Kamal Pascha-zade (1468/9–1534), ein berühmter osmanischer Gelehrter, eine *fatwa*, die ihn verteidigte. Selbst unter Sufi-Meistern blieb das Werk von Ibn Arabi umstritten. Einige Sufi-Orden sahen in seinem Werk einen gültigen Ausdruck der *ma'rifa*, die das Ziel ihrer Suche war; die Schadhiliten des Maghreb und die Naqschbandi im Osten der muslimischen Welt dagegen zogen das eher in Zweifel.

Ibn Taimiya und die hanbalitische Tradition

Der sunnitische Islam besaß keine maßgebliche Lehrmeinung, die von der Macht eines Herrschers gestützt wurde; durch seine Geschichte zieht sich eine Denkrichtung, die Philosophen und Theosophen feindlich und den Versuchen des *kalam*, die Wahrung des Glaubens rational zu verteidigen, distanziert gegenüberstand.

Die philosophische Tradition, die sich auf die Lehre von Ibn Hanbal gründete, blieb in den muslimischen Kernländern lebendig – ganz besonders in Bagdad und Damaskus. Alle, die ihre geistige Herkunft von Ibn Hanbal ableiteten, waren trotz vieler Meinungsverschiedenheiten vereint in ihrem Bemühen, die in ihren Augen wahre islamische Lehre zu bewahren, die sich streng an die Offenbarungen Gottes durch den Propheten Muhammad hielt. Für sie war Gott der Gott von Koran und Hadith, der in Seiner Wirklichkeit, die Er offenbart hatte, anerkannt und verehrt werden mußte. Der wahre Muslim besaß den Glauben: Er erkannte den geoffenbarten Gott nicht nur an, sondern handelte im Einklang mit Gottes geoffenbartem Willen. Alle Muslime bildeten eine Gemeinschaft, die geeint bleiben sollte; niemand sollte ausgeschlossen werden, außer denen, die sich selbst ausschlossen durch ihre Weigerung, die Vorschriften der Religion zu befolgen oder durch die Verbreitung von Doktrinen, die mit den durch die Propheten verkündeten Wahrheiten unvereinbar waren. Innerhalb der Gemeinde sollten Kontroversen und Spekulationen, die zu Meinungsverschiedenheiten und Konflikt führen konnten, vermieden werden.

Im Syrien des dreizehnten Jahrhunderts, das unter der Mamlukenherrschaft stand, wurde dieser Tradition durch die mächtige Stimme eines Einzelnen Ausdruck verliehen. Es war Ibn Taimiya (1263–1328). Er war in Nordsyrien geboren, verbrachte den größten Teil seines Lebens in Damaskus und Kairo; dort sah er sich mit einer neuen Lage konfrontiert. Die Mamlukensultane und ihre Soldaten waren sunnitische Muslime. Aber viele waren erst kurz und nur oberflächlich zum Islam übergetreten; es schien notwendig, sie an die Bedeutung ihres Glaubens zu erinnern. In der Gemeinde waren seiner Meinung nach gefährliche Irrtümer weit verbreitet. Bei manchen handelte es sich um die Sicherheit des Staates, zum Beispiel Vorstellungen, wie sie die Schiiten und andere Dissidentengruppierungen vertraten, andere konnten den Glauben der Gemeinde beeinträchtigen wie die Ideen von Ibn Sina und Ibn Arabi.

Ibn Taimiya hielt es für seine Mission, solchen Gefahren den Mittelweg der Hanbaliten entgegenzustellen; er war daher kompromißlos in der Bejahung der Prinzipien der geoffenbarten Wahrheit, aber tolerant gegenüber Abweichungen innerhalb der Gemeinschaft jener, die diese Wahrheit anerkannten:

> Der Prophet hat gesagt: »Der Muslim ist der Bruder des Muslim« [...] Wie kann es dann der Gemeinschaft Muhammads erlaubt sein, sich in so unterschiedliche Meinungen zu spalten, daß ein Mann ausschließlich auf Grund von Mutmaßungen und ohne einen Beweis von Gott zu erhalten, sich einer Gruppe anschließen und eine andere hassen kann? [...] Einheit ist ein Zeichen göttlicher Gnade, Zwietracht ist eine Strafe Gottes.[8]

Gott war einer und viele, das heißt, einer in Seiner Essenz, viele in Seinen Eigenschaften, die so anzuerkennen waren, wie der Koran sie beschrieb. Seine für das menschliche Leben wesentlichste Eigenschaft war Sein Wille. Er hatte durch einen Willensakt alle Dinge aus dem Nichts geschaffen und sich den Menschen enthüllt durch die Äußerung Seines Willens in den Schriften, die der mit Muhammad endenden Kette von Propheten geoffenbart worden waren. Er war Seinen Geschöpfen gleichzeitig unendlich fern und nahe, Er wußte Einzelheiten ebenso wie Allgemeines, sah die innersten Geheimnisse der Herzen und liebte jene, die Ihm gehorchten.

Das menschliche Leben sollte im Dienste Gottes unter der Führung des Propheten, durch die Annahme Seines geoffenbarten Wortes und in aufrichtiger Übereinstimmung mit dem durch das göttliche Wort implizierten menschlichen Ideal geführt werden. Wie sollte der Wille Gottes interpretiert werden? Wie Ibn Hanbal blickte Ibn Taimiya dabei zuerst auf den strikt und wortgetreu verstandenen Koran, dann auf den Hadith, danach auf die Gefährten des Propheten, deren übereinstimmende Meinung soviel Gültigkeit besaß wie der Hadith. Darüber hinaus war die Erhaltung der Wahrheit abhängig von der Übermittlung des religiösen Wissens durch die Gesamtheit der engagierten und gebildeten Muslime. Es bestand das anhaltende Bedürfnis nach *idschtihad* der dazu befähigten Personen, die sie mit einer gewissen Flexibilität anwenden durften und gewisse Handlungen billigten, die von der *schari'a* nicht unbedingt zur Auflage gemacht wurden, die jedoch nützlich waren – vorausgesetzt, die *schari'a* verbot sie nicht. Ibn Taimiya hielt jene, die *idschtihad* anwandten, nicht für eine autoritative Körperschaft; der Konsens der Gelehrten einer Zeit hatte ein bestimmtes Gewicht, konnte jedoch nicht als unfehlbar angesehen werden.

Seine Version des Islam stand im Gegensatz zu einigen von Ibn Sina vertretenen Ideen: Das Universum ist nicht durch Emanationen, sondern durch einen Akt göttlichen Willens aus dem Nichts geschaffen worden; Gott kennt die Menschen in ihrer Besonderheit; sie erkennen Ihn nicht durch den Gebrauch ihrer Vernunft, sondern weil Er sich ihnen offenbart. Ibn Taimiya widersprach Ibn Arabis Vorstellungen noch schärfer, denn sie stellten die Gemeinschaft als Ganzes vor noch schwerwiegendere und drängendere Probleme. Ihm fiel es wie anderen Hanbaliten nicht schwer, die Existenz von Heiligen oder »Freunden Gottes« anzuerkennen. Denn für ihn waren sie Menschen, denen Gott Wahrheiten durch Inspiration enthüllt hatte, nicht aber durch die Übertragung einer prophetischen Mission. Sie konnten göttliche Gnaden empfangen, durch die sie scheinbar die gewohnten Grenzen menschlichen Handelns überschritten. Solche Männer und Frauen sollte man achten, aber ohne äußere Formen der Verehrung – also kein Aufsuchen ihrer Gräber und keine dort verrichteten Gebete. Das sufische Ritual des *dhikr*, die Wiederholung des Namens Gottes, war eine gültige Form der Anbetung, im Wert jedoch dem rituellen Gebet und der Rezitation des Korans, unterlegen. Die spekulative Theosophie, durch die Ibn Arabi und andere die mystische Erfahrung deuteten, lehnte Ibn Taimiya grundsätzlich ab und erklärte: Der Mensch ist nicht die Manifestation des göttlichen Lichtes, sondern ein geschaffenes Wesen. Er kann nicht im Wesen Gottes aufgehen; der Gehorsam gegenüber dem geoffenbarten Willen Gottes ist der einzige Weg, auf dem man Gott näherkommen kann.

Ibn Taimiya spielte eine wichtige Rolle in der muslimischen Gesellschaft seiner Zeit, und seine Auslegung der hanbalitischen Tradition blieb nach seinem Tod ein Element der religiösen Kultur in den muslimischen Kerngebieten. Aber insgesamt waren seine Thesen nur unterschwellig vorhanden, bis im achtzehnten Jahrhundert eine religiöse Strömung mit politischen Implikationen sich wieder an ihn erinnerte. Es war die Bewegung der Wahhabiten, die zur Gründung des saudischen Staates in Zentralarabien fuhrte. Trotz des eklatanten Widerspruchs zwischen Ibn Taimiyas Sicht des Islam und der Auslegung von Ibn Arabi ermöglichte die große Toleranz der sunnitischen Gemeinschaft ein Nebeneinander beider Auffassungen, und manche Muslime waren sogar in der Lage, beide Richtungen miteinander in Einklang zu bringen. Ein Gelehrter hat sein Zusammentreffen mit einer Gruppe der Naqschbandi in Aleppo beschrieben, die die Werke von Ibn Arabi und Ibn Taimiya studierten. Ibn Taimiya, so erklärten sie, war der *imam* der *schari'a*, Ibn Arabi der *imam* der *haqiqa*, der Wahrheit, nach der die Suchenden auf dem Pfad der Sufis strebten. Der ideale Muslim sollte in der Lage sein, diese beiden Aspekte der islamischen Wirklichkeit in sich zu vereinen.[9]

Die Entwicklung der Schia

Inmitten der Mehrheit arabischer Muslime der sunnitischen Glaubensrichtung lebten, manchmal im Konflikt, manchmal im Frieden mit ihnen, Gemeinden der »Zwölfer-Schia«. Sie entwickelten allmählich eine eigene Version dessen, was in der Vergangenheit geschehen war und was hätte geschehen sollen. Sie unterstützten den Anspruch Alis und seiner Nachfahren und verurteilten die drei ersten Kalifen, die für sie Usurpatoren waren. Aus schiitischer Sicht gab es keine Übereinstimmung zwischen der äußeren Geschichte der Muslime – das war die Geschichte der politischen Macht – und der wahren inneren Geschichte.

Für die Schiiten war die innere Geschichte die Geschichte der Pflege und der Überlieferung der geoffenbarten Wahrheit durch die Linie der Imame. Nach der Theorie des Imamats, die sich ab dem zehnten Jahrhundert allmählich entwickelte, hatte Gott zu allen Zeiten die *imama* als Seinen Beweis (*huddscha*) in die Welt gestellt. Der *imam* sollte als Bevollmächtigter Gottes die Wahrheiten der Religion lehren und nach den Prinzipien der Gerechtigkeit über die Menschheit herrschen. Die Imame waren Nachfahren des

Propheten durch seine Tochter Fatima und ihren Ehemann Ali, den ersten *imam*; jeder *imam* wurde von seinem Vorgänger ernannt, jeder war in seiner Auslegung der *sunna* des Propheten unfehlbar; und durch das geheime, von Gott geschenkte Wissen waren sie alle frei von Sünde.

Nach Überzeugung der Anhänger der schiitischen Hauptströmung war die Linie der Imame mit dem zwölften, dem 874 verschwundenen Muhammad, zu Ende gegangen. Dieses Ereignis bezeichnete man als die »kleinere Verborgenheit«, denn man glaubte eine Reihe von Jahren, der verborgene *imam* halte durch seinen Stellvertreter Verbindung zu den Gläubigen. Darauf folgte die »große Verborgenheit«, mit der die regelmäßige Verbindung endet; der verborgene *imam* war nur noch gelegentlich zu sehen, wenn er flüchtig in Träumen oder Visionen auftauchte. Am Ende der Zeit, so glaubten die Schiiten, würde der *imam* zurückkehren und die Herrschaft der Gerechtigkeit einleiten; bei dieser Wiederkehr würde er der *mahdi* sein, der »Geführte« (dieser Begriff hatte im schiitischen Denken eine präzisere Bedeutung als in der populären sunnitischen Tradition).

Man war sich jedoch darüber im klaren, daß bis zum Erscheinen des *imam* die Menschheit eine Führung brauchte. Manche Schiiten hielten den Koran und den Hadith, wie sie von den Imamen überliefert und ausgelegt worden waren, für ausreichend; andere vertraten jedoch die Ansicht, es bestehe immer die Notwendigkeit einer Deutung und Führung. Ab dem dreizehnten Jahrhundert blickten sie dabei auf Gelehrte (*mudschtahid*), die durch Verstand, Charakter und Bildung befähigt waren, das Glaubensgut durch diskursives Denken (*idschtihad*) zu interpretieren. Sie waren nicht unfehlbar und nicht direkt von Gott geleitet, sondern interpretierten die Lehre der Imame nur nach bestem Wissen; jede Generation brauchte neue Gelehrte; und gewöhnliche Muslime waren verpflichtet, die Lehren der Mudschtahids ihrer Zeit zu befolgen.

Es entwickelte sich mit der Zeit eine rationale Theologie, die den Glauben der schiitischen Muslime erläuterte und rechtfertigte. Die frühen Schiiten waren offenbar Traditionalisten, aber am Ende des zehnten Jahrhunderts erklärte al-Mufid (*ca.* 945–1022), die geoffenbarten Wahrheiten sollten durch *kalam* oder dialektische Theologie verteidigt werden, und al-Murtada (966–1044), einer seiner Schüler, vertrat den Standpunkt, die Wahrheiten der Religion könnten durch Vernunft bewiesen werden. Seit dieser Zeit enthielt die am weitesten verbreitete schiitische Lehre Elemente der mutazilitischen Schule.

Spätere schiitische Denker übernahmen Elemente neuplatonischer Theorien in ihr Denksystem, denen Ibn Sina und andere eine islamische Prägung gegeben hatten. Muhammad, Fatima und die Imame waren für sie Verkörperungen der Intelligenzen, durch die das Universum geschaffen worden war. In den Imamen sah man geistige Führer auf dem Weg zur Gotteserkenntnis. Für die Schiiten nahmen sie die gleiche Stellung ein wie für die Sunniten die »Freunde Gottes«.

Derselbe Grundsatz, daß nämlich die menschliche Vernunft in allen Glaubensfragen herangezogen werden mußte, führte zu der Entwicklung einer schiitischen Rechtsschule. Sie war das Werk einer Gruppe Gelehrter im Irak. Zwei Gelehrte, die als al-Muhaqqiq (1205–77) und al-Allama al-Hilli (1250–1325) bekannt sind, traten dabei besonders in Erscheinung. Ihr Werk wurde von Muhammad ibn Makki al-Amili (1250–1325) fortgeführt, der auf Grund seines gewaltsamen Todes in Syrien als der »erste Märtyrer« gilt. Die schiitischen Rechtsprinzipien wurden zum größten Teil von den Sunniten übernommen, aber es gab einige bedeutsame Unterschiede, die mit der typisch schiitischen Sicht der Religion und der Welt zusammenhingen. Die Schiiten erkannten nur die Hadithe des Propheten an, die von Mitgliedern seiner Familie übermittelt worden waren; Hadithe mit Aussagen der Imame hatten den gleichen Stellenwert wie die des Propheten, obwohl sie den Koran oder einen *hadith* des Propheten nicht außer Kraft setzten konnten. Dem Konsens der Gemeinschaft kam nicht die gleiche Bedeutung wie bei den Sunniten zu; wenn es einen unfehlbaren *imam* gab, war der *idschma* der um den *imam* gescharten Gemeinde der einzig gültige. *Aql*, die Vernunft, nahm eine wichtige Stellung als Quelle des Gesetzes ein. Sie durfte aber nur verantwortungsbewußt von jenen herangezogen werden, die dazu befähigt waren.

Durch das Werk einer Reihe Mudschtahids über die Quellen entstand schließlich ein schiitischer Rechtskanon, der sich in mancher Hinsicht von dem der vier sunnitischen Schulen unterschied. Darin gestattete man eine bestimmte Form der zeitlich begrenzten Ehe, in der die beiden Partner nicht die gleichen Rechte und Pflichten wie in der Dauerehe hatten. Auch die Bestimmungen zum Erbrecht unterschieden sich von dem Erbrecht der Sunniten. Gewisse Punkte blieben unter den Gelehrten umstritten, besonders die Pflichten der Schiiten gegenüber denen, die in Abwesenheit des *imam* die Welt regierten. Man konnte ihnen keine rechtmäßige Autorität in dem Sinne zubilligen, wie die Imame sie besaßen, aber: War es legitim, ihnen Steuern zu bezahlen oder in ihre Dienste zu treten, wenn sie ihre Macht zur Aufrechterhaltung von Recht und Gesetz gebrauchten? Waren die Freitagsgebete und die Predigt in Abwesenheit des *imam* gültig? Konnte zum *dschihad* aufgerufen werden, und wenn ja, von wem? Rechtsgelehrte argumentierten, Mudschtahids könnten den *dschihad* ausrufen und auch *zakat*, die vorgeschriebenen Almosen, erheben und verteilen.

Diese Aufgabe verschaffte ihnen eine gewisse unabhängige soziale Rolle und machte ihre Integrität zu einer Angelegenheit der ganzen Gemeinschaft.

Spätestens seit dem zehnten Jahrhundert waren die Gräber der Imame das Ziel von Pilgern. Vier waren in Medina begraben, sechs im Irak – in Nadschaf (dort befand sich das Grab von Ali) und Kerbela (das Grab von Husain), Kazimain und Samarra – und eines in Meschhed in Chorasan. Um die Schreine entstanden Schulen, Herbergen und Friedhöfe, auf denen Schiiten begraben wurden. Auch die Gräber der Kinder der Imame, der Gefährten des Propheten und berühmter Gelehrter wurden von den Gläubigen verehrt.

Man sollte jedoch keine zu strenge Unterscheidung zwischen sunnitischen und schiitischen Kultstätten machen, denn Sunniten wie Schiiten pilgerten nach Mekka und besuchten das Grab des Propheten in Medina. Schiiten fanden sich an den Gräbern von Sufi-Heiligen ein, und an manchen Orten verehrten die Sunniten die Imame und ihre Familien. Das Grab in Kairo, in dem angeblich der Kopf des Imam Husain lag, war ein Zentrum der Volksfrömmigkeit.

Ein jährliches Fest hatte jedoch für die Schiiten eine besondere Bedeutung: die *aschura*, die Erinnerung an die Schlacht von Kerbela am zehnten Tag des Monats Muharram im Jahre 680 n. Chr., in der der Imam Husain den Tod gefunden hatte. Für die Schiiten war es eines der bedeutendsten Ereignisse in der Geschichte des Islam. An diesem Tag war der sichtbare Lauf der Welt von dem Weg abgewichen, den Gott vorherbestimmt hatte. Husains Tod wurde als Martyrium gesehen, als freiwilliges Opfer zum Wohl der Gemeinschaft und als ein Versprechen, daß Gott am Ende die richtige Ordnung der Dinge wiederherstellen werde. An diesem Tag trugen die Schiiten Zeichen der Trauer, und in den Moscheen wurde in Predigten von Husains Opfer berichtet und seine Bedeutung erläutert. Zu einer bestimmten Zeit wurde aus der Erzählung von Husains Tod eine dramatische Darstellung.

Schon früh in der Entwicklungsgeschichte des Schiismus hatte die Verehrung der Imame die Tendenz, aus ihnen mehr als nur Menschen zu machen; sie waren sichtbare Manifestationen des göttlichen Geistes, und man glaubte an eine verborgene Wahrheit hinter der klaren äußerlichen Bedeutung des Korans. Solche Ideen wurden von den Fatimiden während ihrer Herrschaft über Ägypten und Syrien gefördert. Die Glaubensvorstellungen der Ismailiten, der schiitischen Sekte, aus der die Fatimiden hervorgingen oder der anzugehören sie behaupteten, wurden später überdeckt von einer Lehrmeinung, die Gelehrte unter dem Patronat der Fatimiden entwickelten und die dank der fatimidischen Macht Verbreitung fand.

Die von den Fatimiden begünstigte Doktrin legitimierte ihre Behauptung, das Imamat sei von Dscha'far as-Sadiq auf seinen Enkel Muhammad als den siebten und den letzten sichtbaren *imam* seiner Linie übergegangen. Um diese Ansicht zu rechtfertigen und zu erklären, wurde eine Definition des Wesens des *imam* vorgelegt, die auf einer bestimmten Sicht der Geschichte basierte. Während ihrer gesamten Geschichte, so wurde behauptet, brauche die Menschheit einen von Gott geleiteten, sündenlosen Lehrer, und es gab sieben Zyklen solcher Lehrer. Jeder Zyklus begann mit einem Herold (*natiq*); er verkündete der Welt die Wahrheit; ihm folgte ein Interpret (*wasi*), der den wenigen Auserwählten die innere Bedeutung der Enthüllung des Boten erklärte. Hinter den äußeren Formen aller Religionen stand die Auffassung: Gott ist der Eine und jenseits menschlicher Erkenntnis; von Ihm geht die universelle Intelligenz aus, die die Formen aller erschaffenen Wesen enthält; diese Formen nehmen durch einen Vorgang der Emanation Gestalt an. Jedem *wasi* folgt eine Reihe von sieben Imamen; der letzte ist der Bote des nächsten Zeitalters. Der *natiq* des siebten und letzten Zeitalters wird der erwartete *mahdi* sein und allen Menschen die innere Wahrheit enthüllen. Dann endet die Zeit des äußeren Gesetzes, und die Zeit der unverhüllten Kenntnis der Natur des Universums wird beginnen.

Eine Zeitlang war die von den Fatimiden geförderte Richtung der Schia weit verbreitet, allerdings mehr in Syrien als in Ägypten oder dem Maghreb. Mit dem Zerfall der fatimidischen Macht und ihrer Verdrängung durch die Aiyubiden nahmen die isma'ilitischen Gemeinden ab; sie bestanden jedoch weiterhin im nordsyrischen Küstengebirge, im Jemen und im Iran. In den Bergen Nordsyriens gab es unter ihnen Gemeinden zweier anderer schiitischer Gemeinschaften. Die Drusen folgten der Lehre von Hamza ibn Ali; er hatte die ismailitische Vorstellung von den Imamen als Verkörperung der von dem einen Gott emanierenden Intelligenzen weitergeführt und lehrte, der eine Gott sei den Menschen gegenwärtig und habe sich schließlich in dem fatimidischen Kalifen al-Hakim (996–1021) inkarniert, der menschlichen Blicken entzogen war, aber zurückkommen werde. Die andere Gemeinschaft, die Nusairier, führte ihre Entstehung auf Muhammad ibn Nusair zurück, der gelehrt hatte, daß der eine Gott nicht beschreibbar sei, von ihm aber eine Hierarchie von Wesen emaniere, und Ali sei die Verkörperung des höchsten dieser Wesen (daher der Name Alawiten, unter dem sie auch bekannt waren).

Weniger klar waren die Ursprünge zweier Gemeinschaften, die hauptsächlich im Irak zu finden waren. Die Religion der Yaziden im Norden schloß Elemente des Christentums und des Islam ein. Sie glaubten, die

Welt sei von Gott geschaffen, werde aber von einer Hierarchie untergeordneter Wesen erhalten, und die Menschen erreichten im Laufe vieler Leben Vollkommenheit. Die Mandäer im Südirak bewahrten Reste alter religiöser Traditionen. Nach ihrem Glauben stieg die Seele durch die innere Erleuchtung auf bis zur Wiedervereinigung mit dem höchsten Wesen; ein wichtiger Bestandteil ihrer Religion war die Taufe als ein Vorgang der Reinigung.

Solche Gemeinschaften waren abgeschnitten von den Quellen des Reichtums und der Macht in den großen Städten und erregten meist das Mißtrauen, wenn nicht sogar die Feindschaft sunnitischer Herrscher. Deshalb zogen sie sich zurück und entwickelten religiöse Praktiken, die sich von denen der Mehrheit unterschieden. Doktrin und Gesetze der Ibaditen und Zaiditen unterschieden sich nicht sehr von denen der Sunniten, doch bei den Drusen und Nusairiern erreichten sie einen Punkt, an dem die sunnitischen Gelehrten sie bestenfalls am Rand des islamischen Glaubens ansiedelten; unter den Mamluken wurden sie zeitweise verfolgt. Sie hatten ihre eigenen Gebetsstätten, die sich von denen der Sunniten und Schiiten unterschieden: die schlichte *chalwa* der Drusen, die auf einem Hügel über einem Dorf oder einer Stadt lag und in der fromme und gelehrte Männer in Abgeschiedenheit lebten, oder die *madschlis* der Ismailiten. Das Wissen wurde von Religionsgelehrten in Schulen oder in ihren Häusern weitergegeben; bei Abwesenheit der Imame waren sie die moralischen Autoritäten ihrer Gemeinschaft.

Jüdische und christliche Gelehrsamkeit

Bis zum Beginn der Neuzeit lagen die wichtigsten Zentren jüdischen Lebens und jüdisch-religiöser Kultur in Ländern unter muslimischer Herrschaft. Die meisten Juden gehörten der Hauptströmung des jüdischen Glaubens an, die die Autorität des Talmuds anerkannte, den in Babylonien oder dem Irak entstandenen Kanon der Interpretationen und Diskussionen jüdischen Gesetzes. Es gab allerdings auch kleinere Gemeinschaften. Für die Karaiten war die Torah, die von Gott in der Schrift offenbarte Lehre, die einzige Quelle des Gesetzes, und jeder Gelehrte sollte sie selbst studieren; die Samaritaner hatten sich bereits im Altertum von der jüdischen Mehrheit gelöst.

Der Irak blieb in der Frühzeit des Islam auch weiterhin das Hauptzentrum jüdischer Religionswissenschaft. An den beiden Hochschulen im Irak wirkten die Gelehrten, die als Hüter der langen oralen Tradition des Judaismus galten und denen man aus der ganzen jüdischen Welt Fragen zur richtigen Auslegung der Lehre schickte. Mit dem Zerfall des Abbasidenreiches erlangten jedoch die in Kairo, Kairuan und den Städten des muslimischen Spanien als Zentren jüdischen Lebens entstandenen Schulen eine unabhängige Autorität.

Schon in frühislamischer Zeit übernahmen die Juden in Ländern mit Arabisch als Hauptsprache der Verwaltung und Bevölkerung dieses als Verkehrssprache, aber für liturgische und religiöse Zwecke benutzten sie weiterhin Hebräisch. Der Einfluß jüdischer Religions- und Rechtsvorstellungen auf die Entwicklung des Islam zu einem philosophischen System hatte Rückwirkungen auf den Judaismus. Es entwickelte sich eine stark von *kalam* und islamischer Philosophie beeinflußte jüdische Philosophie und Theologie. Unter dem Stimulus der Stile und Regeln arabischer Poetik erlebte in Andalus auch die hebräische weltliche und geistliche Dichtung eine Blüte. Mit dem Auftreten der Almohaden im zwölften Jahrhundert ging die Entfaltung jüdischer Kultur und jüdischen Lebens in Andalus jedoch zu Ende. Der größte Denker des mittelalterlichen Judentums, Musa ibn Maimun (Maimonides, 1135–1204) fand unter den Aiyubiden in Kairo größere Freiheit als im heimischen Andalus. Sein auf arabisch geschriebener *Führer der Unschlüssigen* enthält eine Interpretation der jüdischen Religion; seine anderen Werke in arabischer und hebräischer Sprache erläutern das jüdische Gesetz. Er war Leibarzt von Salah ad-Din und von dessen Sohn; sein Leben und Denken sind Beweise für die guten Beziehungen zwischen Muslimen und Juden von Bildung und Rang im Ägypten seiner Zeit. In den folgenden Jahrhunderten wurde die Distanz zwischen ihnen immer größer; und obwohl es in Kairo und anderen großen muslimischen Städten auch weiterhin reiche jüdische Kaufleute und jüdische Beamte in Machtpositionen gab, ging die schöpferische Periode der jüdischen Kultur in der Welt des Islam zu Ende.

Wie bei den Juden, so waren auch die Beziehungen zwischen Muslimen und Christen in der Frühzeit islamischer Herrschaft sehr fruchtbar. Zumindest im westlich von Iran gelegenen Teil der islamischen Welt stellten Christen immer noch die Mehrheit der Bevölkerung.

Mit dem Erstarken des Islam verbesserte sich die Lage der Nestorianer und der Monophysiten, denn der Islam befreite sie von Beschränkungen, denen sie unter byzantinischer Herrschaft ausgesetzt gewesen waren. Im Bagdad der Abbasidenkalifen war der nestorianische Patriarch eine bedeutende Persönlichkeit; und die Kirche, deren Oberhaupt er war, breitete sich bis nach Innerasien, ja sogar bis China aus. Der Islam entwickelte sich in einer weitgehend christlichen Umgebung, und christliche Gelehrte spielten eine wesentliche Rolle bei der Übertragung des griechischen und philosophischen Gedankenguts in die arabische Sprache. Die von den Christen gesprochenen und geschriebenen Sprachen blieben weiterhin in Gebrauch (Griechisch, Syrisch und Koptisch im Osten und Lateinisch in Andalus); manche Klöster waren wichtige Zentren des Denkens und der Gelehrsamkeit: Dair Za'faran im südlichen Anatolien, Mar Mattai im Nordirak und Wadi Natrun in der westägyptischen Wüste. Die Lage änderte sich jedoch im Laufe der Zeit. Die herrschende muslimische Minderheit wurde zur Mehrheit und entwickelte ein starkes, autonomes und selbstbewußtes Geistesleben. Die im ganzen Osten verbreitete nestorianische Kirche wurde durch die Eroberungen Timurs beinahe völlig ausgelöscht; im Maghreb verschwand das Christentum, und in Andalus führte die allmähliche Expansion der christlichen Staaten im Norden zu einer Zunahme der Spannungen zwischen Muslimen und Christen. In Andalus und in den östlichen Ländern, in denen Christen lebten – Ägypten, Syrien und Irak – gaben die meisten ihre eigenen Sprachen zugunsten von Arabisch auf. Aber das Arabische sollte auf sie nicht die gleiche inspirierende Wirkung haben wie bis in das neunzehnte Jahrhundert auf die jüdischen Gemeinden.

Die Beziehungen zwischen Muslimen, Christen und Juden mochten noch so eng und problemlos sein, sie trennte doch stets ein Abgrund von Unwissenheit und Vorurteilen. Sie hatten getrennte Gebetsstätten und ihre eigenen heiligen Plätze und Wallfahrtsorte. Es gab ein Jerusalem für die Juden, ein Jerusalem für die Christen und daneben die lokalen Gräber von Heiligen. Möglicherweise waren die Unterschiede jedoch in den Städten größer als auf dem Land. Dicht beieinander lebende Gemeinden vor allem in Regionen, in denen der Zugriff einer zentralistischen Regierung nicht direkt spürbar war, lebten oft in einer engen Symbiose, die auf gemeinsamen Bedürfnissen und gemeinsamer Abhängigkeit von einem lokalen Herrscher beruhte, dem sie die Treue hielten. Quellen, Bäume und Felsen, an denen man schon vor dem Aufkommen des Islam oder sogar des Christentums Fürbitte oder Heilung erfleht hatte, waren manchmal den Anhängern verschiedener Religionen heilig. Beispiele dafür hat man in moderner Zeit gefunden: in Syrien wurde *chidr*, der geheimnisvolle Geist, in dem man den Heiligen Georg sah, in Quellen und an anderen heiligen Plätzen verehrt; in Ägypten haben Kopten und Muslime gleichermaßen den Tag des heiligen Damianus gefeiert, der während der letzten Christenverfolgung im Römischen Reich den Märtyrertod gefunden hatte, und in Marokko nahmen Muslime und Juden gemeinsam an Feiern an den Gräbern jüdischer und muslimischer frommer Männer teil.

Kapitel 12

Höfische Kultur und Volkskultur

Herrscher und Bauten

Mit dem Zerfall des Abbasidenkalifats und schließlich seinem Ende verschwand die zentrale Instanz von Macht und Patronage, die das Entstehen einer universalen arabisch-islamischen Kultur ermöglicht hatte. Dichter, Theologen und Gelehrte waren unter den Abbasiden in Bagdad zusammengetroffen, und unterschiedliche Kulturen hatten sich vermischt, um etwas Neues hervorzubringen. Die politische Teilung der Länder des Kalifats brachte eine gewisse Zersplitterung von Energien und Begabungen mit sich, aber sie führte auch zum Aufstieg einer Reihe von Höfen und Hauptstädten, die jetzt Brennpunkte künstlerischen und geistigen Schaffens wurden. Dieser Vorgang führte zunächst nicht zu einer völligen Trennung der arabischen Völker. Inzwischen gab es eine gemeinsame Kultursprache; der Gedankenaustausch von Gelehrten und Schriftstellern zwischen den Städten hielt an und entwickelte sich. Im Laufe der Zeit nahmen jedoch die stilistischen und thematischen Unterschiede zu, die zwischen den wichtigen Regionen der arabisch-muslimischen Welt schon immer bestanden hatten. Sehr vereinfacht ausgedrückt, blieb der Irak in der iranischen Einflußsphäre; Syrien und Ägypten bildeten eine kulturelle Einheit, die Teile der arabischen Halbinsel und des Maghreb beeinflußte; und im fernen Westen entstand eine andalusische Zivilisation, die sich in vieler Hinsicht von der im Osten bestehenden unterschied.

Die andalusische Gesellschaft war eine fruchtbare Mischung unterschiedlicher Elemente: Muslime, Juden und Christen, Araber, Berber, autochthone Spanier und Glücksritter aus dem westlichen und östlichen Europa (die Saqaliba oder »Slawen«). Zusammengehalten wurde das Umaiyadenkalifat von Cordoba aus, und am Hof des Kalifen versammelte sich eine Elite andalusischer Familien arabischer Herkunft; es waren die Nachfahren früher Siedler, denen Ämter und Landbesitz Reichtum und

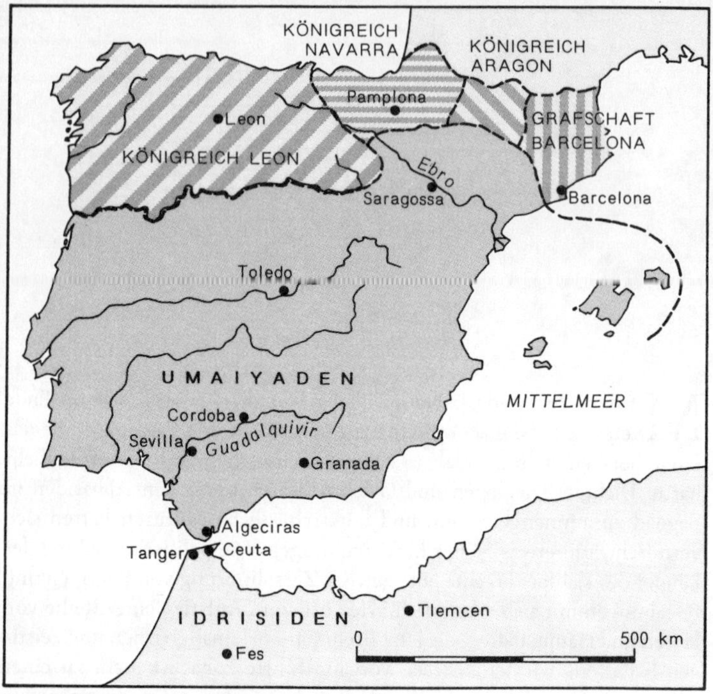

Das muslimische Spanien: Das Umaiyadenkalifat.

Einfluß gebracht hatten. Am Hof der späteren Umaiyaden und in seiner Umgebung entstand eine eigene Hochkultur. Theologen und Juristen gehörten hauptsächlich dem malikitischen *madhhab* (Schule) an, aber es gab auch Vertreter des zahiritischen *madhhab*, der eine streng buchstabengetreue Auslegung des Glaubens lehrte und später verschwand. Gelehrte und Beamte studierten Philosophie und Naturwissenschaften; die Macht der Herrscher und der Elite kam in prächtigen Bauwerken und in der Dichtkunst zum Ausdruck.

Diese Kultur blühte fortan an manchen Höfen der kleinen Fürstentümer, der *muluk at-tawa'if* oder »Parteienkönige«, in die das Umaiyadenkalifat zerfiel. Die Almoraviden brachten von den Wüstenrändern des Maghreb eine strenge religiöse Haltung mit. Sie befolgten das malikitische Gesetz und mißtrauten rationalen Theorien. Die Macht ihrer Nachfolger, der Almohaden, beruhte zum Teil auf dem Drang nach frommer Erneuerung. Sie legten den Nachdruck auf die Einheit Gottes und die Befolgung

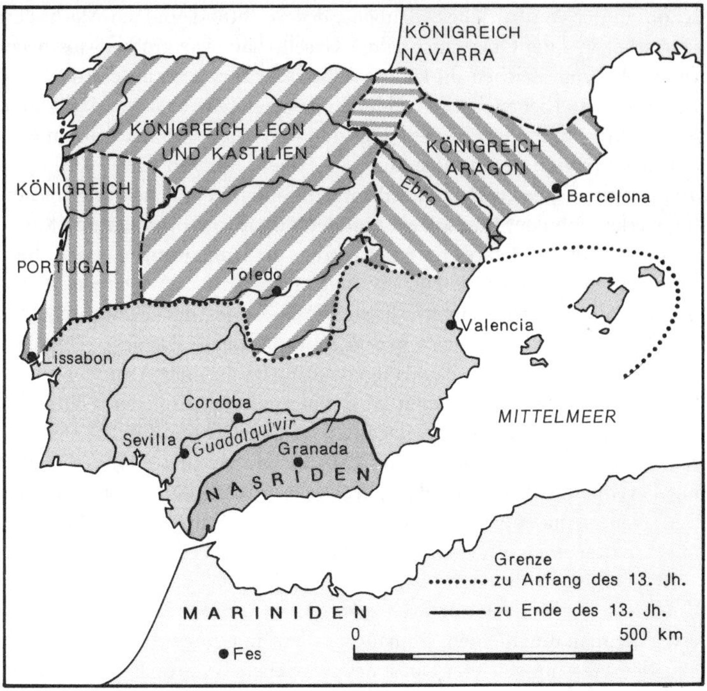

Die christliche Reconquista in Spanien.

des Gesetzes. Aber genährt wurde diese Richtung vom religiösen Denken der östlichen muslimischen Welt, wo Ibn Tumart, der Begründer dieser Dynastie, studiert hatte und wo sein Denken geformt worden war. Die seßhaften Berbervölker des Atlas verbreiteten diese Gedanken und brachten sie nach Andalus. Unter den Almohaden erlebte die andalusische Kultur ihre letzte große Zeit und in gewisser Hinsicht ihren Höhepunkt. In Ibn Ruschds Denken fand der philosophische Geist seinen vollkommensten Ausdruck in arabischer Sprache, und Ibn Arabi beeinflußte jahrhundertelang sufisches Denken in Ost und West. Nach dem Fall der Almohaden löschte die christliche Expansion ein Zentrum arabisch-muslimischen Lebens nach dem anderen aus, bis nur noch das Königreich Granada übrigblieb. Die von den Muslimen geschaffene Tradition lebte jedoch auf vielerlei Arten in den Städten des Maghreb weiter, vor allem in Marokko, wohin eine große Zahl Andalusier auswanderte.

Bauwerke, die dauerhaftesten Zeugnisse menschlichen Schaffens, waren schon immer Ausdruck des Glaubens, des Reichtums und der Macht der Herrscher und der Oberschicht einer Gesellschaft. Die großen Moscheen waren bleibende Zeichen, die frühe muslimische Herrscher in den eroberten Ländern hinterließen. Das Aufblühen lokaler Zentren von Macht und Reichtum während des Niedergangs der Abbasiden und nach ihrem Fall brachte auch eine Dezentralisierung des Bauens mit sich. Der Ausbau des *auqaf*-Systems, der frommen Stiftungen, förderte die Errichtung solcher Bauwerke: Schulen, Mausoleen, Spitäler, öffentliche Brunnen und Karawansereien für Kaufleute. Teilweise wurden die Einrichtungen von reichen Privatleuten finanziert, aber die größten Anlagen dieser Art gingen auf die Initiative der Herrscher zurück, die auch Paläste und Zitadellen bauten. Die Stadtzentren, von denen in Kairo und Tunis, in Aleppo, Damaskus und Fes noch Reste vorhanden sind, und Pilgerzentren wie Jerusalem waren weitgehend Schöpfungen der späteren Jahrhunderte dieser Ära. Kairo hatte die bedeutendsten und größten Anlagen in der Zitadelle und den Palästen der Mamluken, die auf einem flachen Ausläufer der Muqattamhügel standen, mit den Grabmoscheen der Sultane in den riesigen Friedhöfen außerhalb der Stadtmauern und mit Gebäudekomplexen wie der Sultan-Hasan-Moschee mit ihrer um einen Innenhof errichteten *madrasa*.

Im zehnten Jahrhundert stand die Grundform großer öffentlicher Gebäude fest. Die Moschee mit ihrem *qibla*, ihrem *mihrab* und den Minaretten erreichte man durch einen ummauerten Hof mit einem Brunnen für die rituellen Waschungen; der Palast des Herrschers war durch Mauern oder durch seine Lage von der Stadt getrennt; der Hof führte in Sälen und Pavillons inmitten von Gärten ein eigenes Leben. Bei den Bauwerken der Frühzeit kam der Fassade wenig Bedeutung zu; aber die Innenwände mit aufwendigem Schmuck pflanzlicher oder geometrischer Muster oder Inschriften kündeten von Macht oder Glauben. In späterer Zeit behielt man bei der Ausgestaltung der prächtigen Anlagen auch in weit voneinander entfernt liegenden Städten bis zu einem gewissen Grad denselben Stil bei. Von Bagdad bis Cordoba waren verputzte Mauern, Keramikkacheln oder geschnitztes Holzwerk mit Mustern oder Inschriften in arabischer Sprache kunstvoll verziert. In mancher Hinsicht entwickelten sich jedoch charakteristische Stile. Mit der Zeit legte man immer mehr Gewicht auf das Äußere, auf Fassaden, monumentale Eingänge, Kuppeln und Minarette. Architektur und Gestaltung wiesen deutliche Unterschiede auf. In den syrischen und ägyptischen Städten der Aiyubiden- und Mamlukenzeit waren die Fassaden mit Querbändern aus Steinen in alternierenden Farben verkleidet; das war der *ablaq*-Stil, ein römisches Erbe. Er kam über Syrien nach Ägypten und ist auch an italienischen Kirchen in Umbrien und der Toskana zu sehen. Die Kuppel gewann an Bedeutung; außen wurde sie mit geometrischen oder anderen Mustern in vielen Formen verziert; innen stellte der Übergang von der quadratischen Halle zur Kuppel ein Problem dar, das durch einen Stützbogen oder einen Pendentif gelöst wurde, den man oft dekorativ mit Stalaktiten versah.

Im fernen Westen der arabisch-muslimischen Welt dokumentiert die Große Moschee von Cordoba mit ihren vielen Schiffen, dem Schmuck aus behauenem Marmor und den charakteristischen Säulen – über geraden, runden Pfeilern wölbt sich ein Hufeisenbogen – einen neuen Stil. Die großen Moscheen in Andalus, Marokko, Algerien und Tunesien sind Denkmäler der Dynastien der Almoraviden und Almohaden. Die Qarawiyin-Moschee in Fes mit ihrem schmalen, langen Vorhof, den beiden symmetrisch plazierten Minaretten an seinen Enden, dem Gebetssaal mit den Säulenreihen parallel zu der Wand mit dem *mihrab* und den grünen Kacheln auf dem Dach war ein Bauwerk der Almoraviden und kann als Beispiel für diesen Stil gelten. Im Maghreb war das Minarett in vielen Fällen viereckig und hatte einen kleineren Kubus auf der oberen Plattform. Manchmal war das Minarett sehr hoch und auffällig, etwa die Giralda in Sevilla oder das Minarett der Kutubiya-Moschee in Marrakesch.

Das eindrucksvollste erhaltene Monument des andalusischen Stils ist keine Moschee, sondern ein Palast – die Alhambra in Granada. Sie entstand zum größten Teil im vierzehnten Jahrhundert und war nicht nur ein Palast, sondern eine von der tieferliegenden Stadt getrennte Königsstadt. Ihre Mauern umschließen einen ganzen Gebäudekomplex – außen Truppenunterkünfte und Befestigungen und im Mittelpunkt zwei Königshöfe: den Myrthenhof und den Löwenhof mit Wasserbecken, umgeben von Gartenanlagen und Gebäuden. An den Schmalseiten befinden sich prächtige Säle. Das Baumaterial sind Ziegelsteine, die reich mit Stuck oder Keramikkacheln mit Korantexten oder Zitaten aus eigens dafür geschriebenen Gedichten verziert sind. Das Wasser weist auf ein übliches Element des andalusischen und maghrebinischen Stils hin; darin kam die besondere Bedeutung des Gartens zum Ausdruck. In der Mitte eines Gartens befand sich ein Wasserlauf oder ein Springbrunnen, ihn umgaben eine rechteckige Gartenanlage und Pavillons; Blumen und Sträucher wurden sorgsam ausgewählt und als Blütenschmuck gepflanzt; die ganze Anlage war von hohen, verputzten Steinmauern umgeben.

Das wichtigste Schmuckelement der Gebäude waren die mit Kacheln, Stuck oder Holz verzierten Wände. In Palästen und Badehäusern befanden sich offenbar Wandmalereien mit Darstellungen von Jagdszenen oder Lustpartien; solche Motive wären in Moscheen undenkbar gewesen, denn die strenge religiöse Doktrin mißbilligte die Abbildung von Lebewesen und sah darin einen Versuch, die einzigartige Schöpferkraft Gottes nachzuahmen. Es gab keine Gemälde, um sie an die Wände zu hängen, aber Bücher durften illustriert werden. Es existieren Manuskripte von *Kalila wa Dimna* aus dem zwölften und dreizehnten Jahrhundert mit Darstellungen von Vögeln und Tieren; die Illustrationen der *maqamat* zeigen Alltagsszenen – die Moschee, die Bibliothek, der Basar, das Haus; in anderen Manuskripten sind wissenschaftliche Geräte abgebildet.

Die größte Rolle bei der Ausschmückung von Wohnhäusern und öffentlichen Gebäuden spielten Gegenstände aus Glas, Keramik und Metall, ihre Bedeutung lag nicht nur in ihrer Funktion oder der schönen Form, sondern in ihrer Eigenschaft als Medium für bildliche Darstellungen, die Symbole religiöser Wahrheiten oder großer Macht sein konnten: Bäume, Blumen, Worte, Tiere oder Herrscher. Das Material der frühen Keramiken war glasierter Ton; später wurden sie auch mit Lüsterglasur hergestellt. Man importierte blau-weißes chinesisches Porzellan, das ab dem vierzehnten Jahrhundert nachgeahmt wurde. Ägypten wurde zum Zentrum der Porzellanmanufaktur, aber nach der Zerstörung von Fustat im zwölften Jahrhundert wanderten die Kunsthandwerker nach Syrien und noch weiter in Richtung Osten aus. In Mosul, Damaskus, Kairo und anderen Orten des Inlandes wurden Gefäße aus Kupfer, Bronze und Messing getrieben. Für die Moscheen stellte man aufwendige Glasleuchter her.

Dichtung und Erzählung

Die Dichtung spielte in der Kultur der Herrscher und der Reichen eine große Rolle. Wo immer es Patrone gab, fanden sich Dichter, die sie priesen. Das Lob nahm oft eine bekannte Form an, die der *qasida*, wie sie die Dichter der Abbasidenzeit entwickelt hatten. In Andalus, an den Höfen und in der Umgebung der Umaiyaden und bei einigen ihrer Nachfolger entstanden neue poetische Formen. Die wichtigste war das *muwaschschah*; diese Form war am Ende des zehnten Jahrhundert aufgekommen und wurde nicht nur in Andalus, sondern auch im Maghreb über Jahrhunderte hinweg gepflegt. Das *muwaschschah* war ein strophisches Gedicht, das heißt, nicht jede Zeile endete auf denselben Reim, sondern durch das ganze Gedicht hindurch hatte jede Strophe oder Zeilengruppe ihr eigenes Reimmuster. In Metrik und Sprache unterschied es sich im wesentlichen nicht von der *qasida*, aber jede Strophe endete mit einer Zueignung (*khardscha*), über deren Ursprünge die Wissenschaftler viele Vermutungen angestellt haben. Die Sprache des *muwaschschah* war der Volkssprache näher und nicht immer arabisch; in manchen Fällen war es in der romanischen Volkssprache der Zeit geschrieben. Oft wurden darin Gefühle romantischer Liebe besungen, die der Dichter einem anderen in den Mund legte. Zum Themenkreis des *muwaschschah* gehören alle Motive der arabischen Dichtung: Naturschilderungen, Lobpreis von Herrschern, Liebe, die Verherrlichung Gottes und der Pfad mystischer Gotteserkenntnis. Sehr viel später entstand eine weitere Form, der *zadschal*, ebenfalls ein Strophengedicht, aber im andalusischen Umgangsarabisch geschrieben.

In manchen andalusischen Liebesgedichten dominiert das Persönliche, und der Akzent liegt auf einem individuellen Schicksal wie etwa in den Gedichten von Ibn Zaidun (1003–71). Er wuchs während des Niedergangs des Umaiyadenkalifats in Cordoba auf und betätigte sich offensichtlich im politischen Leben seiner Zeit. Die Regierung des Kalifen warf ihn ins Gefängnis; er suchte zuerst bei einem und dann bei einem anderen Fürsten in Sevilla Zuflucht; als der Herrscher von Sevilla später Cordoba eroberte, kehrte Ibn Zaidun für einige Zeit dorthin zurück. Den größten Teil seines Lebens verbrachte er jedoch im Exil; in der Klage um den Verlust der Heimat, in die sich Bedauern über die verflossene Jugend mischt, klingen traditionelle Themen der klassischen *qasida* an, aber auf eine Weise, die seine Persönlichkeit sichtbar werden läßt. In einem Gedicht über Cordoba erinnert er sich an die Stadt und an seine Jugend:

> Gott hat über die verlassenen Wohnungen der Menschen, die wir liebten, einen Segen an Geschenken niedergehen lassen. Er hat ein gestreiftes, vielfarbiges Gewand aus Blumen über sie geworfen und unter ihnen eine Blüte wie einen Stern wachsen lassen. Wie viele Mädchen, die wie Bilder waren, haben den Saum ihrer Gewänder über solche Blüten geschleppt, als das Leben jung war und die Zeit uns zu Diensten stand. [...] Wie glücklich waren sie, diese vergangenen Tage, die Tage der Freuden, als wir bei denen lebten, die lange schwarze Haare hatten und weiße Schultern. [...] Nun sag dem Schicksal, dessen Gunst geschwunden ist – Gunst, um die ich trauerte, während die Nächte vergingen –, wie sanft sein Hauch mich am Abend streifte. Aber für ihn, der durch die Nacht geht, scheinen noch immer die Sterne: gegrüßt seist du, Cordoba, voll Liebe und Sehnsucht.[1]

Der persönliche Ton des Bedauerns und des Leidens klingt auch in seinen Liebesgedichten an Wallada an, eine Umaiyadenprinzessin, die er in seiner Jugend geliebt, die ihn jedoch wegen eines anderen verlassen hatte:

> Ja, ich habe voll Sehnsucht an dich gedacht, in az-Zahra, als der Horizont hell war und das Gesicht der Erde Freude bereitete und die Brise am späten Nachmittag sanft wehte, als habe sie Mitleid mit mir. Der Garten glänzte mit seinem silbernen Wasser, als seien Halsbänder von Brüsten gestreift und hineingeworfen. Es war ein Tag wie die

> Tage unserer Wonnen, die uns nun verlassen haben. Wir verbrachten die Nacht wie Diebe und stahlen uns Genuß, während das Schicksal schlief. [...] Eine Rose im Beet leuchtete in der Sonne, und der Mittag wurde bei ihrem Anblick noch strahlender; eine Seerose trieb vorüber, verbreitete ihren Duft, eine Schläferin, deren Augen die Morgendämmerung geöffnet hatte. [...] Mein kostbarster, leuchtendster, geliebtester Besitz – wenn Liebende jemals etwas besitzen – könnte die Reinheit unserer Liebe nicht aufwiegen, als wir damals frei den Garten der Liebe durchstreiften. Nun danke ich Gott für die Zeit mit dir; du hast einen Trost dafür gefunden, aber ich bin ein Liebender geblieben.[2]

Es war die letzte Blüte schöpferischer und persönlich lyrischer Poesie bis zur Moderne. Zwar entstanden weiterhin viele Gedichte – die Lyrik galt als Betätigung gebildeter Männer –, aber nur wenige haben in späteren Jahrhunderten Beachtung gefunden. Die wichtigste Ausnahme ist manches aus der vom Sufismus inspirierten Dichtung, etwa die von Umar ibn al-Farid (1181–1235) mit ihren Bildern von Liebe und Trunkenheit, die mehr als eine Bedeutung haben können.

Einer der Gründe für die Blüte von Andalus mag die Mischung von Völkern, Sprachen und Kulturen gewesen sein, die dort herrschte. Mindestens fünf Sprachen wurden gesprochen, zwei davon waren Umgangssprachen: das spezifisch andalusische Arabisch und der romanische Dialekt, der sich später zum Spanischen entwickeln sollte. Beide wurden in unterschiedlichem Maß von Muslimen, Christen und Juden gesprochen. Daneben gab es drei Schriftsprachen: klassisches Arabisch, Latein und Hebräisch. Juden, die philosophische oder wissenschaftliche Werke verfaßten, schrieben hauptsächlich Arabisch, aber die Dichter benutzten Hebräisch auf eine neue Weise. Beinahe zum ersten Mal diente hebräische Dichtung nicht liturgischen Zwecken; unter dem Patronat reicher und mächtiger Juden, die eine bedeutende Rolle im Leben der Höfe und Städte spielten, übernahmen Dichter die Formen arabischer Dichtung, etwa der *qasida* und des *muwaschschah*, und verwendeten sie für weltliche ebenso wie für liturgische Zwecke. Der Dichter, dessen Ruhm sich am längsten hielt, ist Judah Halevi (1075–1141).

Die gehobene Dichtung wurde in der streng grammatikalischen Sprache geschrieben; sie besang bestimmte, anerkannte Themen, und in ihr klangen die Echos älterer Gedichte nach. Sie stand inmitten einer Literatur, die sehr viel beliebter war; sie »populär« zu nennen, wäre jedoch zu vereinfacht; diese Literatur fand aber bei breiten Schichten der Gesellschaft großen Anklang. Viele literarische Erzeugnisse dieser Zeit waren kurzlebig und mehr oder weniger Stegreifdichtungen, die nicht schriftlich festgehalten, sondern mündlich weitergegeben wurden und mit der Zeit in Vergessenheit gerieten. Aber manche haben überlebt. Der *zadschal*, der im elften Jahrhundert in Andalus aufkam, verbreitete sich in der ganzen arabischsprachigen Welt. Außerdem gab es eine Schauspieltradition. Es existieren immer noch von Ibn Daniyal, einem Autor des dreizehnten Jahrhunderts, geschriebene Schattenspiele, die mit Puppen oder Händen hinter einer Leinwand und vor einer Lichtquelle aufgeführt wurden.

Am weitesten verbreitet und am langlebigsten war der Roman. Im Laufe der Jahrhunderte entstanden große Zyklen von Heldengeschichten. Ihre Ursprünge verlieren sich im Dunkeln, und in mehreren Kulturen finden sich unterschiedliche Versionen. Sie mögen bereits in mündlichen Überlieferungen bestanden haben, ehe sie niedergeschrieben wurden. Zu ihnen gehörten die Geschichten von Antar ibn Schaddad, dem Sohn einer Sklavin, der ein arabischer Stammesheld wurde, aber auch von Iskander oder Alexander dem Großen, von Baibar, dem Sieger über die Mongolen und Gründer der Mamlukendynastie in Ägyten, und von den Banu Hilal, dem Stamm, der in die Länder des Maghreb wanderte. Die Themen dieser Zyklen sind vielfältig. Manche sind Abenteuer- oder Reisegeschichten, die um ihrer selbst willen erzählt werden, andere beschwören Zauberschwerter und Traumstädte, eine Welt übernatürlicher Kräfte, die das menschliche Leben umgibt. Es geht jedoch immer um einen Helden oder eine heldenhafte Schar: Ein Mann oder eine Gruppe kämpfen siegreich gegen die Mächte des Bösen – seien es Menschen, Dämonen oder die eigenen Leidenschaften.

Diese Werke wurden in einer Mischung aus Lyrik, Reimprosa (*sadsch*) und Prosa vorgetragen. Dafür gab es besondere Gründe. Der Reim war eine Hilfe für das Gedächtnis und hob die Erzählung vom Alltagsleben und den Alltagsgesprächen ab; die Mischung verschiedener Stilformen ermöglichte es dem Erzähler, auf das Publikum einzugehen. Er konnte die Tonart wechseln und die Wirkung erzielen, die er hinterlassen wollte – die Erwartungen der Zuhörer auf dem Land unterschieden sich vielleicht von denen in der Stadt und die der Gebildeten von denen der Ungebildeten. Im Laufe der Zeit wurden diese Geschichten von literarisch begabten Schriftstellern aufgeschrieben; die Erzähler mögen ihre Texte gekannt haben, aber es blieb immer noch genug Raum für Improvisationen oder Adaptionen entsprechend den Bedürfnissen einer bestimmten Zeit oder eines bestimmten Ortes.

Die Entwicklungsgeschichte dieser Zyklen ist nicht sehr eingehend untersucht worden, und vielleicht kann man das auch nicht. Es steht jedoch fest, daß diese Zyklen über die Jahrhunderte hinweg allmählich entstanden sind und sich von einem Land zum anderen unterschieden. Eine Untersuchung des Antarzyklus hat gezeigt, daß sein Ursprung auf alte, vergessene arabische Volksgeschichten aus vorislamischer Zeit zurückgeht; als der Zyklus durch die Erzähler von Ort zu Ort kam, wurde anderes Material hinzugenommen; die uns vorliegende Fassung wurde spätestens am Ende des vierzehnten Jahrhunderts niedergeschrieben. Es ist darauf hingewiesen worden, daß einem Entwicklungsprozeß dieser Art nicht nur eine rein literarische Bedeutung zukommt; er verschaffte neuislamisierten oder -arabisierten Völkern eine Legitimität, indem er ihre Geschichte in die arabische Geschichte integrierte. Die Nomaden der Sahara zum Beispiel, die ihre Version der Geschichte von Antar oder den Banu Hilal erzählten, nahmen damit für sich selbst eine arabische Herkunft in Anspruch.

Der Zyklus der Erzählungen, der als *Die Geschichten aus tausendundeiner Nacht* bekannt ist, unterscheidet sich zwar in vieler Hinsicht von den Romanen, aber es klingen darin manche ihrer Themen an, und er scheint auf ähnliche Weise entstanden zu sein. Es ist kein Roman, der um das Leben und die Abenteuer eines Mannes oder einer Gruppe kreist, sondern eine Sammlung verschiedenster Geschichten, die mit der Zeit durch ein literarisches Stilmittel zusammengefügt wurden: Eine Frau erzählt ihrem Mann Nacht für Nacht Geschichten. Man vermutet, daß eine Reihe Geschichten, die in frühislamischer Zeit aus dem Pahlevi ins Arabische übertragen wurden, den Kern der Sammlung bilden. Es finden sich im zehnten Jahrhundert Hinweise darauf, und es existiert das Fragment eines frühen Manuskripts, aber das älteste vollständige Manuskript stammt aus dem vierzehnten Jahrhundert. Der Geschichtenzyklus ist offenbar zwischen dem zehnten und zwölften Jahrhundert in Bagdad entstanden; während der Mamlukenperiode wurde er in Kairo erweitert, und die Entstehung damals hinzugefügter oder erfundener Geschichten wurde in das Bagdad des Abbasidenkalifen Harun ar-Raschid verlegt. Es gibt sogar noch spätere Ergänzungen. Manche Geschichten in den frühesten Übersetzungen in europäische Sprachen – aus dem achtzehnten Jahrhundert – und in den ersten gedruckten arabischen Fassungen aus dem neunzehnten Jahrhundert fehlen in den früheren Manuskripten völlig.

Ein erzählerisches Werk ganz anderer Art entstand in der großen Periode der andalusischen Kultur, in der Almohadenzeit: *Haiy ibn Yaqzan* von Ibn Tufail (gest. 1185/86). Es handelt sich um eine philosophische Abhandlung in Form einer Geschichte. Sie erzählt von einem kleinen Jungen, der in völliger Isolation auf einer Insel aufwächst. Nur durch den Verstand gelangt er stufenweise zum Verständnis des Universums; jedes Stadium dauert sieben Jahre, und zu jedem Stadium gehört das angemessene Bewußtsein. Schließlich erreicht der Held den Gipfelpunkt menschlichen Denkens: Er versteht den Prozeß, der die höchste Natur des Universums darstellt, den ewigen Rhythmus von Ausströmen und Rückfließen, in dem die Emanationen des Einen über die verschiedenen Ebenen hinunter zu den Sternen gelangen, zu dem Punkt, wo der Geist materielle Gestalt annimmt und zugleich der Geist wiederum nach oben zu dem Einen strebt.

Ein solches Verständnis ist jedoch nur wenigen vorbehalten. Als Haiy schließlich einen anderen Menschen trifft, beide die Insel einige Zeit verlassen und in die bewohnte Welt reisen, begreift er, daß es eine Hierarchie menschlicher Erkenntnis gibt. Nur wenige können die Wahrheit allein durch den Verstand finden; eine andere kleine Gruppe kann zu ihr vorstoßen, indem sie mit der Vernunft die Symbole religiöser Offenbarung entziffert; andere wiederum erkennen die auf diesen Symbolen basierenden Gesetze an, können sie aber nicht mit dem Verstand deuten. Die Mehrheit der Menschen interessiert sich weder für die rationale Wahrheit noch für die Gesetze der Religion, sondern nur für weltliche Dinge. Jede der ersten drei Gruppen hat ihre Vollkommenheit und ihre Beschränkungen und sollte nicht nach mehr streben. Bei seinem Besuch auf dem Festland spricht Haiy zu Männern der dritten Gruppe:

> [Haiy] versicherte sie, daß er nun ganz ihrer Meinung sei, daß er ihrer Richtschnur folge, und bat sie, in den vom Gesetz bestimmten Schranken und ihren sichtbaren Übungen treu zu beharren und sich in das nicht zu mischen, was sie nichts angehe. Zweifelhafte Dinge sollten sie glauben und nicht darüber grübeln, hingegen sich vor allen Ketzereien und Sektierertum hüten; sie sollten ihren frommen Vorfahren nacheifern, Neuerungen aber fliehen. Er empfehle ihnen, nicht, wie der Pöbel, die Gesetze zu übertreten und sich um das Diesseits zu sorgen – dies schärfte er ihnen aufs dringendste ein; denn er und sein Freund Asal wußten, daß diese folgsam-widerspenstige Art Menschen nur auf diese Weise glücklich werden könne; und wenn sie sich der tiefen Forschung erhabener Dinge ergäben, so würde es für sie schlimmer sein. Denn die Stufe der Seligen zu erreichen, sei ihnen unmöglich; sie würden hin und her wanken, und ihr Ende würde unglücklich sein.[3]

Musik

Zu beinahe allen Zeiten und an den meisten Orten verschönerte Musik das Leben der Mächtigen und Reichen; und sie war Begleitung beim Vortrag einer bestimmten Art Dichtung. Das andalusische *muwaschschah* wurde gesungen; es stand in einer frühislamischen Tradition, die selbst die Fortsetzung einer noch älteren iranischen Tradition war. Bereits in der Umaiyadenzeit war der Musiker eine wichtige Gestalt am Hof und spielte für den Herrscher, der seinen Abstand zu den Menschen deutlich machte, indem er sich hinter einem Vorhang verbarg. Eine berühmte Anthologie, das *Kitab al-aghani* (*Das Buch der Lieder*), berichtet von einem Konzert am Abbasidenhof. Es spricht der Komponist eines Liedes:

> Man führte mich in einen großen und herrlichen Saal, an dessen Ende ein prächtiger Seidenvorhang hing. In der Mitte des Raumes befanden sich mehrere, dem Vorhang zugewandte Sitzgelegenheiten, und vier waren bereits von den Musikern besetzt, drei Frauen und einem Mann, die Lauten in den Händen hielten. Man wies mir den Platz neben dem Mann an, und es wurde der Befehl zum Beginn des Konzerts gegeben. Nachdem die vier gesungen hatten, wandte ich mich an meinen Begleiter und bat ihn, mich auf seinem Instrument zu begleiten. [...] Dann sang ich eine von mir komponierte Weise. [...] Schließlich öffnete sich die Tür, Fadl ibn Rabi rief: »Der Befehlshaber der Gläubigen«, und Harun erschien.[4]

Von einem bestimmten Zeitpunkt an kam es zu einem Austausch musikalischer Traditionen zwischen dem Hof der Abbasiden und dem Hof der Umaiyaden in Cordoba; es entwickelte sich eine andalusische und maghrebinische Musiktradition, die sich von der iranischen Tradition der Höfe im Osten unterschied.

Musik wurde durch direkte mündliche Überlieferung weitergegeben, und deshalb haben wir bis in die späteren Jahrhunderte praktisch keine Aufzeichnungen darüber, was gespielt oder gesungen wurde. Aber man kann aus den Werken von Musiktheoretikern etwas darüber erfahren. Übereinstimmend mit den griechischen Denkern galt bei den muslimischen Philosophen die Musik als eine Wissenschaft: Die Ordnung der Töne ließ sich nach mathematischen Prinzipien erklären. Sie zu erklären war ihnen besonders wichtig, denn für sie waren Töne das Echo der Sphärenmusik, das heißt, der himmlischen Bewegungen. Außer den philosophischen Spekulationen enthalten solche Werke über Musik, etwa die von Ibn Sina, Informationen über Kompositions- und Vortragsstile und über Instrumente. Sie zeigen, daß die höfische Musik im wesentlichen Vokalmusik war. Gedichte wurden zu instrumentaler Begleitung gesungen, zu Saiteninstrumenten, die entweder gezupft oder gestrichen wurden, zu Flöten und Schlaginstrumenten. Die Melodien wurden in einer Reihe anerkannter »Tonarten« gespielt, aber innerhalb dieser feststehenden Struktur blieb Raum für improvisierte Variationen und Ausschmückungen. Auch von Berufstänzerinnen in Palästen und Privathäusern vorgeführte Tänze wurden von Musik begleitet.

Alle Schichten der Gesellschaft, in der Wüste, auf dem Land und in der Stadt, besaßen Musikformen für ihre wichtigen Ereignisse, für Krieg und Ernte, Arbeit und Hochzeit. Jede Region hatte ihre eigene Tradition, ihre

Lieder, die ohne oder zur Begleitung von Trommeln, Rohrflöten oder einsaitigen Fiedeln gesungen wurden; manche Anlässe feierte man auch mit Tänzen, die nicht von professionellen Tänzern, sondern von Männern und Frauen in Reihen oder in Gruppen aufgeführt wurden. Die Wanderungen der Völker und die Verbreitung der arabischen Sprache und alle damit verbundenen Begleiterscheinungen mögen diese Traditionen vereinheitlicht haben, aber gewisse Unterschiede zwischen einem Dorf oder Stamm und dem nächsten blieben bestehen.

Höfische Musik verband sich mit der Weltlichkeit des Hoflebens, und die Volksmusik diente oft dazu, weltliche Feiern zu begleiten. Die Religionsgelehrten mißbilligten Musik, konnten sie aber nicht völlig verdammen, denn bald spielte Musik auch eine Rolle im religiösen Leben: Der Gebetsruf hatte seinen eigenen Rhythmus, die Koranrezitation war feierlich-melodisch, und *dhikr*, das erhabene Ritual der Wiederholung des Namens Gottes, wurde musikalisch untermalt und in manchen Sufi-Orden sogar von Körperbewegungen begleitet. Deshalb war es wichtig, daß die Rechtsgelehrten die Bedingungen definierten, unter denen das Vortragen von Musik und das Zuhören erlaubt waren. In einem berühmten Abschnitt des *Ihya ulum ad-din* erkennt al-Ghazali die Macht der Musik über das menschliche Herz an:

> Es gibt keinen anderen Zugang zum Herzen als über das Vorzimmer der Ohren. Musikalische Töne, rhythmisch und gefällig, bringen ans Licht, was im Herzen ist, und offenbaren seine Schönheiten und Unvollkommenheiten [...] wenn die Seele der Musik und des Gesangs in das Herz dringen, regt sich im Herzen das, was darin überwiegt.[5]

Daher ist es notwendig, sagt al-Ghazali, die Anwendung dieser starken Kraft zu regeln. Dichtung und Musik sind nicht an sich verboten, sondern abhängig von den Umständen. Sie sind zulässig, wenn sie das Verlangen nach der Pilgerreise wecken oder die Männer in Situationen, in denen der Krieg notwendig ist, zum Kampf aufrufen, oder wenn sie löbliche Betrübnis wecken – »die Betrübnis eines Mannes über seine Unzulänglichkeiten in religiösen Dingen oder über seine Sünden«[6] –, oder Liebe, wenn das Objekt der Liebe legitim ist, oder die Liebe zu Gott: »Kein Laut dringt an das Ohr des Menschen, den er nicht von Ihm und in Ihm hört.«[7] Sie sind jedoch verboten, wenn der Rezitator oder Sänger damit ein Bild der Versuchung ausmalt, wenn das Lied unanständig oder blasphemisch ist oder Lüsternheit weckt; bestimmte Instrumente – Pfeifen und Saiteninstrumente – sind verboten, weil sie mit Trinkern oder Weichlingen in Zusammenhang gebracht werden.

Das Verständnis der Welt

Nicht nur Religionsgelehrte und Studenten an den *madaris*, sondern auch gebildete Angehörige städtischer Familien lasen Bücher. Inzwischen gab es eine große Menge arabisch geschriebener Werke, und es entwickelte sich eine Art kulturelles Selbstbewußtsein, ein Studium und eine Reflexion der angesammelten Kultur, ausgedrückt in der arabischen Sprache.

Die Voraussetzung dafür war der leichte Zugang zu Büchern. Die Verbreitung der Herstellung und Benutzung von Papier hatte das Kopieren von Büchern leichter und billiger gemacht. Der Autor oder ein angesehener Gelehrter diktierte sein Werk Schreibern. Dann hörte er sich den Text an, oder er las ihn und autorisierte ihn mit einer *idschaza*, der Bestätigung, daß es sich um eine authentische Niederschrift handelte. Dieser Vorgang wiederholte sich, denn jeder, der ein Buch kopiert hatte, autorisierte wieder andere, es zu kopieren. Buchhändler, deren Läden oft in der Nähe der großen Moscheen einer Stadt lagen, verkauften die Abschriften, und manche wurden von Bibliotheken erstanden.

Die ersten großen Bibliotheken, von denen wir wissen, verdankten ihre Existenz Herrschern: »Das Haus der Weisheit« (*bait al-hikma*) in Bagdad ging auf den Kalifen Ma'mun (813–33) zurück, und das »Haus der Gelehrsamkeit« (*dar al-ilm*) wurde am Anfang des elften Jahrhunderts im fatimidischen Kairo gegründet. Beide waren mehr als Büchersammlungen; sie waren auch Zentren für das Studium und die Verbreitung der von den Herrschern begünstigten Ideen: die rationalen Wissenschaften unter Ma'mun und die isma'ilitische Glaubensrichtung in Kairo. Später entstand eine Vielzahl von Bibliotheken, denn man ging dazu über, Bücher, die zum Religionsstudium und zur Religionslehre beitrugen, in religiöse Stiftungen (*auqaf*) einzubringen. Vielen Moscheen und *madaris* waren Bibliotheken angegliedert, nicht nur für die Privatstudien von Gelehrten, sondern als Zentren, in denen Bücher kopiert und damit weiter verbreitet wurden.

Die theologischen Rechtsgelehrten hielten nur Bücher, die zum religiösen Wissen beitrugen, für Stiftungen geeignet, aber die Herrscher und die Reichen machten nicht unbedingt solche Unterschiede. In Palästen und großen Häusern gab es Bibliotheken, die manchmal in schöner Kalligraphie geschriebene und mit Abbildungen versehene Bücher enthielten.

Vieles von dem, was geschrieben und gelesen wurde, gehörte zur »Erinnerungsliteratur«, wie es ein moderner Wissenschaftler einmal genannt hat: Lexika, Literaturkritik, Handbücher zur Verwaltungspraxis und vor allem Historiographie und Geographie. In allen gebildeten städtischen muslimischen Gesellschaften entstanden historische Werke, und was geschrieben wurde, scheint viel gelesen worden zu sein. Werke zur Geschichte und zu verwandten Themen machen in allen wichtigen Sprachen des Islam neben religiösen Werken den Hauptteil der Literatur aus. Geschichtsbücher gehörten zwar nicht zum zentralen Lehrprogramm der *madaris*, aber sie scheinen von Gelehrten und Studenten und einem breiteren Publikum gleichermaßen gelesen worden zu sein. Für eine Schicht der allgemeinen Leserschaft waren sie von besonderer Bedeutung – für die Bediensteten an Herrscherhöfen, denn sie legten nicht nur Zeugnis ab vom Glanz und den Leistungen einer Dynastie, sondern sie boten auch eine Sammlung von Beispielen, aus denen sich Lektionen in Staatskunst lernen ließen.

Als die Einheit des Kalifats zerfiel und neue Dynastien mit ihren Höfen, der Bürokratie und einem Bürgertum entstanden, wurde es in der ganzen islamischen Welt üblich, Werke über Lokalgeschichte zu verfassen. Gelehrte, Beamte oder Hofhistoriker schrieben die Annalen einer Stadt oder einer Region. Solche Werke enthielten mitunter einen Abriß der allgemeinen Geschichte, dem die Arbeiten der großen Historiker der Abbasidenzeit zugrunde lagen, aber ihm folgte eine nach Jahren geordnete Chronik der lokalen Ereignisse oder der Dynastie; mit in die Aufzeichnungen wurden oft die Biographien von Persönlichkeiten aufgenommen, die in dem entsprechenden Jahr gestorben waren. Ibn al-Athir (1163–1233) zum Beispiel stellte in Syrien die Ereignisse seiner Zeit und seiner Welt in den Kontext der universalen Geschichte. In Ägypten beschrieben Werke von al-Maqrizi (gest. 1442) die Lokalgeschichte und von Ibn Iyas (gest. 1524) die Mamlukenzeit. Im Maghreb stellte Ibn Chaldun seiner Geschichte der Araber- und Berberdynastien die berühmte *Muqaddima* (*Vorrede*) voran, in der die Auswahl- und Interpretationsprinzipien vertrauenswürdiger Geschichtsschreibung dargelegt werden.

> Viele maßgebliche Personen und sachverständige Historiker sind in Hinblick auf solche Geschichten und Meinungen fehlgegangen und haben sie ohne kritische Untersuchung akzeptiert [...] und deshalb ist die Geschichte verworren. [...] Wer diese Wissenschaft ausübt, muß die Regeln der Staatskunst kennen, das Wesen der existierenden Dinge und die Unterschiede zwischen Nationen, Regionen und Stämmen in Hinblick auf Lebensweise, Charaktereigenschaften, Bräuche, Sekten, Denkschulen und so weiter. Er muß die Ähnlichkeiten und Verschiedenheiten zwischen Vergangenheit und Gegenwart wahrnehmen und die unterschiedlichen Ursprünge von Dynastien und Gemeinschaften kennen, die Gründe für ihr Entstehen, die Verhältnisse der daran beteiligten Personen und ihre Geschichte. Er muß fortfahren, bis er die Ursachen jedes Ereignisses genau kennt, und dann wird er die überlieferten Informationen im Lichte seiner Erklärungsprinzipien untersuchen. Wenn sie in Einklang miteinander stehen, ist die Information verläßlich, andernfalls ist sie gefälscht.[8]

Das Interesse an der Vielfalt menschlicher Erfahrung zeigte sich auch in einer anderen Gattung – den geographischen Werken und der Reiseliteratur. Die Verfasser geographischer Werke verbanden das griechischen, iranischen und indischen Büchern entnommene Wissen mit den Beobachtungen von Kriegern und Reisenden. Manchen ging es hauptsächlich darum, von ihren eigenen Reisen und Beobachtungen zu berichten; die Werke von Ibn Battuta sind die tiefgründigsten und vermitteln ein Gefühl für die Ausdehnung der islamischen Welt und die Vielfalt der Gesellschaften, die sie umfaßte. Andere gingen systematisch daran, die Länder der Welt in ihrer Beziehung zueinander zu studieren; sie berichteten von der Vielfalt ihrer natürlichen Eigenschaften, ihrer Völker und Bräuche, sie beschrieben die Wege, die sie miteinander verbanden und machten Angaben über die Entfernung, die zwischen ihnen lag. So verfaßte al-Muqaddasdi (gest. 1000) ein Kompendium der Geographie der damals bekannten Welt, das auf eigenen Beoachtungen und denen zuverlässiger Zeugen basierte, und al-Yaqut stellte eine Art geographisches Lexikon zusammen.

Das Bürgertum mag einen anderen Geschmack als die Religionsgelehrten und Studenten der *madaris* gehabt haben. Für Familien, aus denen die Sekretäre, Buchhalter und Ärzte der Herrscher kamen, hatten Gedanken einen großen Reiz, die das Ergebnis von Beobachtung und logischer Schlußfolgerung aus rationalen Prinzipien waren, denn diese Art zu denken entsprach ohnehin ihrer Arbeit. Manche religiösen Gesetzesschulen und Herrscher standen den Spekulationen der Philosophen mißtrauisch gegenüber, aber andere Methoden zur Erklärung des Wesens der Dinge erregten weniger Verdacht und waren von praktischem Nutzen.

Die Astronomie hatte einen praktischen Wert, weil sie die Mittel zur Berechnung von Datum und Zeit lieferte. Dies war einer der Bereiche, in denen der Gebrauch der arabischen Sprache die Zusammenführung der griechischen wissenschaftlichen Tradition mit denen des Iran und Indiens ermöglichte.

Eine andere Wissenschaft war von noch allgemeinerem Nutzen. Ärzte waren in den muslimischen Gesellschaften von großer Bedeutung; durch ihre Sorge für die Gesundheit von Herrschern und Mächtigen konnten sie erheblichen politischen Einfluß gewinnen. Ohne ein gewisses Verständnis vom Wesen und von den Funktionen des menschlichen Körpers und den natürlichen Elementen, aus denen er sich zusammensetzt, konnten sie ihre Arbeit nicht verrichten. Das muslimische medizinische Wissen stammte in seinem Kern aus der griechischen Medizin und Physiologie und insbesondere aus dem Werk von Galen, dem großen Synthetiker. Diese Lehre beruhte auf der Vorstellung, daß der menschliche Körper sich aus den vier

Elementen zusammensetzt – Feuer, Luft, Erde und Wasser –, aus denen alle Materie bestand. Die Elemente konnten auf mehr als eine Weise gemischt sein; die verschiedenen Mischungen riefen Unterschiede in Gemütsart und Stimmung hervor. Das ausgeglichene oder harmonische Verhältnis der Elemente zueinander bewahrte die körperliche Gesundheit; ein fehlendes Gleichgewicht führte zu Krankheiten, die der Heilkunst des Arztes bedurften.

Die Prinzipien der ärztlichen Kunst waren in der Abbasidenzeit in zwei großen zusammenfassenden Werken erläutert worden: im *Hawi* (*Das umfassende Buch*) von Abu Bakr Muhammad ar-Razi (863–925) und im *Qanun* (*Prinzip der Medizin*) von Ibn Sina. Sie basierten auf den Werken der großen griechischen Wissenschaftler, bewiesen aber zugleich die Entwicklung einer spezifisch islamischen Tradition, die in mancher Hinsicht die Medizinwissenschaft fortentwickelte; Ibn Sinas Buch wurde ins Lateinische und andere Sprachen übertragen und war mindestens bis zum sechzehnten Jahrhundert das wichtigste Lehrbuch der europäischen Medizin.

Die ärztliche Kunst, so wie die muslimischen Ärzte sie sahen, wurde nicht an den *madaris* gelehrt, sondern im Verlauf einer Lehrzeit bei einem Arzt oder im *bimaristan*, den Stiftungshospitälern, die es in den großen Städten gab. Ihre wichtigsten Beiträge lieferten die muslimischen Ärzte zur angewandten Heilkunst. Sie entwickelten die Technik chirurgischer Eingriffe weiter; sie beobachteten Krankheitsverläufe und beschrieben sie; Ibn al-Chatib (1313–74) begriff vielleicht als erster, daß sich die Pest durch Ansteckung ausbreitete. Die Ärzte studierten die Herstellung von Medikamenten aus Heilpflanzen und ihre Wirkungen auf den menschlichen Körper, und die Liste der Medikamente war lang. Es ist gesagt worden, die Apotheke sei als feste Einrichtung eine islamische Erfindung. Die Ärzte verstanden die Bedeutung von Faktoren, welche das Ungleichgewicht der Elemente und damit, wie sie glaubten, die Krankheiten verhindern konnten: gesunde Ernährung, frische Luft und Bewegung.

In späteren Jahrhunderten wurde versucht, eine alternative Heilkunst zu schaffen, die »prophetische Medizin« (*tibb nabawi*). Es handelte sich um eine Gegenreaktion zu der auf Galen zurückgehenden Tradition. Dieses Heilsystem beruhte auf den überlieferten Praktiken des Propheten und seiner Gefährten, die sie zur Erhaltung der Gesundheit und der Behandlung von Krankheiten angewendet hatten. Die prophetische Medizin verdankte ihre Entstehung jedoch nicht Ärzten, sondern Rechtsgelehrten und Traditionalisten, die der strikten Auffassung waren, Koran und Hadith enthielten alles, was zur Lebensführung der Menschen notwendig sei. Das war der Standpunkt einer Minderheit selbst unter den Religionsgelehrten;

und Ibn Chaldun mit seinem gesunden Menschenverstand äußerte sich kritisch dazu. Diese Art Medizin, so stellt er fest, könne gelegentlich und zufällig recht haben, aber sie basiere nicht auf einem rationalen Prinzip. Willkürlich im Zusammenhang mit dem Leben des Propheten aufgezeichnete Ereignisse und Meinungen seien nicht Teil der göttlichen Offenbarung:

> Der Prophet (Friede sei mit ihm) wurde gesandt, um uns das religiöse Gesetz zu lehren, nicht Medizin oder andere gewöhnliche Dinge. [...] Man sollte keiner der Aussagen zur Medizin, die in verläßlichen Traditionen überliefert sind, die Kraft des Gesetzes beimessen.[9]

Die akademische Lehre der Religionswissenschaften und die Spekulationen der Philosophen umgab ein weites Feld von Überzeugungen und Praktiken, durch die die Menschen hofften, die Kräfte des Universums zu verstehen und zu kontrollieren. In diesen Überzeugungen spiegelten sich Furcht und Verwirrung angesichts des unverständlichen und, wie es manchmal aussehen mochte, grausamen Schicksals, aber sie gingen oft auch über Furcht und Verwirrung hinaus. Die Grenze zwischen »Wissenschaft« und »Aberglauben« war verschwommen, und auch viele gebildete Männer und Frauen glaubten zum Beispiel an die Astrologie.

Die Aussagen der Astrologie beruhten auf einer Vorstellung, die weithin akzeptiert wurde und eine hochgeachtete Ahnenreihe hatte. Sie besagte, daß die himmlische Welt den Lauf der irdischen, menschlichen Welt bestimmte. Planeten und Sterne waren die Grenze zwischen diesen beiden Welten, und das Studium ihrer Konstellation und der Bewegungen der Planeten erklärte nicht nur, was in der künftigen und vergänglichen Welt geschah, sondern ermöglichte es unter Umständen auch, dieses Geschehen zu verändern. Diese Auffassung stammte von den Griechen; sie wurde von einigen muslimischen Denkern übernommen und erhielt von den sufischen Theosophen eine spezifisch islamische Form. Sie sahen die Objekte der himmlischen Welt als Emanationen Gottes. Muslimische Astrologen entwickelten Methoden der Vorausschau und der Einflußnahme – zum Beispiel durch das feierliche Schreiben von Zahlen oder Buchstaben in bestimmten Anordnungen auf verschiedenen Materialien. Selbst einige berühmte Denker akzeptierten die Behauptungen der Astrologie und hielten es für möglich, daß die Sterne Einfluß auf die körperliche Gesundheit hatten. Strenggläubige Rechtsgelehrte und rationale Philosophen verurteilten solche Gedanken jedoch; nach Ansicht von Ibn Chaldun hatte die Astrologie keine Grundlage in der offenbarten Wahrheit, und sie leugnete die Rolle Gottes als alleinige Ursache.

Ebenfalls weit verbreitet war der Glaube der Alchemisten, Gold und Silber könnten aus unedlen Metallen gewonnen werden, wenn sich der richtige Weg finden lasse. Auch die alchemistischen Praktiken wurzelten in einer von den Griechen übernommenen wissenschaftlichen Theorie. Man hatte die Vorstellung, daß alle Metalle einer einzigen natürlichen Art angehörten und sich nur durch unwesentliche Eigenschaften voneinander unterschieden; diese unwesentlichen Eigenschaften veränderten sich langsam dahin, daß die Metalle kostbarer wurden. Deshalb verstieß es nicht gegen die Naturgesetze, wenn man versuchte, sie in Gold oder Silber zu verwandeln, sondern man förderte durch menschliches Eingreifen nur einen bereits in Gang gekommenen Prozeß. Auch darüber bestanden unter den Gelehrten Meinungsverschiedenheiten. Ibn Chaldun war überzeugt, man könne Gold und Silber durch Zauberei oder durch ein göttliches Wunder herstellen, nicht aber durch menschliche Fertigkeiten. Selbst wenn dies möglich sei, habe es nichts Wünschenswertes, denn wenn Gold und Silber nichts Seltenes mehr seien, erklärte er, könnten sie nicht mehr als Wertmaßstäbe gelten.

Allgemein verbreitet war der Glaube an Geister, und man hielt es für notwendig, Methoden zu ihrer Kontrolle zu finden. Die *dschinn* waren Geister mit Körpern aus Rauch oder Flammen, die für die Sinne oft in Tiergestalt wahrnehmbar wurden; sie konnten Einfluß auf das menschliche Leben nehmen. Manchmal waren sie böse oder zumindest mutwillig, und deshalb mußte man versuchen, sie zu beherrschen. Auch Menschen konnten das Handeln und das Leben anderer Menschen beeinflussen, sei es durch eine bestimmte Eigenschaft, die sie besaßen – den »bösen Blick« –, oder durch bewußte Anwendung bestimmter Kenntnisse, etwa die Durchführung feierlicher ritueller Handlungen unter bestimmten Bedingungen, die übernatürliche Kräfte weckten. Das war ein Zerrbild der Macht, die die Tugendhaften, die »Freunde Gottes«, durch die göttliche Gnade erwerben konnten. Selbst der skeptische Ibn Chaldun glaubte an Zauberei und auch daran, daß gewisse Menschen Wege fanden, Macht über andere auszuüben; er fand das aber verwerflich. Nach allgemeinem Glauben konnten solche Kräfte dadurch kontrolliert oder abgewehrt werden, daß man an bestimmten Körperteilen Amulette oder einen Talisman trug, auch durch magische Formeln aus Worten oder Zahlen, Beschwörungen oder Rituale der Austreibung oder der Versöhnung, wie zum Beispiel den *zar*, ein im Niltal auch heute noch weit verbreitetes Versöhnungsritual.

In allen Kulturen herrschte vor der Neuzeit allgemein die Vorstellung, daß Träume und Visionen die Tür zu einer anderen Welt seien und die Welt der Sinne für das Übernatürliche öffnen konnten. Sie brachten vielleicht Botschaften von Gott; sie mochten eine verborgene Dimension der Seele eines Menschen erschließen; sie konnten aber auch von *dschinn* oder Teufeln geschickt sein. Das Verlangen, die Bedeutung von Träumen zu enträtseln, muß unter den Menschen damals weit verbreitet gewesen sein, und es galt allgemein als legitim. Träume erzählten etwas Wichtiges, etwas, das man wissen sollte. Ibn Chaldun hielt die Traumdeutung sogar für eine der religiösen Wissenschaften und sagte, wenn die gewöhnliche Sinneswahrnehmung durch den Schlaf ausgeschaltet sei, werfe die Seele einen Blick auf ihre eigene Wirklichkeit; losgelöst vom Körper, könne sie Wahrnehmungen aus ihrer eigenen Welt empfangen, damit in den Körper zurückkehren und sie an die Vorstellungskraft weiterleiten; sie lasse die entsprechenden Bilder entstehen, die der Schläfer empfängt, als hätte er sie mit den Sinnen wahrgenommen. Muslimische Schriftsteller übernahmen die Lehre der Traumdeutung von den Griechen, ergänzten sie jedoch durch eigene Erkenntnisse; es heißt, die islamische Traumliteratur sei von allen die reichste.

DRITTER TEIL

DAS OSMANISCHE ZEITALTER

(Sechzehntes bis achtzehntes Jahrhundert)

Im fünfzehnten und sechzehnten Jahrhundert bestand der größte Teil der muslimischen Welt aus drei großen Imperien – dem Osmanischen Reich, dem Safawidenreich und dem Reich der Moguln. Das Osmanische Reich mit seiner Hauptstadt Istanbul umfaßte abgesehen von Teilen Arabiens, dem Sudan und Marokko alle arabischsprachigen Länder; außerdem gehörten Anatolien und Südosteuropa zum osmanischen Machtbereich. Die Herrscherfamilie sowie die militärische und administrative Oberschicht sprach türkisch. Diese Elite kam vor allem aus dem Balkan und dem Kaukasus und war zum Islam übergetreten. Die juristische und religiöse Elite war unterschiedlicher Herkunft und erhielt ihre Ausbildung an den großen kaiserlichen Schulen Istanbuls, welche den Kanon juristischen Schrifttums auf arabisch lehrten.

Das Reich war ein bürokratischer Staat, der verschiedene Regionen unter einem einzigen administrativen und fiskalischen System zusammenfaßte. Es war jedoch auch zum letzten Mal Ausdruck der Universalität der islamischen Welt. Die Osmanen bewahrten das religiöse Gesetz, schützten und erweiterten die Grenzen der muslimischen Welt, wachten über die heiligen Stätten Arabiens und organisierten die Pilgerzüge dorthin. Gleichzeitig war es ein Mehrreligionenstaat, der christlichen und jüdischen Gemeinden einen anerkannten Status gewährte. Muslimische Bewohner der Provinzstädte wurden in das Regierungssystem integriert, und in den arabischen Ländern entwickelte sich eine arabisch-osmanische Kultur, die das alte Erbe bewahrte und auf gewisse Weise in neuen Bahnen weiterentwickelte. Jenseits der Grenzen ging Marokko unter seinen eigenen Dynastien, die aufgrund ihrer Protektion der Religion ebenfalls Autorität beanspruchten, andere Wege.

Im achtzehnten Jahrhundert veränderte sich das Gleichgewicht zwi-

schen der osmanischen Zentralregierung und den lokalen Regierungen. In manchen Teilen des Reiches erlangten örtliche osmanische Herrscherfamilien eine relativ weitgehende Autonomie, aber sie wahrten die wichtigsten Interessen des osmanischen Staates. Auch in den Beziehungen des Reiches zu den europäischen Staaten vollzog sich eine Veränderung. In den frühen Jahrhunderten hatte sich das Osmanische Reich bis nach Europa ausgedehnt, aber im späten achtzehnten Jahrhundert wurde es vom Westen und vom Norden her militärisch bedroht. Auch im Handel zeigten sich die Anfänge von Veränderungen, denn die europäischen Regierungen und Kaufleute gewannen größeren Einfluß im Indischen Ozean und im Mittelmeer. Am Ende des Jahrhunderts war die herrschende Elite gezwungen, einen relativen Machtzerfall anzuerkennen, und begann vorsichtig, auf die neue Lage zu reagieren.

Kapitel 13

Das Osmanische Reich

Die Grenzen politischer Macht

Die Anerkennung des Herrschers durch die *ulama* und ihre Sprecher war ein zweischneidiges Schwert. Solange der Herrscher die Macht hatte, sich zu behaupten und die urbanen Interessen zu verteidigen, die mit seinen eigenen verknüpft waren, konnte er auf Zustimmung der Städte und des von ihnen abhängigen Hinterlandes rechnen. Trotz der Warnungen al-Ghazalis und anderer, keinen Umgang mit Fürsten zu pflegen, gab es immer genug *ulama*, die nur allzu bereitwillig als Richter oder Beamte in die Dienste des Herrschers traten und sein Handeln rechtfertigten. Versagte die Macht der Dynastie, unternahm die Stadt jedoch häufig nichts zu ihrer Rettung und übertrug ihre Loyalität auf einen neuen Herrscher, der inzwischen die eigentliche Macht besaß. Wenn eine Stadt sich dem Herausforderer und seinen Truppen ergab, war dies der einzige Augenblick, in dem sie autonom handeln konnte. Der *qadi* und andere Honoratioren gingen vor die Tore hinaus, um mit dem neuen Herrn zusammenzutreffen und ihm die Stadt offiziell zu übergeben.

In den fünfhundert Jahren nach dem Zerfall des Abbasidenreiches und vor der Machtübernahme der Osmanen im größten Teil der westlichen islamischen Welt wiederholte sich der Aufstieg und Fall von Dynastien immer und immer wieder. Das bedarf zweier Erklärungen, einmal, wie es zum Schwinden der Macht einer bestehenden Dynastie kam, und zum anderen, wie die Macht eines Herausforderers wuchs. Zeitgenössische Beobachter neigten dazu, auf die innere Schwäche der vom Zerfall bedrohten Dynastie zu verweisen und erklärten sie in moralischen Begriffen. Einer Dynastie konnte die Weisheit und Gerechtigkeit verlorengehen, die Gott ihr gegeben hatte; das stürzte die Welt in Unordnung, bis ein neuer, von Gott bestimmter und mit den erforderlichen Fähigkeiten ausgestatteter Herrscher erschien.

Der systematischste Versuch einer Erklärung dafür, daß die Dynastien Opfer innerer Schwäche wurden, stammt von Ibn Chaldun. Er sagt, die *asabiya*, die Solidarität, einer herrschenden Gruppe, die auf Eroberung und Erhaltung von Macht gerichtet war, schwinde häufig unter dem Einfluß des städtischen Lebens, und der Herrscher beginne, sich um die Unterstützung anderer Gruppen zu bemühen:

> Ein Herrscher kann nur mit Hilfe seiner eigenen Leute an die Macht kommen. Er benutzt sie, um jene zu bekämpfen, die sich gegen seine Dynastie empören. Sie füllen die Zimmer der Verwaltung, und er ernennt sie zu Wesiren und Steuereinnehmern. Sie helfen ihm bei seinem Aufstieg und sind an allen seinen wichtigen Angelegenheiten beteiligt. Das gilt für das erste Stadium der Dynastie, aber mit dem Beginn des zweiten Stadiums zeigt der Herrscher, daß er unabhängig von seinen Leuten ist: Er beansprucht allen Ruhm für sich und schiebt seine Leute beiseite. [...] Daraufhin werden sie seine Feinde; und um zu verhindern, daß sie ihm die Macht entreißen, braucht er neue Freunde, aber nicht aus seinem Volk, sondern Freunde, die er gegen seine eigenen Leute einsetzen kann.[1]

Allmählich vernachlässigt der Herrscher auch die Pflege der *schari'a*, die Grundlage städtischer Wohlhabenheit und seines Pakts mit den Bewohnern der Stadt. Seine Umgebung überläßt sich auf Kosten der Bevölkerung dem Luxus und der Verschwendung; alle erfaßt »diese gewisse Apathie, die Menschen befällt, wenn sie die Kontrolle über ihr eigenes Handeln verlieren, zum Instrument anderer werden und von ihnen abhängig sind«[2].

Wenn die Forderungen des Herrschers die Möglichkeiten der Gesellschaft überstiegen und von ihr nicht mehr zu erfüllen waren, lag das nicht unbedingt an der wachsenden Verschwendungssucht des Palastes; auch die Grenzen der Produktionskraft der Gesellschaft konnten erreicht sein. Damit ein Staat stabil blieb, mußten die ihm unterstehenden ländlichen Gebiete genügend Nahrungsmittel erzeugen, um die Land- und die Stadtbevölkerung zu ernähren, und außerdem Rohmaterialien für die Weiterverarbeitung liefern; die Viehzüchter, Ackerbauern und Hersteller von Verbrauchsgütern mußten genügend Überschuß erwirtschaften, um auf dem Weg über die Steuern den Hof, den Verwaltungsapparat und das Heer des Herrschers zu finanzieren. Ob dies möglich war, hing von vielen Faktoren ab, die sich verändern konnten. Es gab vielleicht Änderungen in der Produktionstechnik – etwa durch die Einführung neuer Nutzpflanzen oder Bewässerungsmethoden –, die eine Erhöhung von Produktion und Überschuß ermöglichten; es konnte aber auch ein gewisses praktisches Können verlorengehen, was die gegenteilige Wirkung hatte. Veränderungen im Ausmaß des Überschusses hatten wiederum Auswirkungen auf die Möglichkeit, durch die Kultivierung von Neuland oder veränderte Anbaumethoden in die Produktion zu investieren. Die Nachfrage aus dem Ausland nach Produkten von Land oder Stadt konnte wachsen oder nachlassen; und Änderungen der Transportkosten, Transportmethoden oder der Sicherheit von Land- oder Seewegen beeinträchtigten vielleicht die Möglichkeit eines Landes, diese Nachfrage zu bedienen. Mittelfristig oder auf längere Zeit konnte die Geburts- oder die Sterberate als Folge von Veränderungen in der Medizinwissenschaft oder in Verhalten und Moral der Gesellschaft steigen oder fallen.

Die Auswirkungen solcher Vorgänge zeigten sich erst über einen längeren Zeitraum. Es konnten jedoch auch unerwartet Ereignisse eintreten, die drastische Umwälzungen zur Folge hatten: ein Krieg, der Handelswege unterbrach, Städte und ihre Gewerbe zerstörte und das Land verwüstete; in regenabhängigen Gebieten kam es möglicherweise zu einer oder sogar einer Folge von Mißernten nach einer Trockenheit oder anhaltendem Niedrigwasser in den großen Flüssen. Eine Epidemie konnte große Teile der Bevölkerung dahinraffen. In einer Zeit, in der die Ausbreitung von Krankheiten weitgehend kontrollierbar ist und manche praktisch ausgerottet sind, kann man sich die plötzlichen und verheerenden Folgen von Epidemien, besonders der großen Seuche dieser Jahrhunderte, der Beulenpest, nur schwer vorstellen. Die Pest wird von der Hausratte übertragen und gelangte aus Gegenden, in denen sie endemisch vorkam, etwa dem Nordirak und Teilen Indiens, entweder auf dem Land- oder dem Seeweg in das Mittelmeergebiet, wo sie sich in den Städten und Dörfern rasch ausbreitete und ihr ein Großteil der Bevölkerung und der Viehbestände zum Opfer fiel. (Von 1739–41, einem Zeitraum, über den wir gesicherte statistische Erkenntnise besitzen, verlor die Hafenstadt Izmir am östlichen Mittelmeer zum Beispiel zwanzig Prozent ihrer Bevölkerung durch eine Pestepidemie, und dreißig Jahre später starben beim nächsten Ausbruch der Pest noch mehr Bewohner.)

Solche Vorgänge beeinflußten sich wechselseitig, manche häuften sich und wurden zur Dauererscheinung. Sie können erklären, weshalb Veränderungen in dem politischen Beziehungsverhältnis auftraten und Forderungen der Machthaber von der Gesellschaft nicht mehr erfüllt wurden; und sie sind Anhaltspunkte dafür, weshalb ein Führer oder Gruppen auftraten, die den Herrscher bedrohten, die Macht erkämpften und gebrauchten, um ihre Kontrolle über die Ressourcen des Staates auszudehnen. Eine Veränderung dieser Art fand manchmal innerhalb eines bestehenden Regierungssystems statt: Es gelang womöglich dem Militär, einem Herrscher die eigentliche Macht zu entreißen. Es konnte jedoch auch geschehen, daß außerhalb des Herrschaftsgebietes eine andere Kraft stärker wurde – etwa wenn ein Führer durch seine charismatische Persönlichkeit oder eine religiöse Idee die Krieger der Berge oder Steppe mobilisierte. Ganz gleich, ob es zur Machtergreifung von innen oder von außen kam, die treibenden Kräfte waren in vielen Fällen die Militärs, die nicht aus den Zentralregionen des Staates kamen, sondern aus den Bergen und Steppen oder von jenseits der Grenzen. Sie besaßen die Kühnheit und das Geschick im Umgang mit Pferden und Waffen, die die damalige Kriegsführung verlangte, ehe die Artillerie zur entscheidenden Waffengattung und die Infanterie im Umgang mit den neuen Feuerwaffen ausgebildet wurde. Vieles deutet darauf hin, daß die Berg- und Steppenbewohner bis zur Entwicklung der modernen medizinischen Versorgung gesünder waren als die Bevölkerung anderer Gegenden und einen Überschuß an jungen Männern hatten, der für den Militärdienst angeworben werden konnte. Ein Führer, der die Herrschaft anstrebte, rekrutierte seine Soldaten vorzugsweise außerhalb der Gesellschaft, die er sich unterwerfen wollte – zumindest aber in fernen Regionen des Reiches, denn die Interessen der Fremden waren leichter mit den seinen zu verbinden. Sobald er seine Stellung gesichert hatte, konnte der Zusammenhalt der Militärs aber schwinden, oder die Truppen verfolgten andere Interessen als die der Dynastie. Dann versuchte der Herrscher möglicherweise, sie durch ein neues Heer zu ersetzen – zum Beispiel durch ein Berufsheer und am Hof durch eigene Gefolgsleute; auch dabei richtete sich sein Blick auf die entfernten ländlichen Gebiete oder über die Grenzen. Die von ihm ausgebildeten Soldaten galten als seine Mamluken oder Sklaven – mit dem Wort Sklave war keine persönliche Erniedrigung verbunden, sondern das Aufgehen ihrer Persönlichkeit und ihrer Interessen in denen des Herrschers. Wenn die Zeit gekommen war, ging aus dem Heer oder dem Hof möglicherweise ein neuer Herrscher hervor und gründete eine neue Dynastie.

In diesem Kontext wird die scheinbar sinnlose Aufeinanderfolge von Dynastien in der islamischen Geschichte besser verständlich. In den ersten Jahrhunderten gelang es einer herrschenden Gruppe aus den Städten Westarabiens, auf Dauer ein Heer, eine Bürokratie und eine Gesetzesordnung zu schaffen, die dem seßhaften und zivilisierten Leben eine Blüte bescherten. Im Hinterland der großen imperialen Städte wurde die Ordnung aufrechterhalten: Man hielt die Bewässerungsanlagen instand, neue Produkte und Techniken gaben der Wirtschaft wichtige Impulse, und mit dem Zusammenschluß der Länder um das Mittelmeer und um den Indischen Ozean zu einer politischen und kulturellen Einheit nahm der internationale Handel vorher unvorstellbare Ausmaße an. Die wenigen vorhandenen Quellen weisen auf ein beachtliches Bevölkerungswachstum hin. Es war eine Periode stabiler Regierungen in blühenden Städten mit einem reichen Umland: Bagdad im Südirak, die Städte von Chorasan, Damaskus in Syrien, Fustat in Ägypten, Kairuan in Tunesien und Cordoba in Spanien.

Ab dem zehnten oder elften Jahrhundert folgte jedoch eine lange Zeit der Erschütterungen, deren sichtbare Zeichen der Zerfall des Abbasidenkalifats, das Entstehen rivalisierender Kalifate in Ägypten und Andalus und das Auftauchen neuer Dynastien in der islamischen Welt sind, die ihre Stärke anderen ethnischen Elementen verdankten und die manchmal von religiösem Fanatismus motiviert waren. In Spanien dehnten die Christen ihren Herrschaftsbereich auf Kosten der muslimischen Staaten aus, in die das Umaiyadenkalifat sich aufgelöst hatte. Die Almoraviden und die Almohaden im Maghreb und in Andalus hatten ihren Ursprung in religiösen Bewegungen, welche Berber aus den Bergen und den Wüstenrändern Marokkos mobilisierten. Im Osten erstarkten die Türken und die Mongolen. Diese Veränderungen mögen Symptome einer tieferliegenden Störung des Gleichgewichts zwischen Regierung, Bevölkerung und landwirtschaftlicher Produktion gewesen sein, die auch auf andere Ursachen zurückgeführt werden kann. Das Schwinden dauerhaft besiedelter Gebiete im Irak und in Tunesien war entweder eine Folge des Zerfalls alter Bewässerungssysteme oder der Ausdehnung der von Viehzüchternomaden durchwanderten Gebiete; mancherorts war vielleicht ein Bevölkerungsrückgang dafür verantwortlich oder eine geringere Nachfrage nach den Erzeugnissen der muslimischen Städte, die mit dem Wiederaufblühen städtischen Lebens und städtischer Produktion in Italien zusammenhing.

Im dreizehnten Jahrhundert kam es kurzfristig zu einer Phase der Erholung. Infolge der Zerstörungen durch die Mongoleninvasion und das Ende des Abbasidenkalifats schwanden die Macht und der Reichtum des Irak, doch andere Dynastien konnten unangefochten von politischen Mächten außerhalb der besiedelten arabischen Welt eine stabile Ordnung errichten: die Hafsiden in Tunis, ein Nachfolgestaat des Almohadenreiches, und die Mamluken in Ägypten und Syrien – eine sich ständig von außen erneuernde militärische Elite, die im Dienst der vorhergegangenen Dynastie, der Aiyubiden, an die Macht gekommen war. Feldbau wurde in einem großen, möglicherweise sogar expandierenden Gebiet mit Erfolg betrieben; die Staatsdiener konnten den ländlichen Überschuß in die Städte leiten, und dort blühten Handel und Gewerbe im Rahmen einer allgemein anerkannten sunnitischen *schari'a*; die herrschenden Gruppen und die städtische Bevölkerung lebten bis zu einem gewissen Maß in einer dauerhaften Symbiose.

Es war jedoch eine fragile Ordnung, und ab dem vierzehnten Jahrhundert wurde sie von heftigen Stößen erschüttert. Der vielleicht größte war die Pestepidemie, die als »der schwarze Tod« in die europäische Geschichte eingegangen ist. Die Pest überzog um die Mitte des vierzehnten Jahrhunderts die meisten Länder der westlichen Welt und dauerte mit immer neuen Ausbrüchen beinahe hundert Jahre. Grob geschätzt starben während der ersten Epidemie ein Drittel der Bewohner von Kairo; um die Mitte des fünfzehnten Jahrhunderts zählte die Bevölkerung kaum mehr als die Hälfte der Einwohnerschaft von hundert Jahren zuvor (ungefähr 150000 anstelle von 250000). Auf die erste Pestwelle folgten weitere und dezimierten die Bevölkerung noch mehr. Die Pest suchte das Land ebenso wie die Stadt heim; ländliche Zuwanderer blieben aus und konnten daher die Verluste der städtischen Bevölkerung nicht ersetzen. Durch die Abnahme der ländlichen Bevölkerung und ihrer Viehbestände ging die landwirtschaftliche Produktion zurück, und damit verringerten sich die Gelder, die der Regierung über Steuern zuflossen.

Zu den kumulativen Auswirkungen der Pest gesellten sich andere Faktoren. Das Wachstum der Textilindustrie in Italien und den anderen europäischen Ländern sowie die Ausweitung der europäischen Handelsschiffahrt im Mittelmeer hatten negative Auswirkungen auf die Handelsbilanz, und den muslimischen Regierungen fehlte das Kapital zum Erwerb notwendiger Ressourcen. Außerdem gab es Veränderungen in der Kriegsführung, im Schiffsbau und der Navigation; Kanonen und Feuerwaffen setzten sich durch.

Unter den veränderten Umständen öffnete sich die bestehende politische Ordnung des Mamlukenreichs und der Staaten des Maghreb neuen Dynastien, die in der Lage waren, die menschlichen und materiellen Ressourcen aufzubringen, um große und schlagkräftige Heere aufzustellen, produktive Landgebiete zu unterwerfen und sich deren Überschüsse zuzuführen, sowie Handel und Gewerbe der Städte zu fördern. Im westlichen Mittelmeerraum war nicht nur die politische, sondern auch die religiöse Ordnung durch die christlichen Reiche Spaniens in Frage gestellt, die sich kurz vor dem Erlöschen der letzten Muslimdynastie 1492 zu einem Reich vereinigten, dem bald der Reichtum zufloß, den die Eroberung eines Imperiums in Amerika einbrachte. Im östlichen Mittelmeerraum begann der Aufstieg einer neuen muslimischen Dynastie, die nach ihrem Gründer Uthman oder (in der türkischen Schreibweise) Osman benannt wurde.

Die osmanische Regierung

Ursprünglich war der osmanische Staat eines der Fürstentümer, die auf das Vorrücken seldschukischer und türkischer Völkerschaften nach Westen, nach Anatolien hinein, zurückgingen. An der umstrittenen und sich ständig verschiebenden Grenze des Byzantinischen Reiches entstanden eine Reihe Fürstentümer, die nominell die seldschukische Oberhoheit anerkannten, praktisch aber autonom waren. Das von Osman gegründete Fürstentum lag im Nordwesten Anatoliens an der wichtigsten Nahtstelle zu Byzanz. Durch die militärischen Auseinandersetzungen an der Grenze wurde es für Krieger und türkische Nomaden, die auf der Suche nach Weidegründen nach Westen zogen, ein Anziehungspunkt. Innerhalb seiner Grenzen lagen verhältnismäßig große, produktive, landwirtschaftlich genutzte Gebiete und Marktstädte, von denen einige wichtige Knotenpunkte der Handelsstraßen waren, die vom Iran und aus Asien zum Mittelmeer führten. Das Fürstentum expandierte, und sein Reichtum wuchs; ein gut organisiertes stehendes Heer lernte den Umgang mit den neuen Waffen und Kriegstechniken. Am Ende des vierzehnten Jahrhunderts waren die siegreichen osmanischen Truppen über die Meerenge nach Osteuropa vorgedrungen. Das neue osteuropäische Reichsgebiet stärkte die Kräfte des Staates auf mehr als eine Weise. Er nahm Kontakte und diplomatische Beziehungen zu den Staaten Europas auf und gewann ein neues Menschenpotential. Ehemals herrschende Gruppen ließen sich in das Regierungssystem integrieren, und junge Männer aus den Dörfern des Balkans wurden zum Kriegsdienst eingezogen. Mit diesem Zuwachs an Stärke konnte das Reich sich in Anatolien weiter nach Osten ausbreiten, auch wenn die Expansion vorübergehend zum Stillstand kam, weil sein Heer von einem anderen türkischen Eroberer aus dem Osten, von Timur (Tamerlan), geschlagen wurde. Aber 1453 verleibten sich die Osmanen die Reste des byzantinischen Reiches ein, und Konstantinopel wurde unter dem Namen Istanbul seine neue Hauptstadt.

Im Osten wurde die Macht der Osmanen jedoch von den Safawiden herausgefordert, einer aufsteigenden Dynastie ungewisser Herkunft, um die sich türkische Stämme geschart hatten. Es kam zu einem langen Ringen um die Oberherrschaft in den Grenzgebieten, die zwischen ihren großen Machtzentren, Ostanatolien und Irak, lagen. 1534 eroberten die Osmanen Badgad, verloren es 1623 an die Safawiden und nahmen es erst 1638 wieder ein. Der lange Kampf mit den Safawiden war auch eine der Ursachen dafür, daß die Osmanen nach Süden in die Länder des Mamlukensultanats vorrückten. Sie hatten es weitgehend ihrer überlegenen Feuerkraft und mili-

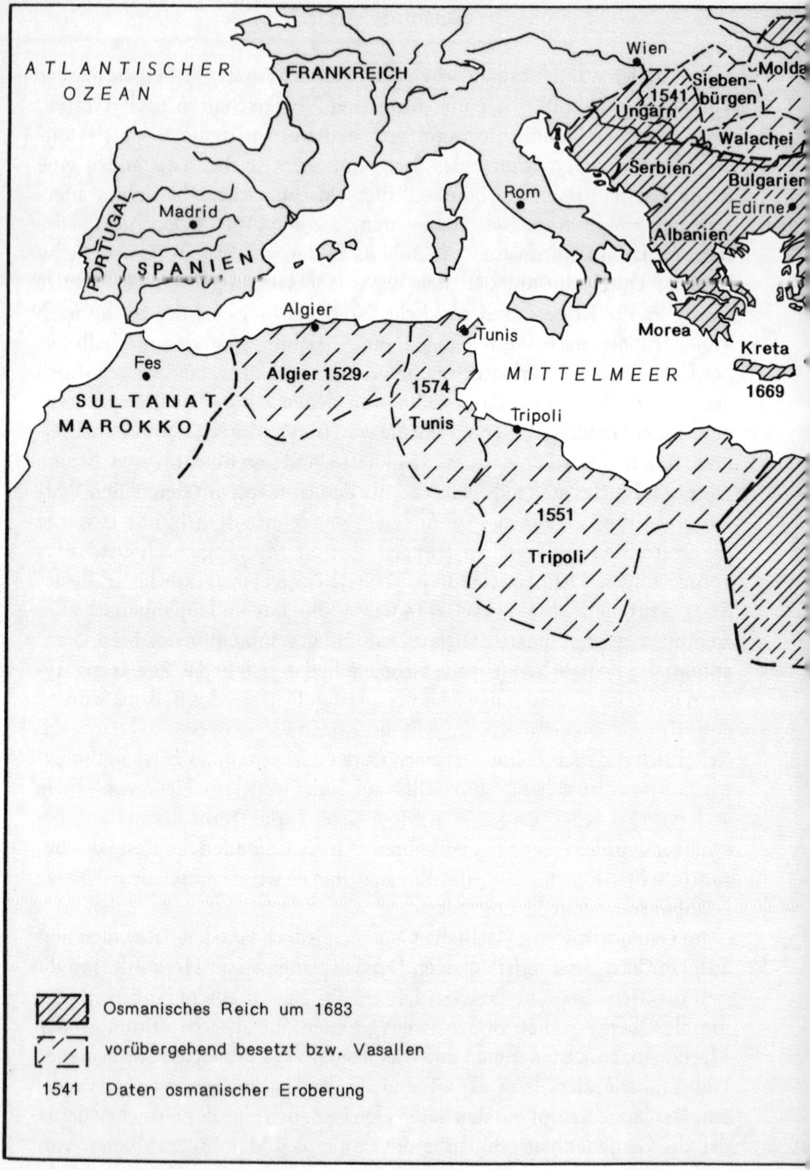

Das Osmanische Reich gegen Ende des 17. Jahrhunderts.

Podolien
1671
Chanat der
Krim
Aralsee
KASPISCHES
MEER
SCHWARZES
MEER
Georgien
1555
Istanbul
1534
Karabagh
1639
Anatolien
Bursa
Armenien
Konya
Luristan
SAFAWIDISCHES
REICH
Aleppo
Tigris
Mosul
Syrien
Mesopotamien
1638
Zypern
1517
1516
Bagdad
Sidon
Damaskus
OSMANISCHES REICH
Euphrat
Basra
Kairo
ARABIEN
1517
Ägypten
GOLF
Medina
ROTES MEER
Mekka
1552
Nil
Sana
INDISCHER
OZEAN
0
1000 km

tärischen Organisation zu verdanken, daß sie 1516/17 Syrien, Ägypten und Westarabien besetzen konnten.

Das Osmanische Reich war nun die führende Militär- und Seemacht im östlichen Mittelmeer und dem Roten Meer, und das brachte es potentiell in Konflikt mit den Portugiesen im Indischen Ozean und den Spaniern im westlichen Mittelmeer. Im Gebiet des Roten Meeres betrieben die Osmanen eine Verteidigungspolitik, um das Vorrücken der Portugiesen zu verhindern, aber im Mittelmeer setzten sie ihre Seestreitmacht ein, um die spanische Expansion zum Stillstand zu bringen, und errichteten eine Kette befestigter Stützpunkte – Algier (nach 1520), Tripolis (zwischen 1550 und 1560) und Tunis (1574), aber nicht in Marokko und weiter westlich. Der Seekrieg zwischen Osmanen und Spaniern dauerte einige Zeit an, aber dann richteten sich die Kräfte Spaniens hauptsächlich auf die Neue Welt. Es kam zu einer mehr oder wenigen stabilen Aufteilung der Seemacht im Mittelmeer, und ab 1580 war das Verhältnis zwischen Spanien und den Osmanen friedlich.

In gewisser Hinsicht ist die Entstehung des osmanischen Staates auch nur ein Beispiel für den Vorgang, der sich in der Geschichte der muslimischen Völker so oft wiederholt hat und mit der Herausforderung einer etablierten Dynastie durch eine Militärmacht einsetzt, die hauptsächlich von Nomadenvölkern getragen wird. Die Anfänge gleichen denen der beiden anderen großen Staaten, die etwa um dieselbe Zeit entstanden – des Safawidenreiches in Persien und des Reichs der Moguln in Indien. Alle drei Dynastien bezogen ihre militärische Schlagkraft zunächst von türkischen Stämmen in den besiedelten Gebieten; und sie verdankten ihren Erfolg dem Einsatz von Feuerwaffen, mit denen in der westlichen Welt inzwischen allgemein gekämpft wurde. Den drei Dynastien gelang die Durchsetzung einer stabilen und dauerhaften Politik, denn sie waren militärisch stark, zentralisiert und bürokratisch straff organisiert. Sie konnten Steuern erheben und lange Zeit in einem großen Gebiet Gesetz und Ordnung aufrechterhalten. Das Osmanische Reich wurde eines der größten politischen Gebilde der westlichen Welt seit dem Zerfall des Römischen Reiches. Es erstreckte sich über Osteuropa, Westasien und den größten Teil des Maghreb; es hielt Länder mit sehr unterschiedlichen politischen Traditionen und viele ethnische Gruppen zusammen – Griechen, Serben, Bulgaren, Rumänen, Armenier, Türken und Araber – und tolerierte ein friedliches Nebeneinander der unterschiedlichsten religiösen Gemeinschaften: sunnitische und schiitische Muslime, Christen aller historischen Kirchen und Juden. Die meisten blieben etwa vierhundert Jahre unter osmanischer Herrschaft, manche sogar sechshundert.

An der Spitze der Herrschaftsordnung in diesem Riesenreich standen der Herrscher und seine Familie, das »Haus Osman«. Die Autorität lag mehr bei der Familie als bei einem bestimmten Mitglied. Es gab kein starres Erbfolgerecht, aber gewisse Familienbräuche führten im großen und ganzen zu friedlicher Machtübernahme und langen Regierungszeiten. Bis zum frühen siebzehnten Jahrhundert folgte dem Herrscher üblicherweise einer seiner Söhne auf den Thron, aber ab dann galt die allgemein anerkannte Regel, daß beim Tod oder bei Amtsniederlegung des Herrschers das älteste männliche Familienmitglied die Nachfolge antrat. Der Herrscher lebte in einem riesigen Haushalt, dem die Frauen des *harim* und ihre Bewacher, die persönliche Dienerschaft, Gärtner und Palastwachen angehörten.

An der Spitze der Regierung, durch die der Herrscher seine Macht ausübte, stand der *sadr-i azam*, der hohe Würdenträger – der Großwesir. Nach der frühosmanischen Periode übte er unter dem Herrscher die absolute Gewalt aus. Ihm unterstanden eine Reihe anderer Wesire. Ihnen wiederum oblag die Kontrolle über die Armee, die Provinzregierungen und die Staatsverwaltung.

In der ersten Phase der Expansion bestand das osmanische Heer hauptsächlich aus Kavallerietruppen, die sich aus Türken, anderen Bewohnern Anatoliens und der ländlichen Gebiete des Balkans rekrutierten. Kavallerieoffiziere (*sipahi*) erhielten das Recht, als Gegenleistung für den Waffendienst (bei Bedarf) mit einer festgelegten Zahl von Soldaten in einem bestimmten landwirtschaftlich genutzten Gebiet Steuern zu erheben und die Einnahmen zu behalten; dieses Verfahren ist als *timar*-System bekanntgeworden. Im Laufe der Zeit wurde dieser Teil der Truppen jedoch immer weniger effektiv und wichtig. Das lag zum einen an den Veränderungen in der Kriegsführung und zum anderen daran, daß der Nutznießer eines *timar* kaum Interesse hatte, sich für lange Kriegszüge in ferne Gegenden des wachsenden Reiches zu begeben und so sein Land zu verlassen. Bereits in einer frühen Periode wurde daher eine andere Streitmacht geschaffen, ein höchst diszipliniertes Berufsheer aus Infanterie- (die Janitscharen) und Kavallerietruppen, die nach dem *devschirme*-Prinzip gebildet wurden, das heißt, sich aus regelmäßig in den christlichen Balkandörfern zwangsrekrutierten und zum Islam übergetretenen jungen Männern zusammensetzten.

Im Verlauf des sechzehnten Jahrhunderts entwickelte sich eine ausgeklügelte Bürokratie (die *kalemiye*). Sie bestand im wesentlichen aus zwei Gruppen: den Sekretären, die Dokumente in der vorgeschriebenen Form verfaßten – Befehle, Verordnungen, Antworten auf Petitionen – und archivierten, und den Finanzbeamten, die Unterlagen über die Schätzung versteuerbaren Vermögens bearbeiteten und Aufzeichnungen über die Steuereinnahmen und ihre Verwendung anfertigten. (Dokumente und Verzeichnisse wurden sorgsam aufbewahrt und bilden ein Archiv, das in der islamischen Welt nicht seinesgleichen hat und dem eine große Bedeutung für die Geschichte eines Großteils der westlichen Welt zukommt; mit seiner systematischen Erforschung wurde erst in den letzten Jahrzehnten begonnen.)

Die höchsten Militärs und Beamten traten regelmäßig zu einer Ratssitzung (*divan*) im Palast zusammen, in der politische Entscheidungen getroffen, ausländische Gesandtschaften empfangen, Befehle ausgearbeitet, Beschwerden untersucht und Petitionen gehört wurden, besonders solche, bei denen es um Machtmißbrauch ging. In der Frühzeit führte der Herrscher bei diesen Beratungen selbst den Vorsitz, später übernahm der Großwesir diese Aufgabe.

Das Kontrollsystem wurde im ganzen Reich durchgesetzt und praktiziert. Der Annexion neuer Gebiete folgte die Ernennung von Statthaltern für die großen Städte und das Umland; Besatzungstruppen garantierten Ordnung und Sicherheit. Später wurden die zahlreichen lokalen Verwaltungsbezirke (*sancak*) zu wenigen großen Provinzen (*eyalet*) zusammengeschlossen. Die Provinzregierung war eine verkleinerte Version der Zentralregierung. Der Statthalter unterhielt einen aufwendigen Hof; er hatte seine Sekretäre und Finanzbeamten, und sein Rat hoher Beamter trat regelmäßig zusammen.

Zu den Hauptaufgaben der Regierung gehörte die Erhebung von Steuern, von denen sie abhängig war. Die Finanzunterlagen, die zumindest in der Frühzeit sorgfältig geführt und in den Archiven aufbewahrt wurden, enthalten detaillierte Angaben über die Besteuerung von Haushalten und von landwirtschaftlich genutztem Land, außerdem regelrechte Haushaltspläne mit Angaben über Einnahmen und Ausgaben. Wie in früheren muslimischen Staaten gab es drei Arten regulärer Steuern. An erster Stelle standen Steuern auf landwirtschaftliche Produkte, auf den Viehbestand und auf die Fischerei. In manchen Gegenden wurde die Steuer auf Getreide und andere landwirtschaftliche Erzeugnisse als Anteil der Ernte erhoben (im Prinzip ein Zehntel, in der Praxis allerdings sehr viel mehr), in anderen wurde sie nach dem nutzbaren Land berechnet. Manche Steuern wurden in bar erhoben, andere in Naturalien – hier vor allem die Abgaben für Getreide, das sich lange lagern ließ. An zweiter Stelle kamen die verschiedenen städtischen Steuern – auf Güter, die auf den Märkten verkauft wurden, auf Läden, Badehäuser und Chane, auf industrielle Betriebe (Webereien, Gerbereien, Färbereien) und auf importierte und exportierte Waren; die auf den Handelsstraßen erhobenen Gebühren wurden für ihre Instandhaltung verwendet. Drittens gab es persönliche Steuern (*dschizya*), die Christen und Juden auferlegt waren; Muslime zahlten keine regelmäßigen persönlichen Steuern. Außer den regulären Steuern wurden in Notzeiten gelegentlich zusätzliche Abgaben erhoben. In der Frühzeit des Reiches wurden die Steuern sorgfältig verschiedenen Bestimmungen zugeführt: der Privatschatulle des Herrschers oder der von Mitgliedern seiner Familie; man bezahlte damit die Gehälter und Spesen der Statthalter eines *eyalet* und *sancak*, und die Inhaber von *timar* nahmen sich ihren Anteil. Im siebzehnten Jahrhundert zerfiel dieses System jedoch, denn der Finanzbedarf der Regierung (besonders die Kosten für das Heer) war zu groß, um die Steuereinnahmen noch länger auf diese Weise verteilen zu können. Deshalb wurde es durch ein Steuerpachtsystem ersetzt, nach dem Einzelpersonen – Kaufleute oder Beamte – eine bestimmte Steuer erhoben und die Einnahmen nach Abzug einer Provision dem von der Regierung bestimmten Zweck zuführten. Am Ende des siebzehnten Jahrhunderts waren manche Steuerpachtbezirke praktisch in Erbbesitz übergegangen.

In der Frühzeit des Reiches waren die führenden Positionen der Regierung meist mit Militärbefehlshabern besetzt oder mit Mitgliedern der ehemaligen Oberschicht von integrierten Staaten und Angehörigen der gebildeten städtischen Bevölkerung. Ab dem sechzehnten Jahrhundert kamen die Inhaber der Machtpositionen – Wesire, Heereskommandanten und Provinzstatthalter – hauptsächlich aus dem Haushalt des Herrschers. Zu den Mitgliedern des Haushalts zählten einzelne, durch *devschirme* zum Militärdienst rekrutierte Männer, Sklaven aus dem Kaukasus oder Mitglieder ehemals herrschender Familien. Auch Söhnen von Inhabern wichtiger Positionen war es möglich, in den Haushalt aufgenommen zu werden; ungeachtet ihrer Herkunft galten sie alle als »Sklaven« des Herrschers. Sie wurden sorgsam für den Palastdienst ausgebildet und erhielten danach Ämter am Hof, im Heer oder in der Regierung. Die Beförderung beruhte teilweise auf Patronage (*intisap*). Ein mächtiger Beamter konnte einem Anwärter, der mit ihm verwandtschaftlich durch Heirat, vielleicht auch durch ethnische Herkunft oder auf andere Weise verbunden war, eine Stellung verschaffen. Für Sekretäre und Finanzbeamte folgte offenbar auf die Grundausbildung an der *madrasa* eine Lehrzeit; in der *kalemiye* gab es etwas wie Vererbbarkeit, das heißt, Söhne kamen durch ihre Väter in den Verwaltungsdienst.

Auf diese bürokratische Weise konnte der Herrscher die Kontrolle über die gesamte Regierung aufrechthalten. Ob es ihm tatsächlich gelang, hing jedoch von seiner Fähigkeit ab, die Kontrolle auch effektiv auszuüben; im ersten Teil des siebzehnten Jahrhunderts gab es eine Periode, in der seine Macht schwand. Darauf folgte ein Wiedererstarken der Regierungsgewalt, aber in einer anderen Form. Der Großwesir erlangte mehr Macht, und der Weg zur Beförderung führte weniger über den Haushalt des Herrschers als über den des Großwesirs und anderer hoher Würdenträger. Für diese Entwicklung gab es mehrere Ursachen. Ein Grund war die Inflation infolge der Entwertung der Währung und der Importe von Edelmetallen aus den amerikanischen Kolonien der Spanier in den Mittelmeerraum. Das Reich hatte nun die Tendenz, weniger eine Autokratie als eine Oligarchie mächtiger Beamter zu sein. Sie waren verbunden durch die *asabiya* des Heranwachsens im selben Haushalt und einer gemeinsamen Ausbildung; oft bestanden auch verwandtschaftliche Bande, oder sie wurden durch Einheirat geschaffen.

Aufbau und Funktionsweise der Regierung orientierte sich am persischen Ideal des Königtums, das Nizam al-Mulk und andere beschrieben hatten. Der gerechte und weise Herrscher stand außerhalb der verschiedenen gesellschaftlichen Schichten, damit es ihm möglich war, ihr Tun zu regeln und die Harmonie des Ganzen zu erhalten. Im Prinzip war die osmanische Gesellschaft streng in Herrscher (*asker*, wörtlich »Soldaten«) und Untertanen (*reaya*, wörtlich »die Herde«) unterteilt. Zu den *asker* gehörten die hohen Beamten, Inhaber von *timar* und Angehörige der verschiedenen Truppengattungen – sowohl der regulären als auch der Hilfstruppen. Sie waren von den aus besonderen Anlässen erhobenen Abgaben befreit, die allmählich zu einer Art persönlicher Steuer wurden, und hatten ein eigenes Rechtssystem. Im Prinzip konnte nur jemand mit diesem Status in Regierungsämter berufen werden. Vor allem für die Janitscharen galten eigene, strenge Vorschriften. Während ihrer aktiven Dienstzeit durften sie nicht heiraten und auch kein Geschäft betreiben; wenn sie nach dem Ausscheiden aus dem Dienst heirateten, konnten ihre Söhne nicht der Truppe beitreten. Die Klassentrennung zeigte sich im Leben des Herrschers an der Abgeschiedenheit der inneren Höfe des Topkapi-Palastes auf einem Hügel über dem Bosporus. Er lebte dort mit seinen Sklaven und seinem *harim* und heiratete – nach der Herrschaft von Süleyman (1520–66) – niemals ein Mädchen aus einer Osmanenfamilie, denn sie hätte durch eine solche Ehe zu großen Einfluß gewinnen können. Auch das Entstehen einer höfischen Kultur unterstrich den Abstand zum Volk; zu dieser Kultur gehörten feststehende, geschliffene Umgangsformen, eine osmanisch-türkische Sprache, die durch Anleihen aus dem Persischen und Arabischen bereichert wurde, und eine Bildung, die die schöngeistige persische Literatur ebenso pflegte wie die religiöse arabische Literatur.

Auf einer bestimmten Stufe konnten jedoch ohne die Unterstützung durch die *reaya* keine Ordnung gewahrt und keine Steuern erhoben werden. Der Herrscher und seine *asker* sahen in den *reaya* keine Ansammlung von Individuen, mit denen sie direkt in Verbindung traten, sondern eine Anzahl von Gruppen (türkisch *taife* oder *cemaat*). Wenn man sich mit einer Gruppe getrennt beschäftigen mußte, etwa in Zusammenhang mit der Besteuerung oder anderen Diensten zum Wohle des Staates, sah man in ihr eine Einheit; ein Mitglied der Gruppe fungierte als Vermittler, durch den die Regierung mit der Gruppe als Ganzes in Verbindung trat. Normalerweise spielte diese Rolle ein Mann, mit dem die Gruppe und die Regierung einverstanden waren; deshalb nahm er eine gewisse moralische Sonderstellung ein und erlangte sogar ein gewisses Maß an Handlungsfreiheit, wenn er der Gruppe die Befehle und Forderungen der Regierung übermittelte und Klagen und Bitten der Gruppe der Regierung vortrug. Er wirkte an der Wahrung von Frieden und Ordnung innerhalb der Gruppe mit und schlichtete als Vermittler ihre Streitigkeiten und Konflikte, ehe sie den Punkt erreichten, an dem das Eingreifen der Regierung erforderlich wurde.

Diese Verwaltungseinheiten waren von unterschiedlicher Art. Zum Zwecke der Besteuerung wurde der *sancak* in kleinere Einheiten unterteilt: eine Kleinstadt, ein Dorf oder ein Nomadenstamm. Die Städte waren in Viertel (*mahalle, hara*) gegliedert; doch dieser Begriff wurde sehr unterschiedlich gebraucht, denn er konnte wenige hundert oder mehrere tausend Menschen umfassen. Hinsichtlich Steuern und fachlichem Können waren Gewerbe und Handwerke getrennt organisiert. Bei bestimmten Staatsereignissen zogen die Handwerksgruppen in feierlichen Prozessionen durch die Stadt; in der osmanischen Zeit könnte man sie in etwa mit den europäischen Zünften vergleichen, da sie neben der Steuererhebung und der Ausbildung von Facharbeitern noch andere gesellschaftliche Funktionen hatten. Sie waren jedoch nicht unabhängig und verdankten gewissermaßen ihre Existenz der Anerkennung durch die Osmanen.

Die verschiedenen jüdischen und christlichen Gemeinden nahmen eine Sonderstellung ein, denn sie entrichteten die Kopfsteuer und hatten ein eigenes Privatrecht; außerdem mußten sie sich zur Loyalität gegenüber der Regierung verpflichten. In der Hauptstadt und in den Provinzen räumte die Regierung einem bestimmten geistlichen Oberhaupt jeder Religionsgemeinschaft eine beschränkte Jurisdiktion ein; die Erhebung der *dschizya* und die Aufrechterhaltung der Ordnung unterstanden ebenfalls seiner Verantwortung. Auf diese Weise waren die Nichtmuslime in den Staat eingegliedert. Sie gehörten ihm nicht als vollwertige Bürger an, aber der einzelne konnte in Machtpositionen oder einflußreiche Stellungen aufsteigen. Zum Beispiel hatten im sechzehnten Jahrhundert Juden im Finanzwesen eine bedeutende Stellung, und gegen Ende des siebzehnten Jahrhunderts waren Griechen die wichtigsten Übersetzer in der Staatskanzlei des Großwesirs und der Statthalter beider rumänischen Provinzen – der Wallachei und Moldawiens. Offenbar lebten die Andersgläubigen jedoch nicht isoliert und waren auch keinen Repressalien ausgesetzt: Sie gehörten *cemaats* von Handel und Gewerbe an, und in Grenzen blieben ihr religiöses Leben und ihre Bildungseinrichtungen frei von Einmischungen. Sie konnten sich in den meisten wirtschaftlichen Bereichen ungehindert betätigen. Juden spielten eine wichtige Rolle als Bankiers, Griechen im Seehandel, und mit dem sechzehnten Jahrhundert gewannen Armenier im Handel mit persischer Seide an Bedeutung.

Die Osmanen und die islamische Tradition

Titel wie *padischah* oder Sultan, die der osmanische Herrscher trug, waren Zeichen seiner Verbindung zur persischen Tradition des Königtums. Aber er war auch Erbe einer spezifisch islamischen Tradition und konnte im Sinne des Islam den Anspruch erheben, die legitime Autorität zu sein. Dieser doppelte Anspruch wird an den in offiziellen Dokumenten verwendeten Titeln ersichtlich:

> Seine Majestät, der siegreiche und erfolgreiche Sultan, der von Gott gestützte Herrscher, dessen Untergewand der Sieg ist, der *padischah*, dessen Ruhm so hoch wie der Himmel ist, König der Könige, die wie Sterne sind, Krone des königlichen Hauptes, der Schatten Gottes, Gipfel des Königtums, Inbegriff des Buches des Schicksals, Äquator der Gerechtigkeit, Vollkommenheit der Springflut der Majestät, Meer der Güte und der Menschlichkeit, Bergwerk der Juwelen der Großzügigkeit, Quelle der Denkmäler der Tapferkeit, Manifestation des Lichts der Glückseligkeit, Erhalter der Werte des Islam, Autor der Gerechtigkeit auf den Seiten der Zeit, Sultan der zwei Kontinente und der beiden Meere, Herrscher der beiden Osten und der beiden Westen, Diener der zwei heiligen Stätten, Namensbruder des Glaubensboten der Menschen und *dschinn*, Sultan Muhammad Chan.[3]

Die Osmanen benutzten hin und wieder auch den Titel des Kalifen, aber damals verband sich damit kein Anspruch auf die universelle oder ausschließliche Autorität, die man früheren Kalifen zuerkannt hatte. Er implizierte vielmehr, daß der osmanische Sultan mehr war als ein Lokalherrscher und daß er seine Macht für Zwecke gebrauchte, die von der Religion sanktioniert waren. Gelegentlich erklärten osmanische Schriftsteller, der

Sultan habe die beherrschende Stellung in der islamischen Welt, und sprachen von einem »erhabenen Kalifat«.

Die Osmanen verteidigten die Grenzen des Islam und erweiterten sie, wenn es möglich war. Sie wurden aber auch von mehreren Seiten bedroht. Im Osten von den iranischen Safawiden – der Kampf der Osmanen und Safawiden um die Herrschaft Anatoliens nahm allmählich religiöse Untertöne an, denn die Safawiden erklärten die Schia zur offiziellen Religion der Dynastie, während die Osmanen strengere Sunniten wurden, als ihr Reich sich erweiterte und die bedeutendsten Zentren urbaner islamischer Hochkultur erobert waren. Auf der anderen Seite befanden sich die christlichen Mächte Europas. Das Byzantinische Reich war 1453 mit dem Fall von Konstantinopel untergegangen; der orthodoxe Staat, der sich in Rußland entwickelte und das Erbe von Byzanz beanspruchte, begann erst am Ende des siebzehnten Jahrhunderts sich nach Süden zum Schwarzen Meer hin auszudehnen. Die Hauptbedrohung ging noch nicht von dort aus, sondern von den drei großen katholischen Mächten des westlichen Mittelmeerbeckens: Spanien, das Heilige Römische Reich, das sich im Süden bis Italien erstreckte, und Venedig mit seinen Kolonien im östlichen Mittelmeerraum. Im sechzehnten Jahrhundert kam es zu kriegerischen Auseinandersetzungen mit Spanien um die Herrschaft über das westliche Mittelmeer und den Maghreb, mit Venedig wegen der Inseln im östlichen Mittelmeer und mit dem Heiligen Römischen Reich um das Donaubecken. Am Ende des Jahrhunderts war eine mehr oder weniger stabile Grenze entstanden: Spanien kontrollierte das westliche Mittelmeer (aber nur wenige Punkte an der Küste des Maghreb); das Donaubecken stand bis einschließlich Ungarn unter osmanischer Herrschaft; Venedig hatte Zypern und andere Inseln verloren, Kreta aber gehalten. Dieses Gleichgewicht veränderte sich im siebzehnten Jahrhundert: Die Osmanen eroberten Kreta, den letzten großen Vorposten Venedigs, verloren jedoch Ungarn und andere europäische Besitztümer an das Heilige Römische Reich in einem Krieg, der mit dem Frieden von Karlowitz (1699) endete.

Der Sultan war nicht nur der Verteidiger der Grenzen des Islam, er war auch der Hüter seiner heiligen Stätten. Mekka und Medina im Hedschaz, Jerusalem und Hebron in Palästina. Als Herrscher über Mekka und Medina trug er den stolzen Titel »Diener der beiden Heiligtümer«. Außerdem überwachte er die wichtigsten Routen, auf denen die Pilger dorthin zogen. Eine seiner Hauptaufgaben bestand in der Organisation und der Führung der jährlichen Pilgerfahrt; sie wurde mit großem Zeremoniell als wichtiges Staatsereignis begangen und war eine jährliche Bekräftigung osmanischer Souveränität im Herzen der muslimischen Welt.

Jahr für Jahr besuchten viele tausend Pilger aus der ganzen islamischen Welt die heiligen Stätten. Nach Schätzung eines europäischen Reisenden, der während der Wallfahrt von 1814 Mekka besuchte, hielten sich dort etwa siebzigtausend Pilger auf. Pilgergruppen kamen aus dem Jemen, aus Zentralafrika (über die Häfen des Sudan) und aus dem Irak (durch Zentralarabien), aber die großen, organisierten Pilgerzüge nahmen ihren Ausgang weiterhin von Kairo und Damaskus. Dem Pilgerzug aus Damaskus kam während der osmanischen Zeit eine größere Bedeutung zu, denn die Stadt war durch eine wichtige Landroute mit Istanbul verbunden und konnte besser überwacht werden. Jedes Jahr reiste ein vom Sultan eigens dafür ernannter Bevollmächtigter in Begleitung hoher Würdenträger oder Angehöriger der osmanischen Familie, die beabsichtigten, die Wallfahrt zu machen, von Istanbul nach Damaskus. Er hatte die *surra* bei sich, Geld und Vorräte für die Bevölkerung der heiligen Stätten; beides stammte teilweise aus den Einnahmen herrscherlicher, für diesen Zweck eingerichteter *auqaf*. (Bis zum achtzehnten Jahrhundert wurde die *surra* auf dem Seeweg nach Ägypten gebracht und reiste mit dem Pilgerzug aus Kairo.) In Damaskus schlossen sie sich der vom Statthalter der Stadt organisierten Karawane an, die von einem zum Führer des Pilgerzuges (*amir al-haddsch*) ernannten Würdenträger geleitet wurde. Ab dem frühen achtzehnten Jahrhundert bekleidete der Statthalter von Damaskus dieses Amt. Einige Jahrhunderte später, in der Endzeit osmanischer Herrschaft und kurz bevor die neuen Verkehrsmittel den Ablauf der Pilgerfahrt änderten, beschrieb C.M. Doughty, ein englischer Reisender, den Aufbruch der Pilgerkarawane in Damaskus:

> Auch als die Morgendämmerung kam, setzten wir uns noch nicht in Bewegung. Als es Tag geworden war, hatte man die Zelte abgebrochen, die Kamele zu ihren Gruppen geführt, und sie standen neben ihren Lasten. Wir warteten auf den Kanonenschuß, der die diesjährige Pilgerfahrt eröffnen würde. Es war beinahe zehn Uhr, als wir hörten, wie das Signalgeschütz abgefeuert wurde; und dann wurden ohne jede Unordnung plötzlich Sänften hochgehoben und auf den Tragtieren befestigt, die Lasten wurden den knienden Kamelen aufgeladen, und Tausende von Reitern, alle in Karawanenländern geboren, saßen schweigend auf. Als alles oben ist, bleiben die Treiber stehen oder hocken auf den Fersen, um sich noch die letzten Minuten auszuruhen; sie müssen mit den anderen Lager- und Zeltdienern die dreihundert Meilen auf nackten Sohlen zurücklegen, und dann müssen ihre müden Füße die Strecke wieder von den heiligen Stätten zurück durchmessen. Beim zweiten Kanonenschuß einige Augenblicke später nähert sich die Sänfte des Pascha, und hinter ihm folgt die Spitze der Kolonne: Wir, die wir Plätze am Ende der Karawane haben, müssen noch fünfzehn oder zwanzig Minuten warten, das heißt, bis der lange Zug sich vor uns aufgestellt hat; dann schlagen wir auf unsere Kamele ein, und der große Pilgerzug bewegt sich vorwärts.[4]

Die Pilger zogen in einer feierlichen Prozession aus der Stadt und führten dabei den *mahmal*, ein mit einem bestickten Tuch bespannten Holzrahmen, und die Standarte des Propheten mit, die in der Zitadelle von Damaskus aufbewahrt wurde. Sie nahmen ihren Weg über eine Kette von befestigten Rastplätzen mit Garnisonen und Vorräten, bis sie Mekka erreichten. Dort angekommen, übernahm der Statthalter von Damaskus die Oberaufsicht über die Wallfahrt. Es war tatsächlich eine seiner wichtigsten Aufgaben, die Pilgerkarawane zu organisieren und anzuführen; und ihre Finanzierung war eine der großen Anforderungen an die Finanzverwaltungen von Damaskus und der anderen syrischen Provinzen. Die von Kairo ausgehende Karawane war nicht weniger wichtig. Ihr schlossen sich neben Ägyptern auch Pilger aus dem Maghreb an, die auf dem Land- oder dem Seeweg nach Ägypten kamen. Auch sie wurde von einem *amir al-haddsch* geleitet und führte ihren eigenen *mahmal* und die *kiswa* mit sich, ein Tuch, das über die Ka'ba gebreitet wurde. Diese Karawane erreichte Mekka über die Sinaihalbinsel und Westarabien. Sie hatte auch Hilfsgelder für die Stämme auf dem Weg bei sich. Es gelang jedoch nicht immer, Überfälle der Stämme auf die eine oder andere Karawane zu verhindern, entweder weil die Hilfsgelder nicht bezahlt worden waren oder wegen der Dürre, die die Beduinen dazu trieb, die Wasservorräte der Pilger zu rauben.

Die höchste Pflicht eines muslimischen Herrschers, die gleichzeitig sein Bündnis mit der muslimischen Bevölkerung zum Ausdruck brachte und es stärkte, war die Aufrechterhaltung der *schari'a*. In der osmanischen Periode wurden die Institutionen, die die *schari'a* pflegten, enger als zuvor an den Herrscher gebunden. Die Osmanen förderten die hanafitische Rechtsschule; die Richter wurden von der Regierung ernannt und bezahlt. Die Osmanen schufen parallel zu den politischen, militärischen und bürokratischen Korps ein Korps beamteter *ulama* (die *ilmiye*); die Ränge in den verschiedenen Korps entsprachen einander. Diese beamteten *ulama* spielten eine bedeutende Rolle in der Reichsadministration. An ihrer Spitze standen zwei Militärrichter (*kadiasker*), die dem *divan* des Sultans angehörten. Im Rang unter ihnen befanden sich die *qadis* der größeren Städte und unter diesen die der kleineren Städte oder Bezirke. Die Provinzen waren in Bezirke (*qada*) mit einem ansässigen *qadi* eingeteilt. Er hatte nicht nur richterliche Funktionen. Er verhandelte zivilrechtliche Fälle, versuchte bei Streitigkeiten zu vermitteln oder Entscheidungen zu fällen; er protokollierte finanzielle Transaktionen – Verkäufe, Darlehen, Geschenke, Verträge – in einer mit der *schari'a* in Einklang stehenden Form; er bearbeitete Erbschaftsangelegenheiten und teilte den Besitz entsprechend der Bestimmungen der *schari'a* unter den Erben auf. Er war auch die Zwischeninstanz, durch die der Sultan und seine Statthalter Verordnungen und Proklamationen erließen.

Die Regierung ernannte hanafitische Muftis, deren Aufgabe die Rechtsauslegung war. An ihrer Spitze stand der *mufti* von Istanbul, der *schaich al-islam*, der als religiöser Ratgeber des Sultans fungierte. Er galt als die höchste Persönlichkeit der religiösen Ordnung. Es war ein Zeichen seiner Meinungsfreiheit und seiner Macht, die Machthaber zu zügeln und zu tadeln, daß er nicht dem *divan* des Sultans angehörte, der sich aus hohen Würdenträgern zusammensetzte.

Alle, die in hohe juristische Ämter berufen wurden, waren in kaiserlichen Hochschulen ausgebildet worden, hauptsächlich in denen der Hauptstadt. Mehmet II., der Eroberer von Konstantinopel, hatte im fünfzehnten Jahrhundert viele Schulen errichtet, und Süleyman, »der Prächtige«, wie europäische Quellen ihn nennen, hatte im sechzehnten Jahrhundert weitere hinzugefügt. Praktisch alle hohen Beamten im juristischen Dienst waren Absolventen dieser Schulen. Hier wie überall im Staatsdienst fanden sich Elemente von Protektionismus und erblicher Privilegien, die im Laufe der Zeit immer mehr überhand nahmen. Man erlaubte den Söhnen hoher Beamter, Stufen auf der Beförderungsleiter zu überspringen. Auch jemand, der für den Dienst in der *ilmiye* ausgebildet war, konnte durch Protektion oder auf anderen Wegen in die Bürokratie überwechseln oder sogar in den militärischen Dienst.

Im Prinzip setzte der Sultan seine Macht zur Aufrechterhaltung der *schari'a* ein; das zeigte sich darin, daß die Angehörigen der Jurisdiktion als *asker*, als Angehörige der herrschenden Elite, angesehen wurden und mit finanziellen und rechtlichen Privilegien ausgestattet waren. Dasselbe galt auch für einen *saiyid*, wie die anerkannten Nachfahren des Propheten genannt wurden; ihre Namen waren in einer Liste verzeichnet, die einer von ihnen, der »Marschall des Adels«, *naqib al-aschraf* führte, den der Sultan in jeder großen Stadt ernannte. Das Haupt der Saiyids, der *naqib* von Istanbul, war eine hohe Persönlichkeit im Reich.

In Wirklichkeit war die *schari'a* nicht das einzige Recht im osmanischen Reich. Wie frühere Herrscher stand der osmanische Sultan vor der Notwendigkeit, eigene Anordnungen und Verfügungen zu erlassen, um seine Autorität zu wahren und um sicherzustellen, daß der Gerechtigkeit Genüge getan wurde. Er legitimierte das mit der Macht, die die *schari'a* dem Herrscher zugestand, solange er sie in den Grenzen der *schari'a* ausübte. Alle muslimischen Herrscher hatten Bestimmungen erlassen und Entscheidungen getroffen, aber nur im osmanischen Rechtssystem scheint damit eine akkumulative Tradition begründet worden zu sein; sie nahm in

Gesetzbüchern (*kanun-name*) konkrete Form an und wird üblicherweise mit Mehmet II. oder Süleyman in Zusammenhang gebracht, der nach osmanischer Tradition den Beinamen *kanuni* (der Gesetzgeber) trägt. Es gibt verschiedene solcher Gesetzbücher. Einige regelten die traditionellen Steuersysteme der eroberten Provinzen, andere machten Aussagen zu strafrechtlichen Angelegenheiten und versuchten, die Gesetze und Bräuche eroberter Provinzen mit dem osmanischen Rechtssystem in Einklang zu bringen; wieder andere befaßten sich mit dem Beförderungssystem im Staatsdienst, mit dem Hofzeremoniell und den Angelegenheiten der Herrscherfamilie. Die Kadis führten die Bestimmungen solcher Gesetzbücher aus, aber die wichtigeren Verbrechensfälle kamen vor den *divan* des Sultans oder seiner Provinzstatthalter. In späterer Zeit scheint dieses Strafgesetzbuch jedoch außer Gebrauch gekommen zu sein.

Das Regierungssystem in den arabischen Provinzen

Das Osmanische Reich war eine europäisch-asiatisch-afrikanische Macht; es hatte lebenswichtige Schutzinteressen zu wahren und auf allen drei Kontinenten Feinde. In der meisten Zeit seines Bestehens richtete sich der Großteil aller Ressourcen und Kräfte darauf, den Herrschaftsbereich in Ost- und Zentraleuropa auszuweiten und auf die Unterwerfung seiner europäischen Provinzen, in denen die meisten seiner Bewohner lebten und aus denen ein großer Teil der Staatseinnahmen stammte; ab dem späten siebzehnten Jahrhundert mußten sich die Osmanen gegen die österreichische Expansion von Westen und im Schwarzmeergebiet gegen die russische von Norden zur Wehr setzen. Die Stellung der arabischen Provinzen im Reich kann man nur im Kontext des Engagements im Balkan und in Anatolien verstehen. Den arabischen Provinzen kam eine eigene Bedeutung zu. Algier war im Westen ein Bollwerk gegen die spanischen Expansionsgelüste und Bagdad im Osten gegen das Vordringen der Safawiden. Syrien, Ägypten und der Hedschaz waren noch nicht der Bedrohung durch fremde Mächte ausgesetzt, nachdem die portugiesischen Versuche gescheitert waren, im sechzehnten Jahrhundert ihre Seemacht auf das Rote Meer auszudehnen. Sie waren allerdings in anderer Hinsicht wichtig. Die Einnahmen aus Ägypten und Syrien machten einen Hauptbestandteil des osmanischen Staatshaushaltes aus; und dort wurden die jährlichen Pilgerzüge nach Mekka zusammengestellt. Der Besitz der heiligen Stätten verlieh der Osmanenherrschaft Legitimität und einen Anspruch auf Autorität in der islamischen Welt, die kein anderer Muslimstaat besaß.

Deshalb war es wichtig, daß die Regierung des Sultans die arabischen Provinzen unter ihrem direkten Einfluß behielt, aber dafür gab es mehrere Möglichkeiten. In Provinzen, die zu weit von Istanbul entfernt waren, um reguläre Truppen dorthin zu entsenden, konnte das nicht nach der gleichen Methode geschehen wie in denen, die näher an den großen Staatsstraßen lagen. Nach den ersten Eroberungen entwickelten sich mit der Zeit verschiedene Regierungssysteme mit Unterschieden in der Verteilung zwischen zentraler und lokaler Macht.

Die syrischen Provinzen Aleppo, Damaskus und Tripolis mußten der direkten Regierungskontrolle unterstellt bleiben, schon wegen des hohen Steueraufkommens, der besonderen Stellung von Aleppo im internationalen Handel und weil Damaskus eines der Zentren war, in denen die Wallfahrt nach Mekka organisiert wurde; Jerusalem und Hebron waren die heiligen Stätten (in Jerusalem war nach islamischem Glauben der Prophet während seiner Nachtreise in den Himmel aufgestiegen; in Hebron befand sich das Grab des Stammvaters Abraham). Die Regierung in Istanbul konnte über die Straßen durch Anatolien und auf dem Seeweg die direkte Kontrolle aufrechterhalten, aber ihr Einfluß beschränkte sich auf die großen Städte, die Getreideanbaugebiete in ihrer Umgebung und die Häfen. Berge und Wüste waren infolge der Geländebeschaffenheit schwieriger zu kontrollieren, aber von dort kamen auch weniger Einnahmen, und deshalb waren diese relativen Freiräume nicht so wichtig. Es genügte, wenn die Lokalherren offiziell von den Osmanen in ihrer Führungsrolle bestätigt wurden, und das geschah meistens, wenn sie Steuern erhoben und an die Verwaltung abführten und wenn sie die von Handel und Militär benutzten Straßen nicht bedrohten. Ähnlich erhielten auch die Stammesführer der Viehzüchternomaden in der syrischen Wüste und entlang der Pilgerstraße nach Mekka eine offizielle Anerkennung. Üblicherweise genügte eine Politik geschickten Taktierens; man nutzte und förderte die Streitigkeiten der Familien untereinander, um das Gleichgewicht zwischen imperialen und lokalen Interessen zu wahren; aber manchmal war das labile Interessenbündnis auch bedroht. Im frühen siebzehnten Jahrhundert gelang es einem rebellischen Statthalter von Aleppo und einem mächtigen Lokalherren im libanesischen Schufgebirge, Fachr ad-Din (gest. 1635), mit Unterstützung von italienischen Herrschern die osmanische Macht einige Zeit herauszufordern. Fachr ad-Din wurde schließlich gefangengenommen und hingerichtet; danach schufen die Osmanen eine vierte Provinz mit Sidon als Hauptstadt, um die Herren des Libanon im Auge behalten zu können.

Der Irak war hauptsächlich als Bollwerk gegen eine Invasion aus dem

Iran von Bedeutung. Der ländliche Wohlstand war nach dem Zerfall des Bewässerungssystems sehr zurückgegangen, und riesige Gebiete, nicht nur östlich des Euphrat, sondern auch zwischen Euphrat und Tigris, wurden von Viehzüchterstämmen und ihren Anführern beherrscht. Die osmanische Kontrolle beschränkte sich weitgehend auf Bagdad, das Zentrum, von dem aus die Verteidigung der Grenze zum Iran organisiert werden konnte, und auf die großen Städte entlang der Straße von Bagdad nach Istanbul; von besonderer Bedeutung war Mosul am Oberlauf des Tigris. Um die Grenze gegen iranische Übergriffe zu schützen, hatten die Osmanen im Nordwesten kurdische Familien als lokale Statthalter und Steuereinnehmer eingesetzt; in Schahrizor residierte ein osmanischer Statthalter, um eine gewisse Kontrolle über sie auszuüben. Basra im Süden war als Flottenstützpunkt von Bedeutung, solange Portugiesen oder Holländer den Golf bedrohten. Einen Schwachpunkt gab es allerdings im osmanischen Machtgefüge: Nadschaf und Kerbela, die heiligen Stätten der Schiiten, standen in enger Verbindung zu den schiitischen Zentren Irans, und von dort strahlte der Schiismus auf das Umland aus.

Ägypten war wie Syrien aus strategischen, finanziellen und religiösen Gründen wichtig. Es war eine der Bastionen osmanischer Kontrolle über den östlichen Mittelmeerraum; es brachte hohe Steuereinnahmen, es war ein altes Zentrum islamischer Gelehrsamkeit und ein Punkt, von dem aus die Wallfahrt organisiert wurde. Ägypten war jedoch schwieriger zu halten als Syrien – infolge seiner Entfernung von Istanbul, wegen der Länge der Landroute, die durch Syrien führte, und weil es die Ressourcen besaß, um ein unabhängiges Machtzentrum zu erhalten: reiche ländliche Gebiete, die einen großen Überschuß zum Nutzen der Regierung produzierten, und eine Großstadt mit einer langen Tradition als Regierungssitz. Die osmanische Regierung zögerte von Anfang an, ihrem Statthalter in Kairo eine zu große Macht einzuräumen. Der Amtsträger wurde immer wieder ersetzt, und seine Machtbefugnisse waren durch Restriktionen eingeengt. Nach der Eroberung Ägyptens hatten die Osmanen eine Reihe Militärkorps geschaffen. Im Laufe des siebzehnten Jahrhunderts integrierten sie sich in die ägyptische Gesellschaft. Militärs heirateten in ägyptische Familien und trieben Handel oder Gewerbe; Ägypter erhielten das Recht, in diese Korps einzutreten. Die Kommandeure wurden zwar aus Istanbul entsandt, doch andere Offiziere waren ansässige Osmanen mit lokaler Solidarität.

Nach der Einnahme von Kairo hatten die Osmanen einen Teil der militärischen Elite des ehemaligen Mamlukenstaates in ihr Regierungssystem übernommen. Es ist nicht klar, ob diese Mamluken ihre Haushalte durch neue Rekruten aus dem Kaukasus aufrechterhalten konnten oder ob Offiziere mit Hilfe eines ähnlichen Rekrutierungs- und Ausbildungssystems neue Haushalte gründeten. Wie die Urspünge auch sein mögen, zu Beginn des siebzehnten Jahrhunderts hatten sich Gruppen von Militärmamluken aus dem Kaukasus und anderen Gebieten gebildet, die stark genug waren, einige führende Regierungspositionen zu bekleiden und einen großen Teil des städtischen und ländlichen Reichtums Ägyptens zu kontrollieren. Etwa ab 1630 lag die Macht vorwiegend bei den Mamlukenhaushalten. In den sechziger Jahren konnten die osmanischen Statthalter ihre Position wiederherstellen, aber am Ende des Jahrhunderts stellten hohe Offiziere der Janitscharen, einer Heeresabteilung, ihre Autorität wieder in Frage.

Der Prozeß des Machtübergangs hatte in Ägypten begonnen, und er wurde in einigen Randgebieten des Reiches weitergeführt. Im Hedschaz begnügten sich die Osmanen damit, den Hafen von Dschidda unter ihrem Einfluß zu behalten. Dort gab es einen osmanischen Statthalter; und einmal im Jahr machten sie ihre Autorität in den heiligen Stätten geltend, wenn die von einem hohen staatlichen Würdenträger geleiteten Pilgerzüge eintrafen und Subsidien für die Bewohner von Mekka und Medina und die Stämme entlang der Route mitbrachten. Die Provinz war zu arm, um Istanbul Steuereinnahmen zu verschaffen, sie lag zu fern, und es war zu schwierig, sie permanent unter strenger Kontrolle zu halten. Die Macht in den heiligen Stätten blieb in der Hand ernannter Mitglieder örtlicher Familien von Scherifen oder Nachkommen des Propheten. Weiter südlich, im Jemen, ließ sich selbst dieses Maß an Kontrolle nicht auf Dauer halten. Ab der Mitte des siebzehnten Jahrhunderts gab es sogar in den Küstenhäfen, wo der Kaffeehandel zunehmend an Bedeutung gewann, keine osmanische Präsenz. In den Bergen konnte sich dank der fehlenden osmanischen Macht eine neue Linie zaidischer Imame etablieren.

Das osmanische Herrschaftsgebiet im Maghreb wurde zunächst durch den Statthalter von Algier regiert. Aber nach 1570 gab es drei Provinzen mit den Hauptstädten Tripolis, Tunis und Algier. Hier wurde eine typisch osmanische Form der Provinzregierung eingesetzt: ein aus Istanbul kommender Statthalter mit seinem Haushalt, eine Verwaltung mit lokalen osmanischen Beamten, ein in Anatolien rekrutiertes Janitscharenkorps, ein hanafitischer *qadi* (obwohl die meisten Bewohner Malikiten waren) und eine Kriegsmarine, die sich aus unterschiedlichen Quellen rekrutierte, einschließlich europäischen Konvertiten. Die Marine wurde hauptsächlich für Kaperunternehmungen gegen die Handelsschiffahrt der europäischen Staaten eingesetzt, mit denen der Sultan oder die lokalen Statthalter gerade Krieg führten.

Innerhalb eines Jahrhunderts hatte sich jedoch das Gleichgewicht zwischen Zentralregierung und lokalen Kräften zugunsten der letzteren verschoben. In Tripolis rissen die Janitscharen zu Beginn des siebzehnten Jahrhunderts die eigentliche Macht an sich, und ihr gewählter Sprecher oder *dey* teilte sich die Macht mit dem Statthalter. Es war allerdings eine zweifelhafte Macht. Die Ressourcen der Provinz ließen es nicht zu, einen großen Verwaltungsapparat und ein Heer zu unterhalten. Die Städte waren klein, und es gab nur wenige besiedelte ländliche Gebiete mit bebauten Feldern. Es war der Regierung kaum möglich, die Schiffskapitäne unter Kontrolle zu halten, deren Kaperunternehmungen mehr als einmal zur Bombardierung von Tripolis durch europäische Kriegsschiffe führten.

Die direkte osmanische Herrschaft in Tunis beschränkte sich auf einen noch kürzeren Zeitraum. Vor dem Ende des sechzehnten Jahrhunderts rebellierten die unteren Janitscharenoffiziere, bildeten einen Rat und wählten einen Führer (*bey*), der sich die Macht mit dem Statthalter teilte. Um die Mitte des siebzehnten Jahrhunderts riß der *bey*, ein anderer hoher Offizier, der das Janitscharenkorps kommandierte, einen Teil der Macht an sich. Er kommandierte das Janitscharenkorps, das die ländlichen Steuern erhob. Zu Beginn des achtzehnten Jahrhunderts gelang es einem *bey*, eine Dynastie zu gründen, die Husainiden. Er und seine Nachfolger konnten Wurzeln fassen und schlossen ein Interessenbündnis mit der Bevölkerung von Tunis, einer Stadt von beträchtlicher Größe und Bedeutung und beachtlichem Reichtum. Die wichtigsten politischen und militärischen Positionen waren besetzt mit Angehörigen einer Elite tscherkessischer und georgischer Mamluken und einigen griechischen und westeuropäischen Konvertiten, die im Haushalt des *bey* ausgebildet worden waren. Diese Elite wurde jedoch allmählich tunesisch – durch Einheirat oder auf anderem Weg, und Angehörige ortsansässiger tunesischer Familien traten als Sekretäre oder Verwaltungsbeamte in den Staatsdienst. Sowohl die türkisch-tunesische Oberschicht als auch die angesehenen lokalen Familien hatten ein Interesse am administrativen Einfluß auf die ländlichen Gebiete und an ihren Ertragsüberschüssen. Der gut erreichbare, fruchtbare Sahel war groß, und die Beys unterhielten dort Truppen, um die jährlichen landwirtschaftlichen Steuern einzuziehen. Auch am Kaperwesen hatten Regierung und Stadt ein gemeinsames Interesse. Kapitäne und Seeleute waren zum größten Teil zum Islam übergetretene Europäer oder kamen aus den östlichen Reichsprovinzen, aber die Schiffe wurden zum Teil von der Regierung, zum Teil aber auch von den reichen Familien von Tunis gestellt und ausgerüstet.

Algier war das wichtigste der drei Zentren osmanischer Macht im

Maghreb. Im Zeitalter der spanischen Expansion mußte der Sultan einen starken westlichen Grenzposten unterhalten. Selbst wenn sich das Hauptinteresse der Spanier vom Mittelmeer auf die amerikanischen Kolonien verlagert hatte, so bestand trotzdem die Gefahr einer spanischen Eroberung von Häfen an der Küste des Maghreb: Wahran (Oran) stand zwischen 1509 und 1792 einen Großteil der Zeit unter spanischer Kontrolle. Algier war der Stützpunkt einer osmanischen Kriegsflotte, die osmanische Interessen im westlichen Mittelmeergebiet verteidigte und in Kriegszeiten Kaperexpeditionen gegen die europäische Handelsschiffahrt unternahm. (Europäische Staaten betrieben gleichfalls Freibeuterei und setzten gefangene Algerier als Galeerensklaven ein.) Dort war auch eine starke Janitscharenstreitmacht stationiert, vielleicht die größte des Reichs außerhalb von Istanbul. Diese militärische Macht sicherte den Einfluß des Statthalters von Algier an der ganzen Küste des Maghreb. Aber auch hier veränderte sich die Kräfteverteilung. Bis Mitte des siebzehnten Jahrhunderts lag die Macht offiziell in der Hand des von Istanbul entsandten und nach wenigen Jahren ausgewechselten Statthalters. Die Seekapitäne hatte er jedoch kaum unter Kontrolle, und die Janitscharen waren ihm nur in dem Maße ergeben, wie er Steuern erheben und ihren Sold bezahlen konnte. Um die Mitte des Jahrhunderts zog ein Rat hoher Janitscharenoffiziere die Kontrolle über die Steuererhebung an sich; der Rat wählte einen *dey*, der sie einzog und dafür sorgte, daß die Janitscharen erhielten, was ihnen zustand. Zu Beginn des achtzehnten Jahrhunderts fand dieser Prozeß seinen logischen Abschluß, und der *dey* konnte sich von der Zentralregierung das Amt und den Titel des Statthalters übertragen lassen.

Wie im Falle von Tripolis und Tunis einten gemeinsame Interessen die herrschende Oberschicht und die Kaufleute von Algier; sie rüsteten gemeinsam die Schiffe für die Kaperfahrten der Schiffskapitäne aus und teilten sich die Gewinne aus dem Verkauf erbeuteter Waren und dem Lösegeld für Gefangene. Algerische Schiffe stießen im siebzehnten Jahrhundert bis an die englischen Küsten und sogar bis Island vor. Algier war kein Zentrum alter urbaner Kultur wie Tunis, Kairo, Damaskus oder Aleppo und hatte auch kein reiches eingesessenes Bürgertum. Es wurde von drei Gruppen beherrscht: den Janitscharen, die hauptsächlich aus Anatolien oder den Ostprovinzen des Reiches kamen, den Schiffskapitänen, von denen viele Europäer waren, und den Kaufleuten, darunter viele Juden, die über ihre Verbindungen zu dem italienischen Hafen Livorno die erbeuteten Waren verkauften. Die Zentren städtischen Lebens in Algerien befanden sich im Landesinnern, in den Städten und ihrem Umland auf der großen Hochebene. Dort unterhielten vom *dey* in Algier ernannte Statthalter eigene Truppen, die sich aus Algeriern oder Mitgliedern von Janitscharenfamilien zusammensetzten, denen der Eintritt in das Janitscharenkorps in Algier verwehrt war. Auch in diesen Städten gab es ein eng mit der Regierung verbundenes lokales Bürgertum. Im weiteren Umkreis hielten ländliche Stammesführer die Herrschaft von Algier aufrecht; sie erhoben Steuern und übergaben sie der jährlichen Expedition zur Steuereinnahme. In manchen Bezirken fehlte jedoch selbst diese mittelbare Kontrolle, und es gab höchstens eine gewisse Anerkennung der Autorität der Osmanen in Algier und Istanbul. Das galt für die Fürstentümer der Kabylei, die Gebiete der Kamelzüchternomaden in der Sahara und die Oasenorte des Mzab, in denen Ibaditen unter einem gelehrten und frommen Ältestenrat lebten.

Kapitel 14

Osmanische Gesellschaften

Bevölkerung und Reichtum im Osmanischen Reich

Die vielen im Osmanischen Reich unter einem bürokratischen Regierungssystem und einer einzigen Jurisdiktion vereinigten Länder bildeten eine riesige Handelszone; die Menschen konnten mit ihren Waren auf Handelsrouten relativ sicher reisen, denn staatliche Truppen gewährten Schutz, und Chane boten Unterkünfte; sie mußten keine Zölle entrichten, obwohl gewisse lokale Abgaben erhoben wurden. Das Reichsgebiet war im Osten mit Iran und mit Indien verbunden, wo die Herrschaft der Safawiden und der Moguln ebenfalls stabile Lebensbedingungen garantierte und wo das Vordringen der Europäer – Portugiesen, Holländer, Franzosen und Engländer – in den Indischen Ozean die traditionellen Formen von Handel und Schiffahrt noch nicht beeinträchtigte. Im Westen bestanden Verbindungen zu den westeuropäischen Ländern, die dank der Existenz starker, zentralistischer Monarchien, dem Wachstum von Bevölkerung und Landwirtschaft und dem Import von Edelmetallen aus den spanischen und portugiesischen Kolonien in Amerika einen beachtlichen wirtschaftlichen Aufschwung erlebten. Neben den üblichen Waren des internationalen Handels wurden neue hochwertige Güter auf den Fernhandelsstraßen befördert. Der Gewürzhandel lief immer noch über Kairo, bis im siebzehnten Jahrhundert die Holländer schließlich begannen, einen Großteil auf dem Weg um das Kap der Guten Hoffnung nach Europa zu bringen. Persische Seide gelangte über eine Kette von Handelsstädten aus dem iranischen Safawidenreich durch Anatolien nach Istanbul, Bursa oder Aleppo; der zuerst im sechzehnten Jahrhundert eingeführte Kaffee wurde aus dem Jemen importiert und von Kairo über die Mittelmeerwelt verteilt; Sklaven, Gold und Elfenbein aus den Grassteppen südlich der Sahara brachte man in den Maghreb.

Die Erzeugnisse der osmanischen Städte spielten auf dem Weltmarkt keine so bedeutende Rolle mehr wie früher, aber im Reich selbst bestand eine große Nachfrage nach syrischen Textilien und der *schaschiya*, der in Tunis hergestellten typischen Kopfbedeckung. In manchen Bereichen des Handels wuchs die Bedeutung westeuropäischer Kaufleute; aber die Länder am Indischen Ozean waren immer noch die wichtigsten Handelspartner, und dort hatten die osmanischen Kaufleute das Übergewicht.

Eine starke Regierung, öffentliche Ordnung und blühender Handel hingen mit zwei anderen Kriterien der Zeit osmanischer Herrschaft zusammen. Einmal war da das Bevölkerungswachstum im sechzehnten Jahrhundert im gesamten Mittelmeerraum. Zum Teil erholte sich nach dem lang anhaltenden, vom Schwarzen Tod verschuldeten Niedergang die Bevölkerung, zum Teil aber hatten gewisse Veränderungen der damaligen Zeit einen erheblichen Anteil am Bevölkerungszuwachs. Nach einer groben, allgemein anerkannten Schätzung vermehrte sich die Reichsbevölkerung im Laufe des Jahrhunderts um etwa fünfzig Prozent. (In Anatolien verdoppelte sich die steuerzahlende Bevölkerung, aber das mag nicht nur mit einer natürlichen Zunahme der Geburten, sondern auch durch straffere Kontrollen zu erklären sein, die den Steuereinnehmern bessere Erfassungs- und Einzugsmöglichkeiten boten.) Am Ende des Jahrhunderts lagen die Zahlen für die Gesamtbevölkerung bei etwa zwanzig bis dreißig Millionen, die sich mehr oder weniger gleichmäßig auf die europäischen, asiatischen und afrikanischen Reichsgebiete verteilten; Frankreich hatte zu dieser Zeit eine Bevölkerung von vielleicht sechzehn Millionen, die italienischen Staaten lagen bei dreizehn und Spanien bei acht Millionen. Istanbul entwickelte sich von einer vergleichsweise kleinen Stadt, die es unmittelbar vor und nach der osmanischen Eroberung gewesen war, bis zum siebzehnten Jahrhundert zu einer Großstadt mit 700000 Einwohnern; damit war es größer als Neapel, Paris und London – die größten europäischen Städte. Die Zuwachsrate scheint jedoch im siebzehnten Jahrhundert weder in den muslimischen noch in den christlichen Teilen des Mittelmeerbeckens weiter angestiegen zu sein.

Offenbar hatte die ländliche Bevölkerung ebenso zugenommen wie die städtische. Das vorhandene Quellenmaterial verweist zumindest in manchen Teilen des Reiches auf eine Ausdehnung der Landwirtschaft und eine Steigerung der ländlichen Produktion; das allgemeine Wachstum war eine Folge größerer Ordnung, eines gerechteren Besteuerungssystems, zunehmender Nachfrage der städtischen Bevölkerung nach den Erzeugnissen, die auf den Markt kamen, und der Bildung von Investitionskapital dank des Wohlstands der Städte. Für das siebzehnte Jahrhundert gibt es jedoch erste schwerwiegende Hinweise auf eine Erschütterung der Ordnung auf dem

Land. Die Unruhen in Teilen Anatoliens zu Beginn des Jahrhunderts, bekannt als die *celali*-Aufstände, mögen ein Zeichen ländlicher Überbevölkerung gewesen sein, aber auch der schwindenden Fähigkeit der Regierung, die Ordnung auf dem Land aufrechtzuerhalten.

Wie immer zogen die Städte, das heißt bestimmte Schichten der städtischen Bevölkerung, den Hauptnutzen aus der osmanischen Ordnung und dem wirtschaftlichen Wachstum. Als Mehmet II. in Konstantinopel einzog, war nur noch wenig von der ehemals großen byzantinischen Reichshauptstadt vorhanden. Der Sultan und seine Nachfolger ermunterten oder zwangen Muslime, Christen und Juden aus anderen Städten, sich in Istanbul anzusiedeln, und sie schenkten der neuen Hauptstadt große öffentliche Gebäude. Auf dem Hügel über dem Goldenen Horn stand der Topkapi-Palast. In den äußeren Höfen wurden die Angelegenheiten des Hofes erledigt, in den inneren Höfen lebte der Sultan mit seinem Haushalt. Der Palast war praktisch eine Stadt in der Stadt, und hinter seinen Mauern lebten viele tausend Menschen. Davor lag das Herz des geschäftigen Istanbul mit den zentralen Märkten und den Stiftungsgebäuden: Moscheen mit den dazugehörigen Gebäuden, Schulen, Hospitälern und Bibliotheken. Eine Besonderheit der großen osmanischen Stadt waren die *auqaf* (Stiftungen) des Sultans, dank derer die Gewinne von Läden und Märkten zu religiösen und karitativen Zwecken verwendet wurden. Ein dritter Pol der Geschäftigkeit befand sich am anderen Ufer des Goldenen Horns in dem Vorort Pera. Dort lebten die ausländischen, vor allem italienischen Kaufleute, die Pera praktisch zu einer italienischen Stadt machten.

Die Versorgung von Istanbul war eine Hauptaufgabe der Regierung. Die städtische Bevölkerung brauchte Getreide für Brot, Schafe zum Schlachten und andere lebensnotwendige Dinge; und alle Nahrungsmittel mußten zu erschwinglichen Preisen zum Verkauf kommen. Im Prinzip galt der Grundsatz, das in einem Bezirk geerntete Getreide auch dort zu verbrauchen; aber für Regionen, die eine Großstadt versorgten, gab es Ausnahmeregelungen. Für die Ernährung der riesigen Bevölkerung von Istanbul waren die europäischen Küstengebiete des Schwarzen Meeres, Thrakien und Nordanatolien, von besonderer Bedeutung. Bestimmte Kaufleute waren zum Getreidehandel ermächtigt. Sie kauften es unter Aufsicht des *qadi* zu einem festen Preis, transportierten es an den Bestimmungsort – weitgehend auf dem Seeweg – und verkauften es dort zu von der Regierung festgesetzten Preisen. Schiffe und Häfen wurden streng überwacht, um den Transport von Getreide an andere Orte zu unterbinden.

Der Reichtum der riesigen Handels- und Produktionszone, die das ganze Reich darstellte, floß in Form von Steuereinnahmen teilweise in die Kassen der Regierung, die damit das Militär und die Bürokratie unterhielt, gelangte aber auch in private Kanäle. Die städtische Oberschicht setzte sich unter den Osmanen aus einer Mischung von Großkaufleuten und hohen *ulama* zusammen, die eine typische Erscheinung der islamischen Städte war. Die Kaufleute, die Fernhandel betrieben, die Hersteller feiner Textilien, der *sarraf* oder die Bankiers, bei denen die Regierung oder die Kaufleute Geld liehen – sie alle profitierten von dem größeren Handelsvolumen und den Handelserleichterungen. Sie hatten eine relativ geschützte und privilegierte Stellung, denn die Regierung wandte sich an sie, wenn sie Geld für besondere Zwecke benötigte. Die höheren *ulama* bezogen nicht nur Gehälter und Vergütungen vom Sultan, sondern profitierten auch von den *auqaf*, die sie verwalteten und die ihre Bezüge verbesserten. Ihr Reichtum und der Reichtum der Kaufleute wurde jedoch von dem Vermögen hoher Militärs und Zivilbeamter übertroffen, denn sie zogen beträchtlichen Nutzen aus den ihnen überlassenen Steuerbezirken. Ihr Reichtum war gefährdet; er war dem Zugriff des Sultans ausgesetzt, wenn sie in Ungnade fielen, denn offiziell galten sie als seine Sklaven und konnten deshalb nichts vererben. Oft aber gelang es ihnen trotzdem, ihr Vermögen an die Familie weiterzugeben. Mit Einführung des Steuerpachtsystems scheint sich eine Gruppe städtischer und ländlicher reicher Bürger – Beamte, Kaufleute und andere – darum bemüht zu haben, diese Steuerbezirke in die Hand zu bekommen; im achtzehnten Jahrhundert waren die Inhaber eines *malikane* – Übertragungen von Höfen auf Lebenszeit – eine neue grundbesitzende Klasse geworden, die Land auf kommerzieller Basis bewirtschaftete.

Die arabischen Provinzen

Soweit die Geschichte der arabischsprachigen Provinzen des Reiches untersucht worden ist, scheint sie vieles mit der Geschichte der europäischen Gebiete und Anatoliens gemein zu haben. Infolge der größeren Sicherheit und des allgemeinen Aufschwungs im Reich wuchs offenbar die Bevölkerung, stagnierte aber dann oder nahm sogar wieder leicht ab. Nach Istanbul waren die arabischen Städte die größten im Reich. Um die Mitte des sechzehnten Jahrhunderts war die Zahl der Bewohner Kairos auf vielleicht 200000 angewachsen und am Ende des siebzehnten auf 300000. Aleppo hatte um diese Zeit etwa 100000 Einwohner; Damaskus und Tunis waren möglicherweise kleiner, aber in einer vergleichbaren Größenordnung. Bagdad hatte sich vom Zerfall des Bewässerungssystems im Südirak, von der Mongoleninvasion und der Verlagerung des Osthandels vom persischen Golf in das Rote Meer nicht mehr erholt; dort lebten mittlerweile weniger Menschen als in den großen syrischen Städten. Algier verdankte seine Entwicklung im wesentlichen seiner Rolle als osmanisches Bollwerk gegen die Spanier; es hatte am Ende des siebzehnten Jahrhunderts zwischen 50000 und 100000 Einwohner.

Die Zunahme der Bevölkerung stand in Zusammenhang mit den äußeren Veränderungen und dem Wachstum der Städte. Die osmanische Herrschaft hielt die städtische Ordnung durch getrennte Polizeikräfte für den Tag und die Nacht aufrecht, durch Wachen in den einzelnen Stadtvierteln, eine sorgfältige Überwachung der städtischen Dienstleistungen (Wasserversorgung, Reinigung und Beleuchtung der Straßen und Brandbekämpfung) und die Kontrolle von Straßen und Märkten unter Aufsicht des *qadi*. Osmanische Statthalter und Militärbefehlshaber folgten dem Beispiel des Sultans in Istanbul und errichteten, vor allem im sechzehnten Jahrhundert, in den Stadtzentren große öffentliche Bauwerke. Moscheen und Schulen mit angegliederten, zu kommerziellen Zwecken genutzten Gebäuden wurden gebaut, deren Einnahmen die Schulen finanzierten. Beispiele dafür sind die Stiftung Duqakin-zade Mehmet Pascha in Aleppo (sie umfaßte drei Qaisariyen, vier Chane und vier Suqs, die die Unterhaltung einer großen Moschee sicherstellten), die Tekkiye in Damaskus (eine von Süleyman dem Prächtigen gestiftete Anlage mit einer Moschee, Schule und Pilgerhospiz) und viel später die Stiftung des Militärnotabeln Ridwan Bey in Kairo.

Die Mauern der meisten großen Städte waren nutzlos geworden, einmal wegen der Ordnung, die die Osmanen im Umland sicherstellten, und weil die Entwicklung der Artillerie sie für eine Verteidigung wirkungslos machte. Manche wurden deshalb geschleift, andere verfielen; die Städte erweiterten sich um Vororte, um die wachsende Bevölkerung aufzunehmen. Die Reichen bevorzugten das Stadtzentrum nahe dem Sitz der politischen Machthaber. Handwerker, Kleinhandler und das Proletariat lebten in den dichtbesiedelten Vierteln, die sich an den Handelsstraßen entlangzogen. In Aleppo waren es Dschudaida, Bab Nairab und Banqusa; in Damaskus waren es Suq Sarudscha und der Maidan an der Straße nach Süden, auf der das Getreide aus dem Hauran in die Stadt gebracht und die Pilger auf ihrem Weg zu den heiligen Stätten Damaskus verließen; in Kairo waren es Husainiya nördlich des alten Stadtzentrums an der Straße, auf der die syrischen Karawanen kamen und gingen, und Bulaq, der Hafen am Fluß.

Es deutet vieles darauf hin, daß die Familien, abgesehen von den Ärmsten, in eigenen Häusern lebten und daß die Bevölkerung daher eine gewisse Stabilität besaß. Offenbar bestand in der osmanischen Periode die Tendenz, daß sich diese Viertel nach religiösen oder ethnischen Gesichtspunkten abgrenzten: Dschudaida in Aleppo war im wesentlichen christlich; in Damaskus gab es ein Kurdenviertel; die Bewohner des Bezirks um die Ibn-Tulun-Moschee in Kairo waren in der Hauptsache Maghrebiner. Das Viertel mit seiner eigenen Moschee, dem öffentlichen Brunnen und dem kleinen Markt bildete den Mittelpunkt des Lebens seiner Bewohner, die durch öffentliche Feierlichkeiten (der Auszug und die Rückkehr der Pilger, das Passahfest oder Ostern) und private Feste (Geburt, Hochzeit und Tod) geeint und nachts von ihren Wächtern und hinter geschlossenen Toren geschützt wurden. Zur Erledigung ihrer geschäftlichen Angelegenheiten überschritten zumindest die Männer die Grenzen der Viertel, und alle Bevölkerungsgruppen trafen sich regelmäßig auf dem Marktplatz.

Die osmanische Steuerpolitik und die Zunahme des Handels mit Europa führte zu einer wachsenden Bedeutung von Christen und Juden im städtischen Leben. Juden hatten Einfluß als Geldverleiher und Bankiers der Zentralregierung und der Provinzstatthalter und als Verwalter von Steuerpachtbezirken oder in einem anderen Bereich als Gold- und Silberschmiede und Juweliere. Jüdische Kaufleute spielten in Bagdad eine bedeutende Rolle, und in Tunis und Algier waren Juden – viele spanischer Herkunft – führend im Handel mit den nördlichen und westlichen Ländern des Mittelmeeres. Die griechischen Familien aus dem Phanarviertel in Istanbul kontrollierten große Teile des Getreide- und Pelzhandels mit den Gebieten am Schwarzen Meer. Der Seidenhandel mit Persien war weitgehend in der Hand von Armeniern. In Aleppo und anderen Städten, in denen europäische Kaufleute lebten, spielten Christen die Rolle von Agenten, unterstützten sie beim Kauf von Waren für den Export und bei der Verteilung der aus Europa kommenden Güter; syrische Christen waren im Handel zwischen Damietta und der syrischen Küste wichtig; in Ägypten arbeiteten Kopten als Buchhalter und Verwalter für Beamte und Konzessionäre von Steuerpachtbezirken.

Als die osmanische Regierung in den großen Provinzzentren Wurzeln schlug, entstand eine lokale osmanische Oberschicht. Der Statthalter und der *qadi* für Provinzen, die der direkten Kontrolle unterstanden, wurden von Istanbul ernannt und wechselten häufig. Örtliche Kanzleibeamte kamen vorwiegend aus osmanischen Familien der Provinzstädte; ihre Spezialkenntnisse gingen von den Vätern auf die Söhne über. Auch die stationierten Janitscharentruppen mischten sich mit der lokalen Gesellschaft und vererbten ihre Privilegien von einer Generation zur nächsten, obwohl es Versuche gab, das zu verhindern, indem neue Verbände aus Istanbul in die Provinzen verlegt wurden. Statthalter oder Armeeführer, die lange genug in einer Stadt blieben, konnten eigene Haushalte von Mamluken aufbauen und ihnen wichtige Positionen übertragen.

Diese Gruppen waren alle auf eine Allianz mit Händlern und den *ulama* angewiesen. Den größten städtischen Reichtum erwarben Geldverleiher, Bankiers und Fernhändler. Trotz zunehmender Bedeutung ausländischer, europäischer, christlicher und jüdischer Kaufleute befand sich der wichtigste und lukrativste Sektor des Handels zwischen den einzelnen Gebieten des Reiches oder mit den Ländern am Indischen Ozean in den Händen muslimischer Kaufleute: Sie kontrollierten den Kaffeehandel in Kairo, den Handel während der Pilgerzüge nach Mekka und die Karawanenstraßen durch die syrische Wüste und die Sahara. Aber nur wenige große Kaufmannsvermögen scheinen sich über mehrere Generationen gehalten zu haben; Familien mit einer Tradition religiöser Gelehrsamkeit konnten ihre Stellung länger behaupten. Zahlenmäßig waren sie eine bedeutende Klasse: Für Ägypten im achtzehnten Jahrhundert schätzt man die Zahl der *ulama* im weitesten Sinne, einschließlich aller, die Ämter in Recht, Bildung und Religion bekleideten, auf 4000 bei einer erwachsenen männlichen Bevölkerung von 50000. In den arabischen Städten nahmen sie einen anderen Rang ein als in Istanbul. Die höheren *ulama* von Istanbul gehörten weitgehend dem Regierungsapparat an; sie waren in Staatsschulen ausgebildet, traten in den Staatsdienst ein und hofften auf hohe Positionen. In den arabischen Städten waren sie Ortsansässige. Viele stammten aus alten Familien, deren Ursprung auf Mamluken oder auf noch frühere Zeiten zurückging, und manche erhoben den (nicht immer begründeten) Anspruch, Saiyids, Nachfahren des Propheten zu sein. Meist erhielten sie ihre Ausbildung an örtlichen Hochschulen (der Azhar in Kairo, der Zaituna in Tunis und an den Schulen in Aleppo und Damaskus). Und sie waren Erben einer Sprache und Kultur, die weit in vorosmanische Zeiten zurückreichten. Sie bewahrten eine gewisse Unabhängigkeit, fanden sich aber trotzdem bereit, in ihrer Heimat in den Dienst des Sultans zu treten. Der hanafitische *qadi* der größeren Städte kam normalerweise aus Istanbul, aber seine Stellvertreter (die meisten waren Muftis), der *naqib al-aschraf* und Professoren der *madaris* wurden aus der Gruppe örtlicher *ulama* ernannt. In Städten, deren Bevölkerung mehr als einer *madhhab* angehörte, hatte jede Schule ihren *qadi* und ihren *mufti*. Die Bewohner von Tunis waren bis auf die türkischer Herkunft alle Malikiten, und die offizielle Stellung des malikitischen *qadi* war vergleichbar mit der des hanafitischen.

Zwischen den Osmanen, Händlern und *ulama* einer Stadt bestanden Beziehungen unterschiedlicher Art, die jeder dieser Gruppen eine Kontinuität und einen Status verliehen, die sie sonst möglicherweise nicht gehabt hätten. Bis zu einem gewissen Maß einte sie eine gemeinsame Kultur. Die Söhne von Kaufleuten besuchten die *madaris*. Auch manche Beamte und Militärs schickten ihre Söhne dorthin und eröffneten ihnen damit die Möglichkeit einer gesicherten Zukunft. Bairam, ein türkischer Offizier in der Provinz Tunis, ist der Stammvater einer Familie berühmter Gelehrter; al-Dschabarti, der Historiograph des achtzehnten Jahrhunderts in Ägypten, entstammte einer Kaufmannsfamilie. Sie heirateten untereinander, und es bestanden auch gemeinsame finanzielle Interessen, wenn sie als Geschäftspartner Handelsunternehmen betrieben. Als sich das System der Steuerpacht verbreitete, bewarben sich manchmal Beamte und Kaufleute gemeinsam um ein solches Gebiet. Im wesentlichen kontrollierten Offiziere und Beamte die Steuerpachtbezirke, denn ohne die Macht und Unterstützung der Regierung konnten die ländlichen Steuern nicht erhoben werden. Die Kaufleute und die *ulama* hatten einen größeren Anteil an der lokalen Steuerpacht. *Ulama* verwalteten bedeutende *auqaf* und konnten dadurch Investitionskapital für Geschäftsunternehmungen oder die Steuerpacht erwerben.

Auf einer anderen gesellschaftlichen Stufe enstanden andere Bündnisse. Trotz der Versuche des Sultans, seine regulären Truppen von der örtlichen Bevölkerung getrennt zu halten, begannen sich beide im Laufe der Zeit zu vermischen. Am Ende des siebzehnten Jahrhunderts trieben Janitscharen Handel und Gewerbe; und die Zugehörigkeit zu den Truppen wurde zu einer Art Besitz mit Anrecht auf Privilegien und Pensionen, die an die Söhne weitergegeben oder von Zivilpersonen gekauft werden konnten. Das Interessenbündnis nahm manchmal gewalttätige Formen an; die Kaffeehäuser waren die Orte, wo dem Reden Taten folgten. Solche Taten konnten manchmal politischer Natur sein. In Istanbul zum Beispiel mobilisierten Fraktionen aus dem Palast, der Verwaltung oder dem Heer die Janitscharen, um die städtische Masse aufzuwiegeln. 1703 entwickelte sich die Rebellion eines Teils der Armee zu einer politischen Revolution, in der hohe Beamte einiger großer Haushalte, Janitscharen, *ulama* und Händler – jede Gruppe verfolgte dabei ihre eigenen Interessen, aber die Forderung nach Gerechtigkeit einte sie – den Sturz des *schaich al-islam* herbeiführten, dessen Einfluß auf Sultan Mustafa II. ihnen mißfiel; schließlich setzten sie auch den Sultan ab. In den Provinzstädten entstanden manchmal ähnliche Bewegungen, und es kam auch zu spontanen Gewaltausbrüchen, wenn die Lebensmittel knapp und die Preise hoch waren und man den Beamten oder Inhabern von Steuerpachtbezirken vorwarf, durch künstliche Verknappung des Getreides die Preise hochzutreiben. Solche Unruhen führten mitunter zum Erfolg und damit zur Amtsenthebung eines unbeliebten Statthalters oder Beamten, aber die städtische Oberschicht betrachtete sie mit gemischten Gefühlen. Die höheren *ulama* schlossen sich als Sprecher der Stadtbevölkerung vielleicht dem Protest an, aber letztlich standen sie auf Grund ihrer Interessen und ihrer Gesinnung auf der Seite von Gesetz und Ordnung.

Die Kultur der arabischen Provinzen

Die osmanische Eroberung hinterließ in den Städten der arabischsprachigen Provinzen große Architekturdenkmäler; manche gingen auf die Sultane zurück und waren Zeichen ihrer Größe und Frömmigkeit, andere auf lokale Auftraggeber, die sich gedrängt fühlten, es den Herrschern gleichzutun – ein Gefühl, das von Macht und Erfolg geweckt wird. In den Provinzhauptstädten entstanden im sechzehnten und siebzehnten Jahrhundert Moscheen im osmanischen Stil. Ein großer ummauerter Hof führte zu einem von einer Kuppel gekrönten Gebetssaal, den ein, zwei oder vier hohe, schlanke, oben spitz zulaufende Minarette überragten. Den Gebetssaal schmückten in vielen Fällen glasierte Kacheln mit floralen Mustern in Grün, Rot und Blau in dem am osmanischen Hof beliebten Iznik-Stil. Beispiele dafür sind die von Sinan, dem größten Architekten der Osmanenzeit, entworfene Chusrawiya-Moschee in Aleppo, die Sulayman-Pascha-Moschee in der Zitadelle von Kairo, die Grabmoschee von Sidi Mahraz in Tunis und die »Neue Moschee« in Algier. Das aufsehenerregendste Baudenkmal der osmanischen Provinzen war die Tekkiye in Damaskus, ein ebenfalls von Sinan entworfener riesiger Gebäudekomplex für die Pilger. Von Damaskus aus machte sich eine der beiden großen Pilgerkarawanen auf den Weg nach Mekka; in gewisser Hinsicht war es die bedeutendere, denn mit ihr reisten die Abgesandten des Sultans und manchmal auch Mitglieder seiner Familie. Entlang der Pilgerstraße, die von Istanbul über Anatolien und Nordsyrien führte, lag eine Kette von Karawansereien; davon war die Tekkiye die prächtigste: eine Moschee mit einer Kuppel und zwei zu beiden Seiten symmetrisch angeordneten hohen Minaretten. Sie hatte eine Steinfassade mit schwarzen und weißen Querbändern, die schon lange ein Charakteristikum des syrischen Stils waren; um den Innenhof lagen Räume, Speisesäle und Küchen für die Pilger. Auch in der heiligen Stadt Jerusalem setzte sich Sultan Süleyman mit den Kacheln an der Fassade des

Felsendoms und den mächtigen Stadtmauern ein Denkmal. Bagdad war die einzige große osmanische Stadt, in der dieser neue Stil kaum Spuren hinterließ; dort dominierte weiterhin der ältere persische Stil. Auch in den anderen Städten wurden kleinere Moscheen und öffentliche Gebäude immer noch in traditionellen Stilarten errichtet, obwohl im Dekor allmählich osmanische Elemente auftauchten.

Unter der osmanischen Herrschaft wurde die Stellung des Arabischen nicht geschwächt, sondern eher gestärkt. Religions- und Gesetzeswissenschaften wurden an den Hochschulen von Istanbul ebenso in Arabisch gelehrt wie in Kairo und Damaskus. Osmanische Autoren schrieben bestimmte Bücher im allgemeinen auf arabisch. Gedichte und profane Literatur wurden manchmal in türkischer Sprache geschrieben, die sich in dieser Zeit zum Medium der Hochkultur entwickelte; aber für religiöse und juristische, ja sogar historische und biographische Werke gebrauchte man häufig Arabisch. Haddschi Chalifa (1609–57), ein Regierungsbeamter aus Istanbul, schrieb in beiden Sprachen, aber seine bedeutendsten Werke entstanden auf arabisch: eine Weltgeschichte und *Kaschf-az-zunun*, ein bibliographisches Lexikon arabischer Autoren.

Die literarische Tradition lebte in den großen arabischen Städten weiter. Das geschah weniger in Form von Dichtung und schöngeistigen Werken als in Lokalgeschichten, Biographien und Sammlungen von Werken von *fiqh* und *hadith*. Die großen Schulen waren immer noch Zentren für das Studium der Religionswissenschaften, aber etwas hatte sich verändert. Von wenigen Ausnahmen abgesehen, waren die Spitzenpositionen in der Verwaltung nicht mehr mit Absolventen der Azhar oder der Schulen von Damaskus und Aleppo besetzt, sondern mit Absolventen der Staatsschulen von Istanbul. Selbst der höchste hanafitische *qadi* in den Provinzhauptstädten war meist ein aus Istanbul entsandter Türke; die höchsten Ämter, die Absolventen der örtlichen Schulen anstreben konnten, waren die eines Hilfsrichters (*na'ib*) oder des *mufti*. (In Tunis war die lokale malikitische Rechtstradition so stark, daß es zwei Kadis gab, einen hanafitischen und einen malikitischen. Sie hatten beide einen gleich großen Einfluß und standen dem Lokalherrscher nahe; der malikitische *qadi* hatte die angesehene Schule der Zaituna-Moschee in Tunis besucht.

Die osmanische Herrschaft förderte einige Sufi-Orden, brachte sie aber auch unter ihre Kontrolle. Sultan Selim II. ließ als eine der ersten Handlungen nach der Einnahme Syriens ein prächtiges Mausoleum über dem Grab von Ibn Arabi in Damaskus errichten. Eine der Bruderschaften, die von Ibn Arabis Lehre beeinflußt war, die Chalwatiya, verbreitete sich von Anatolien ausgehend im ganzen Osmanischen Reich, und es entstanden unter anderem Ordenszweige in Syrien und Ägypten. Auch der Schadhiliya-Orden war weit verbreitet; das ließ sich vermutlich auf den Einfluß von Sufis aus dem Maghreb zurückführen. Ein Mitglied der Familie Alami aus Marokko ließ sich in Jerusalem nieder und wirkte dort für die Schadhiliya; sein Grab auf dem Ölberg wurde zur Pilgerstätte.

Am Ende des siebzehnten Jahrhunderts machte sich ein neuer Einfluß aus dem Osten in der islamischen Welt bemerkbar. Die Bruderschaft der Naqschbandis waren seit früher Zeit in Istanbul und an anderen Orten präsent, aber um 1670 kam ein Sufi-Lehrer namens Murad aus Samarkand zunächst nach Istanbul und dann nach Damaskus. Er hatte in Indien studiert und brachte die neue Naqschbandi-Lehre mit, die Ahmad al-Sirhindi Anfang des Jahrhunderts in Nordindien entwickelt hatte. Er wurde vom Sultan begünstigt und gründete in Damaskus eine Familie. Der berühmteste von der Naqschbandi-Lehre beeinflußte Schriftsteller war Abd al-Ghani an-Nabulsi (1641–1731), ein Damaszener, zu dessen umfangreichen Werken Kommentare zur Lehre von Ibn Arabi gehören und mehrere Beschreibungen von heiligen Gräbern, zu denen er reiste und die auch Zeugnisse seiner spirituellen Fortschritte sind.

Neben der sunnitischen Kultur der großen Städte, die von der osmanischen Regierung gefördert wurde, bestanden auch weiterhin andere Formen religiöser Kultur. Mit der stärkeren Hinwendung der Osmanen zu den Sunniten wurde die Lage der Schiiten in Syrien schwieriger. Ihre Lehre hatte inzwischen an Bedeutung verloren, und ihre Verbreitung beschränkte sich auf die Kleinstädte und Dörfer des südlichen Libanon. Aber dort wurde sie immer noch von Gelehrtenfamilien bewahrt und gepflegt. Zain ad-Din al-Amili (gest. 1539), ein Schriftsteller der frühosmanischen Zeit, wurde nach Istanbul beordert und dort hingerichtet. Er ist als »der zweite Märtyrer« (*asch-schahid ath-thani*) in die Geschichte der Schia eingegangen. Außerhalb des Bereichs direkter osmanischer Kontrolle blühte die schiitische Gelehrsamkeit jedoch weiterhin in den heiligen Städten des Irak und in den Distrikten al-Hasa und Bahrain auf der Westseite des persisch-arabischen Golfs. Sie erstarkte wieder, als die Schia zur Staatsreligion des Safawidenreiches erklärt wurde. Die Regierung des Schahs brauchte Richter und Lehrer, die sie im Iran nicht fand. Deshalb zog es Gelehrte aus dem Irak, aus Bahrain und dem südlichen Libanon an den Hof des Schahs, und einige bekleideten dort wichtige Ämter. Einer von ihnen, Nur ad-Din Ali al-Karaki aus dem Libanon (*ca.* 1466–1534) verfaßte umfangreiche und einflußreiche Werke über die durch die Erhebung der Schia zur Staatsreligion entstandenen Probleme. Darin geht er auf Fragen ein wie zum Beispiel: Soll der Gläubige dem Herrscher Steuern zahlen? Sollen die *ulama* dem Herrscher dienen? Darf das Freitagsgebet in Abwesenheit des *imam* feierlich begangen werden?

Im siebzehnten Jahrhundert wurde die Welt der schiitischen Gelehrten durch den Konflikt über die Stellung des *idschtihad* in der Rechtsstruktur erschüttert. Nach dem bis dahin vorherrschenden Standpunkt der Usuli erkannte man die Notwendigkeit der rationalen Argumentation bei der Auslegung und Anwendung der Vorschriften von Koran und Hadith an. Nun entwickelten die Achbari eine andere Theorie, nach der der Gebrauch rationaler Interpretation durch den von *qiyas* (Analogie) beschränkt werden sollte; sie betonte die Notwendigkeit, die wörtliche Bedeutung der Tradition der Imame anzuerkennen. Diese Richtung setzte sich im zweiten Teil des Jahrhunderts in den heiligen Stätten durch.

Äußere Einflüsse machten sich auch in den jüdischen Glaubensgemeinschaften des Osmanischen Reiches bemerkbar, aber sie waren anderer Art. Die christliche Wiedereroberung von Andalus führte zur Auflösung der dortigen jüdischen Gemeinden. Die Juden gingen ins Exil, manche nach Italien und in andere Teile Europas, aber viele kamen nach Istanbul und in andere Städte des Osmanischen Reiches. Sie brachten die eigenständigen Traditionen des sephardischen oder andalusischen Judentums mit, vor allem die mystische Auslegung des Glaubens, die Kabbala, die sich dort entwickelt hatte. Ab der Mitte des sechzehnten Jahrhunderts war Safad in Palästina das fruchtbarste Zentrum mystischen Denkens. Isaak Luria (1534–72), ein Denker von großer schöpferischer Kraft, kam am Ende seines Lebens nach Safad und übte einen starken Einfluß auf die Kabbalisten dort aus.

Zu seiner Lehre gehörte die Doktrin, daß das Leben im Universum in Unordnung geraten sei und den Menschen, besonders aber den Juden, die Aufgabe zufalle, Gott bei Seinem Erlösungswerk zu unterstützen, indem sie ein Leben nach dem Willen Gottes führten. Eine solche Lehre führte zu der apokalyptischen Erwartung, daß die Erlösung bevorstehe und bald ein Heiland unter den Gläubigen erscheinen werde. 1665 wurde Sabbatai Zwi (1626–76) in Izmir geboren. Er wurde dafür bekannt, daß er im Zustand der Erleuchtung seltsame, übernatürliche Handlungen beging. Bei einem Besuch im Heiligen Land erkannte einer der örtlichen Propheten in ihm den Messias. Sein Ruhm verbreitete sich beinahe augenblicklich in der gesamten jüdischen Welt, selbst in Nord- und Osteuropa, wo Massaker in Polen und Rußland die jüdischen Gemeinden aufgeschreckt hatten. Die Rückkehr der Juden in das Heilige Land schien nahe bevorzustehen, aber die Hoffnungen brachen schnell in sich zusammen: Sabbatai Zwi wurde an den Hof des Sultans gerufen, und man stellte ihn vor die Wahl, entweder zu sterben oder sich zum Islam zu bekehren. Er entschied sich für die Konversion, und obwohl manche seiner Anhänger ihm treu blieben, konnten die meisten nicht mehr an ihn glauben.

Die christliche Bevölkerung der arabischsprachigen Provinzen, besonders die syrische, erlebte in diesen Jahrhunderten einen Wandel von Ideen, und neue Wissensbereiche taten sich auf. Das war auf die Ausbreitung römisch-katholischer Missionen zurückzuführen. Es hatte sie in diesem Gebiet mit Unterbrechungen schon seit langer Zeit gegeben; die Franziskaner waren seit dem fünfzehnten Jahrhundert als Hüter katholischer Pilgerstätten im Heiligen Land; Jesuiten, Karmeliter, Dominikaner und andere folgten ihnen später. Beginnend mit dem späten sechzehnten Jahrhundert richtete das römische Papsttum mehrere Hochschulen zur Ausbildung von Priestern der Ostkirchen ein: 1584 die maronitische und die griechische Schule, 1627 die Schule der Gesellschaft zur Verkündigung des Glaubens. Im siebzehnten Jahrhundert stieg die Zahl der Missionspriester in den Ländern des Mittleren Ostens. Dieser Vorgang hatte zwei Folgen. Er vergrößerte die Zahl von Gläubigen der Ostkirchen, die zwar die Autorität des Papstes anerkannten, ihre eigene Liturgie, ihre Bräuche und Religionsgesetze jedoch beibehalten wollten. Die Maroniten vertraten diese Haltung seit der Zeit der Kreuzzüge, und sie schlossen zu Beginn des achtzehnten Jahrhunderts ein Konkordat mit Rom, in dem ihre Beziehungen zum Vatikan definiert wurden. In anderen Kirchen führte die Frage der päpstlichen Suprematie zu tiefen Auseinandersetzungen. Besonders in Aleppo in Nordsyrien entstanden Konflikte zwischen katholischen und nichtkatholischen Gruppen um die Kontrolle der Kirchen. Anfang des achtzehnten Jahrhunderts war es praktisch zur Spaltung gekommen. Seit dieser Zeit gab es unter den Patriarchen und Bischöfen des orthodoxen Patriarchats von Antiochia zwei Richtungen. Die einen erkannten das Primat des Ökumenischen Patriarchen von Konstantinopel an, für die anderen, die »Unierten«, das heißt die griechisch-katholischen, war der Papst das Oberhaupt. Ähnliche Entwicklungen vollzogen sich in der nestorianischen, der syrisch-orthodoxen, der armenischen und der koptischen Kirche; allerdings wurden diese Ostkirchen erst im frühen neunzehnten Jahrhundert vom osmanischen Sultan als eigenständige *millet* oder Gemeinden anerkannt.

Das zweite Ergebnis der Missionierung war die Entstehung einer spezifisch christlichen Kultur mit arabischen Ausdrucksformen. Es hatte sie schon lange gegeben, aber nun veränderte sich ihr Wesen. Priester kamen nach dem Studium an den Hochschulen in Rom mit Kenntnissen von Latein und Italienisch in ihre Heimat zurück. Manche begannen ernsthaft,

Arabisch zu studieren, andere gründeten Mönchsorden nach westlichem Vorbild, besonders in der Freiheit, die das unwegsame Libanongebirge bot; diese Klöster wurden zu Zentren der Landwirtschaft und theologischer und historischer Forschung.

Jenseits der Reichsgrenzen: Arabien, der Sudan und Marokko

Jenseits der osmanischen Grenze in Arabien lagen Regionen mit kleineren Handelsstädten oder Häfen und kargen ländlichen Gebieten. Dort waren die städtischen Ressourcen begrenzt, und nur kleinere politische Gebilde konnten entstehen: die Fürstentümer der Oasenorte von Zentral- und Ostarabien und die Häfen an der Westseite des Golfs. Eines dieser Fürstentümer überragte alle anderen. Am Südostzipfel der Halbinsel, in Oman, gab es in den Bergtälern an der Küste von Dschebel Achdar ein verhältnismäßig stabiles und wohlhabendes ländliches Gemeinwesen. Die Bewohner waren Ibaditen, und ihr Imamat, das eine Dynastie aus dem Stamm der Ya'ribi im siebzehnten Jahrhundert wiederhergestellt hatte, brachte der Gemeinschaft dieser Bergregionen eine gefährdete Einheit. Der Hafen Masqat entwickelte sich zu einem bedeutenden Zentrum des Handels im Indischen Ozean; die Omaner entrissen ihn um die Mitte des siebzehnten Jahrhunderts den Portugiesen; daraufhin ließen sich omanische Kaufleute entlang der ostafrikanischen Küste nieder. Diese arabischen Randgebiete standen nicht unter der Oberhoheit des osmanischen Sultans; aber Bahrain, einer der Golfhäfen, geriet von 1602 bis 1738 unter iranische Herrschaft. Hier und in anderen Golfregionen war ein Großteil der Bevölkerung Schiiten; das Gebiet al-Hasa nördlich von Bahrain war sogar ein bedeutendes Zentrum schiitischer Gelehrsamkeit. Der Jemen im Südwesten der Halbinsel stand nicht länger unter osmanischer Kontrolle. Seine Häfen trieben Handel mit Indien und Südostasien, wobei Kaffee eine wichtige Rolle spielte. Auswanderer aus Südarabien dienten in den Heeren indischer Herrscher.

Südlich von Ägypten war die osmanische Autorität begrenzt; sie erstreckte sich über das Niltal bis zum dritten Katarakt; an der Küste des Roten Meeres befanden sich Garnisonen in Sawakin und Massawa, die dem Statthalter von Dschidda unterstanden. Südlich davon, in dem besiedelten Gebiet zwischen dem Blauen und dem Weißen Nil, befand sich das verhältnismäßig mächtige und stabile Sultanat der Fundsch; es bestand über dreihundert Jahre (vom frühen sechzehnten Jahrhundert bis 1821).

Jenseits der Westgrenze des Reiches, im fernen Westen des Maghreb, gab es einen anderen Staat – das alte Reich Marokko. Die osmanische Kriegsflotte operierte nicht außerhalb des Mittelmeeres, und die osmanische Regierung errichtete weder Stützpunkte in den Küstengebieten Marokkos, noch brachte sie die Berge und Hochplateaus des Rif und des Atlas unter ihre Kontrolle. Dort regierten Lokalherren, manche mit dem Anspruch auf religiöse Legitimierung. Im fünfzehnten Jahrhundert veränderte ein neuer politischer Faktor das Machtgefüge des Landes: Die christliche Reconquista von Spanien und Portugal drohte auf Marokko überzugreifen; der Kampf gegen die Araber führte zur Übersiedlung andalusischer Muslime in die marokkanischen Städte. Deshalb ging von jeder Bewegung, die in der Lage und willens zu sein schien, das Land gegen diese neuen Kreuzritter zu verteidigen, eine besondere Anziehungskraft aus. Solche Bewegungen neigten von dieser Zeit an dazu, sich durch die Einordnung in eine zentrale geistige Ahnenreihe der muslimischen Welt Legitimität zu verschaffen. 1510 gelang es den Sa'didenscherifen, einer Familie, die für sich beanspruchte, vom Propheten abzustammen, in der südlichen Region des Sus einen Staat zu gründen, die Marktstadt Marrakesch unter ihre Kontrolle zu bringen und von dort weiter nach Norden vorzudringen. Die Sa'diden schufen ein Regierungssystem und beherrschten bald den größten Teil des Landes. Der Hof und die Zentralverwaltung, der *machzan*, waren bis zu einem gewissen Grad nach osmanischem Vorbild aufgebaut. Der Sultan konnte sich auf zwei militärische Einheiten stützten: auf sein persönliches Heer schwarzer Krieger, das sich aus Sklaven der südlichen Oasen und dem Nigertal rekrutierte, und auf arabische Gruppen der Ebenen, die *dschaisch* oder »Krieger«-Stämme; sie genossen Steuerfreiheit unter der Bedingung, daß sie die Steuern der anderen eintrieben und die Ordnung auf dem Land, nötigenfalls auch in den Städten aufrechterhielten. Es war eine Zeit wachsenden Wohlstands. Die Handelsstädte im Norden, die Atlantikhäfen und die Inlandstädte Fes und Tetuan blühten wieder auf – unter anderem durch die Zuwanderung der Andalusier, die gewerbliche Fertigkeiten und Kontakte zu anderen Teilen der Mittelmeerwelt in die Region brachten. Nach einer Periode um die Mitte des sechzehnten Jahrhunderts, in der Spanien, Portugal und die Osmanen um die Kontrolle des Landes kämpften, waren die Sa'diden in der Lage, eine gewisse Unabhängigkeit zu bewahren und sich sogar nach Süden auszudehnen. Von ihrem Stützpunkt Marrakesch aus konnten die Scherifen den westafrikanischen Handel mit Gold und Sklaven kontrollieren; am Ende des sechzehnten Jahrhunderts eroberten sie die Städte entlang der Handelsrouten durch die Sahara bis nach Timbuktu und konnten sie auch kurze Zeit halten.

Die Herrschaft der Scherifen war jedoch immer schwächer als die der osmanischen Sultane. Städtischer Reichtum und städtische Macht waren begrenzter. Fes, das bedeutendste urbane Zentrum, war eine Stadt mit einer bemerkenswerten Tradition städtischer Gelehrsamkeit. Aber es war nur halb so groß wie Aleppo, Damaskus oder Tunis und sehr viel kleiner als Istanbul oder Kairo. Die Häfen an der Atlantikküste waren Zentren des Außenhandels und der Freibeuterei; die Kapitäne der benachbarten Häfen von Rabat und Salé konkurrierten einige Zeit mit denen von Algier. Doch weder der städtische Handel noch die landwirtschaftliche Produktion waren ausreichend, um dem Sultan eine aufwendige Bürokratie oder ein großes Berufsheer zu erlauben. Außerhalb bestimmter begrenzter Regionen beschränkte sich seine Machtausübung auf gelegentliche militärische Unternehmungen, politische Manipulation und das Ansehen, das ihm seine Abstammung vom Propheten einbrachte. Er und sein *machzan* glichen weniger der zentralistischen bürokratischen Regierung des Osmanenreiches und einiger europäischer Staaten der damaligen Zeit als der wandernden mittelalterlichen Monarchie. Der Herrscher zog mit dem Hof, den Ministern und den wenigen Sekretären sowie der Staatskasse und seinen persönlichen Truppen regelmäßig durch die ländlichen Bezirke, trieb dabei genug Geld ein, um das Militär zu unterhalten, und versuchte durch geschickte politische Manöver zumindest in letzter Instanz Souveränität über ein möglichst großes Gebiet zu bewahren. Selbst sein Stand in den Städten war unsicher. Um zu überleben, mußte er Fes, Meknes und andere Städte unter Kontrolle halten: Ihre *ulama* verliehen ihm Legitimität, und er war auf die Einnahmen angewiesen, die Abgaben von Handel und Gewerbe erbrachten. Bis zu einem gewissen Maß konnte er diese Städte durch ernannte Beamte regieren oder dadurch, daß er Vergünstigungen gewährte oder vorenthielt, aber er hatte eigentlich keine Verbindung zu ihnen. Die Bewohner der Stadt wollten auf die Macht des Scherifen nicht völlig verzichten, denn sie waren darauf angewiesen, daß er die Handelswege schützte und sie gegen Angriffe der Europäer an der Küste verteidigte, aber sie wollten die Beziehung zu ihren eigenen Bedingungen, das hieß Steuerfreiheit, keine Einschüchterung durch die *dschaisch*-Stämme der Umgebung, einen Statthalter und einen *qadi* nach eigener Wahl oder zumindest einen, der ihr Einverständnis hatte. Hin und wieder setzten sie sich zur Wehr, wenn solche Fragen nicht zur ihrer Zufriedenheit geregelt wurden.

Derartige Beschränkungen von Ressourcen und Macht erlaubten es den Sa'didenscherifen nicht, ein permanentes, stabiles Regierungssystem zu schaffen wie das der Osmanen und Safawiden. Nach ungefähr einem Jahrhundert kam es zur Spaltung der Familie. Wieder entstanden lokale Kräftebündnisse um Führer, die aufrund religiöser Kriterien Legitimität beanspruchten. Nach einer Zeit des Konflikts, in den auch die Osmanen in Algier und die europäischen Kaufleute in den Häfen eingriffen, konnte eine andere Scherifenfamilie, die Filaliten oder Alawiden aus der Oase Tafilalt, durch politisches Geschick und mit Hilfe einiger arabischer Stämme das ganze Land einen – zuerst den Osten, wo sie als Führer des Widerstands gegen die Ausdehnung osmanischer Macht hervortraten, dann eroberten sie Fes und den Norden und schließlich im Jahr 1670 die Mitte und den Süden. (Diese Dynastie herrscht bis heute über Marokko.)

Unter Maulai Isma'il (1672–1727), einem der ersten Herrscher der Dynastie, erhielt das Regierungssystem eine Form, die es mehr oder weniger bis zu Beginn des zwanzigsten Jahrhunderts behalten sollte. Es bestand aus dem königlichen Hof, dem hauptsächlich schwarze Sklaven oder andere aus dem Süden angehörten, Ministern aus den führenden Familien von Fes oder von den *dschaisch*-Stämmen und einer Streitmacht, die sich aus europäischen Konvertiten, schwarzen Sklaven und den *dschaisch*-Stämmen der Ebene zusammensetzte und die in Notzeiten durch städtische Zwangsrekrutierte verstärkt wurde. Der Sultan war zwei Gefahren ausgesetzt. Es bestand immer die Möglichkeit eines Angriffs der Spanier oder Portugiesen, und es drohte die von Algier organisierte Expansion der osmanischen Macht. Dank der Armee, der religiösen Legitimation und dem erfolgreichen Widerstand gegen diese Gefahren, besaß das Sultanat eine Zeitlang die Autorität, das Gleichgewicht zwischen Stadt und Regierung zu seinen Gunsten zu verschieben und große Gebiete des Landes zu beherrschen.

Die christliche Eroberung von Andalus war zugleich ein großer Rückschlag für die Kultur Marokkos. Nach der endgültigen Vertreibung der Muslime aus Spanien im siebzehnten Jahrhundert flüchteten viele andalusische Aussiedler in die marokkanischen Städte; aber es waren nicht mehr die Träger einer Kultur, die den Maghreb in den Jahrzehnten zuvor bereichert hatten. Gleichzeitig waren die Kontakte mit den östlichen Teilen der islamischen Welt infolge der räumlichen Entfernung und der Barriere des Atlasgebirges begrenzt. Manche Marokkaner reisten nach Osten, um Handel zu treiben oder die Pilgerfahrt durchzuführen; sie sammelten sich in den Oasen des Tafilalt und reisten entweder mit dem Schiff oder auf der Route entlang der nordafrikanischen Küste nach Ägypten, wo sie sich der Pilgerkarawane anschlossen, die von Kairo ihren Ausgang nahm. Ein Teil der Händler mochte Geschäfte in Kairo betreiben, und auch Gelehrte blieben dort, um in den Moscheen und Schulen von Kairo, Medina oder

Jerusalem zu studieren. Einige wenige wurden Lehrer und gründeten Gelehrtenfamilien – etwa die Familie Alami in Jerusalem, die angeblich von einem Gelehrten und Sufi-Lehrer aus Dschebel Alam in Nordmarokko abstammte. Aber nur wenige Gelehrte aus dem Osten kamen in den fernen Westen oder ließen sich dort nieder.

Die marokkanische Kultur dieser Zeit war deshalb eigenständig und entfaltete sich innerhalb fest gezogener Grenzen. Es gab nur wenige und nicht sehr bedeutende Dichter und Gelehrte. Die Tradition der Geschichtsschreibung lebte jedoch weiter, und es entstanden auch nach wie vor biographische Werke. Im achtzehnten Jahrhundert schrieb az-Zaiyani (1734 – ca. 1833), ein weitgereister Mann, der hohe Ämter bekleidet hatte, als erster Marokkaner eine Weltgeschichte, die einige Kenntnis der europäischen und ein umfassenderes Wissen der osmanischen Geschichte verriet.

Das Hauptfach an den Hochschulen war der malikitische *fiqh* mit den ergänzenden Wissenschaften. Er wurde in der großen Moschee al-Qarawiyin in Fes mit ihren dazugehörigen *madaris* gelehrt, aber auch in Marrakesch und an anderen Orten; ein Kompendium des malikitischen Gesetzes, der *Muchtasar* von al-Chalil, war dafür von besonderer Bedeutung. In diesen Städten gab es wie überall in der islamischen Welt große Gelehrtenfamilien, die die Tradition der Gelehrsamkeit von einer Generation auf die nächste vererbten. Dazu gehörte die Familie Fasi; sie war andalusischen Usprungs, aber bereits im sechzehnten Jahrhundert nach Fes gekommen.

Der Einfluß städtischer Rechtsgelehrter erstreckte sich in Grenzen auch auf das flache Land, wo *ulama* als Notare Verträge und Vereinbarungen offiziell protokollierten. Die Hauptquelle geistigen Wissens waren jedoch Lehrer und geistige Führer der Sufi-Bruderschaften, besonders der Schadhiliya. Dieser Orden war von asch-Schadhili (gest. 1258), einem in Ägypten lebenden Marokkaner, gegründet worden. Er fand in Ägypten weite Verbreitung und kam durch al-Dschazuli (gest. *ca.* 1465) im fünfzehnten Jahrhundert nach Marokko zurück. Ein Mitglied der Familie Fasi brachte ihn nach Fes. Der Einfluß der von der Schadhiliya und anderen Bruderschaften verbreiteten Lehre war auf allen Ebenen der Gesellschaft spürbar. Den Gebildeten gab sie eine Erklärung der inneren Bedeutung des Korans und eine Analyse der spirituellen Stationen auf dem Pfad, der zu einer durch die Erfahrung gewonnenen Gotteserkenntnis führte. Lehrer und fromme Männer, ob mit einer Bruderschaft verbunden oder nicht, weckten die Hoffnung auf Fürbitte bei Gott, um Männern und Frauen bei den Prüfungen des irdischen Lebens beizustehen. Hier wie überall waren die Gräber heiliger Männer Pilgerstätten; zu den berühmtesten gehörten das von

Maulai Idris in Fes, dem angeblichen Gründer von Fes, und das seines Sohnes, der ebenfalls Idris hieß.

Auch hier versuchten fromme und gelehrte Männer wie überall die Idee einer gerechten muslimischen Gesellschaft angesichts der Exzesse von Aberglauben und weltlichem Ehrgeiz zu bewahren. Die Untersuchung eines französischen Wissenschaftlers gibt Auskunft über das Leben und die Lehre eines solchen Mannes, al-Hasan al-Yusi (1631–91). Er stammte aus dem Süden, studierte an den Schulen in Marrakesch und anderswo, wurde zum Gelehrten und unterrichtete einige Zeit in Fes. Zu seinen Schriften gehören eine Reihe von Gesprächen (*muhadarat*), in denen er versucht, den Mittelweg der gelehrten und frommen *ulama* angesichts gegensätzlicher Versuchungen zu definieren und ihn zu gehen. Auf der einen Seite stand die Versuchung der Macht. In einer berühmten Abhandlung, in der er die Auffassung der *ulama* von ihrer Rolle darlegt, warnte er Sultan Isma'il vor der Tyrannei, die Beamte in seinem Namen ausübten. Die Erde, so erklärte er, gehöre Gott, und alle Menschen seien Seine Sklaven. Behandle der Herrscher sein Volk gerecht, sei er der Stellverteter Gottes auf Erden, der Schatten Gottes, der auf Seine Sklaven falle. Er habe drei Pflichten: Er müsse die Steuern gerecht erheben, *dschihad* führen, indem er die Verteidigung des Reiches stärke, und die Unterdrückung der Schwachen durch die Starken verhindern. Alle drei Pflichten würden im Reich des Sultans vernachlässigt, denn die Steuereinnehmer seien Tyrannen, die Verteidigung werde vernachlässigt, und die Beamten unterdrückten das Volk. Die Schlußfolgerung, die al-Hasan al-Yusi daraus zieht, klingt vertraut: Wenn die Zeit der Propheten zu Ende geht, sind die *ulama* die Hüter der Wahrheit; der Sultan soll handeln wie die Kalifen und den Rat zuverlässiger Vertreter des heiligen Gesetzes befolgen.[1]

Auf der anderen Seite des Mittelweges stand die spirituelle Verderbnis, die falsche und unwissende Sufi-Lehrer über die einfache Landbevölkerung brachten:

> In früheren Zeiten drangen die Worte von Männern wie die des Qadiri-Ordens und des Schadhili-Ordens und der geistigen Meister in die Ohren der einfachen Menschen und erreichten ihre Herzen. Diese Worte schlugen die Menge in Bann, die sich ganz der Nachahmung [dieser Männer] widmete. Aber was kann man von einem unwissenden Mann erwarten, der seinen Einfällen nachgibt und nicht einmal die äußeren Formen des Gesetzes kennt, geschweige denn seinen inneren Sinn versteht, und der keinen hohen geistigen Rang hat? Er redet leidenschaftlich und beruft sich auf rationales und geoffenbartes Wissen. Man findet das vor allem unter den Söhnen heiliger Männer, die sich mit den Tugenden ihrer Väter schmücken wollen und ohne jedes Recht oder jede Wahrheit, sondern nur um ihrer eigenen weltlichen Eitelkeiten willen ihre

Anhänger dazu bringen, ihnen zu folgen. [...] Ein solcher Mann wird den Menschen nicht erlauben, jemanden Gottes wegen zu lieben oder einen anderen zu kennen als ihn selbst oder einem anderen zu folgen als ihm. [...] Welche Taten sie auch begangen haben mögen, er verspricht ihnen das Paradies dank der Fürbitte, die er am Tag des Gerichtes für sie einlegen wird. [...] Die unwissenden Menschen sind damit zufrieden und bleiben in seinen Diensten, der Sohn tut es dem Vater gleich.[2]

Kapitel 15

Die Veränderung des Kräftegleichgewichts im achtzehnten Jahrhundert

Zentrale und lokale Autorität

Die Araber schufen im siebten Jahrhundert eine neue Welt, in die sie andere Völker hineinzogen. Im neunzehnten und zwanzigsten Jahrhundert wurden sie selbst in eine neue Welt gezogen, die in Westeuropa entstanden war. Natürlich ist das eine etwas zu vereinfachende Art, einen sehr komplizierten Vorgang zu beschreiben. Auch viele der Erklärungen, die für diesen Prozeß angeboten werden, sind zu einfach.

Eine übliche Erklärung klingt etwa so: Im achtzehnten Jahrhundert befanden sich die alten Reiche der muslimischen Welt und die Gesellschaften, die sie beherrschten, im Niedergang, während Europas Stärke zunahm; das Wachstum ermöglichte eine Expansion des Handels, der europäischen Ideen und der Macht; zunächst führte das dazu, daß die Europäer anderen Völkern ihre Herrschaft aufzwangen, und das wiederum hatte ein Wiederaufleben der Stärke und Vitalität arabischer Gesellschaften in einer neuen Form zur Folge.

Die Idee des Niedergangs ist als historische Erklärung indessen problematisch. Sogar einige osmanische Autoren haben sie gebraucht. Ab dem Ende des sechzehnten Jahrhunderts, so argumentierten Historiker, die das, was sie um sich sahen, mit dem verglichen, was ihrer Ansicht nach früher gewesen war, sei es nicht mehr so gewesen wie in einer früheren, gerechteren Zeit; die Institutionen und die soziale Ethik, auf die sich die osmanische Stärke gegründet habe, seien im Zerfall begriffen. Manches davon stammte von Ibn Chaldun; im siebzehnten Jahrhundert spiegelten sich im Werk des Historikers Naima einige von Ibn Chalduns Vorstellungen, und im achtzehnten Jahrhundert wurden Teile seiner *Muqaddima* ins Türkische übertragen.

Für diese Historiker des Niedergangs lag das Heilmittel in der Rückkehr zu den Institutionen des wirklichen oder imaginären goldenen Zeitalters. Für Sari Mehmed Pascha (gest. 1717), der oberster Finanzbeamter oder *defterdar* des Osmanischen Reiches gewesen war, stand die strikte Einhaltung der Gesetze und die Idee der Gerechtigkeit im Handeln des Herrschers im Vordergrund:

> Die Aufnahme von *reaya* in die Militärklasse muß sorgsam vermieden werden. Es muß zu Unordnung führen, wenn jene, die nicht Söhne oder Enkel eines *sipahi* sind, alle sofort zum *sipahi* gemacht werden. [...] [Die Beamten] sollen die arme *reaya* weder unterdrücken noch durch Forderungen neuer Abgaben neben den wohlbekannten jährlichen Steuern quälen, die zu bezahlen sie gewohnt sind. [...] Die Menschen in den Provinzen und die Stadtbewohner sollten durch das Ausmerzen von Ungerechtigkeiten beschützt und gerettet werden, und man sollte sehr darauf achten, den Untertanen ein Leben in Wohlstand zu schaffen. [...] Doch darf man der *reaya* gegenüber nicht zu große Nachgiebigkeit zeigen.[1]

Statt von einem allgemeinen Niedergang zu sprechen, ist es wohl richtiger zu sagen, daß es zu einer Anpassung osmanischer Herrschaftsmethoden und des Machtgleichgewichtes innerhalb des Reiches an die sich verändernden Umstände gekommen war. Am Ende des achtzehnten Jahrhunderts existierte die osmanische Dynastie fünfhundert Jahre; sie hatte beinahe dreihundert Jahre lang über die meisten arabischen Länder geherrscht. Es war durchaus zu erwarten, daß sich die Formen der Verwaltung und die Art der Herrschaft im Laufe dieser Zeit wandelten.

Zwei Änderungen waren im achtzehnten Jahrhundert von besonderer Bedeutung. In der Zentralregierung in Istanbul bestand die Tendenz, die Macht dem Sultan und seinem Gefolge zu entziehen und sie einer Oligarchie hoher ziviler Staatsbeamter im Ministerium des Großwesirs oder seiner Umgebung zu übertragen. Es gab unter ihnen zwar mehrere konkurrierende Gruppen, die um die Macht kämpften, aber sie waren auf mehr als eine Art miteinander und darüber hinaus auch mit den hohen Würdenträgern der Justiz und der Religion verbunden. Sie hatten eine gemeinsame Kultur, die arabische, persische und auch türkische Elemente vereinte. Ihnen allen lag die Stärke und das Wohl des Reiches sowie der Gesellschaft, die dieses Reich schützte, am Herzen. Sie lebten nicht abgesondert von der Gesellschaft, wie die Sklaven aus dem Haushalt des Herrschers, sondern engagierten sich im Wirtschaftsleben des Reiches. Sie hatten Einfluß auf die religiösen Stiftungen, besaßen gepachtete Steuergebiete und unterhielten Geschäftsbeziehungen zu Kaufleuten und Händlern.

Auch das Berufsheer war in die Gesellschaft einbezogen; Janitscharen wurden Händler und Handwerker, und Händler und Handwerker traten in die Verbände der Janitscharen ein oder waren eng mit ihnen verbunden.

Dieser Prozeß stand als Ursache und als Wirkung in Zusammenhang mit einer anderen wesentlichen Veränderung. In den Provinzhauptstädten kamen lokale Gruppen an die Macht, denen das Steueraufkommen der Provinzen unterstand. Sie benutzten die Einnahmen dazu, eigene, örtliche Streitkräfte aufzubauen. Solche Gruppen gab es in den meisten Provinzhauptstädten – mit Ausnahme der Städte, die von Istanbul aus verwaltet werden konnten. Die herrschenden Schichten waren sehr unterschiedlich. An manchen Orten gab es Herrscherfamilien mit ihrem Gefolge und ihren Vasallen; die Mitglieder solcher Familien konnten durchaus innerhalb von einer Generation zur nächsten erreichen, daß Istanbul ihre Stellung offiziell anerkannte. In anderen Städten gab es das Mamlukensystem: Die Männer kamen ursprünglich vom Balkan oder aus dem Kaukasus; sie waren als Militärsklaven oder als Jugendliche in das Gefolge eines Statthalters oder Kommandanten aufgenommen worden, stiegen in der lokalen Verwaltung oder der Armee in hohe Positionen auf, und es gelang ihnen schließlich, ihre Macht an andere Angehörige ihrer Gruppe weiterzugeben. Diese Lokalherren bemühten sich mitunter um ein Interessenbündnis mit den Händlern, Grundbesitzern und *ulama* der Stadt. Sie hielten die für den Wohlstand der Stadt notwendige Ordnung aufrecht und zogen ihrerseits daraus Nutzen.

Das war die Lage in den meisten osmanischen Provinzen von Anatolien und Europa, die von Istanbul aus nicht direkt kontrollierbar waren, und das galt praktisch auch für alle arabischen Provinzen. Aleppo in Nordsyrien lag an einer großen Staatsstraße und war relativ leicht von Istanbul zugänglich; deshalb blieb es unter direkter Kontrolle. Aber in Bagdad und Akkon an der palästinensischen Küste stellten Angehörige der Mamluken die Statthalter; in Damaskus und Mosul konnten Familien, die im Dienst der Osmanen aufgestiegen waren, das Amt des Statthalters über mehrere Generationen halten. Im Hedschaz herrschten die Scherifen von Mekka über die heiligen Stätten, eine Familie, die direkte Abstammung vom Propheten beanspruchte. In Dschidda an der Küste gab es jedoch einen osmanischen Statthalter. Im Jemen waren die Osmanen nicht mehr präsent, und die Zentralgewalt, soweit sie existierte, lag in den Händen einer Familie von Imamen, deren Autorität von den zaiditischen Bewohnern anerkannt wurde.

Die Situation in Ägypten war komplizierter. Dorthin wurde immer noch von Istanbul ein Statthalter entstandt, der niemals zu lange im Amt bleiben durfte, damit er nicht zuviel Macht gewann. Aber die meisten hohen Ämter und die Kontrolle über die Steuerpachtländereien fielen zunächst rivalisierenden Gruppen von Mamluken und Heeresoffizieren zu und schließlich einer einzigen Gruppe. In den drei osmanischen Provinzen des Maghreb hatten Führer lokaler Streitkräfte die Macht auf die eine oder andere Weise an sich gerissen. In Tripolis und Tunis begründeten Militärkommandanten Dynastien; Istanbul erkannte sie als Statthalter an, aber sie trugen den örtlichen Titel eines *bey*. In Algier ernannte das Militär eine Reihe von Herrschern (*dey*); aber schließlich konnte der *dey* eine Gruppe hoher Beamter um sich versammeln, die stabil blieb und das Amt des *dey* unter sich vergab. In allen drei Provinzen beruhte das Bündnis von Beamten, Militäroffizieren und Kaufleuten zunächst auf dem gemeinsamen Interesse, Kaperschiffe für die »Piraten der Barbarenküste« auszurüsten. Die Piraten überfielen die Schiffe der europäischen Staaten, mit denen der osmanische Sultan Krieg führte; die erbeuteten Waren brachten hohe Gewinne ein. Aber im späten achtzehnten Jahrhundert hatte das Piratentum praktisch ein Ende gefunden.

Wie groß diese Veränderungen auch gewesen sein mögen, man sollte sie nicht überbewerten. In Istanbul lag die Macht immer noch beim Sultan. Selbst der einflußreichste Beamte konnte seines Amtes enthoben und hingerichtet werden, sein Vermögen konnte konfisziert werden; die Beamten des Sultans galten immer noch als seine »Sklaven«. Von einigen Ausnahmen abgesehen, gaben sich selbst die stärksten Lokalherren damit zufrieden, im osmanischen Staatssystem zu verbleiben; sie waren »lokale Osmanen« und keine unabhängigen Monarchen. Der osmanische Staat war für sie nichts Fremdes, denn er war immer noch die Verkörperung der muslimischen Gemeinde (oder zumindest eines großen Teils dieser Gemeinde). Lokalherrscher mochten eigene Beziehungen zu fremden Mächten unterhalten, aber sie setzten ihre Kraft dazu ein, die Interessen des Reiches zu fördern und seine Grenzen zu verteidigen. Außerdem besaß die Zentralregierung in den meisten Teilen des Reiches immer noch einen Rest an Macht. Sie konnte die offizielle Anerkennung gewähren oder versagen; selbst der *bey* von Tunis und der *dey* von Algier bemühten sich darum, offiziell vom Sultan als Statthalter eingesetzt zu werden. Die Zentralregierung konnte Rivalitäten zwischen verschiedenen Provinzen, zwischen verschiedenen Mitgliedern einer Familie oder einer Mamlukengruppe politisch nutzen und auch von den Spannungen zwischen dem Herrscher einer Provinz und den örtlichen Notabeln profitieren. Auf den großen Reichsstraßen oder den Seerouten des östlichen Mittelmeeres setzte die Regierung bei Bedarf Streitkräfte ein, um ihre Macht zu behaupten; das geschah zum Beispiel in den neunziger Jahren des achtzehnten Jahrhunderts für kurze Zeit in Ägypten. Die vom Statthalter in Damaskus organisierte Wallfahrt nach Mekka war nach wie vor alljährlich eine Demonstration osmanischer Souveränität. Die Karawane brachte für die Bewohner der heiligen Stätten Geschenke von Istanbul mit. Die Pilger wurden von osmanischem Militär beschützt und zogen auf dem ganzen Weg von Istanbul über Syrien und durch das westliche Arabien bis in das Herz der islamischen Welt über eine von osmanischen Garnisonen bewachte Straße.

Im Reich war ein neues Kräftegleichgewicht entstanden. Es war immer gefährdet, und jede der beteiligten Parteien versuchte, wo immer sie nur konnte, ihre Macht zu vergrößern. Aber durch dieses Gleichgewicht ließ sich eine Interessenallianz zwischen der Zentralregierung, den Osmanen in den Provinzen und den gesellschaftlichen Gruppierungen, die Reichtum und Ansehen besaßen, den Kaufleuten und *ulama*, aufrechterhalten. Es gibt Hinweise darauf, daß sich dank dieser Kombination aus einer starken Provinzregierung und einer aktiven urbanen Elite in manchen Regionen die landwirtschaftliche Produktion, die Grundlage städtischen Wohlstandes und der Stärke einer Regierung, dauerhaft steigerte. Das scheint zum Beispiel in den europäischen Provinzen der Fall gewesen zu sein; das Anwachsen der Bevölkerung in Zentraleuropa erhöhte die Nachfrage nach Nahrungsmitteln und Rohstoffen, und die Balkanprovinzen konnten den steigenden Bedarf befriedigen. Tunesien und Algerien produzierten Getreide und Häute für den Export nach Marseille und Livorno; im nördlichen Palästina und Westanatolien wurde die Baumwollproduktion gesteigert, um die Nachfrage aus Frankreich zu befriedigen. In den meisten Provinzen reichte die Kontrolle der Lokalregierung und ihrer städtischen Verbündeten nicht weit über die Städte hinaus. Im Maghreb erstreckte sich die osmanische Macht nicht bis auf das Hochland im Landesinnern. In den Fruchtbaren Halbmond waren mehrere Stämme von Kamelzüchternomaden aus Zentralarabien eingewandert; sie beanspruchten große Weidegebiete auf Kosten des Agrarlandes; damit vergrößerte sich auch das Gebiet, in dem Stammesführer anstelle städtischer Beamter die dort verbliebenen Landwirte kontrollierten.

In Marokko im westlichsten Teil des Maghreb herrschten seit der Mitte des siebzehnten Jahrhunderts die Alawiden, allerdings ohne die feste Basis militärischer oder bürokratischer Stärke, auf die sich selbst lokale osmanische Herrscher stützen konnten. Wie ihren Vorgängern gelang es auch den Alawiden nicht, die Stadt Fes völlig zu beherrschen, denn hier saßen mächtige Kaufmannsfamilien, *ulama*, die sich um die Qarawiyin-Moschee scharten, und fromme Familien als Hüter der Gräber ihrer heiligen Vorväter. Außerhalb der Stadt gelang es ihnen im güngstigsten Fall, durch politische Schachzüge und dank des Ansehens, das ihnen ihre Herkunft verlieh, Teile des Landes unter ihre Kontrolle zu bringen. Ihre Macht ruhte auf keinem soliden Fundament.

Die arabisch-osmanische Gesellschaft und Kultur

Im achtzehnten Jahrhundert haben osmanische Macht und Kultur die arabischen Provinzen offenbar tiefer geprägt als zuvor. Durch »lokale osmanische« Familien und Gruppen, wie man sie genannt hat, schlug die osmanische Kultur in den Städten Wurzeln. Befehlshaber des Militärs und Zivilbeamte ließen sich in den Provinzhauptstädten nieder, und sie gründeten Familien oder Haushalte, die über Generationen hinweg wichtige Stellungen im osmanischen Staatsdienst behielten. Die lokalen Herrscherfamilien und die Mamluken waren nur die Spitze eines Phänomens, das auch auf anderen Ebenen existierte. Manche der Familien oder Gruppen erhielten Positionen in der Lokalverwaltung, andere kamen durch Steuerpacht zu Reichtum, und manche schickten ihre Söhne auf die theologischen Hochschulen der Stadt und ließen sie danach in den juristischen Dienst eintreten. Andererseits gelang es im Laufe der Zeit immer mehr Mitgliedern ansässiger Familien mit einer Tradition religiöser Gelehrsamkeit, Stellungen im religiösen und juristischen Bereich einzunehmen; so gerieten viele *auqaf* – darunter auch die lukrativsten, die zugunsten der heiligen Stätten eingerichtet worden waren – oder von den Sultanen gegründete Institutionen unter ihren Einfluß. Viele dieser Einrichtungen wurden ihrem ursprünglichen Zweck entfremdet und privater Nutzung zugeführt. Nach Schätzungen gab es im frühen achtzehnten Jahrhundert in Damaskus fünfundsiebzig Positionen im religiös-juristischen Dienst; um die Mitte des Jahrhunderts hatte sich die Zahl auf über dreihundert erhöht. Eine Begleiterscheinung war, daß viele lokale Familien, traditionell Vertreter des schafiitischen oder malikitischen *madhhab*, sich nun der von den osmanischen Sultanen offiziell anerkannten hanafitischen Rechtsschule zuwandten. (Das scheint jedoch im Maghreb nicht der Fall gewesen zu sein; dort blieb, abgesehen von Familien türkischer Herkunft, die Mehrheit der Bevölkerung Malikiten.)

Im späten achtzehnten Jahrhundert gab es deshalb zumindest in manchen der großen arabischen Städte mächtige ortsansässige Familien von »Notabeln« mit einer mehr oder weniger langen Tradition, von denen einige mehr türkisch, andere mehr arabisch waren. Ein Ausdruck ihrer Macht und ihrer Kontinuität war die Errichtung aufwendiger Häuser und Paläste in Algier, Tunis, Damaskus und anderen Städten. Zu den prächtigsten gehörte der Azm-Palast in Damaskus; er besteht aus einer Folge von Räumen und Zimmerfluchten, die um zwei Innenhöfe herum gebaut sind, einen für die Männer der Familie und ihre Gäste, der andere für die Frauen und das häusliche Leben. Kleiner, aber trotzdem prunkvoll sind die Häuser in Dschudaida, einem christlichen Viertel von Aleppo; sie gehörten Familien, die durch den wachsenden Handel mit Europa reich geworden waren. In den Bergen des Südlibanon errichteten Handwerker aus Damaskus einen Palast für Baschir II., den Emir des Libanon; es ist ein überraschend städtischer Palast an einem abgelegenen Berghang. Solche Häuser wurden von lokalen Architekten und Handwerkern gebaut und waren in Anlage und Stil ein Ausdruck örtlicher Traditionen. Aber auch hier zeigte sich wie bei den Moscheen der Einfluß osmanischer Dekorationsstile – besonders in der Verwendung von Kacheln. In einem gewissen Umfang mischen sich darunter Imitationen europäischer Moden, etwa in der Verwendung von Wandgemälden, böhmischem Kristall und anderen in Europa für den Markt im Nahen Osten produzierten Gegenständen. Ein französischer Reisender stellte zu Beginn des Jahrhunderts in Tunis fest, daß der alte Palast des *bey*, der Bardo, mit Möbeln im italienischen Stil eingerichtet war.

Das Überleben und die gesellschaftliche Macht der Notabeln und ihrer Familien war an die lokalen Schulen gebunden. Eine Untersuchung Kairos deutet darauf hin, daß ein beachtlicher Teil der männlichen Bevölkerung – vielleicht sogar die Hälfte –, aber nur ein ganz geringer Teil der Frauen lesen und schreiben konnte. Es muß demnach nicht wenige Grundschulen (*kuttab*), gegeben haben. Ein zeitgenössischer Historiker spricht von etwa zwanzig *madaris* und der gleichen Anzahl Moscheen, die eine höhere Bildung vermittelten. Die zentrale Einrichtung, die Azhar-Moschee, blühte offenbar auf Kosten einiger kleinerer und weniger gut ausgestatteter Moscheen und *madaris*; Studenten aus Syrien, Tunesien, Marokko und aus den Gebieten des Oberen Nils kamen zur Azhar-Moschee. Ähnlich entwickelte sich in Tunis die Zaituna-Moschee; ihre Bibliothek wurde vergrößert, und man erhöhte die finanziellen Mittel mit den Einnahmen aus der *dschizya*, der Kopfsteuer für Nichtmuslime.

An den Hochschulen galt immer noch das alte Curriculum. Die wichtigsten Studienfächer waren Koranexegese, Hadith und *fiqh*; als Lehrgrundlage dienten *fatwa*-Sammlungen und offizielle Lehrbücher; das Erlernen von Sprachen war eine Vorbereitung auf diese Studienfächer. Die religiöse Doktrin wurde hauptsächlich nach neueren Texten unterrichtet; offenbar wurden die Werke von Ibn Arabi und anderen Sufis viel gelesen. Das Studium und der Unterricht rationaler Wissenschaften wie Mathematik und Astronomie lag meist außerhalb des geltenden Curriculums, aber es scheint bei den Studenten großes Interesse daran bestanden zu haben.

In den Grenzen eines ziemlich starren und unveränderlichen Curriculums blieb trotzdem Raum für literarische Werke von hoher Qualität. In

Tunis gingen aus einer Familie, die von einem im sechzehnten Jahrhundert mit der osmanischen Expeditionsstreitmacht dorthin gekommenen Türken gegründet worden war, vier Generationen hintereinander Männer hervor – alle mit dem Namen Muhammad Bairam –, die bekannte Gelehrte und hanafitische Muftis waren. In Syrien befand sich das Amt des hanafitischen *mufti* ebenfalls länger als eine Generation in der von Murad, dem aus Zentralasien gekommenen Naqschbandi, gegründeten Familie. Einer dieser Muftis, Muhammad Chalil al-Muradi (1760–91), führte eine spezifisch syrische Tradition fort. Er sammelte Biographien gelehrter und berühmter Männer; sein biographisches Lexikon umfaßt das gesamte zwölfte islamische Jahrhundert.

Muradi wandte sich beim Studium der Biographien an einen berühmten, in Ägypten lebenden Gelehrten, an Murtada az-Zabidi (1732–91). In seinem Brief kommt das Selbstbewußtsein eines Mannes zum Ausdruck, der sich bewußt ist, daß er am Ende einer langen Tradition steht, die bewahrt werden muß:

> Als ich in Istanbul einen der großen Männer besuchte, [...] sprachen wir über die Geschichte und ihren Niedergang in unserer Zeit und über das mangelnde Interesse der Männer dieser Zeit an ihr, obwohl es die größte der Wissenschaften ist; wir beklagten es sehr.[2]

Az-Zabidi war indischer Herkunft und hatte einige Zeit in Zabid im Jemen verbracht. Der Ort war eine wichtige Zwischenstation auf dem Weg von Süd- und Südostasien zu den heiligen Stätten und damals ein bedeutendes Zentrum der Gelehrsamkeit; später zog er nach Kairo, wo er berühmt wurde, vor allem, weil man ihm die Fähigkeit zuschrieb, Fürbitte bei Gott einlegen zu können. Zu seinen Büchern gehören Werke über den *hadith*, ein Kommentar zu al-Ghazalis *Ihya ulum ad-din* und ein großes arabisches Wörterbuch.

Murtada az-Zabidi seinerseits bat einen jungen Gelehrten, Abd ar-Rahman al-Dschabarti (1753–1825), darum, ihm beim Sammeln von biographischem Material behilflich zu sein; das gab diesem den Anstoß, historische Werke zu schreiben; er verfaßte später die letzte große Chronik im traditionellen Stil, die sich nicht nur mit politischen Ereignissen, sondern auch mit dem Leben von Gelehrten und berühmten Männern beschäftigt.

Auch in der schiitischen Welt pflegte man die Tradition hoher Gelehrsamkeit. Im achtzehnten Jahrhundert dominierte in den heiligen Stätten die Richtung der Achbaris, aber gegen Ende kam es unter dem Einfluß zweier bedeutender Gelehrter, Muhammad Baqir al-Bihbihani (gest.

1791) und Dscha'far Kaschif al-Ghita (*ca.* 1741–1812), zu einem Wiederaufleben der Usuli-Schule. Diese Strömung wurde von den Lokalherrschern im Irak und in Iran gefördert, denen die Flexibilität der Usulis vorteilhaft erschien; und so wurde sie noch einmal zur führenden Schule. Die Achbariya blieb jedoch in einigen Golfregionen weiterhin stark. Gegen Ende des Jahrhunderts trat eine neue Bewegung, die Schaichiya, auf, die sowohl für die Usulis als auch die Achbaris eine Herausforderung darstellte. Der Schaichismus stand in der mystischen Tradition und vertrat eine rein spirituelle Interpretation der heiligen Bücher, wie sie in der Schia vorherrschte: die Schaichiten wurden von den beiden anderen Schulen verurteilt, denn sie standen ihrer Meinung nach außerhalb der Grenzen der imamitischen Schia.

Es gibt keine Hinweise darauf, daß das sunnitische oder schiitische Denken dieser Zeit von neuen, in Europa aufkommenden Gedanken beeinflußt wurde. Manche der syrischen und libanesischen Priester, die Lateinisch, Italienisch oder Französisch sprachen, kannten die zeitgenössische katholische Theologie und die europäische Gelehrsamkeit. Einige wenige von ihnen lehrten in Europa und genossen einen Ruf als Gelehrte von europäischem Rang: Der berühmteste war Yusuf al Sim'ani (Joseph Assemani, 1687–1768). Er war ein Maronit aus dem Libanon, der syrische und arabische Manuskripte studiert hatte und Bibliothekar der Vatikanischen Bibliothek wurde.

Die Welt des Islam

Die Anhänger des islamischen Glaubens, für die die arabische Sprache das gültige Medium war, hatten etwas gemeinsam, das tiefer reichte als politische Treue oder gemeinsame Interessen, und dabei zählte nicht, ob sie innerhalb oder außerhalb der Grenzen des Osmanischen Reiches lebten. Sie und alle, die Türkisch, Persisch oder eine andere Sprache der muslimischen Welt sprachen, einte das Gefühl, einer dauerhaften und unerschütterbaren Welt anzugehören, die von der endgültigen Offenbarung Gottes durch den Propheten Muhammad geschaffen worden war. Diese Welt fand ihren Ausdruck in unterschiedlichen Formen des Denkens und sozialen Handelns, und dazu zählten der Koran, die Traditionen des Propheten, die Systeme von Gesetz und idealer sozialer Ethik, die Sufi-Orden, die sich um die Gräber ihrer Gründer scharten, die Hochschulen, die Studienreisen von Gelehrten auf der Suche nach Wissen, der Austausch von Büchern, das Fasten im Ramadan, das von Muslimen überall auf dieselbe Weise und zur selben Zeit befolgt wurde, und die Wallfahrt, die an einem Punkt des Jahres gleichzeitig viele Tausende aus der ganzen islamischen Welt nach Mekka führte. Alle diese Aktivitäten untermauerten das Bewußtsein, einer Welt anzugehören, die alles umfaßte, was für das Wohl in diesem und für die Rettung im nächsten Leben notwendig war.

Halten wir uns noch einmal vor Augen: Ein gesellschaftliches und politisches Gebilde, das jahrhundertelang besteht, muß sich wandeln, und die »Wohnstatt des Islam«, wie sie im achtzehnten Jahrhundert existierte, unterschied sich in vieler Hinsicht von ihrem früheren Aussehen. Eine Welle der Veränderung kam weit aus dem Osten der muslimischen Welt, aus Nordindien, wo die andere große sunnitische Dynastie, die Moguln, über Muslime und Hindus herrschte. Dort lehrte eine Reihe von Denkern, deren berühmtester Schah Waliullah aus Delhi (1703–62) war, daß die Herrscher nach den Richtlinien des Islam regieren und daß der Islam durch Lehrer gereinigt werden soll, die ihrem *idschtihad* den Koran und den Hadith zugrunde legen. Sie erklärten, daß die verschiedenen *madhahib* (Schulen) in einem einzigen Moral- und Rechtssystem zusammenfließen sollten, und sie forderten von den Sufis, nicht über die Grenzen der offenbarten Texte hinauszugehen. Gelehrte und Ideen, die von Indien nach Westen kamen, trafen mit anderen zusammen und mischten sich mit ihnen an den großen Schulen und während der Wallfahrt zu den heiligen Stätten. Aus dem Zusammentreffen erwuchs die Stärkung einer sufischen Richtung, die den Nachdruck auf die strikte Einhaltung der *schari'a* legte – ganz gleich, wie weit ein Muslim auf dem Weg, der zu Gott führte, vorangekommen sein mochte. Die Naqschbandiya hatte sich bereits früher, ausgehend von Zentralasien und -indien, in den osmanischen Ländern verbreitet und an Einfluß gewonnen. Ein Religionslehrer, der aus Mekka und Kairo zurückkehrte, gründete in Algerien und Marokko einen anderen Orden, die Tidschaniya, der sich im westlichen Afrika ausbreitete.

Eine andere Bewegung schien damals weniger wichtig zu sein, sollte jedoch später größere Bedeutung erlangen. Sie entstand im frühen achtzehnten Jahrhundert in Zentralarabien. Damals predigte Muhammad ibn Abd al-Wahhab, ein religiöser Erneuerer, den Muslimen die Notwendigkeit, zu den Lehren des Islam zurückzukehren, so wie die Anhänger Ibn Hanbals sie vertreten hatten: strikter Gehorsam gegenüber Koran und Hadith in der Auslegung der verantwortungsbewußten Gelehrten jeder Generation und die Ablehnung all dessen, was als unrechtmäßige Neuerung angesehen werden konnte. Zu diesen Neuerungen gehörte die Verehrung verstorbener Heiliger als Fürsprecher bei Gott und die besondere religiöse Hingabe der Mitglieder von Sufi-Orden. Der Reformator schloß ein Bündnis mit Muhammad ibn Sa'ud, dem Lokalherrscher von Dir'iya, einem kleinen Marktflecken. Ein Staat wurde gegründet, der den Anspruch erhob, ganz unter der geistigen Führung der *schari'a* zu stehen; und Muhammad ibn Sa'ud versuchte, alle Nomadenstämme der Umgebung unter seinen Einfluß zu bringen. Dabei vertrat er die Interessen der schwachen städtischen Oasengesellschaft gegen die Nomadenstämme des Umlandes, wies aber gleichzeitig die Ansprüche der Osmanen zurück, sie seien die Beschützer des wahren Islam. In den frühen Jahren des neunzehnten Jahrhunderts war der neue Staat auf Expansionskurs. Seine Streitkräfte plünderten die schiitischen Heiligtümer im Südwesten des Irak und hielten die heiligen Stätten des Hedschaz besetzt.

Veränderte Beziehungen zu Europa

Die islamische Welt mag den meisten ihrer Bewohner lebendig und unabhängig, im Wachstum begriffen und von Bedrohungen unangefochten erschienen sein, aber im letzten Viertel des achtzehnten Jahrhunderts waren sich zumindest einige Männer in der osmanischen Elite bewußt, daß diese Welt von Kräften in Frage gestellt wurde, die eine Veränderung ihrer Beziehungen zu der sie umgebenden Welt erforderten. Die osmanische Regierung hatte die Welt außerhalb ihrer Grenzen schon immer wachsam betrachtet. Im Osten befand sich der Schiitenstaat Iran und noch weiter östlich das Reich der Moguln, und im Norden und Westen lagen die christlichen Staaten. Schon sehr früh hatte es mit Westeuropa und Mitteleuropa Kontakte gegeben. Die Osmanen kontrollierten die Ost- und die Südküsten des Mittelmeeres, und die westliche Grenze des Reichs lag im Donaubecken. Es gab nicht nur feindselige Kontakte. Aber mit Sicherheit waren sie feindselig, als die osmanische Flotte mit Venezianern und Spaniern um die Seeherrschaft im Mittelmeer kämpfte und das osmanische Heer vor den Toren Wiens stand. So gesehen konnte die Beziehung durchaus mit dem Begriff Kreuzzug auf der einen und *dschihad* auf der anderen Seite ausgedrückt werden. Es bestanden jedoch auch Beziehungen anderer Art. Der Handel lag hauptsächlich in den Händen europäischer Kaufleute – der Venezianer und Genueser in frühosmanischer Zeit, der Briten und Franzosen im achtzehnten Jahrhundert. Es kam zu Bündnissen mit europäischen Herrschern gegen einen gemeinsamen Feind – vor allem mit Frankreich gegen die österreichischen und spanischen Habsburger. 1569 erhielt Frankreich Konzessionen (Kapitulationen), die die Aktivitäten von Kaufleuten und Missionaren regelten; diese Konzessionen orientierten sich an den Privilegien, die man früher den Kaufleuten einiger italienischer Städte gewährt hatte; später wurden sie auch anderen europäischen Mächten erteilt. Die wichtigsten europäischen Staaten unterhielten ständige Botschaften und Konsulate im Osmanischen Reich, das Teil des europäischen Staatengefüges war, obwohl die Osmanen erst sehr viel später ständige Missionen in Europa einrichteten.

Bis um die Mitte des achtzehnten Jahrhunderts konnten die Osmanen solche Beziehungen immer noch als Beziehungen zwischen im großen und ganzen gleichstarken Partnern betrachten. Im späten fünfzehnten Jahrhundert hatte es das disziplinierte und mit Feuerwaffen ausgerüstete Berufsheer des Sultans mit jeder europäischen Streitmacht aufnehmen können. Im siebzehnten Jahrhundert machten die Osmanen ihre letzte große Eroberung, die Insel Kreta, die sie den Venezianern abnahmen. Anfang des achtzehnten Jahrhunderts unterhielt das Osmanische Reich Beziehungen zu den europäischen Staaten auf der Ebene diplomatischer Gleichheit, anstelle der Superiorität, die es in früheren Zeiten hatte wahren können. Sein Heer war in Organisation, Taktik und Waffengebrauch hinter andere Streitkräfte zurückgefallen, allerdings nicht so weit, daß man im Rahmen der bestehenden Institutionen keine Anstrengungen zu seiner Stärkung hätte unternehmen können. Der Handel bewegte sich immer noch auf den von den »Kapitulationen« vorgezeichneten Bahnen.

Im letzten Viertel des Jahrhunderts begann sich die Lage jedoch sehr schnell und dramatisch zu verändern, denn die Kluft zwischen den technischen Leistungen einiger west- und nordeuropäischer Länder und dem Rest der Welt vergrößerte sich. Während der vielen Jahrhunderte osmanischer Herrschaft hatte es keine technologischen Fortschritte gegeben, und das Niveau wissenschaftlicher Kenntnis und wissenschaftlichen Verständnisses war sogar gesunken. Abgesehen von einigen wenigen Griechen und anderen, die in Italien ausgebildet worden waren, beherrschte kaum jemand die westeuropäischen Sprachen oder wußte etwas von den dort gemachten wissenschaftlichen und technischen Fortschritten. Die kopernikanischen Theorien wurden in Türkisch zum ersten Mal und auch dann nur flüchtig am Ende des siebzehnten Jahrhunderts erwähnt; und die Fortschritte der europäischen Medizin wurden erst im achtzehnten Jahrhundert allmählich bekannt.

Einige europäische Länder standen inzwischen auf einer neuen Stufe der Macht. Die Vergrößerung der landwirtschaftlichen Nutzflächen beendete die Drohung von Hungersnöten und ermöglichte die Ernährung einer größeren Bevölkerung. Neuerungen im Schiffsbau und der Navigation erschlossen europäischen Seeleuten und Händlern alle Weltmeere; ihr kühnes Vordringen führte zur Errichtung von Handelsposten und Kolonien. Der Handel, die Ausbeutung der Minen und der Zugriff auf die landwirtschaftlichen Erzeugnisse in den Kolonien hatten eine Kapitalflut zur Folge. Man investierte das Geld, um mit neuen Methoden und in größerem Umfang Manufakturwaren zu produzieren. Die Zunahme der Bevölkerung und der wachsende Reichtum gab den Regierungen die Möglichkeit, größere Heere und Flotten zu unterhalten. Einigen westeuropäischen Ländern – besonders England, Frankreich und den Niederlanden – gelang inzwischen eine kontinuierliche Akkumulation von Ressourcen, während die osmanischen Länder wie andere Teile Asiens und Afrikas sich immer noch in einer Situation befanden, in der die Bevölkerungszahlen durch Epidemien und Hungersnöte niedrig blieben und in manchen Regionen sogar zurückgingen. Und die gesamtwirtschaftliche Produktion konnte das Kapital nicht schaffen, das zu einer fundamentalen Veränderung der Produktionsmethoden oder einer Neuorganisation der Regierungsmacht erforderlich gewesen wäre.

Der militärische Machtzuwachs Westeuropas machte sich aber noch nicht direkt bemerkbar. Im westlichen Mittelmeer war die spanische Macht geschwächt, und dem *dey* von Algier gelang es 1792, Oran zu erobern, das sich in spanischer Hand befunden hatte. Im östlichen Mittelmeer verfiel die Macht der Venezianer, während England und Frankreich als neue Mächte dort noch nicht in Erscheinung traten. Die Gefahr schien von Norden und Osten zu kommen. Rußland hatte seine Armee nach westlichem Vorbild neu organisiert und rückte nach Süden vor. In einem entscheidenden Konflikt mit dem Osmanischen Reich (1768–74) segelte eine Flotte unter russischem Kommando durch das östliche Mittelmeer, und russische Streitkräfte besetzten die Krim, die wenige Jahre später dem russischen Reich eingegliedert wurde. Seit dieser Zeit war das Schwarze Meer nicht länger ein osmanisches Binnenmeer; und der neue russische Hafen Odessa entwickelte sich zu einem Handelszentrum.

Weit im Osten setzte eine nicht weniger bedrohliche Entwicklung ein. Europäische Schiffe hatten im späten fünfzehnten Jahrhundert zum ersten Mal das Kap der Guten Hoffnung umsegelt; und allmählich entstanden an der indischen Küste, am persisch-arabischen Golf und auf den südostasiatischen Inseln europäische Handelsniederlassungen. Der Handel blieb jedoch noch länger als ein Jahrhundert recht beschränkt. Die Kaproute war lang und gefährlich; Gewürze und andere Waren aus Asien kamen immer noch auf dem Golf oder dem Roten Meer in die Städte des Nahen Ostens, wo sie auf den lokalen Märkten abgesetzt oder nach Norden und Westen weitergeleitet wurden. Europa war am Kauf von Gewürzen interessiert, hatte aber im Austausch dagegen wenig zu bieten; und die europäischen Schiffe waren weitgehend mit dem Handel zwischen den asiatischen Häfen beschäftigt. Anfang des siebzehnten Jahrhunderts leiteten die Holländer den Gewürzhandel um das Kap der Guten Hoffnung; die Verluste der osmanischen Kaufleute wurden in einem gewissen Ausmaß jedoch durch den neuen Handel mit dem im Jemen angebauten Kaffee ausgeglichen. Kaufleute in Kairo exportierten den Kaffee in die ganze westliche Welt. Später dehnten sich die europäischen Handelsgesellschaften über die Häfen hinaus aus; sie wurden Steuereinnehmer und beherrschten praktisch weite Gebiete. Die Holländische Ostindische Gesellschaft vergrößerte ihren Einfluß in Indonesien, und die British East India Company übernahm nach 1760 die Verwaltung von Bengalen, einem großen Gebiet des Mogulreiches.

In den letzten Jahren des achtzehnten Jahrhunderts veränderte sich unübersehbar der europäische Handel mit dem Nahen Osten und dem Maghreb. Einige Gruppen arabischer Händler und Schiffer konnten ihre Stellung im Handel auf dem Indischen Ozean halten, besonders die Kaufleute aus Oman, deren Aktivitäten und Macht an der ostafrikanischen Küste zunahmen. Im allgemeinen aber ging der Güteraustausch zwischen verschiedenen Regionen der Welt in die Hände europäischer Händler und Reedereien über. Britische Schiffe liefen Mocha im Jemen an, um Kaffee zu kaufen; europäische Handelsunternehmen lieferten Gewürze aus Asien in den Nahen Osten. Nicht nur die osmanischen Händler bekamen die Herausforderung zu spüren, sondern auch die Produzenten. Die in Europa oder in den asiatischen Kolonien und der Neuen Welt unter europäischer Kontrolle hergestellten Waren konkurrierten auf den europäischen und nahöstlichen Märkten mit Waren aus dem Nahen Osten. Der Kaffee aus Martinique war billiger als der aus dem Jemen; die Kaufleute, die ihn vertrieben, taten es mit besseren Methoden als die Händler in Kairo, und sie hatten außerdem ein Monopol auf den europäischen Märkten. Gegen Ende des achtzehnten Jahrhunderts war der Kaffee aus Mocha praktisch vom europäischen Markt verschwunden und mußte in Kairo, Tunis und Istanbul mit dem Kaffee von den Antillen konkurrieren. Zukker aus der Karibik, in Marseille raffiniert, bedrohte die ägyptische Zukkerindustrie. Französische Textilien von guter Qualität fanden bei der Bevölkerung ebenso Absatz wie an den Höfen. Im Gegenzug kaufte Europa größtenteils Rohmaterialien: Seide aus dem Libanon und Baumwolle aus Nordpalästina, Getreide aus Algerien und Tunesien und Tierhäute aus Marokko.

Im Handel mit Europa gerieten die Länder des Nahen Ostens und des

Maghreb im wesentlichen in die Position von Rohstofflieferanten und Käufern von Fertigprodukten. Das hatte jedoch bislang immer noch begrenzte Auswirkungen. Der europäische Handel war für die Volkswirtschaft der arabischen Länder weniger wichtig als der Handel mit den Ländern im Osten oder der Güteraustausch zwischen den Ländern der Mittelmeerküste und Afrika, der auf dem Nil oder den Karawanenwegen durch die Sahara stattfand. Die Hauptwirkung mag ein Rückgang des Handels zwischen Teilen des Osmanischen Reiches bei solchen Waren gewesen sein, in denen Europa als Konkurrent auftrat.

Wie begrenzt diese Auswirkungen zunächst auch gewesen sein mögen, sie waren Anzeichen für eine Machtverschiebung. Wenn britische Schiffe Mocha anliefen, konnten sie auf dem Roten Meer auch weiter nach Norden fahren und damit zur Bedrohung für die Sicherheit der heiligen Stätten sowie Ägyptens werden. Von der Expansion britischer Macht in Bengalen, einem Gebiet mit einer großen muslimischen Bevölkerung und Teil des Mogulreiches, wußte zumindest die osmanische Oberschicht. Die russische Besetzung der Krim, die hauptsächlich von Muslimen bewohnt war und wo eine eng mit den Osmanen verbundene Dynastie herrschte, sowie die Präsenz der russischen Flotte im Mittelmeer waren weiten Kreisen bekannt. Am Ende des Jahrhunderts wuchs das Bewußtsein der Gefährdung. Unter der Bevölkerung fand es seinen Ausdruck in messianischen Prophezeiungen; bei der osmanischen Elite verstärkte sich dagegen die Vorstellung, es müsse unbedingt etwas geschehen. Durch gelegentliche Gesandtschaften an europäische Höfe, durch Begegnungen mit europäischen Diplomaten und Reisenden hatte man in Istanbul eine gewisse Kenntnis von den Veränderungen, die sich in Westeuropa vollzogen. Einige hohe osmanische Würdenträger erkannten, daß vor allem die militärische Verteidigung des Reiches gestärkt werden mußte. Es wurden Anläufe zur Aufnahme modern ausgebildeter und ausgerüsteter Einheiten in Heer und Marine gemacht; und auf Initiative eines neuen Sultans, Selim III. (1789–1807), unternahm man den Versuch, eine moderne Armee zu schaffen. Aber alle diese Bemühungen verliefen im Sand, denn der Aufbau neuer Streitkräfte und die damit verbundenen Reformen des Steuerwesens bedrohten zu viele mächtige Interessen.

VIERTER TEIL

DAS ZEITALTER DER EUROPÄISCHEN IMPERIEN

(1800–1939)

Im neunzehnten Jahrhundert beherrschte Europa die Welt. Die industrielle Massenproduktion und die technischen Veränderungen bei Verkehrsverbindungen und Nachrichtenübermittlung – Dampfschiffe, Eisenbahn und Telegraph – führten zu einer Expansion des europäischen Handels und gleichzeitig zu einer militärischen Vormachtstellung der europäischen Staaten. Die französische Besetzung Algeriens in den Jahren 1830–47 war die erste größere Eroberung eines arabischen Landes. Für die muslimischen Staaten und Gesellschaften bedeutete diese Niederlage, daß sie nicht länger in einer stabilen und unabhängigen kulturellen Einheit, dem Erbe ihrer Vergangenheit, leben konnten. Sie mußten von nun an die Kraft aufbringen, in einer Welt zu überleben, die von anderen beherrscht wurde. Die osmanische Regierung übernahm nach europäischem Vorbild neue Methoden zum Aufbau von Militär, Verwaltung und Rechtswesen. Die Herrscher von Ägypten und Tunesien, den beiden praktisch autonomen Provinzen des Reiches, folgten ihrem Beispiel.

In den Hauptstädten dieser Reformregierungen und in den Häfen, die durch den regen Handel mit Europa eine Blütezeit erlebten, entstand eine neue Interessengemeinschaft zwischen den Reformregierungen, den ausländischen Handelshäusern und einer einheimischen Elite aus Grundbesitzern und Kaufleuten, die mit Europa Handel trieben. Es war jedoch eine ungleiche Partnerschaft, und nach einiger Zeit gerieten zunächst Ägypten und Tunesien, dann auch Marokko und Libyen unter europäische Kontrolle. Das Osmanische Reich verlor die meisten seiner europäischen Provinzen und wurde zunehmend ein türkisch-arabischer Staat.

Während die religiöse und rechtliche Kultur des Islam bewahrt wurde, gewann eine neue Denkweise an Einfluß, mit der man die Gründe für die Stärke Europas zu erklären versuchte und zugleich nachweisen wollte, daß die muslimischen Länder europäisches Gedankengut und europäische Methoden übernehmen konnten, ohne dabei ihrem Glauben untreu zu werden. Die Anhänger dieser neuen Philosophie waren meist Absolventen der Schulen, die von den Reformregierungen oder ausländischen Missionsgesellschaften gegründet worden waren. Sie alle konnten ihre Ideen dank der neuen Medien, der Zeitungen und Zeitschriften, in der Öffentlichkeit verbreiten. Ihr Anliegen war die Reform des islamischen Rechts und die Einführung gleicher Bürgerrechte für alle; sie suchten auch nach einer neuen Grundlage für das Osmanische Reich, aber am Ende des neunzehnten Jahrhunderts gingen von den Ideen des Nationalismus die größten Impulse aus. Abgesehen von seltenen, kurz aufflammenden Unruhen berührten die neuen Ideen das Leben der Menschen auf dem Land und in der Wüste kaum.

Das Ende des Ersten Weltkriegs brachte die endgültige Auflösung des Osmanischen Reiches. Aus den Ruinen enstand die Türkei, ein neuer unabhängiger Staat; die arabischen Provinzen gerieten unter britische und französische Kontrolle. Mit Ausnahme einiger Teile der Arabischen Halbinsel befand sich mittlerweile die gesamte arabischsprechende Welt im Machtbereich der Europäer. Die ausländische Herrschaft führte zu neuen Verwaltungsstrukturen und gewissen Fortschritten im Bildungswesen; sie förderte aber auch, besonders in den gebildeten Schichten der Gesellschaft, nationalistische Tendenzen. In einigen Ländern gelangte man mit den fremden Machthabern zu einer Einigung über eine begrenzte Selbstverwaltung, aber in anderen blieb es bei einer unversöhnlichen Opposition. Als die britische Regierung die Gründung eines jüdischen Staates in Palästina unterstützte, entstand eine Lage, die das nationalistische Denken aller arabischen Länder nachhaltig beeinflussen sollte.

Kapitel 16

Europäische Macht und Reformregierungen

(1800–1860)

Die Expansion Europas

Die Kriege zwischen Frankreich und den anderen europäischen Mächten – zunächst während der Revolution und später unter Napoleon –, von denen Europa zwischen 1792 und 1815 heimgesucht wurde und die überall dort ausbrachen, wohin ein europäisches Heer marschieren oder eine Kriegsflotte segeln konnte, vergrößerten die Dringlichkeit der Bemühungen der Reichsregierung in Istanbul, die alte Schlagkraft und Stärke zurückzugewinnen. Zu unterschiedlichen Zeiten besetzten die Streitkräfte von Franzosen, Russen und Österreichern Teile der europäischen Provinzen des Sultans. Engländer und Franzosen stellten zum ersten Mal im östlichen Mittelmeer die Stärke ihrer Kriegsmarine unter Beweis. Eine britische Flotte versuchte sogar einmal, in den Bosporus und damit bis nach Istanbul vorzudringen. Im Verlauf des Krieges mit Großbritannien besetzte 1798 ein französisches Expeditionsheer unter Napoleon Ägypten. Die Franzosen hielten Ägypten drei Jahre besetzt und versuchten, von dort nach Syrien vorzustoßen, wurden aber durch eine gemeinsame britisch-osmanische Intervention zum Rückzug gezwungen, nachdem es zum ersten Mal in der Geschichte zu einem formellen Bündnis zwischen dem Osmanischen Reich und einem nichtmuslimischen Staat gekommen war.

Dies war eine kurze Episode, deren Bedeutung unter Historikern umstritten ist. Einige sehen in ihr den Beginn einer neuen Ära im Nahen Osten. Zweifellos war es der erste große Vorstoß einer europäischen Macht in ein Kernland der muslimischen Welt. Die Menschen dort waren zum ersten Mal mit einer neuen Art von Militärmacht konfrontiert, und sie wurden in die Rivalitäten der Europäer hineingezogen. Der islamische Historiker al-Dschabarti lebte damals in Kairo. Er hat ausführlich und in allen Einzelheiten die Auswirkungen der Invasion beschrieben, die unterschiedliche Stärke beider Seiten konstatiert und auf die Unfähigkeit der ägyptischen Oberschicht hingewiesen, der Herausforderung zu begegnen. Al-Dschabarti berichtet, daß die Führer der Mamluken in Kairo der Nachricht von der Landung französischer Truppen in Alexandria wenig Beachtung schenkten: »Sie [verließen] sich auf ihre Kräfte und behaupteten, selbst wenn alle Franken zusammen ankommen sollten, wären sie doch nicht imstande, ihrem Ansturm standzuhalten, und sie würden sie unter den Hufen ihrer Pferde zerstampfen.«[1] Auf diese Fehleinschätzung folgten Niederlagen, Panik und ein gescheiterter Aufstand. In Al-Dschabartis Opposition gegen die neuen Machthaber mischte sich jedoch auch eine gewisse Bewunderung für die Gelehrten und Wissenschaftler, die mit ihnen gekommen waren:

> Wenn einer der Muslime zu ihnen kommt, der sich die Sache anschauen will, verwehren sie ihm nicht, in ihre ehrwürdigsten Orte einzudringen [...] im besonderen, wenn sie in ihm Fähigkeit, Wissen oder Lust erkennen, sich mit den Wissenschaften abzugeben; dann zeigen sie ihm Sympathie und Freundlichkeit und bringen ihm alle Art Bücher, in denen die Klimata abgedruckt sind, die Tiere und Vögel und Pflanzen, die Geschichten der alten Zeit und die Sitten der Völker, auch Geschichten der Propheten mit ihren Bildern, Aussprüchen und Wundern. [...] Ich bin mehrmals zu ihnen gegangen, und sie haben mir all dies gezeigt.[2]

Die kriegerischen Ereignisse brachten Unruhe in das Leben der osmanischen und arabischen Länder. Das französische Heer im Mittelmeer kaufte Getreide aus Algerien; die britischen Streitkräfte in Spanien kauften es in Ägypten. Da die britischen und französischen Handelsschiffe das östliche Mittelmeer nicht ungehindert befahren konnten, öffnete sich den griechischen Kaufleuten und Reedern ein neuer Markt. Griechen und Serben verfolgten aufmerksam die Gründungen von Republiken durch die Franzosen auf dem Balkan. Die Parolen der Revolution fanden auch bei den christlichen Untertanen des Sultans Gehör, obwohl sie bei den türkischen und arabischen Muslimen ohne größere Wirkung blieben.

Nach dem Ende der napoleonischen Kriege breiteten sich Macht und Einfluß der Europäer weiter aus. Die besonderen Anforderungen und die Kräfte, die Kriege immer freisetzen, waren starke Impulse für neue Produktionsverfahren und neue industrielle Organisationsmethoden. Das Kriegsende brachte den Kaufleuten freien Handel auf gesicherten Verkehrswegen; es öffnete sich ein weltweiter Absatzmarkt für die neue, billige Baumwolle, für Wollstoffe und Metallwaren, die vor allem in England hergestellt wurden, aber auch in Frankreich, Belgien, der Schweiz und im westlichen Deutschland. In den dreißiger und vierziger Jahren des neunzehnten Jahrhunderts begann mit der Ära der Dampfschiffe und der Eisenbahn eine Revolution des Transportwesens. Bis dahin war vor allem der Überlandtransport teuer, langsam und gefahrvoll gewesen. Jetzt wurde er schnell und zuverlässig. Außerdem verringerte sich der Transportanteil an den Gesamtkosten der Waren. Auf einmal konnte man über lange Strekken nicht nur Luxusgüter transportieren, sondern auch Massengüter für einen großen Markt. Die Menschen und Nachrichten überwanden große Entfernungen nun weit schneller, und der internationale Finanzmarkt entstand. Aus den Gewinnen des Handels flossen große Summen in neue Produktion. Hinter Kaufleuten und Schiffskapitänen stand der Schutz der bewaffneten Mächte Europas. Die napoleonischen Kriege hatten ihre Überlegenheit unter Beweis gestellt – weniger ihrer Waffen, denn die großen technologischen Neuerungen sollten sehr viel später kommen, als der Organisation und Strategie ihrer Streitkräfte.

Mit diesen Veränderungen verband sich ein kontinuierliches Bevölkerungswachstum. Zwischen 1800 und 1850 erhöhte sich die Einwohnerzahl von Großbritannien von sechzehn auf siebenundzwanzig Millionen. In ganz Europa wuchs die Bevölkerung um ungefähr fünfzig Prozent. London wurde 1850 mit zweieinhalb Millionen Einwohnern zur größten Stadt der Welt. Auch andere Hauptstädte wuchsen, und es entstand das Modell einer neuen Industriestadt mit Büros und Fabriken. Um die Mitte des Jahrhunderts lebte bereits mehr als die Hälfte der englischen Bevölkerung in Städten. Die Konzentration der Massen in den städtischen Ballungsgebieten lieferte Arbeitskräfte für die Industrie und Soldaten für das Militär. Außerdem enstand dadurch ein heimischer Markt für die Erzeugnisse der Fabriken. Zu diesem Prozeß brauchte man Regierungen, die einen sehr viel direkteren Einfluß auf das Leben der Gesellschaft nahmen. Gleichzeitig förderten der Rückgang des Analphabetentums und das Aufkommen von Zeitungen die Verbreitung der Ideen der französischen Revolution. Das wiederum führte zu einer neuen Art Politik, die versuchte, die öffentliche Meinung als aktive Unterstützung einer Regierung oder zur Opposition gegen sie zu mobilisieren.

Überall auf der Welt zeigten sich deutlich die Auswirkungen der gewaltigen Expansion der europäischen Energien. Zwischen 1830 und 1870 liefen Dampfschiffe aus London und Liverpool, aus Marseille und Triest regelmäßig die Häfen im südlichen und östlichen Mittelmeer an. Textilien und die Erzeugnisse der metallverarbeitenden Industrie fanden einen großen und wachsenden Markt. Die britischen Exporte in die Länder des östlichen Mittelmeers stiegen zwischen 1815 und 1850 um 800 Prozent.

Beduinen in der syrischen Wüste trugen Baumwollhemden aus Lancashire. Aber der europäische Bedarf an Rohstoffen und Nahrungsmitteln für die arbeitende Bevölkerung bewirkte auch Produktionssteigerungen landwirtschaftlicher Erzeugnisse für den Export nach Europa. Der Getreideexport verlor allerdings wieder an Bedeutung, als die russischen Getreidelieferungen auf den Markt kamen. Tunesisches Olivenöl wurde für die Seifenherstellung benötigt, libanesische Seide für die Fabriken in Lyon, und vor allem stieg der Bedarf an ägyptischer Baumwolle für die Spinnereien in Lancashire. 1820 hatte der Franzose Louis Jumel mit dem Anbau einer langfasrigen Baumwolle begonnen, die sich für hochwertige Stoffe eignete. Er hatte diese Sorte in einem ägyptischen Garten entdeckt. Auf Grund der steigenden Nachfrage wurde von da an in Ägypten auf immer größeren Flächen Baumwolle angepflanzt, die fast ausschließlich für den Export nach England bestimmt war. In den vierzig Jahren nach Jumels Entdeckung stiegen die ägyptischen Baumwollexporte von praktisch Null auf ungefähr eineinhalb Millionen ägyptische Pfund im Jahr 1861. (Das ägyptische Pfund entsprach damals etwa dem Pfund Sterling.)

Angesichts dieser Explosion europäischer Energie gelang es den arabischen Ländern ebensowenig wie den meisten Ländern Asiens und Afrikas, Gegenkräfte zu entwickeln. In der ersten Hälfte des neunzehnten Jahrhunderts änderten sich die Bevölkerungszahlen noch nicht wesentlich. Aber allmählich gelang es zumindest in den Küstenstädten, der Pestepidemien Herr zu werden, da man unter europäischer Anleitung Hygienemaßnahmen durchführte; die Cholera wurde allerdings weiterhin aus Indien eingeschleppt. Für die arabischen Länder hatte das Zeitalter der Eisenbahn noch nicht begonnen, wenn man von ersten bescheidenen Anfängen in Ägypten und Algerien absieht. Die internen Verkehrsverbindungen waren schlecht, und immer wieder kam es zu Hungersnöten. In Ägypten wuchs die Bevölkerung von 1800 bis 1860 zwar von vier Millionen auf fünfeinhalb Millionen, aber in den meisten anderen Ländern blieb sie unverändert. In Algerien ging sie aus besonderen Gründen sogar erheblich zurück – von drei Millionen im Jahr 1830 auf zweieinhalb Millionen im Jahr 1860. Einige der Hafenstädte wuchsen – vor allem Alexandria, der wichtigste Hafen für den Export der ägyptischen Baumwolle nach England. Dort lag die Einwohnerzahl im Jahr 1800 bei zehntausend und 1850 bereits bei einhunderttausend. Die meisten anderen Städte blieben in ihrer Größe jedoch unverändert. Es entstanden keine modernen Großstädte, die ein Produkt der modernen Staaten waren. Mit Ausnahme jener Gebiete, in denen für den Export bestimmtes Getreide angebaut wurde, blieb die landwirtschaftliche Produktion auf den Eigenbedarf beschränkt und führte nicht zu einem Kapitalüberschuß, der in die industrielle Produktion hätte investiert werden können.

Die Anfänge des europäischen Imperiums

Hinter den europäischen Kaufleuten und Reedern standen die Botschafter und Konsuln der großen Mächte, die im Notfall durch die militärische Macht ihrer Regierungen geschützt wurden. In der ersten Hälfte des neunzehnten Jahrhunderts konnten sie ihre Interessen auf eine Weise wahrnehmen, wie es bis dahin unmöglich gewesen war. Sie gewannen großen Einfluß auf Regierungen und Beamte, den sie nutzten, um die kommerziellen Interessen ihrer Landsleute und die politischen Ziele ihrer Länder zu fördern. Darüber hinaus gewährten sie in einem gewissen Maß den Bevölkerungsgruppen Schutz und Hilfe, zu denen ihre Regierungen besondere Verbindungen unterhielt. Frankreich hatte eine enge Beziehung zu den Unitariern – also jenen Teilen der Ostkirchen, die den Primat des Papstes anerkannten –, die bis ins siebzehnte Jahrhundert zurückreichte. Ein besonders enger Kontakt bestand zu den Maroniten im Libanon. Am Ende des achtzehnten Jahrhunderts erhob Rußland einen ähnlichen Anspruch als Schutzmacht der orthodoxen Ostkirche.

Im Bewußtsein ihrer neuen Macht begannen nicht nur Frankreich und Rußland, sondern die europäischen Staaten insgesamt, in die Beziehungen zwischen dem Sultan und seinen christlichen Untertanen kollektiv einzugreifen. 1808 rebellierten die Serben auf dem Balkan gegen die lokale osmanische Obrigkeit. Nach vielen wechselvollen Ereignissen wurde 1830 mit europäischer Hilfe ein unabhängiger serbischer Staat gegründet. In das Jahr 1821 fällt jedoch ein Ereignis von noch größerer allgemeiner Bedeutung: ein Aufstand der Griechen, die unter den unterworfenen Völkern lange Zeit eine vergleichsweise bevorzugte Stellung bei den Osmanen genossen hatten; ihr Reichtum und ihre Kontakte mit Europa hatten ständig zugenommen. Der Aufstand richtete sich einerseits gegen Lokalherren, war aber andererseits eine religiöse Bewegung gegen die Herrschaft der Muslime und wurde vom neuen Geist des Patriotismus getragen. Durch die Französische Revolution hatte sich die Idee verbreitet, daß alle, die eine gemeinsame Sprache sprachen und dasselbe kollektive Geschichtserbe hatten, als selbständige politische Gemeinschaft zusammenleben sollten. Die Griechen verbanden mit dem neuen Geist eine Wiederbelebung der Werte des griechischen Altertums. Auch in diesem Fall entschied das militärische und diplomatische Eingreifen der Europäer den Ausgang: 1833 wurde ein unabhängiges Königreich ausgerufen.

An manchen Orten gelang es europäischen Staaten, Gebiete direkt unter ihre Kontrolle zu bringen. Das geschah allerdings nicht im Herzen der osmanischen Welt, sondern an den Randzonen, wo ein europäischer Staat seine Aktivitäten entfalten konnte, ohne die Interessen der anderen zu verletzen. Im Kaukasus stieß Rußland nach Süden in Regionen vor, die größtenteils von Muslimen bewohnt und von lokalen Dynastien regiert wurden, die im osmanischen Einflußbereich lagen. 1839 besetzten die Briten von Indien aus die Hafenstadt Aden. Aden wurde zur Zwischenstation der Dampfschiffe auf dem Weg von und nach Indien. Im Golf sorgte die Kriegsflotte für eine wachsende Präsenz der Briten. Sie schlossen mit einigen kleinen Scheichtümern in den Hafenstädten offizielle Verträge, in denen sie sich zum Waffenstillstand auf See verpflichteten. (Daher stammt der Ausdruck »Trucial States« – zu ihnen gehörten Abu Dhabi, Dubai und Schardscha.)

Von noch größerer Bedeutung waren die Ereignisse im Maghreb. 1830 landete ein französisches Expeditionskorps an der algerischen Küste und besetzte Algier. Während der napoleonischen Kriege und auch danach hatte es bereits Vorstöße europäischer Seestreitkräfte gegeben, um dem Wiederaufleben des Piratenunwesens Einhalt zu gebieten, aber diesmal ging es um etwas anderes. Die Aktion war teils eine Folge der innenpolitischen Situation Frankreichs unter der wiederhergestellten Monarchie, teils lag ihr eine nicht zu klärende Frage über Schulden aus algerischen Getreidelieferungen während des Krieges zugrunde, aber ausschlaggebend für den militärischen Vorstoß war die neue, durch das Wirtschaftswachstum entstandene Dynamik, die auf Expansion drängte. Die Kaufleute von Marseille suchten einen geeigneten Handelshafen an der algerischen Küste. Nachdem die Franzosen sich zunächst in Algier und bald darauf in einigen anderen Küstenstädten festgesetzt hatten, wußten sie anfangs nicht so recht, was sie tun sollten. Ein Rückzug war kaum denkbar, denn eine Machtposition durfte man nicht ohne weiteres wieder aufgeben. Außerdem hatten die Franzosen bereits die lokale osmanische Verwaltung aufgelöst. Unvermeidlich rückten sie deshalb bald darauf in das Landesinnere vor, denn Beamte und Kaufleute erhofften sich durch Landnahme beträchtliche Gewinne; das Militär wollte seine Position absichern und die Lebensmittelversorgung und den Handel mit dem Landesinneren schützen. Natürlich hatte die Auflösung der osmanischen Administration das traditionelle Beziehungsgefüge der örtlichen Machthaber geschwächt. Die Regierung des *dey* hatte die Spitze dieses Systems gebildet und, soweit es ihr möglich war, den Machtbereich der kleineren Gebietsherren abgesteckt. Nach Absetzung des *dey* mußten diese Führer untereinander ein Kräftegleichgewicht herstellen, und damit begann das Ringen um die Vorherrschaft. Der erfolgreichste unter ihnen war Abd al-Qadir (1808–83) in der westlichen Region. Seine Autorität beruhte auf der Zugehörigkeit zu einer Familie mit einer Stellung im religiösen Leben und einer Verbindung zum Qadiri-Orden; um ihn scharten sich die örtlichen Kräfte. Eine Zeitlang herrschte er über einen praktisch unabhängigen Staat, dessen Zentrum im Landesinneren lag und der sich vom Westen in den Ostteil des Landes ausdehnte. Das führte unvermeidlich zum Konflikt mit den Franzosen, die von der Küste aus ins Landesinnere vorstießen. Abd al-Qadirs Widerstand gegen die Franzosen stand unter den traditionellen Vorzeichen des Islam: Er führte einen *dschihad,* einen heiligen Krieg; er rechtfertigte seine Macht mit der Wahl durch die *ulama* und der Achtung vor der *schari'a,* aber seine Politik hatte auch moderne Aspekte.

Abd al-Qadir wurde schließlich besiegt und 1847 ins Exil geschickt. Er verbrachte die letzten Jahre seines Lebens in Damaskus, wurde von der Bevölkerung sehr geachtet und genoß hohes Ansehen bei den Repräsentanten Frankreichs und der anderen europäischen Staaten. Aufgrund seiner Unterwerfung weitete sich die Macht der Franzosen nach Süden über das Hochplateau bis zum Rand der Sahara aus und veränderte sich dabei grundsätzlich. Franzosen und andere Einwanderer übernahmen Ländereien, die konfisziert worden waren, oder Staatsdomänen, die zum Verkauf standen oder ihnen auf andere Weise zur Verfügung gestellt wurden. In den vierziger Jahren des neunzehnten Jahrhunderts ging die Regierung noch systematischer daran, Teile des Gemeindelandes der Dörfer für die Ansiedlung von Immigranten (*colons*) zur Verfügung zu stellen. Das Land erhielten größtenteils jene, die das Kapital hatten, es zu bebauen. Sie taten das entweder mit Hilfe eingewanderter Bauern aus Spanien und Italien oder auch arabischer Arbeitskräfte. Das verbliebene Gemeindeland mußte die Bedürfnisse der Dorfbewohner erfüllen. Die Aufteilung des Landes zerstörte jedoch die uralten Formen der Landnutzung und führte zur Enteignung der kleinen Bauern, die auf den neuen Gütern Pächter oder landlose Arbeiter wurden.

1860 lebten in Algerien nahezu zweihunderttausend Europäer neben einer muslimischen Bevölkerung von ungefähr zweieinhalb Millionen (infolge der Verluste durch den Eroberungskrieg, durch Seuchen und Hungersnöte nach schlechten Erntejahren weniger als zuvor). Algier und die anderen Küstenstädte waren größtenteils europäisch geworden. Die landwirtschaftlichen Siedlungen zogen sich an der Küste entlang nach Süden

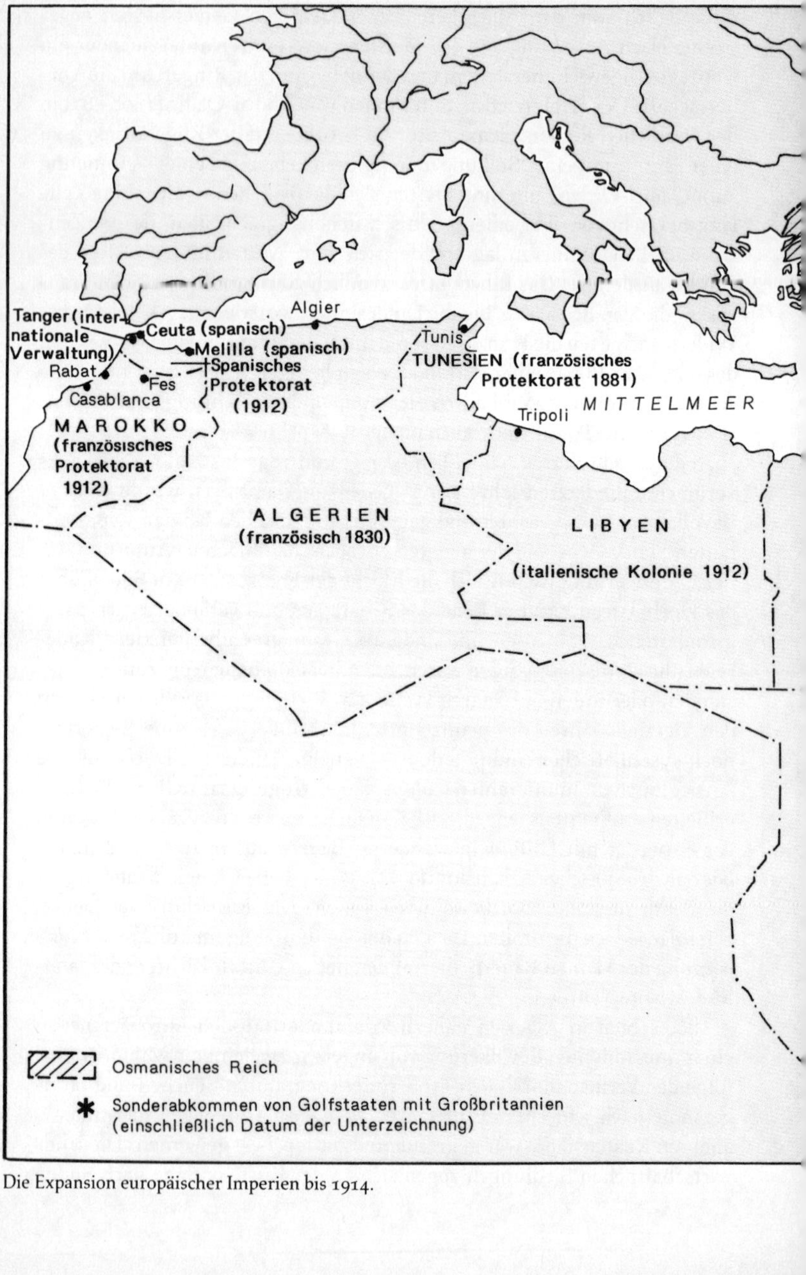

Die Expansion europäischer Imperien bis 1914.

Aralsee
KASPISCHES MEER
SCHWARZES MEER
stanbul
Tigris
Aleppo
Mosul
Euphrat
Zypern (britische Verwaltung 1878)
Beirut
Damaskus
Jerusalem
Alexandria
Bagdad
IRAN
Basra
KUWAIT (1899)
Kairo
GOLF
ÄGYPTEN (britische Besetzung 1882)
BAHRAIN (1881)
QATAR (1916)
Masqat
Medina
TRUCIAL OMAN (1882)
Dschidda
Mekka
OMAN (1891)
ROTES MEER
Sana
Khartum
PROTEKTORAT ADEN (britisch)
SUDAN (anglo-ägyptisches Kondominium 1899)
Aden (britische Kolonie 1839)
INDISCHER OZEAN
0
1000 km

und bis zum Hochplateau. Das Wirtschaftsleben wurde beherrscht von Interessengemeinschaften aus Regierungsbeamten, kapitalkräftigen Großgrundbesitzern, die Landwirtschaft auf kommerzieller Basis betrieben, und Kaufleuten, die den Handel zwischen Algerien und Frankreich an sich gezogen hatten – einige waren Europäer, daneben gab es aber auch einheimische Juden. Diese Wirtschaftsentwicklung hatte eine politische Dimension. Durch das Ausmaß der Kolonisierung stellte sich die Frage nach der Rolle, die Frankreich in Algerien spielen sollte. Die eroberten und dicht besiedelten Regionen waren in den vierziger Jahren in das französische Verwaltungssystem eingebunden worden. Sie unterstanden Regierungsvertretern, wobei die lokale Administration in den Händen von Einwanderern lag. Die einheimischen Notabeln, die vormals als Vermittler zwischen der Regierung und der muslimischen Bevölkerung fungiert hatten, sahen sich in die Position untergeordneter Beamter abgedrängt. Gebiete, in denen die Besiedlung noch nicht abgeschlossen war, unterstanden weiterhin der Militärverwaltung; aber diese Gebiete wurden mit zunehmender Kolonisierung kleiner. Nach dem Willen der Einwanderer sollte sich an dieser Situation nichts mehr ändern und das Land zu einem Teil Frankreichs werden: »Es gibt kein arabisches Volk mehr, nur noch Menschen, die eine andere Sprache sprechen als wir.« Ihre Zahl und ihre guten Beziehungen zu französischen Politikern reichten aus, um sie zu einer einflußreichen Interessengemeinschaft werden zu lassen.

Diese Politik brachte ein Problem mit sich, denn wie sollte die Zukunft der Muslimbevölkerung, der Araber und Berber aussehen? Anfang der sechziger Jahre änderte der französische Kaiser Napoleon III. seine Politik. In seinen Augen war Algerien ein arabisches Königreich, eine europäische Kolonie und ein französischer Truppenübungsplatz. Drei unterschiedliche Interessen mußten in Einklang gebracht werden. Die Interessen des französischen Staates, die Interessen der *colons* und die der muslimischen Mehrheit. In einem Erlaß des Jahres 1863 (dem *senatus consultus*) zog Napoleon III. die entsprechenden Konsequenzen. Er beendete die Politik der Aufteilung von Gemeindeland. Die Besitzrechte der Bauern wurden anerkannt und die gesellschaftliche Stellung der lokalen Führer gestärkt, um sie zur Unterstützung der französischen Regierung zu gewinnen.

Die Reformregierungen

Aus mehr als einer Richtung näherte sich die politische und wirtschaftliche Macht Europas bedrohlich den Kernländern der arabisch-muslimischen Welt. Aber noch konnten diese Länder innerhalb gewisser Grenzen frei agieren. Das lag zum Teil an den gegensätzlichen Interessen der europäischen Mächte, die untereinander argwöhnisch darüber wachten, daß keiner von ihnen sich zu weit vorwagte. Einigen muslimischen Regierungen gelang es deshalb, einen politischen Rahmen zu schaffen, in dem Europa zwar seine Interessen verfolgen konnte, seine Einmischung jedoch in Grenzen gehalten wurde und die Bevölkerung – Muslime und Nichtmuslime gleichermaßen – die Muslimherrschaft weiterhin anerkannte.

Nach den zögernden Reformversuchen von Sultan Selim III., die wirkungslos blieben, dauerte es einige Zeit, bis in den zwanziger Jahren des neunzehnten Jahrhunderts ein anderer Sultan, Mahmud II. (1808–39), und eine kleine Gruppe hoher Staatsbeamter, die von der Notwendigkeit einer Änderung überzeugt waren, sich mächtig genug fühlten, um entscheidende Schritte in die Wege zu leiten. Zu der neuen Politik gehörte die Auflösung des alten Militärapparates und der Aufbau einer neuen Armee von Wehrpflichtigen, die von Europäern ausgebildet wurden. Mit dieser Streitmacht gelang es der osmanischen Administration schrittweise, einige der Provinzen in Europa und Anatolien, den Irak, Syrien und Tripolis in Afrika unter ihre direkte Kontrolle zu bringen. Der Reformplan ging jedoch weiter. Man wollte nicht nur die Regierungsmacht wiederherstellen, sondern sie auch auf eine neue Weise organisieren. 1839, kurz nach Mahmuds Tod, verkündete der neue Sultan diese Absicht in einem Edikt (das *Hatt-i scherif* von Gülhane):

> Die ganze Welt weiß, daß die erhabenen Prinzipien des Korans und die Gesetze der *schari'a* seit den ersten Tagen des Osmanischen Staates genauestens befolgt und gewahrt wurden. Unser mächtiges Sultanat erreichte die höchste Stufe der Stärke und Macht, und alle seine Untertanen lebten in Frieden und Wohlstand. Aber in den letzten einhundertfünfzig Jahren wurde die heilige *schari'a* als Folge problematischer und unterschiedlicher Gründe ebensowenig befolgt wie die wohltätigen Verordnungen. Infolgedessen sind aus früherer Stärke und Wohlstand Armut und Schwäche geworden. Es ist offenkundig, daß Länder nicht überleben können, in denen nicht die *schari'a* herrscht. [...] Im vollen Vertrauen auf die Hilfe des Allerhöchsten und in der sicheren Gewißheit der Unterstützung unseres Propheten erachten wir es daher für notwendig und wichtig, von nun an neue Gesetze zu erlassen, um eine erfolgreiche Regierungszeit der osmanischen Regierung und der Provinzen zu gewährleisten.[3]

Die Beamten sollten nicht länger unter der Furcht vor einer willkürlichen Hinrichtung oder Enteignung ihren Pflichten nachkommen. Sie sollten die Regierungsgewalt nach Verordnungen ausüben, die hohe Beamte in einer Ratsversammlung erließen. Die Untertanen sollten nach Gesetzen leben, die sich an den Prinzipien der Gerechtigkeit orientierten und ihnen ermöglichten, ihren wirtschaftlichen Interessen ungehindert nachzugehen. Vor dem Gesetz sollte es keine Unterschiede zwischen Muslimen, Christen und osmanischen Juden geben. Neue Handelsgesetze würden ausländischen Kaufleuten freien Handel und ungehinderte Reisemöglichkeiten gewähren. (Die Neuordnung, die diesem Dekret folgte, ist nach dem arabischen und türkischen Wort für Anordnung als »Tanzimat« bekannt.)

Zentrale Kontrolle, eine Ratsversammlung mit beratenden Körperschaften der Verwaltung, eine Rechtsordnung, der Grundsatz der Gleichheit – das waren die Prinzipien der Reform, aber dahinter stand auch der Gedanke, daß Europa das Vorbild der modernen Zivilisation und das Osmanische Reich sein Partner war. Als die Reformer das Gülhane-Dekret erließen, wurde es auch den Botschaftern der befreundeten Mächte überreicht.

In zwei der arabischen Provinzen entschieden sich die lokalen osmanischen Herrscher für eine ähnliche Politik. In Kairo hatte die französische Invasion das örtliche Machtgefüge zerstört. Das führte zu einer Machtübernahme durch Muhammad Ali (1805–48), einem Türken aus Mazedonien, der mit dem osmanischen Heer nach Ägypten gekommen war, um gegen die Franzosen zu kämpfen. Er gewann die Unterstützung der städtischen Bevölkerung, schaltete seine Rivalen aus und zwang die osmanische Regierung buchstäblich, ihn zum Statthalter zu ernennen. Er umgab sich mit einer osmanischen Führungsschicht aus Türken und Mamluken, einem modernen Heer und einer Elite gebildeter Beamter, die er einsetzte, um der Verwaltung und der Steuerbehörde des ganzen Landes seine Kontrolle aufzuzwingen. Er dehnte seinen Einfluß bis in den Sudan, bis nach Syrien und Arabien aus. Die ägyptische Herrschaft über Syrien und Arabien war jedoch nicht von langer Dauer. Muhammad Ali mußte sich der gemeinsamen Intervention der Europäer beugen, die nicht wünschten, daß ein unabhängiger ägyptischer Staat den osmanischen Sultan schwächte. Als Gegenleistung für seinen Rückzug gewährte man ihm jedoch die Anerkennung der erblichen Herrschaft über Ägypten unter osmanischer Oberhoheit (seine Nachfolger nahmen den Titel *khedive* an). Die ägyptische Herrschaft im Sudan, der damit zum ersten Mal in der Geschichte eine politische Einheit bildete, blieb jedoch weiterhin bestehen.

In mancher Hinsicht war das, was Muhammad Ali zu tun versuchte, einfacher als das Vorhaben der Staatsmänner von Istanbul. Den expliziten Gedanken an Bürgerrechte oder eine Änderung der moralischen Grundlage der Regierung gab es bei ihm nicht. Doch in anderen Punkten gingen die Änderungen, die er in Ägypten herbeiführte, über die Reformen im übrigen Reich hinaus. Von diesem Zeitpunkt an sollte Ägypten eine eigenständige Entwicklung nehmen. Man ging entschlossen daran, in neuen Schulen und durch Studienplätze in Europa eine Schicht von Offizieren, Ärzten, Ingenieuren und Beamten heranzubilden. In der, verglichen mit dem übrigen Reich, kleineren und einfacher strukturierten Gesellschaft konnte der Herrscher alles Agrarland unter seine Kontrolle bringen, indem er Steuerpachtländereien und religiöse Stiftungen konfiszierte. Und er nutzte seine Macht, um den Anbau von Baumwolle auszuweiten. Er kaufte die Baumwolle zu einem festgesetzten Preis an und verkaufte sie den Exporteuren in Alexandria. Dieses Vorhaben erforderte eine neue Art der Bewässerung. Man errichtete Dämme, um das Wasser aus dem Fluß in Bewässerungskanäle zu leiten, die es zum richtigen Zeitpunkt an die richtigen Stellen führten. Anfangs versuchte Muhammad Ali auch, Textilien und andere Erzeugnisse in Fabriken herzustellen. Aber der kleine Binnenmarkt, die Energieknappheit und das mangelnde technische Können machten die Produktion ineffektiv, obwohl einige Zeit Textilien exportiert wurden. In den späteren Jahren seiner Herrschaft mußte er auf europäischen Druck hin sein Monopol auf den Verkauf von Baumwolle und anderen Erzeugnissen aufgeben. Ägypten geriet wirtschaftlich in die Position einer Kolonie, die Rohstoffe liefert und Fertigprodukte zu Preisen importiert, die auf dem Weltmarkt festgesetzt werden. Bald verteilte der Herrscher Landbesitz an die Mitglieder seiner Familie und sein Gefolge sowie an andere, die es bewirtschaften und Grundsteuer zahlen konnten. Auf diese Weise entstand eine neue Klasse von Großgrundbesitzern.

In Tunis fielen die Anfänge einer Reform in die Regierungszeit von Ahmad Bey (1837–55). Er gehörte einer Familie an, die seit Beginn des achtzehnten Jahrhunderts an der Macht war. Einige Mitglieder der herrschenden Gruppe von Türken und Mamluken erhielten eine moderne Ausbildung. Man schuf den Kern einer neuen Armee. Die direkte Verwaltung und das Steuerwesen wurden ausgeweitet und einige neue Gesetze erlassen; und der Herrscher versuchte, bestimmte Waren zu monopolisieren. 1857 erließ sein Nachfolger ein Reformdekret, in dem er Sicherheit und bürgerliche Freiheiten garantierte und regelmäßige Besteuerung sowie die allgemeine Wehrpflicht einführte; Juden und Ausländer durften Land besitzen und ungehindert Handel treiben. 1861 trat eine Art Verfassung in Kraft, die erste in der islamischen Welt. Ein Rat aus sechzig Mitgliedern wurde eingerichtet, der Gesetzen zustimmen mußte; der *bey* verpflichtete sich, in Übereinstimmung mit den Gesetzen zu regieren.

Jenseits der Reichsgrenzen, auf der Arabischen Halbinsel, machten sich die Auswirkungen der europäischen Macht kaum bemerkbar. In Zentralarabien wurde der Wahhabitenstaat durch die ägyptische Expansion vorübergehend zerstört, entstand aber bald wieder in kleinerer Form. In Oman gelang es der Herrscherfamilie, die ihre Position in Masqat gefestigt hatte, ihre Macht bis nach Sansibar und zur ostafrikanischen Küste auszudehnen. In Marokko kam es zu einer Ausweitung des europäischen Handels, Konsulate wurden eröffnet und regelmäßige Schiffsverbindungen eingerichtet. Die Macht der Regierung war zu begrenzt, um solche Veränderungen zu kontrollieren. Sultan Abd ar-Rahman (1822–59) versuchte, ein Monopol auf Importe und Exporte zu schaffen, aber er mußte unter ausländischem Druck das Land dem freien Handel öffnen.

Selbst unter günstigsten Umständen gelang es den einheimischen Regierungen, die versuchten, neue Regierungsmethoden zu übernehmen und ihre Unabhängigkeit zu wahren, nur einen geringen Spielraum zu gewinnen. Den Rahmen setzten die europäischen Staaten. Wie zerstritten sie auch sein mochten, sie besaßen bestimmte gemeinsame Interessen und konnten sich verbünden, um diese Interessen zu fördern. In der Hauptsache ging es ihnen darum, das Betätigungsfeld ihrer Kaufleute zu vergrößern. Sie widersetzten sich allen Bemühungen der einheimischen Herrscher, Handelsmonopole beizubehalten. Durch eine Reihe von Wirtschaftsverträgen erreichten sie eine Änderung der Zollbestimmungen. Als erstes wurde mit dem Osmanischen Reich der anglo-osmanische Vertrag von 1838 geschlossen, dem 1856 ein ähnlicher mit Marokko folgte. In diesen Verträgen wurde das Recht der Kaufleute auf uneingeschränkte Reisefreiheit, freien Handel und auf direkten Kontakt mit den Erzeugern verankert. Streitfälle sollten vor Sondergerichten und nicht vor islamischen Gerichten nach islamischem Recht verhandelt werden. Der Einfluß der Botschafter und Konsuln sorgte dafür, daß die »Kapitulationen« sich zu einem System entwickelten, durch das die ansässigen Ausländer praktisch außerhalb der Gesetze standen.

Darüber hinaus ging es den europäischen Mächten um die Lage der christlichen Untertanen des Sultans. In den Jahren nach dem Gülhane-Dekret intervenierten sie mehr als einmal gemeinsam und erreichten damit, daß die Garantien des Sultans für Nichtmuslime in die Tat umgesetzt wurden. Ein »Europäisches Konzert« widersprach jedoch den Ambitionen einzelner Mächte, sich einen dominierenden Einfluß zu sichern. 1853 kam es zum Krimkrieg. In diesem Krieg unterstützten Großbritannien und

Frankreich die Osmanen gegen Rußland. Aber am Ende lief alles auf eine Neuauflage des »Europäischen Konzerts« hinaus. Der Vertrag von Paris schloß eine Erklärung des Sultans ein, in der er erneut seinen Untertanen alle Garantien bestätigte. In gewisser Weise stand danach die Beziehung von Herrscher und Beherrschten unter der offiziellen Überwachung Europas. Von dieser Zeit an galt der Sultan offiziell als Mitglied der Gemeinschaft europäischer Monarchen – wenn auch unter gewissen Vorbehalten. England und Frankreich glaubten zwar an die Möglichkeit, daß das Osmanische Reich ein moderner Staat nach europäischem Muster werden könne, aber Rußland hatte größere Zweifel und vertrat die Ansicht, man müsse den christlichen Provinzen des Osmanischen Reiches in Osteuropa eine weitgehende Selbstverwaltung geben. Niemand im Kreis der europäischen Mächte wollte jedoch aktiv ein Auseinanderbrechen des Osmanischen Reiches mit allen Folgen für den Frieden in Europa fördern. Die Erinnerungen an die napoleonischen Kriege waren noch immer lebendig.

Selbst in den von Europa erzwungenen Grenzen konnten die Reformen nur bedingten Erfolg haben. Sie beruhten auf den Entschlüssen einzelner Herrscher und ihrer kleinen Gruppen von Ratgebern, die von einigen ausländischen Botschaftern und Konsuln unterstützt wurden. Aber ein Herrscherwechsel, eine Veränderung im Kräftegleichgewicht der Staatsdiener und die widerstreitenden Ideen und Interessen der europäischen Staaten konnten jederzeit eine Änderung der Politik nach sich ziehen. In Istanbul war die Elite der hohen Beamten stark und beständig genug und den Interessen des Reichs in ausreichendem Maß verpflichtet, um eine gewisse Kontinuität der Politik zu gewährleisten. Aber in Kairo, Tunis und Marokko hing alles von dem jeweiligen Herrscher ab. Nach dem Tod von Muhammad Ali machte sein Nachfolger Abbas I. (1849–54) einige Richtlinien der Politik rückgängig, die der nächste Herrscher Ägyptens, Sa'id (1854–63), jedoch wieder in Kraft setzte.

Soweit die Reformen durchgesetzt wurden, konnten sie zu unerwarteten Ergebnissen führen. In der Verwaltung gab es einschneidende Änderungen: Ämter wurden umorganisiert, und von den Beamten wurde erwartet, daß sie sich an die neuen Bestimmungen hielten. Einige neue Gesetze traten in Kraft, die Armee, die nun aus Wehrpflichtigen bestand, wurde nach neuen Methoden ausgebildet, und die Steuern wurden direkt erhoben. Solche Maßnahmen sollten dem Staat mehr Finanzkraft und der Gesellschaft größere Gerechtigkeit geben, aber in der ersten Phase schwächten sie eher die Beziehung von Regierung und Gesellschaft. Für die Beherrschten waren die neuen Methoden und die neue Politik wenig verständlich, denn die Durchführung lag in den Händen auf neue Weise ausgebildeter

Beamter, und die Reformen wurzelten nicht in einer durch lange Akzeptanz geheiligten ethischen Ordnung. Sie zerbrachen traditionelle Beziehungen zwischen der Regierung und den Regierten.

Wer profitierte von der neuen Art der Verwaltung? Eindeutig die herrschenden Familien und die höhere Beamtenschaft. Größere Sicherheit für Leben und Eigentum ermöglichte den Erwerb von Reichtümern, die innerhalb der Familie vererbt wurden. Stärkere Armeen und größere Verwaltungsapparate garantierten, daß sich die Regierungsmacht auch in den ländlichen Gebieten ausbreitete. In Ägypten und Tunesien entstanden auf diese Weise große Latifundien, die Mitgliedern der herrschenden Familien oder den ihnen nahestehenden Kreisen gehörten. In den osmanischen Kernländern vollzog sich etwas Analoges. Der neue Verwaltungsapparat und das Militär mußten bezahlt werden, aber beide Institutionen waren noch nicht stark genug, um die Steuern direkt zu erheben. Deshalb behielt man das alte System der Steuerpacht, und die Steuerpächter durften sich ihren Anteil an den ländlichen Überschüssen nehmen.

Neben der herrschenden Elite begünstigte die neue Politik jene Kaufleute, die Handel mit Europa trieben. Import und Export nahmen zu; die Kaufleute gewannen nicht nur größeren Einfluß auf das Marktgeschehen, sondern bestimmten auch die Produktion. Sie stellten den Grundbesitzern oder Bauern Kapital zur Verfügung und entschieden, was angebaut wurde. Sie kauften die Ernten auf, ließen sie weiterverarbeiten – zum Beispiel die Baumwolle entkernen und die Seide spulen – und exportierten die Erzeugnisse. Die größten Händler waren Europäer, die einen klaren Vorteil hatten, da sie mit dem europäischen Markt vertraut waren und ihnen jederzeit Bankkredite zur Verfügung standen. Am großen Geschäft mit Europa beteiligten sich auch osmanische Christen und Juden: Griechen und Armenier, syrische Christen, Juden aus Bagdad, Tunis und Fes. Sie kannten die einheimischen Märkte und waren gut geeignet, als Mittelsmänner der ausländischen Geschäftspartner zu fungieren. Um die Mitte des neunzehnten Jahrhunderts beherrschten viele von ihnen die Sprachen der Ausländer, die sie in den neuen Schulen gelernt hatten. Manche besaßen sogar eine ausländische Staatsbürgerschaft oder standen unter dem Schutz einer ausländischen Macht, denn die neuen Gesetze erlaubten Botschaften und Konsulaten, eine gewisse Zahl Einheimischer zu Agenten oder Übersetzern zu ernennen. Einige wenige hatten Niederlassungen in den europäischen Geschäftsmetropolen Manchester oder Marseille. An manchen Orten gelang es auch den seit langem ansässigen muslimischen Kaufleuten, die Veränderungen für ihre Interessen zu nutzen: So nahmen zum Beispiel Araber aus dem südlichen Arabien Handelsbeziehungen nach Südostasien auf, muslimische Kaufleute aus Damaskus und Fes ließen sich um 1860 in Manchester nieder, und einige marokkanische Muslime wurden sogar Protegés ausländischer Konsulate.

Andererseits erlebten Gruppen, auf die eine Regierung früher angewiesen gewesen war, daß sie immer mehr von der Macht ausgeschlossen wurden. Die *ulama*, die das Rechtswesen kontrolliert hatten, wurden durch neue Gesetzbücher und die Einrichtung neuer Gerichte an den Rand geschoben. Die Notabeln der Städte, früher die Mittler zwischen Regierung und Stadtbevölkerung, sahen ihren Einfluß schwinden. Selbst wenn die Grundbesitzer an einigen Orten Gewinne aus den Ernteerträgen und dem Export erzielten, so stellten die Ausweitung der Regierungsmacht und der wachsende Einfluß der Kaufleute in den Häfen doch eine Bedrohung ihrer Position dar. Alteingesessene Industrien wie die Textilwebereien in Syrien, die Zuckerraffinerien in Ägypten und die Herstellung der *schaschiya*, der traditionellen Kopfbedeckung in Tunesien, gerieten unter den Druck der europäischen Konkurrenz, obwohl es ihnen in manchen Fällen gelang, sich den neuen Bedingungen anzupassen und ebenfalls zu expandieren. Wenig ist über die Lage der Landbevölkerung bekannt, aber sie scheint sich nicht verbessert und an manchen Orten sogar verschlechtert zu haben. Die Nahrungsmittelproduktion weitete sich wohl im allgemeinen aus, aber Mißernten und unzulängliche Verkehrsverbindungen führten – wenn auch nicht mehr so häufig wie früher – noch immer zu Hungersnöten. Vermutlich verschlechterte sich die Lage der Landbevölkerung in zweifacher Hinsicht: Der Wehrdienst forderte seinen Zoll an jungen Männern für das Militär, und die Steuern wurden wirkungsvoller eingetrieben.

Die Umstrukturierung der Wirtschaft, der Verlust an Macht und Einfluß und das Gefühl, daß die politische Welt des Islam von außen bedroht war, führten um die Mitte des Jahrhunderts zur Entstehung einer Reihe militanter Bewegungen, die sich gegen die neue Politik richteten, aber auch gegen den wachsenden europäischen Einfluß und an einigen Orten gegen die dort ansässigen Christen, die von den Reformen profitierten. In Syrien kam es 1860 zu einer Krise. In den Bergtälern des Libanon bestand von alters her eine Symbiose zwischen den führenden religiösen Gemeinschaften, den maronitischen Christen und den Drusen. Ein Mitglied der ansässigen Familie der Schihab wurde von den Osmanen traditionell als oberster Steuerpächter anerkannt; so waren die Schihabs praktisch zu Erbfürsten der Berge geworden und standen an der Spitze der Hierarchie von christlichen und drusischen Grundbesitzern; sie beruhte auf gemeinsamen Interessen, Bündnissen und traditionellen Beziehungen. Nach den dreißiger Jahren des neunzehnten Jahrhunderts zerfiel diese Symbiose jedoch aufgrund von Bevölkerungsverschiebungen und örtlichen Machtkämpfen. Hinzu kamen die Unzufriedenheit der Bauern mit ihren Herren, die osmanischen Versuche einer direkten Kontrolle und die Einmischung von Briten und Franzosen. 1860 brach im Libanon ein Bürgerkrieg aus, und während einer Wirtschaftskrise kam es im Kampf gegen die osmanischen Reformen und die damit verbundenen europäischen Interessen in Damaskus zu einem Massaker an Christen. Das wiederum führte zum Eingreifen der europäischen Mächte und zur Bildung eines besonderen Regimes für den Mont-Liban.

In Tunesien kam es 1864 in einer Zeit der Mißernten und Epidemien zu einem gewaltsamen Aufstand gegen die Herrschaft des *bey* und die Klassen, die davon profitierten – die Mamluken und die ausländischen Kaufleute. Die Rebellion richtete sich auch gegen Steuererhöhungen, die zur Finanzierung der Reformen notwendig geworden waren. Die Unruhen nahmen ihren Anfang bei den Stämmen und griffen auf die Städte der Küstenebene, des Sahel, über; die Rebellen verlangten eine Steuersenkung, das Ende der Mamlukenherrschaft und eine Rechtsordnung auf der Grundlage der *schari'a*. Die Macht des *bey* war kurze Zeit bedroht, aber die Interessenallianz von Regierung und ausländischen Gemeinden brach nicht auseinander. Der *bey* konnte sich halten, bis das Bündnis der Rebellen auseinanderfiel.

Kapitel 17

Die europäischen Imperien und die herrschenden Eliten

(1860–1914)

Die Grenzen der Unabhängigkeit

Der Vertrag von Paris 1856 schuf eine Art Ausgleich zwischen den Interessen Europas und der herrschenden Reformgruppe im Osmanischen Reich. Die Unterzeichnerstaaten räumten dem Reformdekret des Sultans einen »hohen Wert« ein und versprachen, die Unabhängigkeit des Osmanischen Reiches zu achten. In Wirklichkeit konnten sie jedoch Einmischungen in seine inneren Angelegenheiten nicht vermeiden. Die Diskrepanz der militärischen Stärke zwischen ihnen und den Osmanen legte das nahe; aber auch die Staatsbediensteten der verschiedenen Gruppen erwarteten von den Botschaften Hilfe, und die Beziehungen einiger Staaten zu den christlichen Gemeinden und die gemeinsame Sorge um die Erhaltung des Friedens in Europa gaben immer wieder Anlaß zu Interventionen. Das europäische Eingreifen führte nach dem Bürgerkrieg von 1860 im Libanon zu einer Einigung. 1866, wenige Jahre später, vereinigten sich die zwei rumänischen Provinzen des Osmanischen Reiches und wurden praktisch unabhängig. Im nächsten Jahrzehnt jedoch machte eine langanhaltende »Nahost«-Krise die Grenzen wirkungvoller Intervention sichtbar. Das Osmanische Reich reagierte auf Unruhen in den europäischen Provinzen mit harten Unterdrückungsmaßnahmen. Die europäischen Regierungen protestierten, und schließlich erklärte Rußland 1877 dem Reich den Krieg. Das russische Heer rückte auf Istanbul vor, und die Osmanen unterzeichneten einen Friedensvertrag, der den bulgarischen Regionen die Autonomie zusicherte. Damit verstärkte sich der Eindruck, Rußlands Einfluß werde zu groß; das löste bei den Briten eine heftige Reaktion aus, und eine Zeitlang schien ein europäischer Krieg möglich; aber die beteiligten Mächte einigten sich schließlich auf den Berliner Vertrag von 1878. Danach erhielten zwei bulgarische Distrikte ein unterschiedliches Maß an Autonomie; die osmanische Regierung sicherte zu, die Bedingungen in den Provinzen mit vorwiegend christlicher Bevölkerung zu verbessern, und die europäischen Staaten verpflichteten sich wieder einmal zur Nichteinmischung in die inneren Angelegenheiten des Osmanischen Reiches.

Es war unverkennbar, daß kein europäischer Staat einem anderen erlauben würde, Istanbul und den Bosporus zu besetzen; und keiner von ihnen wollte die Explosion riskieren, die der Versuch auslösen würde, das Osmanische Reich zu zerbrechen. Der Prozeß des Abfalls von Grenzregionen nahm jedoch seinen Fortgang. Die beiden bulgarischen Distrikte vereinigten sich 1885 zu einem autonomen Staat; Kreta erhielt 1898 die Autonomie und wurde 1913 ein Teil Griechenlands. In diesem Jahr verlor das Osmanische Reich nach einem Krieg mit den Balkanstaaten, den die ehemaligen Untertanen auslösten, den größten Teil seiner noch verbliebenen europäischen Territorien. Andererseits wuchsen die Spannungen in Europa, und durch den Aufstieg Deutschlands zu einer Großmacht wurde das europäische Gleichgewicht der Kräfte von einem weiteren Element beeinflußt; dadurch gewann die osmanische Regierung in ihren Zentralregionen wieder etwas mehr Handlungsfreiheit. Das zeigte sich in den neunziger Jahren des neunzehnten Jahrhunderts, als die nationalistischen Parteien einer anderen christlichen Volksgruppe, der Armenier, für ihre Unabhängigkeit zu kämpfen begannen. Es gelang der osmanischen Armee aber mit einem blutigen, harten Feldzug, die Bewegung ohne nennenswerte europäische Intervention zu unterdrücken. Trotzdem lebte der armenische Nationalismus im Untergrund weiter.

Der Verlust der meisten europäischen Provinzen veränderte den Charakter des Reiches. Stärker als zuvor erschien es seinen muslimischen Bewohnern – seien sie nun Türken oder Araber – als letzte Manifestation der politischen Unabhängigkeit einer muslimischen, von Feinden umringten Welt. Die Fortsetzung der Reformpolitik war dringender als je zuvor. Administration und Armee wurden weiter modernisiert: Offiziere und Beamte erhielten ihre Ausbildung in militärischen und zivilen Schulen. Die verbesserten Nachrichtenverbindungen ermöglichten es, die direkte Kontrolle des Reiches zu verbessern. Mit dem Einsatz von Dampfschiffen konnten die osmanischen Garnisonen in den küstennahen Gebieten des Mittelmeers und des Roten Meers in kurzer Zeit mit Nachschub versorgt oder verstärkt werden. Das Telegraphennetz, ein wesentliches Instrument der Kontrolle, wurde in den fünziger und sechziger Jahren im ganzen Reich ausgebaut. Am Ende des neunzehnten Jahrhunderts waren in Anatolien und Syrien Eisenbahnverbindungen entstanden. In den ersten Jahren des zwanzigsten Jahrhunderts wurde die Hedschaz-Bahn von Damaskus nach Medina gebaut; nun konnten die Pilger zu den heiligen Stätten fahren, und die osmanische Regierung hatte die Scherifen von Mekka besser unter Kontrolle. Die Regierung konnte auch die direkte Präsenz im Jemen wiederherstellen. In Zentralarabien unterstützten die Osmanen die Dynastie von Ibn Raschid, dem es vorübergehend gelang, den saudischen Staat zu unterwerfen, den dann aber Abd al-Aziz, ein junges und tatkräftiges Mitglied der Familie, wieder herstellte. Im östlichen Arabien setzte jedoch die britische Politik der saudischen Expansion Grenzen. Rußland, Frankreich, Deutschland und die britische Regierung wollten den wachsenden Einfluß anderer Staaten eindämmen und gaben ihren Beziehungen zu den Machthabern am Golf einen offizielleren Charakter; man schloß Protektoratsverträge, mit denen die Scheichs von Bahrain, Oman, der »Trucial States« (die heutigen Vereinigten Arabischen Emirate) und von Kuwait ihre Außenpolitik der britischen Regierung übertrugen. Die Verträge verhinderten eine osmanische Expansion, obwohl die Osmanen ihren Anspruch auf Souveränität über Kuwait aufrechterhielten.

Selbst im Kernland des Reiches war die Macht Istanbuls keineswegs so gefestigt, wie es vielleicht den Anschein hatte. Die Kräftekoalition innerhalb der herrschenden Elite, die die Reformen unterstützt hatte, brach auseinander. Es gab eine Kluft zwischen denen, die eine Regierung forderten, deren Vertreter in einer Ratsversammlung saßen und nur ihrem Gewissen und den Prinzipien der Gerechtigkeit verantwortlich waren, und jenen, nach deren Ansicht eine repräsentative Regierung den Willen des Volkes vertreten müsse, der sich in Wahlen äußerte. Viele der älteren Regierungsvertreter hielten das in einem Staat ohne gebildete Öffentlichkeit für zu gefährlich: Die unterschiedlichen nationalen und religiösen Gruppierungen würden möglicherweise die politischen Freiheiten dazu nutzen, ihre Unabhängigkeit vom Reich zu erwirken. 1876 wurde eine Verfassung gebilligt, sowie ein Parlament gewählt und eingesetzt. Aber der neue Sultan Abdülhamid II. (1876–1909) suspendierte das Parlament sofort wieder, sobald er sich stark genug dazu fühlte. Danach ging die Spaltung noch tiefer. Die Macht verlagerte sich von der Elite der hohen Würdenträger zum Sultan und seinem Gefolge. Das schwächte die Verbindung zwischen der Dynastie und der türkischen Bevölkerung, von der das Reich letztlich abhing.

In einer Revolution, die ein Teil des Militärs unterstützte, wurde die Verfassung im Jahr 1908 wieder in Kraft gesetzt. (Rumänien und Bulgarien nutzten die Gunst der Stunde und erklärten offiziell ihre Unabhängigkeit.) Zunächst glaubten viele, mit dieser Revolution beginne im Osmanischen Reich eine neuen Ära der Freiheit und der friedlichen Zusammenarbeit der Völker. Ein amerikanischer Missionar, der seit langem in Beirut lebte, schrieb, man halte die Revolution für einen Übergang

> [...] von der verantwortungslosen Herrschaft habgieriger und bestechlicher Paschas zu einem Parlament mit Vertretern aus allen Teilen des Reichs, gewählt von den Angehörigen aller Sekten, von Muslimen, Christen und Juden! Das ganze Reich brach in einstimmigen Jubel aus. Die Presse meldete sich zu Wort. Öffentliche Veranstaltungen fanden statt, Städte und Ortschaften wurden geschmückt, man sah Muslime, die Christen und Juden umarmten.[1]

In den folgenden Jahren ergriff jedoch eine Gruppe türkischer Offiziere und Beamter (das »Komitee für Einheit und Fortschritt« oder die »Jungtürken«) die Macht, und sie versuchten, das Reich durch eine stärkere Zentralisierung wiederherzustellen.

Es gelang der osmanischen Regierung aber nicht lange, ihre politische Handlungsfreiheit zu bewahren, denn eine andere Art der europäischen Intervention machte ihrer Unabhängigkeit ein Ende. Seit den fünfziger Jahren benötigte die osmanische Regierung zunehmend Kapital zur Finanzierung des Militärapparates, der Verwaltung und einiger staatlicher Großprojekte. Sie fand in Europa eine neue Geldquelle, denn dort hatte die Entwicklung von Industrie und Handel zu einer Anhäufung von Kapital geführt, das durch Banken auf der ganzen Welt investiert wurde. Zwischen den Jahren 1854 und 1879 nahm die osmanische Regierung in großem Maßstab und zu ungünstigen Bedingungen Auslandsanleihen auf; von einem Nominalbetrag von 256 Millionen türkischen Pfund (das türkische Pfund entsprach 0,9 Pfund Sterling) erhielten die Osmanen nur 139 Millionen ausgezahlt; das übrige Geld wurde diskontiert. Im Jahr 1875 konnte das Land die Last der Zinsen und Rückzahlungen nicht mehr verkraften. 1881 wurde eine staatliche Schuldverwaltung eingesetzt, die von den ausländischen Gläubigern beherrscht wurde. Das neue Amt erhielt die Kontrolle über einen großen Teil der osmanischen Staatseinnahmen und kontrollierte damit praktisch alle Regierungsbeschlüsse, die finanzielle Auswirkungen hatten.

Die Teilung Afrikas: Ägypten und der Maghreb

Ein ähnlicher Vorgang vollzog sich in Ägypten und Tunesien, aber mit einem anderen Ausgang. In beiden Fällen zwang ein europäischer Staat dem Land seine direkte Kontrolle auf, denn aus verschiedenen Gründen konnte dort ein einzelner Staat entscheidend intervenieren. In Tunesien hatte die Verschuldung bei europäischen Banken dieselben unmittelbaren Auswirkungen wie im Reich – 1869 wurde eine internationale Finanzkommission eingesetzt. Es folgte der nächste Versuch der Finanzreform, der Umstrukturierung der Justiz und einer umfassenderen modernen Bildungsreform. Je mehr sich das Land jedoch ausländischem Unternehmertum öffnete, desto mehr zog es das Interesse ausländischer Regierungen, inbesondere der Frankreichs auf sich, dessen Truppen bereits an der algerischen Grenze standen. 1881 besetzten französische Streitkräfte Tunesien. Das hatte teils finanzielle Gründe, teils geschah es, um den wachsenden Einfluß Italiens zu stoppen, und teils, um die algerische Grenze zu sichern. Zwei Jahre später wurde mit dem *bey* ein Vertrag geschlossen: Frankreich übernahm Tunesien offiziell als Protektorat und damit die Kontrolle über Verwaltung und Finanzen.

Auch Ägypten öffnete sich weiter dem ausländischen Unternehmertum, und das schuf einen stärkeren Anreiz zu Interventionen. Die Nachfolger von Muhammad Ali und besonders Isma'il (1862–79) setzten die Bemühungen zur Schaffung der für eine moderne Gesellschaft notwendigen Institutionen fort. Ägypten wurde praktisch ein unabhängiger Staat. Die Bildungsmöglichkeiten vergrößerten sich, Fabriken entstanden, und vor allem trieb man eine Entwicklung voran, durch die das Land praktisch eine Baumwollplantage wurde, deren Erträge für den englischen Markt bestimmt waren. Der amerikanische Bürgerkrieg von 1861–65, der die Baumwollieferungen aus den Südstaaten eine Zeitlang unterbrach, wirkte als Anreiz zur Produktionssteigerung. Daran änderte sich auch nach dem Kriegsende nichts, und so wurden Mehrausgaben für Bewässerungsprojekte und Verkehrsverbindungen erforderlich. Für Ägypten begann das Zeitalter der Eisenbahn sehr früh, bereits um die Mitte des Jahrhunderts. Außerdem nahm man ein anderes großes staatliches Vorhaben in Angriff: den Suezkanal. Er wurde hauptsächlich mit französischem und ägyptischem Kapital und ägyptischen Arbeitskräften gebaut und 1869 in Betrieb genommen. Die Einweihung des Suezkanals gehörte zu den großen Ereignissen des Jahrhunderts. Der Khedive Isma'il nutzte die Gelegenheit, um der Welt zu demonstrieren, daß Ägypten nicht länger ein Teil Afrikas war, sondern zur zivilisierten europäischen Welt gehörte.

Unter den Gästen befanden sich der Kaiser von Österreich, Kaiserin Eugénie, die Gemahlin Napoleons III. von Frankreich, der Kronprinz von Preußen, französische Schriftsteller und Künstler – Theophile Gautier, Emile Zola, Eugène Fromentin, der norwegische Dramatiker Henrik Ibsen – und berühmte Wissenschaftler und Musiker. Es fanden christliche und muslimische religiöse Zeremonien statt, und die französische Kaiserin fuhr auf der kaiserlichen Yacht an der Spitze der ersten Schiffskolonne durch den neuen Kanal. Beinahe gleichzeitig fand die feierliche Eröffnung des Kairoer Opernhauses mit einer Kantate zu Ehren von Isma'il und einer Aufführung von Verdis *Rigoletto* statt. Die Öffnung des Suezkanals zog unvermeidlich das Interesse Großbritanniens auf Ägypten, da er die Route britischer Schiffe nach Indien bedeutsam verkürzte.

Der Export und die Verarbeitung von Baumwolle waren für die europäischen Investoren gewinnbringend. Zwischen 1862 und 1873 nahm Ägypten Anleihen in Höhe von 68 Millionen Pfund Sterling auf, die aber nur zu zwei Dritteln ausbezahlt wurden, da man den Rest diskontierte. Trotz aller Anstrengungen, eine Erhöhung der Staatseinnahmen zu erreichen – dazu zählte auch der Verkauf von Anteilen am Suezkanal an die britische Regierung –, konnte Ägypten 1876 seinen Verpflichtungen nicht mehr nachkommen, und wenige Jahre später unterstand das Land der englisch-französischen Finanzkontrolle. Der wachsende ausländische Einfluß, die steigende Steuerlast, die notwendig war, um die Forderungen der ausländischen Geldgeber zu erfüllen, und verschiedene andere Gründe führten zum Anwachsen einer Bewegung mit nationalistischen Beiklängen, die sich zum Ziel setzte, die Macht des Khediven zu beschränken. Ihr Sprecher war der Offizier Ahmad Urabi (1839–1911). 1881 wurde ein Gesetz zur Einberufung einer Deputiertenkammer verabschiedet. Als die Kammer zusammentrat, wurde schnell deutlich, daß sie eine unabhängige Politik anstrebte. Die Aussicht auf eine Regierung, die den ausländischen Interessen gegenüber weniger nachgiebig sein würde, führte zum europäischen Eingreifen. Das geschah zunächst auf diplomatischem Weg durch Großbritannien und Frankreich gemeinsam und dann, im Jahre 1882, durch eine rein britische militärische Aktion. Den Vorwand für das Eingreifen der Briten lieferte die Behauptung, die Regierung rebelliere gegen die legitime Autorität, und die Ordnung im Land sei zusammengebrochen. Die meisten zeitgenössischen Zeugen bestätigen diese Behauptung nicht. Der wahre Grund war der Drang nach Macht, den Staaten in einer Zeit der Expansion entwickeln und den die Sprecher der europäischen Finanzinteressen noch verstärkten. Die britische Bombardierung Alexandrias, gefolgt von der Landung der Truppen in der Kanalzone, weckte stärkere religiöse als nationale Gefühle; die öffentliche Meinung war aber zwischen dem Khediven und der Regierung gespalten, und das ägyptische Militär konnte keinen wirkungsvollen Widerstand leisten. Die britischen Truppen besetzten das Land; von diesem Zeitpunkt an herrschten die Briten praktisch in Ägypten, obwohl die britische Macht aus Rücksichtnahme auf die vielschichtigen ausländischen Interessen ihren Anspruch nicht offiziell geltend machte. Frankreich erkannte erst 1904 Großbritanniens Vorherrschaft in Ägypten an.

Die Besetzung von Tunesien und Ägypten waren Teil des Prozesses, in dem die europäischen Mächte ihre Interessensphären in Afrika absteckten – sozusagen als Alternative zu kriegerischen Auseinandersetzungen. Und sie öffneten den Weg zu anderen Schritten. Die britische Herrschaft dehnte sich nach Süden entlang des Niltals in den Sudan aus. Der Grund dafür war eindeutig das Aufkommen einer religiösen Bewegung, an deren Spitze Muhammad Ahmad (1844–85) stand. Für seine Anhänger war er der *mahdi*; sein Ziel war es, das islamische Rechtssystem wiederherzustellen. Die ägyptische Herrschaft im Sudan endete 1884, und eine islamische Regierungsform wurde geschaffen. Aber weniger die Furcht vor einer Expansion als die Furcht vor der möglichen Einmischung anderer europäischer Regierungen führte zu einer anglo-ägyptischen Besetzung, die den islamischen Staat zerstörte und 1899 ein neues Regierungssystem einsetzte. Offiziell galt es als ein anglo-ägyptisches »Kondominium«, aber in Wirklichkeit handelte es sich in erster Linie um eine britische Verwaltung.

Bald darauf führte der zunehmende europäische Einfluß im Königreich Marokko zu einer ähnlichen Lage. Die Versuche des Sultans, das Land vor Interventionen zu bewahren, endeten 1860, als Spanien das Land überfiel. Die Spanier beabsichtigten damit, ihren Einfluß über die beiden Häfen Ceuta und Melilla hinaus auszudehnen, die sich schon seit Jahrhunderten in spanischer Hand befanden; andererseits wollten sie sich aber auch dem britischen Einfluß entgegenstellen. Die Invasion endete mit einem Vertrag, mit dem Marokko sich zu Entschädigungszahlungen verpflichtete, die über seine Möglichkeiten hinausgingen. Die Bemühungen um Tilgung der Schulden und die Wirtschaftsverträge mit den europäischen Staaten führten zu einer raschen Zunahme der europäischen Aktivitäten. Unter Sultan Hasan (1873–94) versuchte die Regierung, ähnliche Reformen durchzuführen wie in anderen Ländern, um einen Rahmen zu schaffen, der das europäische Vordringen eindämmen sollte: eine neue Armee, eine Verwaltungsreform, wirkungsvollere Methoden der Erhebung und Verwendung der Staatseinnahmen. Diese Politik hatte jedoch nur begrenzten

Erfolg, da die Regierung nicht die zu ihrer Durchsetzung notwendige Kontrolle über das Land besaß. Die ländlichen Herren, deren Stellung ihre Wurzeln in religiöser oder tribaler Solidarität hatte, waren praktisch unabhängig, und im Süden des Landes wuchs ihre Macht. In den Städten schwächten die neuen Besteuerungs- und Verwaltungsmaßnahmen die moralische Autorität des Herrschers. Lokale Stammesführer nahmen direkte Beziehungen zu den Vertretern ausländischer Mächte auf, und Kaufleute stellten sich unter ihren Schutz. Um zu überleben, nahm die Regierung Kredite bei europäischen Banken auf. Damit wuchs das ausländische Interesse, und die logische Schlußfolgerung kam 1904, als Großbritannien und Spanien, zwei der drei am stärksten engagierten Staaten, Frankreichs Vormachtstellung anerkannten (Großbritannien als Gegenleistung dafür, daß es in Ägypten freie Hand bekam, Spanien für eine Beteiligung an der Kontrolle des Landes). 1907 einigten sich die großen europäischen Staaten auf eine französisch-spanische Kontrolle der Administration und der Finanzen Marokkos. Die beiden Mächte besetzten Teile des Landes – Spanien den Norden, Frankreich die Atlantikküste und die Grenze zu Algerien. Es kam zu einem Aufstand gegen den Sultan, der sich unter französischen Schutz stellte. Die französische Macht expandierte weiter, und 1912 unterzeichnete ein neuer Sultan einen Vertrag, mit dem er sich mit einem französischen Protektorat abfand; die einflußreichsten Führer im Süden akzeptierten das ebenfalls. Durch einen französisch-spanischen Vertrag gelangte der Norden des Landes unter spanische Verwaltung. Tanger, der Mittelpunkt der ausländischen Interessen, erhielt einen besonderen internationalen Status.

Ungefähr zur gleichen Zeit fand die Teilung des Maghreb ihren Abschluß. Italien beteiligte sich erst spät an dem »Rennen nach Afrika«. Es erklärte 1911 dem Osmanischen Reich den Krieg, und italienische Truppen landeten an der Küste von Tripolis. Es gelang ihnen, trotz osmanischen Widerstandes die Häfen zu besetzen, und Italien erreichte eine begrenzte Anerkennung seiner Position durch die osmanische Regierung.

Die Allianz der vorherrschenden Interessen

Bei Ausbruch des Ersten Weltkriegs waren die Auswirkungen der italienischen Kontrolle in Libyen und der französisch-spanischen in Marokko noch kaum sichtbar, aber in Algerien und Tunesien hatte die französische Herrschaft ebenso ihre Spuren hinterlassen wie die britische Herrschaft in Ägypten und dem Sudan. Gewissermaßen war das ein Bruch mit der Vergangenheit und mit den Ereignissen im Osmanischen Reich: Die wichtigen strategischen und wirtschaftlichen Interessen eines europäischen Staates standen an erster Stelle; und obwohl es in Ägypten, Tunesien und Marokko dem Namen nach einheimische Regierungen gab, verloren sie allmählich an Macht, während sich die Stellung der europäischen Administration festigte und ausweitete. Die Regierungen besaßen nicht einmal den begrenzten Bewegungsspielraum, der die Politiker in Istanbul in die Lage versetzte, eine Macht gegen die andere auszuspielen, um nationale Interessen zu verfolgen.

In anderer Hinsicht könnte man die von Großbritannien und Frankreich betriebene Politik als Fortsetzung der einheimischen Reformpolitik betrachten – allerdings in wirkungsvollerer Form. Hinter der Fassade der einheimischen Regierungen verbargen sich immer mehr ausländische Beamte, die allmählich eine weitgehende Kontrolle ausübten. Das Gleichgewicht zwischen ihnen und den einheimischen Beamten verschob sich. (Im Sudan gab es eine solche Fassade nicht, sondern nur eine Kolonialverwaltung, in der beinahe alle höheren Positionen mit Briten besetzt waren, während Ägypter und andere nur untergeordnete Stellungen innehatten.) Die Regierungen arbeiteten effektiver, aber auch aus größerer Distanz. Ausländisches oder einheimisches Militär unter dem Kommando von Ausländern und eine disziplinierte Polizei ermöglichten es der Regierung, ihre Kontrolle weiter in das Landesinnere auszudehnen. Bessere Nachrichtenverbindungen brachten die Provinzen in einen engeren Kontakt mit der Hauptstadt. In Tunesien und Ägypten wurden Eisenbahnlinien gebaut, in Tunesien auch Straßen. Weltliche Gerichte, deren Rechtsprechung auf Gesetzbüchern nach europäischem Muster basierte, wurden eingesetzt oder mit größeren Befugnissen ausgestattet. Dank strafferer Finanzkontrolle und wirkungsvolleren Methoden der Steuererhebung verringerten sich die Auslandsschulden auf ein vertretbares Maß. Höhere Staatseinnahmen und ausländische Kredite lieferten das Kapital für staatliche Großprojekte – allem voran die Bewässerungsanlagen des Niltals, die schließlich im Bau des Assuan-Staudamms gipfelten, wodurch in Oberägypten eine permanente künstliche Bewässerung möglich wurde. Man gründete eine kleine Zahl von Grund- und auch weiterführenden Schulen – genügend viele, um Beamte und Techniker auszubilden, für die es Bedarf gab, aber nicht genug, um eine große Klasse unzufriedener Intellektueller heranzuziehen.

In den Regionen, die von Istanbul, Kairo, Tunis und Algier aus regiert wurden, erweiterte sich in der zweiten Hälfte des neunzehnten Jahrhunderts der Kreis der Interessenallianzen, die sich um die neuen Regierungen gebildet hatten. Neben den Beamten begünstigte die Politik der Regierungen zwei Gruppen besonders. Die erste vertrat die Interessen von Wirtschaft und Finanzen. Das Bevölkerungswachstum und die Industrialisierung in Europa, der Ausbau der Häfen, der Bau von Bahnlinien und (im Libanon, Algerien und Tunesien) Straßen führten trotz der Wirtschaftskrisen zur Ausweitung des Handels mit Europa, aber auch mit Teilen des Nahen Ostens und dem Maghreb. Im allgemeinen verlief alles nach dem alten Muster: Export von Rohstoffen (ägyptische Baumwolle, libanesische Seide, Wolle und Felle aus dem Maghreb, tunesische Phosphate) und Nahrungsmitteln (Orangen aus Palästina, Wein aus Algerien und Olivenöl aus Tunesien) nach Europa, Import von Textilien, Eisenwaren, Tee, Kaffee und Zucker. Im allgemeinen war die Handelsbilanz mit Europa negativ, aber das wurde durch den Kapitalimport für staatliche Projekte weitgehend ausgeglichen, an manchen Orten auch durch Geldüberweisungen von Emigranten aus der Neuen Welt und den Abfluß von Gold und Silber.

Der bedeutendste Anteil am Handel lag in den Händen europäischer – hauptsächlich englischer und französischer – Gesellschaften und Handelshäuser; mit dem Wachstum von Industrie und Bevölkerung in Deutschland wurde der Anteil der Deutschen größer. Aber die einheimischen Händler spielten auch eine beachtliche Rolle im internationalen Handel, und sie beherrschten den Binnenmarkt. Im Nahen Osten waren es syrische und libanesische Christen sowie syrische und irakische Juden, im Niltal ägyptische Kopten, im Maghreb dort ansässige Juden und bestimmte andere Gruppen mit einer langen Tradition im Handel, in Marokko Kaufleute aus Sus, in Algerien die Kaufleute der Oase Mzab und in Tunesien die Händler von der Insel Dscherba.

Die europäischen Finanzinteressen gingen jedoch über den Handel hinaus. Die ersten großen Investitionen waren jene Kredite an Regierungen, die zu einer ausländischen Finanzkontrolle führten. Danach nahmen die Regierungen weitere Anleihen auf, aber dank der ausländischen Kontrolle zu günstigeren Bedingungen als zuvor. Die Investitionen gingen nun über die Regierungskredite hinaus und erstreckten sich auf staatliche Projekte, für die ausländische Gesellschaften Aufträge erhielten. Nach dem Bau des Suezkanals erteilte man an manchen Orten Konzessionen für den Ausbau von Häfen, Straßenbahnen, Wasser, Gas, Elektrizität und vor allem Eisenbahnstrecken. Im Vergleich dazu wurde in die Landwirtschaft wenig investiert, ausgenommen in jenen Regionen Ägyptens und Algeriens, wo ein großer und stetiger Bedarf an bestimmten Erzeugnissen vorlag und eine Verwaltung unter europäischer Kontrolle hohe und sichere Gewinne garantierte. Auch in die Industrie wurde kaum investiert, wenn man vom Aufbau kleinerer Konsumindustrien absah, und in einigen Ländern förderte man den Abbau von Bodenschätzen (Phosphate in Tunesien, Erdöl in Ägypten).

Nicht nur europäische Banken und Gesellschaften, sondern auch Finanzinstitute, die inzwischen in Istanbul, Kairo und andernorts gegründet worden waren – etwa die Osmanische Bank –, beteiligten sich an den Investitionen. Das Kapital der einheimischen Banken befand sich jedoch meist in der Hand von Europäern, und ein Großteil der Investitionsgewinne blieb nicht in den betreffenden Ländern, wo er Wohlstand geschaffen und die Kapitalbildung verstärkt hätte, sondern floß in die Herkunftsländer und mehrte deren Reichtum.

Die Kontrolle des Bodens

Die Grundbesitzer waren die zweite Gruppe, deren Interessen mit denen der neuen Regierungen in Einklang standen. Sowohl im Kernland des Osmanischen Reiches als auch in Ägypten wurde die juristische Grundlage des Grundbesitzes in der Mitte des neunzehnten Jahrhunderts geändert. Im Reich definierte das Landgesetz von 1858 die unterschiedlichen Kategorien von Grund und Boden. Das meiste landwirtschaftlich genutzte Land galt nach alter Tradition als Staatseigentum, aber jene, die es bebauten oder das beabsichtigten, konnten einen Rechtstitel erwerben, der ihnen die volle Nutzung, den Verkauf oder die Weitergabe an ihre Erben ermöglichte. Der Zweck des Gesetzes scheint darin gelegen zu haben, die landwirtschaftliche Produktion zu fördern und die Position derer zu stärken, die das Land bebauten. An einigen Orten mag dies der Fall gewesen sein, zum Beispiel in Anatolien und im Libanon, wo die Zahl der kleinen landwirtschaftlichen Betriebe in der Seidenproduktion zunahm. Teilweise war das aber auch darauf zurückzuführen, daß die Emigranten ihren Familien Geld überwiesen. An den meisten Orten sahen die Ergebnisse jedoch anders aus. In stadtnahen Gebieten, die zur Produktion von Nahrungsmitteln und Rohstoffen für diese Städte oder für den Export genutzt wurden, fiel das Land in die Hände städtischer Familien. Sie konnten sich die Verwaltungsmaschinerie zunutze machen. Diese Familien befanden sich in einer besseren Position als die Bauern, um Kredite von den Banken oder Hypothekengesellschaften oder der staatlichen Landwirtschaftsbank zu erhalten. Sie liehen Bauern Geld, damit sie ihre Steuern zahlen oder ihre Vorhaben finanzieren konnten; in exportorientierten

Gebieten konnten städtische Kaufleute mit ihren Verbindungen zu den ausländischen Märkten die Produktion steuern. Sie entschieden, was angebaut werden sollte, stellten das Geld dafür zur Verfügung und kauften die Ernte auf. Manche hatten sogar Monopolstellungen: Mit ausländischem Kapital finanzierte Konzessionsgesellschaften besaßen das Monopol auf den Ankauf von Seide und Tabak im ganzen Reich. Auf diese Weise entstand eine Klasse abwesender Besitzer – hauptsächlich Stadtbewohner –, die sich an die Regierung wenden konnte, um ihre Forderungen nach einem Anteil am Ertrag durchzusetzen. Die Bauern, die den Boden bearbeiteten, waren entweder landlose Arbeiter oder Pächter, die gerade genug von den Erträgen bekamen, um zu überleben. Sultan Abdülhamid selbst war der vielleicht größte Grundbesitzer des Reiches, und seine Ländereien gehörten zu den am besten verwalteten.

In entfernteren ländlichen Regionen, die der wirkungsvollen Kontrolle der Städte entzogen waren, entstand eine andere Art von Großgrundbesitzern. In Weidegebieten galten für die Regierung, aber auch bei der Bevölkerung weite Flächen von altersher als Kollektivbesitz der einzelnen Stämme; nun eignete sich die führende Familie eines Stammes einen großen Teil dieses Landes an. In größeren Regionen lag die tatsächliche Kontrolle häufig nicht bei einem Stammesführer, sondern bei einer Gruppe von Beauftragten, die eine Mittlerrolle einnahmen. Sie waren dem Land und seiner Bewirtschaftung näher als ein städtischer Grundbesitzer oder der *schaich* eines großen Stammes es sein konnte.

Zu den neuen Großgrundbesitzern gehörten auch christliche und jüdische Kaufleute und Geldverleiher, aber in den meisten Teilen des Reichs, die noch von Istanbul regiert wurden, nur wenige Ausländer. Die große Ausnahme war Palästina. Dort wuchs in den achtziger Jahren des neunzehnten Jahrhunderts eine neue jüdische Gemeinschaft heran. Es handelte sich nicht um die schon lange dort ansässigen orientalischen Juden, sondern um Juden aus Zentral- und Osteuropa. Sie kamen nicht nach Jerusalem, um dort die heiligen Schriften zu studieren, zu beten und zu sterben; sie führte die Vision einer wiederhergestellten jüdischen Nation in dieses Land. 1897 wurde diese Absicht in der Resolution des ersten Zionistischen Kongresses erklärt. Darin riefen die Zionisten zur Schaffung einer Heimat in Palästina für das jüdische Volk auf, die durch staatliche Gesetze abgesichert sein sollte. Trotz des Widerstandes der osmanischen Regierung und der wachsenden Sorge der dort lebenden arabischen Bevölkerung hatte sich der Anteil der Juden in Palästina bis 1914 auf ungefähr 85 000 oder zwölf Prozent der Gesamtbevölkerung erhöht. Etwa ein Viertel von ihnen hatte sich auf Land angesiedelt, das teilweise ein nationaler Fonds erworben hatte und das zum unveräußerlichen Eigentum des jüdischen Volkes erklärt worden war, auf dem keine Nichtjuden beschäftigt werden durften. Manche dieser Juden lebten in einer neuen Art ländlicher Siedlungen (dem *kibbuz*), deren Merkmale kollektive Kontrolle der Produktion und der kommunalen Einrichtungen waren.

In Ägypten fand die Entwicklung, durch die der Besitz an Grund und Boden vom Herrscher in private Hände überging und die in den späteren Jahren der Herrschaft Muhammad Alis begonnen hatte, zwischen 1858 und 1880 ihren Fortgang durch eine Reihe von Gesetzen und Erlassen. Sie endete schließlich mit dem vollen Besitzrecht ohne die Einschränkungen, die das osmanische Recht beibehielt. Auch hier mag es nicht die Absicht gewesen sein, eine Klasse von Großgrundbesitzern zu schaffen, aber auf Grund einer Reihe miteinander verknüpfter Prozesse geschah genau das. Bis zur britischen Besetzung von 1882 hatte der *khedive* den Mitgliedern seiner Familie oder hohen Beamten immer wieder Land übereignet, aber große Ländereien blieben als Privateigentum in seinen Händen. Auch einflußreiche Familien in den Dörfern konnten ihren Grundbesitz vergrößern, als die Nachfrage nach Baumwolle stieg. Nach der Besetzung fielen Teile des Agrarlandes, das der Herrscher zur Deckung von Auslandsschulden zur Verfügung gestellt hatte, und neu kultiviertes Land in die Hände der Großgrundbesitzer und Hypothekengesellschaften. Kleine Grundbesitzer gerieten schnell in Abhängigkeit von Geldverleihern und verloren ihr Land; selbst wenn sie sich halten konnten, bekamen sie nicht ohne weiteres Kredite, um Neuerungen zu finanzieren. Das Erbrecht führte zu einer Zersplitterung der Besitztümer bis zu einem Punkt, an dem das Land keine Familie mehr ernähren konnte. Zur Zeit des Ersten Weltkriegs befanden sich bereits über vierzig Prozent des Agrarlandes in den Händen der Großgrundbesitzer (das heißt derjenigen, die mehr als fünfzig *feddan* besaßen), und ungefähr zwanzig Prozent gehörte Kleinbauern, also denjenigen, die weniger als fünf *feddan* besaßen. (Ein *feddan* entspricht etwa viertausend Quadratmetern.) Ungefähr ein Fünftel der großen Besitztümer gehörten Ausländern oder ausländischen Gesellschaften – besonders im Norden. Im Normalfall ließ der Großgrundbesitzer das Land von Bauern bearbeiten, die ein Stück für den Eigenbedarf pachten konnten; unter ihnen gab es eine wachsende Zahl landloser Arbeiter – ungefähr ein Fünftel der arbeitenden Bevölkerung.

In Tunesien wurde die ausländische Landnahme noch weiter getrieben. Zur Zeit der französischen Invasion gab es dort bereits große französische und italienische Gemeinden. In den ersten zehn Jahren des Protektorats begünstigte die Regierung mit ihren Maßnahmen jene Kreise, die an Landerwerb im großen Stil interessiert waren. Landstreitigkeiten wurden von gemischten Gerichten mit einer europäischen Komponente entschieden. Wer *waqf*-Land gepachtet hatte, durfte es kaufen. Ab 1892 verfolgte man eine neue Politik, die Einwanderung und Neuansiedlung unterstützte. Das geschah zum Teil unter dem Druck der *colons*, teils um die Franzosen unter ihnen zahlenmäßig zu verstärken. Ein großer Anteil des Landes wurde zum Verkauf freigegeben, *waqf*-Land, staatliche Domänen und Stammesland, wobei man nach derselben Methode vorging wie in Algerien: Man zwang die Stämme, sich mit kleineren Gebieten abzufinden. Den Käufern bot man günstige Bedingungen: Landwirtschaftskredite, Ausrüstung, Straßen. Auch die wirtschaftlichen Bedingungen waren günstig: Die Nachfrage nach Getreide hielt an, der Bedarf an Wein und Olivenöl stieg. Auf diese Weise wuchs der Anteil des Grundbesitzes in europäischen Händen besonders in den Getreideanbaugebieten im Norden und im Olivengürtel des Sahel. 1915 gehörte den *colons* ungefähr ein Fünftel des bebauten Landes. Vergleichsweise wenige von ihnen waren Kleinbauern. In der Regel ließ der Großgrundbesitzer das Land von Sizilianern, Süditalienern oder tunesischen Arbeitern bewirtschaften oder verpachtete es an tunesische Bauern. Arbeitskräfte gab es im Überfluß, denn der Prozeß der Enteignung hatte die Lage der Bauern verschlechtert. Ihnen blieb der Zugang zu Kapital versperrt, und es fehlte ihnen der Schutz, den ihnen die einheimischen Grundbesitzer gewährt hatten. Die wirtschaftliche Veränderung führte auch zu einem politischen Machtwechsel. Die *colons* forderten ein größeres politisches Mitspracherecht. Sie drängten die Regierung, einen Kurs einzuschlagen, der das Land Frankreich angliedern würde. Die einheimische Bevölkerung sollte mit Zwang niedergehalten und auf ihre traditionelle Kultur und Lebensweise verpflichtet werden, um zu verhindern, daß sie wirkungsvoll an der Machtausübung teilhaben konnte. Diese Forderungen der *colons* blieben nicht ohne Erfolg. Ein Großteil der Regierungsbeamten waren Franzosen; die beratende Konferenz für finanzielle und wirtschaftliche Fragen setzte sich im wesentlichen aus *colons* zusammen. Andererseits wollten die Pariser Regierung und die von ihr entsandten Vertreter das Protektorat auf der Grundlage der Kooperation von Franzosen und Tunesiern beibehalten.

Die französische Politik führte 1914 in Tunesien zu einer Lage, die der Lage Algeriens in den sechziger Jahren des neunzehnten Jahrhunderts glich; aber in Algerien hatten sich die Dinge inzwischen verändert. Die Niederlage Frankreichs im französisch-preußischen Krieg von 1870–71 und der Sturz Napoleons III. schwächten die Autorität der Regierung in Algerien. Die *colons* übernahmen kurze Zeit die Macht, aber im Osten des Landes ereignete sich etwas anderes – dort kam es zu einer großen Revolte von Arabern und Berbern. Der Aufstand hatte viele Gründe: Auf seiten des Adels war es der Wunsch, die politische und soziale Stellung wiederzuerlangen, die mit der Ausweitung der Direktverwaltung geschwächt worden war; auf seiten der Dorfbewohner waren es der Widerstand gegen den Verlust ihres Landes und gegen die wachsende Macht der *colons* und das Elend nach einer Zeit der Seuchen und Mißernten; unter der Bevölkerung im allgemeinen regte sich der Wunsch nach Unabhängigkeit, der noch nicht in nationalistischen, sondern eher in religiösen Gedanken und unter der Führung eines Sufi-Ordens zum Ausdruck kam. Die Aufstände wurden unterdrückt, was für die algerischen Muslime schwerwiegende Folgen hatte. Als Strafe wurden kollektive Geldbußen und Landenteignungen verhängt; nach Schätzungen verloren die an der Revolte beteiligten Distrikte siebzig Prozent ihres Eigentums.

Die langfristigen Folgen waren noch bedeutsamer. Mit der Zerschlagung der einheimischen Führung und dem Regierungswechsel in Paris fielen die letzten Barrieren gegen die Ausweitung europäischen Grundbesitzes. Große Teile des Landes gerieten durch Kauf oder Übertragung von Staatsdomänen und enteignetem Grund und Boden, durch Konfiszierung von kommunalem Land und durch juristische Machenschaften in die Hände der *colons*. 1914 gehörte den Europäern ungefähr ein Drittel des bebauten Landes, und es waren die ertragreichsten Gebiete; man baute wie früher Getreide oder Wein an, denn für algerischen Wein gab es in Frankreich inzwischen einen großen Markt. Bearbeitet wurden viele Weingüter von europäischen Einwanderern – von Spaniern, Italienern und Franzosen –, aber meist gehörten sie relativ reichen Besitzern, denen der Kapitalmarkt offenstand. Algerische Kleinbauern mußten sich mit schlechterem Land in entlegenen Gebieten abfinden; es fehlte ihnen an Kapital, und ihre Tierbestände nahmen ab. Deshalb wurden sie in vielen Fällen Pächter oder Arbeiter auf europäischen Besitzungen, obwohl an einigen Orten auch eine neue Klasse muslimischer Grundbesitzer entstand.

Unter anderem wegen der neuen Möglichkeiten, die das Land bot, wuchs die europäische Bevölkerung in Algerien schnell – von zweihunderttausend im Jahr 1860 auf ungefähr siebenhundertfünfzigtausend im Jahr 1911. Die letzte Zahl schließt die algerischen Juden ein, denen man die französische Staatsbürgerschaft gegeben hatte. Die einheimische Bevölkerung war mittlerweile auf vier Millionen siebenhundertvierzigtausend angewachsen. Die Europäer stellten demnach dreizehn Prozent der Gesamtbevölkerung. In den großen Städten waren sie noch stärker vertreten: 1914 waren drei Viertel der Einwohner von Algier Europäer.

Die wachsende europäische Bevölkerung hatte 1914 die Regierung praktisch unter ihrer Kontrolle. Mittlerweile entsandte sie Vertreter in das französische Parlament und hatte in Paris eine gewichtige politische Lobby. Durch das Heranwachsen einer neuen, in Algerien geborenen Generation und die Annahme der französischen Staatsbürgerschaft durch Einwanderer aus anderen Ländern entwickelte sie eine eigene Identität und eigene Interessen, die ihre Lobby in Paris vertrat. Es ging den *colons* um eine Assimilation Algeriens an Frankreich, aber gleichzeitig um die eigene Kontrolle über die lokale französische Verwaltung. Im wesentlichen gelang es ihnen, das zu erreichen. Die große Mehrheit der Beamten waren Franzosen, in den höheren Rängen beinahe alle. Die Gebiete, die von Kommunalparlamenten mit einer französischen Mehrheit regiert wurden, nahmen zu; dort hatten die Muslime praktisch nichts zu sagen. Sie bezahlten weit höhere direkte Steuern als die *colons*, aber die Staatseinnahmen wurden im wesentlichen nur zum Nutzen der Europäer ausgegeben. Sie unterstanden einem gesonderten Strafgesetz und wurden von französischen Richtern abgeurteilt. Für ihre Bildung gab es wenig Geld. Am Ende des Jahrhunderts erkannte die Regierung in Paris das »Araberproblem«. Man wollte dafür sorgen, daß die Verwaltung unabhängig vom Druck der *colons* blieb und ihre Macht nutzen konnte, um »die Würde der Besiegten zu schützen«.[2] Man tat auf Grundschulniveau etwas zur Verbesserung der Bildung der Muslimbevölkerung. Aber das bewirkte wenig, 1914 konnte man Algerier mit mittlerer oder höherer Schulbildung nach Dutzenden oder Hunderten zählen, nicht nach Tausenden.

Die Lage der Menschen

In den Teilen des Nahen Ostens und des Maghreb, wo die Regierungskontrolle wirkungsvoller geworden war, hatte man große staatliche Vorhaben durchgeführt; neue Landgesetze sicherten die Eigentumsrechte, Banken und Hypothekengesellschaften boten Kredite, und für die einheimischen Erzeugnisse gab es einen Markt in der industrialisierten Welt; immer größere Flächen wurden landwirtschaftlich genutzt, und die Erträge stiegen in den Jahren 1860 bis 1914. Trotz der unzulänglichen Statistiken ist offenkundig, daß diese Entwicklung auf Algerien zutraf und auf Tunesien, wo sich die landwirtschaftliche Nutzfläche verdoppelte. In Ägypten waren die Bedingungen besonders günstig. Mittlerweile wurde die Regierungskontrolle selbst in Oberägypten nicht mehr angefochten; der Markt für Baumwolle vergrößerte sich trotz der Schwankungen, denen er unterlag; die großen Bewässerungsanlagen schufen die Voraussetzungen zur Steigerung der Erträge. Zwischen 1870 und 1914 wuchs die landwirtschaftlich genutzte Fläche um ungefähr ein Drittel. Dieser Zuwachs war nicht ohne Gefahren: Die Gewinne aus dem Baumwollanbau waren so groß, daß immer mehr Agrarland dafür bereitgestellt wurde; um die Jahrhundertwende war Ägypten bereits in Hinblick auf Nahrungsmittel und Industrieerzeugnisse ein reines Importland geworden.

Für Syrien, Palästina und den Irak sind die Statistiken noch ungenauer, aber die vorhandenen Unterlagen deuten in dieselbe Richtung. In Syrien und Palästina konnten die Bauern der Bergdörfer ihre Felder bis hinunter in die Ebenen ausweiten. Sie bauten Getreide und andere landwirtschaftliche Produkte an, für die es in der Welt draußen einen Markt gab: Olivenöl, Sesam und im Gebiet um Jaffa auch Orangen. Im Libanon nahm die Bedeutung der Seidenraupenzucht zu. Im Irak machte sich nicht so sehr die Ausweitung der staatlichen Macht oder die Verbesserung der Bewässerungssysteme bemerkbar – das erste Großprojekt, der Hindiya-Staudamm am Euphrat, wurde erst 1913 in Betrieb genommen; von größerer Bedeutung waren die Auswirkungen der neuen Landgesetze. Wenn die Stammesführer ihren Grundbesitz rechtlich absicherten, wirkte dies als Anreiz, die Lebensweise des Stammes zu verändern, anstelle nomadischer Viehzucht Dauerlandwirtschaft zu betreiben und Getreide oder wie im Süden Datteln für den Export zu produzieren.

Zu einer solchen Veränderung im Gleichgewicht zwischen nomadischen Viehzüchtern und seßhaften Ackerbauern kam es immer dann, wenn zwei Faktoren zusammentrafen. Erstens die Ausdehnung der Regierungskontrolle; die Regierung zog seßhafte Bauern, die man besteuern und deren Söhne man zum Kriegsdienst einziehen konnte, den Nomaden vor, denn sie lebten außerhalb der politischen Gemeinschaft und wurden manchmal zur Gefahr für Ruhe und Ordnung. Zu dieser Ausweitung zentraler Macht kam es überall dort, wo die Regierungen stark genug waren und sich das Verkehrswesen verbesserte. In Algerien stieß das französische Militär vom Hochplateau nach Süden in die Oasen der Sahara und das Gebiet der Tuareg vor. In Syrien machte es der Bau von Eisenbahnlinien möglich, die Grenzen der Zivilisation in die Steppe vorzuschieben. Jede Eisenbahnstation mit ihren Beamten, der Garnison und dem Markt wurde ein Zentrum, von dem sich Landwirtschaft und Handel ausbreiteten. Man setzte bestimmte Schichten der Bevölkerung ein, um die Ordnung auf dem Land zu sichern: Im Norden stellte man kurdische Regimenter zusammen und

Tscherkessen, die ihre Heimat im Kaukasus verlassen hatten, als die Russen ihr Land eroberten; man siedelte sie in einer Kette von Dörfern im südlichen Syrien an.

Der zweite Faktor war die schwindende Nachfrage nach den wichtigen Erzeugnissen der Steppengebiete und die Tatsache, daß der damit erzielte Gewinn im Vergleich zu den Einnahmen aus der Produktion landwirtschaftlicher Erzeugnisse für den Verkauf oder den Export zunehmend geringer wurde. Mit der Entstehung moderner Verbindungswege wurde der Markt für Kamele kleiner (obwohl die einschneidende Veränderung, die Einführung des Automobils, gerade erst einsetzte). Die Nachfrage nach Schafen blieb bestehen und wird vermutlich sogar noch gestiegen sein, als die Bevölkerung wuchs, aber Kapital wurde gewinnbringender im Anbau landwirtschaftlicher Erzeugnisse für den Export investiert. Die vorhandenen Unterlagen deuten darauf hin, daß sich der Tierbestand im Verhältnis zur Bevölkerung verringerte: In Algerien kamen 1885 auf jeden Einwohner 2,85 Schafe. Dreißig Jahre später waren es nur noch 1,65 Schafe.

Grundsätzlich war es eine Zeit des Bevölkerungswachstums, wobei die Zunahme von Land zu Land erheblich schwankte. Für Länder wie Algerien und Ägypten liegen zuverlässige Statistiken vor, und an ihnen läßt sich das Wachstum deutlich ablesen. In Algerien verdoppelte sich die muslimische Bevölkerung innerhalb von fünfzig Jahren von zwei Millionen im Jahr 1861 auf viereinhalb Millionen im Jahr 1914. In Tunesien verdoppelte sich die Bevölkerung ebenfalls und stieg dabei von einer auf zwei Millionen. Ägypten verzeichnete während des neunzehnten Jahrhunderts eine kontinuierliche Zunahme seiner Bevölkerung: von vier Millionen im Jahr 1800 auf fünfeinhalb Millionen 1860 und auf zwölf Millionen im Jahr 1914. Im Sudan scheint die Bevölkerung ab dem Beginn der britischen Besetzung ständig gewachsen zu sein. Für den Fruchtbaren Halbmond können wir nur Vermutungen anstellen. Zwischen 1860 und 1914 mag die Bevölkerung in Syrien etwa um vierzig Prozent, das heißt von zweieinhalb Millionen auf dreieinhalb Millionen angestiegen sein; andererseits erfolgte aus dem Libanon eine starke Abwanderung nach Nord- und Südamerika und in andere Länder. Es heißt, daß bis 1914 ungefähr dreihunderttausend Libanesen ihre Heimat verließen. Im Irak wird die Wachstumsquote ähnlich gewesen sein. Nach ungefähren Schätzungen kann man sagen, daß die Bevölkerung in den arabischen Ländern von achtzehn bis zwanzig Millionen im Jahr 1800 auf fünfunddreißig bis vierzig Millionen im Jahr 1914 angestiegen war.

Es handelte sich noch immer um eine überwiegend ländliche Bevölkerung. Einige Städte wuchsen schnell – besonders Hafenstädte, die sich auf den Handel mit Europa spezialisierten: die algerischen Küstenstädte, Beirut und Alexandria (1914 war Alexandria die zweitgrößte Stadt der arabischen Welt). Andere, inbesondere die Landes- und Provinzhauptstädte, wuchsen etwa im Verhältnis zur Gesamtbevölkerung. Zum Beispiel verdoppelte sich die Einwohnerzahl von Kairo mehr oder weniger, und Kairo blieb die größte arabische Stadt. Die ägyptische Bevölkerung nahm insgesamt ebenfalls zu; der Grad der Urbanisierung blieb mehr oder weniger gleich, der Zustrom der Landbevölkerung in die Städte hatte kaum begonnen.

Für die steigenden Bevölkerungszahlen waren mehrere Faktoren verantwortlich. In Ägypten bestand vermutlich ein Zusammenhang mit der Ausweitung des Baumwollanbaus. Bereits kleine Kinder konnten bei der Feldarbeit helfen; das war ein Anreiz, früh zu heiraten und große Familien zu gründen. In den meisten Ländern war das Wachstum darauf zurückzuführen, daß Seuchen und Hungersnöte nicht wie früher die Bevölkerung dezimierten. Verbesserten Quarantänemaßnahmen unter Aufsicht europäischer Ärzte und der Unterstützung ausländischer Regierungen war es zu verdanken, daß die Pest in den Mittelmeerländern um 1914 mehr oder weniger ausgerottet und die Cholera weitgehend eingedämmt worden war. Die gesteigerte Nahrungsmittelproduktion in Zusammenhang mit besseren Verkehrsverbindungen half, lokale Ernteausfälle auszugleichen, die in früheren Zeiten Hungersnöte ausgelöst hätten. In einigen Ländern – in Algerien, Tunesien und im Sudan – führte der Zuwachs aber nicht zu anwachenden Bevölkerungszahlen, sondern glich zunächst einen starken Rückgang aus. In Algerien hatten der Eroberungskrieg und die Revolten, Seuchen und Hungersnöte in der Mitte des neunzehnten Jahrhunderts die Bevölkerung stark reduziert; in Tunesien war über einen langen Zeitraum hinweg eine ständige Abnahme zu verzeichnen gewesen; im Sudan hatten im letzten Jahrzehnt des Jahrhunderts die Unruhen der Mahdibewegung, auf die eine Reihe von Mißernten folgte, zu einem gravierenden Bevölkerungsschwund geführt.

Ein Wachstum der Bevölkerung bedeutet natürlich nicht unbedingt, daß der Lebensstandard steigt, sondern unter Umständen das Gegenteil. Trotzdem besteht Grund zu der Annahme, daß der Lebensstandard an einigen Orten sich verbesserte. Zweifellos galt das für die oberen Klassen der städtischen Bevölkerung, die Verbindungen zu den neuen Regierungen oder den Wachstumbereichen der Wirtschaft hatten. Sie bezogen höhere Einkommen, lebten in besseren Häusern, hatten eine bessere medizinische Versorgung, und sie konnten eine größere Vielfalt an Produkten kaufen. Auf dem Land verbesserte sich die Ernährungslage zumindest an manchen Orten durch die erhöhte Nahrungsmittelproduktion und die besseren Kommunikationsmittel. Das war zwar nicht in den Ländern der Fall, wo die Bauern die besten Felder den europäischen Kolonialherren hatten überlassen müssen, aber in Ägypten und in Teilen von Syrien, wo ein ausgeglichenes Verhältnis zwischen Produktion und Bevölkerung herrschte. (In Ägypten drohte der Bevölkerung trotz einer günstigen Ernährungslage und dem insgesamt besseren Gesundheitszustand die Bilharziose, eine zum Siechtum führende Infektionskrankheit. Im Wasser lebende Saugwürmer übertragen die Bilharziose; mit dem Ausbau der Bewässerungsanlagen trat diese heimtückische Krankheit immer häufiger auf.)

Selbst unter günstigsten Umständen verbesserten sich die Lebensumstände der bäuerlichen Bevölkerung nur in bescheidenem Maß. Das lag nicht nur an der ständigen Zunahme der Bevölkerung, sondern auch an der Verschiebung der gesellschaftlichen Kräfte zugunsten der Landbesitzer und Kaufleute. Die Macht von Gesetz und Regierung stützten ihre Forderungen; sie hatten Zugang zum Kapital, ohne das keine Produktion möglich war und die Produkte nicht vermarktet werden konnten. Meist hatten sie – der *colon*, der städtische Geldverleiher und der zum Grundbesitzer gewordene Stammesführer – nicht mehr, wie noch manche ihrer Vorfahren, moralische Verpflichtungen gegenüber denen, die für sie arbeiteten. Den Bauern fehlte die Macht und der Einfluß, um für ihre ländlichen Erzeugnisse mehr als das zum Überleben notwendige Minimum zu erhalten, und es fehlte ihnen auch der Schutz der Mächtigen in Zeiten von Unterdrückung und Not.

Die duale Gesellschaft

Um 1914 war in den arabischen Ländern des Osmanischen Reiches und des Maghreb – in unterschiedlichem Ausmaß – eine neue Art sozialer Schichtung erkennbar. Es gab europäische Wirtschafts- und Finanzgruppen und an einigen Orten Siedlergemeinschaften, die durch den Einfluß ihrer Regierungen geschützt und durch deren Macht begünstigt wurden; außerdem gab es die einheimischen Grundbesitzer und Kaufleute, deren Interessen bis zu einem gewissen Maß mit denen der Ausländer verknüpft waren, die sich aber unter Umständen auch in Konkurrenz zu ihnen befanden, schließlich eine wachsende Landbevölkerung und eine arme Stadtbevölkerung mit begrenzter Macht. Diese Schicht war weitgehend ausgeschlossen von den Vorteilen der administrativen, legalen und wirtschaftlichen Veränderungen.

Die veränderte Beziehung der gesellschaftlichen Kräfte zeigte sich in den Änderungen, die im städtischen Leben in der zweiten Hälfte des neunzehnten Jahrhunderts eintraten. Wirtschaftsleben und wirtschaftliche Macht verlagerten sich von den großen Städten im Landesinneren zu den Häfen, besonders zu den Häfen der Mittelmeerküste. Sie wurden nicht nur Umschlagplätze für Transitgüter, sondern bedeutende Handels- und Finanzzentren. Sie waren Sammelstellen für Waren aus dem Landesinnern und Verteilerstationen für Importe; dort wurden Import und Export, weitgehend auch die landwirtschaftliche Produktion, organisiert und finanziert. Bei einigen dieser Häfen handelte es sich um sehr alte Städte, die eine neue Größenordnung und Bedeutung fanden: Beirut ersetzte Sidon und Akkon als wichtigster Hafen im südlichen Syrien; Alexandria trat im ägyptischen Seehandel an die Stelle von Damietta und Rosetta, als der Handel mit Europa zunahm und der Güteraustausch mit Anatolien und der syrischen Küste zurückging; Basra war der Hauptumschlagsplatz für den irakischen Export von Datteln und Getreide; Dschidda, der größte Hafen des Hedschaz, gewann an Bedeutung, als Westarabien auf dem Seeweg mit ausländischen Waren versorgt wurde und nicht mehr wie früher durch Karawanen aus Syrien; in diese Reihe gehören auch Tunis und die algerischen Häfen. Andere waren praktisch Neugründungen und Knotenpunkte der internationalen Seerouten: Port Said am Nordende des Suezkanals, Aden als Anlaufhafen und Bunkerstation für Dampfschiffe auf der Indienroute von Europa durch den Suezkanal und Casablanca an der marokkanischen Atlantikküste.

Der Stadtkern der Häfen wurde von Lagerhäusern, Banken und den Büros der Reedereien im südeuropäischen Monumentalstil beherrscht, und in den Wohngebieten standen Villen inmitten von Parks. Zum Stadtbild gehörten öffentliche Anlagen, Marktplätze, Hotels, Restaurants und Cafés, Geschäfte und Theater. Die Hauptstraßen waren breit genug für den Verkehr von Straßenbahnen, Kutschen und um 1914 auch für die ersten Automobile. Das Bild der Städte im Landesinneren veränderte sich ebenfalls. Zunächst versuchte man, neue Straßen und Gebäude in das Herz der alten Städte zu pflanzen: Man baute zum Beispiel eine breite Allee durch Kairo, die bis zum Fuß der Zitadelle führte. In Damaskus verbreiterte und begradigte man die Basare und schuf den Suq Hamidiya und den Suq Midhat Pascha. Am Ende entstanden jedoch vor den Mauern (wenn man sie nicht schleifte) der alten Städte neue Viertel auf unbebautem Grund und Boden, wo es keine Probleme mit Eigentumsrechten gab und wo man deshalb ungehindert planen konnte. Das neue Damaskus lag östlich der Altstadt und zog sich die Hänge des Dschebel Qasiyun hinauf; das neue Kairo entstand zunächst im Norden der alten Stadt, dann im Westen auf einem Gebiet, das an das Nilufer grenzte. Es war trockengelegtes Sumpfland und wurde nun zu Bauland. Das neue Tunis entstand auf Land, das man teilweise dem See westlich der Stadt abgewann. Khartum, unter ägyptischer Herrschaft und zur Zeit des Kondominiums die Hauptstadt des Sudan, war eine Neugründung mit symmetrisch angelegten Straßen nahe der Stelle, wo der Blaue und der Weiße Nil zusammenfließen. Am Ende der Periode vollzogen sich ähnliche Änderungen in Marokko: Der Regierungssitz des Protektorats und die Residenz des Sultans befanden sich im neuen Teil von Rabat an der Küste; ein neues Fes wurde außerhalb der alten Stadt angelegt, wobei man sorgfältig Zerstörungen der alten Substanz vermied.

Die neuen Städte entzogen den alten allmählich das Leben. Hier hatten die Banken und Gesellschaften ihre Büros; hier entstanden Paläste und Regierungsgebäude. In Kairo baute man die neuen Ministerien im westlichen Viertel, wo die ausländischen Konsuln ihre Residenzen hatten, und auch der *khedive* verließ die Zitadelle und zog in einen Palast im europäischen Stil. Das britische Militär kontrollierte Kairo von den Qasr-an-Nil-Kasernen an den Ufern des Nils.

Die Ausländer stellten einen Großteil der Bevölkerung dieser neuen Städte und Wohnviertel: Beamte, Konsuln, Kaufleute, Bankiers und Geschäftsleute. Algier und Oran, die größten Städte Algeriens, wurden mehrheitlich von Europäern bewohnt; in Kairo betrug der Anteil der Ausländer sechzehn, in Alexandria fünfundzwanzig Prozent. Die Ausländer führten ein abgeschlossenes und privilegiertes Leben. Sie hatten eigene Schulen, Kirchen, Krankenhäuser und Clubs zu ihrer Erholung; ihre Prozesse wurden von Konsulatsvertretern entschieden oder vor gemischten Gerichten; ihre wirtschaftlichen Interessen schützten die Konsulate und in Ländern unter europäischer Kontrolle die Regierung. Der Reiz der Macht und der neuen Lebensweise lockte auch einheimische Kaufleute in die neuen Städte – in erster Linie Christen und Juden –, die internationalen Handel trieben. Mitunter genossen sie ausländische Protektion und wurden praktisch in die ausländischen Gemeinschaften integriert. 1914 begannen muslimische Regierungsbeamte und Grundbesitzer ihre Familiensitze in den alten Städten zu verlassen und zogen in die neuen Wohnviertel.

In den neuen Städten entwickelte sich eine andere Art Leben – ein

Spiegelbild des europäischen Lebens. Männer und Frauen kleideten sich hier anders. Ein wesentlicher Aspekt der Reformen zwecks Modernisierung zur Zeit Mahmuds II. war der Wechsel der offiziellen Kleidung gewesen. Der Sultan und sein Gefolge verzichteten auf die langen Roben und hohen Turbane ihrer Vorgänger und übernahmen den förmlichen Frack der Europäer und eine neue Kopfbedeckung: den roten Fez oder Tarbusch mit einer schwarzen Quaste. Die Soldaten der neuen Armeen – der osmanischen, ägyptischen und tunesischen – trugen Uniformen im europäischen Stil. Reisen, die ausländischen Bewohner und die neuen Schulen sorgten dafür, daß sich die Kaufleute und Geschäftsleute und ihre Familien an die neue Kleidung gewöhnten; Juden und Christen übernahmen sie meist etwas schneller als die Muslime. Am Ende des Jahrhunderts trugen manche ihrer Frauen und Töchter bereits Kleider nach französischer oder italienischer Mode, die sie in Illustrierten oder in den eleganten Geschäften der neuen Städte, auf Reisen oder in den Schulen sahen. Auch um 1914 verließen jedoch noch immer nur sehr wenige muslimische Frauen ohne eine Art Kopfbedeckung und ohne Schleier das Haus.

Auch an den Häusern zeigte sich der Wandel der Lebensgewohnheiten. Die Wohn- oder Geschäftsgebäude in den neuen Vierteln wurden im allgemeinen von französischen oder italienischen Architekten gebaut, beziehungsweise in ihrem Stil. Die Steinhäuser wurden verputzt, und kunstvolle schmiedeeiserne Gitter und Tore verliehen ihnen schon von außen einen herrschaftlichen Anstrich. Die öffentlichen Gebäude hatten imposante Fassaden und waren Ausdruck des neuen gesellschaftlichen Lebens – in Kairo zum Beispiel das Opernhaus, das Museum, die Khedivenbibliothek. In den Häusern zeigte sich auch die unterschiedliche Vorstellung vom Familienleben. Die Trennung zwischen Wohnräumen im Parterre und den Schlafzimmern in den Stockwerken darüber ließ sich nur schwer in Einklang bringen mit der älteren und strengen Trennung zwischen den Salons, wo die Männer der Familie ihre Gäste empfingen, und dem *harim*, wo sich das Familienleben abspielte. Veränderungen im Wirtschaftsleben, veränderte gesellschaftliche Sitten und das Einschreiten von Osmanen, Ägyptern und Briten gegen den Sklavenhandel führten um 1914 dazu, daß es keine Haussklaven mehr gab; und auch die schwarzen Eunuchen wachten bald nur noch in einigen wenigen Palästen über die Unverletzlichkeit des *harim*. Stühle und Tische waren Imitationen der französischen Möbel des achtzehnten Jahrhunderts und sprachen von einer anderen Art der Gastfreundschaft und des gemeinsamen Speisens. Die Häuser standen in Gärten und waren nicht mehr um Innenhöfe herum gebaut; ihre Fenster wiesen zur Straße – die Bewohner konnten hinausblicken und andere hinein. Auf den breiten Straßen oder am Stadtrand konnten Frauen der besseren Familien in Pferdekutschen spazierenfahren. Die Theater boten neue gesellschaftliche Arten, zu sehen und gesehen zu werden – wenn auch nicht für Frauen. Aber 1914 durften die aristokratischen Damen von Kairo bereits die Aufführungen der französischen Theatergruppen besuchen, die mit klassischen französischen Dramen oder italienischen Opern gastierten. Sie saßen dabei diskret verborgen hinter den durchsichtigen Vorhängen ihrer Logen im ersten Rang des Opernhauses.

Kapitel 18

Die Kultur des Imperialismus und der Reform

Die Kultur des Imperialismus

In den neuen Städten und vor allem in den Ländern unter europäischer Besatzung standen sich Europäer und Araber nun auf eine andere Weise gegenüber, und das änderte ihr Bild voneinander. Im achtzehnten Jahrhundert wollte der wißbegierige europäische Geist, beeinflußt von Reisen und Handel, die ganze Welt kennenlernen. Im neunzehnten Jahrhundert vertiefte sich diese Neugier, und sie bekam ständig neue Nahrung, da Handel, Kolonien und Kriege immer mehr Europäer und Amerikaner in den Nahen Osten und nach Nordafrika führten. Um die Mitte des Jahrhunderts begann der organisierte Tourismus mit Pilgerreisen in das Heilige Land und Kreuzfahrten auf dem Nil.

Die alles umfassende Neugier äußerte sich auch in einer neuen Wissenschaft, die versuchte, das Wesen und die Geschichte der Gesellschaften Asiens anhand eingehender Beschäftigung mit den hinterlassenen Schriften, Dokumenten und Kunstgegenständen zu verstehen. Die erste europäische Übersetzung des Korans stammt zwar aus dem zwölften Jahrhundert, aber dieser frühe Versuch hatte wenig Auswirkungen. Erst im siebzehnten Jahrhundert ging man systematisch daran, die Grundlagentexte muslimischen Glaubens und muslimischer Geschichte zu verstehen – mit der Einrichtung von Lehrstühlen für Arabisch an den Universitäten von Paris und Leiden, Oxford und Cambridge, der Sammlung von Handschriften für die großen Bibliotheken und ihren ersten sorgfältigen Ausgaben und Übersetzungen. Als Edward Gibbon sein Werk *Aufstieg und Niedergang des Römischen Reiches* (1776–88) schrieb, standen ihm bereits umfangreiche Quellen und wissenschaftliche Arbeiten zur Verfügung.

Die systematische Untersuchung und Lehre arabischer und islamischer Themen und die Gründung von Institutionen zum Austausch und zur Weitergabe der gewonnenen Ergebnisse über die Generationen hinweg begann erst später. Im neuen britischen Territorium Bengalen gründete Sir William Jones (1746–94) die Asiatische Gesellschaft für das Studium der muslimischen und hinduistischen Kultur Indiens – die erste vieler wissenschaftlicher Gesellschaften dieser Art. In Paris war der französische Wissenschaftler Silvestre de Sacy (1758–1838) der erste einer Reihe von Lehrern und Forschern; in einer Art Missionsarbeit gaben sie ihr Wissen an andere Generationen und andere Länder weiter. Einen besonderen Anteil am Entstehen dieser Tradition hatten Wissenschaftler aus Deutschland und Österreich. Ihre Haltung gegenüber der Religion und der Kultur des Islam war von den intellektuellen Disziplinen ihrer Zeit geprägt. Zu ihnen gehörten Kulturgeschichte und die Untersuchung der Kontinuität menschlicher Entwicklung über Epochen hinweg und von einem Volk zum nächsten, aber auch vergleichende Philologie; die Philologie versuchte, die Naturgeschichte und die Verwandtschaft der Sprachen und Sprachfamilien untereinander aufzuzeigen, sowie der Kulturen und der kollektiven Charakterzüge, die durch sie zum Ausdruck kamen; man legte kritische Methoden beim Studium heiliger Texte zugrunde, um die Anfänge der religiösen Traditionen zu erforschen. Schriftliche Zeugnisse über Leben, Sitten und Glaubensvorstellungen – und deren Interpretation – der Völker Asiens und Afrikas, die in erreichbare Nähe gerückt und unter den Einfluß europäischer Herrschaft gelangt waren, führten zum Entstehen der Anthropologie. Am Ende des Jahrhunderts sorgte noch eine andere Wissenschaft für neue Erkenntisse beim Studium alter Texte. Die Archäologie bemühte sich, Spuren menschlicher Siedlungen zu entdecken und zu erforschen. Auf diese Weise vergrößerte sich das Wissen um die Geschichte von Ländern, in denen Araber lebten – besonders Ägypten und der Irak –, und reichte bald bis in vorislamische Zeiten zurück.

Die romantische Phantasie und der Kult der fernen, unbekannten Vergangenheit beeinflußten das durch Reisen und wissenschaftliche Arbeiten gewonnene Wissen oder Halbwissen. So entstanden die Visionen eines geheimnisvollen, verlockenden und bedrohlichen Orients als der Wiege von Wundern und Märchen, die Künstler faszinierten und beschäftigten. Übersetzungen von *Tausendundeine Nacht* wurden zum Bestandteil des westlichen Erbes. Motive aus diesem und aus anderen Werken lieferten Stoffe für die europäische Literatur. Goethe schrieb Gedichte über islamische Themen – den *Westöstlichen Divan*; Sir Walter Scott machte Saladin in *Talisman* zum Inbegriff mittelalterlicher Ritterlichkeit. Der Einfluß der bildenden Künste war noch größer. In der Architektur und dekorativen Gestaltung von Gebäuden tauchten islamische Motive auf. Große Künstler wie Ingres und Delacroix, aber auch weniger bedeutende malten im »orientalischen« Stil. Bestimmte Themen kehrten in ihren Werken immer wieder: der arabische Reiter als exotischer Held, die verführerischen Schönheiten im *harim*, der Reiz des Basars, das Pathos des Lebens zwischen den Ruinen früherer Größe und Pracht.

Verwoben mit dem Wunsch nach Wissen und der phantasievollen Beschwörung eines verführerischen Geheimnisses waren auch die Schattenseiten der Macht. Eine Niederlage hinterläßt tiefere Spuren in der menschlichen Seele als ein Sieg. Das Erlebnis, der Willkür eines anderen ausgeliefert zu sein, ist eine Erfahrung, die unter Umständen Zweifel an der Weltordnung auslöst; die Mächtigen können Zweifel vergessen oder besondere Härten für einen Teil der natürlichen Ordnung halten und Gedanken entwickeln oder übernehmen, die ihr Vorgehen legitimieren. Prinzipielle Rechtfertigungen unterschiedlicher Art wurden im neunzehnten Jahrhundert besonders in England und Frankreich vorgebracht, denn diese beiden Länder herrschten über arabische Territorien. Einige vertraten in einer profanen Sprache Haltungen westlicher Christen gegenüber dem Islam, die noch aus der Zeit stammten, als sie zum ersten Mal mit muslimischer Macht konfrontiert waren. Für sie war der Islam eine moralische und militärische Gefahr, die man bekämpfen mußte. Auf diesen einfachen Nenner gebracht, hatte man eine Rechtfertigung für die Kolonialherrschaft; solche Gedanken dienten auch als Warnung, denn die Furcht vor einem »islamischen Aufstand«, vor einer plötzlichen Revolte der fremden Völker, über die man herrschte, war in den Köpfen der britischen und französischen Kolonialherren stets gegenwärtig. In ähnlicher Art waren Erinnerungen an die Kreuzzüge geeignet, die forcierte Expansion historisch zu rechtfertigen.

Andere Gedanken entnahm man der geistigen Atmosphäre der Epoche. Aus der Perspektive der hegelianischen Geschichtsphilosophie gehörten die Araber in ein überholtes Stadium der Entwicklungsgeschichte des menschlichen Geistes. Sie hatten ihre Mission erfüllt, indem sie das griechische Gedankengut bewahrten und die Fackel der Zivilisation an andere weitergegeben hatten. Aus der Sicht der vergleichenden Philologie waren alle, deren Medium die semitischen Sprachen waren, unfähig zu der Rationalität und den höheren Stufen der Zivilisation, die den Ariern offenstanden. Mit einer bestimmten Interpretation von Darwins Evolutionstheorie konnte man die Behauptung vertreten, wer im Existenzkampf überlebte, sei der Überlegene und habe deshalb das Recht, über andere zu herrschen. Andererseits erkannten andere, daß Macht Verpflichtungen mit sich bringt. In der Redewendung »die Bürde des weißen Mannes« kam ein Ideal zum Ausdruck, das auf die eine oder andere Weise Beamte, Ärzte und

Missionare inspirierte oder auch jene bewegte, die aus der Ferne über Asien und Afrika lasen. Das Gefühl weltweiter Verantwortung äußerte sich zum Beispiel in Hilfeleistungen bei Katastrophen; 1860 spendete man in Europa und Amerika für die Opfer des libanesischen Bürgerkriegs und übergab die Gelder den Konsuln; das war eine der ersten Aktionen organisierter internationaler Wohltätigkeit.

Auch der Gedanke von der menschlichen Gleichheit und Gleichberechtigung über alle Unterschiede hinweg beschäftigte die Menschen. Goethe erklärte zu Beginn des neunzehnten Jahrhunderts: »Orient und Okzident sind nicht mehr zu trennen«[1]; aber am Ende des Jahrhunderts stellte Kipling fest: »Ost ist Ost, und West ist West«[2] und fand damit großen Anklang (obwohl er vielleicht nicht ganz das meinte, was andere in seine Worte hineinlegten).

Der Aufstieg der Intellektuellen

Solche Diskussionen fanden nicht über die Köpfe von Leuten hinweg statt, die taub für diese Argumente waren. In der letzten Hälfte des neunzehnten Jahrhunderts war das Wissen um die europäische Stärke nicht länger auf die osmanische Oberschicht beschränkt. Gebildete junge Leute waren herangewachsen; sie betrachteten die Welt und sich mit von westlichen Lehrern geschärften Augen; und ihnen standen neue Möglichkeiten zur Verfügung, Einsichten und Meinungen in Umlauf zu bringen.

Von wenigen Ausnahmen abgesehen kamen diese jungen Leute aus Lehranstalten einer neuen Art. Die einflußreichsten dieser Schulen waren von den Reformregierungen für ihre eigenen Zwecke gegründet worden. Das waren zunächst spezialisierte Schulen in Istanbul, Kairo und Tunis zur Ausbildung von Beamten, Offizieren, Ärzten und Ingenieuren. Am Ende des Jahrhunderts hatte sich ein staatliches Bildungswesen entwickelt. Es gab Grund- und Mittelschulen in den osmanischen Provinzstädten; die verbesserten Verkehrsverbindungen ermöglichten es den Schülern, im Anschluß daran die Hochschulen in Istanbul zu besuchen. Nach den Examen konnten sie in den Staatsdienst eintreten. In Istanbul war inzwischen auch eine Universität gegründet worden. In Ägypten gab es außerhalb des staatlichen Bildungssystems besondere Initiativen. Kairo hatte eine französische juristische Hochschule, wo Anwälte für die Arbeit an den gemischten Gerichten ausgebildet wurden, und dank einer privaten Stiftung konnte man die erste Universität gründen. Im Sudan bildete eine staatliche Hochschule, das Gordon College, junge Männer aus, die man in den unteren Rängen der Administration brauchte. In Tunesien war die staatliche Förderung auf bestimmte Bereiche begrenzt. Es gab einige »franko-arabische« Grundschulen und Pädagogische Hochschulen für Lehrer. Die Sadiqiya, eine Mittelschule nach dem Muster des *lycée*, wurde von den Franzosen reformiert und ihrer Kontrolle unterstellt. In Algerien erweiterte man im letzten Jahrzehnt des Jahrhunderts allmählich und auf einem niedrigen Niveau das Grundschulsystem. Das geschah gegen den Willen der *colons*, die kein großes Interesse daran hatten, daß algerische Muslime Französisch lernten und mit den in dieser Sprache artikulierten Ideen in Berührung kamen. Es gab drei *muduris*, an denen man auf Mittelschulebene sowohl moderne als auch traditionelle Fächer unterrichtete. Nicht viele junge Algerier besuchten die französischen Mittelschulen oder studierten an den juristischen, medizinischen und geisteswissenschaftlichen Fakultäten der Universität von Algier. Zum Teil lag es daran, daß nur wenige den erforderlichen Bildungsstand erreichten, zum Teil aber auch, weil die Algerier ihre Söhne nur widerstrebend auf französische Schulen schickten.

Neben den staatlichen Lehranstalten gab es ein paar wenige neue einheimische Schulen und eine größere Zahl europäischer und amerikanischer Missionsschulen. Im Libanon, in Syrien und Ägypten hatten manche christlichen Gemeinden eigene Schulen, allen voran die Maroniten mit ihrer alten Tradition einer höheren Bildung. Auch private muslimische Organisationen unterhielten einige moderne Schulen. Mit der finanziellen Unterstützung und unter dem Schutz der französischen Regierung breiteten sich katholische Missionsschulen aus. 1875 gründeten die Jesuiten ihre Université St. Joseph in Beirut, die man 1883 um eine medizinische Fakultät erweiterte.

Ebenfalls auf französische Initiative kam es zur Gründung der *Alliance Israélite*, einer jüdischen Organisation, die Schulen für die jüdischen Gemeinden von Marokko bis in den Irak ins Leben rief. Mit Beginn dieses Jahrhunderts ergänzten die protestantischen (meist amerikanischen) Missionen die Arbeit der katholischen Missionen; sie entwickelten sich aber auch zu einer Konkurrenz. Im Umkreis der Missionen entstanden kleine protestantische Gemeinden, die Christen anderer Konfessionen und später auch Muslimen eine westliche Bildung ermöglichten. Die beste Hochschule dieser Art war das syrisch-protestantische College in Beirut. Es wurde 1866 gegründet und sollte später die *American University* von Beirut werden. Die Kaiserlich Russisch-Orthodoxe Palästina-Gesellschaft gründete für die Mitglieder der russisch-orthodoxen Kirche russische Schulen.

In den Bildungssystemen gab es auch Mädchenschulen, die aber nicht das Niveau der Knabenschulen erreichten. Sie vermittelten jedoch ein Grundwissen und bildeten Frauen heran, die in einigen wenigen Berufen ihren Lebensunterhalt verdienen konnten – etwa als Lehrerinnen oder Krankenschwestern, in seltenen Fällen auch als Journalistinnen oder Schriftstellerinnen. Es gab für Mädchen auch einige staatliche Schulen, aber die meisten waren Missionsschulen. Auch muslimische Eltern bevorzugten katholische Nonnenschulen, denn dort lernten ihre Töchter die französische Sprache, gutes Benehmen und weibliche Fertigkeiten, und sie waren sehr gut behutet.

Eine neue, an das Lesen gewöhnte Generation wuchs heran. Viele junge Menschen beherrschten Fremdsprachen. Um die Mitte des neunzehnten Jahrhunderts hatte Französisch das Italienische als *lingua franca* des Handels und der Städte verdrängt. Im Maghreb wurde kaum Englisch gesprochen, und es war dort lange nicht so verbreitet wie das Französische weiter östlich. Zweisprachigkeit war üblich; besonders in Kairo, Alexandria und Beirut ersetzte Französisch oder Englisch in manchen Familien Arabisch als Umgangssprache. Für jene, die eine höhere arabische Bildung erhalten hatten, entstand eine neue Literatur. Vor dem neunzehnten Jahrhundert hatte es so gut wie kein gedrucktes arabisches Schrifttum gegeben. Das änderte sich im Verlauf des Jahrhunderts, besonders in Kairo und Beirut; beide Städte blieben auch später die wichtigsten verlegerischen Zentren. Die staatlichen Schulen in Kairo und die Missionschulen in Beirut hatten ein vergleichweise großes Leserpublikum geschaffen. Abgesehen von Unterrichtstexten waren Bücher in dieser Zeit von geringerer Bedeutung als Zeitungen und Zeitschriften, die in den sechzigern und siebziger Jahren eine große Rolle zu spielen begannen. Unter den neuen Zeitschriften, die Gedanken verbreiteten und Fenster zur Kultur, Wissenschaft und Technologie des Westen öffneten, befanden sich zwei, die von libanesischen Christen in Kairo verlegt wurden: *al-Muqtataf*, gegründet von Ya'qub Sarruf (1852–1927) und Faris Nimr (1855–1951), und *al-Hilal* von Dschurdschi Zaidan (1861–1914). Ein ähnliches Unterfangen war eine Enzyklopädie, die in Abschnitten erschien und von Butrus Bustani (1819–83) und seiner Familie veröffentlicht wurde. Es war ein Kompendium modernen Wissens, das den hohen Wissensstand im letzten Viertel des Jahrhunderts in Beirut und Kairo nachweist. Die Beiträge über moderne Wissenschaft und Technologie waren präzise und klar formuliert; die Artikel über griechische Geschichte, Mythologie und Literatur gehen weit über das hinaus, was man früher im islamischen Kulturkreis über die klassische Antike wußte. Das Werk wurde im wesentlichen von arabischen Christen herausgegeben und geschrieben; es behandelt islamische Themen ohne Beiklänge von Furcht oder Zurückhaltung. Die ersten Zeitungen erschienen mit offizieller Unterstützung in Istanbul, Kairo und Tunis und enthielten die Texte und Erläuterungen von Gesetzen und Dekreten. Das Genre der unabhängigen Zeitung, die eine eigene Meinung vertrat, bildete sich erst später heraus, als eine neue Lesergeneration erfahren wollte, was in der Welt geschah, und der Telegraph es ermöglichte, die Neugier der Menschen schnell zu befriedigen. Die breite Leserschaft und die Atmosphäre geistiger Freiheit ließen Kairo zum Zentrum der Tagespresse werden; und wieder einmal waren die ersten erfolgreichen Journalisten Einwanderer aus dem Libanon; *al-Ahram* wurde 1875 von der Familie Taqla gegründet und sollte zur führenden Tageszeitung der arabischen Welt werden.

Die Kultur der Reform

Bücher, Zeitschriften und Zeitungen waren Kanäle, durch die das Wissen der neuen Welt aus Europa und Amerika zu den Arabern gelangte. Vieles wurde aus dem Französischen oder Englischen übersetzt oder adaptiert; die Übersetzungstätigkeit begann unter Muhammad Ali, der Handbücher für seine Beamten und Offiziere und Lehrbücher für die Schulen brauchte. Ägypter, die in Europa ausgebildet worden waren und Französisch oder eine andere Sprache beherrschten, veröffentlichten Berichte über das, was sie gesehen und gehört hatten. So schreibt Rifa'a at-Tahtawi (1801–73), den Muhammad Ali mit einer Studienmission nach Paris geschickt hatte, über die Stadt und ihre Bewohner:

> Wisse denn, daß sich die Pariser vor vielen Christen durch Intelligenz, feinen Verstand und die Gabe, sich mit schwerverständlichen Dingen zu befassen, auszeichnen. [...] Sie sind auch keineswegs Gefangene des blinden Autoritätsglaubens, sondern möchten stets den Dingen auf den Grund gehen und sich über sie Aufschluß verschaffen, so daß bei ihnen sogar die einfachsten Leute lesen und schreiben können und sich, wie andere auch, mit tiefen Fragen befassen – jedermann nach Maßgabe seiner Verhältnisse, versteht sich. [...] Zu den Wesenszügen der Franzosen gehört Neugier und Begeisterung für alles Neue sowie der Wunsch nach Veränderung und Abwechslung in allen Dingen, besonders auf dem Gebiet der Kleidung. [...] Ferner gehören zu ihrer Wesensart Unbeständigkeit und Launenhaftigkeit. Da wechselt jemand mit einem Male von Freude zu Trauer und umgekehrt über oder von Ernst in Scherz und umgekehrt, so daß er an ein und demselben Tag eine ganze Reihe von sich widersprechenden Dingen tun mag. Dies alles freilich in unwichtigen Dingen. Was die wichtigen Belange betrifft, da ändern sich ihre Ansichten in politischen Dingen nicht, sondern ein jeder hält an seiner Überzeugung und seiner Meinung fest und tritt sein Leben

> lang für sie ein. [...] Sie sind in Wahrheit eher geizig als großzügig. [...] Sie verwerfen alles Widernatürliche und sind des festen Glaubens, daß der Fortgang der natürlichen Dinge unaufhaltsam ist, daß die Religionen lediglich dafür gekommen seien, den Menschen anzuleiten, das Gute zu tun. [...] Aber zu ihren unschönen Überzeugungen gehört, daß sie behaupten, der Verstand ihrer Philosophen und Metaphysiker übertreffe den der Propheten.[3]

Allmählich entstand jedoch eine neue Art Literatur, mit der arabische Schriftsteller versuchten, auf arabisch ihr Selbstbewußtsein und ihre Stellung in der modernen Welt zu artikulieren. Zu den wichtigen Anliegen der neuen Literatur gehörte die arabische Sprache. Alle, die im Bannkreis des neuen Wissens und der europäischen Literatur aufwuchsen, begannen, ihre Vergangenheit mit neuen Augen zu betrachten. Die Texte der klassischen arabischen Literatur wurden in Kairo und auch in Europa neu aufgelegt. Alte Literaturgattungen wurden wiederbelebt; der bedeutendste libanesische Schriftsteller seiner Zeit, Nasif al-Yazidschi (1800–71) schrieb ein Buch in kunstvoller Reimprosa im Stil der *maqamat* – eine Reihe von Geschichten und Anekdoten über einen einfallsreichen Helden. Andere machten es sich zur Aufgabe, die Sprache so zu gestalten, daß sie die neuen Gedanken und neuen Formen künstlerischer Sensibilität auszudrücken vermochte. Butrus Bustani und jene, die von ihm lernten, benutzten eine neue Art der essayhaften Prosa, die nicht von den Grundregeln der arabischen Grammatik abwich, aber einfachere Ausdrucksweisen, neue Worte und Idiome einführte, die entweder aus dem arabischen Sprachschatz stammten oder aus dem Englischen und Französischen übernommen waren. Es kam auch zu einer Wiederbelebung arabischer Dichtkunst, die nach wie vor das klassische Metren- und Reimsystem benutzte, allmählich aber neue Gedanken und Gefühle zum Ausdruck brachte. Man kann in Ahmad Shauqi (1868–1932) einen späten klassischen Dichter sehen. Er bediente sich der Hochsprache, um an öffentliche Ereignisse zu erinnern oder nationale Gefühle zu artikulieren oder um Herrscher zu preisen; er stammte aus der türkisch-ägyptischen Elite am ägyptischen Hof. Zu seinen Zeitgenossen gehörte indessen auch ein Dichter wie Chalil Mutran (1872–1949), in dessen Gedichten traditionelle Formen und Sprache nicht um ihrer selbst willen benutzt werden, sondern um einen präzisen Ausdruck der Wirklichkeit zu erreichen – sei es nun die äußere Welt oder seien es die Gefühle des Autors. Hafiz Ibrahim (1871–1912) artikulierte das politische und gesellschaftliche Denken der Ägypter seiner Zeit allgemeinverständlicher und für eine breitere Leserschaft als Ahmad Shauqi. Auch völlig neue Gattungen tauchten auf: Drama, Kurzgeschichte und Roman. Der erste bedeutende Roman, Husain Haikals *Zainab* erschien 1914; darin werden das Land, das in der Natur verwurzelte Leben der Menschen und die Beziehungen von Männern und Frauen auf eine neue Weise gesehen.

Der andere Schwerpunkt der neuen Literatur lag auf der Auseinandersetzung mit der wachsenden gesellschaftlichen und intellektuellen Macht Europas. Man sah in ihr nicht nur etwas Feindliches, sondern auch eine in mancher Hinsicht reizvolle Herausforderung. Beliebte Themen waren die Macht und Größe Europas, die moderne Wissenschaft und Technik, die politischen Institutionen der europäischen Staaten und die sozialen Normen der modernen Gesellschaften. Solche Werke warfen ein grundsätzliches Problem auf: Wie konnten arabische Muslime und wie konnte der osmanische muslimische Staat stark genug werden, um sich mit Europa zu messen und Teil der modernen Welt zu werden?

Die ersten klaren Versuche, diese Frage zu beantworten, findet man in den Schriften der Beamten, die um die Mitte des Jahrhunderts in Istanbul, Kairo und Tunis an den Reformen mitwirkten. Manche waren türkisch geschrieben, einige wenige auch auf Arabisch, etwa ein Werk von Khair ad-Din (gest. 1889). Er spielte die führende Rolle beim letzten tunesischen Versuch einer Regierungsreform vor der französischen Besetzung. In der Einleitung zu seinem Buch erklärt Khair ad-Din seine Zielsetzung:

> Erstens fordere ich all jene Politiker und Männer der Religion auf, die entschlossen und tatkräftig sind, soweit es in ihren Kräften steht, alles zu tun, was dem Wohl der islamischen Gemeinschaft und der Entwicklung der Zivilisation dient: zum Beispiel die Erweiterung der Grenzen von Wissenschaft und Wissen und die Einleitung von Schritten, die zu Wohlstand führen. [...] Die Grundlage all dessen ist eine gute Regierung. Zweitens warne ich die Unbesonnenen in der muslimischen Gemeinschaft davor, hartnäckig ihre Augen vor dem zu verschließen, was an der Praxis der Gläubigen anderer Religionen lobenswert ist und in Einklang mit unserem eigenen religiösen Gesetz steht, nur weil sie starr an der Vorstellung festhalten, man solle nichts mit den Nichtmuslimen und ihren Einrichtungen zu tun haben.[4]

Nach Ansicht solcher Autoren sollte das Osmanische Reich durch Gesetzesänderungen, neue Methoden der Administration und durch militärische Umstrukturierung zu einem starken modernen Staat werden; die Beziehung zwischen Sultan und Untertanen sollte sich wandeln und zur Beziehung einer modernen Regierung zu ihren Bürgern werden. Die Treue zu einer Herrscherfamilie sollte sich zum Gefühl der Zugehörigkeit zu einer Nation wandeln, der osmanischen Nation, die Muslime und Nichtmuslime, Türken und Nichttürken einschloß. All dies war ihrer Meinung nach möglich, ohne dem Islam oder den Traditionen des Reichs untreu zu werden, wenn man sie nur richtig interpretierte.

Im Verlauf des neunzehnten Jahrhunderts und mit dem Heranwachsen einer neuen gebildeten Schicht kam es in den sechziger und siebziger Jahren zu einer Spaltung der Reformbefürworter. Grund dafür waren unterschiedliche Meinungen zur prinzipiellen Frage der staatlichen Autorität: Sollte die Macht in den Händen von Beamten liegen, die ihrem Gewissen und Gerechtigkeitsgefühl und den Interessen des Reichs verantwortlich waren, oder bei einer aus Wahlen hervorgegangenen parlamentarischen Regierung?

Die Kluft zwischen den Generationen ging aber noch tiefer. Die zweite Generation in den drei Ländern war sich eines Problems bewußt, das im Prozeß der Veränderung selbst lag. Eine Reform der Institutionen war gefährlich, wenn sie nicht in einer Form moralischer Solidarität wurzelte. Aber wie sollte diese Solidarität aussehen, und wie weit ließ sie sich aus den Lehren des Islam ableiten? Diese Frage wurde immer drängender, als die neuen Schulen eine Generation entließen, die nicht in der Tradition islamischer Gelehrsamkeit stand, dafür aber den doktrinären Einflüssen des Westens ausgesetzt war.

Das Problem stellte sich natürlich nicht den arabischsprachigen Christen des Libanons und Syriens, die im intellektuellen Leben dieser Zeit eine große Rolle spielten. Den meisten erschien die westliche Zivilisation nicht völlig fremd. Sie konnten sich ihr annähern, ohne das Gefühl haben zu müssen, sich selbst untreu zu werden. Aber auch sie standen vor einem Problem. Die mächtigen Hierarchien der Kirchen, die vom Staat anerkannt waren und unterstützt wurden, erwiesen sich mitunter als Hindernis für ihr Denken und den freien Ausdruck ihrer Ansichten. Manche dieser Christen tendierten deshalb zu radikaler Säkularisierung oder neigten zum Protestantismus, der in einer Gesellschaft, in der die Identität sich durch Zugehörigkeit zu einer religiösen Gemeinschaft definierte, einer Säkularisierung am nächsten kam.

Für Muslime aber war das Problem unausweichlich. Der Islam war in ihnen tief verwurzelt. Wenn das Leben in der modernen Welt Veränderungen der gesellschaftlichen Organisation verlangte, mußten sie versuchen, die Änderungen durchzuführen, ohne ihre innersten Überzeugungen zu verraten. Und das konnte nur gelingen, wenn man den Islam so interpretierte, daß er vereinbar war mit dem Überleben, mit Stärke und Fortschritt. Dies war der Ausgangspunkt all jener, die man als »islamische Modernisten« bezeichnen kann. Ihrer Ansicht nach war der Islam nicht nur vereinbar mit Vernunft, Fortschritt und gesellschaftlicher Solidarität, also den Grundlagen der modernen Zivilisation, sondern richtig gedeutet, schrieb er diese Dinge sogar vor. Überlegungen dieser Art vertrat Dschamal ad-Din al-Afghani (1839–97), ein Perser, dessen Arbeiten unbedeutend waren, der aber persönlich einen beträchtlichen und weitreichenden Einfluß ausübte. Der Ägypter Muhammad Abduh (1849–1905) entwickelte diese Gedanken klarer und umfassender. Sein Werk sollte überall in der islamischen Welt großen und bleibenden Einfluß gewinnen. Er formuliert den Sinn seines Lebens folgendermaßen:

> [...] das Denken von den Fesseln der Nachahmung [*taqlid*] befreien und die Religion so verstehen, wie sie von der Gemeinschaft vor dem Auftreten von Meinungsverschiedenheiten verstanden worden war; durch den Erwerb religiösen Wissens zurückkehren zu den Quellen und sie wiegen mit der Waage menschlicher Vernunft, die Gott geschaffen hat, um religiöse Exzesse und Verfälschungen zu verhindern, damit Gottes Weisheit sich erfüllen kann und die Ordnung der menschlichen Welt bewahrt wird; und beweisen, daß so gesehen, die Religion eine Freundin der Wissenschaft ist, die den Menschen anspornt, die Geheimnisse des Daseins zu erforschen, die ihn aufruft, die feststehenden Wahrheiten zu achten und sich in seinem moralischen Leben und Verhalten darauf zu stützen.[5]

In seinem Werk wird eine Unterscheidung zwischen den grundlegenden Doktrinen des Islam und seinen sozialen Lehren und Gesetzen erkennbar. Die Doktrinen haben eine Reihe von Denkern übermittelt, die »frommen Altvorderen« (*as-salaf as-salih*, daher wird dieser Denkrichtung oft der Name *salafiya* gegeben). Ihre Glaubenssätze sind einfach – der Glaube an Gott, an die Offenbarung durch eine Reihe von Propheten, die mit Muhammad endete; der Glaube an moralische Verantwortung und Vernunft –, und sie können artikuliert und mit dem Verstand verteidigt werden. Gesetz und ethische Normen andererseits sind die Anwendung bestimmter allgemeiner, im Koran enthaltener Prinzipien, die für den menschlichen Verstand annehmbar sind, auf bestimmte Verhältnisse. Bei einer Änderung der Verhältnisse sollten sie sich ebenfalls ändern; der muslimische Denker hat in der modernen Welt die Aufgabe, sich verändernde Gesetze und Sitten mit den unveränderlichen Prinzipien in Einklang zu bringen, ihnen damit Grenzen zu setzen und die Richtung zu weisen.

Diese Sicht des Islam sollte zum festen Bestandteil des Bewußtseins vieler gebildeter arabischer Muslime und zahlreicher Muslime außerhalb der arabischen Welt werden. Sie konnte sich jedoch in mehr als eine Richtung entwickeln. Abduhs bekanntester Nachfolger, der Syrier Raschid Rida (1865–1935), versuchte in seiner Zeitschrift *al-Manar* beiden Aspekten der Lehren seines Meisters gerecht zu werden. Er verteidigte die unveränderlichen Glaubenssätze des Islam gegen alle Angriffe und näherte sich damit mehr ihrer hanbalitischen Interpretation und später den Wahhabiten; in einer Reihe von Fetwas versuchte er, die einer modernen Welt angemessenen Gesetze in den Rahmen einer revidierten *schari'a* zu stellen.

Das Aufkommen des Nationalismus

Sowohl Muhammad Abduh als auch Raschid Rida waren traditionell ausgebildete *ulama*. Sie wollten Veränderungen nicht nur rechtfertigen, sondern ihnen auch Grenzen setzen. Aber die Anziehungskraft von Abduhs Auffassung des Islam für die Absolventen der modernen Schulen lag darin, daß sie ihnen erlaubte, sich dem Gedankengut des modernen Westens zu öffnen, ohne dabei das Gefühl haben zu müssen, ihre Vergangenheit zu verraten. Schriftsteller, von denen manche ihre Verbundenheit mit Abduh bekundeten, entwickelten Gedanken zu neuen Strukturen von Staat und Gesellschaft. In dieser Generation bekannten sich Türken, Araber, Ägypter und Tunesier offen zur Idee des Nationalismus. Das Nationalbewußtsein hatte sich schon früher geregt. Dahinter lag etwas Älteres und Stärkeres: der Wunsch alter Gesellschaften, ihr Leben ohne Einbrüche fortsetzen zu können. Aber der Nationalismus als Konzept, das politische Bewegungen auslöste, gewann erst in den letzten beiden Jahrzehnten vor dem Ersten Weltkrieg Bedeutung.

Die nationalen Bewegungen entstanden als Antwort auf unterschiedliche Herausforderungen. Der türkische Nationalismus war eine Reaktion auf den anhaltenden und zunehmenden Druck aus Europa und den Zusammenbruch des Ideals eines osmanischen Nationalismus. Als die christlichen Völker des Reiches sich nacheinander von Istanbul lossagten, gewann der osmanische Nationalismus eine mehr islamische Färbung. Nachdem jedoch unter Abdülhamid die Allianz zwischen dem Thron und der türkischen herrschenden Klasse zerbrach, kam der Gedanke einer türkischen Nation auf, das heißt, die Vorstellung, das Reich könne nur auf der Basis der Solidarität einer Nation überleben, die eine gemeinsame Sprache verband.

Das Reich war zu dieser Zeit im wesentlichen ein türkisch-arabischer Staat geworden; daher mußte jeder Versuch, die Vorherrschaft des türkischen Elements zu betonen, das Gleichgewicht zwischen Türken und Arabern empfindlich stören; und als Reaktion darauf gewann der arabische Nationalismus allmählich deutlichere Konturen. In der Anfangsphase war er eher eine vom Zusammengehörigkeitsgefühl getragene Bewegung gebildeter Muslime in Syrien (vor allem in Damaskus) und einiger syrischer

Christen und libanesischer Schriftsteller. Er hatte zweierlei Wurzeln; zum einen wurde an den neuen Schulen die arabische Vergangenheit ins Bewußtsein zurückgerufen, und zum anderen legten die islamischen Reformer großes Gewicht auf die ersten Jahrhunderte des Islam, als die Araber noch ihre Vormachtstellung innehatten. Die Bewegung wurde jedoch erst zu einer bedeutsamen politischen Kraft, als die Revolution von 1908 die Stellung des Sultans und damit den traditionellen Fokus der Loyalität geschwächt hatte. Sie führte schließlich zur Übernahme der Macht durch die »Jungtürken«. Da ihre Politik darauf gerichtet war, die zentralistische Kontrolle zu verstärken, und den Schwerpunkt auf die nationale Einheit des Reiches legte, tendierte sie implizit zum türkischen Nationalismus. Einige arabische Offiziere und Beamte – im wesentlichen Syrier aus Damaskus –, die aus verschiedenen Gründen in Opposition zu den »Jungtürken« standen, erhoben nun zwar noch nicht die Forderung nach einem unabhängigen arabischen Staat, aber sie verlangten die Besserstellung der arabischen Provinzen, eine Dezentralisierung, die bis hin zur Autonomie ging. Innerhalb des arabischsprachigen Gebietes machten sich manche libanesische Christen Hoffnung auf eine größere Autonomie des Libanon unter dem Schutz einer europäischen Macht.

Der türkische und arabische Nationalismus richtete sich in dieser Phase nicht in erster Linie gegen die Eingriffe der europäischen Mächte, sondern mehr auf die Probleme der Identität und der politischen Struktur des Reiches. Unter welchen Bedingungen konnte die osmanische muslimische Gemeinschaft in Zukunft existieren? Grundsätzlich konnte sie sich über die Reichsgrenzen hinaus auf alle Gruppen erstrecken, die türkisch oder arabisch sprachen. In dieser Hinsicht bestand ein Unterschied zum ägyptischen, tunesischen und algerischen Nationalismus. Alle drei Bewegungen standen vor den besonderen Problemen einer europäischen Fremdherrschaft und mußten sich in Ländern mit klaren Grenzen damit auseinandersetzen. Ägypten und Tunesien bildeten *de facto* schon lange eigenständige politische Einheiten – zuerst unter ihren eigenen Dynastien und dann unter britischer und französischer Herrschaft; auch Algerien war ein separates osmanisches Territorium gewesen und inzwischen praktisch zu einem Bestandteil Frankreichs geworden.

Deshalb war das Aufkommen des ägyptischen Nationalismus ein Versuch, die britische Besatzung zu beschränken oder zu beenden, und er hatte spezifisch ägyptische und weniger arabische oder osmanische Inhalte. Bereits der Widerstand gegen die britische Okkupation von 1882 enthielt ein nationalistisches Element – wenn auch noch nicht deutlich ausgeprägt; erst zu Beginn des neuen Jahrhunderts wurde der Nationalismus zu einer wirkungsvollen politischen Kraft, die als Sammelbecken für alle anderen Ideen zur Neustrukturierung der Gesellschaft diente. Es war keine geeinte Bewegung; sie zerfiel in Gruppen, die den Abzug der Engländer forderten; andere vertraten unter dem Einfluß des islamischen Modernismus den Standpunkt, zuerst sei eine soziale und intellektuelle Entwicklung erforderlich, ihrer Ansicht nach konnte Ägypten von der britischen Präsenz nur profitieren. Ganz ähnlich gab es in Tunis beim Widerstand gegen die französische Invasion 1881 nationalistische Untertöne, aber die erste klar erkennbare nationalistische Gruppierung, die »Jungtunesier«, machte zum ersten Mal um 1907 auf sich aufmerksam. Es handelte sich um eine kleine, französisch ausgebildete Gruppe. Auch ihnen ging es nicht in erster Linie um den sofortigen Abzug der Franzosen, sondern mehr um eine Änderung der französischen Politik. Sie wollten erreichen, daß mehr Tunesier eine französische Bildung und damit bessere Chancen im Staatsdienst und in der Landwirtschaft erhielten. Die *colons* lehnten das ab. In Algerien zeigte sich ebenfalls der tiefsitzende und entschlossene Widerstand gegen die französische Kolonisierung, der sich im wesentlichen immer noch in traditionellen Bahnen bewegte. Die »Jungalgerier« waren eine kleine Bewegung. Auch sie vertraten »modernistische« Gedanken und forderten ein französisches Bildungssystem, finanzielle und juristische Reformen und größere politische Rechte innerhalb der bestehenden Ordnung. In Marokko dagegen fand die in Stadt und Land weit verbreitete Opposition gegen das französische Protektorat ihre Führer unter den städtischen *ulama* und ihre Symbole im traditionellen islamischen Denken.

Die Kontinuität der islamischen Tradition

Osmanismus, islamischer Reformismus und Nationalismus waren Ideen einer gebildeten städtischen Minderheit, in denen eine neue Beziehung zu Staat und Außenwelt in Gestalt neuer Konzepte zum Ausdruck kam. Außerhalb dieser Minderheit mögen sich in der Bevölkerung sehr wohl bereits Gedanken und Gefühle geregt haben, die sich bei einer späteren Generation in nationalistischer Prägung artikulieren und den nationalistischen Bewegungen eine neue Kraft verleihen sollten. Aber noch lieferte hauptsächlich der traditionelle Islam die Motive, die die Menschen zum Handeln bewegten, und die Symbole, die diesem Handeln Bedeutung verliehen. Das, was man als »Tradition« bezeichnete, blieb jedoch nicht unverändert; die Tradition ging ihren eigenen Weg – mit eigenem Tempo.

Das alte Schulsystem hatte an gesellschaftlicher Bedeutung verloren;

diese Art Ausbildung führte nicht mehr zu hohen Stellungen im Staatsdienst. Als neue Regierungs- und Verwaltungsmethoden eingeführt wurden, brauchte man neue Kenntnisse; die Kenntnis einer europäischen Sprache wurde praktisch unerläßlich. Die Absolventen der traditionellen Schulen kontrollierten schon lange nicht mehr das staatliche Rechtswesen. Ein neues Straf- und Handelsrecht nach dem Vorbild der westeuropäischen Staaten schränkte die Geltung der *schari'a* ein; das osmanische Zivilrecht behielt zwar die *schari'a* als Grundlage, wurde jedoch ebenfalls reformiert. Mit den neuen Gesetzen kamen auch neue Gerichte: gemischte oder ausländische Gerichte für Ausländer und auch neue Gerichte für die meisten Fälle der Einheimischen und in Algerien französische Gerichte. Die Gerichtsbarkeit des *qadi* beschränkte sich auf Fälle des Personenrechts. Deshalb brauchte man eine andere Art Richter und Anwälte mit einer anderen Ausbildung. In Ägypten und Algerien bemühte man sich, Studenten der traditionellen Schulen (*dar al-ulum* bzw. *madrasa*) eine Ausbildung in den modernen Fächern zu ermöglichen. Die Söhne reicher und einflußreicher Familien besuchten jedoch zunehmend die neuen Bildungsstätten.

Trotzdem gab es die alten Schulen auch weiterhin, und so entstanden wie zuvor Werke zu Theologie und Recht in der kumulativen Tradition islamischen Wissens. Die intelligentesten Studenten begannen, ihre Enttäuschung über die Art des Studiums zu zeigen, das ihnen dort geboten wurde. Einer von ihnen schrieb zum Beispiel, das Studentenleben sei nichts als eine

> endlose Wiederholung, bei der er vom Anfang des Jahres bis zum Ende nichts Neues entdecken konnte. [...] Bei allen Vorlesungen hörte er nur Worte und Reden, die sein Herz nicht bewegten oder seinen Wissensdurst weckten oder seinen Verstand nährten oder dem Bekannten etwas hinzufügten.[6]

Man unternahm Versuche, diese Schulen zu reformieren, insbesondere – unter dem Einfluß von Muhammad Abduh – die Azhar, aber ohne großen Erfolg. Die traditionellen Schulen besaßen jedoch nach wie vor eine Machtstellung; durch diese Schulen konnten intelligente Söhne aus armen ländlichen Familien einen angemessenen Platz in der Gesellschaft finden, und sie waren eine Art kollektives Gewissen, das sie auch artikulierten. Deshalb versuchten die Reformregierungen, stärkere Kontrolle über die traditionellen Schulen zu erlangen. Am Ende des neunzehnten Jahrhunderts hatte man dem Leiter der Azhar größere Autorität als früher über Lehrkräfte und Studenten eingeräumt, aber er selbst unterstand nun der strengeren Kontrolle des Khediven; die französischen Behörden in Tunesien versuchten, die Zaituna ihrer Aufsicht zu unterstellen.

Bis dahin war der Einfluß der Sufi-Orden nicht nennenswert zurückgegangen. Die feindselige Haltung der Wahhabiten gegenüber den Sufis fiel außerhalb Zentralarabiens kaum ins Gewicht. Einige Modernisten kritisierten, was sie als Mißbrauch des Sufismus bezeichneten: die Autorität der Sufi-Meister über ihre Schüler, der Glaube an Wunder, die durch Fürsprache der »Freunde Gottes« bewirkt wurden. Aber die meisten vertraten die Ansicht, ein gereinigter Sufismus sei durchaus vertretbar und für das Wohl der Gemeinschaft sogar unerläßlich. Im großen und ganzen hatten weite Teile der Bevölkerung auch weiterhin auf die eine oder andere Weise Verbindungen zu einem Orden. Aus den älteren wie der Schadhiliya und Qadiriya gingen nach wie vor neue Zweige hervor. Auch die Naqschbandiya und Tidschaniya, deren Schwerpunkt auf der Befolgung der *schari'a* lag, breiteten sich weiter aus. Daneben entstanden auch neue, ähnliche Orden, etwa die Sanusiya; diesen Orden gründete in den vierziger Jahren des neunzehnten Jahrhunderts in der Cyrenaika ein Algerier, der in Fes und Mekka studiert hatte.

Die neuen Methoden, mit denen Beamte, Polizei und Garnisonen (ausländische in Ägypten und dem Maghreb) die städtische Ordnung wahrten, begrenzten den Einfluß der Orden auf die städtische Gesellschaft und auf alle Kräfte, die öffentliche Unzufriedenheit schüren oder sich zu ihrem Sprachrohr machen konnten. Im späten neunzehnten Jahrhunderts gab es im Gegensatz zu den Revolten der sechziger und siebziger Jahre und dem Widerstand zur Zeit der ausländischen Invasionen beinahe keine städtischen Unruhen. Auf dem Land jedoch übten geistliche Autoritäten noch immer dieselbe Macht aus wie zuvor. Im Zeitalter der imperialistischen Expansion kamen die Sprecher und Anführer des ländlichen Widerstandes in erster Linie aus religiösen Kreisen. In Algerien war Abd al-Qadirs Stellung im Qadiri-Orden die Basis seiner wachsenden Macht. Später, beim Aufstand von 1871, spielte der Rahmaniya-Orden eine bedeutende Rolle. Ähnlich konnte mit Hilfe islamischer Symbolfiguren zum Widerstand gegen den wachsenden europäischen Einfluß in Ägypten, Tunesien und Marokko aufgerufen werden. Der stärkste Widersacher der Italiener bei ihrem Eroberungsfeldzug in Libyen war der Sanusiya-Orden, der zu dieser Zeit ein Netz lokaler Zentren in den Oasen der Cyrenaika aufgebaut hatte. Nicht alle Sufi-Orden schlugen jedoch den Weg des Widerstandes ein. In Algerien schloß die Tidschaniya Frieden mit den Franzosen; in Ägypten stellten sich die meisten Orden bei der Krise von 1882 auf die Seite des Khediven.

Das auffälligste Beispiel für die politische Macht eines religiösen Führers findet man im Sudan in einer Bewegung, der es in den achtziger Jahren gelang, die ägyptische Herrschaft abzuschütteln. Sie bezog ihre Kraft auch aus der Opposition gegen die ausländischen Gouverneure, aber ihre Wurzeln reichten tiefer. Muhammad Ahmad, der Gründer, ließ sich von seiner sufischen Schulung inspirieren, und seine Anhänger sahen in ihm den *mahdi*, den Gottgeleiteten, der der Gerechtigkeit in der Welt zum Sieg verhelfen sollte. Seine Bewegung breitete sich in diesem Land, wo die staatliche Kontrolle begrenzt war, schnell aus. Es gab im Sudan nur kleine Städte, und der Islam der *ulama* war zu schwach, um dem Einfluß eines ländlichen Lehrers wirkungsvoll begegnen zu können. Nach Beendigung der ägyptischen Herrschaft konnte er einen Staat auf den Grundlagen seiner Interpretation der islamischen Lehre schaffen. Sein Vorbild war die ideale Gemeinschaft des Propheten und seiner Gefährten. Nach seinem Tod trat sein »Kalif« die Nachfolge an, aber das Ende kam mit der anglo-ägyptischen Invasion noch vor der Jahrhundertwende.

Solche Bewegungen nährten die Angst der Reformregierungen und der ausländischen Mächte vor einer »islamischen Revolte«. Deshalb stellte man sich ihnen entgegen oder versuchte zumindest, sie unter Kontrolle zu halten. Seit Muhammad Ali hatte man in Ägypten versucht, die Sufi-Orden zu kontrollieren, indem man das Oberhaupt einer Familie, die Verbindungen zu der Bakriya hatten, zum Oberhaupt aller Sufi-Orden machte. Seine Aufgaben und Machtbefugnisse wurden in späteren Jahren genauer definiert. Die Leitung eines Ordens wurde ein offizielles, von der Regierung anerkanntes Amt. Diese Ordensmeister konnten manche der üblichen Exzesse eingedämmen, die zunehmend auf Kritik stießen. Nach den Unruhen von 1871 in Algerien erwachte das Mißtrauen der Franzosen gegen die Orden. Man versuchte, die feindlich gesonnenen zu unterdrücken und die Meister der anderen durch Zugeständnisse zu gewinnen.

Im Osmanischen Reich befand sich der Sultan in einer Lage, die es ihm erlaubte, populäre religiöse Gefühle in Bahnen zu lenken, die seinen Interessen dienten. Seit der Mitte des Jahrhunderts bemühte sich die Regierung immer wieder darum, die Rolle des Sultans als Verteidiger des Staates hervorzuheben – praktisch war er das letzte Relikt der politischen Macht und der Unabhängigkeit des sunnitischen Islam. Der Anspruch des Sultans, der Kalif zu sein, war bislang nicht mit großem Nachdruck vertreten worden, außer in dem Sinn, daß jeder mächtige muslimische Herrscher als Kalif bezeichnet werden konnte. Ab der Jahrhundertmitte wurde dieser Anspruch jedoch systematischer erhoben. Er war ein Aufruf an alle Muslime im Reich und außerhalb, sich um den osmanischen Thron zu scharen, und eine Warnung an die europäischen Staaten, in denen Millionen Muslime lebten. Sultan Abdülhamid bediente sich Vertrauter aus Sufi-Kreisen und ihrer Schützlinge, um seinen religiösen Ansprüchen Nachdruck zu verleihen. Der Bau der Hedschazbahn mit muslimischem Geld zu dem Zweck, Pilger zu den heiligen Stätten zu bringen, war ein Aspekt dieser Politik. Islamische Modernisten kritisierten sie mit der Begründung, diese Art Islam, die der Sultan fördere, sei nicht der wahre Islam. Sie stellten auch seinen Anspruch auf den Kalifentitel in Frage und hofften, das Kalifat werde wieder an die Araber zurückfallen. Trotzdem weckte diese Politik Gefühle der Zusammengehörigkeit in der islamischen Welt, bei Arabern, Türken, bei den Muslimen in Indien, wo das Reich der Moguln nach dem Sepoyaufstand von 1857 endgültig untergegangen war, im Kaukasus und in Zentralasien, wo die russische Expansion die alten Monarchien zerstörte, und in den Gebieten Nordafrikas, die unter britischer und französischer Herrschaft standen.

Kapitel 19

Der Höhepunkt europäischer Macht

(1914–1939)

Die Vorherrschaft Großbritanniens und Frankreichs

1914 durchbrachen die Rivalitäten zwischen den europäischen Mächten jene Grenzen, die ihnen das Gefühl eines gemeinsamen Schicksals und die Erinnerungen an die napoleonischen Kriege auferlegt hatten. Das Osmanische Reich war infolge seiner Schwäche und der Bedeutung der Interessen, die auf dem Spiel standen, der Punkt, an dem diese Rivalitäten am schärfsten zutage traten. In einigen Gebieten hatten die Eisenbahnkonzessionen eine Art Teilung der Einflußsphären geschaffen, aber in anderen – in Teilen des Balkans, in Istanbul und am Bosporus und in Palästina – prallten die Interessen der Staaten direkt aufeinander. Es war die Rivalität zwischen Österreich und Rußland auf dem Balkan, die 1914 unmittelbarer Grund für den Ausbruch des Ersten Weltkriegs war. Und als das Osmanische Reich im November an der Seite von Österreich und Deutschland gegen Großbritannien, Frankreich und Rußland in den Krieg eintrat, wurde sein Territorium zum Kriegsschauplatz. Die durch die Verbündeten verstärkten osmanischen Truppen kämpften an der Front im Nordosten gegen Rußland und in den arabischen Provinzen gegen eine vorwiegend britische Streitmacht. Anfangs bedrohte das osmanische Heer die britische Stellung in Ägypten, aber später rückten die Briten und die Alliierten nach Palästina vor und hielten bei Kriegsende ganz Syrien besetzt. In der Zwischenzeit war eine andere britisch-indische Streitmacht an der irakischen Golfküste gelandet, und bei Kriegsende befand sich der ganze Irak in ihrer Hand.

1918 war die militärische Vormachtstellung der Briten und Franzosen im Nahen Osten und im Maghreb stärker als jemals zuvor. Noch schwerer wog, daß die Osmanen als Großmacht ausgeschaltet waren und bald völlig von der politischen Bühne verschwanden, die imperiale Macht, in

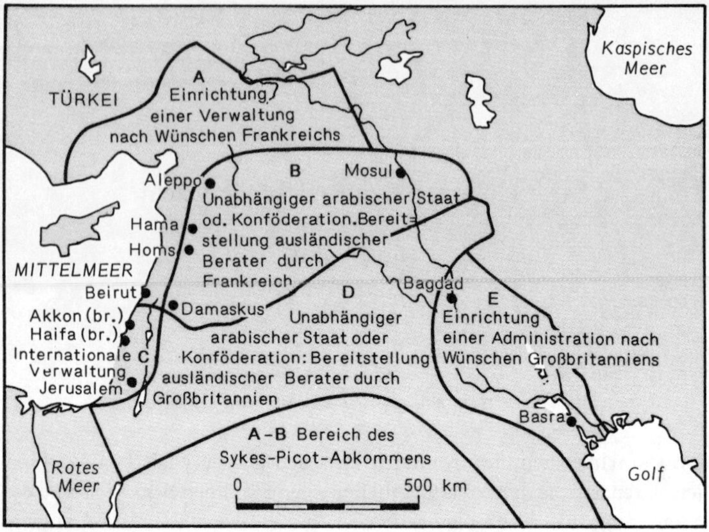

Die Nachkriegsregelung 1918–1923: Sykes-Picot-Abkommen 1916.

deren Einflußbereich die arabischen Länder seit Jahrhunderten gelebt hatten und die in neuerer Zeit eine Art Schutz gegen die europäischen Kolonialmächte gewesen war. Das Osmanische Reich hatte seine arabischen Provinzen verloren und schrumpfte auf Anatolien und einen kleinen Teil Europas zusammen. Der Sultan war gezwungen, einen ungünstigen Friedensvertrag zu unterzeichnen (den Vertrag von Sèvres, 1920), der seine Regierung praktisch unter ausländische Vormundschaft stellte. Aber eine Widerstandsbewegung der türkischen Bevölkerung Anatoliens unter Führung von Offizieren und indirekt gestärkt durch die Alliierten, die eine griechische Besetzung von Teilen Westanatoliens ermutigten, führte zur Entstehung einer türkischen Republik und der Abschaffung des Sultanats. Die Alliierten akzeptierten die veränderte Lage im Vertrag von Lausanne (1923), den man als das offizielle Ende des Osmanischen Reiches ansehen kann.

Das politische System, in dem die meisten Araber vier Jahrhunderte gelebt hatten, war damit zerbrochen; die Hauptstadt des neuen türkischen Staats wurde nicht Istanbul, sondern Ankara im anatolischen Hochland. Istanbul, die große Stadt, die so lange Sitz der Macht gewesen war, hatte ihre Faszination und Anziehungskraft verloren. Die Dynastie der Osmanen hatte die verbliebene Macht und Unabhängigkeit des sunnitischen Is-

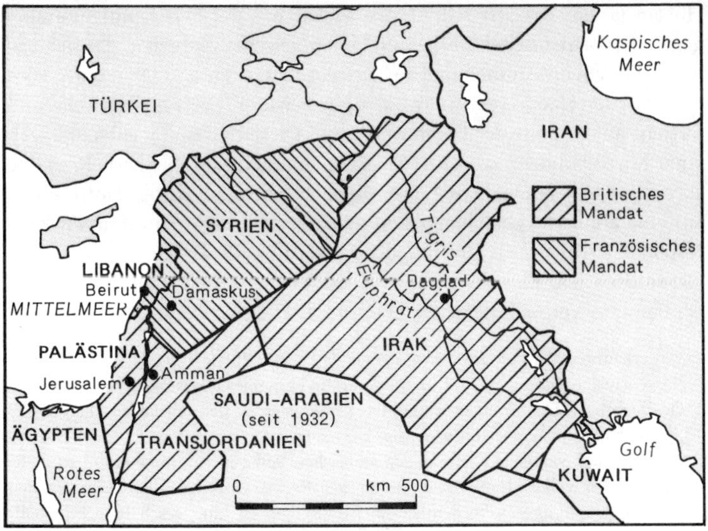

Die Mandate.

lam verteidigt, gleichgültig ob man ihr das Recht auf das Kalifat zuerkannte oder nicht. Jetzt versank sie in der Geschichte. Die Veränderungen blieben nicht ohne tiefgreifende Wirkung. Politisch bewußte Araber versuchten, ihre politische Identität neu zu definieren. Sie stellten sich Fragen zu der Form, in der sie in einer politischen Gemeinschaft zusammenleben sollten. Kriege sind Katalysatoren. Sie machen bislang unartikulierte Gefühle bewußt und wecken die Erwartung auf Veränderungen. Woodrow Wilson, der Präsident der Vereinigten Staaten, und andere führende Politiker der Entente-Mächte unterstützten die Vorstellung von der Umgestaltung der Welt auf der Grundlage der Selbstbestimmung nationaler Einheiten. Die Kriegsereignisse hatten in manchen Schichten der arabischen Völker den Wunsch nach einer Änderung ihres politischen Status aufkommen lassen. Im Maghreb hatten algerische und tunesische Soldaten – viele von ihnen als Freiwillige – in der französischen Armee an der Westfront gekämpft. Sie rechneten mit Veränderungen, die eine Anerkennung ihres Einsatzes darstellten. Die Ägypter hatten zwar nicht direkt am Krieg teilgenommen, aber ihnen waren außergewöhnliche Härten abverlangt worden: Zwangsarbeit, hohe Preise, Lebensmittelknappheit und die Demütigungen einer Besatzungsarmee. In den arabischen Teilen des Osmanischen Reiches gab es Veränderungen anderer Art. 1916 rebellierte

Husain (1908–24), der *scherif* von Mekka aus der Haschemitenfamilie, gegen den osmanischen Sultan, und ein arabisches Aufgebot, das sich aus westarabischen Beduinen und aus Kriegsgefangenen und Deserteuren des osmanischen Heeres rekrutierte, kämpfte bei der Eroberung Palästinas und Syriens an der Seite der Entente-Mächte. Diese Bewegung entstand nach einer Korrespondenz zwischen den Briten und Husain. Sie hatte Kontakte zu arabischen nationalistischen Gruppen, denen die Briten Hoffnungen auf eine arabische Unabhängigkeit machten (die McMahon-Husain-Korrespondenz 1915–16). Eine mögliche Erklärung für das Zustandekommen dieser britischen Aktion stammt von dem Mann, dessen Name immer wieder damit in Verbindung gebracht wird – T. E. Lawrence:

> Wir erkannten, daß der Osten eines neuen Elements bedurfte, irgendeiner Macht oder Rasse, die den Türken an Zahl, an Stoßkraft und geistiger Regsamkeit überlegen war. Geschichtliche Erfahrungen ermutigten keineswegs zu dem Gedanken, daß solche Eigenschaften fix und fertig aus Europa bezogen werden könnten. [...] Einige von uns meinten, daß genügend Kräfte in den arabischen Völkern schlummerten (dem größten fremden Volksteil im alten Osmanischen Reich), einer fruchtbaren semitischen Zusammenballung, außerordentlich stark im Religiösen, klug, geschäftstüchtig, politisch begabt, aber ihrer Anlage nach mehr ein Volk des Sichfügens als des Herrschens.[1]

Lawrence behauptete: »Wir gedachten [...] ein neues Volk im Osten zu schaffen, ungeachtet der festen Geleise, die unsere Vorfahren für uns gelegt hatten«[2], wobei er vielleicht seine Rolle überschätzte. Es ist umstritten, ob tatsächlich etwas versprochen wurde, und wenn ja, was, und ob dem Aufstand des Scherifen eine entscheidende Rolle beim Sieg der Alliierten zukam. Aber unbestreitbar ist, daß der Anspruch, die Menschen arabischer Sprache seien eine Nation, die einen eigenen Staat haben sollte, zum ersten Mal von einer Großmacht anerkannt worden war.

In den Jahren nach dem Krieg stießen Hoffnungen, Groll und die Suche nach einer Identität gegen die Mauer britischer und französischer Machtpolitik. In Algerien führte die französische Regierung tatsächlich einige Änderungen ein. Die Muslime mußten nun keine höheren Steuern mehr zahlen als die europäischen Siedler, und sie konnten mehr Vertreter in den lokalen Parlamenten stellen; aber eine Bewegung unter Führung eines Nachkommen von Abd al-Qadir, die forderte, daß Muslime im französischen Parlament vertreten sein sollten, ohne auf die islamischen Gesetze des Personenrechts verzichten zu müssen, wurde unterdrückt. In Marokko wurde 1926 im Norden des Landes, im Rifgebirge, eine bewaffnete Widerstandsbewegung gegen die französische und spanische Fremdherrschaft niedergeschlagen. Sie stand unter Führung von Abd al-Karim al-Chattabi

(1882–1963), einem ehemaligen Richter im spanischen Teil von Marokko aus dem Rifgebirge im Norden. Ende der zwanziger Jahre war die französische Eroberung des ganzen Landes praktisch abgeschlossen. Ähnlich hatten die Italiener 1934 ihren Machtbereich von der libyschen Küste bis in die Wüste ausgeweitet. In Ägypten hatte eine britische Deklaration der osmanischen Souveränität 1914 ein Ende gesetzt und das Land zu einem britischen Protektorat gemacht. Der Khedive hatte den Titel eines Sultans angenommen. Als die britische Regierung 1919 der ägyptischen Regierung untersagte, ihre Forderung nach Unabhängigkeit auf der Friedenskonferenz vorzutragen, löste das im ganzen Land von breiten Schichten getragene Unruhen aus. Sie wurden unterdrückt, führten aber zur Gründung einer nationalistischen Partei, dem Wafd, unter Führung von Sa'd Zaghlul (1857–1927). 1922 verkündeten die Briten eine »Unabhängigkeitserklärung« Ägyptens, in der sie sich jedoch die Kontrolle über ihre militärischen und wirtschaftlichen Interessen bis zum Abschluß von Vertragverhandlungen zwischen beiden Ländern vorbehielten. Diese Erklärung ermöglichte die Entwicklung einer ägyptischen Verfassung. Der Sultan änderte noch einmal seinen Titel und wurde König. Im Süden, im Sudan, wurde eine Widerstandsbewegung der Armee niedergeschlagen, und ägyptische Soldaten und Beamte, die unter dem Kondominiumvertrag zusammen mit den Engländern das Land kontrolliert hatten, wurden ausgewiesen.

In den anderen arabischen Provinzen des Osmanischen Reiches war die Lage komplizierter. Ein anglo-französisches Abkommen von 1916 teilte das Gebiet in vier permanente Einflußzonen (das Sykes-Picot-Abkommen vom Mai 1916), obwohl die prinzipielle arabische Unabhängigkeit im Briefwechsel mit *scherif* Husain verankert worden war. In einem britischen Dokument von 1917, der Balfour-Deklaration, heißt es, daß die Regierung der Errichtung eines jüdischen Staates in Palästina unter der Voraussetzung wohlwollend gegenüberstehe, daß die bürgerlichen und religiösen Rechte der anderen Bewohner des Landes dadurch nicht beeinträchtigt würden. Nach Kriegsende legte der Vertrag von Versailles fest, daß die Unabhängigkeit der ehemals unter osmanischer Herrschaft stehenden arabischen Länder unter der Bedingung anerkannt wurde, daß sie den Beistand und Rat eines Staates akzeptierten, dem das »Mandat« für sie übertragen worden war. Diese Dokumente und die Interessen, die sich in ihnen spiegelten, waren es, die das politische Schicksal der Länder bestimmten. Unter den Bedingungen der Mandate, die der Völkerbund 1922 offiziell erteilt hatte, war England sowohl für den Irak als auch für Palästina und Frankreich für Syrien und den Libanon verantwortlich. In Syrien wurde ein Versuch der Anhänger von Husains Widerstandsbewegung –

mit vorübergehender Unterstützung der Briten –, einen unabhängigen Staat unter der Führung von Husains Sohn Faisal zu gründen, von den Franzosen unterdrückt. Schließlich einigte man sich auf zwei politische Einheiten, auf den Staat Syrien und den Libanon; das bedeutete eine Vergrößerung des Gebiets, das 1861 einen Sonderstatus erhalten hatte. 1925 führten Beschwerden gegen die französische Administration in der drusischen Region von Syrien in Verbindung mit der nationalistischen Opposition gegen die französische Präsenz zu einer Revolte, die nur mit Mühe niedergeschlagen werden konnte. Südlich des französischen Mandatsgebietes, in Palästina und der angrenzenden östlichen Region, war Großbritannien Mandatsmacht. Wegen der mit der Balfour-Deklaration eingegangenen und im Mandatsartikel wiederholten Zusage der Duldung eines jüdischen Staats unterstellten die Engländer Palästina ihrer direkten Kontrolle. Im Osten des britischen Mandatsgebiets entstand das Emirat Transjordanien unter der Herrschaft des zweiten Sohnes von Husain, Abd Allah (1921–51). In der dritten Zone, dem Irak, bauten die Briten nach einer Stammesrevolte gegen die Besatzungsmacht Institutionen einer Selbstverwaltung unter britischer Kontrolle auf. Faisal, den die Franzosen aus Syrien vertrieben hatten, wurde unter britischer Oberhoheit und im Rahmen des Mandats König des Irak (1921–33). Die Bestimmungen des Mandats wurden in einem anglo-irakischen Vertrag niedergelegt.

Von allen arabischen Ländern blieben nur Teile der Arabischen Halbinsel von der europäischen Herrschaft verschont. Der Jemen wurde nach dem Ende der osmanischen Besatzung unter dem zaiditischen *imam* Yahya ein unabhängiger Staat. Im Hedschaz rief sich der *scherif* Husain zum König aus und regierte mehrere Jahre. Aber ohne Unterstützung durch die Engländer konnte er sich nicht halten, und seine schwache Herrschaft endete in den zwanziger Jahren, als der saudische Herrscher Abd al-Aziz (1902–53) seinen Machtbereich in Zentralarabien ausdehnte. Der Hedschaz wurde Teil des neuen Königreichs Saudi-Arabien, das sich vom persisch-arabischen Golf bis zum Roten Meer erstreckte. Aber im Süden und im Osten stand es der britischen Macht gegenüber. Das Protektorat der kleinen Golfscheichtümer blieb bestehen; ein Gebiet, das unter britischem Schutz stand, wurde von Aden nach Osten ausgeweitet, und in der südwestlichen Ecke der Halbinsel dehnte der Sultan von Oman in Masqat seinen Machtbereich mit Hilfe der Briten auf Kosten des Ibaditen-Imamats in das Landesinnere aus.

Ohne bekannte Ressourcen, mit nur wenigen Verbindungen zur Außenwelt und umgeben von britischer Macht, waren Saudi-Arabien und der Jemen nur beschränkt unabhängig. Im Gebiet des früheren Osmanischen Reiches entstand nach dem Krieg nur ein einziger wirklich unabhängiger Staat, und das war die Türkei. Auf den Grundlagen osmanischer Verwaltungs- und Militärstrukturen und dominiert von einem bemerkenswerten Führer, Mustafa Kemal (Atatürk, 1881–1938), beschritt die Türkei einen Weg, der von der Vergangenheit wegführte und auch von den arabischen Ländern, mit denen die Türken in der Geschichte so eng verbunden gewesen waren. Die Gesellschaft der Türkei wurde auf der Grundlage nationaler Solidarität umgeformt; Staat und Religion wurden strikt getrennt, und man unternahm bewußte Anstrengungen, sich von der Welt des Nahen Ostens mit dem Ziel abzuwenden, ein Teil von Europa zu werden. Das uralte Band zwischen Türken und Arabern war durchtrennt. Die Umstände, unter denen das geschah, hinterließen Bitterkeit auf beiden Seiten, die sich einige Zeit in Grenzstreitigkeiten mit dem Irak und Syrien äußerten. Trotzdem sollte das Beispiel Atatürks, der Europa erfolgreich die Stirn geboten und seine Nation auf einen neuen Weg geführt hatte, einen tiefgreifenden Einfluß auf die nationalen Bewegungen überall in der arabischen Welt haben.

Das Primat der britischen und französischen Interessen

Nachdem Großbritannien und Frankreich die Oppositionsbewegungen der zwanziger Jahre unter Kontrolle gebracht hatten, wurde ihre Macht im Nahen Osten und im Maghreb von innen nicht mehr ernsthaft bedroht, und einige Jahre lang gab es auch keine Herausforderung von außen. Die anderen europäischen Großmächte – Rußland, Deutschland und Österreich-Ungarn – waren bei Kriegsende zusammengebrochen oder hatten sich auf sich selbst zurückgezogen. Der Nahe Osten, der lange ein Feld gemeinsamen Handelns und der Rivalitäten von fünf oder sechs europäischen Mächten gewesen war, stand nun unangefochten unter dem Einfluß von Großbritannien und Frankreich; *de facto* aber mehr unter britischem als französischem Einfluß, denn Frankreich, das zwar offiziell zu den Siegermächten gehörte, war durch den Krieg sehr geschwächt. Im Maghreb blieb es jedoch die führende Macht.

Für Großbritannien und Frankreich war die Kontrolle über die arabischen Länder nicht nur wegen ihrer Interessen in dieser Region wichtig, sondern auch weil es ihre Stellung in der Welt stärkte. Besonders Großbritannien hatte bedeutende wirtschaftliche Interessen im Nahen und Mittleren Osten: die Baumwollproduktion für Textilfabriken in Lancashire, Erdöl in Iran und später im Irak, Investitionen in Ägypten und anderswo und Märkte für Fertigwaren; außerdem waren die moralischen Ansprüche zu berücksichtigen und die Verpflichtung, die Juden bei der Schaffung einer nationalen Heimat zu unterstützen. Aber daneben gab es andere, weiterreichende Interessen. Die britische Präsenz im Nahen Osten trug dazu bei, die Rolle Großbritanniens als Mittelmeermacht und als Weltmacht zu wahren. Der Seeweg nach Indien und in den Fernen Osten führte durch den Suezkanal. Luftrouten über den Nahen Osten wurden in den zwanziger und dreißiger Jahren geschaffen: eine über Ägypten und den Irak nach Indien, die andere über Ägypten ins südliche Afrika. Die strategischen Interessen wahrte eine Kette von Militärstützpunkten, die durch andere Stützpunkte im Mittelmeerraum und am Indischen Ozean verstärkt wurde und diese ihrerseits stärkte – der Hafen von Alexandria und andere Häfen in Ägypten und Palästina, die man als Militärbasen nutzen konnte, und neben Luftstützpunkten in diesen Ländern andere im Irak und am Golf.

Ähnlich war der Maghreb für Frankreich nicht nur um seiner selbst willen wichtig, sondern wegen seiner Rolle im französischen Kolonialsystem. Aus dem Maghreb kamen Soldaten für das Heer sowie Bodenschätze und andere Rohstoffe für die Industrie. Sehr viel Kapital war dort investiert worden, und das Land war zur Heimat von mehr als einer Million französischer Bürger geworden. Die Verkehrswege zu Land, zu Wasser und in der Luft zu den anderen französischen Besitzungen in West- und Zentralafrika führten über den Maghreb. Diese Interessen schützten französische Truppen, die überall im Maghreb stationiert waren und die Flotte mit ihren Stützpunkten in Bizerta, Casablanca und später Mers el-Kebir. Verglichen damit waren die Interessen im Nahen Osten begrenzter, aber trotzdem beachtlich: Investitionen in Ägypten und im Libanon; das Erdöl aus dem Irak, das 1939 die Hälfte des französischen Bedarfs deckte, und eine gewisse moralische Verpflichtung gegenüber den Christen im Mandatsgebiet. Darüber hinaus stärkte Frankreichs militärische Präsenz in Syrien und dem Libanon seine Position als Mittelmeermacht und Weltmacht; seine Armee konnte das Land benutzen, seine Marine die Häfen, und eine Route der Luftwaffe führte über den Libanon in die französischen Kolonien in Indochina.

Bis zum Ende der dreißiger Jahre blieben diese Positionen praktisch unangetastet. Die erste ernsthafte Herausforderung – und es war schwer zu sagen, wie ernsthaft sie sein würde – kam von Italien. 1918 hatte sich Italien bereits auf dem Dodekanes (die Inselgruppe, die es 1912 dem Osmanischen Reich entrissen hatte) und an der libyschen Küste festgesetzt. 1939 besetzte es ganz Libyen, Albanien und Äthiopien in Ostafrika. Deshalb konnte Italien nicht nur die französische Vormachtstellung in Tunesien bedrohen, wo viele der dort lebenden Europäer aus Italien stammten, sondern auch die britische Position in Ägypten, im Sudan und in Palästina. Italien gewann einen gewissen Einfluß auf die arabischen Oppositionsbewegungen gegen die britische oder französische Herrschaft. Das gelang 1939 auch Deutschland, obwohl es keine klaren Anzeichen für eine direkte deutsche Bedrohung der britischen und französischen Interessen dort gab. Die Sowjetunion hatte seit der Revolution von 1917 ebenfalls wenig unternommen, um ihre Präsenz geltend zu machen, obwohl britische und französische Beamte dazu neigten, ihre Schwierigkeiten kommunistischem Einfluß zuzuschreiben.

Dank der sicheren Vormachtstellung konnten Großbritannien und Frankreich in der Zeit von 1918–39 die Kontrolle über den Handel und die Produktion der Region ausdehnen. Die arabische Welt war für Europa als Rohstofflieferant noch immer von großer Bedeutung. Ein Großteil britischer und französischer Investitionen diente der Schaffung geeigneter Bedingungen für die Gewinnung und den Export dieser Rohstoffe. In beiden Ländern war dies eine Zeit der Kapitalknappheit. Trotzdem floß französisches Kapital zur Verbesserung der dortigen wirtschaftlichen Infrastruktur in den Maghreb – Bewässerungsanlagen, Eisenbahnen, Straßen, Stromerzeugung (wenn vorhanden mit Wasserkraft, sonst mit importiertem Erdöl oder Kohle) – und zum Abbau der Bodenschätze, insbesondere Phosphaten und Mangan – die Länder des Maghreb sollten mit zu den größten Exporteuren dieser Rohstoffe werden. Britische Investitionen sorgten für vergrößerte Baumwollanbauflächen für den Export in Ägypten und in den Gebieten des Sudan zwischen dem Blauen und dem Weißen Nil. In Palästina baute man Haifa als Hafen aus. Dort kam es dank jüdischer Institutionen, die am Aufbau einer nationalen Heimat für die Juden interessiert waren, zu einem beachtlichen Kapitalzufluß.

Verglichen mit den europäischen Investitionen in die Landwirtschaft und die Gewinnung von Bodenschätzen waren die Investitionen in der Industrie gering und beschränkten sich meist auf die Bereiche Baustoffe, Lebensmittelproduktion und Textilien. Die große Ausnahme war die Erdölindustrie. Bereits 1914 förderte man in Ägypten in kleinem und in Iran in größerem Maßstab Erdöl. 1939 produzierte auch der Irak große Mengen Erdöl und exportierte sie in die europäischen Länder – in erster Linie nach Frankreich. Dazu baute man eine Pipeline mit zwei Rohrleitungen, die im Libanon in Tripolis und in Palästina in Haifa die Mittelmeerküste erreichten. Saudi-Arabien und Bahrain hatten in kleinerem Rahmen ebenfalls die Produktion aufgenommen. Die Erdölgesellschaften befanden sich meist in britischem, französischem, amerikanischem und holländischem Besitz. Ihre Verträge mit den Förderländern sind ein Indiz für das Ungleichgewicht nicht nur in finanzieller, sondern auch in politischer Hinsicht, wobei die britische Macht im Notfall die Position der Erdölgesellschaften schützte. Die Konzessionen räumten den Gesellschaften in großen Gebieten und für lange Zeiträume die Kontrolle über Förderung, Produktion, Raffinerie und Export ein. Als Gegenleistung zahlten sie dem jeweiligen Land geringe Lizenzgebühren und stellten ihm begrenzte Mengen Erdöl für den Eigenbedarf zur Verfügung.

Abgesehen vom Erdöl waren die arabischen Länder in Hinblick auf die meisten Industrieerzeugnisse immer noch von Europa abhängig – das galt nicht nur für Textilien, sondern auch für Brennstoffe, Metalle und Maschinen. Den Import und Export teilten sich im wesentlichen britische und französische Schiffe. Ägypten sicherte sich allerdings eine größere Kontrolle über die Frachttarife, und in Marokko war Frankreich durch einen Vertrag mit den europäischen Staaten von 1906 an eine Politik der »offenen Tür« gebunden.

Die Immigranten und das Land

In den Ländern mit einer hohen Zahl europäischer Einwanderer übernahmen diese nicht nur die Kontrolle über das Kapital, die Industrie und den Außenhandel, sondern weitgehend auch über Grund und Boden. Die *colons* in Algerien waren 1914 bereits gut etabliert. Aber in den Jahren nach dem Krieg förderte die französische Regierung Immigration und Landnahme in Tunesien und Marokko noch stärker. Als Marokko in den zwanziger Jahren allmählich ganz unter französische Kontrolle geriet, ermöglichte man den Siedlern den Erwerb von Staatsdomänen und Gemeindeland. Diese Bemühungen waren so erfolgreich, daß sie zu einer beachtlichen Einwanderungswelle fuhrten, zur Vergrößerung des landwirtschaftlich genutzten Gebietes und zur Ertragssteigerung. Aber es gelang nicht, die meisten der Einwanderer auf dem Land zu halten. Von 1929 an litt auch der Maghreb unter der Weltwirtschaftskrise, die die Preise für Nahrungsmittel drückte. Die Regierungen der drei Länder und die französischen Banken sorgten für eine Erhöhung der Kredite für Grundstücksbesitzer, aber nur die Großgrundbesitzer konnten Nutzen daraus ziehen. 1939 hatten sich die landwirtschaftlichen Großbetriebe behauptet. Sie setzten Traktoren und neueste Techniken ein, beschäftigten Spanier, Berber oder arabische Arbeiter und erzeugten Getreide und

Wein für den französischen Markt. Zwar spielte »das Symbol des Bauernhauses mit dem roten Dach«[3], wie ein Schriftsteller es nannte, noch eine wichtige Rolle für das Selbstbild der europäischen Bevölkerung. Aber der typische Einwanderer war nicht der kleine Gutsbesitzer, sondern der Regierungsbeamte, der Angestellte einer Gesellschaft, der Geschäftsmann oder Techniker. Die Europäer machten etwas weniger als zehn Prozent der Gesamtbevölkerung aus (ca. eineinhalb Millionen von siebzehn Millionen), aber sie beherrschten die großen Städte. Algier und Oran hatte europäische Mehrheiten, und die Europäer stellten die Hälfte der Bevölkerung von Tunis sowie knapp die Hälfte von Casablanca.

In der Zeit von 1918–39 war in zwei anderen Ländern die Landverteilung an Immigranten von großer Bedeutung. In der Cyrenaika, dem östlichen Teil von Libyen, kam es zur offiziellen Kolonisierung von Land aus libyschem Besitz. Finanziert wurde sie mit Mitteln, die der italienische Staat zur Verfügung stellte. Aber auch hier wiederholte sich der gleiche Vorgang wie in den anderen Teilen des Maghreb, und 1939 lebten nur etwa zwölf Prozent der italienischen Siedler – es waren damals einhundertzehntausend – auf dem Land. Der typische Italiener in Libyen wohnte in Tripolis oder einer anderen Küstenstadt.

In Palästina setzte man im Rahmen des neuen Verwaltungssystems, das die Briten als Mandatsregierung aufbauten, den Landerwerb für jüdische Einwanderer aus Europa fort, der gegen Ende des neunzehnten Jahrhunderts begonnen hatte. Man ermutigte Juden zur Immigration, allerdings in Grenzen gemäß der Einschätzung der Administration von der Aufnahmefähigkeit des Landes; aber auch der Druck, den Zionisten beziehungsweise Araber auf die Regierung in London auszuüben vermochten, spielte dabei eine Rolle. Die Zusammensetzung der Bevölkerung von Palästina änderte sich in diesem Zeitraum drastisch. 1922 machten Juden ungefähr elf Prozent der Gesamtbevölkerung von einer dreiviertel Million aus. Die anderen waren im wesentlichen arabischsprachige Muslime und Christen. 1949 lebten dort bereits dreißig Prozent Juden, wobei sich die Gesamtbevölkerung verdoppelt hatte. Inzwischen hatten sowohl einzelne Juden als auch Institutionen, die gegründet worden waren, um für das jüdische Volk eine nationale Heimstatt zu schaffen, erhebliche Investitionen in das Land fließen lassen. Ein Großteil dieser Mittel diente den unmittelbaren Bedürfnissen der Einwanderer, einiges auch dem industriellen Aufbau – zum Beispiel der Elektrifizierung (die Konzession dafür wurde einer einzigen jüdischen Gesellschaft erteilt), der Produktion von Baustoffen und Lebensmitteln. Auch in den Landerwerb und in landwirtschaftliche Projekte wurde viel investiert. Anfang der vierziger Jahre gehörten den Juden ungefähr zwanzig Prozent des Agrarlandes. Ein großer Teil davon befand sich im Besitz des Jüdischen Nationalfonds, der dieses Land, auf dem ausschließlich Juden beschäftigt werden durften, als unveräußerliches Eigentum des jüdischen Volkes verwaltete. Wie im Maghreb nutzten die Einwanderer einen Großteil der ertragreichsten Gebiete für ihre Zwecke. Aber wie dort waren die Immigranten auch hier im wesentlichen Stadtbewohner geworden. 1939 lebten nur zehn Prozent der jüdischen Bevölkerung auf dem Land, denn zu diesem Zeitpunkt strömten so viele Einwanderer nach Palästina, daß sie nicht alle in der Landwirtschaft Platz fanden. Der typische jüdische Immigrant in Palästina wohnte in einer der drei großen Städte: in Jerusalem, Haifa oder Tel Aviv. Aber der Landwirt in den kollektiven Siedlungen, den *kibbuzim*, war für die Juden ein wichtiges Symbol.

Eine einheimische Elite entsteht

Für die Siedlergemeinschaften und die europäischen Regierungen stand der Einsatz ihrer Macht zur Verteidigung ihrer Interessen an erster Stelle. Aber Macht wird von einem Gefühl des Unbehagens begleitet, wenn sie sich nicht als Autorität legitimieren kann. Die Europäer, die Macht ausübten oder ihre Geschäfte in den arabischen Ländern betrieben, hatten die feste Überzeugung, sie seien mit einer zivilisatorischen Mission beauftragt. Sie glaubten unbeirrt daran, einer überlegenen Kultur anzugehören. Deshalb handelten sie in dem Bewußtsein, Menschen einer niedrigen oder möglicherweise sterbenden Kultur auf die eigene Stufe zu heben und Gerechtigkeit, Ordnung und Wohlstand zu schaffen. Man wollte den Arabern die eigene Sprache und die Kultur vermitteln, die sich darin ausdrückte. Solche Ideen mit der logischen Schlußfolgerung, daß die Araber einmal gleichberechtigte Partner in einer neuen, vereinigten Welt werden sollten, widersprachen dem Gefühl eines unüberbrückbaren Unterschieds zu diesen Völkern und der Überzeugung der Europäer von der angeborenen Überlegenheit, die das Recht zum Herrschen verlieh. Bei den *colons* kam noch etwas hinzu. Im Maghreb war inzwischen eine beinahe separate Siedlernation herangewachsen. Die Elite mochte gesellschaftlich und kulturell zwar zum metropolitischen Frankreich gehören, aber die Masse der *petits blancs* war anders. Zu ihren Vorfahren zählten Spanier, Italiener und Franzosen; sie waren größtenteils im Maghreb geboren, sprachen ein eigenes Französisch und fühlten sich in Frankreich nicht ganz zu Hause. Sie lebten im Bewußtsein einer fremden und feindlichen Welt, die sie umgab, die sie anzog und abstieß. Von Frankreich erwarteten sie den Schutz ihrer Interessen, die sich aber von den übergeordneten Interessen des Mutterlandes unterscheiden konnten. Ganz ähnlich entstand in Palästina eine neue jüdische Nation, die sich bewußt von derjenigen unterschied, der die Einwanderer den Rücken gekehrt hatten. Sie lebten mit der als Umgangssprache zu neuem Leben erweckten hebräischen Sprache; von der arabischen Bevölkerung trennten sie Unterschiede der Kultur und der Sitten und nicht zuletzt der Wunsch, etwas rein Jüdisches zu schaffen. Außerdem wuchs ihre Sorge um das Schicksal der Juden in Europa. Sie forderten von Großbritannien, ihre Interessen so lange zu schützen, bis sie in der Lage sein würden, sich selbst zu behaupten.

Wichtige Interessen und der Druck der Siedler stärkten die Entschlossenheit Großbritanniens und Frankreichs, die Kontrolle aufrechtzuerhalten. Andererseits wurde diese Entschlossenheit durch Zweifel erschüttert – nicht an der moralischen Berechtigung der imperialistischen Macht, aber immerhin in Hinblick auf ihre Kosten. Bei den Franzosen bestanden von Anfang an Zweifel an der Rentabilität des syrischen Mandats, aber kaum jemand zog ernsthaft einen Rückzug aus dem Maghreb in Betracht. Selbst französische Kommunisten erwogen nur eine vollständigere Integration Algeriens auf der Basis der Gleichberechtigung in ein neues Frankreich, obwohl sie auf eine andere Beziehung zu den Muslimen hoffen und ihren Einfluß geltend machen konnten, um gegen gewisse Akte der Ungerechtigkeit zu protestieren. In Großbritannien verstärkte sich zunehmend die Tendenz, die Gerechtigkeit imperialistischer Herrschaft in Frage zu stellen. Man argumentierte, daß wesentliche britische Interessen auch auf andere Art gewahrt werden könnten, etwa durch Verträge mit den Kreisen der beherrschten Völker, die bereit waren, mit der Imperialmacht Kompromisse zu schließen.

Der Impuls zu einer Veränderung der Beziehungen war um so stärker, als es auf der anderen Seite eine Gruppe zu geben schien, die eine solche Veränderung ermöglichen würde. Es handelte sich dabei um die Mitglieder einer neuen Elite, deren Interessen oder Bewußtsein sich der politischen und gesellschaftlichen Organisation verpflichtet fühlte, die man für das Leben in der modernen Welt notwendig hielt. Diese Leute mochten die wesentlichen Interessen der imperialen Mächte garantieren und schützen.

In den zwanziger Jahren gab es in den meisten arabischen Ländern eine Klasse von Großgrundbesitzern, deren Interessen mit der Produktion von Rohstoffen für den Export oder der Beibehaltung der imperialistischen Macht verknüpft waren. Einigen ländlichen Feudalherren war es gelungen, den Übergang zum modernen Großgrundbesitzer zu vollziehen. Unterstützung erhielten sie dabei unter Umständen von ausländischen Regierungen, die von ihnen Hilfe erwarteten. In Marokko hatten die Franzosen ihren Machtbereich weit in das Landesinnere ausgedehnt; das unwegsame Land mit all seinen Gefahren legte eine Einigung mit einigen der starken Führer im Hohen Atlas nahe, zum Beispiel mit Thami al-Glawi, einem Berberführer, unter dessen Einfluß das bergige Gebiet östlich von Marrakesch stand. Im Irak setzte die britische Mandatsregierung einen Prozeß fort, der im neunzehnten Jahrhundert seinen Anfang genommen hatte, und erkannte weiterhin offiziell Stammesgebiet als Eigentum der führenden Familien an. Im Sudan verfolgte die Regierung eine Reihe von Jahren die Politik der »indirekten Herrschaft«, das heißt, der Kontrolle des Landes durch Stammesführer, deren Machtbefugnisse durch offiziellen Rückhalt erweitert wurden. An anderen Orten gehörten die Grundbesitzer jedoch im wesentlichen einer neuen Klasse an, die durch die veränderten Bedingungen der kommerziellen Landwirtschaft entstanden war. Die Eigentümer der ägyptischen Baumwollplantagen waren die ersten Beispiele einer solchen Klasse; sie blieb weiterhin die reichste, größte und einflußreichste im Leben der Nation. Ähnliche Gruppierungen gab es in Syrien und im Irak; sogar in den Ländern mit europäischer Besiedlung, im Maghreb, entstand eine neue Klasse einheimischer Grundbesitzer. Tunesier bauten Olivenbäume im Sahel an, und Algerier kauften Land von *colons*, die in die Städte zogen; sie entwickelten einen ähnlichen ökonomischen Ehrgeiz wie die Europäer.

Der internationale Handel blieb in den Händen der Europäer oder der Mitglieder christlicher und jüdischer Glaubensgemeinschaften, die in engem Kontakt mit den Europäern standen. Aber es gab Ausnahmen. Einige ägyptische Grundbesitzer engagierten sich im Baumwollexport. Die Kaufleute von Fes, von denen manche inzwischen Niederlassungen in Casablanca unterhielten, importierten noch immer Textilien aus England. Es gab auch Ausnahmen von der Regel, daß die Industrie sich ausschließlich in europäischer Hand befand, zum Beispiel in Ägypten. Dort wurde 1920 eine Bank mit dem Ziel gegründet, Kapital für industrielle Unternehmungen zur Verfügung zu stellen. Das Kapital der Ägyptischen Bank (Banque Misr) stammte im wesentlichen von Großgrundbesitzern, die gewinnträchtigere Investitionen suchten, als die Landwirtschaft sie zur Zeit bot. In den folgenden Jahren wurde auf diese Weise eine ganze Reihe von Gesellschaften gegründet: Reedereien, Baumwollspinnereien und -webereien, sogar Filmgesellschaften. Die Gründung dieser Bank signalisierte mehrere Veränderungen – das angesammelte nationale Kapital bot die Möglichkeit zu Investitionen in neuen Bereichen, die Gewinne aus Investitionen in Grund

und Boden sanken, und der Wunsch nach nationaler Unabhängigkeit war erwacht. Die neuen Bedingungen waren jedoch nicht rosig, und Ende der dreißiger Jahre geriet die Misr-Gruppe in Schwierigkeiten und wurde nur durch Intervention der Regierung gerettet.

Eine andere Elite war nicht weniger wichtig. Es handelte sich um jene, die eine Ausbildung nach europäischem Muster erhalten hatten. Der Besuch von Schulen war zu dieser Zeit immer noch im wesentlichen auf die Reichen oder Privilegierten beschränkt. Selbst innerhalb dieser Gruppe war das Widerstreben der Gesellschaft eine Hürde, ihre Söhne (und mehr noch ihre Töchter) in Schulen zu schicken, die sie Familie und Tradition entfremden würden; aber auch die Kolonialherren zögerten, eine Klasse heranzubilden, die nicht in die Bürokratie integriert werden konnte und deshalb vielleicht in die Oppposition gehen würde. Trotzdem machte das Bildungswesen Fortschritte – in den verschiedenen Ländern mit unterschiedlicher Geschwindigkeit.

In Marokko nahm das moderne Bildungswesen mit der Gründung einer Reihe »franko-muslimischer« Mittelschulen und einiger höherer Bildungsanstalten in Rabat gerade seinen Anfang. 1939 zählten die Mittelschulabgänger in Algerien immer noch nur nach Hunderten, und Universitätsabsolventen gab es noch weniger. Die Universität von Algier, eine der führenden französischen Bildungsanstalten, war im wesentlichen Europäern vorbehalten, aber immer mehr Muslime fanden ihren Weg nach Paris, Tunis oder Kairo. Auch in Tunesien wuchs die Zahl der Einheimischen, welche die französischen *lycées* besuchten; eine Gruppe, aus der später die Führer ihrer Nation hervorgehen sollten, studierte mit Stipendien in Frankreich. In Ägypten besuchten 1913–14 weniger als zehntausend Schüler weiterführende Schulen, dreißig Jahre später waren es bereits mehr als sechzigtausend. Die kleine private Universität, eine Gründung aus der Frühzeit des Jahrhunderts, wurde 1925 in eine größere staatliche ägyptische Universität mit Fakultäten für Kunst und Wissenschaft, Jura, Medizin, Technik und Wirtschaft eingegliedert. Als die politische Entwicklung der ägyptischen Regierung eine größere Kontrolle über das Bildungswesen verschaffte, wurde das Bildungssystem auf allen Ebenen ausgebaut. Das traf auch auf den Irak zu, obwohl dort das allgemeine Bildungsniveau von Anfang an niedriger war.

Die Ausbildung auf Mittelschulebene und darüber lag in Ägypten zum großen Teil in den Händen christlicher Missionen, die von Europäern oder Amerikanern geführt wurden. Das galt auch für Syrien, den Libanon und Palästina. Es gab eine kleine staatliche Universität in Damaskus und eine pädagogische Hochschule zur Ausbildung von Lehrkräften in Jerusalem, aber die großen Universitäten befanden sich in Privatbesitz – in Beirut die jesuitische Université St. Joseph, die von der französischen Regierung subventioniert wurde, und die American University; in Jerusalem die Hebrew University, die in erster Linie als Zentrum einer neuen Kultur diente, die sich hebräisch artikulierte und die damals kaum arabische Studenten aufnahm. Auch in diesen Ländern lag die höhere Bildung größtenteils in ausländischer Hand – im Libanon dominierten die Franzosen.

Die Tatsache, daß so viele höhere Bildungsinstitutionen fremdländisch waren, hatte verschiedene Folgen. Für einen arabischen Jungen oder ein arabisches Mädchen bedeutete ein Studium dort eine soziale und psychologische Entwurzelung. Gelernt wurde nach einem Lehrplan und Methoden, die den Traditionen der Schüler und Studenten fremd waren. Außerdem wurde der Lehrstoff in einer fremden Sprache vermittelt, die zur ersten, vielleicht sogar zur einzigen Sprache wurde, in der der Betreffende bestimmte Dinge denken und gewisse Berufe ausüben konnte. Auch mehr Mädchen erhielten eine mittlere oder höhere Bildung, als es ausschließlich an staatlichen Schulen der Fall gewesen wäre. Nur wenige Mädchen blieben über das Grundschulniveau hinaus an einer staatlichen Schule; viele besuchten die Schulen der französischen katholischen Nonnen oder der amerikanischen Protestanten. Im Maghreb, wo es weniger Missionsschulen gab und ihre Verbindungen zur weißen Bevölkerung enger waren, nahm die Bildung von Mädchen über das Grundschulniveau hinaus erst ihren Anfang. Im arabischen Osten besuchten mehr christliche und jüdische als muslimische Mädchen die Ausländerschulen. Sie wurden im allgemeinen stärker in die ausländische Kultur integriert und den Traditionen ihrer Gesellschaft entfremdet.

Auf die Absolventen der neuen Schulen warteten bestimmte Aufgaben in den sich wandelnden Gesellschaften. Frauen spielten noch immer kaum eine Rolle im öffentlichen Leben, höchstens als Lehrerinnen oder Krankenschwestern. Die Männer wurden Anwälte und Ärzte, seltener auch Ingenieure und Techniker. Die wissenschaftliche und technologische Ausbildung war rückschrittlich; das galt auf einfacherer Ebene auch für die Ausbildung von Landwirten und Handwerkern. Meist durften die Schulabgänger hoffen, in die Verwaltung aufgenommen zu werden; deren Umfang wurde bestimmt durch das Ausmaß und die Art der ausländischen Kontrolle eines Landes. Die besten Aussichten bestanden in Ägypten und im Irak, die schlechtesten in Palästina und dem Sudan, wo aus unterschiedlichen Gründen die hohen Positionen in britischen Händen blieben. Im Maghreb befanden sich Franzosen in den einflußreichen Stellungen; die mittleren und niederen Ränge bekleideten meist dort ansässige Europäer.

Die einheimischen Grundbesitzer und Kaufleute mußten in ihrem eigenen Interesse Einfluß auf die Bürokratie nehmen, und gebildete junge Männer wollten Regierungsbeamte werden. Diese Ziele stärkten die Bewegungen der nationalen Opposition gegen die Fremdherrschaft, die charakteristisch für diese Zeit war. Aber sie verband sich mit einem weiteren Aspekt, dem Bedürfnis, auf eine neue Weise in der Gesellschaft zu leben, in ihr eine Rolle zu spielen.

Bemühungen um politische Einigung

Die gebildeten Männer und Frauen forderten mehr Einfluß in der Verwaltung und der Geschäftswelt, und Grundbesitzer und Kaufleute waren auf einen gewissen Einfluß auf die Verwaltung angewiesen. Manchmal vermochten sie die städtischen Mehrheiten zu ihrer Unterstützung zu mobilisieren, wenn sie auf Mißstände hinwiesen oder an das Gefühl einer Bedrohung der Gemeinschaft appellierten. Nationalismus dieser Art bot auch den ausländischen Machthabern die Möglichkeit zum Kompromiß und fand oft genug massenhafte Unterstützung, um sie zu zwingen, einen solchen Kompromiß in Betracht zu ziehen.

In den meisten Ländern gab es kein hohes Niveau der politischen Organisation. Das lag entweder daran, daß die imperialistischen Mächte eine ernsthafte Gefährdung ihrer Position nicht duldeten, oder daran, daß es kein traditionelles Muster politischen Verhaltens gab. In Marokko legte 1934 eine Gruppe junger gebildeter Männer, die im wesentlichen aus den Kreisen der Bourgeoisie stammten, den »Plan einer Reform« vor. Sie erhoben die Forderung nach Veränderungen im französischen Protektorat. In Algerien verlangten Angehörige der französisch gebildeten Klasse eine bessere Position im französischen Algerien und die Wahrung ihrer eigenen Kultur; die politische Unabhängigkeit blieb dabei noch eine ferne Hoffnung. Die öffentlichen Feierlichkeiten im Jahr 1930 anläßlich der hundertjährigen französischen Besetzung des Landes verlieh ihrer Bewegung eine neue Aktualität. In Syrien, Palästina und im Irak forderten ehemalige osmanische Regierungsbeamte und Offiziere (von denen manche den alten Familien der städtischen Notabeln angehörten, andere im osmanischen Heer aufgestiegen waren) ein größeres Maß an Selbstbestimmung. Ihnen fiel es besonders schwer, sich mit ihrer Lage abzufinden, weil sie bis vor kurzem zur herrschenden Elite gehört hatten. 1939 begann im Sudan eine kleine Gruppe von Absolventen der höheren Schulen, eine stärkere Einbeziehung in die Verwaltung zu verlangen.

In zwei Ländern gelang es Führerpersönlichkeiten, organisierte politische Parteien zu gründen. Das geschah in Tunesien und Ägypten. In beiden Ländern gab es eine lange Tradition der Dominanz einer großen Stadt über dünn besiedelte ländliche Regionen. In Tunesien wurde in den dreißiger Jahren die Destur-Partei, die eine ebenso lose Gruppierung darstellte, wie es sie auch in anderen Ländern gab, von einer anderen Partei, der Neo-Destur abgelöst. Ihr Gründer war Habib Burgiba (geb. 1902). Junge Tunesier mit einer höheren französischen Bildung führten die Partei. Der Neo-Destur gelang es auch, Wurzeln in den Provinzstädten und in den Dörfern des Olivengürtels an der Küste, im Sahel, zu schlagen. Ähnliches galt für Ägypten, wo die Wafd-Partei, die im Kampf gegen die britische Politik am Ende des Krieges entstand, eine dauerhafte Organisation im ganzen Land aufbaute. Die Partei erhielt Unterstützung von der Elite der Geschäftsleute und anderen Teilen der Bourgeoisie, von Teilen der grundbesitzenden Klasse und in Augenblicken der Krise von der gesamten städtischen Bevölkerung. Das Charisma von Sa'd Zaghlul überdauerte seinen Tod (1927), so daß der Wafd 1939 trotz Spaltungen innerhalb der Parteiführung noch immer behaupten konnte, die Stimme der Nation zu sein.

Welche langfristigen Hoffnungen sich solche Gruppen und Parteien auch machten, ihr unmittelbares Ziel war ein größeres Maß an Selbstbestimmung innerhalb der imperialistischen Systeme, die zu stürzen sie nicht hoffen konnten. In Großbritannien änderte sich die zeitgenössische öffentliche und politische Meinung stärker als in Frankreich. Die neue Einstellung tendierte dahin zu versuchen, die britischen Interessen durch Verträge mit ernstzunehmenden arabischen Gruppierungen zu schützen, damit die Kontrolle letztlich in britischer Hand blieb, aber langfristig eine lokale Regierung Verantwortung erhielt.

Diese Politik verfolgte man im Irak und in Ägypten. Im Irak war beinahe von Anfang an britische Mandatskontrolle durch König Faisal und seine Regierung ausgeübt worden. 1930 vergrößerte ein anglo-irakischer Vertrag den Handlungsspielraum der Regierung; der Irak erhielt die formelle Unabhängigkeit als Gegenleistung für die Zusage, seine Außenpolitik mit der Großbritanniens zu koordinieren, sowie zwei britische Luftwaffenstützpunkte und die Benutzung der Verbindungswege in Notzeiten zuzulassen. Der Irak wurde als ein Symbol der Gleichheit und der Zugehörigkeit zur internationalen Völkergemeinschaft in den Völkerbund aufgenommen. In Ägypten wurde ein ähnlicher Kompromiß möglich, den Großbritannien mit der gut organisierten nationalistischen Partei aushandelte, hinter der die mächtige Klasse der Grundbesitzer stand und eine wachsende Bourgeoisie, die an einer gewaltsamen Änderung kein Interesse hatte. Die britischen Befürchtungen vor unerwünschten italienischen Ambitionen beschleunigten schließlich das Zustandekommen des anglo-ägyptischen Vertrages von 1936. Die militärische Besetzung Ägyptens wurde aufgehoben, aber Großbritannien war berechtigt, in der Kanalzone weiterhin Truppen zu stationieren. Kurze Zeit später setzte man mit internationaler Übereinkunft die »Kapitulationen« außer Kraft, und Ägypten trat ebenfalls dem Völkerbund bei. In beiden Ländern hatte man ein Gleichgewicht erreicht, das allerdings ständig gefährdet blieb. Auf Dauer würden sich die Nationalisten mit dem Maß Selbstverwaltung, das Großbritannien zuzugestehen bereit war, nicht zufriedengeben. Im Irak war die herrschende Gruppe klein und ungefestigt. Sie konnte sich auf keine solide Grundlage gesellschaftlicher Macht stützen. In Ägypten sollte in den vierziger Jahren der Zeitpunkt kommen, an dem der Wafd nicht mehr in der Lage war, alle politischen Kräfte des Landes auf sich zu vereinigen und zu führen.

In den Ländern des französischen Herrschaftsbereichs gelang die Harmonisierung der unterschiedlichen Interessen nicht einmal weit genug, um ein ähnlich labiles Gleichgewicht zu erreichen. Frankreich hatte eine schwächere internationale Stellung als Großbritannien. Trotz der Lockerung der direkten Kontrolle im Irak und in Ägypten blieben die beiden Länder von der militärischen und finanziellen Macht der Briten umringt. Das Wirtschaftsleben wurde nach wie vor von der City von London und den Baumwollfabrikanten aus Lancashire bestimmt. Frankreich dagegen hatte eine unstabile Währung, eine stagnierende Wirtschaft und mußte seine Streitkräfte an der Ostgrenze konzentrieren. Deshalb war fraglich, ob es gelingen würde, unabhängige Staaten im französischen Einflußbereich zu halten. Die lebenswichtigen Interessen Frankreichs im Maghreb unterschieden sich von den britischen Interessen in Ägypten. Die europäische Bevölkerung stellte Forderungen an die französische Regierung und war in der Lage, ihnen in Paris Gehör zu verschaffen. In Algerien und Tunesien waren die lokalen politischen Institutionen, deren Aufgabe es war, die Regierung in Etat- und anderen Finanzfragen zu beraten, Werkzeuge der großen europäischen Geschäftsleute und Grundbesitzer. In Paris vertraten die Abgeordneten der Algerienfranzosen im Parlament nicht nur die *colons*, sondern auch die großen Finanzinteressen der Banken, der Industrie und der Handelsgesellschaften im Maghreb. Gegen diese mächtige Lobby konnten sich die schwachen Regierungen dieser Zeit nicht behaupten. Das zeigte sich deutlich, als die Volksfrontregierung 1936 versuchte, Konzessionen zu machen. Nach Vorstellung der Regierung sollte eine bestimmte Anzahl gewählter Vertreter der algerischen Muslime im Parlament vertreten sein, und man nahm entsprechende Verhandlungen mit Nationalistenführern in Tunesien und Marokko auf. Aber der Widerstand der Lobby verhinderte eine Änderung; und somit endete diese Periode mit Unruhen und Unterdrückung im Maghreb.

Der Einfluß machtvoller Interessengruppen, die sich Änderungen widersetzten, machte sich auch in den französischen Mandatsgebieten Syrien und Libanon bemerkbar. 1936 einigte sich die Volksfrontregierung mit Syrien und dem Libanon auf ähnliche Verträge wie dem Großbritanniens mit dem Irak. Beide Länder sollten unabhängig werden, aber Frankreich würde fünfundzwanzig Jahre lang zwei Luftstützpunkte in Syrien und militärische Einrichtungen im Libanon benutzen dürfen. Die Allianz nationalistischer Führer in Syrien und die vorwiegend christliche politische Elite im Libanon akzeptierten diese Bedingungen, aber die Verträge wurden von Frankreich nie ratifiziert, da die Volksfrontregierung zurücktrat und die schwachen Koalitionen, die danach an die Macht kamen, sich dem Druck verschiedener Pariser Interessengruppen beugten.

Auch in Palästina fehlte ein tragfähiges Gleichgewicht. Schon zu einem frühen Zeitpunkt der britischen Mandatsverwaltung wurde deutlich, daß es schwer sein würde, eine Form der lokalen Regierung zu schaffen, die den Interessen der arabischen Bewohner und der Zionisten gerecht werden konnte. Den Juden ging es vor allem darum, das Tor für Einwanderer offenzuhalten. Die britische Kontrolle sollte deshalb so lange bestehen, bis die jüdische Gemeinschaft groß genug war und ausreichende Kontrolle über die wirtschaftlichen Ressourcen des Landes besaß, um schließlich ihre Interessen selbst vertreten zu können. Für die Araber hingegen war es wichtig, die jüdische Einwanderung in einem Umfang zu verhindern, der die wirtschaftliche Entwicklung, die spätere Selbstbestimmung und letztlich die Existenz der arabischen Gemeinschaft gefährdete. Zwischen diesen beiden Polen gefangen, hielt die britische Regierung an der Politik einer direkten Kontrolle fest. Man erlaubte Einwanderung in gewissen Grenzen, begünstigte insgesamt die wirtschaftliche Entwicklung der Juden und versicherte den Arabern von Zeit zu Zeit, daß eine Unterdrückung ihrer Interessen nicht zugelassen würde. Diese Politik diente den Interessen der Zionisten und wirkte sich zum Nachteil der Araber aus, denn ganz gleich, welche Erklärungen abgegeben wurden, die kontinuierliche Zunahme der Juden ließ den Zeitpunkt näherrücken, an dem sie ihre Sache selbst in die Hand nehmen konnten.

Mitte der dreißiger Jahre wurde es für Großbritannien noch schwieriger, ein Kräftegleichgewicht aufrechtzuerhalten. Durch die Machtübernahme der Nationalsozialisten in Deutschland verstärkte sich der Druck der Juden und ihrer Gönner in Großbritannien. Man forderte jetzt eine Einwanderung in größerem Maßstab. Und die Immigration ihrerseits veränderte das Gleichgewicht der Bevölkerung und der Machtverteilung in Palästina. 1936 begann die Opposition der Araber die Form des bewaffneten Aufstands anzunehmen. Die politische Führung dieser Bewegung lag in den Händen von städtischen Notabeln und Amin al-Husaini, dem *mufti* von Jerusalem, der zur Führungsgestalt des Widerstandes wurde. Aber eine populäre militärische Führerschaft konnte nicht ohne Auswirkungen in den arabischen Nachbarländern bleiben – und das zu einem Zeitpunkt, als die Bedrohung der britischen Interessen durch Italien und Deutschland für Großbritannien gute Beziehungen zu den arabischen Staaten wünschenswert machte. Angesichts dieser Situation unternahm die britische Regierung zwei Versuche zur Lösung des Problems. 1937 legte sie als Ergebnis der Untersuchung einer Königlichen Kommission (die Peel Commission) den Plan einer Teilung Palästinas in einen jüdischen und einen arabischen Staat vor. Dem konnten die Zionisten prinzipiell zustimmen, nicht aber die Araber. 1939 schuf ein Weißbuch die Voraussetzungen für die Bildung einer Regierung mit einer arabischen Mehrheit und Beschränkungen bei der Einwanderung und dem Landerwerb von Juden. Mit einigen Änderungen hätten dem die Araber zugestimmt, aber die Juden wollten keiner Lösung zustimmen, durch die sich die Tore Palästinas für die meisten Einwanderer geschlossen hätten und ein eigenständiger jüdischer Staat in weite Ferne gerückt wäre. Der bewaffnete jüdische Widerstand begann sich zu formieren, als der Ausbruch eines neuen europäischen Krieges für den Augenblick alle politische Bewegung auf diesem Gebiet zum Stillstand brachte.

Kapitel 20

Änderungen in Lebensweise und Denken

(1914–1939)

Bevölkerung und ländliche Gebiete

Selbst in ihrer stärksten und erfolgreichsten Phase basierte die Verständigung zwischen den imperialistischen Mächten und den lokalen Nationalisten nur auf einer sehr begrenzten Übereinstimmung der Interessen. Abgesehen davon vollzogen sich in den dreißiger Jahren in den arabischen Gesellschaften Veränderungen, die auch den Verlauf der politischen Entwicklung stark beeinflussen sollten.

Wo immer eine Schätzung des Bevölkerungswachstums möglich ist, zeigt sich, daß die Bevölkerung sehr schnell zunahm. In Ägypten war der Zuwachs vielleicht am größten, und dort ist auch eine zuverlässige Schätzung am leichtesten. Die Zahlen stiegen von 12,7 Millionen im Jahr 1917 auf 15,9 Millionen im Jahr 1937; das entspricht einer jährlichen Zuwachsrate von zwölf Prozent. Grob geschätzt hatten die arabischen Länder 1939 eine Gesamtbevölkerung von 55 bis 60 Millionen; 1914 waren es noch zwischen 35 und 40 Millionen gewesen. Nur ein geringer Teil dieses Wachstums läßt sich auf Einwanderung zurückführen: Europäer kamen nach Marokko und Libyen, Juden nach Palästina, und während und nach dem Ersten Weltkrieg flohen Armenier aus der Türkei nach Syrien und in den Libanon. Die Emigranten glichen das indessen wieder aus: Syrer und Libanesen zogen nach Westafrika und Lateinamerika (aber auf Grund der neuen amerikanischen Einwanderungsgesetze nicht mehr in so großer Zahl in die Vereinigten Staaten wie noch vor 1914); algerische Arbeiter gingen vorübergehend nach Frankreich. Im wesentlichen hatte die Zunahme der Bevölkerung natürliche Ursachen. Die Geburtenrate scheint nicht zurückgegangen zu sein, außer vielleicht in Kreisen der Bourgeoisie, wo man Geburtenkontrolle praktizierte und einen höheren Lebensstandard anstrebte. Für die meisten Menschen waren Kinder unvermeidlich, denn wirkungsvolle Mittel der Geburtenkontrolle waren nicht allgemein bekannt, und zugleich, besonders wenn es sich um Söhne handelte, eine Quelle des Stolzes. Mit dem Stolz verbanden sich sehr praktische Interessen, denn Kinder konnten schon im frühen Alter auf den Feldern arbeiten. Außerdem stellten sie eine Garantie in einer Gesellschaft mit niedriger Lebenserwartung dar, in der es kein staatliches Wohlfahrtssystem gab, denn einige würden überleben und ihre Eltern im Alter versorgen. Insgesamt sank die Sterblichkeitsrate dank der wirkungsvollen Bekämpfung von Seuchen und der verbesserten medizinischen Versorgung; im wesentlichen war der Anstieg der Bevölkerung darauf zurückzuführen. Das traf auf alle Teile der Gesellschaft zu, war aber besonders in den Städten von Bedeutung, wo die Seuchen endlich nicht mehr, wie von altersher, die Menschen von Zeit zu Zeit dezimierten.

Als Folge des Bevölkerungswachstums, aber auch aus anderen Gründen veränderte sich die Gewichtung zwischen den verschiedenen Schichten der Gesellschaft. In den zwanziger und dreißiger Jahren hörten die nomadischen Viehzüchter praktisch auf, ein wichtiger Faktor in der arabischen Gesellschaft zu sein. Die Eisenbahn und das Auto trafen den Lebensnerv, auf dem die Ökonomie der Viehzüchter beruhte: die Zucht von Kamelen als Transportmittel. Für Schafe gab es noch immer einen Markt. Aber in den Schafzuchtgebieten an den Berghängen oder in den Randzonen der Steppen führten die Ausweitung der Regierungskontrolle und der veränderte städtische Bedarf dazu, daß die Nomadenstämme und Viehzüchter näher an die besiedelten Gebiete zogen und seßhafte Bauern wurden. Das geschah zum Beispiel in der Dschezira zwischen Tigris und Euphrat.

In dieser Zeit wurden vielleicht zum letzten Mal bewaffnete Nomadentruppen im politischen Kampf eingesetzt. Als der Scherife Husain gegen die Türken rebellierte, rekrutierte er seine ersten Soldaten aus den Beduinen Westarabiens, aber im späteren Stadium des Kampfes wurden alle wirkungsvollen militärischen Operationen von Offizieren oder Soldaten, die im osmanischen Heer gedient hatten, ausgeführt. Das Heer, mit dem Abd al-Aziz ibn Sa'ud beinahe ganz Arabien eroberte, bestand ebenfalls aus Beduinen, die religiös motiviert waren. Aber der Mann an ihrer Spitze gehörte einer städtischen Familie an, und es war ein wesentlicher Bestandteil seiner Politik, die Beduinen zu überreden, sich fest anzusiedeln. Im Irak konnte in den dreißiger Jahren ein Konflikt zwischen Gruppen städtischer Politiker noch immer dadurch ausgetragen werden, daß man Stämme im Euphrattal zur Rebellion anstachelte. Allerdings ging der Statthalter inzwischen mit einer neuen Form der Kriegsführung gegen sie vor: mit Luftangriffen.

Auf dem besiedelten Land waren die Veränderungen nicht auf eine Schwächung der wirtschaftlichen Basis zurückzuführen wie in den Gebieten der Nomaden. In den meisten Ländern nahm die landwirtschaftlich genutzte Fläche zu; in einigen – Marokko und Algerien, Ägypten, im Sudan und im Irak – wurden auch die Bewässerungssysteme ausgebaut. Zwar war in Ägypten das fruchtbarste Land bereits genutzt, und die Ausdehnung erstreckte sich mehr auf die Randzonen, in den meisten anderen Ländern war das jedoch anders, und wo Kapital vorhanden war, konnte man die Erträge steigern. Aber auch durch eine bessere Nutzung gelang es in einigen Ländern nicht mehr, die ländliche Bevölkerung zu ernähren. Dafür war nicht nur das natürliche Wachstum verantwortlich; man brauchte inzwischen weniger Arbeitskräfte, um das Land zu bebauen. Den Großgrundbesitzern stand der Kapitalmarkt offen; sie konnten die Mechanisierung ihrer Güter vorantreiben und entließen viele ihrer Arbeiter. Mancherorts (Marokko und Palästina) löste der Zufluß von ausländischem Kapital die Ansiedlung ausländischer Arbeiter aus.

In einigen Ländern kam es deshalb in den ländlichen Gebieten zu einer Polarisierung. Auf der einen Seite gab es die großen Latifundien mit fruchtbarem und bewässertem Land, die für den Export produzierten (Baumwolle, Getreide und Wein, Oliven, Orangen und Datteln). Sie setzten Traktoren und Düngemittel ein und beschäftigten Lohnarbeiter (eine Beteiligung an der Ernte wurde seltener); viele dieser Anwesen befanden sich im Besitz von ausländischen Gesellschaften oder Einzelpersonen, und in Palästina – in geringerem Maß auch im Maghreb – stellten Einwanderer die Arbeitskräfte. Andererseits gab es Kleinbauern oder Gemeindeland im Besitz von Dörfern. Im allgemeinen waren es weniger fruchtbare und weniger gut bewässerte Felder, die einheimischen Kleinbauern bauten ohne Kapital und Kredite Getreide, Obst oder Gemüse an. Sie taten es nach weniger fortschrittlichen Methoden entweder für den Eigenbedarf oder zum Verkauf auf den lokalen Märkten. Unter diesen Bedingungen veränderte das Bevölkerungswachstum das Verhältnis von verfügbarem Land zu Arbeitskraft und senkte das Pro-Kopf-Einkommen. Das Erbsystem verschlechterte die Lage dieser Bauern noch weiter, denn es teilte die kleinen Höfe in immer kleinere Fragmente. In den dreißiger Jahren traf sie außerdem die Weltwirtschaftskrise, die zu sinkenden Preisen für landwirtschaftliche Produkte führte. Davon waren alle Landwirte betroffen, aber am schwersten jene, die sich bereits in einer schwachen Position befanden. Regierungen und Banken griffen ein, um die Großgrundbesitzer zu retten, die politischen Einfluß besaßen oder deren Produktion in den internationalen Handel eingebunden war.

Die überzählige Bevölkerung strömte vom Land in die Städte. Dies war schon immer so gewesen, aber jetzt geschah es schneller, in einem größeren Maßstab und mit anderen Ergebnissen. In früheren Zeiten hatten ländliche Zuwanderer die Stadtbevölkerung aufgefüllt, die von Seuchen dezimiert worden war. Jetzt vergrößerten die Zuzügler die städtische Bevölkerung, die auf Grund der verbesserten gesundheitlichen Bedingungen ohnehin zunahm. Städte, besonders wenn dort die Arbeitsmöglichkeiten günstig waren, wuchsen im Vergleich zum ganzen Land sehr viel schneller; der städtische Anteil der Bevölkerung erreichte eine bisher unbekannte Höhe. Kairo war 1917 noch eine Stadt von 800 000 Einwohnern gewesen; 1937 zählte es eine Million dreihunderttausend. 1900 lebten in Ägypten weniger als fünfzehn Prozent der Gesamtbevölkerung in Städten mit mehr als zwanzigtausend Einwohnern, 1937 waren es bereits mehr als fünfundzwanzig Prozent. Innerhalb von zwanzig Jahren verdoppelte sich die arabische Bevölkerung der fünf größten Städte in Palästina. Auch in den Städten des Maghreb mit seiner gemischten Bevölkerung wuchs der arabische Anteil sehr schnell.

Das Leben in den neuen Städten

Als Ergebnis veränderten sich die Städte in Wesen und Gestalt. Nach dem Ersten Weltkrieg wurden bestimmte Entwicklungen weitergetrieben, die bereits vor 1914 eingesetzt hatten. Außerhalb der *madina* entstanden neue bürgerliche Wohnviertel, nicht nur mit Villen für die Reichen, sondern mit Mietshäusern für die wachsende Mittelklasse. Dort wohnten Beamte, Angestellte und ländliche Notabeln. An einigen Orten wurde nach Plänen gebaut, an anderen gab es Wildwuchs auf Kosten der alten Bausubstanz. Besonders sorgfältig plante man in Marokko, wo der französische General Lyautey, der architektonischen Geschmack besaß, das neue Fes in einiger Entfernung von der alten ummauerten Stadt errichten ließ. Er wollte das Leben des alten Fes bewahren, aber was schließlich geschah, entsprach nicht ganz seinen Plänen. Die Familien mit Reichtum und Rang verließen ihre alten Häuser in der *madina*, denn in den neuen war das Leben angenehmer und komfortabler. An ihre Stelle kamen ländliche Zuwanderer und die Armen; das führte zu einem deutlichen Absinken der Lebensqualität und zur Vernachlässigung der Gebäude in der *madina*.

Nicht alle Zuwanderer fanden Platz in den alten Städten, in der *madina*.

Es entstanden auch neue Viertel für die breiteren Schichten. Dort lebten in erster Linie Araber oder im Maghreb die Berber, aber auch andere: in Algerien die *petits blancs*, denen die Mittel fehlten, das ihnen zugeteilte Land wirtschaftlich zu nutzen; in Beirut und Aleppo sammelten sich armenische Flüchtlinge aus der Türkei, in Palästina die jüdischen Einwanderer. Manche dieser Viertel entstanden an den Stadträndern, denn dort gab es Arbeitsplätze in Werkstätten und Fabriken. In Kairo fand das Wachstum neuer bürgerlicher Viertel nach Westen zum Nil ein Gegengewicht in der Ausdehnung der ärmeren Wohngebiete in Richtung Norden, in denen 1937 mehr als ein Drittel der Bevölkerung lebte. In Casablanca wuchsen Armenviertel um die ganze Stadt, aber besonders in den Industriegebieten. In diesen Gegenden, aber nicht nur dort, entstanden die *bidonvilles*, Dörfer mit Hütten aus Schilfgras oder Blechdosen (auf französisch *bidon*, daher der Name). Sie schossen überall aus dem Boden, wo Platz war.

In Städten mit einer großen Ausländerbevölkerung blieben die Wohnviertel der Europäer und der Einheimischen eher getrennt, obwohl sie nicht weit entfernt voneinander sein mochten. In Casablanca, das in dieser Zeit von einem kleinen Hafen zur größten Stadt des Maghreb wurde, gab es um die *madina* herum eine Europäerstadt und dahinter eine neue muslimische Stadt mit allen Merkmalen einer *madina*: Suqs, Moscheen, ein Palast für den Herrscher, Villen für die Reichen und Unterkünfte für die Masse. In den Städten des Nahen Ostens kam es zu einer weniger vollständigen Trennung, besonders in Syrien und im Libanon, wo die Bourgeoisie sich im wesentlichen aus Einheimischen zusammensetzte und es nur wenige ansässige Ausländer gab. In Palästina trennte allerdings eine klare Grenze die arabischen Wohngebiete von den jüdischen. Neben dem arabischen Jaffa entstand als eine neue jüdische Stadt Tel Aviv.

Die Zuwanderer aus den ländlichen Gebieten zogen zumindest in der ersten Zeit zu Leuten ihrer Schicht, denn sie wollten ihre Lebensweise bewahren. Die Familien der Männer blieben zunächst im Dorf zurück; und wenn die Männer genug Geld hatten, ließen sie ihre Angehörigen in die Stadt nachkommen. Ihr Leben dort war eine Fortführung oder eine Rekonstruktion dessen, was sie verlassen hatten. Diese Menschen brachten das Leben des Nildeltas nach Kairo, das Tigristal nach Bagdad, die Kabylei nach Algier, die Schawiya und den Antiatlas nach Casablanca.

Am Ende jedoch wurden sie alle in ein Leben gezogen, das sich nicht nur vom Dorfleben unterschied, sondern auch von dem der *madina*. Der Einkauf in Geschäften war nicht ganz dasselbe wie der Gang auf den *suq*, obwohl sie noch immer kleine Läden vorzogen, in denen eine persönliche Beziehung möglich war; Restaurants, Cafés und Kinos boten eine neue Art der Freizeitgestaltung und waren neue Treffpunkte; Frauen konnten ungehindert das Haus verlassen, und die jüngere Generation der gebildeten muslimischen Frauen zeigte sich unverschleiert oder nur leicht verhüllt in der Öffentlichkeit. Das Stadtleben bot größere Annehmlichkeiten. In den zwanziger Jahren entstanden moderne Wasserleitungen und Kanalisationssysteme, die Städte wurden mit Elektrizität versorgt, und man installierte Telefonleitungen. Gas war bereits vorhanden. Auch die Transportmittel veränderten sich. Eine belgische Gesellschaft hatte am Ende des neunzehnten Jahrhunderts in einigen Küstenstädten Straßenbahnen gebaut, und später begann der Siegeszug des Automobils. 1903 sah man das erste Auto auf den Straßen von Kairo und nicht lange danach in den anderen Städten. In den dreißiger Jahren gehörten Privatautos, Busse und Taxis zum Straßenbild. Droschken und Kutschen waren außer in kleinen Provinzstädten praktisch verschwunden. Für den motorisierten Verkehr benötigte man bessere Straßen und Brücken. Das wiederum ermöglichte erst die Vergrößerung von Stadtgebieten: Bagdad zog sich viele Meilen an den Ufern des Tigris entlang; Kairo dehnte sich bis zu den beiden Inseln im Nil, Rauda und Gezira, und bis auf das Westufer aus.

Die neuen Transportmittel sorgten auch für eine Umgestaltung der städtischen Lebensweise. Das Leben der Männer und Frauen spielte sich nicht mehr nur in einem Viertel ab – Arbeitsplatz und Wohnung lagen möglicherweise weit voneinander entfernt; die auseinandergerissene Familie lebte über die ganze Stadt verstreut; Menschen einer Rasse oder einer religiösen Gemeinschaft wohnten mit Menschen anderer Rassen und Religionen im selben Viertel. Die Auswahl an Ehepartnern vergrößerte sich. Trotzdem gab es noch immer unsichtbare Grenzen; eine Heirat außerhalb der Religionsgemeinschaft war nach wie vor schwierig und blieb selten. In Städten unter ausländischer Herrschaft schufen nicht nur religiöse und nationale Unterschiede Schranken, sondern ebensosehr das Bewußtsein von Macht und Schwäche. In gewisser Weise waren die Grenzen undurchlässiger als früher. Als die europäischen Gemeinschaften wuchsen, bot sich den Europäern eine bessere Möglichkeit, ein abgesondertes Leben zu führen, das demjenigen im Heimatland glich. Es sprachen zwar mehr Araber französisch oder englisch, aber nur wenige Europäer lernten arabisch oder interessierten sich für die arabische Kultur. Viele arabische Studenten, die in Europa studiert hatten, kehrten mit ausländischen Frauen in die Heimat zurück, wo sie sowohl von der einen als auch von der anderen Gruppe nicht immer voll akzeptiert wurden.

Der reiche Bürger mußte nicht mehr in seinem Viertel leben und auch nicht mehr wie früher in seiner Stadt. Die neuen Verkehrsmittel verbanden Städte und Länder auf eine neue Weise miteinander. Das seit 1914 bestehende Eisenbahnnetz wurde in einigen Ländern erweitert, und zum ersten Mal in der Geschichte führten gute Straßen zu den Hauptstädten. Die aufsehenerregendste Veränderung war jedoch die Eroberung der Wüste durch das Automobil. In den zwanziger Jahren nahmen zwei australische Brüder, die der Weltkrieg in den Nahen Osten gebracht hatte, einen regelmäßigen Taxi- und später auch Busdienst von der Mittelmeerküste über Damaskus oder Jerusalem bis nach Bagdad auf; die Fahrt vom Irak nach Syrien, die vor dem Krieg noch einen Monat gedauert hatte, bewältigte man jetzt in weniger als einem Tag. Ein Student aus dem Norden des Irak, der Anfang der zwanziger Jahre über Indien zur Amerikanischen Universität von Beirut gereist war, konnte jetzt über Land dorthin fahren. Ebenso durchquerten Lastkraftwagen und Reisebusse von der Mittelmeerküste aus die Sahara.

Die Kontakte wurden nicht nur weiträumiger, sondern erreichten auch eine andere, tiefere Ebene. Neue Medien ermöglichten einen weltweiten Gedankenaustausch, der die gebildeten Araber weit stärker einte, als Wallfahrten und die Reisen der Gelehrten es vermocht hatten. Die Zahl der Tageszeitungen vervielfachte sich; Zeitungen aus Kairo wurden auch außerhalb Ägyptens gelesen. Die älteren ägyptischen kulturellen Zeitschriften setzten ihre Arbeit fort, und neue kamen hinzu. Die literarischen, wie *ar-Risala* und *ath-Thaqafa*, die Arbeiten von Dichtern und Kritikern veröffentlichten, erlangten eine besondere Bedeutung. Die Verlage von Kairo und Beirut versorgten die wachsende Zahl der Studenten mit Büchern, darunter auch Dichtung, Romane, geschichtliche und geisteswissenschaftliche Werke, die überall dort zirkulierten, wo man arabisch lesen konnte.

1914 gab es in Kairo und in einigen anderen Städten bereits Kinos; 1925 wurde der erste ägyptische Film gedreht – passenderweise nach der Vorlage von *Zainab*, dem ersten authentisch ägyptischen Roman. 1932 produzierte man in Ägypten den ersten Tonfilm, und um 1939 zeigte man in der ganzen arabischen Welt ägyptische Filme. Zu dieser Zeit sendeten die lokalen Radiosender Reden, Interviews, Musik und Nachrichten. Auch einige der europäischen Länder konkurrierten mit besonderen Sendungen für die arabische Welt.

Reisen, Bildung und die neuen Medien halfen, eine allen gemeinsame Welt des Geschmacks und der Ideen zu schaffen. Zweisprachigkeit wurde zumindest in den Ländern an der Mittelmeerküste üblich. Man sprach im Geschäftsleben und auch zu Hause französisch und englisch; bei Frauen, die französische Konventsschulen besucht hatten, ersetzte Französisch oft sogar die Muttersprache. Zeitungen oder Rundfunksender verbreiteten Nachrichten aus der ganzen Welt; Intellektuelle und Wissenschaftler mußten mehr englische oder französische Schriften lesen als arabische. Es wurde auch immer üblicher, einen Sommerurlaub in Europa zu verbringen – besonders die reichen Ägypter blieben oft mehrere Monate im Ausland. Algerier, Ägypter und Palästinenser gewöhnten sich an den Anblick europäischer und amerikanischer Touristen. Diese Kontakte führten zu Veränderungen bei Vorlieben und Ansichten, die nicht immer ohne weiteres greifbar waren. Sie zeigten sich vielleicht darin, daß die Wohnung anders eingerichtet wurde, daß man Bilder an die Wand hängte, am Tisch aß und Freunde nach Hause einlud. Auch die Kleidung änderte sich, besonders die der Frauen, die sich an der Pariser Mode orientierten. Andere Freizeitangebote standen den Menschen zur Verfügung. In den Großstädten gab es Pferderennbahnen. In gewisser Weise war das die neue Form einer alten Sportart. Aber Tennis, ein bürgerlicher Sport, und Fußball, von jedermann geliebt und von vielen gespielt, waren neue Errungenschaften.

Das europäische Vorbild und die neuen Medien führten auch zu Veränderungen in künstlerischen Bereichen. Die darstellenden Künste befanden sich insgesamt in einer Übergangsphase. Das handwerkliche Können nahm ab. Das lag sowohl an der Konkurrenz der Massenproduktion ausländischer Waren als auch an der Benutzung importierter Rohstoffe und der Notwendigkeit, den neuen Trends und dem Geschmack der Touristen gerecht zu werden. Manche Maler und Bildhauer begannen, im westlichen Stil zu arbeiten, aber ihre Werke stießen im Ausland auf wenig Interesse. Es gab im Grunde keine Kunstgalerien, wo Stile und Sehweisen herangebildet werden konnten, und Bildbände waren noch nicht so verbreitet, wie das später einmal der Fall sein sollte. Große Aufträge für den Bau von Regierungsgebäuden erhielten in den meisten Fällen britische oder französische Architekten, von denen einige (besonders die Franzosen im Maghreb) einen imitierten »orientalischen« Stil bevorzugten, der durchaus zu akzeptablen Resultaten führen konnte. Einige im Ausland ausgebildete Architekten bauten auch Villen im mediterranen Stil, herrschaftliche Jugendstilhäuser in Garden City in Kairo und die ersten Bauten der damals »modernen« Schule.

Schon am Anfang des Jahrhunderts entstanden in Ägypten die ersten Schallplattenaufnahmen arabischer Musik. Rundfunk und Tonfilme führten allmählich auch zu einem anderen musikalischen Verständnis. Improvisationen wichen geprobten Aufführungen; der Sänger oder Musiker, der sich durch Applaus und Beifall inspirieren ließ, machte Aufnahmen in der Stille des Studios. Sänger ließen sich von Orchestern mit westlichen und einheimischen Instrumenten begleiten. Manche Kompositionen aus den dreißiger Jahren erinnerten mehr an italienische oder französische Caféhausmusik als an traditionelle Musik. Die älteren Stile blieben jedoch erhalten. Man konnte sie in Kairo, Tunis und in Bagdad studieren; Umm Kulthum, eine große traditionelle Sängerin, sang den Koran und Gedichte von Schauqi und anderen Dichtern. Die neuen Medien machten sie von einem Ende der arabischen Welt bis zum anderen berühmt.

Die Kultur des Nationalismus

Die erfolgreichste Verschmelzung westlicher und einheimischer Elemente gelang im Bereich der Literatur. Zeitungen, Radio und Filme verbreiteten eine moderne und vereinfachte Version der arabischen Literatursprache in der ganzen arabischen Welt. Sie sorgten dafür, daß die ägyptischen Stimmen und Klangfärbungen überall vertraut wurden. Man gründete drei Akademien – in Bagdad, Damaskus und Kairo –, um das Spracherbe zu pflegen. Von wenigen Ausnahmen abgesehen, wurde der Vorrang der literarischen Sprache nicht in Frage gestellt, aber die Schriftsteller benutzten sie auf eine neue Weise. Eine Schule ägyptischer Dichter, geboren in den neunziger Jahren des neunzehnten Jahrhunderts, die Gruppe »Apollo«, versuchte, in traditioneller Sprache und herkömmlichen Metren persönliche Gefühle so auszudrücken, daß ein Gedicht zu einer Einheit wurde. Zu den bekanntesten gehört Zaki Abu Schadi (1892–1955). Der Einfluß englischer und französischer Dichtung läßt sich in ihren Werken ebenso feststellen wie in den Arbeiten einer Gruppe der nächsten Generation. Diese Romantiker glaubten, Dichtung sollte der ehrliche Ausdruck von Gefühlen sein, und sie richteten (etwas Neues in der arabischen Dichtung) ihre Aufmerksamkeit auf die Natur. In den Arbeiten libanesischer Dichter, die nach Nord- und Südamerika ausgewandert waren, äußerte sich das als wehmütige Sehnsucht nach einer verlorenen Welt. Auch in ihrer Auffassung vom Dichter als Seher, der Wahrheiten verkündete, die er durch Inspiration von der Außenwelt empfing, waren sie Romantiker. Die Auflehnung gegen die Vergangenheit konnte aber auch bis zur völligen Ablehnung gehen, wie sie in den Schriften des Tunesiers Abu l-Qasim asch-Schabbi (1909–34), dem schöpferischsten unter ihnen, zum Ausdruck kommt: »Alles, was der arabische Geist in den vielen Perioden seiner Geschichte hervorgebracht hat, ist monoton und ohne eine Spur poetischer Inspiration.«[1]

Der Bruch mit der Vergangenheit zeigte sich auch in der Entwicklung bestimmter literarischer Formen, die in der klassischen Literatur bis dahin praktisch unbekannt gewesen waren. Bereits im neunzehnten Jahrhundert hatte man Theaterstücke geschrieben, und in dieser Periode entstanden einige mehr. Aber es gab nach wie vor nur wenige Theater, in denen sie aufgeführt wurden, abgesehen von Nadschib Rihanis Theater der Gesellschaftskomödie in Kairo. Von größerer Bedeutung war die Entwicklung des Romans und der Kurzgeschichte vor allem in Ägypten, wo eine Reihe von im letzten Jahrzehnt des neunzehnten und im ersten des zwanzigsten Jahrhunderts geborene Schriftsteller ein neues Medium zur Analyse und Kritik der Gesellschaft und des Individuums schufen. In ihren Geschichten beschrieben sie die Not und Unterdrückung der Armen auf dem Dorf und in der Stadt. Sie erzählten vom Ringen des einzelnen in einer Gesellschaft, die versucht, ihn in seiner Entfaltung zu beschränken, vom Konflikt der Generationen, der beunruhigenden Wirkung der westlichen Lebensweise und ihrer Werte. Zu ihnen gehörten Mahmud Taimur (1894–1973) und Yahya Haqqi (geb. 1905).

Dem Ägypter Taha Husain (1889–1973) gelang es am besten, die Probleme und Hoffnungen seiner Generation zum Ausdruck zu bringen. Er war nicht nur der repräsentativste, sondern vielleicht auch der schöpferischste Schriftsteller seiner Zeit. Und er ist der Autor eines Buchs, das sehr wahrscheinlich als Bestandteil der Weltliteratur überleben wird. Seine Autobiographie *Al-aiyam* berichtet, wie ein blinder Junge sich und seine Welt entdeckt. Taha Husains Werk umfaßt Romane, Essays, Schriften zur Geschichte und Literaturkritik und das wichtige Buch *Mustaqbal ath-thaqafa fi Misr* (Die Zukunft der Kultur in Ägypten). Sie lassen in dieser Periode den nachdrücklichen Versuch erkennen, ein Gleichgewicht unter den drei wesentlichen Elementen der ägyptischen Kultur zu wahren, wie er sie sieht: das arabische Element und vor allem die klassische arabische Sprache; die Elemente, die in unterschiedlichen Zeiten von außen in das Land hineingetragen wurden, vor allem der griechische Rationalismus; und das fundamental ägyptische Element, das sich durch die ganze Geschichte Ägyptens zieht:

> Seit der Arabisierung haben drei Elemente den literarischen Geist Ägyptens geformt. Das erste ist das rein ägyptische Element, das wir von den alten Ägyptern geerbt [...] und das wir unaufhörlich aus dem Land und dem Himmel Ägyptens, aus seinem Nil und seiner Wüste bezogen haben. [...] Das zweite Element ist das arabische Element, das durch Sprache, Religion und Zivilisation zu uns gekommen ist. Was immer wir auch tun, wir werden ihm nicht entfliehen können oder es abschwächen oder seinen Einfluß auf unser Leben verringern, denn es ist mit diesem Leben auf eine Weise verbunden, die es geformt und die seinen Charakter geschaffen hat. Man sage nicht, es sei ein ausländisches Element. [...] Die arabische Sprache ist für uns keine ausländi-

sche Sprache, es ist *unsere* Sprache, und sie ist uns tausendmal näher als die Sprache der alten Ägypter. [...] Und das dritte Element ist das ausländische Element, das schon immer das ägyptische Leben beeinflußt hat und es immer beeinflussen wird. Es ist durch Kontakte mit den zivilisierten Völkern im Osten und Westen nach Ägypten gekommen. [...] Griechen und Römer, Juden und Phönizier im Altertum, Araber, Türken und die Kreuzritter im Mittelalter, und Europa und Amerika in der Neuzeit. [...] Ich würde es begrüßen, wenn die ägyptische Bildung auf einer gewissen Harmonie zwischen diesen drei Elementen beruhte.[2]

Taha Husains Erklärung, Ägypten sei Teil der vom griechischen Denken geformten kulturellen Welt, erregte damals große Aufmerksamkeit, aber sein vielleicht bleibendster Beitrag ist die Pflege der arabischen Sprache. Er bewies, daß sich in dieser Sprache alle Nuancen eines modernen Bewußtseins und die ganze Skala moderner Sensibilität ausdrücken lassen.

Taha Husain schrieb auch über den Islam. Aber zumindest das, was in den zwanziger und dreißiger Jahren entstand, war eine phantasievolle Neuschöpfung des Lebens des Propheten in einer Form, die die Gefühle der einfachen Menschen befriedigte. Später sollte er in einer anderen Art schreiben, aber zunächst war das verbindende Prinzip seines Denkens weniger der Islam als die kollektive Identität der ägyptischen Nation. Auf die eine oder andere Weise sollte das für die gebildeten Araber seiner Generation charakteristisch werden. Das zentrale Thema war die Nation. Die Gedanken drehten sich nicht nur um die Frage der Unabhängigkeit, sondern auch darum, wie diese Nation die Kraft gewinnen konnte, in der modernen Welt zu bestehen. Die Definition der Nation mochte variieren: Da jedes arabische Land mit den europäischen Kolonialherren ein anderes Problem hatte, bestand zumindest unter den politischen Führern der einzelnen Länder die Tendenz, eine eigene nationale Bewegung und eine Ideologie, die sie rechtfertigte, zu entwickeln. Das galt besonders für Ägypten, das seit Muhammad Ali einen eigenen politischen Weg eingeschlagen hatte. In einigen Fällen bezog man die Legitimierung der Eigenständigkeit aus einer Geschichtstheorie. Nationalistische Bewegungen waren Rebellionen gegen die Gegenwart und die jüngere Vergangenheit; sie konnten darüber hinaus an die Erinnerung an eine ferne, vorislamische Vergangenheit appellieren, der die Funde der Archäologen und die Eröffnung von Museen eine sichtbare Dimension verliehen. Die Entdeckung des Grabs von Tut anch Amun 1922 erregte großes Aufsehen und ermutigte die Ägypter, die Kontinuität des ägyptischen Lebens seit der Zeit der Pharaonen zu betonen.

Ahmad Schauqi, ein Dichter am ägyptischen Hof, trat in den zwanziger Jahren als Sprecher eines ägyptischen Nationalismus an die Öffentlichkeit, der seine Inspiration und Hoffnung aus den Denkmälern der uralten Vergangenheit Ägyptens zog. In einem seiner Gedichte, das für eine Denkmalenthüllung in einem Kairoer Park geschrieben wurde, beschreibt er die Sphinx, die starr auf die ägyptische Geschichte blickt:

> Rede! Und vielleicht werden uns deine Worte führen. Belehre uns, und vielleicht wird das, was du sagst, uns trösten. Hast du nicht Pharao in seiner Macht gesehen, der seine Abstammung auf Sonne und Mond zurückführt, die der Zivilisation unserer Ahnen Schatten spenden, die hohen Bauten, die großen Zeugen der Vergangenheit? [...] Du hast Cäsars Tyrannenherrschaft gesehen, der Sklaven aus uns machte; seine Männer trieben uns wie Esel vor sich her, und dann wurde er von einer kleinen Gruppe adliger Verschwörer überwunden [...]. [Die Sphinx spricht]: Ich habe euch etwas bewahrt, das euch stärken wird, denn nichts bewahrt die Süße so gut wie Stein. [...] Der Morgen der Hoffnung löscht die Dunkelheit der Verzweiflung aus, jetzt ist der lang erwartete Tagesanbruch gekommen.[3]

Ein arabisches Element war, deutlich erkennbar oder nicht, in solchen Vorstellungen tief verwurzelt. Da die nationalistischen Bewegungen das Ziel hatten, eine autonome und blühende moderne Gesellschaft zu schaffen, war die Wiederbelebung der arabischen Sprache als Medium moderner Ausdruckskraft und als Band der Einheit ein zentrales Thema.

Aus demselben Grund fand man im Nationalismus unweigerlich ein islamisches Element. Bei den gebildeten Schichten war es zu dieser Zeit häufig nur implizit und verdeckt, denn die Trennung von Religion und politischem Leben schien die Voraussetzung für ein erfolgreiches nationales Leben in der modernen Welt zu sein; in einigen der östlichen arabischen Länder – Syrien, Palästina, Ägypten – lebten Muslime und Christen zusammen, und dort lag das Schwergewicht auf den gemeinsamen nationalen Bindungen. (Der Libanon bildete in dieser Hinsicht teilweise eine Ausnahme. Im größeren Libanon, den die Franzosen geschaffen hatten, lebten mehr Muslime als in dem ehemaligen osmanischen Gebiet mit Sonderstatus. Die meisten der eingegliederten Muslime waren deshalb der Ansicht, der Libanon solle in einem größeren arabischen oder syrischen Land aufgehen. Für die Mehrzahl der Christen war der Libanon im wesentlichen ein christlicher Staat. Erst gegen Ende der dreißiger Jahre setzte sich mehr und mehr der Gedanke eines Staates auf der Grundlage der Übereinstimmung zwischen den verschiedenen christlichen und muslimischen Gemeinschaften durch.)

Daß eine Gruppe von Menschen eine Nation bilden und daß diese Nation unabhängig sein soll, ist ein einfacher Gedanke. Er ist zu einfach, um aus sich selbst heraus den Weg zu einer sozialen Organisation zu weisen. In dieser Periode war er jedoch der Kristallisationspunkt für eine ganze Reihe anderer Ideen. Im wesentlichen war der Nationalismus dieser Zeit nicht religiös gefärbt. Die Menschen glaubten an ein Band, das verschiedene Denk- und Glaubensrichtungen zusammenhalten konnte, und an eine Politik, die auf den Interessen des Staates und der Gesellschaft beruhte. Es war ein demokratischer Nationalismus; der Wille der Nation sollte sich in parlamentarischen Regierungen niederschlagen, die gewählten, gesetzgebenden Versammlungen verantwortlich waren. Man legte großen Nachdruck auf die Notwendigkeit einer allgemeinen Bildung, wodurch die Nation in der Lage sein sollte, aktiver an ihrem kollektiven Leben teilzunehmen. Der Nationalismus stand für die Entwicklung nationaler Industrien, denn Industrialisierung schien die Quelle der Kraft zu sein.

Europa war als Vorbild der modernen Zivilisation, an dem sich die Reformregierungen des vergangenen Jahrhunderts orientierten, in diesen nationalistischen Bewegungen fest verankert. Unabhängigkeit bedeutete die Anerkennung durch die europäischen Staaten auf der Basis der Gleichberechtigung, aber auch die Aufhebung der Kapitulationen, der legalen Privilegien der ausländischen Bürger und die Aufnahme in den Völkerbund. Modern zu sein, hieß ein politisches und gesellschaftliches Leben zu haben wie in den westlichen europäischen Ländern.

Eine andere Komponente dieser Gedanken verdient mehr als nur eine flüchtige Erwähnung. Der Nationalismus gab den Anstoß zur Emanzipation der Frauen. Die Einrichtung von Mädchenschulen durch Regierungen und Missionen in der zweiten Hälfte des neunzehnten Jahrhunderts war ein erster Impuls gewesen. Reisen, die europäische Presse und das Vorbild der europäischen Frauen ermutigten zu dieser Bewegung. Die Emanzipation fand ihre theoretische Rechtfertigung in den Werken einiger Schriftsteller, die sich der islamischen Reformbewegung verbunden fühlten (aber bei weitem nicht bei allen).

Anbara Salam, die einer vornehmen sunnitischen Muslimfamilie von Beirut angehörte, vermittelt in ihrer Autobiographie eine Vorstellung vom Keim, aus dem die Wandlung sich entwickelte. Sie wurde am Ende des neunzehnten Jahrhunderts geboren und wuchs in der Geborgenheit und Sicherheit eines traditionellen Familienlebens auf. Noch als Zwanzigjährige trug sie in der Öffentlichkeit einen Schleier, aber sie erhielt auch eine umfassende moderne Bildung. Ihre Mutter und Großmutter waren gebildet und lasen Religions- und Geschichtsbücher. Auch sie schickte man zur Schule – eine Zeitlang besuchte Anbara Salam eine katholische Schule, wo die Demut und Liebenswürdigkeit der Nonnen auf sie einen bleibenden Eindruck machten. Dann wechselte sie an die Schule einer islamischen Wohltätigkeitsvereinigung. Außerdem erhielt sie Arabischunterricht bei einem führenden Gelehrten der damaligen Zeit. Ein Besuch 1912 in Kairo zeigte ihr einige der Wunder der modernen Zivilisation – Elektrizität, Fahrstühle, Automobile, das Kino, Theater mit besonderen Plätzen für Frauen. Noch nicht zwanzigjährig, begann sie für Zeitungen zu schreiben. Sie sprach auf Frauenversammlungen und entwickelte eine neue Vorstellung von persönlicher Unabhängigkeit. Sie lehnte es ab, schon im frühen Alter verlobt zu werden, und beschloß, keinen Mann zu heiraten, den sie nicht bereits kannte. Sie heiratete dann den Angehörigen einer vornehmen Familie von Jerusalem, Ahmad Samih al-Khalidi, der eine führende Rolle bei der Förderung des arabischen Bildungswesens spielte. Mit ihm teilte sie das Leben und die Härten der palästinensischen Araber, während sie ihre Rolle im Kampf um die Emanzipation der arabischen Frauen spielte.[4]

Der Wunsch, das gesamte Kräftepotential der Nation zu mobilisieren, gab der Frauenemanzipation eine neue Bedeutung. Wie konnte eine Nation gedeihen, wenn die Hälfte ihrer Kraft ungenutzt blieb? Wie konnte eine Gesellschaft frei sein, solange in Hinblick auf Rechte und Pflichten Ungleichheiten bestanden? Der erregende Impuls nationalistischer Aktivitäten verlieh den Frauen eine neue Art Mut. Als die führende ägyptische Feministin ihrer Zeit, Huda Scha'rawi (1878–1974), 1923 nach der Rückkehr von einer Frauenkonferenz in Rom auf dem Hauptbahnhof von Kairo eintraf, trat sie auf die Plattform des Wagens und nahm den Schleier vom Gesicht; man berichtet, daß die anwesenden Frauen in Beifall ausbrachen und einige es ihr nachtaten. Manche Frauen ihrer Generation folgten ihrem Beispiel, während ihre Töchter vielleicht überhaupt keinen Schleier mehr trugen.

1939 reichten die Änderungen noch nicht sehr weit. Eine größere Zahl junger Mädchen besuchte Schulen und einige auch die Universitäten; die Freiheit im gesellschaftlichen Umgang vergrößerte sich, aber der legale Status der Frauen veränderte sich nicht wesentlich. Manche Frauen beteiligten sich am politischen Leben, an den Aktivitäten der Wafd-Partei in Ägypten und in Palästina am Widerstand gegen die Engländer, aber es standen ihnen nur wenige Berufe offen. Ägypten, der Libanon und Palästina waren in dieser Hinsicht am progressivsten. In anderen Ländern wie Marokko, dem Sudan und den Ländern der Arabischen Halbinsel war dagegen kaum eine Änderung festzustellen.

Der Islam der Elite und der Massen

Die alte Stadtbevölkerung, welcher Einkommensschicht auch immer, war lange Zeit durch die Erfahrung des Zusammenlebens in einer städtischen Gemeinschaft geprägt worden. Ein Kodex von Sitten und Gebräuchen, der gemeinsame Besitz von Dingen, die als heilig betrachtet wurden, hatte sie verbunden. Die Notabeln und die Bourgeoisie lebten mit Handwerkern und Ladenbesitzern zusammen, sie kontrollierten die Produktion und fungierten als Beschützer der arbeitenden Bevölkerung. Die Religion der Stadt und des Landes, obwohl unterschiedlich, war verbunden durch die allgemeine Einhaltung von Gebetszeiten, des Ramadan, durch Wallfahrten und die Ehrfurcht vor den heiligen Orten. Die meisten städtischen *ulama* gehörten einem der vielen Sufi-Orden an, die sich im ganzen Land verbreitet hatten; auch wenn die Dorfbewohner nach ihren Gebräuchen lebten, so achteten sie die *schari'a* prinzipiell und bedienten sich ihrer Formen, um etwa wichtige Vereinbarungen und gemeinschaftliche Aufgaben zu dokumentieren. Nun wuchs jedoch der Abstand zwischen den beiden Welten des Denkens und Handelns. In den neuen Städten war die physische Trennung der Wohngebiete zugleich ein Zeichen für die tieferreichende Abkehr von alten Haltungen, Gewohnheiten und auch vom Glauben.

In den dreißiger Jahren lebte ein großer Teil der gebildeten Elite nicht mehr im Rahmen der *schari'a*. In der neuen türkischen Republik hatte man sie offiziell abgeschafft und durch klare Gesetze nach europäischem Vorbild ersetzt. So weit ging kein arabisches Land und keine europäische Macht, die über Araber herrschte, aber in Ländern, die von den Reformen des neunzehnten Jahrhunderts betroffen waren, seien sie nun von reformbewußten Autokraten oder von ausländischen Machthabern eingeführt worden, war inzwischen ein duales Rechtssystem etabliert. Strafrechtliche, zivilrechtliche und handelsrechtliche Fälle wurden in Einklang mit europäischer Rechtsprechung und Verfahrensweise entschieden. Die Autorität der *schari'a* und der Richter, die sie anwandten, wurde auf persönliche Angelegenheiten beschränkt. Die große Ausnahme bildete die Arabische Halbinsel: In Saudi-Arabien war die hanbalitische Version der *schari'a* das einzig anerkannte staatliche Recht, und die religiösen Pflichten – Gebete und Fastenzeiten – wurden von den staatlichen Organen mit Nachdruck überwacht. In den Ländern, in denen sich die Veränderungen am schnellsten vollzogen, wurden die religiösen Vorschriften der *schari'a* weniger stark beachtet als zuvor. Sie bestimmten nach wie vor die großen Einschnitte im Leben – Geburt und Beschneidung, Ehevertrag, Tod und Erbe –, aber in den neuen bürgerlichen Wohnvierteln verlor das Ritual der täglichen fünf Gebete, zu denen vom Minarett gerufen wurde, als Maßeinheit der Zeit und des Leben an Bedeutung. Möglicherweise wurde der Ramadan auch nicht mehr so strikt befolgt wie in der Vergangenheit, nachdem das Leben vom gesellschaftlichen Druck der *madina* befreit war, wo jeder seine Nachbarn im Auge hatte. Der Genuß von Alkohol war verbreiteter als früher, und die Zahl derer, die den Islam als eine ererbte Kultur und weniger als ein lebensbestimmendes Gesetz sah, nahm zu.

Die Angehörigen der gebildeten Elite, für die der Islam noch immer ein lebendiger Glaube war, neigten dazu, ihn auf eine neue Weise zu interpretieren. Die Stellung der *ulama* in der gehobenen städtischen Gesellschaft hatte sich verändert. Sie bekleideten nicht länger die hohen Positionen im Regierungsapparat. Nun waren die Führer der politischen Parteien die Sprecher für die Wünsche und Ziele der Bourgeoisie. Die Bildung, die die *ulama* anboten, war nicht länger attraktiv für die Jungen und Ehrgeizigen, denen sich nun die Möglichkeit der Wahl bot; sie führte nicht zur Beförderung im Beamtendienst, und sie schien nicht zu helfen, die moderne Welt besser zu verstehen oder zu meistern. In Syrien, Palästina und im Libanon, in Ägypten und Tunesien besuchte ein junger Mann (und mit gewissen Einschränkungen auch die junge Frau) aus guter Familie eine moderne staatliche oder ausländische Mittelschule und danach die Universität in Kairo oder Beirut, in Frankreich, England oder Amerika. Selbst in Marokko, wo sich die Veränderungen langsamer vollzogen, verlor die Qarawiyin Studenten an die neue französische Schule in Fes, das Collège Moulay Idris.

Der Islam der Menschen mit moderner Bildung war nicht mehr der Islam der Azhar oder der Zaituna, sondern der der Reformer der Schule von Abduh. Alle diejenigen, welche zu der Überzeugung gelangten, es gehe um eine *de-facto*-Trennung von Religion und gesellschaftlichem Leben, fanden in den zwanziger Jahren ein neues Thema, um das die Diskussion kreiste, denn die Abschaffung des osmanischen Kalifats durch die neue türkische Republik bot Anlaß, über das Wesen der politischen Autorität nachzudenken. Einer von Abduhs Anhängern, Ali Abd ar-Raziq (1888–1966), schrieb ein berühmtes Buch: *Al-islam wa usul al-hukm* (Der Islam und die Grundlagen der politischen Macht). Darin stellt er fest, das Kalifat sei nicht göttlichen Ursprungs, und der Prophet sei nicht gesandt worden, um einen Staat zu gründen, und habe es auch nicht getan:

> In Wirklichkeit hat die Religion des Islam nichts mit dem Kalifat zu tun, das die Muslime kennen. [...] Es ist ebensowenig eine religiöse Institution wie das Amt des Richters oder irgendein staatliches Amt. [...] Dies sind alles rein politische Ämter.

> Religion hat nichts mit ihnen zu tun. Die Religion kennt sie nicht, lehnt sie auch nicht ab; sie fordert oder verbietet sie nicht. Sie überläßt es uns, in Hinblick auf sie die Grundsätze der Vernunft zu Rate zu ziehen, die Erfahrung der Nationen und die Gesetze der Staatskunst.[5]

Bei den religiösen Konservativen wurde seinen Gedanken scharf widersprochen, aber die Implikation, das Kalifat sei nicht wiederherzustellen, wurde allgemein akzeptiert.

Die andere Denkrichtung, die auf Abduh zurückging, betonte die Notwendigkeit, zu den Grundlagen des Glaubens zurückzukehren. Aus ihnen sollte man vernünftig und verantwortungsvoll eine gesellschaftliche Ethik ableiten, die in der modernen Zeit akzeptabel sei. Diese Art Reformismus gewann im Maghreb großen Einfluß, der schließlich eine politische Form annahm. Muhammad Ben Badis gründete 1931 in Algerien eine Gesellschaft algerischer *ulama* mit dem Ziel, die moralische Vorrangstellung des Islam und damit auch der arabischen Sprache unter seinem Volk wiederherzustellen, das ein Jahrhundert französischer Herrschaft seiner Wurzeln beraubt hatte. Er wollte dieses Ziel erreichen, indem er eine Interpretation des Islam auf der Grundlage von Koran und Hadith vorlegte; und er beabsichtigte, die Barrieren zwischen den einzelnen Sekten und Gesetzesschulen durch die Gründung nichtstaatlicher Schulen mit Arabisch als Unterrichtssprache zu überwinden. Außerdem arbeitete er darauf hin, die islamischen Institutionen der staatlichen Kontrolle zu entziehen. Durch sein Wirken zog er die Feindschaft der Sufi-Meister und das Mißtrauen der französischen Regierung auf sich. 1939 hatte sich die Vereinigung stärker im politischen Leben engagiert und identifizierte sich mit der nationalistischen Forderung, Muslime sollten innerhalb des französischen Systems die gleichen Rechte haben, ohne ihre eigenen Gesetze und ihre Sozialethik aufgeben zu müssen.

In Marokko gewannen die reformistischen Lehren in den zwanziger Jahren ebenfalls an Boden. Der Versuch, den marokkanischen Islam von den Auswüchsen späterer Zeiten zu befreien, beinhaltete unausgesprochen einen Angriff auf die Stellung der Führer der Sufi-Orden in der marokkanischen Gesellschaft; und der Ruf nach einer Gesellschaft und einem Staat auf der Grundlage einer reformierten *schari'a* bedeutete, sich der ausländischen Besatzungsmacht zu widersetzen. Solche Lehren wiesen den Weg zu politischem Handeln; und als die nationalistische Bewegung an die Öffentlichkeit trat, stand an ihrer Spitze ein Schüler der Reformer: Allal al-Fasi (1910–74). Der Zeitpunkt zum Handeln kam 1930, als die Nationalisten glaubten, hinter einem Versuch der Franzosen, die *schari'a* in den Berberdistrikten durch Gewohnheitsrecht zu ersetzen, stehe die Absicht, die Berber von den Arabern zu trennen. Das lieferte ihnen ein Thema, mit dem sie die öffentliche Meinung in den Städten mobilisieren konnten.

Diese Bewegungen fanden ihre Anhänger in der gebildeten Elite, aber die Massen in den Städten und die ländliche Bevölkerung, die die Städte sprunghaft wachsen ließ, hielt immer noch am traditionellen Glauben und Verhalten fest. Gebete, Fastenzeiten und Wallfahrten ordneten den Fluß der Tage und Jahre; die Prediger in den Freitagsmoscheen und der Sufi-Lehrer, der das Grab eines Heiligen behütete, waren noch immer diejenigen, welche die öffentliche Meinung zu den alltäglichen Fragen bestimmten und ihr Ausdruck verliehen. Die Sufi-Orden besaßen bei den Massen in der Stadt und auf dem Land großen Einfluß, aber ihr Wesen und ihre Rolle änderten sich. Unter dem Einfluß der Reformer und der Wahhabiten traten ihnen weniger Angehörige der *ulama* und der gebildeten Klasse bei; sufische Glaubensvorstellungen und Praktiken waren nicht länger den Beschränkungen der hohen städtischen Kultur unterworfen. Wo der Staat das Land stärker kontrollierte, wurde die Rolle des Sufi-Meisters stärker eingeschränkt als je zuvor, aber wo die staatliche Kontrolle schwach war oder fehlte, konnte er noch immer an der Spitze einer politischen Bewegung stehen. Während der italienischen Eroberung von Libyen waren im Osten des Landes, in der Cyrenaika, die maßgeblichen Persönlichkeiten des Sanusi-Ordens die Führer des Widerstands.

Selbst in der Welt des volkstümlichen Islam verbreitete sich die aktivistische und politische Version des Glaubens. In den dreißiger Jahren gewann unter den algerischen Arbeitern in Frankreich und in Algerien eine populäre Bewegung an Boden – die Étoile Nord-Africaine unter Führung von Messali al-Haddsch. Sie war offener nationalistisch als die Bewegungen der französisch-gebildeten Elite und appellierte unverblümter an islamische Gefühle. Von allgemein größerer Bedeutung war eine Bewegung in Ägypten, die ähnlichen Gruppen in anderen islamischen Ländern als Vorbild dienen sollte – die Gesellschaft der Muslimbrüder. Gegründet 1928 von Hasan al-Banna (1906–49), einem Grundschullehrer, war sie keineswegs nur als politische Bewegung konzipiert:

> Ihr seid kein Wohltätigkeitsverein, auch keine politische Partei und keine lokale Organisation mit beschränkten Zielen. Ihr seid vielmehr eine neue Seele im Herzen dieser Nation, um ihr durch den Koran Leben zu geben. [...] Wenn man euch fragt, worum es euch geht, dann antwortet, um den Islam, um die Botschaft Muhammads, die Religion, die die Staatslenkung einschließt und die unter anderem der Freiheit verpflichtet ist. Wenn man euch sagt, ihr seid politisch, dann antwortet, der Islam erlaubt eine solche Bezeichnung nicht. Wenn man euch beschuldigt, Revolutionäre zu sein, dann

sagt: »Wir sind Stimmen für das Recht und für den Frieden, an die wir aufrichtig glauben und auf die wir stolz sind. Wenn ihr euch gegen uns erhebt oder unserer Botschaft im Wege steht, dann hat Gott uns erlaubt, uns gegen eure Ungerechtigkeit zu verteidigen.«[6]

Die Muslimbrüder begannen als eine Bewegung für die Reform der individuellen und gesellschaftlichen Moral auf der Grundlage einer Analyse der Fehler der muslimischen Gesellschaften. Diese Analyse ähnelte der Kritik der Salafiya und ging teilweise auf diese zurück. Danach war der Niedergang des Islam auf die Herrschaft der blinden Nachahmung zurückzuführen und auf das Aufkommen der Exzesse des Sufismus. Hinzu kam der Einfluß des Westens, der trotz seiner gesellschaftlichen Vorzüge fremde Werte, Amoral, missionarische Aktivitäten und imperialistische Macht gebracht hatte. Der Anfang einer Heilung war die Rückkehr der Muslime zum wahren Islam, zum Koran, wie ihn echter *idschtihad* interpretierte, und der Versuch, in allen Lebensbereichen seinen Lehren zu folgen. Ägypten sollte ein islamischer Staat werden, dessen Grundlage die reformierte *schari'a* bildete. Das würde Auswirkungen auf alle Bereiche des Lebens haben. Frauen sollten Bildung erhalten und berufstätig sein dürfen; aber ein gewisser gesellschaftlicher Abstand zwischen ihnen und den Männern sollte gewahrt werden; die Erziehung sollte auf der Religion beruhen; auch die Wirtschaft sollte nach den Prinzipien des Korans reformiert werden.

Diese Lehren hatte auch politische Konsequenzen. Obwohl die Muslimbrüder anfangs nicht die Forderung erhoben, die Regierung zu stellen, wollten sie als legitime Herren nur jene anerkennen, die in Übereinstimmung mit der *schari'a* handelten. Sie lehnten eine ausländische Herrschaft ab, die eine Bedrohung für die *schari'a* und die Gemeinschaft der Gläubigen darstellte. Ihnen ging es in erster Linie um Ägypten, aber ihre Ansichten breiteten sich in der ganzen islamischen Welt aus. Ihr erstes aktives politisches Engagement kam in den späten dreißiger Jahren mit dem Aufstand der arabischen Palästinenser. Am Ende des Jahrzehnts waren sie eine politische Kraft, mit der man rechnen mußte, und ihr Einfluß unter der städtischen Bevölkerung wuchs – aber weder bei den Armen noch bei den Gebildeten, sondern bei den mittleren Schichten: Handwerker, kleine Händler, Lehrer und Angestellte, die dem Kreis der herrschenden Elite fernstanden. Diese Menschen hatten Arabisch gelernt und kein Englisch oder Französisch. Sie lasen ihre heiligen Schriften auf eine einfache und wörtliche Weise.

Als Saudi-Arabien entstand, sahen sich Bewegungen wie die Muslimbrüder in ihrem Glauben bestärkt, daß die Lehren und Gesetze des Islam als Grundlage für eine moderne Gesellschaft dienen konnten. Die Versuche von König Abd al-Aziz und seiner wahhabitischen Anhänger, für den neuen Staat die Gültigkeit der *schari'a* in ihrer hanbalitischen Form beizubehalten (und das gegen die Stammessitten auf der einen Seite und gegen die westlichen Neuerungen auf der anderen), sollten in späterer Zeit, als das Königreich eine wichtigere Stellung in der Welt einnahm, noch größere Bedeutung gewinnen, aber schon in dieser Periode war eine gewisse Resonanz festzustellen. Saudi-Arabien mochte arm und provinziell sein, aber dort befanden sich die heiligen Stätten des Islam.

FÜNFTER TEIL

DAS ZEITALTER DER NATIONALSTAATEN

(seit 1939)

Der Zweite Weltkrieg veränderte die Machtstrukturen der Welt. Die Niederlage Frankreichs, die finanziellen Lasten des Krieges, die Rolle der USA und der UdSSR als Supermächte und eine gewisse atmosphärische Veränderung der öffentlichen Meinung sollte in den nächsten beiden Jahrzehnten zu einem Ende der französischen und britischen Macht in den arabischen Ländern führen. Die Suezkrise von 1956 und der Algerienkrieg von 1954–62 bezeichneten die letzten großen Versuche der beiden Mächte, ihre Stellung zu behaupten. In Palästina führte der Rückzug der Briten zur Niederlage der Araber und zur Gründung des Staates Israel. In anderen Ländern wurden die ehemaligen Herrscher durch nationalistische Regime ersetzt. Die politischen Ziele, die sich um die Idee des Nationalismus gruppierten, waren: die Erschließung der Bodenschätze, eine allgemeine Bildung und die Emanzipation der Frauen. Sie mußten versuchen, ihre Politik in Gesellschaften durchzusetzen, die sich in einem rasanten Prozeß der Veränderung befanden: Die Bevölkerung stieg rapide an; die Städte (vor allem die Hauptstädte) wuchsen; die Gesellschaft schichtete sich um; und die neuen Massenmedien – Kino, Radio, Fernsehen und die Tonkassette – ermöglichten eine neue Art der Massenmobilisierung.

In den fünfziger und sechziger Jahren dominierte ein arabischer Nationalismus, der eine enge Verbindung der arabischen Länder, Unabhängigkeit von den Supermächten und soziale Reformen in Richtung auf größere Gleichheit anstrebte; diese Ziele verkörperte eine Zeitlang Gamal Abd an-Nasir, der ägyptische Präsident. Die Niederlage Ägyptens, Syriens und Jordaniens im Krieg gegen Israel im Jahr 1967 verhinderte jedoch, daß sich der Nationalismus dieser Prägung weiter durchsetzte. Es folgte eine Zeit der Uneinigkeit und wachsender Abhängigkeit von der einen oder anderen Supermacht, wobei die USA schließlich ein Übergewicht bekamen. Auf anderen Gebieten wurden die Kontakte der arabischen Völker enger, denn die alten und neuen Medien sorgten für die Übermittlung von Gedanken und Bildern über die politischen Grenzen hinweg. In einigen arabischen Ländern führte die Ölförderung zu einem schnellen Wirtschaftswachstum, und das zog Einwanderer aus anderen Ländern an.

In den achtziger Jahren fügte eine Kombination von Faktoren dem Nationalismus und der sozialen Gerechtigkeit eine dritte Idee hinzu, die einerseits ein Regime legitimieren, andrerseits Oppositionsbewegungen ins Leben rufen konnte. Das Bedürfnis der städtischen Massen, eine Lebensgrundlage zu finden, die Beschwörung der Vergangenheit, die in der Idee des Nationalismus lag, die Abneigung gegen die Gedanken und Sitten, die aus der westlichen Welt kamen, und das Beispiel der iranischen Revolution von 1979 – all das führte zu einem rapiden Anwachsen islamischer Gefühle und Überzeugungen.

Kapitel 21

Das Ende der Imperien

(1939–1962)

Der Zweite Weltkrieg

Bei Ausbruch des Zweiten Weltkriegs schien die arabische Welt fest im Griff britischer und französischer imperialer Systeme zu sein. Die Nationalisten mochten vielleicht auf eine bessere Stellung in ihnen hoffen, aber das militärische, wirtschaftliche und kulturelle Übergewicht Großbritanniens und Frankreichs schien unerschütterlich. Weder die Vereinigten Staaten noch die Sowjetunion besaßen mehr als ein begrenztes Interesse am Nahen Osten oder dem Maghreb. Die deutsche und italienische Machtpolitik und die Propaganda hatten einen gewissen Einfluß auf die jüngere Generation, aber bis zum Kriegsausbruch schienen die so fest verankerten Strukturen dieser Herausforderung trotzen zu können. Wieder einmal wirkte indessen ein Krieg als Katalysator und sorgte für schnelle Verschiebungen der Macht und Änderungen im gesellschaftlichen Leben und in den Gedanken und Hoffnungen jener, die davon betroffen waren.

In den ersten Kriegsmonaten war es ein nordeuropäischer Krieg. Die französischen Verbände im Maghreb und die Briten und Franzosen im Nahen und Mittleren Osten waren zwar in Alarmbereitschaft versetzt worden, aber sie griffen nicht in das Kampfgeschehen ein. Die Lage änderte sich 1940, als Frankreich besiegt aus dem Krieg ausschied und Italien aktiv in den Kampf eingriff. Italienische Streitkräfte bedrohten die britische Stellung in der westlichen Wüste Ägyptens und in Äthiopien an der südlichen Grenze des Sudan. In den ersten Monaten des Jahres 1941 weckte die deutsche Besetzung von Jugoslawien und Griechenland Befürchtungen, Deutschland werde möglicherweise weiter nach Osten bis nach Syrien und in den Libanon vorrücken, wo eine französische Verwaltung nach Anweisungen aus Frankreich agierte, und in den Irak, wo eine Gruppe von

Offizieren und Politikern unter der Führung von Raschid Ali al-Gailani (1892–1965) an die Macht gekommen war, die Beziehungen zu Deutschland unterhielten. Im Mai 1941 besetzten die Briten den Irak und brachten eine den Alliierten freundliche Regierung an die Macht; im Juni marschierten in Syrien britische Streitkräfte gemeinsam mit französischen Truppen ein, die dem Aufruf von General de Gaulle gefolgt waren, den Krieg nicht verloren zu geben und weiterzukämpfen.

Ab Mitte 1941 wurde aus dem Krieg der europäischen Staaten ein Weltkrieg. Die deutsche Invasion Rußlands machte theoretisch einen Vorstoß der Deutschen in den Nahen Osten über den Kaukasus und die Türkei möglich. Die Absicht, britischen und amerikanischen Nachschub durch Rußland zu transportieren, führte zur gemeinsamen Besetzung Irans durch britische und russische Streitkräfte. Am Ende des Jahres löste der japanische Angriff auf die amerikanische Flotte den Kriegseintritt der USA aus. Die Jahre 1942–43 brachten den Wendepunkt im Nahen Osten. Deutsche Truppen hatten die Italiener in Libyen verstärkt; im Juli 1942 marschierten sie gemeinsam in Ägypten ein und drangen bis in die Nähe von Alexandria vor. Aber im Wüstenkrieg änderte sich die Lage schnell. Noch vor Ende des Jahres gelangten die Briten durch einen Gegenangriff weit in den Westen von Libyen. Beinahe gleichzeitig, im November, landeten anglo-amerikanische Truppen im Maghreb und eroberten in kurzer Zeit Marokko und Algerien. Die Deutschen zogen sich auf ihren letzten Stützpunkt in Tunesien zurück, den sie im Mai 1943 bei gleichzeitigen Angriffen von Osten und Westen aufgeben mußten.

Für die arabischen Länder war der aktive Krieg damit mehr oder weniger beendet. Die militärische Lage bekräftigte die britische und französische Vorherrschaft. Alle Länder, die vor dem Krieg unter britischer Kontrolle gestanden hatten, blieben es, und daneben waren britische Streitkräfte in Libyen, in Syrien und auch im Libanon stationiert. Die französische Herrschaft bestand formell noch in Syrien, im Libanon und im Maghreb, wo sich die französischen Truppen formierten, um in die letzte Phase des Krieges in Europa einzugreifen.

In Wirklichkeit jedoch waren die Grundlagen der britischen und französischen Macht erschüttert. Der Zusammenbruch Frankreichs im Jahre 1940 hatte seine Position in den Augen der von ihm beherrschten Völker geschwächt. Frankreich stand am Ende zwar auf der Seite der Sieger und konnte formal den Status einer Großmacht in Anspruch nehmen, aber die Aufgaben, im Leben der Nation die Stabilität wiederherzustellen und die angeschlagene Wirtschaft wiederaufzubauen, erschwerten es den Franzosen immer mehr, ein Reich zusammenzuhalten, das von Marokko bis Indochina reichte. In Großbritannien führten die Kriegsanstrengungen zu einer Wirtschaftskrise, die nur allmählich mit Hilfe der Vereinigten Staaten überwunden werden konnte. Erschöpfung und das Bewußtsein der Abhängigkeit verstärkten die Zweifel daran, ob es möglich oder wünschenswert sei, wie früher über ein so großes Empire zu herrschen. Die beiden Mächte, deren potentielle Stärke der Krieg in reale Macht verwandelt hatte, überschatteten Großbritannien und Frankreich. Die Vereinigten Staaten und die Sowjetunion besaßen größere wirtschaftliche Ressourcen und größere Armeen als alle anderen Staaten, und sie hatten sich im Verlauf des Krieges in vielen Teilen der Welt festgesetzt. Von nun an konnten sie Anspruch auf Berücksichtigung ihrer Interessen erheben, und die Abhängigkeit Europas von amerikanischer Wirtschaftshilfe lieferte den Vereinigten Staaten darüber hinaus ein wirkungsvolles Druckmittel gegen ihre europäischen Verbündeten.

Bei den arabischen Völkern weckten die Kriegsereignisse Hoffnungen auf ein neues Leben. Die Bewegungen der Streitkräfte (die besonders schnell und wirkungsvoll in der Wüste agierten), die Ängste und Erwartungen während der Besatzung und nach der Befreiung, die Möglichkeiten einer besseren Zukunft, die von den konkurrierenden Propagandasendern beschworen wurden, das Schauspiel eines Europa, das sich selbst zerfleischt hatte, die Erklärungen hoher Prinzipien durch die anglo-amerikanische Allianz – all das förderte die Hoffnung auf grundlegende Veränderungen des Lebens.

Neben vielen anderen Änderungen, die das Kriegsgeschehen hervorbrachte, stärkte es den Gedanken einer engeren Verbindung der arabischen Länder. Kairo war das Hauptzentrum, von dem aus die Briten den Kampf um den Nahen Osten organisierten und auch das Wirtschaftsleben lenkten; die Notwendigkeit, den Schiffsverkehr aufrechtzuerhalten, führte zur Gründung des Middle East Supply Centre (zuerst britisch und später anglo-amerikanisch). Das Centre steuerte nicht nur die Importe, es förderte auch Entwicklungen in Landwirtschaft und Industrie, um den Nahen Osten weitgehend autark zu machen. Da Kairo das Zentrum militärischer und wirtschaftlicher Entscheidungen wurde, bot sich der ägyptischen Regierung die Möglichkeit (von Großbritannien eher halbherzig dazu ermutigt), die Initiative zu ergreifen und engere Verbindungen zwischen den arabischen Staaten zu knüpfen. Anfang 1942 zwang ein britisches Ultimatum den König von Ägypten, die Wafd-Partei mit der Regierungsbildung zu beauftragen; in dieser kritischen Phase des Krieges erschien Großbritannien eine ägyptische Regierung wünschenswert, die das Land unter Kontrolle halten konnte und die kooperationsbereiter war als der König und seine Umgebung. Dank der Autorität, die der Wafd-Regierung damit zufiel, konnte sie mit anderen arabischen Staaten Gespräche über die Möglichkeit einer engeren und offiziell sanktionierten Verbindung führen. In Gesinnung und Interessen bestanden jedoch erhebliche Unterschiede. In Syrien und im Irak war bei den politischen Führern noch die Erinnerung an die verlorengegangene Einheit des Osmanischen Reiches lebendig, und sie wünschten deshalb eine engere Bindung; im Libanon bestand ein labiles Gleichgewicht zwischen denen, die sich als Araber sahen, und den Christen, die einen unabhängigen Libanon wollten, der eng mit Westeuropa verbunden sein sollte. Die Regierungen von Ägypten, Saudi-Arabien und des Jemen besaßen eine gewisse arabische Solidarität, aber auch ein klares Konzept ihrer nationalen Interessen. Alle wollten die Araber in Palästina wirkungsvoll unterstützen. Zwei Konferenzen, die eine 1944 in Alexandria und die andere 1945 in Kairo, führten zur Gründung der Arabischen Liga. Das Bündnis führte sieben Staaten zusammen, die insgesamt einen gewissen Handlungsspielraum besaßen (Ägypten, Syrien, Transjordanien, Irak, Saudi-Arabien und Jemen) und außerdem einen Vertreter der arabischen Palästinenser. Die Tür zum Beitritt stand anderen arabischen Ländern offen, falls sie unabhängig werden würden. Die Souveränität der einzelnen Länder sollte nicht angetastet werden, aber man hoffte, sie würden in Angelegenheiten, die alle betrafen, gemeinsam handeln – inbesondere bei der Verteidigung der Araber in Palästina und im Maghreb – und in den internationalen Organisationen, die nach dem Krieg entstehen mochten. Nach Gründung der Vereinten Nationen 1945 wurden die unabhängigen arabischen Staaten Mitglieder.

Nationale Unabhängigkeit (1945–1956)

Der Nahe Osten und der Maghreb waren eine Generation lang beinahe ausschließlich die Interessensphären zweier europäischer Staaten gewesen, aber nach Kriegsende konnten in beiden Regionen vier oder noch mehr Staaten Einfluß gewinnen. Ihre Beziehungen untereinander waren jedoch nicht mehr so stabil wie zur Zeit des »Europäischen Konzerts«. In dieser Situation vermochten nationalistische Parteien und die lokalen Interessen, die sie vertraten, Druck auszuüben, um den Status ihrer Länder zu verändern.

Frankreich befand sich in einer schwächeren Position als Großbritannien, und der Druck auf dieses Land war größer. Am Ende des Zweiten Weltkriegs konnte Frankreich seine Position in Indochina und, nachdem

1945 die Aufstände in Ostalgerien rigoros unterdrückt worden waren, im Maghreb wiederherstellen, aber die Franzosen mußten sich aus Syrien und dem Libanon zurückziehen. Als die britischen und die freien französischen Truppen 1941 das Land besetzten, einigte man sich darauf, daß die Franzosen die administrative, die Briten jedoch die strategische Kontrolle übernahmen. Großbritannien erkannte an, daß Syrien und der Libanon zur französischen Einflußsphäre gehörten – allerdings unter der Bedingung, daß beide Länder die Unabhängigkeit erhielten. Die Möglichkeiten eines Interessenkonflikts lagen auf der Hand. Die freien Franzosen wollten der sofortigen Selbstverwaltung nicht zustimmen. Ihr Anspruch, das wahre Frankreich zu sein, mußte in französischen Augen unglaubwürdig erscheinen, wenn sie ein französisches Territorium nicht, wie sie glaubten, seinen Bewohnern zurückgaben, sondern zuließen, daß es in die britische Einflußsphäre gelangte. Wenn die Briten andererseits das Versprechen der Unabhängigkeit erfüllten, würde sich das zu ihrem Vorteil bei den arabischen Nationalisten auswirken, die ihre Politik in Palästina aufs schärfste mißbilligten. Den Politikern von Beirut und Damaskus gelang es, diese Uneinigkeit zu nutzen, und sie erwirkten die Unabhängigkeit noch vor Kriegsende, damit sie nicht der uneingeschränkten französischen Herrschaft überlassen blieben. Es kam zu zwei Krisen. Die eine löste die libanesische Regierung 1943 mit dem Versuch aus, die französische Macht einzuschränken, die andere war 1945 die Bombardierung von Damaskus durch die Franzosen nach einem ähnlichen Versuch der Syrer. Die Briten intervenierten, und nach Verhandlungen einigte man sich darauf, daß die Franzosen und die Briten sich Ende des Jahres 1945 gleichzeitig und vollständig zurückziehen würden. Auf diese Weise erhielten Syrien und der Libanon völlige Unabhängigkeit ohne die Einschränkungen der Verträge, die Großbritannien Ägypten und dem Irak aufgezwungen hatte. Von nun an würde es für jede nationalistische Partei schwierig sein, sich mit weniger zufriedenzugeben.

Die britische Position im Nahen Osten und im Maghreb schien am Ende des Weltkriegs unerschüttert und in gewisser Hinsicht sogar gestärkt zu sein. Die Wüstenfeldzüge führten dazu, daß ein weiteres arabisches Land, Libyen, in den britischen Herrschaftsbereich geriet. Die Vereinigten Staaten schienen nicht die Absicht zu haben, in den arabischen Teilen des Nahen Ostens Großbritannien als Vormacht zu verdrängen, obwohl bei der Beherrschung der Märkte und der Kontrolle über die Erdölförderung eine unterschwellige Rivalität sichtbar wurde. Der Beginn des »Kalten Kriegs« führte jedoch zu einem größeren amerikanischen Engagement. 1947 übernahmen die USA die Aufgabe, Griechenland und die Türkei vor jeder russischen Bedrohung zu schützen. Das wiederum führte dazu, daß Großbritanien weiter im Süden, in den arabischen Ländern, die Verantwortung für die Wahrung der politischen und strategischen Interessen des Westens in der neuen Ära des kalten Krieges zufiel.

Das stillschweigende Einverständnis sollte etwa zehn Jahre dauern. Und in der Anfangszeit bemühte sich die britische Labour-Regierung ernsthaft, die Beziehungen zu den arabischen Ländern auf eine neue Grundlage zu stellen. Der Rückzug der Briten aus Indien 1947 mochte den Anschein erwecken, die Präsenz im Nahen Osten sei für die Briten weniger wichtig als zuvor, aber die Regierung beurteilte das keineswegs so. Investitionen, Märkte, Öl, Verkehrsverbindungen, die strategischen Interessen des westlichen Bündnisses und das Gefühl, der Nahe und Mittlere Osten und Afrika seien nun die einzigen Teile der Welt, in denen Großbritannien die Initiative ergreifen könne, schienen eine Wahrung dieser Postition noch wichtiger zu machen, allerdings auf einer neuen Grundlage.

Die allgemeine Linie der britischen Politik war es, die Unabhängigkeit der Araber und ein größeres Maß an Einheit zu fördern, gleichzeitig durch freundschaftliche Übereinkünfte die unverzichtbaren strategischen Interessen zu wahren und Unterstützung bei der wirtschaftlichen Entwicklung und der Aneignung technischer Fähigkeiten bis zu dem Punkt zu leisten, an dem die arabischen Regierungen die Verantwortung für ihre Verteidigung selbst übernehmen konnten. Diese Politik beruhte auf zwei Voraussetzungen: Die arabischen Regierungen würden sich in ihren wesentlichen Interessen mit denen Großbritanniens und der NATO identifizieren; und die britischen und amerikanischen Interessen würden soweit übereinstimmen, daß der stärkere Partner die Verteidigung seiner Interessen dem schwächeren überließ. In den folgenden zehn Jahren erwiesen sich jedoch beide Voraussetzungen als falsch.

Libyen war das erste Land, in dem eine Entscheidung getroffen werden mußte. Bei Kriegsende unterstanden zwei der drei Regionen des Landes einer britischen Militärregierung – die Cyrenaika und Tripolitanien – und die dritte, Fazzan, einer französischen. Im Osten, in der Cyrenaika, hatten dem Meister des Sanusiya-Ordens ergebene Truppen aktiv zum Sieg beigetragen. Ihnen hatte man Versprechungen für die Zukunft gemacht. In Gesprächen der Großmächte und anderer Interessentengruppen und in den Vereinten Nationen wurde das neue Konzept einer »Treuhandschaft« der Vereinten Nationen für »entwickeltere« Länder als Möglichkeit für Libyen diskutiert. Es war eines der ersten Zeichen für die Ablehnung der Kolonialherrschaft (die ein Ziel der Vereinten Nationen werden sollte), daß es der Mehrheit widerstrebte, Großbritannien oder Frankreich zu erlauben, in Libyen zu bleiben oder Italien die alten Mandatsrechte wieder einzuräumen. Verschiedene lokale Gruppen forderten die Unabhängigkeit, obwohl Uneinigkeit über die zukünftige Beziehung der drei Regionen bestand. 1949 verabschiedete die UNO eine Resolution, die die Unabhängigkeit befürwortete und eine internationale Kommission einsetzte, um die Übergabe der Macht zu überwachen. Das Land wurde 1951 unter König Idris von Libyen, dem Ordensmeister der Sanusiya, unabhängig. Aber Großbritannien und die Vereinigten Staaten unterhielten in Libyen noch mehrere Jahre Militärstützpunkte.

In einem anderen Land, in Palästina, erwies sich eine Lösung der widerstreitenden Interessen als unmöglich; dieser Konflikt sollte die Beziehungen der arabischen Völker zu den Westmächten dauerhaft belasten. Während des Zweiten Weltkriegs war eine jüdische Einwanderung nach Palästina praktisch unmöglich gewesen, und auch politische Aktivitäten waren zum größten Teil ausgesetzt. Gegen Ende des Kriegs zeigte sich eine Veränderung im Machtgefüge. Als Folge der Exilierung oder der Gefangennahme einiger ihrer Führer während und nach dem Aufstand von 1936–39 und auf Grund von Spannungen und Feindseligkeiten, die militante Bewegungen hervorgerufen hatten, waren die Araber in Palästina weniger als zuvor in der Lage, eine Einheitsfront zu bilden. Die Gründung der Arabischen Liga, die sich zur Unterstützung der Palästinenser verpflichtete, schien ihnen eine Stärke zu verleihen, die sich schließlich jedoch als Illusion erwies. Die Juden in Palästina dagegen verbanden starke kommunale Institutionen; viele Juden waren während des Kriegs in den britischen Streitkräften ausgebildet worden und besaßen Kampferfahrung. Sie wurden in größerem Maß und entschiedener von Juden anderer Länder unterstützt, die, aufgeschreckt von der Massenvernichtung der Juden in Europa, entschlossen waren, nicht nur einen Zufluchtsort für die Überlebenden zu schaffen; sie strebten eine starke Position an, die eine Wiederholung eines solchen Geschehens in Zukunft unmöglich machen sollte. Die britische Regierung kannte die Argumente, die für eine schnelle und groß angelegte jüdische Einwanderung sprachen; sie wußte auch, daß dies zur Forderung nach einem jüdischen Staat führen würde und daß diese Forderung bei den Arabern, die fürchteten, unselbständig oder enteignet zu werden, und bei den arabischen Staaten auf heftigen Widerstand stoßen mußte. Der Handlungsspielraum der Regierung war im Vergleich zu den Jahren vor 1939 durch die engen Beziehungen zu den Vereinigten Staaten und die wirtschaftliche Abhängigkeit von ihnen kleiner geworden. Das Interesse der amerikanischen Regierung am Nahen Osten war noch gering, und da die große und politisch aktive jüdische Gemeinde in den USA Druck ausübte,

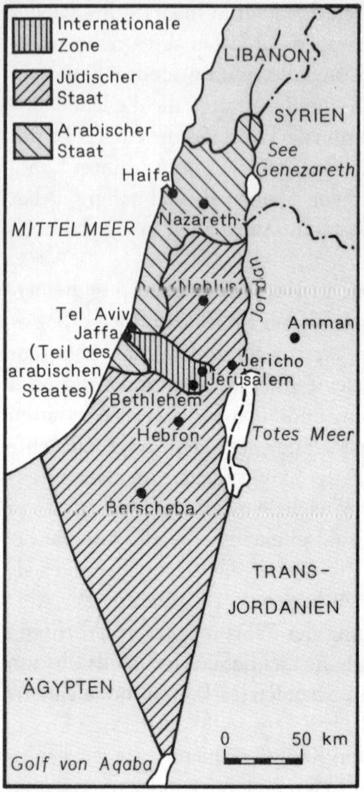

Die Teilung Palästinas: Der Teilungsplan der Royal Commission 1937.

Die Waffenstillstandslinien von 1949 und die israelische Besetzung 1967.

neigte die amerikanische Politik dazu, ihren Einfluß zugunsten der zionistischen Forderungen nach Einwanderung und Eigenstaatlichkeit geltend zu machen. Die Palästinafrage wurde von da an zu einem wichtigen und umstrittenen Thema der anglo-amerikanischen Beziehungen. Versuche, sich mittels eines anglo-amerikanischen Untersuchungsausschusses (1945–46) auf eine gemeinsame Politik zu einigen, blieben ebenso erfolglos wie die darauf folgenden bilateralen Gespräche; keiner der vorgeschlagenen Wege fand sowohl bei Juden als auch bei Arabern Zustimmung, und die britische Regierung war ohne diese Zustimmung nicht bereit, einen solchen Weg einzuschlagen. Die Amerikaner verstärkten den Druck auf Großbritannien, und die jüdischen Angriffe auf britische Beamte und Einrichtungen in Palästina erreichten fast das Ausmaß eines offenen Aufstands.

1947 beschloß Großbritannien, die Angelegenheit den Vereinten Nationen zu übergeben. Ein Sonderausschuß der UNO wurde beauftragt, das Problem zu untersuchen und einen Teilungsvorschlag zu erarbeiten, der im Vergleich zu dem von 1937 für die Zionisten günstiger sein sollte. Die Generalversammlung der Vereinten Nationen nahm diesen Vorschlag im November 1947 mit der sehr aktiven Unterstützung der USA und der Sowjetunion an, die einen Rückzug Großbritanniens aus Palästina wünschten. Die arabischen UNO-Mitglieder und die Palästinenser lehnten ihn ab. Großbritannien sah sich wieder einmal in der unmöglichen Lage, eine Lösung zu finden, die sowohl Araber als auch Juden akzeptierten, und beschloß den Abzug aus Palästina zu einem vorher festgelegten Zeitpunkt – am 14. Mai 1948. Dabei folgte man dem Beispiel des britischen Abzugs aus Indien und hoffte vielleicht, die beiden Parteien würden wie in Indien angesichts des bevorstehenden Rückzugs zu einer Einigung gelangen. Als das Datum näherrückte, schwand die britische Macht unvermeidlich, und Kämpfe brachen aus, bei denen die Juden bald die Oberhand gewannen. Dies wiederum führte bei den benachbarten arabischen Staaten zu der Entscheidung einer Intervention, und so entwickelte sich aus einer Reihe lokaler Konflikte ein Krieg. Am 14. Mai erklärten die Juden ihre Unabhängigkeit als Staat Israel, der von Rußland und den Vereinigten Staaten sofort diplomatisch anerkannt wurde. Streitkräfte aus Ägypten, Jordanien, dem Irak, Syrien und dem Libanon rückten daraufhin in die vorwiegend arabischen Teile des Landes vor. Die Kämpfe zwischen der neuen israelischen Armee und den Streitkräften der arabischen Staaten fanden in einer Situation statt, in der es keine festgelegten Grenzen oder Gebiete mit klaren Bevölkerungsmehrheiten gab. In vier von Waffenstillstandsvereinbarungen unterbrochenen Feldzügen gelang es Israel, den größeren Teil des Landes zu besetzen. Zunächst aus Vorsicht, später in Panik und dann auch als Folge einer gezielten Politik der israelischen Armee verließen beinahe zwei Drittel der arabischen Bevölkerung ihre Heimat und wurden Flüchtlinge. Anfang 1949 fanden unter Aufsicht der Vereinten Nationen zwischen Israel und seinen arabischen Nachbarn Waffenstillstandsverhandlungen statt, und man schuf feste Grenzen. Etwa fünfundsiebzig Prozent Palästinas befanden sich von da an innerhalb der israelischen Grenzen. Ein Streifen an der Südküste, der sich von Gaza bis zur ägyptischen Grenze erstreckt, kam unter ägyptische Verwaltung; das übrige wurde dem haschemitischen Königreich Jordanien einverleibt (Transjordanien wählte diesen Namen 1946, nachdem ein Vertrag mit Großbritannien die Beziehungen der beiden Ländern geregelt hatte). Jerusalem wurde zwischen Israel und Jordanien geteilt; allerdings erkannten viele Staaten diese Teilung offiziell nicht an.

In den arabischen Ländern hatten die Ereignisse große Auswirkungen auf die öffentliche Meinung. Man sah darin eine Niederlage der arabischen Regierungen, und das sollte in den nächsten Jahren zu einer Reihe von Aufständen führen. Man hielt das Geschehene aber auch für eine Niederlage der Briten, denen es zwar gelungen war, ihre Beamten und Soldaten ohne Verluste aus dem Land abzuziehen, aber unter Umständen, die auf beiden Seiten Mißtrauen und Feindseligkeit ausgelöst hatten. In den arabischen Ländern herrschte allgemein die Meinung, die britische Politik habe in Wahrheit den Zionisten geholfen: Die britische Regierung hatte die Einwanderung von Juden gefördert, wollte jedoch die Folgen für die Araber nicht wahrhaben und die Immigration unterbinden, bevor sie zu deren Unterwerfung oder Vertreibung führte. Sie hatte nicht einmal versucht, den entstandenen Schaden zu begrenzen. Man war sich auch darin einig, daß die USA nur die Zionisten unterstützt hatten.

Trotzdem konnten die Briten und Amerikaner ihre starke Position wahren. Die israelische Regierung, deren dominierende Gestalt David Ben Gurion (1886–1973) war, lehnte es ab, eine größere Zahl arabischer Flüchtlinge wieder aufzunehmen. Die britische, die amerikanische und die israelische Regierung vertrauten darauf, daß diese Menschen früher oder später in die Bevölkerung der Länder integriert werden würden, die sie aufgenommen hatten, und daß, wenn nicht Friede einkehrte, doch wenigstens ein stabiler *modus vivendi* zwischen Israel und seinen Nachbarn erreicht werden könne. Mittlerweile setzte die Regierung Israels alles daran, jüdische Einwanderer in großer Zahl aufzunehmen, und zwar nicht nur aus Osteuropa, sondern auch aus den arabischen Ländern. Dadurch veränderte sich die Bevölkerungsstruktur; bis 1956 waren von insgesamt 1,6 Millionen Einwohnern nur noch zweihunderttausend arabische Muslime und Christen, also etwa 12,5 Prozent. Große Teile des Landes, das Arabern gehört hatte, wurde durch gesetzliche Regelungen für jüdische Siedlungen ausgewiesen. Obwohl die arabischen Bürger von Israel juristische und politische Rechte besaßen, gehörten sie doch nicht ganz der Nation an, die sich bildete. Der Einwanderungsstrom nach Israel hatte auch Auswirkungen auf die arabischen Staaten. In der Generation nach 1948 lösten sich die alten jüdischen Gemeinden der arabischen Länder buchstäblich auf. Die Juden aus dem Jemen und dem Irak siedelten sich größtenteils in Israel an; die Juden aus Syrien, Ägypten und dem Maghreb wanderten nach Europa und Nordamerika oder nach Israel aus; nur die jüdische Gemeinde Marokkos behielt auch weiterhin eine beachtliche Größe.

In den nächsten Jahren stand nicht der arabisch-israelische Konflikt im Mittelpunkt des politischen Konflikts und der Diskussionen; der Schwerpunkt lag in anderen Ländern, in denen Großbritannien noch immer eine besondere Stellung einnahm. In Iran, jenseits der östlichen Grenze der arabischen Welt, und in Ägypten löste die Verstaatlichung der in britischem Besitz befindlichen Ölgesellschaften eine internationale Krise aus. Dort hatte Großbritannien immer noch großen Handlungsfreiraum. Die USA hatten in der Palästinafrage eine andere Politik als die Briten vertreten, aber sie wollten die Stellung der Briten als Garanten der westlichen Interessen in anderen Teilen der arabischen Welt nicht schwächen, obwohl Saudi-Arabien durch die hohen amerikanischen Investitionen auf den Ölfeldern vom britischen in den amerikanischen Einflußbereich überging. Die Sowjetunion andererseits war zu sehr in anderen Regionen engagiert, um in den arabischen Ländern eine aktive Politik zu betreiben. Die arabischen Staaten hatten sich zwar prinzipiell zur Verteidigung palästinensischer Interessen verpflichtet, waren aber mit eigenen Problemen vollauf beschäftigt.

Die Grundlage der britischen Macht im Nahen Osten hatte schon immer auf der militärischen Präsenz in Ägypten beruht, und hier stand Großbritannien vor dem dringlichsten Problem. Sofort nach Beendigung des Krieges verlangte die ägyptische Regierung eine Änderung der Vereinbarung von 1936. Ab 1946 führten die beiden Länder entsprechende Verhandlungen, die aber in zwei Punkten zu keiner Einigung führten: Zum einen lehnte die britische Regierung die ägyptische Forderung nach Vorherrschaft im Sudan ab, weil London glaubte, daß die Sudanesen sich nicht damit abfinden würden; zum zweiten konnte man sich nicht über die strategische Position der Briten im Land einigen. In Erfüllung des Vertrags von 1936 waren die britischen Truppen aus Kairo und dem Nildelta abgezogen, aber in Hinblick auf die Kanalzone befand man sich in einer Sackgasse; britische Politiker und Militärs vertraten den Standpunkt, die militärische Präsenz sei sowohl zur Verteidigung westlicher Interessen im Nahen Osten als auch der britischen Interessen im östlichen Mittelmeer und in Afrika von fundamentaler Bedeutung. 1951 brachen schwere Kämpfe zwischen den britischen Streitkräften und ägyptischen Guerilleros aus. Im Januar 1952 führten diese Kämpfe zu allgemeinen Unruhen in Kairo, bei denen Einrichtungen zerstört wurden, die man mit den Briten in Verbindung brachte; der Zusammenbruch der Ordnung schuf wiederum die Gelegenheit für einen Geheimbund ägyptischer Offiziere der mittleren Ränge, im Juli 1952 die Macht zu ergreifen. Zunächst herrschte ein Revolutionsrat; später rückte Gamal Abd an-Nasir (1918–70) an die Spitze der Regierung. Der Bruch mit der Vergangenheit, der sich in vielen Bereichen zeigen sollte, fand seinen symbolischen Ausdruck in der Absetzung des Königs und der Proklamation Ägyptens zur Republik.

Da die Militärs das Land bald besser unter Kontrolle hatten als die früheren Regierungen, konnten sie die Verhandlungen mit den Briten wieder aufnehmen. Eines der beiden wichtigsten Probleme wurde gelöst, als die ägyptische Regierung sich 1953 auf direktem Weg mit den großen Parteien im Sudan einigte. Die politischen Bewegungen im Sudan konnten sich 1947 nach Schaffung einer gewählten gesetzgebenden Versammlung freier entfalten, und drei Hauptrichtungen hatten sich inzwischen herausgebildet. Eine Gruppierung wünschte die Unabhängigkeit und eine engere Verbindung mit Ägypten, die zweite vertrat die Nichtmuslime und die dritte die Nichtaraber im Süden des Landes. Die Einigung mit Ägypten wurde von den ersten beiden dieser Gruppen getragen, und Großbritannien akzeptierte sie, wenn auch unter Vorbehalten. Man verständigte sich darauf, daß unter internationaler Aufsicht die Macht vom anglo-ägyptischen Kondominium auf die Sudanesen übergehen sollte. Noch im selben Jahr fanden Wahlen statt, und 1955 war dieser Prozeß abgeschlossen. Die Regierung befand sich in sudanesischer Hand, und die britischen und ägyptischen Streitkräfte zogen ab. Den größten Schatten über die Zukunft warfen die Anfänge eines Aufstands und eines Guerillakriegs in den südlichen Provinzen, wo die Bevölkerung, die weder arabisch noch muslimisch war, einer Übergabe der Macht von den Briten an die Araber nicht traute.

Nachdem das Problem Sudan gelöst war, wurden die Verhandlungen über die britische Militärpräsenz wieder aufgenommen und führten 1954 zu einer Einigung. Die britischen Streitkräfte sollten sich aus der Kanalzone zurückziehen, und damit würde eine mehr als siebzigjährige britische Besatzung zu Ende gehen. Man kam jedoch überein, daß die Militärstützpunkte bei einem Angriff auf Ägypten, auf einen anderen arabischen Staat oder auf die Türkei wieder eingerichtet werden würden. In der Einbeziehung der Türkei kam die Sorge der Briten und Amerikaner um die Verteidigung westlicher Interessen im Nahen Osten gegen eine mögliche Bedrohung durch die Sowjetunion zum Ausdruck. Man erörterte verschiedene Pläne für ein Verteidigungsbündnis im Nahen Osten, und Ägyptens Bereitschaft, die Türkei in dem Vertrag ausdrücklich zu nennen, schien ein Hinweis auf den Beitritt zu einem solchen Bündnis.

Das Ende der ausländischen Vorherrschaft in Syrien, im Libanon, in Ägypten und im Sudan erschwerte es dem Irak und Jordanien, sich mit weniger abzufinden, als ihren Nachbarn zugestanden worden war. Das Regime im Irak, das nach britischer Intervention 1941 an die Macht zurückgekehrt war, bemühte sich, strategische Verbindungen mit den Westmächten aufrechtzuerhalten. Der Irak war sich mehr als die anderen arabischen Länder der Nähe zur Sowjetunion bewußt. 1948 unternahm man den Versuch, den anglo-irakischen Vertrag von 1930 unter diesem Gesichtspunkt neu zu formulieren. Die Verhandlungen scheiterten an der Opposition der Kräfte im Land, die sich einer zu festen Einbeziehung des Irak in das westliche Bündnis widersetzten. 1955 schloß die Regierung mit der Türkei ein Verteidigungs- und Wirtschaftsabkommen (den Bagdad-Pakt); Pakistan, Iran und Großbritannien traten diesem Bündnis bei, später kam es auch zu einer Beteiligung der USA. Im Rahmen dieses Pakts einigte man sich auf die Übergabe der beiden britischen Luftstützpunkte an den Irak, aber Großbritannien garantierte Beistand im Falle eines Angriffs auf den Irak oder bei einer akuten Bedrohung, wenn der Irak darum bat.

Jordanien befand sich in einer ähnlichen Lage. Die Regierung suchte Hilfe vor den Gefahren von außen – die Bedrohung durch die arabischen Nachbarn und durch Israel –, geriet jedoch unter den Druck der nationalistischen öffentlichen Meinung. Nach 1948 bestand die Bevölkerung Jordaniens in der Mehrheit aus Palästinensern, die Israel als ihren Hauptfeind betrachteten. Sie wachten argwöhnisch darüber, daß das haschemitische Königshaus dem Feind keine Konzessionen machte. 1951 wurde König Abd Allah ermordet. Es war ein Zeichen für das Mißtrauen der Nationalisten, die argwöhnten, daß der König den Israelis und ihren westlichen Verbündeten weiter entgegengekommen war, als es weise und richtig erschien. Das labile Gleichgewicht verlagerte sich eine Zeitlang zugunsten völliger Unabhängigkeit. 1957 wurde der Vertrag mit Großbritannien unterzeichnet, und die britischen Streitkräfte zogen sich aus ihren Stützpunkten zurück. Aber man kann die Erklärungen der britischen und der amerikanischen Regierungen von 1957, in denen sie mit Nachdruck betonen, daß die Unabhängigkeit und Integrität des Landes zu ihren elementaren Interessen zählen, als Zeichen der prekären Stellung Jordaniens und des haschemitischen Königshauses werten.

Im Maghreb war es für Frankreich weit schwierigerer, mit den Unabhängigkeitsforderungen zurechtzukommen. Die französische Präsenz beruhte nicht nur auf den Streitkräften oder der Kontrolle über die wirtschaftlichen Interessen der Metropolen, sondern auch auf dem großen französischen Bevölkerungsanteil, der dort lebte. Diese Franzosen beherrschten die gewinnträchtigen Bereiche der Wirtschaft, und sie stellten in der Administration auf allen Ebenen, außer der untersten, die Mehrheit. Um überhaupt eine Änderung in den französisch-arabischen Beziehungen herbeizuführen, bedurfte es einer größeren Anstrengung, die auf stärkeren Widerstand stieß. Bemühungen um eine Änderung der politischen Lage setzten in Tunesien und Marokko sofort nach Kriegsende ein. In Tunesien hatte die Neo-Destur-Partei den moralischen Vorteil, daß ihr Führer Burgiba die Freien Franzosen und ihre Verbündeten während des Krieges uneingeschränkt unterstützt hatte. Partei und Gewerkschaft, die nach dem Krieg gegründet wurde, als die Tunesier sich zum ersten Mal gewerkschaftlich organisieren durften, gingen eine enge Verbindung ein, was die Bewegung substanziell stärkte. In Marokko beruhte die Stärke auf dem Zusammenspiel verschiedener Elemente. Die kleinen nationalistischen Gruppen, die in den dreißiger Jahren an die Öffentlichkeit getreten waren, vereinigten sich zur Unabhängigkeitspartei (Istiqlal) und nahmen Kontakte zu Sultan Muhammad V. (1927–62) auf. Der Sultan begann vorsichtig, ein Ende des französischen Protektorates zu fordern. Der Unabhängigkeitsgedanke erfaßte bald weitere Kreise der Gesellschaft. Man gründete einen Gewerkschaftverband, und es gelang der Istiqlal-Partei, ihn unter ihren Einfluß zu bringen. Das Abwandern der Landbevölkerung nach Casablanca und in die anderen Städte verstärkte die Verbindung zwischen Stadt und Land und förderte die Verbreitung nationalistischer Ideen. Da seit Beginn des Jahrhunderts ein internationaler Vertrag die ausländischen Wirtschaftsinteressen schützte und Amerika ein strategisches Interesse zeigte, hofften die Nationalisten auf eine gewisse Sympathie im Ausland.

Die schwachen französischen Regierungen der Nachkriegsjahre stützten sich auf unsichere Koalitionen und mußten sich nach der öffentlichen Meinung richten. Die Franzosen hatten die Demütigung der Niederlage noch nicht vergessen. Diese Regierungen konnten in der Beziehung zu den Arabern nur zu Repressionen greifen oder eine »Machtteilung« anbieten – das heißt, die Europäer sollten in den lokalen Institutionen gleiches Gewicht haben wie die einheimische Bevölkerung; die letzte Entscheidung würde immer bei der französischen Zentralregierung liegen. 1952 wurden Burgiba und eine Reihe anderer Persönlichkeiten in Tunis verhaftet. Daraufhin setzte eine aktive Widerstandsbewegung ein, die bei den europäischen Siedlern eine ähnlich gewalttätige Reaktion auslöste. Im folgenden Jahr spitzte sich die Lage in Marokko zu. Die Kontakte zwischen dem Palast und der Istiqlal-Partei waren enger geworden, und der Sultan forderte die völlige Souveränität. Die französischen Machthaber reagierten vielleicht zum letzten Mal mit einem traditionellen politischen Schachzug. Sie bedienten sich als Waffe der Streitkräfte der ländlichen Führer, deren Macht sie aufgebaut hatten und die auf ihrer Seite standen, denn eine stärkere Zentralregierung, die zum nationalistischen Bild von der Zukunft gehörte, würde die Position dieser Führer schwächen. 1953 wurde der Sultan abgesetzt und mußte ins Exil. Das machte ihn für die meisten Marokkaner zum Symbol der Einheit, und aus den Aufständen wurde eine kriegerische Revolte.

Im Jahr 1954 änderte sich jedoch die französische Politik. Die französische Position in Indochina war durch eine nationale Befreiungsbewegung sehr gefährdet, und in Algerien bildete sich eine ähnliche Bewegung. Eine neue und entschlossenere französische Regierung nahm mit der Neo-Destur und mit dem Sultan von Marokko, der aus dem Exil zurückgeholt wurde, Verhandlungen auf. 1956 erhielten Tunesien und Marokko die Unabhängigkeit. In Marokko wurden die spanische Zone und die internationale Stadt Tanger voll in den unabhängigen Staat eingegliedert. Die Unabhängigkeit stärkte den Sultan (er wurde 1957 König des Landes). In Tunesien dagegen setzte man den *bey* ab, der am politischen Prozeß wenig Anteil hatte, und Burgiba wurde Präsident. In beiden Ländern waren die Unabhängigkeit und die Beziehungen mit Frankreich in den folgenden Jahren immer gefährdet, denn inzwischen befand sich Algerien im Unabhängigkeitskrieg: Die ersten Schüsse fielen im November 1954, und bald waren die Auswirkungen überall im Maghreb zu spüren.

Die Suezkrise

Bis um die Mitte der fünfziger Jahre waren die meisten arabischen Länder offiziell unabhängig; in einigen gab es noch ausländische Militärstützpunkte, die aber bald geräumt werden würden. Direkte französische Herrschaft gab es nur noch in Algerien, und dort wurde sie von einer starken nationalistischen Revolte bekämpft. Britische Oberhoheit oder Protektion bestand noch an den östlichen und südlichen Rändern der Arabischen Halbinsel. Der große Staat der Halbinsel, Saudi-Arabien, war nie unter ausländische Herrschaft gekommen, aber die Briten hatten dort erheblichen Einfluß ausgeübt. Die Entdeckung und Ausbeutung der Ölfelder führte dazu, daß die Amerikaner an die Stelle der Briten traten. Aber das Öl ermöglichte auch der patriarchalischen Herrschaft der Sa'ud-Familie, den Prozeß der Umwandlung in ein moderneres Regierungssystem einzuleiten. Als König Abd al-Aziz 1953 starb, spielte der von ihm gegründete Staat im politischen Leben der Region eine zentrale und wichtige Rolle. Der Jemen dagegen blieb unter seinem *imam* in der Isolation, obwohl das Land Mitglied der Arabischen Liga wurde.

Die Zwiespältigkeiten der Politik im Irak und in Jordanien – der Wunsch nach Beendigung der britischen Militärpräsenz einerseits und der Wunsch nach militärischen Beziehungen mit den Westmächten andererseits – zeigten dagegen, daß der offizielle Rückzug ausländischer Streitkräfte nicht unbedingt eine andere Beziehung zu den ehemaligen imperialistischen

Mächten schuf, sondern eher das Problem der Unabhängigkeit in einer neuen Form aufwarf. Die arabischen Länder spürten in allen Aspekten des wirtschaftlichen und politischen Lebens den zunehmenden Einfluß und die wachsende Macht der Vereinigten Staaten. Die USA waren in der Ära des kalten Krieges und wirtschaftlicher Expansion der Ansicht, ihre Interessen im Nahen Osten könnten nur durch enge Beziehungen zu lokalen Regierungen geschützt werden, die bereit waren, ihre Politik mit dem westlichen Bündnis abzustimmen. Viele Politiker und politische Gruppierungen stellten sich jedoch auf den Standpunkt, die einzige Garantie für die Unabhängigkeit in der postkolonialen Welt sei die Wahrung der Neutralität zwischen den beiden bewaffneten Lagern. Das westliche Lager erinnerte sie an die imperialistische Herrschaft und die immer noch schwelenden Probleme von Palästina und Algerien. Da jedoch der stärkste Druck zum Abschluß eines Verteidigungspakts von dieser Seite kam, tendierten alle, die eine Neutralität wünschten, eher zum anderen Lager.

Die Polarisierung der westlichen und östlichen Blöcke und der politische Konflikt zwischen Neutralität und Beitritt zum westlichen Bündnis gab den Beziehungen zwischen den arabischen Staaten eine neue Dimension. Der Wunsch nach einer engeren Einheit unter den arabischen Staaten war zum festen Bestandteil der arabischen Politik geworden. Es ging jetzt darum, ob diese Einheit im Rahmen einer engen Bindung an das westliche Bündnis angestrebt werden sollte oder unabhängig davon.

Die Zukunft der Beziehung zwischen den arabischen Staaten und Israel wurde ebenfalls mit der allgemeinen Frage der Bündniszugehörigkeit verbunden. In den fünfziger Jahren berieten die britische und die amerikanische Regierung Pläne zur Lösung dieses Problems. Es sollte eine Korrektur der Grenzen von 1949 zugunsten der Araber vorgenommen werden; ein Teil der Flüchtlinge sollte in ihre Heimat zurückkehren dürfen und die meisten anderen von den umliegenden arabischen Ländern integriert werden. Wenn die arabischen Staaten sich eng an die Westmächte banden, würde das die Annahme einer solchen Lösung und eine Anerkennung der Existenz des Staates Israel bedeuten. Andererseits konnte die Bildung eines neutralen Blocks arabischer Staaten, die positive Beziehungen zum östlichen und zum westlichen Lager unterhielten, den arabischen Ländern ein größeres politisches Gewicht verleihen und ihre Streitkräfte stärken. Und auf diese Weise würde eine radikale Änderung der Lage erreicht, die durch die Waffenstillstandsvereinbarungen von 1949 geschaffen worden war.

Als diese Unterschiede in Haltung und politischer Orientierung aktuell wurden, rückte Gamal Abd an-Nasir ins Scheinwerferlicht. Er stand an der

Spitze der Militärs, die Ägypten regierten. Die Unterschrift unter der Vereinbarung, nach der die britischen Streitkräfte die Kanalzone verlassen sollten, führte nicht zum Beitritt Ägyptens zum westlichen Verteidigungsbündnis. Im Gegenteil, Ägypten gewann dadurch die Freiheit, eine Politik der Nichteinmischung zu verfolgen und mit anderen bündnisfreien arabischen Staaten einen Block zu bilden, der jederzeit als starker Verhandlungspartner gegenüber dem Rest der Welt auftreten konnte. Ein Zeichen dieser Politik waren die engen Beziehungen zu Indien und Jugoslawien, den führenden Vertretern der blockfreien Staaten. Eine andere, sehr viel dramatischere Signalwirkung hatte ein Vertrag von 1955, in dem die Sowjetunion und ihre Verbündeten Ägypten die Lieferung von Waffen versprachen. Mit dieser Vereinbarung verloren die USA, Großbritannien und Frankreich die Kontrolle über Waffenlieferungen an Israel und seine arabischen Nachbarn.

Mit der Neutralitätspolitik zogen sich Ägypten und seine Verbündeten beinahe unvermeidlich die Feindschaft all jener zu, deren Interessen dadurch beeinträchtigt wurden. Die Westmächte mußten bei der Verfolgung ihrer politischen und wirtschaftlichen Interessen mit Hindernissen und Grenzen rechnen; sie konnten auch nicht länger das Problem Israel oder andere Probleme unter ihrer alleinigen Kontrolle behalten, wie sie gehofft hatten. Für die Vereinigten Staaten war die Weigerung der Länder des Nahen Ostens, sich in der Zeit des kalten Krieges dem westlichen Bündnis anzuschließen, gleichbedeutend mit der Zugehörigkeit zum Ostblock. Die verlockende Neutralität und eine stärkere Einheit unter ägyptischer Herrschaft, die Gamal Abd an-Nasir den arabischen Völkern über die Köpfe ihrer Regierungen hinweg versprach, war für jedes arabische Regime eine Bedrohung, das eine andere Politik vertrat: insbesondere für den Irak, der nach dem Bagdad-Pakt zum wichtigsten arabischen Protagonisten des westlichen Bündnisses geworden war; zu dieser Zeit beherrschte Nuri as-Sa'id (1888–1958) das politische Leben im Irak. Er hatte seit dem arabischen Aufstand während des Ersten Weltkriegs eine wichtige Rolle in der arabischen nationalen Politik gespielt. Eine starke ägyptische Regierung mit eigenen Waffenlieferanten und großem Einfluß auf die Gefühle von Palästinensern und anderer Araber wurde von Israel als Bedrohung seiner Position gesehen. Diese lokalen Streitigkeiten vergrößerten ihrerseits die Feindseligkeit der Westmächte gegen Ägypten: bei den USA aufgrund der Bindung an Israel, im Fall von Großbritannien wegen der Mitgliedschaft im Bagdad-Pakt; Frankreich ging davon aus, daß Ägypten mit seiner Vision einer unabhängigen und neutralen arabischen Welt die algerische Revolution ermutigte und unterstützte.

Zwischen 1955 und 1961 kam es zu mehreren Krisen, bei denen all diese Faktoren eine Rolle spielten. 1956 zogen die Vereinigten Staaten, die Ägypten finanzielle Hilfe bei einem gewaltigen Bewässerungsprojekt (dem Assuan-Staudamm) in Aussicht gestellt hatten, plötzlich ihr Angebot zurück. Als Reaktion darauf verstaatlichte die ägyptische Regierung ebenso plötzlich die Suezkanal-Gesellschaft und übernahm die Kontrolle über den Kanal. Dies löste bei den Kanalbenutzern Alarm aus, denn sie fürchteten, das Recht auf freie Durchfahrt könnte mit politischen Überlegungen verknüpft werden. Die britische und die französische Regierung sahen darin einen feindseligen Akt, denn sowohl Briten als auch Franzosen hielten Anteile an der Gesellschaft, die den Kanal gebaut hatte und als Eigentümerin verwaltete. Das provokative Vorgehen stärkte jedoch Gamal Abd an-Nasirs Stellung in den arabischen Ländern. Die Israelis sahen darin eine günstige Gelegenheit, einen übermächtigen und feindseligen Nachbarstaat zu schwächen, mit dem es zeitweilig Grenzschwierigkeiten gegeben hatte. Es kam zu einem Geheimvertrag zwischen Frankreich, Großbritannien und Israel mit dem Ziel, Ägypten anzugreifen und Gamal Abd an-Nasir zu stürzen.

Im Oktober marschierten israelische Streitkräfte in Ägypten ein und rückten in Richtung Suezkanal vor. Ihrer Absprache gemäß stellten Großbritannien und Frankreich sowohl Israel als auch Ägypten ein Ultimatum und forderten darin den Rückzug aus der Kanalzone. Gamal Abd an-Nasir erfüllte diese Forderung nicht und lieferte den britischen und französischen Streitkräften damit den Vorwand, die Kanalzone anzugreifen und zu besetzen. Die Militäraktion bedrohte jedoch nicht nur Ägypten und alle arabischen Staaten, die Ägypen unterstützten, sondern auch die USA und die Sowjetunion. Sie konnten als Supermächte nicht hinnehmen, daß bei so einschneidenden Maßnahmen ihre Interessen in diesem Gebiet nicht berücksichtigt wurden. Unter amerikanischem und sowjetischem Druck und angesichts weltweiter Kritik sowie der Gefahr eines finanziellen Zusammenbruchs mußten sich die Truppen der drei Länder zurückziehen. Dies war eine der wenigen Episoden, in denen die Machtverhältnisse auf der Welt deutlich zutage traten: Die Feindseligkeiten lokaler Kräfte riefen Weltmächte zweiten Ranges auf den Plan, die mit ihrem Vorgehen eigene Interessen verfolgten und dabei an die Grenzen ihrer Macht stießen, weil sie die Interessen der Supermächte herausforderten.

Die Folgen dieser Krise stärkten die Position von Gamal Abd an-Nasir in den arabischen Ländern, denn allgemein hielt man ihn für den politischen Sieger. Die Krise vertiefte jedoch auch den Graben zwischen seinen Anhängern und den Kritikern, die seine Politik für gefährlich hielten. Die beiden politischen Fronten wurden damit zu einem Faktor in der Innenpolitik anderer arabischer Staaten. 1958 führten die Spannungen in Verbindung mit lokalen Rivalitäten zum Ausbruch eines Bürgerkriegs im Libanon. Im selben Jahr kam es aus ähnlichen Gründen zu einem Machtkampf politischer Gruppierungen in Syrien. Eine der Gruppen ergriff die Initiative und forderte eine Union mit Ägypten. Die Vereinigung fand statt, und im Februar verbanden sich beide Länder zur Vereinigten Arabischen Republik. Die beiden haschemitischen Königreiche Irak und Jordanien bildeten daraufhin ebenfalls eine Union, um ein Gegengewicht zu schaffen. Aber noch im Juli des Jahres kam es zum Staatsstreich im Irak. Es war dieselbe Kombination von innerer Unzufriedenheit und den von der ägyptischen Führung geweckten Hoffungen auf eine neue arabische Welt, die zur Machtergreifung durch eine Gruppe von Armeeoffizieren führte. Sie ermordeten den König sowie die meisten Mitglieder seiner Familie und Nuri as-Sa'id. Der Irak wurde eine Republik, und die haschemitische Dynastie konnte nicht länger hoffen, eine bestimmende Rolle in der arabischen Politik zu spielen (obwohl der andere Zweig weiterhin in Jordanien herrschte). Die Nachricht von der Revolution im Irak führte zur Entsendung amerikanischer Truppen in den Libanon, und die Briten schickten Truppen nach Jordanien, um die Lage zu stabilisieren. Aber die westlichen Streitkräfte zogen bald wieder ab, und was Großbritannien betraf, so hatte es damit zum letzten Mal eine aktive und größere Rolle in der arabischen Politik gespielt.

Zunächst öffnete die Revolution den Weg zum Beitritt des Irak zur Vereinigten Arabischen Republik; aber die unterschiedlichen Interessen von Bagdad und Kairo traten bald zutage. Innerhalb der Union von Ägypten und Syrien selbst führten die divergierenden Standpunkte von Damaskus und Kairo 1961 zu einem Militärputsch in Syrien und zur Auflösung der Vereinigten Arabischen Republik. Trotz dieser Rückschläge war Gamal Abd an-Nasir in den Augen der meisten Araber und in großen Teilen der Welt noch immer das Symbol des Strebens der arabischen Völker nach größerer Einheit und echter Unabhängigkeit.

Der Algerienkrieg

In die Krisenjahre im Nahen Osten fiel auch die letzte Krise imperialistischer Herrschaft im Maghreb, wo die Araber von Algerien einen langen und schließlich erfolgreichen Kampf um die Unabhängigkeit von Frankreich führten.

Die Algerier standen in ihrem Ringen um Autonomie vor größeren Schwierigkeiten als die meisten anderen arabischen Völker. Offiziell war ihr Land keine Kolonie, sondern ein integraler Bestandteil Frankreichs. Und die Forderung nach einer Trennung stieß bei jenen auf Widerstand, für die Frankreich unteilbar war. Darüber hinaus waren die französischen Siedler inzwischen beinahe eine eigene Nation geworden, die ihre Wurzeln in Algerien hatte, wo achtzig Prozent von ihnen geboren worden waren. Sie wollten ihre Position nicht freiwillig aufgeben: Sie kontrollierten das meiste fruchtbare Land und betrieben die produktivste Landwirtschaft, die durch Mechanisierung und ständige Erweiterung der Anbauflächen verbessert wurde; in Algier und Oran, den wichtigsten Städten, lebten mehr Franzosen als algerische Muslime, und sie stellten die absolute Mehrheit in den leitenden Positionen von Verwaltung und Wirtschaft. Ihr starker und langjähriger Einfluß auf die lokale Verwaltung und die Regierung in Paris verhinderte jede Änderung zu ihren Ungunsten. 1943 veröffentlichte eine Gruppe gebildeter Algerier ein Manifest, in dem sie eine autonome, mit Frankreich verbundene Republik forderten. Diese Aktion führte nur zu der Abschaffung einiger gesetzlicher Benachteiligungen; eine weniger friedliche Bewegung wurde 1945 mit aller Härte unterdrückt. Darauf folgten einige Reformen: Algerische Muslime bekamen eine Vertretung im französischen Parlament, und in der algerischen Nationalversammlung wurde ihnen dieselbe Zahl von Sitzen wie den Europäern zugesprochen. Aber die Wahlen zur Nationalversammlung wurden von der Regierung so manipuliert, daß eine gefügige Mehrheit zustande kam.

Unter der Oberfläche unerschütterter französischer Kontrolle veränderte sich jedoch die algerische Gesellschaft. Die muslimische Bevölkerung hatte hohe Zuwachsraten; 1954 waren es beinahe neun Millionen, von denen mehr als die Hälfte unter zwanzig war; die Europäer stellten knapp eine Million. Der größere Teil der muslimischen Bevölkerung mußte mit dem weniger produktiven Teil des Landes vorliebnehmen; ihr fehlten die finanziellen Mittel, um das Land wirtschaftlich zu erschließen, und die Kredite waren unzureichend trotz einiger später Versuche der Regierung, solche Gelder zur Verfügung zu stellen. Ein niedriger Lebensstandard und auf dem Land hohe Arbeitslosenzahlen waren die Folgen. Immer mehr Bauern aus den armen und übervölkerten Landgebieten zogen in die fruchtbare Ebene, um sich als Arbeiter auf den europäischen Gütern zu verdingen, und in die Küstenstädte, wo sie ein ungebildetes, arbeitsloses Proletariat bildeten. 1954 lebte beinahe ein Fünftel der algerischen Muslime in Städten, und etwa 300000 waren nach Frankreich ausgewandert. Es gab inzwischen mehr, aber immer noch völlig unzureichende Bildungsmöglichkeiten; neunzig Prozent der Bevölkerung waren Analphabeten. Nur ein paar tausend Jugendliche besuchten nach der Grundschule weiterführende Schulen, und nur ein paar Dutzend kamen in den Genuß einer höheren Bildung; 1954 gab es weniger als zweihundert muslimische Ärzte und Apotheker und noch weniger Ingenieure.

Unter den jungen Muslimen, die ihre Familien verlassen hatten und in den Städten lebten – als Soldaten in der französischen Armee oder als Studenten –, erwachte das Bewußtsein für die großen Veränderungen in der Welt: Frankreichs Niederlagen im Krieg und in Indochina, die Unabhängigkeit asiatischer und afrikanischer Länder, das Ende des Kolonialismus. Die Unabhängigkeit schien in den Bereich des Möglichen zu rücken, aber zu einem hohen Preis: Die Unterdrückung der Unruhen 1945 hatte gezeigt, daß die Unabhängigkeit nicht ohne weiteres gewährt werden würde. In den Jahren nach 1945 verlor die Fraktion in der nationalistischen Partei, die bereit war, sich mit einer verbesserten Stellung innerhalb des politischen französischen Systems abzufinden, viel von ihrem Einfluß; und eine andere Fraktion entwickelte sich zu einer revolutionären Gruppe. Ihre Mitglieder waren meist Männer mit begrenzter Bildung, aber mit militärischer Erfahrung in der französischen Armee. Später schlossen sich dieser Gruppe auch Mitglieder der gebildeten Elite an. 1954 gründeten sie die Front de Libération Nationale (FLN), und im November desselben Jahres fielen die ersten Schüsse der Revolution.

Zunächst handelte es sich um eine kleine Bewegung, deren Erfolgsaussichten bezweifelt werden konnten. Die Triebkraft der Revolution und die Aktionen der französischen Regierung verwandelte sie jedoch mit der Zeit in eine nationale Bewegung, die in der Welt große Unterstützung fand. Die Regierung griff zunächst zu militärischer Unterdrückung. Als in Frankreich eine eher linksgerichtete Regierung an die Macht kam, schien sie zu Konzessionen bereit zu sein, fügte sich dann aber der Opposition des Militärs und der Europäer in Algerien. Ende des Jahres 1956 scheiterte der durch Vermittlung von Marokko und Tunesien zustande gekommene Versuch, eine Lösung auf dem Verhandlungsweg zu erreichen, daran, daß die französische Armeeführung das Flugzeug mit einigen algerischen Führern auf dem Weg von Rabat nach Tunis nach Algier umlenkte, wo man sie verhaftete.

Inzwischen hatte die Regierung in Paris dem Militär und den Europäern in Algerien die eigentliche Macht übertragen. Auf der anderen Seite hatte sich der größere Teil der muslimischen Bevölkerung hinter der FLN gesammelt. Eine gut informierte und mit der FLN sympathisierende französische Wissenschaftlerin stellte fest, daß nach zwei Jahren Krieg »beinahe die gesamte muslimische Gesellschaft von einer Untergrundbewegung massiv und wirkungsvoll unterstützt wurde. [...] Die federführenden Männer stammen nicht nur aus den revolutionären Reihen [...] sie repräsentieren das gesamte Spektrum der Elite der algerischen Bevölkerung.«[1] Mit der Leidenschaft, die nur eine Revolution entfachen konnte, die soziale Gleichheit und Umverteilung des Landes auf ihre Fahnen schrieb, begann sich das Bild einer künftigen algerischen Nation abzuzeichnen. Der Krieg erreichte 1957 seinen militärischen Höhepunkt, als es zu einem langen und mit aller Härte geführten Kampf um die Kontrolle von Algier ging. Die Armee gewann die Herrschaft über die Hauptstadt zurück, und auf dem Land setzte eine Politik der Vertreibung in großem Maßstab ein. Nach und nach änderte sich das Wesen der Auseinandersetzung: die FLN, die von Marokko, Tunesien und Kairo aus operierte, erklärte sich 1958 zur »Provisorischen Regierung der Algerischen Republik«. Sie führte überall in der Welt Verhandlungen und erhielt große Unterstützung, sogar Ermutigung von radikalen Kreisen in Frankreich. Ein Versuch der französischen Streitkräfte, den Krieg auf Tunesien auszuweiten, scheiterte am Einspruch der USA und anderer Staaten. Weil sie fürchteten, der internationale Druck würde eine der schwachen Regierungen Nachkriegsfrankreichs zum Nachgeben zwingen, setzten die Militärs, die Europäer in Algerien und ihre Gefolgsleute in Frankreich einen Regimewechsel durch; die Vierte Republik ging zuende, und 1958 kehrte de Gaulle an die Macht zurück. Eine neue Verfassung gab dem Präsidenten der Republik größere Machtbefugnisse.

De Gaulle wurde von jenen an die Macht gebracht, die hofften, er werde seine Stellung nutzen, um die französische Macht in Algerien zu festigen. Es wurde jedoch bald deutlich, daß er auf unklare und indirekte Weise eine Einigung mit den Algeriern anstrebte, obwohl nicht feststeht, daß er dabei von Anfang an die Gewährung völliger Unabhängigkeit im Sinn hatte. In der ersten Phase verfolgte de Gaulle auch weiterhin die Strategie der Unterdrückung der Revolution mit militärischen Mitteln; aber er ging auch unabhängig von der Armee und den Europäern in Algerien daran, die Lebensbedingungen der muslimischen Bevölkerung zu verbessern. Ein Plan zur wirtschaftlichen Entwicklung wurde angekündigt: Die Industrialisierung sollte gefördert und Land verteilt werden. Wahlen für die algerische Nationalversammlung sollten stattfinden; man hoffte, daraus werde eine andere Führung hervorgehen, mit der Frankreich Verhandlungen führen konnte, ohne sich mit der FLN arrangieren zu müssen. Diese Hoffnung erfüllte sich jedoch nicht, und es gab keine Alternative zu Verhandlungen mit der FLN. Die ersten Gespräche von 1960 führten zu nichts. Im nächsten Jahr hatte de Gaulle größere Handlungsfreiheit: Ein Referendum in Frankreich ergab, daß die Mehrheit der Franzosen sich für das algerische Recht auf Selbstbestimmung aussprach. Ein Versuch der Militärs in Algerien, de Gaulle durch einen Staatsstreich zu stürzen, scheiterte, und die Verhandlungen wurden wieder aufgenommen. Dabei zeigte sich, daß zwei Probleme nur sehr schwer zu lösen waren: die Frage der Europäer in Algerien und die Zukunft der algerischen Sahara, die Frankreich behalten wollte, weil man dort inzwischen bedeutende Öl- und Erdgasvorkommen entdeckt hatte, die von einer französischen Gesellschaft ausgebeutet wurden. Am Ende gab Frankreich in beiden Punkten nach: Den Europäern wurde es freigestellt, im Land zu bleiben oder es mit ihrem Eigentum zu verlassen; ganz Algerien einschließlich der Sahara sollte ein souveräner Staat werden, der französische Entwicklungshilfe erhielt. Im März 1962 kam es zur Unterzeichnung eines entsprechenden Vertrags. Die Unabhängigkeit war gewonnen, aber für alle Beteiligten zum Preis hoher Verluste an Menschenleben. Ein Großteil der muslimischen Bevölkerung war vertrieben worden, etwa 300000 oder mehr Algerier waren gefallen, viele tausend, die auf der französischen Seite gekämpft hatten, wurden umgebracht oder nach der Unabhängigkeit zur Emigration gezwungen. Auf französischer Seite gab es etwa zwanzigtausend Tote. Trotz der Garantien verließ die große Mehrheit der Siedler das Land; zuviel Blut war geflossen, um es zu vergessen. Eine Siedlergruppe hatte in der letzten Phase des Kriegs zu Gewalttaten gegriffen, und dies trug dazu bei, daß die Lage der Europäer alles andere als sicher war.

Kapitel 22

Gesellschaftliche Veränderungen

(Die vierziger und fünfziger Jahre)

Bevölkerung und Wirtschaftswachstum

Diese Jahre politischer Hochspannung waren auch eine Zeit, in der sich die Gesellschaften rasch veränderten. Vor allem ließ sich überall der Bevölkerungszuwachs und der Druck auf die Versorgungsgrundlagen beobachten.

In Ägypten wuchs die Bevölkerung seit einem Jahrhundert mit ständig steigender Tendenz. In den dreißiger Jahren hatte die jährliche Zuwachsrate kaum mehr als ein Prozent betragen, 1960 lag sie bereits zwischen zweieinhalb und drei Prozent; die Gesamtbevölkerung vergrößerte sich von sechzehn Millionen im Jahr 1937 auf sechsundzwanzig Millionen im Jahr 1960. Diese Veränderung war in erster Linie auf den Rückgang der Sterblichkeitsrate von siebenundzwanzig pro Tausend im Jahr 1939 auf achtzehn pro Tausend im Jahr 1960 zurückzuführen; besonders die Kindersterblichkeit verringerte sich in diesem Zeitraum von einhundertsechzig auf einhundertneun pro Tausend. Im Vergleich dazu gab es bei den Geburtenzahlen kaum Veränderungen. Vergleichbare Zuwachsraten hatten inzwischen auch andere Länder, wo diese Entwicklung später als in Ägypten eingesetzt hatte. In Marokko war offenbar vor 1940 kaum ein natürlicher Anstieg der Bevölkerung zu verzeichnen, aber in den folgenden zwanzig Jahren wuchs sie von sieben auf elfeinhalb Millionen. In Tunesien kletterte die Zahl in diesen Jahren von 2,6 auf 3,8 Millionen; in Syrien von 2,5 auf 4,5 Millionen; im Irak von 3,5 auf 7 Millionen.

Durch dieses schnelle Bevölkerungswachstum änderte sich das Altersverhältnis; 1960 war in den meisten Ländern mehr als die Hälfte der Bevölkerung unter zwanzig Jahre alt. Es gab auch Veränderungen in der Bevölkerungsstruktur. Der Ausländeranteil, der im modernen Wirtschaftssektor eine große Rolle gespielt hatte, sank, als sich die politischen Bedingungen änderten und die wirtschaftlichen Privilegien abgebaut wurden. Die Zahl der ausländischen Einwohner in Ägypten sank von 250000 im Jahr 1937 auf 143000 im Jahr 1960; in Libyen verringerte sie sich im gleichen Zeitraum von 100000 auf die Hälfte; in Tunesien von 200000 auf weniger als 100000; in Marokko von 350000 auf 100000; in Algerien von beinahe einer Million auf weniger als 100000. Im Gegensatz dazu zogen viele Juden aus Europa, aus den Ländern des Nahen Ostens und dem Maghreb in den neuen Staat Israel, so daß die jüdische Bevölkerung von 750000 im Jahr 1948 auf 1,9 Millionen im Jahr 1960 anstieg; die alten jüdischen Gemeinden der arabischen Länder verkleinerten sich entsprechend als Folge der Emigration nach Israel, Europa und Amerika.

Eine Veränderung von noch größerer allgemeiner Bedeutung war die Landflucht der Bevölkerung. Das hatte seine Ursache in erster Linie in der Zunahme der ländlichen Bevölkerung, die sich vom Land nicht mehr ernähren konnte. Aber an einigen Orten war es auch eine Folge veränderter landwirtschaftlicher Methoden. Der Einsatz von Traktoren zum Getreideanbau bedeutete, daß weniger Arbeitskräfte gebraucht wurden; die Besitzer von Land, das intensiv für kommerzielle Zwecke genutzt wurde, bevorzugten ausgebildete Arbeiter gegenüber Pächtern. In Palästina war die Landflucht eher das direkte Ergebnis politischer Veränderungen. Die ländliche Überbevölkerung ließ sich bereits 1948 in den arabischen Dörfern beobachten, aber die Ereignisse dieses Jahres führten zur Enteignung und Vertreibung von mehr als der Hälfte der Dorfbewohner. Die meisten wurden landlose Flüchtlinge und lebten in Jordanien, Syrien und dem Libanon in Lagern oder Slums.

Für Bauern, die in den Dörfern nicht überleben konnten, besaßen die Macht- und Handelszentren eine große Anziehungskraft. In der Industrie und im Dienstleistungssektor der Wirtschaft konnten sie auf Arbeit hoffen, außerdem auf einen höheren Lebensstandard und eine bessere Bildung ihrer Kinder. Viele tausend Bauern aus der Kabylei in Algerien und aus Marokkko und Tunesien verließen ihre Heimat und kamen in die Großstädte Frankreichs und in geringerer Zahl auch nach Deutschland; 1960 lebten ungefähr eine halbe Million Nordafrikaner in Frankreich. Die meisten Menschen, die ihre Dörfer verließen, zogen jedoch in die Städte ihres Landes oder der Nachbarländer. In Marokko nahm die Bevölkerung in Casablanca schneller zu als in den anderen Städten. 1936 lebten dort eine Viertelmillion Menschen; 1960 war Casablanca bereits eine Millionenstadt. Kairo hatte 1937 1,3 Millionen Einwohner, 1960 waren es 3,3 Millionen, von denen mehr als die Hälfte nicht in der Stadt geboren waren.

Die Bevölkerung von Bagdad wuchs von einer halben Million in den vierziger Jahren auf 1,5 Millionen in den sechziger Jahren. Den spektakulärsten Zuwachs verzeichnete Amman, das im Jahr 1948 dreißigtausend Einwohner hatte und 1960 bereits eine viertel Million; größtenteils lag das an der Zuwanderung der Flüchtlinge aus Palästina.

Aufgrund dieser inneren Verschiebungen veränderten sich die sozialen Strukturen der meisten arabischen Länder; die vorwiegend ländlichen Gesellschaften verschwanden, und in den wenigen Großstädten entstanden Ballungsräume, wo sich ein großer und wachsender Teil der Bevölkerung zusammendrängte. In Ägypten lebten 1960 beinahe vierzig Prozent der Bevölkerung in Städten; beinahe dreizehn Prozent davon in Kairo (noch mehr, wenn man die Stadt Gize mitrechnet, die inzwischen praktisch ein Teil von Kairo ist). In Casablanca lebten zehn Prozent der Marokkaner, in Bagdad zwanzig Prozent aller Iraker.

Wenn die wachsenden Bevölkerungen ernährt werden und der Lebensstandard steigen sollte, mußte auf dem Land und in der Stadt mehr produziert werden. Diese Aufgabe verlieh dem Gedanken von Wirtschaftsförderung und Wirtschaftswachstum eine überragende Dringlichkeit. In der letzten Phase der imperialistischen Herrschaft sahen sowohl Großbritannien als auch Frankreich im schnellen Wirtschaftswachstum eine Möglichkeit, gemeinsame Interessen zwischen Herrschern und Beherrschten zu schaffen. Und als die nationalistischen Regierungen an die Macht kamen, erschien ihnen die wirtschaftliche Entwicklung als der einzige Weg, die Kraft und finanzielle Autarkie zu erlangen, ohne die eine Nation nicht wirklich unabhängig sein kann.

Es war deshalb eine Zeit, in der Regierungen stärker in die Wirtschaftsentwicklung eingriffen, um das Wachstum zu fördern. In manchen Ländern konzentrierte man sich in den ländlichen Gebieten auf große Bewässerungsprojekte – in Marokko, Algerien, Tunesien, Syrien und vor allem in Ägypten und im Irak. In Ägypten fand ein Jahrhundert der Veränderungen im Bewässerungssystem Ende der fünfziger Jahre seinen Abschluß, als die Arbeiten am Assuan-Staudamm begannen. Er wurde mit finanzieller und technischer Unterstützung der Sowjetunion gebaut, die an die Stelle der USA getreten war, als sie ihr Angebot zurückgezogen hatten. Die früheren Bewässerungssysteme im Niltal hatten die Aufgabe, die alljährlichen Überschwemmungen unter Kontrolle zu bringen und das Wasser so zu verteilen, daß eine möglichst große Landfläche bewässert wurde und mehr als eine Ernte pro Jahr zu erzielen war. Der Assuan-Staudamm sollte mehr als das bewirken. Der Damm würde die Fluten zu einem riesigen See stauen. Dann konnte man das ganze Jahr über Wasser dorthin leiten, wo es gebraucht wurde. Auf diese Weise mußte man sich nicht mehr an den Schwankungen der Wassermenge von einem Jahr zum anderen orientieren; und zum ersten Mal in der langen Geschichte des besiedelten Niltals würde die jährliche Flut nicht das zentrale Ereignis im Jahr sein. Man hoffte, die landwirtschaftliche Nutzfläche um eine Million *feddan* zu erweitern und die Ernte deutlich zu verbessern, da die Ausweitung der ganzjährigen Bewässerung auch dem bereits bebauten Land zugute kommen würde. Der Staudamm sollte auch zur Elektrizitätsgewinnung dienen, und es bestand die Möglichkeit, die Fischerei im See zu entwickeln. Zu den Nachteilen gehörten jedoch die hohe Wasserverdunstung und eine mögliche Klimaveränderung; das im See gestaute Wasser würde auch bedeuten, daß der Nilschlamm sich nur dort und nicht wie bisher in den nördlichen Teilen Ägyptens ablagerte.

Im Irak erlaubten die wachsenden Staatseinnahmen aus der gestiegenen Ölförderung zum ersten Mal die Durchführung großangelegter Bewässerungsprojekte und Überflutungskontrollen. 1950 wurde ein Entwicklungsausschuß ins Leben gerufen, dem der größere Teil der Einnahmen aus der Ölförderung zur Verfügung stand. Dieser Ausschuß plante und verwirklichte sowohl für den Tigris als auch den Euphrat Flutkontrollen und Dämme für die Nebenflüsse des Tigris im Norden.

In dieser Zeit setzte sich der Einsatz von Traktoren in der Landwirtschaft durch. Bereits 1939 hatte man im Maghreb auf dem Land in europäischem Besitz und in Palästina auf Land, das Juden gehörte, Traktoren benutzt, sonst aber kaum. Nun begannen der Irak, Syrien, Jordanien und Ägypten mit dem Import von Traktoren; 1959 waren bereits über zehntausend im Einsatz. Chemische Düngemittel waren abgesehen von Ägypten, dem Libanon und Syrien so wenig verbreitet wie verbessertes Saatgut und Neuzüchtungen von Nutzpflanzen.

Diese Veränderungen führten in einigen Ländern zur Vergrößerung der landwirtschaftlichen Nutzfläche und beinahe überall zur Ausweitung des Getreideanbaus. Meist wurde nicht mehr für den lokalen Verbrauch produziert, sondern man verlegte sich auf leicht verkäufliche Produkte, die in die Städte gebracht oder exportiert wurden. In Marokko gingen die französischen Behörden in der letzten Phase ihrer Herrschaft systematisch an die »Modernisierung des Bauerntums«: Einheimische Bauern wurden zu großen Einheiten zusammengeschlossen und in den neuen Methoden der Produktion verkäuflicher Produkte unterwiesen. Man stattete diese Kooperativen mit Krediten, Maschinen und Vertriebsmöglichkeiten aus. In Syrien und im Nordirak vollzogen sich die Veränderungen durch private Initiative. In der Region zwischen Tigris und Euphrat pachteten kapitalkräftige

Kaufleute Land von den Scheichen und bauten mit dem Einsatz von Traktoren Getreide an; zum ersten Mal konnte dieses Gebiet mit unregelmäßigem Niederschlag in großem Maß und bei ökonomisch sinnvollem Einsatz von Arbeitskräften landwirtschaftlich so genutzt werden, daß die Ernte Gewinne abwarf und sich lohnte. Die Folge war eine Verschiebung des Gleichgewichts zwischen Landwirtschaft und Viehzucht – Tierhaltung war bislang die sicherste und gewinnträchtigste Nutzung von Land gewesen –, und die Anbaufläche vergrößerte sich. In Syrien verdoppelte man innerhalb von zwanzig Jahren die landwirtschaftliche Nutzfläche von 748 000 Hektar im Jahr 1934 auf 1 090 000 im Jahr 1954. Im Tal des Euphrat und in anderen Gegenden Syriens wurden die Baumwollplantagen vergrößert.

So wichtig sie auch sein mochte, die Expansion der Landwirtschaft stand für die meisten Regierungen, die das Kapital zu Investitionen besaßen, nicht an erster Stelle. Die schnelle Entwicklung der Industrie schien sehr viel dringlicher zu sein. Die meisten Regierungen bemühten sich um die Entwicklung einer Infrastruktur, ohne die eine Industrie nicht wachsen kann: Straßen, Eisenbahnen, Häfen, Telekommunikation und Hydroelektrizität. In den drei Ländern des Maghreb gingen die Franzosen systematisch an die Verbesserung der Transportwege und Nachrichtenverbindungen, der Stromgewinnung und der Bewässerungsanlagen.

Investitionen der Regierungen und in geringerem Umfang von privater Hand (im Maghreb hauptsächlich Europäer und weiter östlich kapitalkräftige Grundbesitzer) führten zu einem gewissen industriellen Aufschwung, in erster Linie bei den Konsumgüterindustrien: Lebensmittel, Baustoffe und Textilien – besonders in Ägypten und in Syrien, wo Baumwolle angebaut wurde. In Ländern mit Bodenschätzen wurde der Abbau von Mineralien wichtig – besonders Phosphate in Jordanien, Marokko und Tunesien.

In mancher Hinsicht verstärkte das Wirtschaftswachstum die Abhängigkeit der meisten arabischen Staaten von den Industrieländern. Die nationale Akkumulation von Investitionskapital reichte für die Bedürfnisse nicht aus. Wachstum aber hing von ausländischen Investitionen und ausländischer Hilfe ab. In den Jahren nach dem Zweiten Weltkrieg konnten einige Länder Sterlingguthaben nutzen, die sich durch die Militärausgaben während des Kriegs gebildet hatten. Im Maghreb standen Gelder der französischen Regierung aus den Hilfsmitteln zur Verfügung, die Frankreich im Rahmen des Marshallplans erhalten hatte. Von Marokko abgesehen gab es nur wenig private ausländische Investitionen. Marokko war während der Nachkriegsjahre wegen der Befürchtungen über die politische Entwicklung in Frankreich selbst für französisches Kapital interessant. Später erhielten Länder, deren Politik im Einklang mit der Politik der Vereinigten Staaten stand, amerikanische Kredite, und Ende der fünfziger Jahre gewährte die Sowjetunion Ägypten und Syrien Kredite.

Ausländische Hilfe wurde zumindest teilweise aus politischen Gründen gegeben. Wenn sie nicht verwendet wurde, um die Streitkräfte der jungen unabhängigen Staaten auszubauen, die untereinander in komplizierte und oft feindselige Beziehungen verstrickt waren, dann nutzte man die Gelder hauptsächlich zum Import von Produktionsgütern oder Materialien, die zur Verbesserung der Infrastruktur oder der Industrialisierung des Landes benötigt wurden. Das Ergebnis war im allgemeinen eine wachsende Abhängigkeit von den Ländern, die Hilfe gewährten. Länder, die Kredite erhielten, blieben Schuldner der Kreditgeber, und ihre wichtigsten Handelspartner waren weiterhin die europäischen Industrienationen und in steigendem Maß die Vereinigten Staaten. Eine Ausnahme bildete Ägypten, das Ende der fünfziger Jahre mehr als fünfzig Prozent seiner Exporte in den Ostblock lieferte und ungefähr dreißig Prozent seiner Importe von dort bezog. Die Struktur der Handelsbeziehungen blieb im großen und ganzen unverändert: Rohstoffe wurden exportiert und Industrieprodukte importiert. Es gab jedoch zwei wesentliche Veränderungen: Der Textilimport verlor mit dem Entstehen einer lokalen Textilindustrie an Bedeutung; der Import von Weizen nahm zu, da die einheimische Ernte nicht länger ausreichte, um die wachsende städtische Bevölkerung zu versorgen.

Ein Exportzweig gewann in diesen Jahren zunehmend an Bedeutung: die Erdölausfuhr. Öl ist das beste Beispiel für die gegenseitige wirtschaftliche Abhängigkeit von Ländern mit Erdölvorkommen und der industrialisierten Welt. Nach den bescheidenen Anfängen vor dem Zweiten Weltkrieg stellte sich heraus, daß die Ölvorkommen der Länder im Maghreb und des Nahen Ostens zu den bedeutendsten der Welt gehörten. 1960 förderten diese Länder fünfundzwanzig Prozent der Weltrohölproduktion, und sie wurden – infolge des sehr begrenzten heimischen Marktes – kollektiv die größten Exporteure der Welt. Die höchsten Produktionsziffern erreichte Iran; unter den arabischen Ländern lagen der Irak, Kuwait und Saudi-Arabien an der Spitze. Aber auch in den anderen Golfstaaten und in Ägypten wurde Öl gefördert, und 1960 entdeckte man in Libyen und Algerien große Vorkommen. Dem Öl aus dem Nahen Osten schien in Zukunft eine noch größere Bedeutung zuzukommen. 1960 schätzte man, daß sechzig Prozent aller Ölvorkommen der Welt dort lagerten.

Die Konzessionen für Explorationen, für die Erdölförderung und den Export gingen überall an westliche Gesellschaften, die größtenteils von den wenigen großen Ölkonzernen kontrolliert wurden, die praktisch das Monopol im Ölgeschäft hatten. Im Irak lag die Ausbeutung in den Händen einer Gesellschaft mit britischen, französischen, holländischen und amerikanischen Anteilseignern, in Saudi-Arabien lag sie in amerikanischen Händen; in Kuwait in britischen und amerikanischen Händen, in Libyen in den Händen einer Vielzahl von Gesellschaften und in Algerien in der Hand einer französischen Gesellschaft mit staatlicher Beteiligung. Ihr Kapital stammte meist von privaten Investoren aus dem Westen. Dies ist in der Tat das wichtigste Beispiel privater westlicher Investitionen in arabische Länder während dieser Periode. Auch die hochspezialisierten technischen Fachkräfte kamen hauptsächlich aus Europa und Amerika. Der Großteil des Öls wurde in die westlichen Länder exportiert. Abgesehen vom Öl selbst bestand der Beitrag der arabischen Länder meist darin, daß sie die untergeordneten Arbeitskräfte – gelernte und ungelernte – stellten. Ihre Zahl war begrenzt, denn die Ölförderung und -verarbeitung erfordert keinen großen Personalaufwand.

Am Beginn der sechziger Jahre änderte sich jedoch die Situation. Mehr Einheimische wurden in qualifizierten Stellungen beschäftigt. Obwohl die Gesamtzahl der Arbeitskräfte noch immer nicht groß war, hatten diejenigen, die in dieser Industrie ausgebildet waren, auch Aufstiegschancen in anderen Bereichen der Wirtschaft. Noch wichtiger war es, daß sich die Verteilung der Gewinne zwischen den Förderländern und den Gesellschaften änderte. 1948 gingen 65 Prozent der Bruttoerträge an die Gesellschaften. Der Anteil der Länder war auf einen Lizenzanteil begrenzt, das heißt, auf einen niedrigen Prozentsatz des Verkaufspreises, den die Gesellschaften festsetzten. Ab 1950 führte der Druck der Förderländer zu Änderungen in den Verträgen, bis ihr Anteil 50 Prozent der Nettoeinnahmen der Gesellschaften erreichte. 1960 schlossen sich die größten Förderländer (nicht nur im Nahen Osten) in der Organisation Erdölexportierender Länder (OPEC) zusammen. Das Bündnis hatte das Ziel, bei Verhandlungen mit den großen Ölkonzernen, die ihrerseits eng zusammenarbeiteten, eine gemeinsame Front zu bilden. Das öffnete den Weg zu einer neuen Entwicklung, die damit endete, daß die Länder die Funktionen der Gesellschaften übernahmen – zumindest in der Ölförderung.

Die Profite des Wachstums: Kaufleute und Grundbesitzer

Mit der Unabhängigkeit gelang es den einheimischen Kaufleuten und Grundbesitzern, einen großen Teil der Gewinne aus dem Wirtschaftswachstum an sich zu ziehen. Der Handel konnte seine Kontakte zu den unabhängigen Regierungen nutzen, um sich einen größeren Anteil am

Import- und Exportgeschäft zu sichern; sogar im ägyptischen Baumwollhandel, der lange Zeit ausschließlich von ausländischen Firmen und Banken beherrscht worden war, spielten nun einige große ägyptische Gesellschaften, die eng mit den Politikern zusammenarbeiteten, eine wichtige Rolle. Im Irak verließ der größere Teil der jüdischen Bourgeoisie, die im Handel mit England und Indien führend gewesen war, das Land, weil ihre Position nach der Gründung des Staates Israel schwierig wurde. Ihren Platz übernahmen größtenteils schiitische Kaufleute. Auch die meisten neuen Industrien befanden sich dank einer gewissen Kapitalakkumulation bei Kaufleuten und Grundbesitzern in einheimischer Hand – aber auch, weil die jungen Industrien Kontakte zu den Regierungen haben mußten. In einigen Ländern kam es zur Zusammenarbeit einheimischer und ausländischer Kapitalgeber, zum Beispiel in Marokko, wo französisch-marokkanische Gesellschaften nach der Unabhängigkeit eine führende Rolle spielten, und bis zu einem bestimmten Zeitpunkt galt das auch für Ägypten. Einheimische und gemischte Banken wurden ebenfalls wichtig; die Verwaltung und die Investition öffentlicher und privater Gewinne aus der Erdölindustrie befanden sich zum größten Teil in den Händen von Banken unter der Leitung von Libanesen und Palästinensern in Beirut.

An den meisten Orten lag die Ausweitung der Landwirtschaft in den Jahren nach dem Krieg in erster Linie im Interesse jener, die Land besaßen oder die Kontrolle über Ländereien ausübten – allen voran die Großgrundbesitzer, denen die Banken oder Hypothekengesellschaften Kredite gewährten und die das erforderliche Investitionskapital hatten. In Marokko und in Tunesien wurde Land, das Ausländern gehört hatte, nach der Unabhängigkeit entweder von reichen Einheimischen oder von der Regierung erworben. In Ägypten waren die Großgrundbesitzer bis 1952 in einer starken Position. Die etwa vierhundert Mitglieder des Königshauses waren gemeinsam die größten Grundbesitzer im Land; daneben gab es eine Gruppe von etwa zweitausendfünfhundert ägyptischen Familien und Gesellschaften und etwa zweihundert ausländischen, die jeweils mehr als einhundert *feddan* Land besaßen. Zusammen gehörten ihnen siebenundzwanzig Prozent des kultivierten Landes. Sie kontrollierten praktisch die Regierung; im Durchschnitt stellte diese Klasse die Hälfte der Minister, Senatoren und Abgeordneten. Deshalb konnten sie sich Vorteile bei der Bewässerung ihres Landes sichern und das Steuersystem zu ihren Gunsten gestalten. Ihr Kapital und ihre Kreditmöglichkeiten versetzten sie in die Lage, Land aufzukaufen, wenn es angeboten wurde, und ihre Kontrolle über das beste Land ermöglichte ihnen auch, von den Pächtern, die das Land bearbeiteten, eine hohe Pacht zu fordern. Einige Experten rieten dringend zu einer Reform des Pachtsystems; die Pächter waren sich der Ungerechtigkeit der Situation sehr wohl bewußt, aber vor 1952 erhob sich in den nationalen Körperschaften kaum eine Stimme zugunsten der Reform.

In dieser Zeit nahm auch die Macht der Grundbesitzer in Syrien und im Irak zu. In Syrien wurde auf den großen Ebenen im Landesinneren Getreide angebaut; dieses Land hatte schon immer den führenden städtischen Familien gehört; nun wuchs die Klasse der Landbesitzer um jene, die Baumwolle im bewässerten Tal des Euphrat und um jene (Grundbesitzer oder Pächter), die Getreide in der Dschezira anbauten. Im Irak entstand die Klasse der Großgrundbesitzer weitgehend durch Veränderungen, die sich seit dem Ende des neunzehnten Jahrhunderts vollzogen: die Ausdehnung der Landwirtschaft durch Traktoren, Pumpen und Bewässerungssysteme, der Übergang von nomadischer Weidewirtschaft zu Felderbewirtschaftung und die offizielle Anerkennung des Eigentums durch die Ausstellung von Grundbesitzurkunden. Die Politik der britischen Mandatsregierung und später der unabhängigen Regierung begünstigte die Grundbesitzer, insbesondere die Stammesführer. Sie wiederum nutzten ihre Autorität zugunsten der Engländer und der Monarchie. 1958 befanden sich über sechzig Prozent des Bodens in Privatbesitz in den Händen der Schicht, die mehr als tausend *dunum* besaßen; darunter neunundvierzig Familien mit jeweils mehr als 30000 *dunum*. (Der irakische *dunum* entspricht etwa einem viertel Hektar.) Die Güter waren größer als in Ägypten, denn es wurde extensive Landwirtschaft betrieben; es gab zwar genügend Land, aber der Boden war wegen des hohen Salzgehaltes im allgemeinen schnell erschöpft. Außer den Stammesführern gehörten zur grundbesitzenden Klasse städtische Notabeln, denen die Regierung für ihre Dienste Land überlassen hatte, und kapitalkräftige muslimische Kaufleute. Wie in Ägypten besaßen die Grundbesitzer dank ihrer Positionen in Ministerien und im Parlament und weil die Monarchie und die herrschende Gruppe ihre Unterstützung brauchten, eine starke politische Stellung.

Die Staatsmacht

Der Sieg des Nationalismus mag deshalb zunächst den Anschein erweckt haben, ein Sieg der besitzenden Klassen zu sein, aber in den meisten Ländern war das nur von kurzer Dauer. Sieger waren der Staat, die Angehörigen der Regierung, das Militär und die Beamten, durch die die Macht ausgeübt wurde. Der grundlegende gesellschaftliche Prozeß, durch den eine

Regierung die direkte Kontrolle über ihr gesamtes Territorium ergriff, war in den meisten Ländern abgeschlossen, als die ausländischen Machthaber das Land verließen; das galt selbst für Länder wie Marokko, wo die Autorität der städtischen Regierungen bislang schwach gewesen war. Die unabhängigen Regierungen übernahmen die vorhandenen Mittel staatlicher Kontrolle: Militär, Polizei und Verwaltungsapparate. Auch in Saudi-Arabien vermochte die gestärkte und besser organisierte Regierung, die Abd al-Aziz seinen Söhnen bei seinem Tod hinterließ, mehrere unterschiedliche Regionen in einer geeinten Gesellschaft zusammenzuhalten. Nur an den südlichen Rändern der Halbinsel war diese Entwicklung noch nicht zu Ende. Im Jemen erstreckte sich die Herrschaft des *imam* noch kaum auf das ganze Land. Die britische Regierung in Aden hatte in der umliegenden ländlichen Region eine lose Gruppe kleiner Stammesführer unter britischem Schutz geschaffen, ohne sie jedoch einer zentralen Verwaltung zu unterstellen. Auch in Oman reichte die Macht des von den Briten gestützten Herrschers noch nicht von seiner Hauptstadt Masqat an der Küste bis zu allen Punkten im Landesinnern.

Die Regierungen begannen nun, ihren Wirkungsbereich über die Aufrechterhaltung von Gesetz und Ordnung, die Einziehung von Steuern und die Unterhaltung einiger grundlegender Dienste hinaus zu erweitern. Beinahe überall wurden öffentliche Einrichtungen in Staatsbesitz überführt: Banken, Eisenbahnen, Telefonnetze, die Wasser-, Gas- und Elektrizitätsversorgung. Dies stand im Einklang mit der Entwicklung auf der ganzen Welt, aber hier gab es einen besonderen Grund dafür: In den meisten Ländern hatten diese Einrichtungen ausländischen Gesellschaften gehört, und die Verstaatlichung bedeutete sowohl einen Wechsel von privatem in staatlichen als auch von ausländischem in einheimischen Besitz.

Der Prozeß der Verstaatlichung entwickelte seine eigene Dynamik. Die neuen Regierungen fürchteten den Fortbestand oder das Wachstum unabhängiger Zentren wirtschaftlicher Macht, die möglicherweise politischen Einfluß entwickeln oder sich mit den ehemaligen Herrschern verbünden konnten. Darüber hinaus wäre eine schnelle Industrialisierung schwerfällig vonstatten gegangen, wenn sie privater Initiative überlassen geblieben wäre. Die Bildung von privatem Investitionskapital war unter der ausländischen Herrschaft begrenzt gewesen und noch immer nicht ausreichend; das Kapital in produktive Investitionen zu lenken, war schwierig, solange ein organisierter und funktionsfähiger Geldmarkt fehlte; private Investoren zögerten vielleicht, ihr Geld für neue und unerprobte Industrien zur Verfügung zu stellen, und neigten eher dazu, es in städtische Bauten oder Land zu investieren. Und selbst wenn sie es taten, wären unter Umständen Fabriken entstanden, denen die nationale Planung keine Priorität einräumte.

Diese Argumente sprachen für ein Eingreifen der Regierung in die Wirtschaftsentwicklung, und das war dank der verfügbaren finanziellen Mittel nun möglich. Der Rückzug der ausländischen Mächte bedeutete, daß die Steuereinnahmen den Regierungen voll zur Verfügung standen. Die Staatseinnahmen waren sehr viel höher, weil die Steuervergünstigungen für ausländische Unternehmen beschnitten wurden. In einigen Ländern stellten die steigenden Einnahmen aus der Ölförderung Investitionsmittel dar; selbst Länder ohne Ölvorräte profitierten unter Umständen von Zahlungen der Gesellschaften für Transitrechte oder von Darlehen oder Wirtschaftshilfen, die ihnen die reicheren Länder gewährten. 1960 kamen im Irak 61 Prozent der Staatseinkünfte aus dem Öl, in Saudi-Arabien waren es 81 Prozent und in den kleinen Golfstaaten beinahe 100 Prozent. Syrien bezog 25 Prozent seiner Einnahmen aus den Pipelines, durch die das Öl aus dem Irak und aus Arabien an die Mittelmeerküste floß; in Jordanien waren es 15 Prozent. Entwicklungshilfekredite kamen auch von den Industrienationen und von internationalen Institutionen.

Noch vor Erlangung der Unabhängigkeit waren einige Bereiche der Wirtschaft unter staatliche Kontrolle gestellt worden. Den Abbau der Phosphate in Marokko kontrollierte eine Behörde, seit er ökonomische Bedeutung gewonnen hatte. Im Sudan lief die Konzession der britischen Gesellschaften zum Baumwollanbau im Distrikt Dschezira im Jahr 1951 aus. Nach der Unabhängigkeit vollzog sich die Entwicklung der Verstaatlichung schneller. Tunesien übernahm die Phosphatindustrie, und auch in Jordanien besaß die Regierung große Anteile an der Phosphat-Gesellschaft. In Ägypten ging die Militärregierung, die 1952 die Macht übernahm, zunehmend zur Politik der Verstaatlichung aller Fabriken über. Dieses Vorgehen erreichte einen Höhepunkt, als Kairo 1961 alle Banken, Versicherungsgesellschaften und beinahe alle großen Industrieunternehmen verstaatlichte. Im Jahr davor hatte man den ersten Fünfjahresplan verabschiedet, in dem das Ziel eines schnellen Wachstums von Industrie und Landwirtschaft unter staatlicher Kontrolle proklamiert wurde. Die große Ausnahme von diesem Trend bildete Marokko. Dort stand man 1960 vor beiden Möglichkeiten: eine staatlich kontrollierte Wirtschaft mit schneller Industrialisierung und Konsumrestriktionen oder eine Wirtschaft auf der Basis privaten Unternehmertums und privater Investitionen. Die Entscheidung fiel im Machtkampf zwischen der nationalistischen Partei, die eine schnelle Änderung forderte, und den eher konservativen

Kräften in der Umgebung des Königs. Das Ringen endete mit der direkten Machtübernahme durch den König, der sich für die private Wirtschaft entschied.

Das eindrucksvollste Beispiel staatlicher Eingriffe in die Wirtschaftsentwicklung war nicht die Industrie, sondern die Reform des Bodenrechts. Die Reform war von größter politischer und sozialer Bedeutung, denn der Großteil der Bevölkerung in den arabischen Ländern lebte noch immer auf dem Land. Außerdem bildeten beinahe überall die Großgrundbesitzer die mächtigste Klasse; sie hatten den stärksten Einfluß auf die Regierungen und das meiste Kapital. Der Griff nach ihrem Besitz würde eine Macht zerschlagen, die die Regierung kontrollieren konnte, und gleichzeitig Kapital für Investitionen in anderen Bereichen freisetzen.

Die neue Militärregierung in Ägypten legte bald nach der Machtübernahme 1952 den ersten und weitreichendsten Plan einer Bodenreform vor. Es war ein Zeichen für die Unabhängigkeit der Regierungsmacht und für das Auftreten einer neuen herrschenden Gruppe mit Ideen, die sich sehr von denen ihrer Vorgänger unterschieden, daß bereits kurz nach der Machtergreifung ein detaillierter Plan vorlag, obwohl das Thema von den vorigen Regierungen und im Parlament kaum diskutiert worden war. Der auffallendste Punkt dieses Plans war die Begrenzung von Landbesitz auf 200 *feddan* pro Person und zusätzliche 100 *feddan* für die Kinder des Betreffenden. 1961 senkte man die maximale Größe auf 100 *feddan* und 1969 auf 50 *feddan*. Die Regierung kaufte alles Land, das über dieses Maximum hinausging, zu einem festgesetzten Preis auf und verteilte es an kleinere Bauern. Der Grundbesitz der königlichen Familie wurde ohne Entschädigung enteignet. Man begrenzte die Höhe der Pacht, die ein Grundbesitzer dem Pächter abverlangen durfte; Pachtverträge mußten mindestens drei Jahre Gültigkeit haben. Pächtern und Kleinbauern bot man die Möglichkeit, Kredite aufzunehmen, und Kooperativen der Regierung verkauften ihre Produkte. In den folgenden zehn Jahren erwarb der Staat über eine halbe Million *feddan* Land, die jedoch nicht alle verteilt wurden. Diese Maßnahmen hatten weitreichende Wirkungen, aber nicht immer die, mit denen man gerechnet hatte. Die politische Macht der Großgrundbesitzer und der königlichen Familie war gebrochen; wirtschaftlich gesehen wurden die Einkünfte der Großgrundbesitzer auf Kleinbauern und Pächter umverteilt, während die dazwischenstehende Gruppe der mittelgroßen Grundbesitzer weitgehend unangetastet blieb.

In Syrien leitete die Regierung im Jahr 1958 ähnliche Maßnahmen ein: Die Größe von Grundbesitz wurde begrenzt; die Pachtverträge wurden zugunsten der Pächter neu gefaßt und ein Mindestlohn für Landarbeiter festgesetzt. In den ersten Jahren konnte diese Verordnung nicht so wirksam greifen wie in Ägypten, weil die Verwaltung der Aufgabe nicht gewachsen war. Es gab keine genauen Besitzurkunden, und die politische Macht der Grundbesitzer war noch nicht gebrochen. Auch im Irak schlug die Regierung nach dem Militärputsch 1958 einen ähnlichen Weg ein, aber erst, nachdem sich mit der Revolution eine herrschende Gruppe mit klaren und akzeptierten Vorstellungen von der neuen Gesellschaftsstruktur gebildet hatte. In den ersten Jahren herrschten unter den Machthabern Meinungsverschiedenheiten darüber, ob das vom Staat enteignete Land in Staatsbesitz bleiben oder an Kleinbauern verteilt werden sollte.

Reich und Arm in der Stadt

Die steigenden Bevölkerungszahlen, die Abwanderung vom Land in die Stadt, das Wachstum und die zunehmende Macht der nationalen Bourgeoisie – Grundbesitzer, Kaufleute, die Besitzer und Leiter von Fabriken, Beamte und Offiziere – beeinflußten das städtische Leben in vieler Hinsicht. Nach dem Abzug der Kolonialherren drängte die einheimische Mittelklasse in Viertel, in denen bis dahin beinahe ausschließlich Europäer gewohnt hatten. Die ländlichen Zuwanderer belegten die von der Mittelklasse verlassenen Viertel oder bezogen neue. In allen Fällen kam es zu einer Veränderung der Sitten und Lebensweise: Die Mittelklasse nahm Gewohnheiten an, die bislang für die Ausländer charakteristisch gewesen waren, und die zugezogenen Landbewohner führten das Leben der städtischen Armen.

Im Maghreb hatte die Entwicklung, in deren Verlauf einheimische, gebildete Schichten die Stadtzentren von den Ausländern übernahmen, bereits vor der Unabhängigkeit, in den vierziger und fünfziger Jahren, eingesetzt. Die städtische Segregation, eine Politik der Franzosen in Marokko, gab es auch in Algerien und in geringerem Ausmaß in Tunesien. Nun ließ sie sich nicht länger aufrechterhalten, und die Unabhängigkeit beschleunigte noch diese Entwicklung. Die Europäer verließen mit ihrem Kapital das Land, und die neuen Machthaber, die Beamten, Grundbesitzer und Kaufleute, also die Klassen, die sie um sich scharten, traten an ihre Stelle. In Kairo und Alexandria war die Segregation nie so strikt gewesen, aber es hatte Viertel gegeben, in denen mehr Europäer als Ägypter lebten. Das änderte sich nun von Grund auf. Mehr Ägypter wurden Mitglieder im »Gezira Sport Club« und demonstrierten damit symbolisch den gesellschaftlichen Wandel, aber auch die Brandanschläge während des Aufstands von 1952 auf bestimmte, mit Ausländern in Zusammenhang stehende Gebäude waren Zeichen des Umschwungs. Im Libanon, in Syrien und im Irak waren die Ausländerkolonien nie so groß oder so exklusiv gewesen, aber in Palästina hatte die Enteignung der nahezu gesamten arabischen Bevölkerung zur Folge gehabt, daß in den Städten mit bislang gemischter Bevölkerung im wesentlichen nur noch Juden europäischer Abstammung lebten. Die jüdischen Einwanderer aus den arabischen Ländern siedelten sich meist in den neuen Städten oder Dörfern an. In Jerusalem, das nun zwischen Israel und Jordanien geteilt war, lebten in der jordanischen Hälfte, zu der die Altstadt gehörte, beinahe nur Araber. Aber ein Großteil der arabischen Bourgeoisie von Jerusalem, von Haifa und Jaffa wanderte in Städte außerhalb Palästinas ab. Ihr Kapital und ihre Energie sind eine wesentliche Ursache für das schnelle Wachstum der jordanischen Hauptstadt Amman.

In ihrer neuen Umgebung lebte die Bourgeoisie in vieler Hinsicht wie die Europäer. Sie wohnte in derselben Art Häuser und trug dieselbe Art Kleidung, obwohl es Kompromisse zwischen der alten und der neuen Lebensweise gab. Ein Marokkaner in Casablanca mochte im Dienst europäisch gekleidet sein, freitags in der Moschee aber die traditionelle *dschallaba* tragen. Ein modernes Haus mochte etwa ein orientalisch eingerichtetes Zimmer mit niedrigen Diwanen, Kupfertischen und Wandbehängen haben. In manchen neuen Wohnvierteln mischten sich die Angehörigen der verschiedenen Religionsgemeinschaften mehr, als es in der *madina* der Fall gewesen war; sie wohnten im selben Wohnblock oder in derselben Straße, und ihre Kinder besuchten dieselben Schulen. Ehen zwischen Muslimen und Christen und Juden waren noch immer selten, vielleicht aber doch etwas häufiger als früher.

In der Offenheit der neuen Wohnviertel konnte man Reichtum unbekümmerter zeigen als in den alten Städten, wo die Angst vor dem Herrscher oder den Nachbarn die Menschen veranlaßt hatte, ihren Besitz zu verbergen. Die Häuserfassaden waren nicht mehr so verschlossen, die Zimmer luxuriöser eingerichtet, Schmuck wurde selbstbewußter zur Schau getragen. Vor allem ein Statussymbol erlangte in dieser Zeit besondere Bedeutung – das private Automobil. Vor dem Zweiten Weltkrieg noch relativ selten, wurde es jetzt immer üblicher. In Kairo verdoppelte sich die Zahl der Personenkraftwagen zwischen 1945 und 1960 beinahe. Die Zunahme von Automobilen, Bussen und Lastkraftwagen machte den Bau neuer und breiterer Straßen in den Städten und auf dem Land erforderlich. Es wurde mehr oder weniger zu einem symbolischen Akt der Modernität und Unabhängigkeit, ein Altstadtviertel durch einen breiten Boulevard zu zerschneiden. Das geschah zum ersten Mal in den siebziger

Jahren des neunzehnten Jahrhunderts, als Isma'il Pascha in Kairo die Muhammad-Ali-Straße bauen ließ. Jetzt wiederholte sich dieser Vorgang überall im Nahen Osten, mit Ausnahme des Maghreb. Das eigene Automobil und die neuen Verkehrsstraßen veränderten die Lebensgewohnheiten der wohlhabenden Klassen. Ihr Leben war nicht länger auf das eigene Viertel beschränkt; jetzt öffneten sich ihnen die ganze Stadt und das Hinterland. Außerdem mußten sie nicht mehr in der Nähe ihres Arbeitsplatzes wohnen.

Die von den Wohlhabenden aufgegebenen Viertel wurden von den ländlichen Zuwanderern übernommen. Manche von ihnen zog es in die *mudina*, weil dort ein berühmtes Heiligengrab oder eine Moschee, vielleicht aber auch nur eine leerstehende Wohnung lockte. In den Städten mit gemischter Bevölkerung siedelten sie sich auch in den ehemaligen Vierteln der europäischen Kleinbürger an, in Kairo etwa in Schubra. In einigen Städten wurden die bereits bestehen *bidonvilles* immer größer, oder es entstanden neue, wo immer es freies Land gab. In Kairo geschah das nicht; dort diente die »Totenstadt« mit ihren riesigen Friedhöfen außerhalb der alten Stadt der überzähligen Bevölkerung als Zufluchtsort. Die Behörden verlegten die *bidonvilles* immer wieder, aber im Laufe der Zeit entstanden in manchen doch feste Häuser, und sie wurden an die städtischen Dienstleistungen angeschlossen: Die palästinensischen Flüchtlingslager vor den Toren von Beirut, Damaskus und Amman wurden praktisch zu Stadtteilen. In einigen wenigen Ländern beschlossen Regierungen Bauprogramme für billige Wohnungen, die am Stadtrand oder in der Nähe der Industriegebiete errichtet wurden. Im letzten Jahrzehnt der französischen Herrschaft in Marokko versuchte ein begabter Stadtplaner, ein solches Programm durchzusetzen. In Ägypten legte man 1960 einen Fünfjahresplan für den Wohnungsbau vor; er schloß die Errichtung der Satellitenstadt Medinat Nasr in der Nähe von Kairo ein. Der ägyptische Architekt Hasan Fathi (1900–89) stellte in dieser Zeit wichtige Fragen zu den Methoden, nach denen solche Pläne entstanden und durchgeführt wurden. Er schlug vor, nicht die zeitgenössische westliche Bauweise und Architektur zu übernehmen, denn man könne von der traditionellen islamischen Stadtplanung und vom islamischen Städtebau lernen.

In Kairo, Beirut und in einigen anderen Städten hatte sich die »moderne« Lebensweise und das dazu notwendige Einkommen über eine kleine Klasse hinaus verbreitet; zwischen den Vierteln der Reichen und der Armen lag eine Übergangszone, wo Kleinbürger wie Ladenbesitzer, kleine Beamte und Handwerker versuchten, den Standard der Mittelklasse zu halten. In den meisten Städten bestand jedoch eine tiefe Kluft zwischen

Reich und Arm. Die ländlichen Zuwanderer übernahmen die Gewohnheiten der städtischen Masse zu einem Zeitpunkt, an dem die Stadtbewohner sie oft schon wieder aufgaben, und so wurde eine traditionelle Lebensweise fortgeschrieben. Frauen, die auf dem Land ohne Schleier auf den Feldern gearbeitet oder am Brunnen Wasser geholt hatten, gingen jetzt verschleiert oder zeigten sich nicht mehr in der Öffentlichkeit. Aber selbst auf dieser Ebene der Gesellschaft gab es Veränderungen. Die in bestimmten Kreisen der Gesellschaft übliche Polygamie wurde auf Grund des schwierigen Lebens in kleinen Wohnungen oder wegen einer neuen Auffassung vom Familienleben seltener. Die Scheidungsrate war hoch, ging aber möglicherweise zurück. Die Geburtenrate war im Vergleich zu den Industrienationen noch immer sehr hoch, in den Städten jedoch niedriger als auf dem Land, denn Mädchen mit Schulbildung heirateten im allgemeinen später, und die Männer versuchten, eine feste Anstellung zu finden und vor der Heirat Geld zu sparen. Außerdem machten sich die Auswirkungen der Geburtenkontrolle bemerkbar. Ende der fünfziger Jahre wurde sie von über fünfzig Prozent der Ägypter mit höherer Bildung und von etwa zehn Prozent der städtischen Armen praktiziert, von den Armen auf dem Land aber praktisch nicht. Zu dieser Zeit war das Problem der Bevölkerungsexplosion allgemein bekannt und wurde auch in Ägypten diskutiert. Einige der *ulama* erklärten die Geburtenkontrolle für zulässig.

Das Leben blieb für die städtischen Armen hart. Ein Großteil von ihnen hatte keinen Arbeitsplatz. Man schätzt, daß von der Bevölkerung Kairos 1960 7,5 Prozent in der Industrie arbeiteten, 23 Prozent in Dienstleistungsbetrieben und daß 66 Prozent ohne feste Arbeitsplätze waren. In den überfüllten Wohnungen oder Hütten, wo die meisten von ihnen lebten, waren Krankheiten an der Tagesordnung. Große Pest- und Choleraepidemien, die in früheren Zeiten die Stadtbevölkerung dezimiert hatten, gab es praktisch nicht mehr, aber Tuberkulose, Typhus, Malaria und Augenkrankheiten waren weit verbreitet. Die Kindersterblichkeit war hoch. In den *bidonvilles* von Bagdad schätzte man 1956 die Todesrate bei Säuglingen auf 341 pro tausend Schwangerschaften.

Es gibt jedoch gewisse Anzeichen dafür, daß sich zumindest die Lebensbedingungen mancher Armen verbesserten. Tee und Zucker, die bislang unerschwinglich gewesen waren, wurden in Marokko und im Irak zu Grundnahrungsmitteln. Der Nahrungsverbrauch in Ägypten stieg von durchschnittlich 2300 Kalorien am Tag Anfang der fünfziger Jahre auf 2500 ein Jahrzehnt später. Die Sozialleistungen wurden ausgebaut, Krankenhäuser sicherten die gesundheitliche Versorgung, bessere Wasserversorgung schränkte die Verbreitung bestimmter Krankheiten ein, in einigen Städten wurde das öffentliche Transportwesen ausgebaut, ein größerer Anteil der Kinder besuchte Grundschulen, und die Regierung begann Kampagnen gegen das Analphabetentum. Mehr Frauen verdienten Geld – meist als Dienstboten oder in Fabriken; sie waren meist jung, unverheiratet und lebten im Familienverband. Die Tatsache, daß sie außerhalb arbeiteten und Geld verdienten, änderte nicht viel an der Struktur des Familienlebens; das Einkommen ihrer Familien erhöhte sich, aber die Frauen wurden dadurch nicht notwendigerweise wohlhabender oder unabhängiger.

Solche Veränderungen berührten einige Kreise der Bevölkerung mehr als andere. Die Kluft zwischen Industriearbeitern und ungelernten Gelegenheitsarbeitern wurde vermutlich größer. Die Regierungen begannen aktiver in die Industrie einzugreifen, um die Arbeitsbedingungen zu regeln. In Ägypten setzte man per Gesetz eine maximale tägliche und wöchentliche Arbeitszeit fest. In den meisten Ländern wurden Gewerkschaften zugelassen; diese Entwicklung vollzog sich größtenteils in den vierziger Jahren unter dem Eindruck des Krieges, danach unter der Labour-Regierung in Großbritannien und den linksgerichteten Parteien in den französischen Koalitionsregierungen. Die Mitgliederzahlen der Gewerkschaften erhöhten sich mit dem Wachstum der Industrie. In Marokko und Tunesien bildeten die Gewerkschaften einen integralen Teil der nationalistischen Bewegung, und auch in Ägypten waren die Arbeiterorganisationen nach 1945 aktiv an der Opposition gegen die Briten beteiligt. Nachdem die Unabhängigkeit erkämpft war, versuchten die Regierungen, die politischen Aktivitäten der Gewerkschaften einzuschränken, aber mancherorts gelang es ihnen, bessere Arbeitsbedingungen durchzusetzen.

Die Ungleichheiten zwischen Stadt und Land waren sogar noch größer als innerhalb der Stadt. Alle städtischen Klassen profitierten in einem gewissen Maß von den sich ändernden Bedingungen des städtischen Lebens, aber noch berührten die Verbesserungen das Leben in den Dörfern kaum. In fast allen arabischen Ländern lebte die Mehrzahl der Dorfbewohner so, wie sie es immer getan hatte. Sie waren kinderreich, mußten aber erleben, daß die meisten ihrer Kinder als Säuglinge oder in jungen Jahren starben; sie lebten ohne medizinische Versorgung und nur mit einer rudimentären Bildung, ohne Elektrizität und in einem landwirtschaftlichen System, bei dem die Überschußerträge von Grundbesitzern und Steuereinnehmern abgeschöpft wurden. Die wachsende Bevölkerung verhinderte jede Verbesserung ihrer Lage. Die Regierungen unternahmen in den vierziger Jahren Versuche, die Bedingungen auf dem Lande zu verbessern, ohne die Struktur des Sozialgefüges zu ändern. Besonders bemerkenswert waren die

»ländlichen Kooperativen« in Ägypten; sie übernahmen die medizinische Versorgung und andere Dienstleistungen für die Dorfbewohner. Der erste ernsthafte Versuch, die Beziehung zu den ländlichen Klassen zu ändern und das Einkommen aus der Landwirtschaft umzuverteilen, waren die Maßnahmen zur Landreform, die in einigen Ländern in den fünfziger Jahren durchgeführt wurden. Manches veränderte sich jedoch: Die städtischen Zuwanderer konnten ihren Familien in den Dörfern Geld schicken, und der Horizont des Dorflebens erweiterte sich durch die Kontakte mit den Städten, durch den Ausbau der Straßen für die Automobile und Lastwagen, durch Zeitungen, Rundfunk und durch die Einrichtung von Grundschulen.

Kapitel 23

Nationale Kultur

(Die vierziger und fünfziger Jahre)

Das Bildungswesen und seine Probleme

Die Veränderungen in der Gesellschaft und die Machtübernahme durch eine einheimische Elite führten zu einem schnellen Ausbau des Bildungswesens. Die Erfordernisse des Lebens in Städten machten eine Schulbildung und den Erwerb von Fachwissen notwendig und dringlich; die nationalistischen Regierungen hatten sich zum Ziel gesetzt, starke Nationen zu schaffen. Dazu mußten sie das gesamte menschliche Potential aktivieren. Die modernen zentralistischen Regierungen suchten deshalb Wege zu einer besseren Verbindung mit ihren Untertanen als in der Vergangenheit.

Der Aufbau einer gebildeten Elite durch das Angebot einer höheren Schulbildung war natürlich ein Prozeß, der in den arabischen Ländern schon lange begonnen hatte, aber das Tempo nahm mit der Unabhängigkeit zu. 1939 gab es ein halbes Dutzend Universitäten, die meist klein waren und unter ausländischer Leitung standen. 1960 gab es bereits zwanzig Universitäten, drei Viertel davon staatlich, und verschiedene andere höhere Bildungseinrichtungen. Die Zahl der Studenten schwankte um einhunderttausend, nicht gerechnet diejenigen, die in Europa und Amerika studierten. Bei weitem die größte Zahl gab es in Ägypten, gefolgt von Syrien, Libanon und dem Irak. Die Zuwachsrate im Maghreb war jedoch nicht so groß. Als die Franzosen aus Tunesien abzogen, gab es nur einhundertdreiundvierzig einheimische Ärzte und einundvierzig Ingenieure. In Marokko waren es nur neunzehn muslimische und siebzehn jüdische Ärzte, fünfzehn muslimische und fünfzehn jüdische Ingenieure, allerdings mehr einheimische Anwälte, Lehrer und Beamte. Die Heranbildung einer Elite mußte deshalb dort auf einer niedrigeren Ebene beginnen.

Die Logik des Nationalismus führte über die Förderung von Eliten hinaus zur Bildung der gesamten Bevölkerung. Die Bildung der Massen zählte deshalb zu den ersten Aufgaben der neuen Regierungen, für die sie einen großen Teil der Staatseinnahmen bereitstellten. Beinahe überall gründete man im großen Maßstab Schulen – in den Armenvierteln der Städte und auch in den Dörfern. 1960 besuchten in Ägypten 65 Prozent der Kinder im Grundschulalter die Schule. Insgesamt registrierte man drei Millionen Schüler, davon zweihunderttausend an weiterführenden Schulen. In Marokko besuchten 1954 trotz der Bemühungen der Franzosen in den letzten Jahren der Protektoratsregierung nur zwölf Prozent der muslimischen Kinder die Schule; 1963 waren es bereits sechzig Prozent und bei den Siebenjährigen beinahe hundert Prozent. In Tunesien stieg der Prozentsatz im selben Zeitraum von elf auf fünfundsechzig Prozent. Diese Zuwachsraten in der Erwachsenenbildung brachte einige Länder dem Ziel näher, das Analphabetentum zu überwinden, aber dieses Ziel lag noch in weiter Ferne. In Ägypten waren 1937 76 Prozent der Männer Analphabeten. 1960 war die Zahl auf 56 Prozent gesunken. In den Ländern der Arabischen Halbinsel vollzog sich die Veränderung langsamer. Die von religiöser Seite legitimierten konservativen Regierungen in Saudi-Arabien und im Jemen waren vorsichtiger als andere mit der Gründung moderner Schulen und zögerten, die Schüler und Studenten den Einflüssen neuer Gedanken auszusetzen. Abgesehen von den heiligen Stätten Mekka und Medina besaßen sie keine großen Zentren, von denen eine städtische Kultur auf das Land ausstrahlen konnte. In den britisch regierten und geschützten Staaten am Rande der Halbinsel waren die Geldmittel knapp. Weder die Briten noch die unter ihrem Schutz stehenden Herrscher hatten den aktiven Wunsch nach einer schnellen Veränderung mit allen Problemen, die sie mit sich brachte. Eine Ausnahme bildete Kuwait, wo man die steigenden Einnahmen aus dem Erdölexport zum Aufbau einer modernen Gesellschaft nutzte.

Der Anteil der Frauen ohne Schulbildung war noch sehr viel höher als bei den Männern; in Ägypten waren 1937 94 Prozent der Frauen Analphabeten, 1960 83 Prozent. In den meisten Ländern lagen diese Zahlen noch höher. Die nationalen Regierungen hatten jedoch das Ziel, Mädchen wie Jungen zu bilden, denn sonst konnte nur das halbe Arbeitspotential der Nation in der Wirtschaft eingesetzt werden. In Ägypten besuchten 1960 50 Prozent der Mädchen die Schule; in Tunesien waren es ungefähr 30 Prozent. Der Anteil der Mädchen auf der mittleren und höheren Bildungsebene war kleiner, aber er vergrößerte sich. An der Universität von Bagdad waren 1960/61 22 Prozent Studentinnen eingeschrieben, an der Universität von Rabat waren es vierzehn Prozent, an der Universität von Tunis 23 Prozent. Im Sudan, wo die Mädchenbildung später begonnen hatte, gründete man ein privates College für Frauen, und 1959/60 studierten einige wenige Studentinnen an der Universität von Khartum.

In diesem Stadium der Veränderungen und des Wachstums hatten die arabischen Länder ähnliche Probleme mit dem schnellen Ausbau des Bildungssystems wie alle Länder dieser Entwicklungsstufe. Das rapide Bevölkerungswachstum bedeutete, daß selbst wenn ein zunehmend größerer Anteil der Kinder im schulpflichtigen Alter tatsächlich die Schule besuchte, die Zahl der Kinder, die keine Schule besuchten, nicht unbedingt abnahm. Um so viele wie möglich zu erfassen, wurden sehr schnell überall Schulen gegründet. Die Klassen waren zu groß für einen wirkungsvollen Unterricht, und die meisten Lehrer waren für ihre Aufgabe nicht richtig ausgebildet. Die Ergebnisse zeigten sich auf allen Ebenen. Vor allem erwiesen sich die weiterführenden Schulen häufig als unzulänglich, und die Absolventen, die an die Universitäten kamen, waren insgesamt nicht sehr gut auf das Studium vorbereitet. Es bestand die Tendenz zu einer akademischen Bildung, die in den Staatsdienst oder in die freien Berufe führte und weniger zu einer technischen oder berufsorientierten Ausbildung. Dem Bildungskonzept des Islam wie dem der meisten anderen prämodernen Kulturen war der Einsatz von Kopf und Händen zugleich fremd. Durch das Wachstum der Ölindustrie veränderte sich die Lage indessen. Die arabischen Facharbeiter erwarben dort Kenntnisse, die sie in anderen Bereichen der Wirtschaft einsetzen konnten.

Es gab jedoch einige Probleme, an denen sich die spezifischen historischen Erfahrungen der arabischen Gesellschaften zeigten. Als die Länder unabhängig wurden, übernahmen sie eine Vielzahl von Schulen: staatliche und private Schulen, moderne und traditionell islamische Schulen. An manchen war Arabisch die Unterrrichtssprache, an anderen eine europäischen Sprache – meist Englisch oder Französisch. Die unabhängigen Regierungen neigten dazu, das Bildungssystem zu vereinheitlichen und das gesamte Schulwesen zu verstaatlichen. Die traditionellen islamischen Schulen wurden entweder geschlossen oder in das staatliche System eingegliedert. Die alte Azhar-Lehrmoschee in Kairo wurde Teil einer modernen Universität, die Zaituna in Tunis wurde zur *schari'a*-Schule der Universität von Tunis, die Qarawiyin in Fes wurde als Bildungsinstitution praktisch aufgelöst, aber die Schulen in Medina und in den schiitischen heiligen Stätten des Irak setzten ihre Arbeit ohne große Änderungen fort.

In einigen Ländern wurden die ausländischen Schulen der staatlichen Kontrolle unterstellt und unterrichteten gemäß der nationalen Bildungsprogramme. Aber es gab auch Ausnahmen. Der Libanon besaß zwei blühende ausländische Universitäten – die amerikanische und die französische –, zu denen eine neu gegründete staatliche Universität hinzukam. In Ägypten gab es auch weiterhin die Amerikanische Universität in Kairo und die katholischen Missionsschulen. Sie standen unter dem diplomatischen Schutz des Vatikans und konnten ihre Unabhängigkeit wahren. Im allgemeinen aber setzte sich die Tendenz durch, die Schulen zu arabisieren. Ausländische Schulen, an denen in einer Fremdsprache gelehrt worden war, bedienten sich jetzt häufiger des Arabischen. Auf der Grundschulebene war es die Norm. In Syrien ging man so weit, Kindern bis zum Alter von elf Jahren keinen Fremdsprachenunterricht zu erteilen. Das hatte Auswirkungen auf die mittlere und die höhere Bildung. Im Maghreb jedoch führte die Anwesenheit einer großen ausländischen Bevölkerungsschicht, die die Regierung und die Wirtschaft kontrollierte, dazu, daß französische Sprachkenntnisse auch auf der unteren gesellschaftlichen Ebene weiter verbreitet waren als im arabischen Osten. Die unabhängigen Regierungen hoben zwar die Bedeutung der arabischen Sprache hervor, betrachteten aber die allgemeine Zweisprachigkeit als einen Teil ihres kulturellen Kapitals. An einigen Universitäten bemühte man sich, alle Fächer, auch die Naturwissenschaften, auf arabisch zu unterrichten. Das brachte Schwierigkeiten mit sich. Man konnte zwar arabische Lehrbücher drucken, aber ein Student, der wissenschaftliche Texte nicht in den wichtigen Bildungssprachen lesen konnte, war im Nachteil. Man schickte viele tausend Studenten mit Regierungsstipendien ins Ausland, und Voraussetzung dafür war die gründliche Kenntnis einer Fremdsprache.

Wie in allen Gesellschaften vermochten die Reichen und diejenigen, die Beziehungen zu den Mächtigen oder eine kulturelle Familientradition hatten, diese Probleme zu überwinden oder zu umgehen. In jedem Land gab es Schulen, die besser waren als die anderen; meist handelte es sich um ausländische oder private Institutionen mit kleineren Klassen und besseren Lehrkräften, zum Beispiel die *lycées* im Maghreb, in Ägypten und im Libanon, wo die französische Regierung die Lehrer stellte. Absolventen solcher Schulen konnten dank staatlicher Stipendien oder eigener Mittel im Ausland studieren. Das führte zum Fortbestehen der Kluft zwischen zwei Kulturen, wenn auch in einer neuen Form. Eine Elite, die sich tendenziell aus sich selbst erneuerte, lebte nicht – wie die einer früheren Generation – in einem englischen, amerikanischen oder französischen kulturellen Milieu, sondern in einem anglo-arabischen oder franko-arabischen. Man beherrschte in diesen Kreisen zwei oder drei Sprachen neben der arabischen Muttersprache, aber man erwarb seine Kultur und seine Kenntnis der Welt auf englisch oder französisch (mit Ausnahme des Maghreb in zunehmendem Maße auf englisch). Eine sehr viel größere Klasse beherrschte nur das Arabische. Sie bezog ihre Kenntnis der Weltpolitik, die Vorstellungen von der Gesellschaft und ihre wissenschaftlichen Kenntnisse aus arabischen Büchern, Zeitungen und Rundfunksendungen.

Sprache und Ausdruck

Inzwischen stand allen, die die Welt durch die arabische Sprache erlebten, eine zunehmende Materialfülle zur Verfügung, und meist handelte es sich dabei um Material, das in allen arabischen Ländern vorhanden war.

Es war die große Zeit des Kinos. Anfang der sechziger Jahre steckte das Fernsehen in den arabischen Ländern noch in den Kinderschuhen, aber es gab viele Kinos. 1949 hatte Ägypten 194, und 1961 waren es 375. Die meisten anderen Länder hatten ähnliche Zuwachsraten zu verzeichnen. Wie beinahe überall auf der Welt erfreuten sich amerikanische Filme großer Beliebtheit. Im Maghreb dominierten französische Filme, aber auch in Ägypten produzierte Filme wurden überall gezeigt. 1959 drehte man in Kairo sechzig Spielfilme. Bei den meisten handelte es sich um romantische Musikfilme, wie man sie seit den Anfängen des Kinos produzierte, aber es gab auch einige wenige ernsthafte sozialkritische Filme. Durch sie wurde das Gemeinschaftsgefühl der Araber geschärft, sie verbreiteten ein bestimmtes Spektrum an Bildern, sie machten vertraut mit ägyptischen Stimmen, dem ägyptischen Umgangsarabisch und ägyptischer Volksmusik, die im Maghreb die andalusische Musik verdrängte.

Es war auch die Zeit des Radios. In den vierziger und fünfziger Jahren wurden Radiogeräte in großen Mengen importiert. 1959 gab es in Ägypten 850000 Radios und in Marokko eine halbe Million, und vor jedem Apparat in Cafés und auf den Dorfplätzen saßen Dutzende von Menschen. Die Nachrichten über den Krieg und die Nachkriegszeit, Meldungen über Siege und Niederlagen, Versprechen, Hoffnungen und Ängste wurden schneller und in größerem Maße bekannt als je zuvor. Jede Regierung hatte einen eigenen Sender, und die Großmächte, die Interesse an den arabischen Ländern hatten, sendeten über Kurzwelle in arabischer Sprache. Ein Großteil der von allen Sendern ausgestrahlten Programme – Interviews, Musik und Hörspiele – stammte aus Kairo; und auch sie verbreiteten Kenntnisse über Ägypten und ägyptische Sprachgewohnheiten. Der einflußreichste Sender jener Zeit war »Die Stimme der Araber«, der von Ägypten sein Programm in die Nachbarländer ausstrahlte und in kämpferischen Tönen die Hoffnungen und Zielsetzungen der Araber formulierte, wie man sie in Ägypten sah. Bald waren gewisse Stimmen überall bekannt – die von Gamal Abd an-Nasir, dem Machthaber des Landes, und von Umm Kalthum, der berühmtesten ägyptischen Sängerin. Wenn sie sang, lauschte die gesamte arabische Welt.

Mit dem Rückgang des Analphabetentums und der wachsenden Anteilnahme am öffentlichen Leben stiegen auch die Auflagen der Zeitungen, und sie wurden ein wichtiger Faktor für die Bildung der öffentlichen Meinung. Und wieder fanden die Kairoer Zeitungen die meisten Leser und hatten den größten Einfluß. *Al-Ahram* blieb die beliebteste Zeitung und erreichte Auflagen, die in die Hundertausende gingen. Die ägyptische Presse war bis zur Machtübernahme der Militärs 1952 vergleichsweise frei. Danach geriet sie unter die Kontrolle der Regierung und wurde 1960 wie andere große Unternehmen verstaatlicht. Selbst danach aber wurden die ägyptischen Zeitungen noch immer überall gelesen, weil sie zeigten, wie die Mächtigen des Landes die Welt beurteilten. Die Artikel von Hasanain Haikal, dem Herausgeber der *al-Ahram*, waren wichtige politische Ereignisse. Auch in den meisten anderen Ländern wurden die Zeitungen in ihrer Nachrichtenauswahl und Meinungsäußerung streng kontrolliert, aber es gab einige Staaten, in denen Meinungsfreiheit herrschte und wo unzensierte Nachrichten veröffentlicht werden konnten. Beirut hatte die freieste Presse mit einer großen und vielschichtigen Leserschaft, die nicht auf den Libanon begrenzt war. Außerdem verhinderte das empfindliche Gleichgewicht der politischen Kräfte das Aufkommen einer starken und repressiven Regierung. Die Zeitungen und Zeitschriften Beiruts wurden wie die aus Kairo weit über die Landesgrenzen hinaus gelesen.

Kairo und Beirut waren auch die Zentren der Buchverlage in den arabischen Ländern. In beiden Städten vergrößerte sich die Zahl der verlegten Titel sprunghaft, und die Auflagen stiegen, um den Bedarf der wachsenden Zahl von Studenten und der breiteren Leserschaft zu befriedigen. In den sechziger Jahren gab es in Ägypten jährlich etwa dreitausend Neuerscheinungen. Es waren alle möglichen Bücher: Lehrbücher für alle Unterrichtsstufen, populärwissenschaftliche Werke und Unterhaltungsliteratur, die ersten speziellen Kinderbücher (das Konzept einer kindlichen Welt, das im neunzehnten Jahrhundert in Europa artikuliert wurde, fand inzwischen ein weltweites Echo) und auch reine Literatur.

Von größter Bedeutung waren Bücher, in denen arabische Schriftsteller ihre Beziehungen zur eigenen Gesellschaft und zu ihrer Vergangenheit untersuchten. Inzwischen gab es an einigen Universitäten – Tunis, Kairo, die Amerikanische Universität in Beirut – eine etablierte Tradition der Geschichtsforschung, und es entstanden eigene Interpretationen der arabischen und islamischen Geschichte, zum Beispiel *Nasch'at ilm at-tarich ind al-arab* (Die Anfänge arabischer Geschichtsschreibung) von Abd al-Aziz Duri (geb. 1919) und *Histoire du Maghreb* von Abdullah Laroui (geb. 1933). Das Werk von Laroui ist der Versuch, die Interpretation der maghrebinischen Geschichte nicht länger französischen Autoren zu überlassen, die nach seiner Meinung das Wesentliche daran nicht verstanden hatten:

> Es ist erkennbar, daß der Maghreb lange Zeit hindurch ein reines Objekt war und nur durch die Augen seiner fremden Eroberer gesehen wurde. [...] In dieser Periode ist die Geschichte nichts anderes als die Geschichte der Ausländer auf afrikanischem Boden. [...] Die sozialen Mechanismen waren im Maghreb zu mehreren Zeitpunkten zum Stillstand gekommen. Einzelne und Gruppen haben oft ihren Frieden mit dem Schicksal geschlossen. Was können wir tun, um zu verhindern, daß das wieder geschieht, nachdem das Ende der Kolonisation uns die Möglichkeit eines neuen Anfangs bietet? [...] Heute möchte jeder von uns wissen, wie wir aus unserer Haut schlüpfen können, wie wir unseren Bergen und Sanddünen entfliehen, wie wir uns nach eigenen Begriffen und nicht nach den Begriffen eines anderen definieren und wie wir aufhören können, geistige Exilanten zu sein.[1]

Der Roman und die Kurzgeschichte blieben auch weiterhin die wesentlichen Formen, in denen arabische Autoren die Beziehungen zu ihrer Gesellschaft erforschten. Der Themenkreis des Romans, der nationalistische Anliegen und das Dilemma des gebildeten Arabers, der zwischen seiner ererbten und der europäischen Kultur steht, umfaßte, erweiterte sich um Gesellschaftsanalysen und beinhaltete auch Kritik. Wie zuvor entstand die interessanteste erzählende Literatur in Ägypten. In einer Reihe von Romanen über das städtische Leben Kairos, die in den vierziger und fünfziger Jahren entstanden, beleuchtete Nagib Machfus (geb. 1911) das Leben der ägyptischen Kleinbürger mit ihren Ängsten und Verwirrungen in einer Welt, die ihnen immer fremder wird. 1988 erhielt er den Nobelpreis für Literatur. Abd ar-Rahman asch-Scharqawi (geb. 1920) beschrieb in seinem Roman *Al-ard* (Die Erde) das Leben der Armen auf dem Land. Solche Werke halfen zumindest indirekt, die Entfremdung der Gesellschaft von ihren Machthabern zu erklären, aber auch die des einzelnen von der Gesellschaft. Ein neuer Ton war zu hören, als eine Reihe von Schriftstellerinnen an die Öffentlichkeit trat, die sich mit dem Kampf der Frauen um ein freieres Leben beschäftigte; Laila Ba'albakis erster Roman *Ana ahya* (Ich lebe) stand symbolisch für die Ziele dieser Autorinnen. Bei manchen Autoren konnte man eine neue Art Rebellion beobachten, eine Auflehnung gegen die Gegenwart im Namen einer »authentischen« Vergangenheit, ehe die Erschütterungen des modernen Lebens sichtbar geworden waren.

Schriftsteller dieser Art sahen die Religion in einem anderen Licht; sie zeigten nicht den Islam der Modernisten und auch nicht den des wahren oder imaginären ersten Zeitalters der Reinheit, sondern den Islam, wie er sich tatsächlich entwickelt hatte, den Heiligenkult, die Verehrung der Schreine und die sufischen Praktiken in den Dörfern.

In Ägypten, in geringerem Maß auch in anderen Ländern, wurden solche Themen auch durch ein vergleichsweise neues Medium zum Ausdruck gebracht – durch das Theater. Theaterstücke wurden eine beliebte Form der Unterhaltung. Durch Kino und Radio lernten die Menschen, wie die Spannung menschlicher Beziehungen in Worten und Gesten ausgedrückt wurde, und sie stellten ein aufgeschlossenes Forum für die Theaterautoren dar. Das poetische Drama in der klassischen Hochsprache, das eher gelesen als gespielt werden sollte, wurde immer noch gepflegt, zum Beispiel von Taufiq al-Hakim (1899–1987), aber gleichzeitig gab es das Drama der modernen Gesellschaft, das dargestellt werden sollte und das von kleinen Bühnen in Kairo und anderen Städten aufgeführt wurde. Stücke dieser Art wurden immer häufiger in der Umgangssprache verfaßt oder in einer Sprache, die sich ihr annäherte. Ein Literaturwissenschaftler hat die Gründe dafür erläutert. Die klassische Sprache eignet sich zur ruhigen Deklamation und weniger zur dramatischen Aktion; es ist eine öffentliche Sprache, die nicht ohne weiteres zur Stimme eines Individuums werden kann; sie ist abstrakt und ohne Bezug zu einer bestimmten Umgebung. In der Umgangssprache dagegen mag nicht genug von dem mitschwingen, was notwendig ist, um die Höhe eines dramatischen oder tragischen Moments zu erreichen.

Etwas von dieser Unzufriedenheit mit dem erstarrten, unpersönlichen Wesen der klassischen Sprache und den Ausdrucksformen, die damit einhergehen, war in der Dichtung dieser Zeit zu finden. Seit dem Ende der vierziger Jahre kam es besonders unter den jüngeren Dichtern im Libanon, in Syrien, Palästina und im Irak zu einer poetischen Revolution. Sie lebten hauptsächlich in Bagdad und Beirut, wo ihr Sprachrohr, die Zeitschrift *Schi'r*, erschien. Sie versuchten, eine vielschichtige Änderung herbeizuführen. Die Absicht und der Inhalt der Dichtung änderten sich. Die Romantiker der vorigen Generation hatten versucht, die Dichtung der Rhetorik und der öffentlichen Ereignisse durch eine Dichtung zu ersetzen, die das persönliche Gefühl ausdrückte. Und sie sahen in der natürlichen Welt das äußere Zeichen dieses Gefühls. Die neuen Dichter versuchten, mit dem Subjektivismus der Romantiker zu brechen, aber sie wollten etwas bewahren, was sie von ihnen gelernt hatten. Dichtung sollte die Wirklichkeit der Dinge ausdrücken, aber die Wirklichkeit konnte nicht allein vom Intellekt erfaßt werden; sie mußte von der Gesamtpersönlichkeit des Dichters verstanden werden, das heißt, sowohl von seiner Vorstellungskraft als auch von seinem Bewußtsein. Einige Dichter beschäftigten sich mit den Problemen ihrer Identität in einem Zeitalter der Angst; andere nahmen aus der französischen Literaturdiskussion der fünfziger Jahre den Gedanken auf, daß ein Schriftsteller »engagiert« sein sollte, und befaßten sich mit dem Thema der arabischen Nation und ihrer Schwäche. Eine neue arabische Nation, ein neues arabisches Individuum mußte ins Leben gerufen werden, und der Dichter sollte der »Schöpfer einer neuen Welt« sein. Ein führender Dichter dieser Gruppe, der Syrer Ahmad Sa'id (geb. 1929), schrieb unter dem Namen Adunis und erklärte, Dichtung sollte die Ordnung der Dinge verändern.[2]

In der Dichtung von Badr Schakir as-Saiyab (1926–64) wird das irakische Dorf, in dem er aufwuchs, zum Symbol des Lebens – nicht nur des Lebens eines einzelnen, sondern des arabischen Volkes. Das Dorf ist umschlossen von den Straßen der Stadt, dem sterilen Gefängnis des menschlichen Geistes:

> Straßen, von denen es in Geschichten, die man am Feuer erzählt, heißt: Niemand kehrt von dort zurück, so wie niemand vom anderen Ufer des Todes zurückkehrt. [...] Wer wird das Wasser aus ihnen sprudeln lassen wie Quellen, so daß unsere Döfer um sie herum gebaut werden? [...] Wer hat die Türen von Dschaikur vor seinem Sohn verschlossen, der daran klopft, wer hat die Straßen umgeleitet, so daß die Stadt, wohin er auch geht, ihm ihren Kopf entgegenstreckt? [...] Dschaikur ist grün; die Dämmerung hat die Wipfel der Palmen mit einer traurigen Sonne getönt. Mein Weg führte dorthin wie das Zucken eines Blitzes; er flammte auf, verschwand wieder, und dann kehrte das Licht zurück und ließ es aufglühen, bis es die Stadt entzündete.[3]

Eine neue Welt brauchte eine neue Sprache, und diese Dichter versuchten, sich von den gültigen Vorstellungen arabischer Dichtung zu lösen. Die Grundeinheit der dichterischen Sprache sollte nicht der Vers mit einer festgelegten Zahl von Versfüßen, sondern der einzelne Versfuß sein; auf das geltende Reimsystem – und auf den Reim an sich – konnte man verzichten; streng syntaktische Beziehungen zwischen den Worten konnten offeneren Gruppierungen weichen. Wörter und Bilder, die durch Wiederholung entleert waren, sollten durch andere ersetzt werden, und ein neues System von Symbolen war zu schaffen. Einige waren sehr persönlich, andere entnahm man dem üblichen Repertoire der Symbole in der modernen französischen oder englischen Dichtung.

Ein Charakteristikum dieser Gruppe war das Ausmaß, in dem das poetische Verständnis und das Empfindungsvermögen ihrer Mitglieder von der europäischen Dichtung beeinflußt wurde. Sie versuchten, das poetische

Bewußtsein der arabischen Leser zu erweitern, indem sie das Erbe der Kultur der ganzen Welt in ihre Werke einbezogen: zum Beispiel Bilder von Tod und Auferstehung aus T. S. Eliots *The Waste Land*, das auf den Mythos des Tammuz (Adonis) anspielt. (Ahmad Sa'ids Künstlername Adunis ist so gesehen bedeutsam.)

Im Maghreb bildete sich in dieser Zeit eine Gruppe Autoren, die Romane, Theaterstücke und Gedichte auf französisch veröffentlichten, in denen jedoch eine spezifische Sensibilität und Denkweise zum Ausdruck kam. In Algerien nutzten Schriftsteller der »52er Generation« wie etwa Kateb Yacine (1929–88), Mouloud Feraoun (1913–62) und Mouloud Mammeri (1917–88) die französische Sprache, um die Probleme der persönlichen Befreiung und der nationalen Identität zu untersuchen. Daß sie französisch schrieben, bedeutet nicht, daß sie von ihren Wurzeln abgeschnitten waren; es war eher eine Folge ihrer Bildung und ihres Herkommens; einige der Algerier waren Berber aus der Kabylei, denen Französisch vertrauter war als Arabisch. Einige beteiligten sich am Unabhängigkeitskampf, und alle wurden davon gezeichnet; der in Frankreich am besten bekannte Autor Kateb Yacine schrieb nach 1970 nicht mehr auf französisch und widmete sich der Schaffung einer dramatischen Form in umgangssprachlichem Arabisch.

Islamische Bewegungen

Die neue Dichtung wurde geschrieben, um gelesen zu werden und um zum Denken anzuregen. Sie unterschied sich in bedeutsamer Weise von der Dichtung, die entstand, um auf den Poesiefesten (die zur damaligen Zeit einen klar umrissenen Stellenwert hatten) einer großen Zuschauermenge vorgetragen zu werden. Die neue Dichtung wurde von einer Minderheit gelesen, die ihre Anspielungen verstand, aber sie drückte eine allgemeine *malaise* aus, eine Unzufriedenheit der Araber mit sich und ihrer Welt.

In einer breiteren Schicht der Bevölkerung fanden solche Gefühle und der Wunsch nach Veränderung ihren Ausdruck in Worten und Bildern, die in Beziehung zum Islam in der einen oder anderen seiner vielen Formen standen. Der modernistische Versuch einer Erneuerung des Islam, um ihn zu befähigen, lebendig auf die Anforderungen des modernen Lebens zu reagieren, war vielleicht die am weitesten verbreitete Form des Islam unter der gebildeten Elite, die die Führung der nationalistischen Bewegungen gestellt hatte und jetzt in den neuen Regierungen dominierte. In einer weniger streng intellektuellen Version formulierten ihn die vielgelesenen populären Schriftsteller für ein breiteres Publikum. Der Ägypter Chalid Muhammad Chalid (geb. 1920) zum Beispiel bringt eine klare Ablehnung der Religion zum Ausdruck, wie sie an der Azhar gelehrt wurde. Der Islam der »Priesterschaft«, stellte er fest, sei eine reaktionäre Religion, die die Freiheit des menschlichen Intellekts angreife, die Interessen der Mächtigen und Reichen unterstütze und die Armut rechtfertige. Die wahre Religion sei rational, menschlich, demokratisch und fördere die wirtschaftliche Entwicklung; eine rechtmäßige Regierung sei nicht die religiöse, sondern jene, die auf der nationalen Einheit basiere und deren Ziel Wohlstand und Gerechtigkeit sei. Einige der führenden zeitgenössischen Schriftsteller begannen nun, in einer eindeutig islamisch gefärbten Sprache zu schreiben, und auch sie legten den Schwerpunkt auf soziale Gerechtigkeit; für Taha Husain war der Kalif Umar ein Gesellschaftsreformer, dessen Gedanken denen der Neuzeit ähnelten.

Neben diesen Stimmen meldeten sich jetzt auch andere zu Wort, die erklärten, soziale Gerechtigkeit sei nur unter Führung einer Regierung erreichbar, die den Islam als Grundlage ihrer Politik und ihrer Gesetze betrachtete. Nach dem Krieg wurden die Muslimbrüder ein wichtiger politischer Faktor in Ägypten; in Syrien und einigen anderen Ländern waren sie bald eine ernstzunehmende Bewegung. Während der Jahre von 1945 bis 1952, der Zeit des Zerfalls des politischen Systems in Ägypten, schienen die Lehren der Muslimbrüder ein Prinzip des vereinten Handelns zu bieten, nach dem der Kampf gegen die Briten und gegen die Korruption in Einigkeit und Vertrauen geführt werden konnte. Nach der Machtergreifung durch die Offiziere im Jahre 1952 schienen die Muslimbrüder, die enge Kontakte zu einigen der Offiziere hatten, ein wünschenswertes gesellschaftliches Leitbild zu bieten zu haben, an dem sich die Politik der neuen Regierung ausrichten konnte. Sie waren als einzige politische Organisation zunächst von dem Dekret ausgenommen, das die Auflösung aller politischen Parteien befahl. Die Beziehungen wurden jedoch bald feindselig, und nach einem Mordanschlag auf Abd an-Nasir 1954 wurden einige Führer der Muslimbrüder hingerichtet; danach ging die Gruppe in die Opposition und wurde zum wirkungsvollsten Gegenspieler der Regierung. Sie bot weiterhin ein Alternativmodell für eine gerechte Gesellschaft.

Der Gründer, Hasan al-Banna, war in den Jahren der Wirren nach dem Krieg ermordet worden, aber andere Schriftsteller, die sich seiner Bewegung anschlossen, formulierten den Gedanken einer islamischen gerechten Gesellschaft – Mustafa as-Siba'i in Syrien und Saiyid Qutb (1906–66) in Ägypten. In einem berühmten Buch, *Al-adala al-idschti ma'iya fi' l-islam* (Soziale Gerechtigkeit im Islam) gab Saiyid Qutb eine eindrucksvolle Interpretation der islamischen Soziallehren. Er erklärte, für Muslime könne es im Gegensatz zu den Christen keine Trennung zwischen Glauben und Leben geben. Alles menschliche Handeln müsse als Gottesdienst gesehen werden. Koran und Hadith lieferten die Prinzipien, die allem Tun zugrunde liegen sollten. Der Mensch sei nur dann frei, wenn er befreit sei aus der Unterwerfung unter alle Mächte mit Ausnahme der Macht Gottes – befreit von der Macht der Priesterschaft, von Furcht und von der Beherrschung durch soziale Werte, durch menschliche Begierden und Neigungen.

Er behauptete, zu den Prinzipien des Korans gehöre die wechselseitige Verantwortung der Menschen in der Gesellschaft. Obwohl die Menschen in den Augen Gottes grundsätzlich gleich seien, hätten sie entsprechend ihren unterschiedlichen Positionen in der Gesellschaft unterschiedliche Aufgaben. Männer und Frauen seien spirituell gesehen gleich, hätten jedoch unterschiedliche Funktionen und Pflichten zu erfüllen. Auch die Machthaber hätten besondere Verantwortungen: das Gesetz zu verteidigen, das streng zu befolgen war, damit Recht und Leben bewahrt wurden, die Moral zu stärken und eine gerechte Gesellschaft aufrechtzuerhalten. Dazu gehörte das Recht auf Eigentum, aber auch die Verantwortung, es zum Wohl der Gesellschaft zu verwenden. Reichtum sollte nicht dem Luxus oder dem Wucher oder unehrlichen Machenschaften dienen; er war zum Nutzen des Allgemeinwohls zu besteuern; die für das kommunale Leben erforderlichen Dinge sollten sich nicht in der Hand einzelner, sondern im Besitz der Allgemeinheit befinden. Wenn die Herrscher die Grundlagen einer gerechten Gesellschaft wahrten, sollte man ihnen gehorchen, aber wenn sie es nicht mehr taten, dann verwirkten sie damit auch den Anspruch auf Gehorsam. Das große Zeitalter islamischer Gerechtigkeit sei das erste Zeitalter gewesen; danach hätten Herrscher, die vom Volk nicht anerkannt worden waren, immer wieder Unheil über die muslimische Gemeinschaft gebracht. Eine wahre islamische Gesellschaft könne nur mit einer neuen, durch richtige Bildung entstehenden Gesinnung wiederhergestellt werden.

Die Führer solcher Bewegungen in Ägypten und in anderen Ländern waren meist verhältnismäßig gebildete Männer mit einer hohen gesellschaftlichen Stellung, aber ihre Anhänger kamen zum größten Teil aus unteren Schichten. Es waren Menschen, die sich einen gewissen Grad an Bildung durch die arabische Sprache und weniger durch Englisch oder Französisch erworben hatten. Sie nahmen in der städtischen Gesellschaft mittlere Positionen ein; die höheren Ränge waren ihnen verschlossen. Bewegungen dieser Art boten ihnen eine akzeptable moralische Grundlage für das Leben in der modernen Welt. Sie fanden dort ein System von Prinzipien, das für alle gesellschaftlichen Probleme relevant war und das im Gegensatz zum Islam der Heiligen und ihrer Gräber, der sich von seinem Wesen her auf einen bestimmten Ort und eine besondere Gruppe bezog, allen Männern und Frauen zugänglich war. Deshalb waren diese Prinzipien einer Gesellschaft angemessen, in der sich soziales und politisches Handeln auf die gesamte nationale Gemeinde ausgedehnt hatte; und es bestand sogar Hoffnung, daß sie sich über die nationalen Grenzen hinaus in der gesamten islamischen Welt verbreiteten.

Es gab noch immer breite Schichten der Gesellschaft, die nicht nennenswert in das neue Leben einbezogen waren; für die Dorfbewohner und das neue städtische Proletariat ländlicher Zuwanderer war das Grab des lokalen Heiligen immer noch die greifbare Gewißheit, daß das Leben einen Sinn hatte; für die ländlichen Zuwanderer in den Städten waren die Ziele der Pilgerreisen – Maulai Idris in Fes, Saiyida Zainab in Kairo, Ibn Arabi in Damaskus – vertraute Orientierungspunkte in einer fremden Welt. Der Hüter des Heiligtums mochte einige seiner gesellschaftlichen Funktionen an den Arzt, den Polizisten oder den Regierungsbeamten abgegeben haben, aber er war noch immer ein wirkungsvoller Vermittler bei Alltagsproblemen und für all jene, die unter Unglück und Not zu leiden hatten: kinderlose Frauen, Opfer von Dieben oder nachbarlicher Gehässigkeit. Eine *tariqa*, ein Orden, der in Erinnerung an einen noch nicht lange verstorbenen Heiligen entstanden war, konnte durch den Einsatz moderner Organisationsmethoden seinen Einfluß in den Nischen der städtischen Gesellschaft vergrößern.

Kapitel 24

Der Höhepunkt des Arabismus

(Die fünfziger und sechziger Jahre)

Populärer Nationalismus

In der Mischung von Ideen, aus denen sich der populäre Nationalismus der Zeit zusammensetzte, blieb der Islam immer bedeutsam. Sein Einfluß reichte über die gebildete Elite hinaus bis in die breiteren, hauptsächlich städtischen Schichten, die durch Bildung und Massenmedien auf die eine oder andere Art am politischen Geschehen teilnahmen. Aber ganz gleich, ob es sich um den Islam der Modernisten oder um den der Muslimbrüder handelte, er spielte insgesamt eine untergeordnete Rolle. Die Hauptelemente, die den Ton des populären Nationalismus bestimmten, kamen aus anderen Quellen. Es war die Zeit, in der die Idee der »Dritten Welt« wichtig wurde: das heißt, die Idee einer gemeinsamen Front der Entwicklungsländer, die zum größten Teil den ehemaligen Kolonialreichen angehört hatten und sich weder dem einen noch dem anderen der beiden Blöcke anschließen wollten, weder dem kapitalistischen »Westen«, noch dem kommunistischen »Osten«, und durch gemeinsames Vorgehen eine gewisse kollektive Macht ausüben wollten – vor allem durch ihre Mehrheit in der Hauptversammlung der Vereinten Nationen. Eine zweite Komponente des populären Nationalismus war die Idee der arabischen Einheit. Man glaubte, daß die neuen unabhängigen arabischen Staaten genug Gemeinsamkeiten besaßen (eine gemeinsame Kultur, gemeinsame historische Erfahrungen ebenso wie gemeinsame Interessen), um eine enge Einheit zu bilden. Ein solches Bündnis würde ihnen nicht nur eine größere kollektive Macht verleihen, sondern auch die moralische Einheit zwischen Volk und Regierung schaffen, welche eine Regierung legitim und stabil macht.

Zu diesen Elementen kam noch ein weiteres hinzu – das des Sozialismus. Es enthielt die Idee, daß die Regierung im Interesse der Gesellschaft die

Ressourcen zu kontrollieren habe, daß sich die Produktionsmittel in Staatsbesitz befinden und der Staat die Produktion lenken müsse und daß durch Besteuerung sowie die Einführung sozialer Dienstleistungen eine gerechte Einkommensverteilung praktiziert werde. Die wachsende Kraft dieser Idee war zum Teil eine Widerspiegelung dessen, was in anderen Teilen der Welt geschah: die Stärke der sozialistischen und kommunistischen Parteien Westeuropas, der wachsende Einfluß der UdSSR und ihrer Verbündeten, die Machtergreifung der Kommunistischen Partei in China und die Verschmelzung von nationalistischem und sozialistischem Gedankengut in den Programmen von Parteien, die in den neuen unabhängigen Staaten Asiens an die Macht kamen. Ganz besonders zeigte sich dieser Prozeß in der Artikulation der marxistischen Idee in der arabischen Welt. Wieder einmal war Ägypten das Zentrum dieser Bewegung. Historiker begannen, die ägyptische Geschichte marxistisch zu interpretieren; unter diesem Aspekt waren scheinbar nationalistische Bewegungen die Bewegungen bestimmter Klassen, die ihre eigenen Interessen verfolgten. Mahmud Amin al-Alim und Abd al-Azim Anis schrieben eine sozialistische Kritik der ägyptischen Kultur. Die Kultur, so erklärten sie, muß das Wesen und die Lage der Gesellschaft widerspiegeln. Aufgabe der Literatur sei es, die Beziehung des einzelnen zur Erfahrung seiner Gesellschaft aufzuzeigen. Eine Literatur, die sich dieser Erfahrung entzieht, sei hohl und leer. So gesehen, waren Werke des bürgerlichen Nationalismus irrelevant. Neue Werke mußten daran gemessen werden, ob sie den Kampf mit der »Krake des Imperialismus« richtig wiedergaben, denn er war das bestimmende Faktum des ägyptischen Lebens, und ob sie das Leben der Arbeiterklasse spiegelten. In diesem Licht wurde eine kritische Beurteilung der Ausdrucksformen besonders wichtig. Eine Kluft zwischen Ausdruck und Inhalt, so stellten die beiden Autoren fest, sei Zeichen für eine Flucht aus der Wirklichkeit; Nagib Machfus schrieb über das Volksleben, aber er vermied das Umgangsarabisch, deshalb sahen sie in seinem Werk eine gewisse Entfremdung vom wirklichen Leben.

Die Formen, in denen diese verschiedenen Elemente in die populären Bewegungen integriert wurden, wechselten von Land zu Land. Im Maghreb führten die Umstände des Kampfes gegen die französische Kolonialherrschaft zur Bildung nationalistischer Bewegungen mit einer breiteren Basis im Volk und einer besseren Organisation als die Bewegungen weiter im Osten. Da die Franzosen nicht nur eine fremde Macht im Land gewesen waren, sondern eine privilegierte Gruppe, die die natürlichen Ressourcen kontrolliert hatte, konnte nur ein breiter, gut organisierter Widerstandskampf, der sich über die Städte hinaus auf das Land ausdehnte, Erfolg haben. In Tunesien hatte man die Unabhängigkeit gewonnen; die neue Regierung setzte sich aus Gewerkschaftlern und Parteimitgliedern der Neo-Destur zusammen, deren Spitze sich aus einer gebildeten Elite rekrutierte; sie hatte ihre Wurzeln zum größten Teil in den kleinen Städten und Dörfern des Sahel, und im ganzen Land gab es Unterorganisationen. Ähnlich war die Lage in Algerien. Die Front de Libération Nationale (FLN), die 1954 den Aufstand gegen die französische Herrschaft begann, wurde im wesentlichen von Männern einfacher Herkunft, aber mit militärischer Ausbildung geführt. Erst unter dem Druck des Krieges gewann die FLN Unterstützung in breiten Schichten der Gesellschaft. Als diese revolutionäre Gruppe die Regierung übernahm, standen an ihrer Spitze sowohl die alten Revolutionsführer als auch spezialisierte Technokraten, ohne die eine moderne Regierung nicht funktionsfähig ist. Ihre Stärke bezog sie aus einem landesweiten Netz von Parteiniederlassungen, in denen kleine Kaufleute, Grundbesitzer und Lehrer die Hauptrolle spielten. In Marokko hatte eine ähnliche Interessenkoalition – von König, Istiqlal-Partei und Gewerkschaften – die Unabhängigkeit erkämpft, aber sie erwies sich als weniger stabil und geeint als in den anderen Ländern des Maghreb. Der König konnte im Gegensatz zur Istiqlal-Partei erklären, die wahre Verkörperung der nationalen Gemeinschaft zu sein, und es gelang ihm auch, Macht über die neue Armee zu gewinnen. Die Istiqlal-Partei blieb ohne die breite Unterstützung und wurde dem eigenen Anspruch, Stimme des Volkes zu sein, nicht gerecht; sie zerfiel in Fraktionen, die in etwa den ehemaligen Klassen entsprachen; aus ihr ging schließlich eine neue Bewegung hervor, die Union Nationale des Forces Populaires. An ihrer Spitze standen Männer vom Land und aus den Bergen. Sie behaupteten, für die Interessen des Proletariats in den Städten zu sprechen.

In den meisten Ländern des Nahen Ostens war die Unabhängigkeit auf politischem Wege, durch Druck sowohl von innen als auch von außen, und dann durch Verhandlungen erreicht worden, die trotz manchmal aufflakkernder Unruhen relativ friedlich verliefen. Die Macht in den neuen unabhängigen Staaten gelangte zunächst in die Hände der herrschenden Familien oder der gebildeten Elite, da sie die gesellschaftliche Stellung und das politische Geschick besaßen, die während der Zeit der Machtübertragung notwendig waren. Solchen Gruppen mangelte es im allgemeinen jedoch an der Anziehungskraft, die notwendig war, um unter den Bedingungen der neuen Unabhängigkeit das Volk auf ihre Seite zu bringen oder um einen Staat im eigentlichen Sinne zu schaffen. Sie sprachen nicht die politische Sprache der Menschen, die sie zu repräsentieren behaupteten, und ihre Interessen lagen in der Erhaltung des bestehenden Sozial- und Einkommensgefüges und weniger in Veränderungen zu größerer sozialer Gerechtigkeit. Die politischen Bewegungen in diesen Ländern zerbrachen häufig nach der Unabhängigkeit. Damit war der Weg frei für neue Bewegungen und Ideologien, in denen sich die Elemente Nationalismus, Religion und soziale Gerechtigkeit auf eine populärere Weise miteinander verschmelzen ließen. Eine solche Bewegung waren die Muslimbrüder – besonders in Ägypten, im Sudan und in Syrien. Kommunisten und sozialistische Gruppen begannen ebenfalls eine wichtige Rolle in der Gesellschaft zu spielen. Sie formierten sich als Opposition zur imperialistischen Herrschaft in ihrer letzten Phase und dann zu den neuen Regierungen, die an ihre Stelle getreten waren.

In Ägypten zerfiel die kommunistische Bewegung in viele kleine Gruppen, denen es trotzdem gelang, in bestimmten Krisenmomenten aktiv in Erscheinung zu treten. Besonders während der Konfrontation mit den Briten in den Nachkriegsjahren wiesen die kommunistisch beherrschten Arbeiter- und Studentenkomitees den Volksmassen den Weg und führten sie. Im Irak übernahmen die Kommunisten eine ähnliche Funktion in der Bewegung, die durchsetzte, daß die Regierung einen Verteidigungspakt widerrief, den sie 1948 mit Großbritannien geschlossen hatte. Der Pakt wurde von den meisten etablierten politischen Führern befürwortet; er sicherte dem Irak Vorteile durch Waffenlieferungen für die Armee und eine mögliche britische Unterstützung im Kampf um Palästina, der damals begann. Aber er schien auch eine dauerhafte Verbindung zwischen dem Irak und Großbritannien zu bedeuten und letztlich eine Unterordnung der Interessen des Irak unter die der Briten zu sanktionieren. Der Widerstand gegen diesen Verteidigungspakt war für die unterschiedlichen Interessengruppen ein Anlaß, sich zusammenzuschließen; da waren die Bauern, die sich von ihren zu Grundbesitzern gewordenen Scheichen gelöst hatten, das städtische Proletariat, das unter den hohen Lebensmittelpreisen litt, Studenten und nationalistische Führer unterschiedlichster Färbung. In dieser Situation spielte die Kommunistische Partei als Bindeglied zwischen den verschiedenen Gruppen eine wichtige Rolle. Im Sudan hatte die herrschende Gruppe, die das Erbe der Briten antrat, Bindungen an zwei Parteien, die beide traditionell religiös ausgerichtet waren. In ihrer sozialen Zusammensetzung ähnelten sie einander, unterschieden sich jedoch in der Frage, wie weit der Sudan sich mit Ägypten verbinden sollte. Wirklichen Rückhalt im Volk hatten beide Parteien nicht. Die Kommunistische Partei, die sich im wesentlichen aus Studenten zusammensetzte, die in Ägypten studiert hatten, versuchte, diese Lücke zu füllen.

Angesichts der Zersplitterung der politischen Kräfte in den arabischen

Ländern gab es mehrere Versuche, neue Bewegungen ins Leben zu rufen, die alle wichtigen Elemente in sich vereinen sollten. Zwei davon waren in den fünfziger und sechziger Jahren von besonderer Bedeutung. Die eine war die Ba'th-Partei (Partei der Wiedergeburt), die in Syrien entstand. Sie wurde zu einer ernsten Bedrohung für den kleinen Kreis mächtiger städtischer Familien und für die Parteien oder lockeren Zusammenschlüsse ihrer Interessenvertreter, die wesentlich die irakische Politik beeinflußten. Die Ba'th-Partei sprach vor allem die neue gebildete Klasse an, die durch das rasche Wachstum des Bildungswesens entstanden war; sie rekrutierte sich aus den weniger einflußreichen Klassen der Gesellschaft und in vielen Fällen aus Gemeinden außerhalb des sunnitischen Islam der Mehrheit – den Alawiten, Drusen und Christen. Die Partei entstand als Folge der intellektuellen Diskussionen über die nationale Identität der Syrer und ihrer Beziehungen zu den anderen arabischsprachigen Gemeinschaften. Diese Debatte wurde in Syrien mit größerer Leidenschaft geführt als andernorts, denn die von Großbritannien und Frankreich nach eigener Interessenlage gezogenen Grenzen entsprachen weniger als in den meisten Ländern des Nahen Ostens den natürlichen und historischen Trennungslinien.

Der führende Theoretiker der Ba'th-Partei, Michel Aflaq (1910–89), ein Christ aus Damaskus, gab auf diese Frage eine unmißverständlich arabische Antwort und erklärte: Es gab eine einzige arabische Nation, die das Recht hatte, in einem einzigen vereinten Staat zu leben. Ein großes historisches Ereignis führte zu ihrer Entstehung, der Prophet Muhammad schuf die Religion des Islam und die Gesellschaft, die diese Religion verkörperte. Dieses Ereignis war nicht das alleinige Eigentum der arabischen Muslime, sondern aller Araber, die es sich aneigneten und es als Grundlage ihres Anspruchs sahen, eine besondere Mission in der Welt und ein Recht auf Unabhängigkeit und Einheit zu haben. Sie konnten diese Ziele nur durch eine doppelte Umwandlung erreichen: erstens, durch die des Intellekts und der Seele – die Identifikation mit dem Gedanken der arabischen Nation durch Verständnis und Liebe – und danach durch die Umwandlung des politischen und sozialen Systems.

In diesem Konzept waren eine Gesellschaftsreform und der Sozialismus zunächst von untergeordneter Bedeutung; aber in der Mitte der fünfziger Jahre verschmolz die Ba'th-Partei mit einer ausgesprochen sozialistischen Partei. Sie vergrößerte daraufhin ihren Einfluß in Syrien und in den umliegenden Ländern – im Libanon, in Jordanien und im Irak – und auch in den Ländern der Arabischen Halbinsel. Ihre Anziehungskraft beschränkte sich nicht nur auf Studenten und Intellektuelle, die mit den Fragen der Identität rangen; sie fand besonders großen Anklang bei den Offizieren von bescheidener provinzieller Herkunft und bei der vom Land abgewanderten städtischen Arbeiterklasse. In den fünfziger Jahren wechselten in Syrien Militärherrschaft und parlamentarische Regierung einander ab. In einer Situation der Machtzersplitterung konnte eine Partei mit einer klaren Politik und großer Anziehungskraft auf die Massen eine Führungsrolle spielen, zu der sie die Zahl ihrer Mitglieder allein nicht befähigt hätte. Die Ba'th-Partei war nicht nur in der Bewegung, die 1958 zur Gründung der Vereinigten Arabischen Republik führte, von großer Bedeutung, sondern auch bei ihrem Auseinanderbrechen im Jahr 1961. Ähnlich wuchs ihr Einfluß im Irak nach der Revolution von 1958.

Die Ba'th vertrat eine Ideologie, die zur politischen Kraft wurde, aber die andere wichtige Bewegung dieser Zeit war ein Regime, das allmählich ein ideologisches System entwickelte, in dessen Begriffen es sich als legitime Führungsmacht ansah. Die ägyptischen Offiziere, die 1952 die Macht übernahmen und zu deren unangefochtenem Führer sich sehr bald Abd an-Nasir aufschwang, hatten anfangs ein begrenztes Aktionsprogramm, und sie vertraten keine allgemeine Ideologie außer der Forderung, daß die nationalen Interessen über den Interessen von Parteien und politischen Gruppierungen stehen sollten. Außerdem fühlten sie sich solidarisch mit der Masse der Bauern, aus der die meisten von ihnen, wenn auch nicht alle, kamen. Im Laufe der Zeit entwickelten sie jedoch eine charakteristische, sehr stark auf Abd an-Nasir ausgerichtete Ideologie. Die nasiristische Ideologie (der »Nasirismus«) enthielt mehrere Elemente, die damals großen Einfluß auf die öffentliche Meinung hatten. Die politischen Führer bekannten sich zur Sprache des Islam, die ihre natürliche Sprache war, um zu den Massen zu sprechen. Im allgemeinen vertraten sie eine reformistische Version des Islam, der die Veränderungen in Richtung Säkularisation und Modernisierung, die sie einführten, religiös abstützte. Während dieser Zeit wurde die al-Azhar sehr viel schärfer von der Regierung kontrolliert.

Insgesamt appellierte man jedoch weniger an islamische Gefühle, sondern verherrlichte den arabischen Nationalismus und beschwor die Vision der arabischen Einheit. Für die früheren ägyptischen Regierungen war die arabische Einheit ein wichtiges Element der Außenpolitik gewesen; aber die besondere historische Entwicklung Ägyptens und die eigene Kultur des Niltals hatten zu etwas distanzierten Gefühlen gegenüber den Nachbarn geführt. Die Regierung von Abd an-Nasir begann jedoch wieder, das Land als einen Bestandteil der arabischen Welt zu sehen, in der ihm die Führungsrolle zukam. Diese Führerschaft, so glaubte man, sollte auf die Verwirklichung sozialer Reformen ausgerichtet sein. Die Verstaatlichung oder die Kontrolle der Produktionsmittel und eine Umverteilung des Einkommens waren unverzichtbar für die Entfaltung der nationalen Kraft und um die Unterstützung der Masse für das Regime zu gewinnen.

Das Programm der Sozialreform wurde getragen von dem Gedanken eines »arabischen Sozialismus«; man verstand darunter ein System, das die Mitte hielt zwischen dem Marxismus, der Ausdruck des Klassenkonflikts war, und dem Kapitalismus, der das Primat der individuellen Interessen vertrat und die Dominanz der Klassen, die im Besitz der Produktionsmittel waren. Im »arabischen Sozialismus« ging man davon aus, daß die Gesamtheit der Gesellschaft sich um eine Regierung scharte, die die Interessen aller vertrat. Dieser Gedanke wurde in der »Nationalcharta« von 1962 formuliert:

> Die Revolution ist der Weg, durch den sich die arabische Nation von ihren Fesseln befreien kann und von dem dunklen Erbe, das sie belastet hat. [...] [Die Revolution] ist der einzige Weg zur Überwindung der Unterentwicklung, die ihr durch Unterdrükkung und Ausbeutung aufgezwungen wurde [...] und um der Herausforderung zu begegnen, der sich die Araber und die anderen unterentwickelten Nationen stellen müssen: die Herausforderung der erstaunlichen wissenschaftlichen Entdeckungen, die dazu beitragen, die Kluft zwischen den entwickelten und rückständigen Ländern zu vergrößern. [...] Zeitalter des Leidens und der Hoffnung haben schließlich klare Ziele für den arabischen Kampf geschaffen. Diese Ziele sind der wahre Ausdruck des arabischen Bewußtseins, und sie heißen Freiheit, Sozialismus und Einheit. [...] Freiheit bedeutet heute die Freiheit des Landes und der Bürger. Der Sozialismus ist sowohl ein Mittel als auch ein Ziel geworden: Wohlstand und Gerechtigkeit. Der Weg zur Einheit ist der allgemeine Ruf nach Wiederherstellung der natürlichen Ordnung einer einzigen Nation. [1]

Man erklärte, eine politische Demokratie sei ohne soziale Demokratie unmöglich; das bedeutete, daß sich Nachrichtenverbindungen und andere öffentliche Dienstleistungen, Banken und Versicherungen, Schwer- und mittlere Industrie und – vor allem – der Außenhandel im Besitz der Allgemeinheit befanden. Es sollte Chancengleichheit geben, Gesundheitsfürsorge und Bildung für alle, das heißt für Männer und Frauen gleichermaßen; Familienplanung wollte man fördern. Klassentrennungen innerhalb der nationalen Einheit sollten ebenso aufgehoben sein wie die Trennung zwischen den arabischen Ländern. Ägypten sollte zur arabischen Einheit aufrufen, ohne das Argument zu fürchten, es mische sich damit in die inneren Angelegenheiten anderer Länder ein. In den folgenden Jahren wurden die Maßnahmen der Sozialreform energisch in Angriff genommen. Man begrenzte die Zahl der Arbeitsstunden, setzte Mindestlöhne fest und erweiterte das öffentliche Gesundheitssystem; ein Teil der Gewinne aus der industriellen Produktion wurde Versicherungen und sozialen Einrichtungen zugeteilt. Diese Maßnahmen ermöglichten das schnelle Wachstum Ägyptens zu Anfang der sechziger Jahre. Bereits 1964 war jedoch kein Wachstum mehr zu verzeichnen, und auch der private Pro-Kopf-Verbrauch stieg nicht mehr.

Selbst auf seinem Höhepunkt gelang es dem Regime von Abd an-Nasir nicht, alle politischen Kräfte des ägyptischen Volks erfolgreich zu kanalisieren. Seine politische Massenbewegung, die Arabische Sozialistische Union, wurde ein Werkzeug, durch das die Absichten der Regierung dem Volk übermittelt wurden; es diente aber weniger dazu, den Wünschen der Massen, ihren Vorschlägen und Beschwerden eine Stimme zu verleihen, die von der politischen Führung gehört wurde. Die Muslimbrüder warfen der Arabischen Sozialistischen Union vor, sich der Sprache des Islam zu bedienen, um eine im Grunde säkulare Politik zu verschleiern; Marxisten kritisierten den »arabischen Sozialismus« und wiesen auf den Widerspruch zum »wissenschaftlichen« Sozialismus hin, der auf der Anerkennung sozialer Unterschiede und Klassenkonflikte beruhe.

In anderen arabischen Ländern jedoch fand der »Nasirismus« die anhaltende und breite Zustimmung der Massen. Die starke Persönlichkeit von Abd an-Nasir, die Erfolge seiner Regierung – der politische Sieg in der Suezkrise von 1956, der Bau des Assuan-Staudamms, die Sozialreform – und die Aussicht auf eine starke Führung bei der Verteidigung der palästinensischen Sache, all das schien die Hoffnung auf eine andere, bessere Zukunft zu rechtfertigen, auf eine vereinte und durch eine soziale Revolution verjüngte arabische Nation, die ihren rechtmäßigen Platz in der Welt einnehmen würde. Der geschickte Einsatz von Presse und Rundfunk, die sich über die Köpfe der anderen Regierungen hinweg an das »arabische Volk« richteten, beflügelte die Massen. Nasirs Vorgehen verschärfte die Konflikte zwischen den arabischen Regierungen, aber der »Nasirismus« blieb ein starkes Symbol der Einheit und der Revolution. Er manifestierte sich in einem breiten Spektrum politischer Bewegungen, zum Beispiel der Bewegung der arabischen Nationalisten, die in Beirut gegründet worden war und großen Zulauf unter den palästinensischen Flüchtlingen hatte.

Der Aufstieg des »Nasirismus«

In den sechziger Jahren wurde das öffentliche Leben der arabischen Staaten von der Idee einer sozialistischen, neutralistischen Form des arabischen Nationalismus beherrscht, deren Führer und Symbol Abd an-Nasir war.

Als Algerien 1962 die Unabhängigkeit erlangte, bedeutete dies praktisch das Ende der europäischen Kolonialreiche, aber es gab einige Gebiete im Nahen Osten, wo die britische Macht in verschiedenen Regierungsformen weiterlebte und wo noch immer die Möglichkeit eines militärischen Einsatzes als letztes Mittel existierte. In Aden und dem umliegenden Protektorat hatten die britischen Interessen in den fünfziger Jahren zugenommen. Die Ölraffinerie von Aden war ebenso wichtig wie der Marinestützpunkt, denn London befürchtete, die UdSSR könne das Horn von Afrika an der Westküste des Roten Meers unter ihre Kontrolle bringen. Deshalb verwandelte man das lockere Protektorat über das umliegende Land in ein formelleres Kontrollsystem.

Das erwachende politische Bewußtsein in Aden, das gestärkt wurde vom »Nasirismus« und gewissen Veränderungen im Jemen, machten es indessen notwendig, daß Großbritannien eine höhere Beteiligung der Bevölkerung an den lokalen Regierungen zuließ. Man schuf in Aden eine gesetzgebende Versammlung und faßte die umliegenden Protektoratsstaaten in einer Föderation zusammen, die Aden einschloß. Begrenzte Zugeständnisse führten jedoch zu neuen Forderungen der kleinen gebildeten Klasse, der Arbeiter in Aden und aller, die sich den Regierenden in dieser Föderation nicht unterordnen wollten. Sie alle wurden von Ägypten unterstützt. Es kam zu Unruhen, und 1966 beschloß die britische Regierung den Abzug. Inzwischen hatte sich die Opposition in zwei Lager gespalten; nach dem Rückzug der Briten 1967 gelang es einer marxistisch orientierten städtischen Gruppierung, die Macht zu ergreifen.

Im Golf führte weniger der politische Druck der Einheimischen als eine veränderte Vorstellung von der britischen Position in der Welt zum Rückzug. 1961 erhielt Kuwait die volle Souveränität. Es gelang einer stabilen herrschenden Klasse aus reichen Kaufmannsfamilien, die sich um eine Herrscherfamilie scharte, dank der Erdölförderung eine neue Art Regierung und Gesellschaft zu schaffen. Weiter südlich am Golf führte 1968 eine Revision der britischen Ressourcen und Strategie zu der Entscheidung der Regierung, die Streitkräfte abzuziehen und damit bis 1971 die politische Kontrolle in der ganzen Region des Indischen Ozeans aufzugeben. Diese Entscheidung stand jedoch im Widerspruch zu einem regionalen britischen Interesse. Durch die Entdeckung der Ölfelder in verschiedenen Gebieten der Golfanrainer und die Ölförderung im großen Maßstab in Abu Dhabi erlangte eine ehemals sehr arme Gegend neue Bedeutung; das führte zu einer gewissen Ausweitung der britischen Kontrolle von den kleinen Häfen an der Küste bis in das Landesinnere, wo eine genaue Festlegung der Grenzen jetzt sehr wichtig wurde. Unter britischem Einfluß gründete man eine lose Föderation, die Vereinigten Arabischen Emirate.

Sie sollte die übergreifende Funktion von Großbritannien übernehmen. Die Föderation bestand aus sieben kleinen Staaten (Abu Dhabi, Dubai, Schardscha und vier anderen), aber weder Bahrain noch Qatar traten ihr bei. Eine Zeitlang war die Souveränität Bahrains durch persische Ansprüche, die auf historische Argumente zurückgriffen, gefährdet, aber der Iran ließ sie 1970 fallen.

Danach beschränkte sich die britische Präsenz nur noch auf einen Teil der Arabischen Halbinsel, wo sie offiziell nie bestanden hatte. Der Herrscher von Oman stand seit langer Zeit praktisch unter der Kontrolle einiger weniger britischer Beamter. Sein Machtbereich erstreckte sich nicht auf das Landesinnere, wo der *imam* der Ibaditensekte die eigentliche Macht besaß. In den fünfziger Jahren führte jedoch die Aussicht auf Ölvorkommen im Inland mit britischer Unterstützung zur Ausweitung der Macht des Sultans. Dies wiederum entfachte einen lokalen Aufstand, den Saudi-Arabien unterstützte, das selbst territoriale Ansprüche auf dieses Gebiet erhob. Hinter dem Konflikt standen die widerstreitenden Interessen der amerikanischen und britischen Ölgesellschaften. Der Aufstand wurde mit britischer Hilfe niedergeschlagen und das Imamat abgeschafft. 1965 kam es im westlichen Teil des Landes, in Dhufar, zu einem noch gefährlicheren Aufstand, der sich – ebenfalls mit Unterstützung von außen – bis in die siebziger Jahre hinzog. Der Sultan weigerte sich, irgendwelche Zugeständnisse zu machen, und wurde 1970 auf Betreiben der Briten zugunsten seines Sohnes abgesetzt.

In den sechziger Jahren richtete sich das Hauptaugenmerk all jener, die sich mit dem Entstehen einer arabischen Nation beschäftigten, nicht länger auf die Überreste der imperialistischen Herrschaft, sondern auf zwei andere Arten des Konfliktes. Der erste war das Ringen der beiden »Supermächte«; der zweite die Auseinandersetzung von Staaten unter der Herrschaft von Gruppen, die sich einer schnellen Veränderung oder einer Revolution im Sinne des »Nasirismus« verschrieben hatten, auf der einen Seite, und den Dynastien oder Gruppen, die politische und soziale Änderungen zurückhaltender beurteilten und den wachsenden Einfluß des »Nasirismus« ablehnten, auf der anderen. 1963 ergriff die Ba'th-Partei in Syrien die Macht, zunächst durch ihre zivilen Führer und dann durch ihnen nahestehende Offiziere. Im Irak wurde die nach der Revolution von 1958 gebildete Militärregierung im Jahr 1963 gestürzt und durch eine Regierung ersetzt, die der Ba'th-Partei und dem »Nasirismus« näherstand. Aber während der Gespräche über eine Vereinigung des Irak und Syriens mit Ägypten traten die unterschiedlichen Interessen und Vorstellungen der drei Staaten deutlich zutage. Im Sudan kam es 1958 zu einem Militärputsch, und die danach eingesetzte Regierung verfolgte eine Politik der Neutralität und der wirtschaftlichen Entwicklung, bis 1964 auf Druck der Bevölkerung die parlamentarische Regierung wiederhergestellt wurde. In Algerien mußte 1965 die Regierung von Ahmad Ben Bella, die erste nach der Unabhängigkeit, einer anderen weichen, die unter Hawari Boumedienne eine sozialistische und neutrale Politik verfolgte. Auf der anderen Seite standen die Monarchien von Marokko, Libyen, Jordanien und Saudi-Arabien. Tunesiens Position war unklar. Dort regierte Burgiba als Führer einer nationalistischen Massenpartei, die weitreichende Reformen anstrebte, aber die Ausweitung des ägyptischen Einflusses ebenso ablehnte wie viele der zeitgenössischen Ideen des arabischen Nationalismus.

Der neue Reichtum und andere Veränderungen im Gefolge der Erdölförderung verstärkten in dieser Zeit das Gefühl der Araber, auf dem Weg zu einer geeinten Nation zu sein. Die Ölvorkommen der Länder im Nahen Osten waren inzwischen von großer Bedeutung für die Weltwirtschaft geworden; dies hatte eine tiefgreifende Wirkung auf die Gesellschaften der Erdölförderstaaten. Mitte der sechziger Jahre konnten die fünf größten arabischen Förderländer – der Irak, Kuwait, Saudi-Arabien, Libyen und Algerien – gemeinsam über etwa zwei Milliarden Dollar jährlich verfügen. Man nutzte diese Einnahmen (mit einem größeren Verantwortungsbewußtsein im Irak, in Kuwait, Libyen und Algerien, in Saudi-Arabien mit weniger Weitsicht, bis eine Familienrevolte zum Sturz von Sa'ud, dem ältesten Sohn von Abd al-Aziz, und zur Thronbesteigung seines fähigeren Bruders Faisal [1964–75] führte) zum Ausbau der Infrastruktur, zur Erweiterung sozialer Dienstleistungen, aber auch zur Schaffung besserer Verwaltungsstrukturen und zur Verstärkung der Verteidigungs- und Sicherheitskräfte, auf die sich diese Regierungen stützten.

Diese Entwicklungen bewirkten, daß sich die Stellung der Arabischen Halbinsel in der arabischen Welt allmählich veränderte. Einerseits gelang es den Herrschern in Saudi-Arabien und den Golfstaaten, ihren Reichtum so zu nutzen, daß ihr Einfluß in arabischen Fragen stieg; in dieser Zeit begannen sie, den ärmeren Staaten in großem Umfang Hilfe zu gewähren. Andererseits lockte der spektakuläre Wirtschaftsaufschwung eine große Zahl Einwanderer aus anderen arabischen Ländern an. Im Irak und in Algerien war das weniger der Fall, denn dort gab es eine große Bevölkerung und eigene ausgebildete und fähige Arbeiter. In Saudi-Arabien, Kuwait, den anderen Golfstaaten und in Libyen war die Bevölkerung zu klein und konnte mit eigenen Kräften den Ausbau der Produktion nicht bewältigen. Die gebildeten Klassen waren noch kleiner. Die Einwanderer kamen zum größten Teil aus Palästina, Syrien und dem Libanon; außer in Libyen kamen nur wenige aus Ägypten, denn die Regierung zögerte, eine Emigration im großen Maßstab zu erlauben: Für ein großes stehendes Heer und die zunehmend verstaatlichte Wirtschaft brauchte man dort die Arbeitskräfte selbst. Zu Beginnn der siebziger Jahre gab es vielleicht eine halbe Million »Wanderarbeiter«. Bei den meisten handelte es sich um Fachkräfte, und sie brachten in die Gastländer Gedanken mit, die in ihrer Heimat gerade aktuell waren: die nasiristische Revolution, den Ba'th-Nationalismus und das niemals endende Verlangen der Palästinenser auf Rückgewinnung ihres Landes. Ihre Gedanken und Ziele schienen die Interessen des Ägyptens von Abd an-Nasir zu fördern, der den Reichtum der Ölstaaten als Instrument nutzen wollte, um einen starken Block arabischer Länder unter ägyptischer Führung zu schaffen.

Die Krise von 1967

Bereits zu Beginn der sechziger Jahre gab es Anzeichen dafür, daß die Zielsetzungen und Ansprüche des »Nasirismus« über seine Kraft hinausgingen. Die Auflösung der Union zwischen Ägypten und Syrien 1961 und das Scheitern späterer Gespäche über eine politische Einheit zeigten die Grenzen von Abd an-Nasirs Führungskraft und der gemeinsamen Interessen der arabischen Staaten. Noch bedeutsamer waren die Ereignisse in Jemen. 1962 starb der zaiditische *imam*, der Herrscher des Landes; sein Nachfolger wurde beinahe auf der Stelle von einer Bewegung abgesetzt, die sich aus einem Bündnis von liberalen, aus dem Exil zurückgekehrten Intellektuellen und Offizieren der neuen regulären Armee zusammensetzte und auch eine begrenzte Unterstützung bei den Stämmen im Inneren fand. Aus dem alten Imamat wurde die Arabische Republik Jemen (man sprach von Nordjemen im Unterschied zu dem Staat, den die Briten nach ihrem Rückzug aus dem Jemen und dem umliegenden Protektorat gründeten, der offiziell Demokratische Volksrepublik hieß und oft als Sudjemen bezeichnet wurde). Die Gruppe, die an die Macht kam, bat sofort Ägypten um Hilfe, und ägyptische Truppen kamen ins Land. Aber trotz dieser Unterstützung war die neue Regierung der Aufgabe nicht gewachsen, ein Land zu beherrschen, das bis vor kurzem zwar einer direkten Kontrolle unterstanden hatte, aber vom Geschick und den Kontakten des Imamats zusammengehalten worden war. In ländlichen Gebieten, in denen immer noch die Autorität des *imam* anerkannt wurde oder die sich der Kontrolle widersetzten, die die neue Regierung zu schaffen versuchte, brach ein von Saudi-Arabien unterstützter Aufstand aus. Es folgte ein mehrere Jahre dauernder

Bürgerkrieg, in den sich die Konflikte zwischen lokalen Gruppen und zwischen Ägypten und den »traditionellen« Monarchien hineinmischten. Keiner Seite gelang es, die andere zu besiegen; die von Ägypten unterstützte Regierung konnte mühsam die Kontrolle in den wichtigen Städten und über die Straßen, die sie miteinander verbanden, aufrechterhalten, aber der größere Teil des Landes blieb außerhalb ihres Machtbereichs. Eine große ägyptische Truppe kämpfte jahrelang auf unvertrautem Terrain und ohne entscheidenden Erfolg.

Die Grenzen ägyptischer und arabischer Macht zeigten sich noch deutlicher in einer größeren Krise, zu der es im Jahr 1967 kam. Ägypten und andere arabische Staaten gerieten in eine direkte und verheerende Konfrontation mit Israel. Es war unvermeidlich, daß die Dynamik der nasiristischen Politik Abd an-Nasir in die Position des führenden Kämpfers für die Sache brachte, die für die meisten Araber das zentrale Problem war: ihre Beziehungen zu Israel. Die ägyptische Militärregierung verhielt sich diesem Problem gegenüber zuerst sehr vorsichtig, aber 1955 begann sie, ihre Führungsposition geltend zu machen. Die Ereignisse von 1956 und der folgenden Jahre ließen Abd an-Nasir zur Symbolfigur des arabischen Nationalismus werden. Dahinter stand eine bestimmte Strategie der ägyptischen Politik: Ägypten sollte Führer eines so eng zusammengeschweißten arabischen Blocks werden, daß die Welt sich in allen die Araber betreffenden Fragen mit Kairo einigen mußte. Die Aufgabe eines Führers und Sprechers der Palästinenser barg deutlich erkennbare Gefahren in sich, und bis 1964 agierte Ägypten mit Vorsicht. In diesem Jahr lehnte es die Regierung ab, sich wegen des israelischen Plans, das Jordanwasser zu Bewässerungszwecken zu nutzen, in eine direkte Konfrontation mit Israel ziehen zu lassen. Von dieser Zeit an stand Abd an-Nasir jedoch unter Druck von mehreren Seiten. Die »konservativen« Regierungen, mit denen er sich bereits wegen des Bürgerkriegs im Jemen im Konflikt befand, warfen ihm vor, seine Vorsicht sei ein Zeichen dafür, daß er nicht wirklich an die Sache glaube, für die er sich angeblich einsetzte. In Syrien war die Macht in die Hände einer Gruppe von Ba'thisten gefallen; sie erklärten kategorisch, nur durch eine soziale Revolution und direkte Konfrontation mit Israel könne das Problem Palästina gelöst und eine neue arabische Nation geschaffen werden.

In das Netz innerarabischer Beziehungen wurde jetzt ein neuer Faden gewoben. Seit 1948 war es den Palästinensern nicht gelungen, eine selbständige Rolle in den Diskussionen über ihr Schicksal zu spielen. Ihre Führung war zusammengebrochen, sie lebten in mehreren Staaten, und alle, die ihre Heimat und Arbeit verloren hatten, mußten ein neues Leben beginnen. Sie konnten nur unter Aufsicht der arabischen Staaten und mit ihrer Erlaubnis politisch aktiv werden. Im Jahr 1964 schuf die Arabische Liga eine eigene Institution für sie, die *Palestine Liberation Organization* (PLO); aber sie stand unter ägyptischer Kontrolle, und ihre Streitkräfte waren Teil der ägyptischen, syrischen, jordanischen und irakischen Armeen. Inzwischen wuchs eine neue Generation Palästinenser heran – im Exil, aber mit der lebendigen Erinnerung an Palästina. Die jungen Menschen besuchten in Kairo oder Beirut die Schule und die Universität und waren empfänglich für die geistigen Strömungen dort. Ende der fünfziger Jahre zeigten sich zwei politische Richtungen eindeutig palästinensischer Prägung. Die Fatah sprach sich für die völlige Unabhängigkeit von arabischen Regierungen aus, die andere Interessen vertraten als die der Palästinenser. Sie befürwortete eine direkte Konfrontation mit Israel; aus den pronasiristischen arabischen nationalistischen Gruppen in Beirut entwickelten sich mehrere kleinere Bewegungen. Sie näherten sich allmählich einer marxistischen Analyse von Gesellschaft und sozialem Handeln und vertraten die Ansicht, der Weg zur Wiedergewinnung Palästinas führe über eine fundamentale Revolution in allen arabischen Ländern.

1965 begannen solche Gruppen in Israel mit direkten Aktionen; und die Israelis reagierten mit Vergeltungsmaßnahmen, aber nicht gegen die syrische Ba'th- Partei, die die Palästinenser unterstützte, sondern gegen Jordanien. Die israelischen Aktionen waren nicht einfach eine Antwort auf die Aktivitäten der Palästinenser, sondern entsprangen der Dynamik der israelischen Politik. Die Bevölkerung Israels war ständig gewachsen – in erster Linie durch Einwanderung; 1967 lebten in Israel etwa 2,3 Millionen Menschen, von denen die Araber ungefähr dreizehn Prozent stellten. Die Wirtschaftskraft Israels hatte dank der Hilfe der USA, durch Unterstützung von Juden aus aller Welt und aufgrund westdeutscher Reparationszahlungen zugenommen. Israel baute außerdem die Schlagkraft und Stärke seiner Armee aus – besonders der Luftwaffe – und wußte, daß es militärisch und politisch den arabischen Nachbarn überlegen war; aus jüdischer Sicht war die beste Antwort auf die Bedrohung durch seine Nachbarn, die eigene Stärke unter Beweis zu stellen. Dies mochte zu stabileren Vereinbarungen führen, als sie bis dahin zu erreichen gewesen waren. Dahinter stand jedoch die Hoffnung, ganz Palästina zu erobern und den abgebrochenen Krieg von 1948 zu beenden.

Alle diese Fäden liefen 1967 zusammen. Angesichts der israelischen Vergeltungsmaßnahmen gegen andere arabische Staaten und der (möglicherweise haltlosen) Berichte eines bevorstehenden israelischen Angriffs auf Syrien forderte Abd an-Nasir einen Abzug der Friedenstruppen der

Vereinten Nationen, die seit der Suezkrise von 1956 an der israelischen Grenze stationiert waren. Als dies geschehen war, schloß er den Golf von Aqaba für die israelische Schiffahrt. Nasir mag geglaubt haben, nichts verlieren zu können: Entweder würden die Vereinigten Staaten im letzten Moment intervenieren, um durch Verhandlungen eine politische Einigung zu erzielen, die für ihn einen Sieg bedeutet hätte, oder seine von der UdSSR aufgerüsteten und ausgebildeten Streitkräfte würden stark genug sein, um zu siegen, falls es zum Krieg kam. Seine Überlegungen hätten sich möglicherweise als richtig erwiesen, wenn die USA völlige Kontrolle über die israelische Politik gehabt hätten, denn innerhalb der amerikanischen Regierung bestand ein starkes Interesse daran, die Angelegenheit auf friedlichem Weg zu lösen. Die Beziehungen zwischen den Großmächten und ihren Verbündeten sind jedoch nie so einfach. Die Israelis waren nicht bereit, Ägypten einen politischen Sieg zu gewähren, der nicht dem Kräftegleichgewicht zwischen ihnen entsprach. Auch sie hatten nichts zu verlieren. Sie glaubten, ihre Truppen seien dem Feind überlegen, und wenn sich unerwartet das Gegenteil herausstellen sollte, rechneten sie mit einem Eingreifen der Vereinigten Staaten. Als die Spannungen zunahmen, schlossen Jordanien und Syrien ein Militärabkommen mit Ägypten. Am 5. Juni griff Israel Ägypten an, vernichtete die ägyptische Luftwaffe und eroberte in wenigen Tagen die gesamte Sinaihalbinsel bis zum Suezkanal, Jerusalem sowie den palästinensischen Teil von Jordanien und einen Teil Südsyriens (den Dschaulan oder die »Golanhöhen«), bevor durch Vermittlung der Vereinten Nationen ein Waffenstillstand die Kämpfe beendete.

Der Krieg war in vieler Hinsicht ein Wendepunkt. Die Eroberung Jerusalems durch die Israelis und der Umstand, daß die heiligen Stätten der Muslime und Christen nun unter jüdischer Kontrolle standen, verliehen dem Konflikt eine zusätzliche Dimension. Der Krieg veränderte das gesamte Kräfteverhältnis im Nahen Osten. Es war nun klar, daß Israel militärisch jeder Kombination arabischer Staaten überlegen war, und das verwandelte die Beziehungen aller am Krieg Beteiligten mit der Welt. Was richtig oder fälschlicherweise als Bedrohung der Existenz Israels angesehen worden war, weckte in Europa und Amerika Sympathie für Israel, denn die Erinnerungen an das Schicksal der Juden im Zweiten Weltkrieg war immer noch lebendig; und der schnelle israelische Sieg machte Israel in amerikanischen Augen außerdem zu einem wünschenswerten Verbündeten. Für die arabischen Staaten und besonders für Ägypten war das Geschehen in jeder Hinsicht eine Niederlage, die die Grenzen ihrer militärischen und politischen Kapazität unmißverständlich zeigte. Für die UdSSR war es ebenfalls eine Art Niederlage, die aber die Russen nur in der Entschlossenheit bestärkte, ihre Verbündeten in Zukunft vor einer Niederlage dieses Ausmaßes zu schützen. Auf einer anderen, sehr viel tieferliegenden Ebene hinterließ überall auf der Welt bei jedem der Krieg seine Spuren, der sich entweder mit den Juden oder den Arabern identifizierte. Und so wurde aus dem anfänglich regionalen ein weltweiter Konflikt.

Auf lange Sicht war das wichtigste Ergebnis die israelische Okkupation der noch verbliebenen Teile des arabischen Palästina: Jerusalem, der Gazastreifen und das Westjordanland. Noch mehr Palästinenser wurden Flüchtlinge und noch mehr gerieten unter israelische Herrschaft. Dies stärkte aber das Gefühl palästinensischer Identität und die Überzeugung der Palästinenser, daß sie sich nur auf sich selbst verlassen konnten; Palästina wurde zu einem Problem für die Israelis, die arabischen Staaten und die Supermächte. Sollte Israel die besetzten Gebiete behalten oder Land gegen eine friedliche Vereinbarung mit den arabischen Staaten tauschen? Sollte es ein Staatsgebiet für die Palästinenser geben? Wie konnten die arabischen Staaten das verlorene Land zurückerobern? Wie konnten die Großmächte eine Friedenslösung finden, die nicht in einem neuen Krieg mündete, in den sie hineingezogen werden würden?

Möglicherweise hätte eine Initiative der Sieger den Weg zur Beantwortung einiger dieser Fragen gebahnt; aber die Initiative blieb aus. Vielleicht lag es daran, daß die Israelis selbst Zeit brauchten, um die Ergebnisse eines so plötzlichen und vollständigen Sieges zu verarbeiten; alle Parteien verschanzten sich in den neuen Stellungen. Die Palästinenser standen nun zum größten Teil unter israelischer Fremdherrschaft, und sie forderten eine eigene und unabhängige nationale Existenz. Die Israelis begannen, das eroberte Land praktisch als Teil Israels in Besitz zu nehmen. Dem Sicherheitsrat der Vereinten Nationen gelang es schließlich im November, die Resolution 242 zu verabschieden. Danach sollte Frieden innerhalb gesicherter und anerkannter Grenzen herrschen und Israel sich aus den eroberten Gebieten zurückziehen. Die Flüchtlinge sollten auf ihr Land zurückkehren dürfen. Es herrschte jedoch Uneinigkeit über die Auslegung der Resolution: Sollte sich Israel aus allen oder nur aus einem Teil der eroberten Gebiete zurückziehen? Sollte man die Palästinenser als eine Nation oder als Masse einzelner Flüchtlinge ansehen? Die Führer der arabischen Staaten verabschiedeten auf einer Konferenz in Khartum im September 1967 eine eigene Resolution, die jede Anerkennung der territorialen Eroberungen Israels und Verhandlungen darüber ablehnte. Aber auch hier gab es unterschiedliche Interpretationen, denn zumindest Ägypten und Jordanien sahen noch immer Wege zu einer Verhandlungslösung.

Kapitel 25

Arabische Einigkeit und Uneinigkeit

(seit 1967)

Die Krise von 1973

Abd an-Nasir überlebte die Niederlage nur drei Jahre. Seine Stellung in der Welt war durch sie schwer erschüttert. Seine Beziehungen zu den Vereinigten Staaten und Großbritannien waren belastet durch seine Überzeugung und seinen Vorwurf, beide Staaten hätten Israel während des Krieges militärisch unterstützt. Und er kritisierte das amerikanische Beharren darauf, daß Israel sich aus den eroberten Territorien nur im Austausch gegen eine dauerhafte Friedenslösung zurückziehen werde. Abd an-Nasirs Position gegenüber den anderen arabischen Machthabern war geschwächt, da die Grenzen seiner Macht so deutlich geworden waren. Zu den unmittelbaren Ergebnissen des Kriegs von 1967 zählt, daß er im Jemen weiteren Verlusten vorbeugte, mit Saudi-Arabien einen Vertrag schloß und seine Truppen abzog.

Innerhalb Ägyptens war seine Stellung jedoch nach wie vor stark. Am Ende der schicksalhaften Woche im Juni 1967 erklärte er seinen Rücktritt, aber das führte zu Massenprotesten in Ägypten und in einigen arabischen Ländern. Möglicherweise sorgte eine geschickte Manipulation für dieses öffentliche Votum, vielleicht aber hatten die Ägypter wirklich das Gefühl, seine Abdankung wäre eine noch größere Niederlage und Demütigung. Sein Einfluß auf die Stimmung der Massen in anderen arabischen Ländern blieb ebenfalls stark. Auf Grund seiner Persönlichkeit, aber auch wegen der anerkannten Position Ägyptens war Nasir der unverzichtbare Vermittler zwischen den Palästinensern und den Ländern, die sie aufgenommen hatten. In den Jahren nach 1967 entwickelte sich ein starkes palästinensisches Nationalgefühl, und die Macht der Fatah, die seit 1969 die PLO kontrollierte, wuchs. Das führte zu einer Reihe von Guerillaaktionen gegen

Israel und zu israelischen Vergeltungsschlägen in den Ländern, in denen Palästinenser ungehindert agieren konnten. Im Jahr 1969 kam es durch ägyptische Intervention zu einem Vertrag zwischen der libanesischen Regierung und der PLO, der den Rahmen bestimmte, in dem die PLO im Südlibanon operieren durfte. Im nächsten Jahr, 1970, kämpfte in Jordanien die Armee gegen palästinensische Guerillagruppen, die offenbar die Macht im Land ergreifen wollten. Es gelang der jordanischen Regierung, sich zu behaupten und die Handlungsfreiheit der palästinensischen Gruppen zu beenden. Wieder einmal war es der Vermittlung von Abd an-Nasir zu verdanken, daß zwischen den verfeindeten Parteien Frieden gestiftet werden konnte.

Unmittelbar danach aber starb Abd an-Nasir. Die ungewöhnlichen Szenen bei seinem Begräbnis – Millionen weinender Menschen in den Straßen – hatten ganz bestimmt eine Bedeutung. Zumindest in diesem Augenblick fiel es schwer, sich Ägypten oder die arabische Welt ohne ihn vorzustellen. Sein Tod war das Ende einer Ära der Hoffnung auf eine neue und geeinte arabische Welt.

Abd an-Nasirs Nachfolger war ein langjähriger Mitarbeiter: Anwar Sadat (1918–81). Zunächst hatte es den Anschein, in Ägypten bleibe alles beim alten. Auch in anderen arabischen Ländern kamen 1969 und 1970 durch Veränderungen Politiker an die Macht, von denen man annehmen konnte, sie würden eine Politik verfolgen, die im weitesten Sinne nasiristisch war oder zumindest mit dem »Nasirismus« im Einklang stand. In Marokko und Tunesien fanden während dieser Zeit keine grundlegenden Veränderungen statt. König Hasan und seine Umgebung blieben ebenso an der Macht wie Burgiba und die Neo-Destur-Partei. In Algerien hatte es einige Jahre zuvor einen Wechsel innerhalb der herrschenden Gruppe gegeben. Weiter östlich regierten auch weiterhin König Faisal in Saudi-Arabien, König Husain in Jordanien und die Dynastien der Golfstaaten. In Libyen gelang es jedoch der bewährten Verbindung von Offizieren und radikalen Intellektuellen, 1969 die Monarchie zu stürzen. Nach einiger Zeit trat in der neuen herrschenden Gruppe als dominierende Persönlichkeit der Offizier Mu'ammar al-Qadhafi hervor. Im Sudan stürzte eine ähnliche Gruppe unter Führung von Dscha'far an-Numairi 1969 die konstitutionelle Regierung. In Syrien wurde das Ba'th-Regime, das in die Niederlage von 1967 verwickelt gewesen war, von einer Gruppe Offiziere unter Führung von Hafiz al-Asad abgelöst. Sie gehörten ebenfalls der Ba'th-Partei an, verfolgten jedoch eine etwas vorsichtigere Politik. Auch im Irak folgte eine Zeit der unstabilen Koalitionen von Militärs und Bürgerlichen. Diese Phase endete im Jahr 1968, als eine in sich geschlossenere

Gruppe, die der Ba'th-Partei nahestand, die Macht übernahm. Allmählich wurde deutlich, daß Saddam Husain die stärkste Kraft innerhalb dieser Gruppe war. Für den Südjemen war 1969 ebenfalls ein kritisches Jahr. Dort folgte eine streng marxistisch ausgerichtete Gruppe auf die Koalition, die mit der Unabhängigkeit an die Macht gekommen war. Der Nordjemen erlebte in diesen Jahren keine durchgreifenden Veränderungen. Mit dem Ende des Bürgerkriegs übernahm eine Koalition die Macht, die sich aus Angehörigen beider Seiten zusammensetzte, deren Beziehungen zueinander immer noch ungeklärt waren. Erst 1974 etablierte sich mit Unterstützung der Armee und einiger mächtiger Stammesführer ein mehr oder weniger stabiles Regime.

Im Jahr 1973 kam es zu nicht weniger dramatischen Ereignissen als 1967. Sie schienen das Zeichen für einen neuen Abschnitt auf dem Weg zur arabischen Einheit und zur Unabhängigkeit von den Großmächten zu sein. Wieder war der Auslöser eine Konfrontation mit Israel. Schon vor Abd an-Nasirs Tod äußerte sich das Verlangen nach Kompensation für die Niederlage von 1967 in einem »Zermürbungskrieg« entlang des Suezkanals und in der Aufrüstung der ägytischen und syrischen Streitkräfte durch die UdSSR. Anfang der siebziger Jahre schlug Sadat, der neue Präsident Ägyptens, jedoch einen neuen politischen Kurs ein, als er die russischen Berater und Techniker aufforderte, das Land zu verlassen. Die Armee blieb indessen sowjetisch geprägt und bewaffnet. Im Oktober 1973 befahl Sadat den Überraschungsangriff auf die israelischen Truppen am Ostufer des Suezkanals, und gleichzeitig griff Syrien entsprechend einer Übereinkunft die Israelis auf den Golanhöhen an.

In der ersten Welle der Kämpfe gelang es der ägyptischen Armee, den Kanal zu überqueren und einen Brückenkopf zu bilden. Die Syrer besetzten einen Teil der Golanhöhen. Mit russischen Waffen gelang es ihnen, die israelische Luftwaffe zu neutralisieren, die 1967 den Sieg errungen hatte. In den nächsten Tagen wendete sich jedoch das militärische Glück. Die israelischen Streitkräfte überquerten den Kanal und errichteten ihrerseits einen Brückenkopf auf dem westlichen Ufer, und sie trieben die Syrer bis Damaskus zurück. Neben militärischem Geschick beruhte ihr Erfolg auf den Waffen, die die USA Israel sofort zur Verfügung stellten, teilweise aber auch auf den Meinungsverschiedenheiten zwischen Ägypten und Syrien, die sehr schnell zutage traten. Die Auseinandersetzungen stellten wieder einmal die militärische Überlegenheit der Israelis unter Beweis, aber weder in den Augen der Araber noch in den Augen der Welt war der Krieg eine Niederlage für die Araber. Die Angriffe verrieten sorgfältige Planung und ernstzunehmende Entschlossenheit. Das weckte nicht nur Sympathie, sondern mobilisierte auch die finanzielle und militärische Hilfe anderer arabischer Länder. Der Krieg endete mit einem Waffenstillstand, den die Supermächte herbeiführten. Damit zeigte sich, daß die USA zwar keine Niederlage Israels hinnahmen, die UdSSR aber ebensowenig eine Niederlage Ägyptens dulden würde. Außerdem wollten die beiden Supermächte eine Eskalation bis zu dem Punkt vermeiden, an dem sie aktiv in die Kampfhandlungen hineingezogen wurden.

Grund für die Intervention der Supermächte war unter anderem der Einsatz der, wie sich herausstellte, stärksten Waffe der Araber – des Ölembargos. Zum ersten und vielleicht zum letzten Mal wurde diese Waffe mit Erfolg eingesetzt. Die arabischen Ölstaaten beschlossen, ihre Förderung zu drosseln, solange Israel arabische Gebiete besetzt hielt. Saudi-Arabien stoppte alle Exporte in die USA und in die Niederlande, die unter den europäischen Ländern am stärksten proisraelisch eingestellt und das Zentrum des freien Erdölmarktes waren.

Die Auswirkungen dieser Entscheidungen waren um so größer, als sie mehr oder weniger mit einer anderen Änderung im Zusammenhang standen, die alle ölexportierenden Länder seit einiger Zeit anstrebten. Die Nachfrage nach Öl aus dem Nahen Osten war ständig gewachsen, da der Verbrauch der Industrienationen so schnell stieg, daß die Öllieferungen damit nicht Schritt halten konnten. Die Organisation der Erdölexportierenden Länder (OPEC) war stärker geworden und entschlossen, ihren Anteil an den Gewinnen zu erhöhen. Ihr Anteil am Verkaufspreis des Öls war niedriger als die Mineralölsteuern der Importländer. Ende des Jahres 1973 beschloß die OPEC, den Preis für Rohöl um dreihundert Prozent zu erhöhen. Iran und die arabischen Länder waren wesentlich am Zustandekommen dieser Entscheidung beteiligt. (Der Preisanstieg wurde jedoch nicht in vollem Umfang an die Verbraucher weitergegeben, da Steuern und andere Kosten nicht im gleichen Maße stiegen.)

Der beherrschende Einfluß der USA

Innerhalb weniger Jahre wurde jedoch deutlich, daß das, was möglicherweise wie eine politische und wirtschaftliche Unabhängigkeitserklärung wirkte, in Wirklichkeit der erste Schritt zu einer stärkeren Abhängigkeit von den Vereinigten Staaten war. Wie bei allen arabischen Unternehmungen der letzten zwanzig Jahre machte Ägypten den Anfang. Sadat hatte den Krieg von 1973 nicht geführt, um einen militärischen Sieg zu erringen; er wollte den Supermächten einen Schock versetzen, damit sie die

Führungsrolle bei der Lösung der israelisch-arabischen Probleme übernahmen und damit künftige Krisen und Konfrontationen vermieden wurden. Genau das geschah – allerdings so, daß sich die Macht und die Beteiligung einer Supermacht, nämlich der Vereinigten Staaten, erheblich vergrößerten. Amerika hatte sich auf entscheidende Art in den Krieg eingeschaltet. Zuerst lieferten die USA Waffen, um eine israelische Niederlage zu verhindern; dann führten sie ein Kräftegleichgewicht herbei, das günstige Voraussetzungen für eine Einigung bot. In den folgenden zwei Jahren kam durch amerikanische Vermittlung ein Vertrag mit Syrien zustande. Israel erklärte sich bereit, einen Teil der 1967 und 1973 eroberten syrischen Gebiete zu räumen. Zwei vergleichbare Abkommen gab es zwischen Israel und Ägypten. Kurze Zeit versuchte man vergeblich, die Supermächte, Israel und die arabischen Staaten unter Vorsitz der Vereinten Nationen an einen Verhandlungstisch zu bringen. Aber ein Grundsatz der amerikanischen Politik war es, die Sowjetunion soweit als möglich aus dem Geschehen im Nahen Osten herauszuhalten, Israel militärisch und politisch zu unterstützen und es zum Abschluß von Vereinbarungen mit den arabischen Ländern zu bringen. Als Gegenleistung für den Frieden sollte sich Israel aus den eroberten Gebieten zurückziehen. Auf Wunsch Israels wollte Washington die PLO nicht in die Gespräche einbeziehen oder zumindest so lange nicht, wie die PLO den Staat Israel nicht anerkannte.

Diese Politik änderte sich vorübergehend im Jahr 1977, als ein neuer amerikanischer Präsident, Jimmy Carter, versuchte, gemeinsam mit der UdSSR und unter Beteiligung der Palästinenser an den Verhandlungen eine Lösung des Problems zu finden. Diese Bemühungen zerschlugen sich jedoch aus zwei Gründen. Sie scheiterten am Widerstand der Israelis, als eine nationalistische Regierung mit Menachem Begin als Premierminister in Israel an die Macht kam, und als Sadat plötzlich im November 1977 beschloß, nach Jerusalem zu reisen und Israel direkte Friedensgespräche anzubieten.

Sadats Absicht war es vor allem, die Reihe von Kriegen zu beenden, die die Araber nach seiner Überzeugung nicht gewinnen konnten, aber daneben gab es noch andere Aspekte. Direkte Verhandlungen unter der Schirmherrschaft der USA würden die Sowjetunion als Faktor im Nahen Osten ausschalten; nach dem Friedensschluß mit Israel würde Ägypten möglicherweise ein wichtigerer amerikanischer Verbündeter mit allen sich daraus ergebenden Folgen in Hinblick auf Wirtschaftshilfe und eine aufgeschlossenere Haltung der Amerikaner gegenüber den Forderungen der palästinensischen Araber werden. Aus der Sicht der damaligen israelischen Regierung sah das Ziel anders aus. Frieden mit Ägypten, dem mächtigsten Feind, selbst um den Preis des Rückzugs vom Sinai, würde Israel freie Hand bei einem Hauptziel seiner Politik geben: die jüdische Besiedlung des eroberten Westjordanlandes und eine allmähliche Eingliederung dieser Gebiete. Das würde eine wirkungsvollere Reaktion auf Aktionen von Syrien oder der PLO ermöglichen. In den Gesprächen nach Sadats Besuch kreiste die zentrale Frage um die Verknüpfung eines israelisch-ägyptischen Friedens mit einer Einigung über den zukünftigen Status von Westjordanland. Als der Vertrag schließlich durch amerikanische Vermittlung im Jahr 1978 zustandekam (der »Vertrag von Camp David«), wurde deutlich, daß sich die Israelis in diesem wesentlichen Punkt gegen die Ägypter durchgesetzt hatten und in gewisser Weise auch gegen die USA. Der Vertrag sah den offiziellen Friedensschluß zwischen Israel und Ägypten vor. Für das Westjordanland und den Gazastreifen sollte es eine Art Autonomie geben, deren Umfang später zu definieren war. Man räumte sich fünf Jahre für Gespräche über den endgültigen Status ein; aber die beiden Punkte wurden nicht formell miteinander verknüpft. In späteren Verhandlungen über die Autonomie stellte sich bald heraus, daß die Israelis völlig andere Vorstellungen vertraten als die Ägypter oder Amerikaner. Und Israel weigerte sich, seine Politik der jüdischen Besiedlung der eroberten Gebiete auszusetzen.

1981 wurde Päsident Sadat von Mitgliedern einer Gruppe ermordet, die seine Politik ablehnte und die islamische Grundlage der ägyptischen Gesellschaft wiederherstellen wollte. Aber sein Nachfolger Husni Mubarak führte Sadats Politik in den Grundzügen fort. Im Laufe der nächsten Jahre wurden die Beziehungen Ägyptens zu den Vereinigten Staaten enger. Das Land erhielt hohe Finanz- und Militärhilfen. Den Vertrag mit Israel lehnten jedoch nicht nur die Palästinenser ab, sondern mit mehr oder weniger großer Entschiedenheit auch die meisten anderen arabischen Staaten. Ägypten wurde offiziell aus der Arabischen Liga ausgeschlossen, die ihren Sitz von Kairo nach Tunis verlegte. Trotzdem waren die Vorteile einer engeren Bindung an die Politik der Vereinigten Staaten so groß und offensichtlich, daß eine Reihe anderer arabischer Staaten ebenfalls eine Bindung an die USA suchten: Marokko, Tunesien, Jordanien und insbesondere die Ölförderländer der Arabischen Halbinsel, denn nachdem ihr Einfluß 1973 seinen Höhepunkt erreicht hatte, wurde bald deutlich, daß der Reichtum , den das Öl bewirkte, nicht unbedingt zu größerer nationaler Stärke führte.

Gemessen an allen früheren Maßstäben war dieser Reichtum in der Tat sehr groß. Zwischen 1973 und 1978 stiegen die Einnnahmen der wichtigsten arabischen Ölstaaten beträchtlich: in Saudi-Arabien von 4,35 Milliarden Dollar auf 36 Milliarden; in Kuwait von 1,7 Milliarden auf 9,2 Milliarden Dollar; im Irak von 1,8 Milliarden auf 23,6 Milliarden Dollar; in Libyen von 2,2 Milliarden auf 8,8 Milliarden Dollar. Einige andere Länder steigerten ihre Produktion ebenfalls erheblich, allen voran Qatar, Abu Dhabi und Dubai. Auch die Kontrolle dieser Länder über ihre Ressourcen weitete sich aus. 1980 hatten alle großen Ölförderländer ihre Ölindustrien verstaatlicht oder hielten den Hauptanteil an den in ihren Ländern tätigen Gesellschaften, obwohl die Position der großen multinationalen Ölkonzerne immer noch stark war, denn sie hatten die Kontrolle über Transport und Verkauf. Der wachsende Reichtum führte zu einer zunehmenden Abhängigkeit von den westlichen Industrienationen. Die Ölförderländer mußten das Rohöl verkaufen, und die Industrieländer waren ihre wichtigsten Abnehmer. Im Laufe der siebziger Jahre schwand der Bedarfsüberhang durch wirtschaftliche Rezessionen, aber auch infolge wirkungsvoller Ansätze, den Ölverbrauch zu drosseln und aufgrund der steigenden Rohölproduktion von Ländern, die nicht der OPEC angehörten; die Verhandlungsposition der OPEC wurde schwächer, und ihre Einheit zerfiel. Ein hohes, allgemein verbindliches Preisniveau ließ sich nicht länger aufrechterhalten. Länder, deren Einnahmen höher lagen als die Summen, die sie aufgrund niedriger Bevölkerungszahlen und natürlicher Gegebenheiten für ihre Entwicklung ausgeben konnten, mußten den Überschuß irgendwo investieren und taten es meist in den Industrienationen. Dort kauften sie auch Produktionsgüter und technisches Wissen, das sie für die wirtschaftliche Entwicklung und den Aufbau ihrer Streitkräfte benötigten.

Die wachsende Abhängigkeit hatte noch einen anderen Aspekt. Als die arabischen Länder 1973 das Ölembargo als Waffe gegen die Industrienationen einsetzten, wurde der westlichen Welt das Ausmaß ihrer Abhängigkeit vom Öl aus dem Nahen Osten deutlich vor Augen geführt. Im Laufe des Jahrzehnts gab es Anzeichen für ein mögliches militärisches Eingreifen der Vereinigten Staaten, falls die Öllieferungen noch einmal gestoppt werden würden – sei es als Folge von Revolutionen in den erdölproduzierenden Ländern oder weil – aus amerikanischer Sicht – die Gefahr bestand, daß die Sowjetunion ihren Einfluß in den Golfstaaten ausdehnte. Eine Intervention wäre jedoch das letzte Mittel gewesen; in erster Linie stützten sich die Vereinigten Staaten auf ihre Hauptverbündeten in der Region am Golf – auf Saudi-Arabien und Iran. Ende der siebziger Jahre änderte sich jedoch die Lage. Die russische Besetzung Afghanistans 1979 gab Anlaß zu berechtigten oder unberechtigen Befürchtungen, die Sowjetunion werde ihre Kontrolle weiter in die Welt des Indischen Ozeans ausdehnen. Durch die Revolution im Iran 1978–79 wurde der Schah gestürzt, der stärkste Verbündete der Vereinigten Staaten. An seine Stelle trat eine

Regierung mit dem erklärten Ziel, Iran wieder zu einem islamischen Staat zu machen. Die Revolution sollte ein erster Schritt auf dem Weg zu ähnlichen Veränderungen in anderen muslimischen Staaten sein, und es bestand die Gefahr, daß sie auf die Nachbarländer im Westen übergriff. Das hätte das politische System der Golfstaaten und ihre Beziehungen zu den Vereinigten Staaten zerstört. Solche Überlegungen führten zu amerikanischen Plänen für die Verteidigung des Golfs unter Einbeziehung der kooperationswilligen Staaten des Nahen Ostens. Die meisten Golfstaaten versuchten jedoch, ein zu enges Bündnis mit den USA zu vermeiden; 1981 gründeten Saudi-Arabien und die kleineren Staaten das *Gulf Cooperation Council.*

Die Öffnung zum Westen war mehr als ein Wechsel der Außen- oder Militärpolitik. Sie bedeutete auch eine Änderung der Wirtschaftspolitik der meisten arabischen Regierungen. Diese Wende wurde in Ägypten nach Verabschiedung eines Gesetzes 1974 richtungweisend als *infitah* (Politik der offenen Tür) bezeichnet. Eine Reihe von Gründen führte dazu: die Macht der USA, die 1973 und später deutlich wurde; die Notwendigkeit zur Aufnahme ausländischer Kredite und Investitionen zur Erschließung des eigenen Potentials und zum Ausbau einer starken Position; vielleicht auch die wachsende Erkenntnis, daß der staatlichen Wirtschaftskontrolle Grenzen gesetzt waren; und schließlich spielte auch der Druck privater Interessen eine wesentliche Rolle.

Der *infitah* setzte sich aus aus zwei eng miteinander verknüpften Prozessen zusammen. Einerseits veränderte sich das Gleichgewicht zwischen den staatlichen und privaten Sektoren der Wirtschaft. Abgesehen vom Libanon, wo es praktisch keinen staatlichen Sektor gab, behielten selbst Länder, die sich am stärksten dem privaten Unternehmertum verschrieben hatten, einige Bereiche unter staatlicher Kontrolle, denn eine schnelle Entwicklung war nur durch staatliche Investitionen und Lenkung möglich. Saudi-Arabien verstaatlichte zum Beispiel die Ölindustrie, und die größten neuen Industriegründungen befanden sich in Staatsbesitz. In den meisten Ländern jedoch räumte man jetzt privatem Unternehmertum größeren Spielraum ein – in der Landwirtschaft, der Industrie und im Handel. Am auffälligsten geschah das in Ägypten, das in den siebziger Jahren eine schnelle und weitgehende Abkehr vom staatlichen Sozialismus der sechziger Jahre vollzog. In Tunesien führte ein Versuch zu staatlicher Kontrolle der Importe und Exporte, der industriellen Produktion und der inneren Verteilung zu Schwierigkeiten und endete 1969. In Syrien und im Irak vollzog sich trotz der sozialistischen Prinzipien der Ba'th-Partei ein ähnlicher Wandel.

Zweitens bedeutete der *infitah* eine Öffnung für ausländische, besonders für westliche Investitionen und Unternehmen. Trotz der Kapitalakkumulation aus der Erdölförderung reichten die Kapitalmengen in den meisten arabischen Staaten nicht aus für schnelle und großangelegte Entwicklungen, die sich die meisten Regierungen zum Ziel setzten. Durch Garantien und Steuervorteile schuf man Anreize für Investitionen aus den Vereinigten Staaten und Europa. Außerdem lockerte man die Einfuhrbeschränkungen. Die Ergebnisse entsprachen aber im großen und ganzen nicht den Erwartungen. Es gelang nicht, privates Kapital in größerem Umfang in Länder zu holen, deren Regierungen in vielen Fällen nicht stabil zu sein schienen oder in denen die langfristigen Gewinnaussichten unsicher waren. Die meiste Hilfe kam von Regierungen oder internationalen Einrichtungen. Man nutzte sie für die Aufrüstung, den Ausbau der Infrastruktur und für ehrgeizige Großprojekte. Manchmal waren an die Hilfeleistungen direkte oder indirekte Bedingungen geknüpft. Die Forderung des Internationalen Währungsfonds an Ägypten, das Handelsdefizit zu verringern, führte zu dem Versuch, die Preise für Lebensmittel zu erhöhen. Das löste im Jahr 1977 heftige Unruhen im Land aus. Darüber hinaus führte ein Abbau von Einfuhrbeschränkungen dazu, daß junge einheimische Industrien plötzlich mit den etablierten Industrien der Vereinigten Staaten, Westeuropas und Japans konkurrieren mußten – zumindest in jenen Zweigen der Produktion, die ein hohes Maß an technischem Können und Erfahrung erforderten. Das Ergebnis konnte nur sein, daß die arabischen Länder wie fast alle Länder der Dritten Welt Verbrauchsgüter für den Eigenbedarf produzierten, aber weiterhin auf den Import von Produkten mit höherer Technologie angewiesen waren.

Die gegenseitige Abhängigkeit der arabischen Länder

Durch den Tod von Abd an-Nasir und die Ereignisse der siebziger Jahre wurde die Hoffnung auf wirkliche Unabhängigkeit geschwächt, schwand auch das, was man die Illusion der arabischen Einheit nennen könnte, aber in mancher Hinsicht verstärkten sich in dieser Periode die Bande zwischen verschiedenen arabischen Ländern. Es gab mehr panarabische Organisationen als je zuvor, und einige waren sehr effektiv. Die Arabische Liga verlor nach der Ausschließung Ägyptens viel von ihrer schon immer begrenzten Autorität, aber die Mitgliederzahl stieg. Mauretanien in Westafrika, Dschibuti und Somalia in Ostafrika wurden als Mitglieder aufgenommen, obwohl bislang keines dieser Länder als arabisch gegolten hatte.

Ihre Aufnahme in die Liga war ein Zeichen für die Vieldeutigkeit des Begriffes »arabisch«. In den Vereinten Nationen und in anderen internationalen Gremien gelang es den Mitgliedern der Liga oft, eine gemeinsame Politik zu vertreten, besonders wenn es um das Palästinaproblem ging.

Die unterschiedlichen Interessen von Staaten mit und ohne Erdölvorkommen wurden durch die Gründung von Wirtschaftsinstitutionen etwas ausgeglichen, durch die ein Teil des Reichtums als Schenkungen oder Kredite in die ärmeren Länder floß. Einige dieser Institutionen waren übernational: der Sonderfonds der OPEC, der Fonds der Organisation der Arabischen Erdölexportierenden Länder (OAPEC), der Arabische Fonds für Wirtschafts- und Sozialentwicklung. Andere Fonds wurden von einzelnen Ländern eingerichtet, zum Beispiel von Kuwait, Saudi-Arabien und Abu Dhabi. Ende der siebziger Jahre war der Umfang der Hilfeleistungen sehr groß, 1979 überließen die erdölproduzierenden Länder den Entwicklungsländern durch verschiedene Kanäle zwei Milliarden Dollar; das entsprach 2,9 Prozent ihres Bruttosozialprodukts.

Andere Bindungen waren sogar noch wichtiger, denn sie begünstigten das Entstehen einer gemeinsamen arabischen Kultur. Die schnelle Ausbreitung der Schulbildung, die mit der Unabhängigkeit der Länder einsetzte, wurde überall mit erhöhtem Nachdruck fortgesetzt. 1980 lag der Anteil der männlichen Kinder im Grundschulalter, die tatsächlich die Schule besuchten, in Ägypten bei 88 Prozent und in Saudi-Arabien bei 57 Prozent. Bei den Mädchen waren es im Irak 90 Prozent und 31 Prozent in Saudi-Arabien. In Ägypten konnten 56,8 Prozent der Männer und 29 Prozent der Frauen lesen und schreiben. In Ägypten und Tunesien waren beinahe ein Drittel der Studenten Frauen, in Kuwait waren es über 50 Prozent und selbst in Saudi-Arabien beinahe ein Viertel. Schulen und Universitäten hatten allerdings ein sehr unterschiedliches Niveau. Die Aufgabe, so viele wie möglich so schnell als möglich auszubilden, führte zu großen Klassen. Die Lehrer besaßen nicht die erforderliche Ausbildung, und die Gebäude waren oft ungeeignet. An den meisten Schulen legte man besonderes Gewicht auf den Arabischunterricht; auch andere Fächer wurden in Arabisch gelehrt. Für einen Großteil aller Schulabgänger und Absolventen der neuen Universitäten war Arabisch die einzige Sprache, die sie wirklich beherrschten, und durch diese Sprache sahen sie die Welt. Das stärkte das Bewußtsein einer gemeinsamen Kultur aller, die Arabisch sprachen.

Die gemeinsame Kultur und das neue Bewußtsein wurden inzwischen durch ein neues Medium verbreitet. Radioprogramme, Filme und Zeitungen waren auch weiterhin wichtig, aber zu ihrem Einfluß kam das Fernsehen hinzu. Die sechziger Jahre waren das Jahrzehnt, in denen die arabischen Länder Fernsehsender aufbauten. Und in allen gesellschaftlichen Klassen wurde das Fernsehgerät ebenso Teil des Haushalts wie der Herd oder ein Kühlschrank – mit Ausnahme vielleicht der ganz Armen und in den Dörfern, wo es noch keine Elektrizität gab. Man schätzt, daß es im Jahr 1973 in Ägypten ungefähr eine halbe Million Fernsehgeräte gab, eine ähnliche Zahl im Irak und dreihunderttausend in Saudi-Arabien. Gesendet wurden Nachrichten, und zwar so, daß sie bei den Zuschauern die Zustimmung für die Politik der Regierung förderten; daneben gab es in den meisten Ländern einen mehr oder weniger großen Anteil an religiösen Programmen, Filmen sowie europäischen und amerikanischen Fernsehserien und Theaterstücken und Musicals, die in Ägypten und im Libanon produziert wurden. Theaterstücke übermittelten Gedanken, Bilder und Humor – die zerbrechlichste Importware – über die Grenzen der arabischen Staaten hinweg.

Ein anderes Bindeglied zwischen den arabischen Staaten, das in diesen zehn Jahren an Bedeutung gewann, war die neue individuelle Beweglichkeit. Flugreisen rückten in dieser Zeit für eine breitere Schicht der Bevölkerung in den Bereich des Möglichen. Flughäfen wurden gebaut, die meisten Länder hatten eigene Fluglinien, und die Flugverbindungen sorgten für einen engeren Verbund der arabischen Hauptstädte untereinander. Auch der Überlandverkehr nahm zu, da die Straßen ausgebaut wurden und Autos und Busse immer mehr zum Alltag gehörten. Gute Straßen führten nicht nur durch die Sahara, sondern auch durch die syrische und die arabischen Wüsten. Trotz aller politischen Konflikte, die zur Schließung von Grenzen führten, Reisende und Waren aufhalten konnten, benutzten immer mehr Touristen und Geschäftsleute die neuen Verkehrswege. Die Arabische Liga und andere Organisationen bemühten sich erfolgreich um eine Verstärkung der wirtschaftlichen Kontakte zwischen den arabischen Ländern, obwohl der innerarabische Handel 1980 immer noch weniger als zehn Prozent des Außenhandels in den arabischen Ländern ausmachte.

Der wichtigste Faktor auf den Luft- und Landwegen war jedoch nicht der Warentransport, sondern der Strom der Zuwanderer aus den ärmeren arabischen Ländern in die Staaten, die das Erdöl reich gemacht hatte. Diese Bewegung setzte in den fünfziger Jahren ein, aber am Ende der sechziger und in den siebziger Jahren schwoll der Zustrom aufgrund zweier unterschiedlicher Faktoren an. Einerseits führten die unglaublich hohen Gewinne aus der Erdölförderung zu ehrgeizigen Entwicklungsplänen, für deren Verwirklichung die erdölproduzierenden Staaten Arbeitskräfte benötigten. Außerdem wuchs die Zahl dieser Staaten. Abgesehen von Algerien

Der Nahe Osten und der Maghreb 1988.

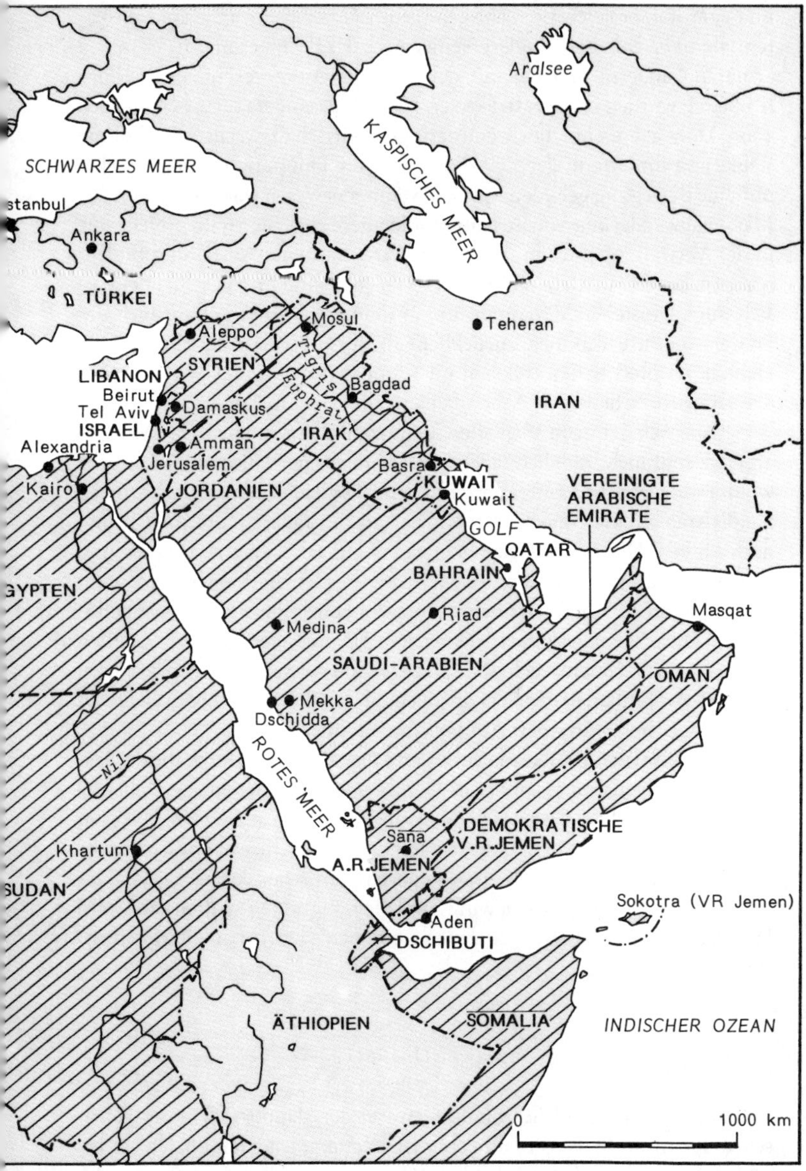

Aralsee
KASPISCHES MEER
SCHWARZES MEER
stanbul
Ankara
TÜRKEI
Mosul
Teheran
Aleppo
SYRIEN
Tigris
LIBANON
Beirut
Tel Aviv
ISRAEL
Damaskus
Euphrat
Bagdad
IRAN
IRAK
Amman
Alexandria
Jerusalem
Basra
Kairo
JORDANIEN
KUWAIT
Kuwait
VEREINIGTE
ARABISCHE
EMIRATE
GOLF
QATAR
BAHRAIN
GYPTEN
Riad
Medina
Masqat
SAUDI-ARABIEN
OMAN
Mekka
Dschidda
Nil
ROTES MEER
DEMOKRATISCHE
V.R.JEMEN
Sana
Khartum
A.R.JEMEN
SUDAN
Sokotra (VR Jemen)
Aden
DSCHIBUTI
ÄTHIOPIEN
SOMALIA
INDISCHER OZEAN
0
1000 km

und dem Irak besaßen sie nicht genügend Menschen, um die eigenen Potentiale zu erschließen. Andererseits wuchs der Bevölkerungsdruck in den ärmeren Ländern, und die mit der Auswanderung verbundenen Möglichkeiten wurden immer attraktiver. Das galt besonders für Ägypten nach 1967. Dort gab es nur noch ein geringes Wirtschaftswachstum, und die Regierung förderte in der Zeit des *infitah* die Emigration. Was zunächst nur eine Bewegung gebildeter junger Männer gewesen war, wurde nun zur Massenabwanderung von Arbeitern aller Bereiche. Sie wollten nicht nur in der Verwaltung oder in der freien Wirtschaft eine Anstellung finden, sondern kamen als Bauarbeiter oder Haushaltshilfen. Meist handelte es sich um alleinstehende Männer und in immer größeren Zahlen auch um Frauen, die ihre Familien zurückließen. Nur die Palästinenser, die ihre Heimat verloren hatten, blieben im Familienverbund und ließen sich in den Ländern, in denen sie Arbeit fanden, auf Dauer nieder.

Genaue Schätzungen über die Gesamtzahl dieser arabischen Wanderarbeiter sind nicht möglich, aber Ende der siebziger Jahre mögen es sehr wohl an die drei Millionen gewesen sein. Die Hälfte davon zog es nach Saudi-Arabien, viele auch nach Kuwait, in die anderen Golfstaaten und nach Libyen. Die größte Gruppe, etwa ein Drittel, kam aus Ägypten und beinahe ebenso viele aus den beiden Staaten des Jemen. Eine halbe Million waren Jordanier oder Palästinenser (einschließlich ihrer Familienangehörigen). Etwas weniger kamen aus Syrien, Libanon, dem Sudan, Tunesien und Marokko. Es gab auch Wanderbewegungen zwischen den ärmeren Staaten. Als Jordanier an den Golf zogen, übernahmen in einigen Gebieten der jordanischen Wirtschaft Ägypter ihre Stellen.

Die Kenntnis von Völkern, Sitten und Dialekten, die durch diese Massenwanderungen wuchs, muß das Gefühl aller für eine einzige arabische Welt gestärkt haben, in der sich die Araber verhältnismäßig frei bewegen konnten und sich untereinander verstanden. Das führte aber nicht unbedingt zu dem Wunsch nach einer engeren politischen Einheit. Man war sich auch der Unterschiede bewußt, und die Emigranten stellten sehr wohl fest, daß die Gesellschaften, zu denen sie kamen, sie nicht als gleichberechtigt aufnahmen.

Arabische Uneinigkeit

Trotz der Zunahme solcher Bindungen war der Haupttrend in der politischen Sphäre der siebziger Jahre eher eine Betonung der nationalen Unterschiede. Obwohl die Persönlichkeit Abd an-Nasirs Feindschaft geweckt,

Spaltungen zwischen den arabischen Staaten und Konflikte zwischen Regierungen und den Massen herbeigeführt hatte, war sie trotz allem ein Symbol arabischer Einheit gewesen, hatte die Hoffnung verkörpert, daß so etwas wie eine arabische Nation im Entstehen sei. In den ersten Jahren nach seinem Tod hatte sich diese Solidarität noch fortgesetzt. Zum letzten Mal zeigte sie sich im Krieg von 1973, als es einen Augenblick lang eine gemeinsame Front arabischer Staaten ohne Ansehen der Art ihrer jeweiligen Regierungen zu geben schien. Die gemeinsame Front brach jedoch beinahe augenblicklich wieder auseinander, und einzelnen Bestrebungen zur Bildung einer Union zwischen zwei oder mehr arabischen Ländern zum Trotz boten die arabischen Staaten am Ende der siebziger Jahre ihren Bevölkerungen und der Welt im großen und ganzen ein Bild der Schwäche und Uneinigkeit.

Die Schwäche zeigte sich am deutlichsten an einem Punkt, den alle arabischen Völker als ihr gemeinsames Problem ansahen, und das war Israel und das Schicksal der Palästinenser. Ende der siebziger Jahre änderte sich die Lage in den von Israel im Krieg von 1967 besetzten Gebieten sehr schnell. Die jüdische Siedlungspolitik, die man auch aus militärischen Gründen bald nach Beendigung des Krieges von 1967 in die Tat umgesetzt hatte, erhielt eine neue Dimension, als in Israel die sehr viel stärker nationalistisch orientierte Regierung unter Menachem Begin an die Macht kam. Besiedlungsprojekte im großen Maßstab wurden unter Enteignung von Land und Wasserstellen der arabischen Einwohner durchgeführt. Dahinter stand das Ziel, dieses Gebiet in den Staat Israel einzugliedern. Der arabische Teil Jerusalems und die Golanregion, die vor dem Krieg zu Syrien gehört hatte, wurden offiziell annektiert. Bei diesen Maßnahmen schienen sowohl die Palästinenser als auch die arabischen Staaten nur tatenlos zusehen zu können. Die PLO und ihr Führer Yasir Arafat setzten sich für die Palästinenser in den besetzten Gebieten ein und bemühten sich um internationale Hilfe, aber es gelang ihnen nicht, die Lage in irgendeiner Hinsicht wesentlich zu ändern. Keiner der theoretisch den arabischen Staaten offenstehenden Wege schien aus der Sackgasse zu führen. Eine schlagkräftige Opposition gegen Israel war unmöglich, einmal wegen der militärischen Übermacht der Israelis, andererseits aufgrund der unterschiedlichen Interessen der arabischen Staaten, die sie nicht aufs Spiel setzen wollten. Der Weg, den Ägypten unter Sadat eingeschlagen hatte, führte zu einem Rückzug Israels vom Sinai; aber es zeigte sich bald, daß Ägypten nicht genug Einfluß gewonnen hatte, um die israelische Regierung zu einer Änderung ihrer Politik zu bewegen oder um die USA überreden zu können, die Politik Israels nicht nur offiziell zu verurteilen.

Militärische Schwäche, zunehmende Eigeninteressen und wirtschaftliche Abhängigkeit führten zum Zusammenbruch der wie auch immer gearteten gemeinsamen Front, die es bis zu dem Krieg von 1973 scheinbar gegeben hatte. Eindeutig schieden sich die Geister daran, daß ein Teil der Länder sich letztlich an den Vereinigten Staaten orientierte, einen politischen Kompromiß mit Israel befürwortete und eine freie kapitalistische Wirtschaft anstrebte. Die anderen hielten dagegen an der Politik der Neutralität fest. Zu den Ländern im zweiten Lager gehörten Algerien, Libyen, Syrien, Irak und Südjemen zusammen mit der PLO, der von den arabischen Staaten offiziell Regierungsstatus eingeräumt wurde.

In der Praxis waren die Grenzen jedoch nicht so klar gezogen, und die Bündnisse zwischen einzelnen Ländern setzten sich oft darüber hinweg. Die Beziehungen innerhalb der Lager waren nicht notwendigerweise eng oder unproblematisch. Unter den »prowestlichen« Staaten löste die unabhängige Politik Ägyptens gegenüber Israel Bedenken und Verstimmung aus. Praktisch alle arabischen Staaten brachen die diplomatischen Beziehungen zu Ägypten ab, obwohl man die Geldsendungen der Ausgewanderten an ihre Familien nicht unterband. Im anderen Lager gab es unterschiedliche Beziehungen zur anderen Supermacht; Syrien, der Irak und Südjemen erhielten militärische und wirtschaftliche Hilfe von der UdSSR. Die beiden Ba'th-Regierungen in Syrien und dem Irak waren erbitterte Feinde; beide kämpften um die Führungsrolle in einer nationalistischen Partei, die eine Zeitlang in den arabischen Ländern an Macht und Stärke zu gewinnen schien. Auch hatten sie eine gemeinsame Grenze und nutzten beide das Wasser des Euphrat, was immer wieder zu Konflikten führte. Außerdem gab es ständig Spannungen mit Libyen, dessen Führer Qadhafi hin und wieder offenbar versuchte, die Rolle von Abd an-Nasir zu übernehmen, wobei seine Stärke jedoch ausschließlich auf Geld beruhte.

In diese Periode fallen drei bewaffnete Konflikte, die die Beziehungen der arabischen Staaten untereinander schwer belasteten. Der erste ereignete sich weit im Westen der arabischen Welt. Es ging dabei um ein Territorium, das als Westsahara bekannt ist – der dünnbesiedelte westliche Ausläufer der Sahara südlich von Marokko bis zur Atlantikküste. Das Land war Ende des neunzehnten Jahrhunderts von Spanien besetzt worden und stand seitdem unter spanischer Verwaltung. Aber es war militärisch und wirtschaftlich kaum von Bedeutung, bis dort in den sechziger Jahren große Phosphatvorkommen entdeckt wurden, die eine spanische Gesellschaft abbaute. In den siebziger Jahren begann Marokko, seine Ansprüche geltend zu machen, denn offiziell hatte das Gebiet früher zum Herrschaftsbereich des Sultans gehört. Spanien wies diese Forderungen ebenso zurück wie Mauretanien, das im Süden an die Westsahara grenzte. Mauretanien hatte seit Beginn des zwanzigsten Jahrhunderts unter französischer Verwaltung gestanden und war 1960 unabhängig geworden. Mauretanien erhob ebenfalls Ansprüche auf Teile des Gebietes. Nach langen diplomatischen Verhandlungen kam es zwischen Spanien, Marokko und Mauretanien 1975 zu einer Einigung. Spanien erklärte sich zum Rückzug bereit, und das Gebiet wurde zwischen den beiden anderen Ländern aufgeteilt. Damit war die Krise jedoch nicht beigelegt; inzwischen hatte die Bevölkerung der Region eigene politische Bewegungen aufgebaut. Nach dem Vertrag von 1975 wies eine dieser Organisationen, die unter dem Namen »Polisario« bekannt wurde, die marokkanischen und mauretanischen Ansprüche zurück und forderte die Unabhängigkeit. Mauretanien gab seine Ansprüche 1979 auf, aber Marokko führte einen langen Kampf mit der Polisario, die von Algerien unterstützt wurde – das Gebiet grenzte auch an Algerien, und Algerien wollte die Ausweitung der marokkanischen Macht verhindern. Es war der Beginn eines jahrelang schwelenden Konflikts zwischen Marokko und Algerien, der auch in die Organisationen hineingetragen wurde, deren Mitglieder beide Länder waren: die Arabische Liga und die Organisation für Afrikanische Einheit.

Ein anderer Konflikt entzündete sich ungefähr um dieselbe Zeit im Libanon, und auf die eine oder andere Weise wurden alle größeren politischen Kräfte im Nahen Osten in diesen Konflikt hineingezogen – die PLO, Israel, Westeuropa und die Supermächte. Die Ursprünge lagen in gewissen Veränderungen in der libanesischen Gesellschaft, die das politische System in Frage stellten. Als der Libanon in den vierziger Jahren unabhängig wurde, umfaßte das Territorium drei Regionen mit unterschiedlichen Bevölkerungsgruppen, die jeweils eigene Regierungsformen herausgebildet hatten: Die Region um das Libanongebirge mit vorwiegend maronitischen Christen im Norden und Drusen und Christen im Süden, die Küstenstädte mit einer gemischten muslimischen und christlichen Bevölkerung und bestimmte ländliche Gebiete im Osten und Süden des Libanongebirges, in denen vorwiegend schiitische Muslime lebten. Die erste Region hatte eine lange Tradition der Selbstverwaltung, später war es ein privilegierter Distrikt des Osmanischen Reichs; die beiden anderen Gebiete waren integrale Bestandteile des Reiches gewesen und unter der französischen Protektoratsregierung in den Libanon eingegliedert worden. Der neue Staat erhielt eine demokratische Verfassung, und als die Franzosen das Land verließen, gab es eine Vereinbarung zwischen den Führern der Maroniten und der sunnitischen Muslime, daß der Präsident der Republik immer ein

Maronit und der Premierminister ein Sunnit sein sollte. Die anderen Ämter in der Regierung und Verwaltung sollten so unter den verschiedenen religiösen Gemeinschaften aufgeteilt sein, daß die effektive Macht in den Händen der Christen blieb.

In den Jahren zwischen 1945 bis 1958 gelang es, mit diesem System ein Gleichgewicht aufrechtzuhalten und ein gewisses Maß der Kooperation zwischen den Führern der verschiedenen Gemeinschaften zu erreichen. Aber innerhalb einer Generation wurden seine Grundlagen geschwächt. Eine demographische Veränderung vollzog sich: Die muslimische Bevölkerung nahm stärker zu als die christliche. In den siebziger Jahren wurde unübersehbar, daß die drei Gemeinschaften, die als muslimisch angesehen wurden (Sunniten, Schiiten und Drusen) zahlenmäßig größer waren als die christlichen Gemeinschaften; einige ihrer Führer waren nicht mehr bereit, sich damit abzufinden, daß die Präsidentschaft und die eigentliche Macht in den Händen der Christen lagen. Darüber hinaus führten die schnellen wirtschaftlichen Veränderungen im Land und im gesamten Nahen Osten dazu, daß Beirut eine Großstadt wurde, in der die Hälfte der Bevölkerung lebte und mehr als die Hälfte arbeitete. Der Libanon war ein ausgedehnter Stadtstaat geworden und brauchte eine starke und effektive Regierung. Die Kluft zwischen Arm und Reich hatte sich vergrößert, und die Armen waren im wesentlichen Sunniten oder Schiiten. Für sie war es lebenswichtig, daß der Reichtum durch Steuern und soziale Dienstleistungen umverteilt wurde. Einer Regierung, deren Grundlage eine unsichere Vereinbarung zwischen politischen Führern bildete, fehlte der Handlungsspielraum, um das Erforderliche zu tun, denn sie konnte nur überleben, solange ihre Politik die Interessen der Mächtigen nicht störte.

1958 war das Gleichgewicht nicht länger aufrechtzuerhalten. Mehrere Monate tobte ein Bürgerkrieg. Er endete mit einer Erneuerung des Gleichgewichts nach dem Motto: »Keine Sieger, keine Besiegten.« Die Bedingungen, die zum Zusammenbruch geführt hatten, bestanden jedoch weiter, und in den nächsten fünfzehn Jahren kam ein anderer Faktor hinzu – der Libanon spielte eine größere Rolle bei der Konfrontation zwischen den Palästinensern und Israel. Nachdem die Macht der Fatah und anderer Guerillaorganisationen in Jordanien 1970 gebrochen worden war, verlagerten sie ihre Aktionen hauptsächlich in den Südlibanon, denn nur an dieser Grenze zu Israel konnten sie hoffen, einigermaßen frei und mit breiter Unterstützung der palästinensischen Flüchtlinge operieren zu können. Das alarmierte wiederum wichtige Kräfte unter den Christen, allen voran ihre am besten organisierte politische Partei, die Kata'ib (Falangisten). Dafür gab es zwei Gründe: Die Aktivitäten der Palästinenser im

Süden führten zu massiven israelischen Vergeltungsmaßnahmen, die die Unabhängigkeit des Landes bedrohten; außerdem bedeutete die Anwesenheit der Palästinenser eine Unterstützung der Gruppierungen – in erster Linie Muslime und Drusen –, die eine Änderung des politischen Systems, in dem sich die Macht hauptsächlich in der Hand von Christen befand, herbeiführen wollten.

1975 kam es zu einer gefährlichen Konfrontation der Kräfte. Jede Seite wurde aus dem Ausland mit Waffen und Hilfe unterstützt: die Kata'ib und ihre Verbündeten von Israel, die Palästinenser und ihre Verbündeten von Syrien. Im Frühling des Jahres fanden heftige Kämpfe statt, die mit unterschiedlichen Ergebnissen bis Ende 1976 andauerten, als man sich auf einen mehr oder weniger stabilen Waffenstillstand einigte. Dazu trug im wesentlichen Syrien bei, das in der Phase der Auseinandersetzungen seine Politik geändert hatte. Syrien hatte anfänglich die Palästinenser und ihre Verbündeten unterstützt, sich dann aber mehr der Kata'ib und ihren Verbündeten angenähert, als für sie die Gefahr einer Niederlage bestand. Syrien war in erster Linie an einem Gleichgewicht der Kräfte interessiert, das die Palästinenser in Schach hielt und ihnen im Südlibanon eine Politik erschwerte, die Syrien in einen Krieg mit Israel zog. Zur Wahrung syrischer Interessen marschierten nach Absprache mit anderen arabischen Ländern und den Vereinigten Staaten syrische Truppen im Libanon ein und blieben auch nach Beendigung der Kämpfe im Land. Es folgten fünf Jahre unsicherer Waffenruhe. Maronitische Gruppen regierten im Norden, die syrische Armee im Osten und die PLO dominierte im Süden. Beirut war geteilt in einen östlichen Sektor, der von den Kata'ib kontrolliert wurde, und einen westlichen Sektor, den die PLO und ihre Verbündeten kontrollierten. Die Regierung war praktisch ohne Autorität. Die von niemandem gebremste Macht der PLO im Süden brachte das Land immer wieder in Konflikt mit Israel, was 1978 zu einer Invasion führte. Unter internationalem Druck wurde der israelische Vormarsch gestoppt, aber in einem Gebiet entlang der Grenze blieb eine lokale Regierung unter israelischer Kontrolle. Die Invasion und die Unruhen im Süden führten dazu, daß die Schiiten des Gebiets ihre eigene politische und militärische Organisation gründeten – die Amal.

1982 verschärfte sich die Lage, und eine noch gefährlichere Dimension kam ins Spiel. Nachdem die nationalistische Regierung in Israel die Südgrenze durch den Friedensvertrag mit Ägypten gesichert hatte, versuchte sie, ihre Lösung des Palästinaproblems durchzusetzen. Dazu gehörte das Bemühen, die militärische und politische Kraft der PLO im Libanon zu zerschlagen, dort ein israelfreundliches Regime einzusetzen und ohne aktiven palästinensischen Widerstand die Siedlungspolitik und die Annektion der besetzten Gebiete Palästinas voranzutreiben. Nicht völlig ohne Billigung der USA griff Israel im Juni 1982 den Libanon an. Die Invasion gipfelte in einer langen Belagerung des Westteils von Beirut, wo hauptsächlich Muslime lebten und der von der PLO kontrolliert wurde. Die Belagerung endete mit einem Vertrag, der durch Vermittlung der US-Regierung ausgehandelt wurde. Danach sollte die PLO unter Sicherheitsgarantien der libanesischen und amerikanischen Regierungen für die palästinensische Zivilbevölkerung West-Beirut räumen. Zur selben Zeit brachte eine Präsidentschaftswahl den militärischen Führer der Kata'ib, Baschir Dschumail, ins Präsidentenamt. Bald nach der Wahl wurde er ermordet, und man wählte seinen Bruder Amin als Nachfolger. Der Mordanschlag bot Israel die Gelegenheit zur Besetzung von West-Beirut, und dies nutzte die Kata'ib zu einem Massaker an Palästinensern in den Flüchtlingslagern von Sabra und Schatila.

Der Rückzug der PLO beendete die Kämpfe für einige Zeit, aber der Konflikt war dadurch keineswegs entschärft. Die Kluft zwischen den verschiedenen Bevölkerungsgruppen vertiefte sich. Die neue, von den Kata'ib beherrschte und von Israel unterstützte Regierung versuchte, ihre Lösung durchzusetzen: Die Konzentration der Macht in ihren Händen, ein Vertrag mit Israel, in dem sich Israel bereit erklärte, als Gegenleistung für die faktische politische und militärische Kontrolle des Landes seine Truppen abzuziehen. Dies stieß auf heftige, von Syrien gestützte Kritik bei den anderen Gemeinschaften, den Drusen und Schiiten. Die Invasion hatte zwar die Unfähigkeit Syriens und der anderen arabischen Länder unter Beweis gestellt, sich gemeinsam und wirkungsvoll zur Wehr zu setzen, aber in Teilen des Landes standen immer noch syrische Truppen. Der syrische Einfluß unter den Gegnern der Regierung war groß. Syrien und seine Verbündeten konnten auf eine gewisse Unterstützung durch die UdSSR rechnen; die USA dagegen unterstützten militärisch und diplomatisch die Kata'ib und ihre israelischen Hintermänner. Zu den Bedingungen, unter denen sich die PLO bereit erklärt hatte, Beirut zu verlassen, gehörte die Entsendung einer multinationalen Sicherheitstruppe unter starker amerikanischer Beteiligung in den Libanon. Diese Truppen wurden bald wieder abgezogen, kehrten aber nach dem Massaker von Sabra und Schatila zurück. Von da an erweiterte das amerikanische Kontingent der multinationalen Truppe allmählich seine Funktionen, von der Verteidigung der Zivilbevölkerung bis hin zur aktiven Unterstützung der libanesischen Regierung und der Teilnahme an den Verhandlungen von 1983 zwischen Libanon und Israel über einen Vertrag. Im Verlauf der nächsten Monate dieses

Jahres führte die Truppe Militäraktionen zur Stützung der libanesischen Regierung durch, aber nach Angriffen auf die US-Marinesoldaten und unter Druck der amerikanischen Öffentlichkeit zog Amerika seine Truppen ab. Ohne wirkungsvolle amerikanische oder israelische Hilfe und angesichts des starken Widerstands der Drusen, Schiiten und Syriens kündigte die libanesische Regierung den Vertrag mit Israel. Ein Ergebnis dieser Episode war, daß die Amal und andere schiitische Gruppen zu wesentlichen Faktoren der libanesischen Politik wurden. 1984 übernahm die Amal die effektive Kontrolle über West-Beirut; es war unter anderem auf ihren Druck zurückzuführen, daß Israel seine Truppen aus dem Libanon abzog und seine Präsenz nur in einem Streifen entlang der Südgrenze aufrecht erhielt.

Ein dritter Konflikt in diesen Jahren erfaßte einen arabischen und einen nichtarabischen Staat und drohte, auf andere arabische Staaten überzugreifen. Das war der Krieg zwischen Iran und Irak, der 1980 begann. Zwischen beiden Ländern gab es gewisse Grenzstreitigkeiten, die im Jahr 1975, als sich der Schah auf dem Höhepunkt seiner Macht befand, zugunsten Irans beigelegt worden waren. Die iranische Revolution und die Zeit der Unruhen und offensichtlichen Schwäche danach ermöglichten es dem Irak, das Gleichgewicht zu seinen Gunsten zu verändern. Dahinter stand jedoch etwas sehr viel Wichtigeres. Das neue iranische Regime forderte alle Muslime auf, überall die Autorität des Islam in der Gesellschaft wiederherzustellen, und das mochte besonders bei der schiitischen Mehrheit im Irak Zustimmung finden. Die irakische Regierung sah sich einer doppelten Herausforderung gegenüber – als eine säkulare nationalistische Regierung und als eine von sunnitischen Muslimen beherrschte Regierung. 1980 fielen irakische Truppen in Iran ein. Nach ersten Erfolgen gelang es jedoch nicht, die besetzten Gebiete auf Dauer zu halten, und nach einiger Zeit begann Iran eine Gegenoffensive und marschierte im Irak ein. Der Krieg spaltete die irakische Gesellschaft nicht, denn die Schiiten des Irak verhielten sich zumindest ruhig, aber in einem gewissen Ausmaß führte er zu einer Spaltung der arabischen Welt. Syrien unterstützte Iran wegen eigener Streitigkeiten mit dem Irak, aber die meisten arabischen Staaten leisteten dem Irak finanzielle oder militärische Hilfe, denn ein iranischer Sieg hätte das politische System am Golf aus dem Gleichgewicht gebracht und möglicherweise den sozialen Frieden in Ländern mit einer starken muslimischen – und besonders schiitischen – Bewegung gestört.

Die Kämpfe endeten schließlich 1988 mit einem durch Vermittlung der Vereinten Nationen ausgehandelten Waffenstillstand. Keine Seite hatte Territorium gewonnen, beide Seiten hatten viele Menschenopfer und schwere wirtschaftliche Einbußen zu beklagen. In einem gewissen Sinn hatten jedoch beide Seiten etwas über den Krieg hinweggerettet: Das iranische System hatte sich auch unter der Belastung des Krieges als stabil erwiesen, und die Iraker hatten ein Übergreifen der iranischen Revolution auf den Irak oder den Golf verhindert.

Das Kriegsende zwischen Irak und Iran eröffnete die Aussicht auf veränderte Beziehungen zwischen den arabischen Staaten. Wahrscheinlich war, daß der Irak mit den freigewordenen Kräften und einer kriegserprobten Armee eine aktivere Rolle in anderen Bereichen spielen würde: im Golf und in der allgemeinen Politik der arabischen Welt. Die Beziehungen zu Ägypten und Jordanien waren durch die Hilfe beider Länder während des Krieges gefestigt worden; die Beziehungen zu Syrien waren dagegen schlecht, weil Syrien Iran unterstützt hatte, und als Gegner Syriens mochte der Irak aktiver in die verworrene Lage im Libanon eingreifen.

Das Palästinaproblem trat 1988 ebenfalls in eine neue Phase. Am Ende des Vorjahres hatte sich der Zorn der Bevölkerung in den israelisch besetzten Gebieten, dem Westjordanland und dem Gazastreifen, in einer Widerstandsbewegung Luft gemacht – manchmal friedlich, manchmal mit Gewalt, allerdings unter Vermeidung des Einsatzes von Feuerwaffen. Die lokale Führung hatte Kontakte zur PLO und anderen Organisationen. Diese Bewegung, die *intifada*, setzte 1988 ihre Aktionen das ganze Jahr hindurch fort. Sie veränderte die Beziehungen der Palästinenser untereinander und zur Welt außerhalb der besetzten Gebiete. Zutage trat die Existenz eines geeinten palästinensischen Volkes und die Trennung zwischen Territorien unter israelischer Besatzung und dem eigentlichen Israel. Es gelang der israelischen Regierung nicht, diese Bewegung zu unterdrücken; sie mußte sich zunehmend gegen Kritik aus dem Ausland verteidigen und sah sich einer unüberbrückbar gespaltenen Öffentlichkeit gegenüber. König Husain von Jordanien gelang es nicht, den Aufstand unter Kontrolle zu halten oder für die Palästinenser zu sprechen, und er zog sich aus der Suche nach einer Lösung zurück.

Die PLO stieß in ein Vakuum, aber ihr Wesen hatte sich verändert. Die PLO mußte jetzt die Meinung der Bevölkerung in den besetzten Gebieten und ihren Wunsch nach Beendigung der Besetzung berücksichtigen. Der Palästinensische Nationalrat, die repräsentative Körperschaft der Palästinenser, tagte in Algerien und einigte sich auf eine Charta, in der die Bereitschaft zur Anerkennung des Staates Israel und die Bereitschaft zu Verhandlungen über einen Friedensvertrag erklärt wurde. Diese Entwicklungen vollzogen sich in einem neuen Kontext: In Hinblick auf das Problem bestand wieder eine gewisse arabische Einheit, Ägypten beteiligte sich wieder aktiv an den arabischen Angelegenheiten, und in den Beziehungen zu den Vereinigten Staaten und der UdSSR vollzog sich eine Veränderung. Die USA erklärten zum ersten Mal ihre Bereitschaft zu direkten Verhandlungen mit der PLO, und die UdSSR engagierte sich aktiver im Geschehen im Mittleren Osten.

Kapitel 26

Aufruhr der Gemüter

(seit 1967)

Ethnische und religiöse Spaltungen

Die Konflikte im Libanon und im Irak zeigten, wie leicht Feindschaft zwischen den Staaten aus innenpolitischen Feindseligkeiten unzufriedener Segmente eines Staates entstehen konnten. In dieser Periode traten einige der sozialen Spannungen, die es in allen Staaten gibt, deutlich hervor. Im Irak bestand eine Gegnerschaft zwischen Arabern und Kurden. Die kurdische Minderheit im Nordosten des Landes war schon lange bei den wirtschaftlichen Entwicklungen und sozialen Veränderungen vernachlässigt worden, die im wesentlichen auf großstadtnahe Gebiete begrenzt geblieben waren. Als Bewohner der Bergtäler oder Mitglieder von Stämmen, die ihr Vieh auf weit entfernte Weiden treiben mußten, wehrten sich die Kurden gegen eine starke Kontrolle durch die städtischen Bürokratien; außerdem beschäftigte sie der Gedanke an eine kurdische Unabhängigkeit, der schon seit der Spätzeit des Osmanischen Reichs in der Luft lag. Seit der britischen Mandatsregierung kam es hin und wieder zu kurdischen Aufständen. Sie wurden heftiger, die Kämpfer waren besser organisiert und erhielten größere Unterstützung von Staaten, die seit der Revolution von 1958 dem Irak feindlich gesonnen waren. Iran unterstützte die aufständischen Kurden mehrere Jahre lang, stellte seine Hilfe aber ein, als die beiden Länder 1975 in verschiedenen Fragen eine Einigung erzielten. Das führte zum Ende des Aufstands; die Regierung ergriff Maßnahmen zu einer besonderen Verwaltung der Kurdengebiete und einem Programm zur Wirtschaftsentwicklung, aber die Lage blieb gespannt. Während des irakisch-iranischen Kriegs flammten die Aufstände Ende der achtziger Jahre wieder auf.

Eine ähnliche Situation bestand potentiell in Algerien. Teile der marokkanischen Bevölkerung im Atlasgebirge und der algerischen Bevölkerung in der Kabylei waren Berber. Sie sprachen Dialekte einer Sprache, die sich vom Arabischen unterschied; ihre sozialen Lebensformen beruhten auf einer langen, lokalen Tradition von Führung und Verwaltung. Während der französischen Herrschaft hatte die Regierung tendenziell die Unterschiede zwischen den arabischsprechenden und den berberischen Bevölkerungsgruppen gefördert. Das geschah teils aus politischen Gründen, aber auch, weil die örtlichen Beamten im großen und ganzen die Eigenarten der Gemeinschaften, die ihnen unterstanden, bewahren wollten. Die Politik der nationalistischen Regierungen nach der Unabhängigkeit zielte darauf, die Macht der Zentralregierung und den Einfluß der arabischen Kultur zu stärken. In Marokko wurde diese Politik durch zwei Faktoren verstärkt – zum einen durch die lange und mächtige Tradition der Sultansherrschaft und zum anderen durch das Ansehen der arabischen Kultur der großen Städte. Die Berber haben keine hohe Schriftkultur, und als die Dorfbewohner in den Einflußbereich städtischen Lebens gerieten, gewöhnten sie sich an, Arabisch zu sprechen. In Algerien war das jedoch nicht der Fall. Die Tradition der arabischen Kultur war hier schwächer, denn Algerien besaß keine großen Städte oder Schulen; die französische Kultur dominierte und schien eine alternative Zukunftsperspektive zu bieten. Auch war die Autorität der Regierung nicht so fest verwurzelt; ihr Machtanspruch beruhte auf der führenden Rolle im Kampf um die Unabhängigkeit des Landes. An diesem Kampf hatten aber auch die Berber aus der Kabylei großen Anteil gehabt.

Die ethnischen Unterschiede konnten also die divergierenden Interessen ebenso vertiefen wie die Unterschiede der Religion. Am Beispiel des Libanon wurde deutlich, wie schnell ein Machtkampf sich an religiösen Begriffen entzünden konnte. Im Sudan herrschte eine ähnliche Lage. Die Bewohner der südlichen Landesteile waren weder Araber noch Muslime; einige waren während der britischen Regierungszeit von Missionaren zum Christentum bekehrt worden. Diese Menschen erinnerten sich noch an die Zeiten, als sie unter der ständigen Bedrohung der Überfälle von Sklavenhändlern aus dem Norden gelebt hatten. Als nach der Unabhängigkeit die Macht in die Hände einer herrschenden Gruppe gelangte, die im wesentlichen aus Arabern und Muslimen bestand, blickten sie voll Mißtrauen in die Zukunft, denn die neue Regierung würde vielleicht versuchen, die islamische und arabische Kultur weiter auf den Süden auszudehnen. Außerdem würde sie vermutlich die Interessen der Gebiete um die Hauptstadt stärker vertreten. Kaum war das Land unabhängig, kam es im Süden zu einem Aufstand, der bis 1972 andauerte. Man fand eine Einigung, die dem

Süden eine sehr viel größere Autonomie einräumte. Die Spannungen und das gegenseitige Mißtrauen bestanden jedoch weiter und traten Anfang der achtziger Jahre wieder unverhüllt in Erscheinung, als die Regierung begann, eine eindeutiger islamische Politik zu betreiben. Der Aufstand gegen die Regierenden in Khartum wurde in den achtziger Jahren auf breiter Basis fortgesetzt, ohne daß es den Machthabern gelang, ihn zu unterdrücken oder eine friedliche Lösung mit den Aufständischen zu finden.

In Ländern mit einem hohen schiitischen Bevölkerungsanteil war die Lage besonders gefährlich und komplex. Das galt für den Irak, Kuwait, Bahrain, Saudi-Arabien, Syrien und den Libanon. Die Revolution im Iran mußte das Gefühl einer schiitischen Identität verstärken, und das konnte in Ländern, in denen die Regierung fest in den Händen der Sunniten war, politische Folgen haben. Andererseits wirkte das Bewußtsein einer gemeinsamen Nationalität oder gemeinsamer Wirtschaftsinteressen dem unter Umständen entgegen. In Syrien sah die Situation zumindest vorübergehend anders aus. In dem Ba'th-Regime, das seit den sechziger Jahren an der Macht war, hatte sich mit Asad an der Spitze eine Gruppe Offiziere und Politiker behauptet, die größtenteils der alawitischen Gemeinde angehörte, einem dissidenten Zweig der Schiiten; die Opposition gegen die Regierung vertrat mit Nachdruck den sunnitischen Islam der Muslimbrüder oder ähnlicher Gruppen.

Reich und Arm

Eine Spaltung anderer Art wurde in den meisten arabischen Ländern immer ausgeprägter – die Kluft zwischen Reich und Arm. Es hatte sie natürlich schon immer gegeben, aber in einer Zeit schneller ökonomischer Veränderungen bekam sie eine neue Bedeutung. Es war eine Phase des Wachstums, weniger der grundsätzlichen strukturellen Veränderungen. Die hohe Wachstumsrate ging hauptsächlich auf die Gewinne aus der Ölförderung zurück – nicht nur in den erdölexportierenden Ländern, sondern auch in anderen, die in den Genuß der Kredite, Finanzhilfen, Investitionen und der Überweisungen abgewanderter Arbeitskräfte kamen. In den siebziger Jahren lag die jährliche Wachstumsrate in den Vereinigten Arabischen Emiraten und Saudi-Arabien bei über zehn Prozent, bei neun Prozent in Syrien, sieben Prozent im Irak und in Algerien und bei fünf Prozent in Ägypten. Das Wachstum erfaßte jedoch nicht alle Bereiche der Wirtschaft gleichermaßen. Die zusätzlichen Staatseinnahmen wurden zum großen Teil für Waffenkäufe (meist in den USA und Westeuropa) und zum Ausbau der Bürokratie verwendet. Am schnellsten vergrößerte sich der Dienstleistungsbereich, allen voran der staatliche Sektor; 1976 waren dreizehn Prozent der arbeitenden Bevölkerung Ägyptens im Staatsdienst beschäftigt. Zu den Wachstumsbranchen gehörten auch die Konsumindustrien: die Textil-, Lebensmittel- und Konsumgüterindustrie und die Bauwirtschaft. Zwei Entwicklungen förderten das Wachstum in dieser Zeit. Einmal lokkerten die meisten Länder die Restriktionen für privates Unternehmertum; das führte zum Entstehen vieler kleiner Betriebe. Zum anderen stieg der Geldfluß durch die Summen, die abgewanderte Arbeitskräfte in ihre Heimat überwiesen. 1979 betrug die Gesamtsumme solcher Überweisungen in der Region fünf Milliarden Dollar im Jahr. Die Regierungen unterstützten diese Entwicklung, denn durch solche Gelder wurde das Problem der Zahlungsbilanz verringert. Außerdem flossen sie im wesentlichen in Grundbesitz und langlebige Konsumgüter.

Insgesamt hatten private Investoren keinen Grund, ihr Geld in der Schwerindustrie anzulegen, denn in diesem Bereich der Wirtschaft waren Verluste und Risiken hoch. Auch ausländische Investitionen hielten sich in Grenzen. Neue Schwerindustrien entstanden praktisch nur, wenn Regierungen ihren Aufbau beschlossen und sie das erforderliche Investitionskapital besaßen. Mehrere Ölstaaten versuchten, petrochemische Industrien sowie eine Stahl- und Aluminiumindustrie ins Leben zu rufen. Solche Projekte wurden meist größer geplant, als es dem zu erwartenden Markt entsprach. Die ehrgeizigsten Industrialisierungspläne hatte Saudi-Arabien; dort entstanden zwei große Industriegebiete – das eine an der Küste des Roten Meers, das andere am Golf. Unter Boumedienne verwendete die algerische Regierung einen großen Teil ihrer Mittel für den Aufbau von Schwerindustrien, zum Beispiel der Stahlindustrie, und Industrien, die den Einsatz von Spitzentechnologien erforderten, weil man hoffte, das Land von den Industrienationen unabhängig zu machen und zu einem späteren Zeitpunkt die neuen Technologien und die Produkte der Schwerindustrie zur Entwicklung der Landwirtschaft und der Produktion von Konsumgütern einsetzen zu können. Als Boumedienne jedoch 1979 starb, änderte sich die Politik, und seine Nachfolger legten größeren Nachdruck auf die Förderung der Landwirtschaft und auf soziale Dienstleistungen.

Beinahe überall wurde die Landwirtschaft vernachlässigt. Die große Ausnahme war Syrien. Dort wanderte mehr als die Hälfte aller Investitionen in die Landwirtschaft. Besonders hoch waren die Kosten für die Errichtung des Euphratstaudamms. Die Bauarbeiten hatten 1968 mit Hilfe der UdSSR begonnen. Am Ende der siebziger Jahre konnte die Stromgewinnung und die großflächige Bewässerung des Flußtals aufgenommen werden. Da aber die Landwirtschaft im allgemeinen ein Stiefkind blieb, obwohl in allen Ländern ein Großteil der Bevölkerung auf dem Lande lebte, nahm die Erzeugung landwirtschaftlicher Produkte in den meisten Ländern nicht zu und in einigen sogar ab. In Saudi-Arabien lebten 58 Prozent der wirtschaftlich aktiven Bevölkerung auf dem Land, aber sie trugen nur zehn Prozent zum Bruttosozialprodukt bei. Aufgrund der überragenden Bedeutung der Erdölförderung waren die Umstände dort außergewöhnlich, aber in Ägypten sah das Verhältnis nicht viel anders aus. 52 Prozent der arbeitenden Bevölkerung lebten auf dem Land und trugen 28 Prozent zum Bruttosozialprodukt bei. Am Ende der siebziger Jahre mußten die arabischen Länder einen Großteil ihrer Nahrungsmittel importieren.

Das Wirtschaftswachstum führte nicht, wie man hätte erwarten können, zu einem verbesserten Lebensstandard, da einerseits die Bevölkerung schneller als je zuvor wuchs und andererseits die Regierungen der meisten arabischen Staaten keine ausgewogenere Verteilung der Einnahmen aus der Produktion anstrebten. In den arabischen Ländern lebten 1930 etwa 55 bis 60 Millionen Menschen, 1960 waren es bereits um 90 Millionen, und 1979 erreichte die Zahl 179 Millionen. Die natürliche Wachstumsrate lag in den meisten Ländern bei zwei bis drei Prozent. Dafür war nicht nur die Zunahme an Geburten verantwortlich, denn als Methoden der Geburtenkontrolle allgemein bekannt wurden, sank die Zahl der Geburten eher ab, und das städtische Leben führte dazu, daß die jungen Leute später heirateten. Die Hauptgründe für das Bevölkerungswachstum waren die höhere Lebenserwartung und ein Rückgang der Kindersterblichkeit.

Wie schon früher dehnten sich die Städte mit den steigenden Bevölkerungszahlen noch weiter aus; denn die städtische Bevölkerung wuchs schneller als je zuvor, als sich die gesundheitlichen Bedingungen verbesserten und immer mehr Menschen vom Land in die Städte zogen. Mitte der siebziger Jahre lebte in den meisten arabischen Ländern ungefähr die Hälfte der Bevölkerung in Städten – in Kuwait, Saudi-Arabien, Libanon, Jordanien und Algerien mehr als 50 Prozent, in Ägypten, Tunesien, Libyen und Syrien zwischen 40 und 50 Prozent. Dabei wuchsen die kleinen Städte ebenso wie die großen, aber besonders bemerkenswert war das Wachstum der Hauptstädte und der großen Industrie- und Wirtschaftszentren. Mitte der siebziger Jahre gab es acht arabische Städte mit mehr als einer Million Einwohner – Kairo hatte 6,4 Millionen und Bagdad 3,8 Millionen.

Das Wirtschaftswachstum und die schnelle Urbanisierung führten zu einer stärkeren und deutlicheren Polarisierung der Gesellschaft. Vom

Wachstum profitierte an erster Stelle die herrschende Oberschicht, Offiziere, höhere Beamte, Techniker, Geschäftsleute in der Bau- und Konsumgüterindustrie, im Bereich von Im- und Export oder die Partner multinationaler Unternehmen. Industriefacharbeiter hatten ebenfalls gewisse Vorteile; es ging ihnen am besten dort, wo die politischen Umstände es den Arbeitern erlaubten, sich wirkungsvoll zu organisieren. Andere Teile der Bevölkerung profitierten weniger oder überhaupt nicht von der wirtschaftlichen Lage. In den Städten gab es die Schicht der kleinen Angestellten, der kleinen Händler und der Dienstboten der Reichen. Um sie herum lebte die Masse der fliegenden Händler und Gelegenheitsarbeiter oder Arbeitslosen. Auf dem Land konnten Grundbesitzer mit mittleren, in Ländern, in denen es keine Bodenreform gegeben hatte, mit großen Gütern, gewinnbringend wirtschaften, weil ihnen Kredite zur Verfügung standen. Aber für die armen Bauern, die wenig oder kein eigenes Land besaßen, gab es kaum Hoffnung auf eine Verbesserung ihrer Lage. Die Wanderarbeiter in den Ölförderländern verdienten zwar mehr als in der Heimat, aber sie hatten keinen sozialen Schutz und keinerlei Sicherheiten, und sie konnten ihre Position nicht durch gemeinsames Handeln verbessern. Für sie bestand kein Kündigungsschutz, und andere standen jederzeit bereit, an ihre Stelle zu treten. Ende der siebziger Jahre verschlechterte sich ihr Status noch, da eine neue Konkurrenz auftauchte, denn viele dieser Arbeiter kamen nicht mehr aus arabischen Ländern, sondern mit Kurzzeitverträgen aus dem fernen Osten – aus Südostasien, Thailand, Malaysia, den Philippinen oder Korea.

Unter dem Einfluß von Ideen der westlichen Welt schufen einige Regierungen soziale Dienstleistungen; das führte zu einer gewissen Umverteilung der Einkommen. Dazu gehörten sozialer Wohnungsbau, Gesundheitsfürsorge und ein staatliches Bildungswesen, aber auch Sozialversicherungssysteme. Selbst in den reichsten Ländern konnte damit nicht der ganzen Bevölkerung geholfen werden. In Kuwait kamen alle Kuwaitis in den vollen Genuß dieser Vorteile, die Nichtkuwaitis dagegen in einem sehr viel geringeren Maß. In Saudi-Arabien hatten die großen Städte ihre *bidonvilles*, und auch die Dörfer waren keineswegs reich. Am schwierigsten war die Lage in den Großstädten, die durch Einwanderung und die natürliche Bevölkerungszunahme sehr schnell gewachsen waren. Wenn man die Armenviertel beseitigte, dann bedeuteten die billigen Wohnviertel, die sie ersetzen sollten, nicht unbedingt eine Verbesserung, denn es fehlte an allem, sogar an dem Gemeinschaftsgeist, der im *bidonville* noch vorhanden gewesen sein mochte. Beinahe überall gab es nur unzureichende öffentliche Verkehrsmittel. Es bestand ein großer sozialer Unterschied zwischen Besitzern eigener Fahrzeuge und denen ohne Transportmöglichkeiten. In den meisten Städten waren Wasserversorgung und Kanalisation auf sehr viel weniger Einwohner ausgelegt, und man hatte die Kapazitätsgrenzen schnell erreicht. In Kairo brach das Kanalsystem buchstäblich zusammen. In Kuwait und Saudi-Arabien löste man das Problem der Wasserversorgung durch Meerwasser-Entsalzungsanlagen – eine kostspielige, aber wirkungsvolle Methode.

Die Frauen in der Gesellschaft

In dieser Zeit trat noch ein anderes gesellschaftliches Problem deutlich zutage. Die Rolle der Frauen veränderte sich; es gab gravierende Eingriffe in die Familienstruktur, und dadurch wurden Fragen nicht nur für Männer aufgeworfen, denen eine starke und gesunde nationale Gemeinschaft am Herzen lag, sondern auch für Frauen, die sich ihre Stellung als Frau bewußtmachten.

Während der letzten Generationen hatten Veränderungen stattgefunden, von denen die Stellung der Frau in der Gesellschaft nicht unberührt bleiben konnte. Dazu gehörte unter anderem die Ausweitung des Bildungswesens. Selbst in den konservativsten Staaten der Arabischen Halbinsel besuchten mittlerweile Mädchen die Schule. Auf der Grundschulebene gab es in einigen Ländern beinahe ebenso viele Mädchen wie Jungen; in den höheren Schulen wuchs der Anteil der Mädchen schnell. Immer mehr Frauen waren des Lesens und Schreibens kundig, auch wenn das Analphabetentum unter ihnen größer blieb als bei den Männern; in einigen Ländern konnten praktisch alle Frauen der jüngeren Generation schreiben und lesen. Aber nicht nur aus diesem Grund standen den Frauen mittlerweile mehr Berufe offen. Die Frauen in den Dörfern mußten oft die Felder bestellen und das Vieh versorgen, weil die Männer in den Städten oder in den Ölförderländern Geld verdienten. In der Stadt stellten moderne Fabriken Frauen als Arbeitskräfte ein. Ihre Stellen waren gefährdet; man bot ihnen Arbeit an, wenn nicht genug Männer zur Verfügung standen, aber in Zeiten der Rezession oder bei Rationalisierungsmaßnahmen kündigte man ihnen zuerst. Ungelernte Frauen (meist kamen sie vom Land, waren jung und unverheiratet) fanden eher als Dienstboten im Haushalt einen Arbeitsplatz. Immer mehr Frauen mit Schulbildung arbeiteten in der Verwaltung – meist als Sekretärinnen; und bedeutend mehr Frauen als früher behaupteten sich als Juristinnen, Ärztinnen und in der Sozialfürsorge. In einigen Ländern gab es eine geringe, aber steigende Zahl von Frauen in hohen Regierungsämtern – vor allem in Tunesien, im Südjemen und im Irak. In diesen Ländern bemühte man sich bewußt, mit der Vergangenheit zu brechen und eine »moderne« Gesellschaft zu schaffen.

Die Lebensumstände in den Städten und die Arbeitsplätze außerhalb des eigenen Haushalts hatten gewisse Auswirkungen auf das Familienleben und die Stellung der Frau in der Familie. Auf dem Dorf bedeutete die Abwanderung der Männer zu weit entfernten Arbeitsplätzen, daß eine Frau größere Verwantwortung für die Familie übernahm und Entscheidungen traf, die sie früher dem Mann überlassen hätte. In der Stadt war die Großfamilie keine solche Selbstverständlichkeit wie auf dem Dorf, eine Frau lebte vermutlich nicht mehr in der großen weiblichen Gemeinschaft von Schwestern und Cousinen unter der Herrschaft ihrer Schwiegermutter. Der Kontakt der Ehepaare wurde notgedrungen direkter. Kinder wuchsen nicht länger in der Großfamilie auf und wurden ebenso von der Schule und der Straße geprägt wie vom Elternhaus. Information und ärztliche Beratung sorgten für die Verbreitung von Empfängnisverhütungsmitteln; aus wirtschaftlichen Zwängen und auch auf Grund der neuen Möglichkeiten blieben die Familien in der Stadt im allgemeinen kleiner als auf dem Land. Schulbildung und Beruf sorgten dafür, daß Frauen erst um die zwanzig heirateten und nicht schon mit fünfzehn. Auf der Straße und an den Arbeitsplätzen ließ sich die Trennung der Geschlechter nicht länger aufrechterhalten. Nicht nur der Schleier wurde seltener getragen als früher, auch andere Formen der Trennung von Mann und Frau verschwanden. In Saudi-Arabien versuchte man, diese Entwicklung zu bremsen. Die Frauen gingen im allgemeinen auf den Straßen verschleiert, und es gab keine Koedukation. Außerdem waren Frauen nur bestimmte Arbeitsbereiche erlaubt. Sie konnten als Lehrerinnen oder in Frauenkliniken arbeiten, aber nicht in der Verwaltung oder an anderen Stellen, an denen es Berührungspunkte mit Männern gab.

Alle Änderungen vollzogen sich noch immer in einem weitgehend unveränderten Rahmen legaler und ethischer Grundsätze, der die Vorrangstellung des Mannes nicht antastete. In der Interpretation des islamischen Personenrechts gab es jedoch einige Änderungen. Von allen arabischen Ländern schaffte nur Tunesien die Polygamie ab, aber sie wurde überall seltener. In Tunesien und im Irak wurde es für Frauen einfacher, die Auflösung einer Ehe anzufechten, aber überall blieb das Recht des Mannes bestehen, sich ohne Angabe von Gründen und ohne eine juristische Scheidung von seiner Frau zu trennen; genausowenig änderte sich etwas am Sorgerecht des geschiedenen Mannes für die Kinder ab einem gewissen Alter. In einigen Ländern setzte man das Mindestalter für Eheschließungen nach oben und änderte in anderen das Erbrecht, aber es gab nirgendwo eine säkulare Erbgesetzgebung. Und in keinem arabischen Land trat ein säkulares Persönlichkeitsrecht an die Stelle der aus der *schari'a* abgeleiteten Gesetze, wie es in der Türkei der Fall war.

Und selbst wenn die Gesetzgebung sich änderte, führte das nicht notwendigerweise zu anderen Sitten. Neue Gesetze konnten nicht immer durchgesetzt werden, vor allem dann nicht, wenn sie an tief verwurzelte Sitten rührten, die den Mann in seiner dominanten Rolle bestätigten. Die Frauen selbst verteidigten die fest in der Gesellschaft verankerten Vorstellungen. Ein junges Mädchen sollte früh heiraten; die Familie sollte die Ehe arrangieren; ein Mann konnte seine Frau jederzeit verstoßen. Mütter und Schwiegermütter waren oft die Stützen des Systems. Viele Frauen billigten es grundsätzlich, versuchten aber, eine bessere Stellung für sich darin zu erlangen, indem sie die Männer mehr oder weniger behutsam beeinflußten. Diese Einstellung der Frau beschreibt beispielsweise die ägyptische Schriftstellerin Alifa Rifaat in ihren Erzählungen, in denen der Rhythmus des Lebens einer muslimischen Frau noch immer vom fünfmaligen Gebetsruf des Muezzin vom Minarett bestimmt wird:

> Sie [...] hob die Hand an die Lippen und küßte ihre Finger auf beiden Seiten als Zeichen der Dankbarkeit gegen Gott. Reue beschlich sie, daß sie ihrem Schöpfer ihre Dankbarkeit nur durch diese Geste und durch wenige Lobpreisungen kundtun konnte. Zu Lebzeiten ihres Mannes Ahmad hatte sie hinter ihm gestanden, während er sein Gebet verrichtete. Sie war seinen Bewegungen gefolgt, wenn er sich niederkniete, den Oberkörper zur Erde neigte, und ehrfurchtsvoll hatte sie seinen Worten gelauscht, wissend, daß derjenige, der hinter einem Vorbeter steht und seinen Bewegungen folgt, auch selbst richtig betet. [...] Nach seinem Tod hatte sie aufgehört, das Gebet zu verrichten.[1]

Es gab jedoch immer mehr Frauen, die das System nicht mehr hinnahmen. Sie forderten das Recht auf eine eigene Identität und auf Änderung ihrer gesellschaftlichen Stellung, in der diese neue Identität zum Ausdruck kam. Aber sie befanden sich noch nicht in Machtpositionen. Ministerinnen und Frauen im Parlament waren wenig mehr als bloße Symbole eines Wandels. Zeitungen und Frauenorganisationen verbreiteten ihre Ansichten. Abgesehen von Schriftstellerinnen gab es eine Reihe bekannter Frauen, deren provokative Werke in den arabischen Ländern und international durch Übersetzungen große Beachtung fanden. Die Marokkanerin Fatima Mernissi erklärt in ihrem Buch *Geschlecht, Ideologie, Islam*[2], die sexuelle Ungleichheit beruhe auf einer typisch islamischen Vorstellung von der Frau oder werde zumindest dadurch gerechtfertigt. Danach besitze die Frau eine gefährliche Macht, die eingedämmt werden müsse. Diese Ansicht, so stellt sie fest, sei mit den Erfordernissen einer unabhängigen Nation in der modernen Welt unvereinbar.

Allerdings trat am Ende der siebziger und Anfang der achtziger Jahre ein Phänomen auf, das auf eine entgegengesetzte Tendenz hinzuweisen schien: Auf der Straße, an den Arbeitsplätzen, vor allem in den Schulen und Universitäten verhüllten immer mehr Frauen die Haare und sogar das Gesicht mit einem Schleier. Sie vermieden Kontakte mit Männern auf gesellschaftlicher und beruflicher Ebene. Es mag wie ein Paradox erscheinen, aber das war mehr ein Zeichen ihrer Selbstbestimmung als die Anerkennung der Macht des Mannes. Frauen, die diesen Weg einschlugen, kamen häufig nicht aus Familien, in denen Geschlechtertrennung herrschte, sondern sie taten es bewußt und aus freien Stücken, um eine bestimmte Vorstellung von der anzustrebenden islamischen Gesellschaft zum Ausdruck zu bringen; diese Vorstellung war bis zu einem gewissen Maß von der Revolution im Iran beeinflußt. Welche Motive dieser Einstellung auch zugrunde lagen, auf lange Sicht unterstützte sie eine traditionelle Auffassung von der Stellung der Frau in der Gesellschaft.

Ein Erbe und seine Erneuerung

Die Ereignisse von 1967 und die darauf folgenden Veränderungen verstärkten den Eindruck eines Aufruhrs der Gemüter und des verbreiteten Gefühls einer aus den Fugen geratenen Welt, wie es die Dichtung der fünfziger und sechziger Jahre bereits zum Ausdruck gebracht hatte. Man sah in der Niederlage von 1967 nicht nur einen militärischen Rückschlag, sondern in gewisser Hinsicht auch ein moralisches Urteil. War die Tatsache, daß die Araber so schnell, so eindeutig und vor den Augen der ganzen Welt besiegt worden waren, nicht vielleicht ein Hinweis auf den desolaten Zustand ihrer Gesellschaften und der Moral, die sie verkörperten? Das heroische Zeitalter der Unabhängigkeitskämpfe war vorüber; dieser Kampf konnte die arabischen Länder und auch die Menschen in diesen Ländern nicht länger einen; Mißstände und Fehler ließen sich nicht mehr wie in der Vergangenheit ausschließlich auf das Eingreifen und die Übermacht der Ausländer schieben.

Den gebildeten und nachdenklichen Männern und Frauen wurde die schnelle und grundlegende Veränderung ihrer Gesellschaften immer deutlicher bewußt, und sie begannen, sich darüber Gedanken zu machen, wie ihre Stellung davon betroffen wurde. Der Bevölkerungszuwachs, die Ausdehnung der Städte, die Ausweitung des allgemeinen Bildungswesens und die Massenmedien brachten einen neuen Ansatz in die Diskussion um die öffentlichen Belange. Überzeugungen, Ängste und Hoffnungen wurden in einer traditionellen Sprache artikuliert. Bei den Gebildeten erwachte in dem Ringen mit den Phänomenen der Zeit das Bewußtsein von der großen Kluft zwischen ihnen und der Masse; und sie erkannten in aller Deutlichkeit das Problem der Kommunikation: Wie konnte die gebildete Elite für die Masse und zu ihr sprechen? Hinter dieser Frage lag auch das Problem der Identität. Worin bestand das moralische Band zwischen ihnen, das ihnen das Recht gab, sich für eine Gesellschaft und eine politische Gemeinschaft zu halten?

Das Identitätsproblem zeigte sich an der Beziehung zwischen dem Erbe der Vergangenheit und den Bedürfnissen der Gegenwart. Sollten die arabischen Völker einem Weg folgen, der ihnen von außen gewiesen wurde? Oder konnten sie im Erbe ihres Glaubens und ihrer Kultur jene Werte finden, die ihnen in der modernen Welt eine Richtung gaben? Solche Fragen verdeutlichten den Zusammenhang zwischen dem Identitätsproblem und dem Problem der Unabhängigkeit. Wenn die Werte einer Gesellschaft von außen kamen, hatte das nicht eine permanente Abhängigkeit von anderen Nationen, vor allem von Westeuropa und Nordamerika zur Folge? Und würde die kulturelle Abhängigkeit nicht wirtschaftliche und politische Abhängigkeit bedeuten? Der ägyptische Wirtschaftswissenschaftler Galal Amin (geb. 1935) wies in seinem Buch *Mihnat al-iqtisad wa thaqafa fi Misr* (Die Misere von Wirtschaft und Kultur in Ägypten) mit Nachdruck darauf hin und versuchte, die Zusammenhänge zwischen dem *infitah* (Politik der offenen Tür) und einer Kulturkrise aufzuzeigen. Die Ägypter und die anderen arabischen Völker hätten den Glauben an sich verloren, erklärte Galal Amin. Der *infitah* und die Folge der Ereignisse seit der ägyptischen Revolution von 1952 standen auf einem unsicheren Fundament: die falschen Werte einer Konsumgesellschaft im Wirtschaftsleben, die Herrschaft einer Elite anstelle echter patriotischer Treue. Die Ägypter importierten alles, was Ausländer ihnen als erstrebenswert darstellten, und das führte zu dauernder Abhängigkeit. Ein gesundes politisches und wirtschaftliches Leben war nur möglich, wenn es auf eigenen moralischen Werten beruhte, die wiederum nur in der Religion wurzeln konnten.

Recht ähnlich argumentierte der ägyptische Schriftsteller Hasan Hanafi. Er schrieb über die Beziehung zwischen dem Erbe und der Notwendigkeit seiner Erneuerung. Die Araber waren wie andere Menschen in eine Wirtschaftsrevolution hineingezogen worden, die nur durch eine »menschliche Revolution« zu einem guten Ende gebracht werden konnte. Das bedeutete nicht, das Erbe der Vergangenheit aufzugeben, denn für dieses Erbe waren die Araber ebenso verantwortlich wie für »die Menschen, das Land und den Reichtum«. Das Erbe sollte »in Übereinstimmung mit den Bedürfnissen der Zeit« neu interpretiert und in eine Ideologie verwandelt werden, aus der eine politische Bewegung entstehen konnte. Sowohl blindes Festhalten an der Tradition als auch sinnlose Neuerungen waren unangebracht, denn das erste konnte die Probleme der Gegenwart nicht beantworten, und das zweite erreichte die Masse nicht, denn es bediente sich einer ihnen fremden Sprache. Eine Reformation des religiösen Denkens mußte den Menschen eine neue Definition ihrer selbst geben, und eine revolutionäre Partei mußte eine nationale Kultur schaffen und auf diese Weise kollektive Verhaltensweisen ändern.

Ein Großteil des zeitgenössischen arabischen Denkens kreiste um dieses Dilemma von Vergangenheit und Gegenwart. Einige Schriftsteller schlugen kühne Lösungen vor. Der syrische Philosoph Sadiq Dschalal al-Azm (geb. 1934) fand eine Antwort, die eine völlige Ablehnung der Religion zur Voraussetzung machte. Er erklärte, die Religion sei falsch und in ihren Ansichten darüber, was Wissen ist, und in ihren Methoden der Wahrheitsfindung unvereinbar mit echtem wissenschaftlichen Denken. Die beiden Standpunkte seien absolut unvereinbar miteinander, es sei unmöglich, an die buchstabengetreue Wahrheit des Korans zu glauben; und wenn man Teile des Korans ablehne, müsse man auch die Behauptung zurückweisen, er sei das Wort Gottes. Religiöses Denken sei nicht nur falsch, sondern auch gefährlich. Es bestätige die bestehende Gesellschaftsordnung und stütze die Hüter dieser Ordnung. Damit verhindere es eine wirkliche Entwicklung hin zur gesellschaftlichen und politischen Befreiung.

Nur wenige andere Denker bezogen eine so extreme Position; im allgemeinen neigte man dazu, die Substanz des religiösen Glaubens im Kontext des kulturellen Erbes zu sehen und sie so zum Gegenstand der Kritik zu machen. Für den Tunesier Hichem Djaït (geb. 1935) konnte man die nationale Identität nicht in Begriffen der religiösen Kultur definieren. Es galt, die religiöse Kultur zu bewahren; die Sicht des menschlichen Lebens, die der Prophet Muhammad vermittelt hatte, sowie die Liebe und Treue, die ihm im Laufe der Jahrhunderte entgegengebracht worden waren, sollte man in Ehren halten. Beides müsse vom Staat geschützt werden. Gesellschaftliche Institutionen und Gesetze sollten jedoch völlig von der Religion getrennt und auf die Basis »humanistischer« Grundsätze gestellt werden; der einzelne Bürger sollte die Freiheit haben, den überlieferten Glauben aufzugeben, wenn das sein Wunsch sei.

Wir sind für eine Säkularisierung, aber für eine Säkularisierung, die dem Islam nicht feindlich gesonnen ist und ihre Motivation nicht aus antiislamischen Gefühlen bezieht. Auf unserem schmerzvollen Weg haben wir das Wesen des Glaubens bewahrt, eine tiefe und unauslöschliche Zärtlichkeit für die Religion, die unsere Kindheit mit Licht erfüllt hat. Sie war unser erster Führer zu Gott und zur Entdeckung des Absoluten. [...] Unsere Säkularisierung findet ihre Grenzen in der Erkenntnis der prinzipiellen Beziehung zwischen dem Staat, bestimmten Elementen sittlichen und sozialen Verhaltens, der Struktur der kollektiven Persönlichkeit und des islamischen Glaubens und in unserem Eintreten für die Pflege dieses Glaubens und für seine Reform. Reformen sollten nicht gegen die Religion stattfinden, sondern gleichzeitig von der Religion, in der Religion und unabhängig von ihr durchgeführt werden.[3]

Ein anderer Schriftsteller aus dem Maghreb, Abdullah Laroui, hielt eine Neubestimmung sowohl der Vergangenheit als auch der Gegenwart für wesentlich. Wichtig war das richtige historische Verständnis, um »unsere Vergangenheit in Besitz zu nehmen« durch ein Verstehen der Kausalität, der Art und Weise, wie sich ein Ding aus dem anderen entwickelt. Darüber hinaus war ein wohlverstandener »Historizismus« erforderlich, das heißt eine Bereitschaft, die Grenzen der Vergangenheit zu überschreiten; mit Hilfe einer »radikalen Kritik der Kultur, Sprache und Tradition« der Vergangenheit das Notwendige zu entnehmen und damit eine neue Zukunft zu gestalten. Der Prozeß des kritischen Verstehens an sich konnte keinen Weg in die Zukunft weisen. Er mußte vom lebendigen Gedankengut der Zeit geleitet werden, vor allem von einem richtig verstandenen Marxismus; der Marxismus ging davon aus, daß die Geschichte eine Richtung hatte und sich schrittweise einem Ziel näherte. Daraus ließen sich die Einsichten gewinnen, durch die die Vergangenheit in ein neues System des Denken und Tuns einbezogen werden konnte.[4]

Am anderen Ende des Spektrums standen jene, die glaubten, das islamische Erbe und nur dieses Erbe könne die Grundlage des Lebens in der Gegenwart sein, denn es gehe auf das Wort Gottes zurück. Diese Haltung vertraten mit zunehmend schärferen Tönen Kreise der Muslimbrüder in Ägypten und in anderen arabischen Ländern. In diesen Bewegungen kam es in den sechziger Jahren zu einer gewissen Polarisierung; einige Führer und Anhänger waren zu Kompromissen mit den Machthabern bereit und wollten die bestehenden Regierungen zumindest für den Augenblick akzeptieren, da sie hofften, dadurch Einfluß auf die Politik zu gewinnen. Andere vertraten die entgegengesetzte Haltung. Sie lehnten kategorisch alle Gesellschaftsformen ab, die nicht absolut islamisch waren. Saiyid Qutb definierte 1964 in seinem Buch *Ma'alim fi t-tariq* (Wegweiser auf dem Pfad) die wahre islamische Gesellschaft in kompromißloser Weise.

Die islamische Gesellschaft stellte sich unter die absolute Herrschaft Gottes, das hieß, sie betrachtete den Koran als Quelle aller Richtlinien für das menschliche Leben, denn allein aus dem Koran konnte ein moralisches System und ein Gesetz entstehen, das in Übereinstimmung mit dem Wesen der Realität stand. Alle anderen Gesellschaften, mit welchen Prinzipien auch immer, waren Formen der *dschahiliya* (Unkenntnis religiöser Wahrheit) – Kommunisten, Kapitalisten, Nationalisten beriefen sich auf andere falsche Religionen oder behaupteten, Muslime zu sein, ohne jedoch der *schari'a* zu gehorchen:

> Die Führung des westlichen Menschen in der Welt neigt sich dem Ende zu. Der Grund dafür ist nicht der materielle Bankrott der westlichen Zivilisation oder der Verlust wirtschaftlicher oder militärischer Stärke, sondern die Tatsache, daß die westliche Ordnung ausgespielt hat und nicht mehr den Bestand an »Werten« besitzt, der zu ihrer Vormachtstellung geführt hat. [...] Die wissenschaftliche Revolution hat ebenso ausgespielt wie der »Nationalismus« und die territorial begrenzten Gemeinschaften, die in seinem Zeitalter groß wurden. [...] Die Zeit des Islam ist gekommen.[5]

Der Weg zur Schaffung einer wahren muslimischen Gesellschaft, so erklärte Saiyid Qutb, begann mit der Überzeugung des einzelnen, verwandelte sich im Herzen zu einem lebendigen Bild und manifestierte sich in einem Programm der Tat. Alle, die das Programm billigten, waren eine Vorhut verschworener Kämpfer. Sie sollten alle Mittel einsetzen, auch den *dschihad*, aber erst dann, wenn die Kämpfer innere Reinheit gewonnen hatten; aber dann sollte der *dschihad* nicht nur zur Verteidigung geführt werden, sondern nötigenfalls auch, um die Verehrung der falschen Götter zu beenden und alle Hindernisse zu beseitigen, die die Menschen davon abhielten, den Islam anzunehmen. Der Kampf habe eine universale Muslimgesellschaft zum Ziel, in der es keine Rassenunterschiede mehr gab. »Das westliche Zeitalter ist zu Ende«, es konnte nicht die Werte für die neue Zivilisation liefern. Nur der Islam konnte der Welt Hoffnung geben.

Die Implikationen solcher Lehren hatten weitreichende Folgen, wenn sie ernstgenommen wurden. Die Anhänger der Muslimbrüder, die Saiyid Qutb unterstützten, gerieten in Opposition zu Abd an-Nasirs Regime. Qutb wurde 1966 verhaftet, verurteilt und hingerichtet. Im nächsten Jahrzehnt folgten Gruppen, die aus den Muslimbrüdern hervorgingen, buchstabengetreu seinen Lehren. Sie besagten, das erste Stadium zur Schaffung einer islamischen Gesellschaft sei die Abkehr von der Gesellschaft der *dschahiliya*, ein Leben in Übereinstimmung mit der *schari'a*, die Reinigung des Herzens und die Bildung eines harten Kerns treuer Kämpfer. Solche Gruppen waren zu Gewalt und zum Martyrium bereit; das zeigte sich, als Mitglieder einer solchen Gruppe 1981 Sadat ermordeten und als im Jahr darauf Muslimbrüder in Syrien versuchten, Hafiz al-Asad und sein Regime zu stürzen.

In der Mitte des politisch-religiösen Spektrums befanden sich jene, die auch weiterhin glaubten, daß der Islam mehr als eine Kultur sei. Für sie war er das geoffenbarte Wort Gottes, das man aber richtig verstehen mußte. Die aus dem Islam gewonnenen sozialen Normen und Gesetze konnten adaptiert und zur moralischen Grundlage einer modernen Gesellschaft gemacht werden. Es gab viele Varianten dieser reformistischen Haltung. Konservative der wahhabitischen Rechtsschule in Saudi-Arabien und andernorts vertraten die Ansicht, der bestehende Gesetzeskodex der *schari'a* könne allmählich und behutsam in ein System umgewandelt werden, das den Bedürfnissen des modernen Lebens Rechnung trug; einige glaubten, nur der Koran sei heilig, und er könne als Grundlage einer neuen Rechtsordnung dienen; wieder andere waren davon überzeugt, daß nur die Sufis den Koran richtig interpretierten, und die individuelle mystische Gottesverehrung sei vereinbar mit einer Gesellschaftsordnung von mehr oder weniger säkularem Zuschnitt.

Es gab einige verantwortungsbewußte, aber kühne Versuche zu demonstrieren, wie das neue Moral- und Rechtssystem aus Koran und Hadith abgeleitet werden könnte. Im Sudan erklärte Sadiq al-Mahdi (geb. 1936), der Urenkel des Religionsführers aus dem neunzehnten Jahrhundert und selbst ein wichtiger politischer Führer, notwendig sei ein neues religiöses Denken, das aus dem Koran und der Hadith eine *schari'a* in Übereinstimmung mit den Bedürfnissen der modernen Welt entwickele. Der vielleicht am sorgfältigsten durchdachte Versuch, die Grundlagen einer neuen Rechtswissenschaft zu erarbeiten, kam von außerhalb der arabischen Welt, von dem pakistanischen Gelehrten Fazlur Rahman (1919–88). Als Gegengewicht zu der »spirituellen Panik« der Muslime in der Gegenwart schlug er eine Methode der Koranexegese vor, die sich am Geist des Islam orientieren sollte, aber auch dem modernen Leben gerecht werde. Der Koran war »eine durch den Geist des Propheten vermittelte göttliche Antwort auf die moralisch-gesellschaftliche Situation Arabiens zur Zeit des Propheten«. Wenn man seine Lehren auf die moralische und gesellschaftliche Situation einer anderen Zeit anwenden wollte, mußte man aus der »göttlichen Antwort« das in ihr enthaltene allgemeine Prinzip herauslösen. Dies war möglich, indem man die besonderen Umstände genau untersuchte, unter denen die Antwort Gottes offenbart worden war. Voraussetzung dafür war die Erkenntnis, daß der Koran eine Einheit ist. Nachdem das allgemeine Prinzip herausgelöst war, mußte es mit klarer und sorgfältiger Erkenntnis auf die besondere Situation angewandt werden, die sich unter den gegenwärtigen historischen Bedingungen darbot. Demnach war die richtige Interpretation des Islam eine historische, die mit größter Präzision von der Gegenwart in die Vergangenheit und wieder zurückging; und das verlangte eine neue Art religiöser Ausbildung.[6]

Die Stabilität der Regime

In den achtziger Jahren hätte ein Beobachter der arabischen Länder Gesellschaften vorgefunden, in denen die kulturellen Bindungen, so stark sie waren, nicht zu einer politischen Einheit geführt hatten. Der wachsende, aber ungleich verteilte Reichtum hatte zu einem gewissen Wirtschaftswachstum geführt, aber auch zur Vergrößerung der Kluft zwischen denen, die in den groß gewordenen Städten und auf dem Land davon profitierten, und den Armen. Es waren Gesellschaften, in denen die Frauen mit größerer Klarheit ihre untergeordnete Stellung in der Familie und in der Öffentlichkeit erkannten; Gesellschaften, in denen die städtischen Massen im Bewußtsein ihres kulturellen Erbes an der Gerechtigkeit der sozialen Ordnung und an der Legitimität der Regierungen zweifelten und in denen die gebildete Elite mit einer starken inneren Verunsicherung kämpfte.

Der Beobachter hätte jedoch auch voll Erstaunen die offensichtliche Stabilität der politischen Regime festgestellt. Die arabischen Länder standen oft im Ruf politischer Labilität, aber seit dem Ende der sechziger Jahre hatten sich die Regierungssysteme grundsätzlich wenig geändert, obwohl Personen in den Führungspositionen wechselten. In Saudi-Arabien, den Golfstaaten, Jordanien, Tunesien und Marokko hatte länger als eine Generation keine wesentliche Änderung stattgefunden. In Algerien war es 1965 zur eigentlichen Veränderung gekommen; in Libyen, dem Sudan, im Südjemen und im Irak blieben bis in die achtziger Jahre die Gruppierungen an der Macht, die sie 1969 und im Fall Syriens 1970 gewonnen hatten. Auch in Ägypten erwies sich der Übergang von Abd an-Nasir zu Sadat nicht nur als ein bloßer Wechsel an der Spitze einer herrschenden Gruppe, wie man zunächst hätte meinen können, sondern war das Signal für einen Richtungswechsel. Nur in drei Ländern waren die siebziger Jahre ein Jahrzehnt der Unruhen: im Südjemen gab es Konflikte innerhalb der herrschenden Partei; im Nordjemen kam es 1974 zu einem Regimewechsel, der wenig bewirkte, und im Libanon brachen ab 1975 der Bürgerkrieg und schwere innenpolitische Unruhen aus.

Es lohnt sich, das scheinbare Paradox von stabilen und langlebigen Regierungen in zutiefst beunruhigten Gesellschaften näher zu betrachten. Man könnte Ibn Chaldun frei zitieren und sagen, die Stabilität eines politischen Regimes beruht auf drei Voraussetzungen: Es muß einer Herrschaftsgruppe gelingen, ihre Interessen mit denen der einflußreichen Kräfte der Gesellschaft zu verbinden, und das Interessenbündnis muß in einer politischen Idee zum Ausdruck kommen, die wiederum in den Augen der Gesellschaft, beziehungsweise eines großen Teils der Gesellschaft, die Macht der Regierenden legitimiert.

Der Zusammenhalt und die Langlebigkeit der Regime läßt sich zum Teil auf naheliegende Weise erklären. Im Vergleich zur Vergangenheit standen den Regierungen jetzt sehr viel wirkungsvollere Kontroll- und Repressionsmöglichkeiten zur Verfügung: Geheimdienste, Streitkräfte und in einigen Ländern Söldnerheere ausländischer Soldaten. Wenn ein Regime es wollte und das Instrument der Unterdrückung nicht in seiner Hand zerbrach, konnte es ohne Rücksicht auf die Kosten jede Revolution ersticken. Das einzige Hindernis war die Tatsache, daß die Machtinstrumente nicht völlig passiv waren und sich gegen die Herrschenden wenden oder wie im Fall des Iran angesichts des massiven Aufstands der Bevölkerung von 1979–80 auseinanderfallen konnten. Außerdem hatten die Regierungen eine geographisch so weitreichende Kontrolle über die gesamte Gesellschaft, wie es noch nie zuvor in der Geschichte der Fall gewesen war. Die osmanischen Reformer und nach ihnen die europäischen Kolonialherren hatten die Regierungsmacht weit über die Grenzen der Städte und ihr Umland auf die entferntesten Gegenden des Landes in die Bergtäler und Steppen ausgedehnt. In der Vergangenheit war die politische Autorität in diesen Gegenden durch Manipulation der lokalen Kräfte, der Herren der Täler, der Stammesführer oder religiös legitimierten Familien durchgesetzt worden; jetzt unterstanden alle der direkten bürokratischen Kontrolle, die den Einfluß der Regierung in jedem Dorf, beinahe in jedem Haus oder Zelt spürbar machte. Die Regierung begnügte sich nicht länger mit der Verteidigung der Städte, der Straßen und Grenzen und mit der Erhebung von Steuern, sondern übernahm alle Aufgaben einer modernen Regierung: Wehrdienst, Bildung, Gesundheit, öffentliche Dienste und auch staatliche Bereiche der Wirtschaft.

Neben diesen äußeren Gründen für die Stärke der Regierungen gab es jedoch noch weitere. Den herrschenden Gruppen war es gelungen, eine *asabiya* (Solidarität) zu schaffen und zu pflegen, die sich darauf richtete, die Macht zu gewinnen und zu behalten. In Algerien, Tunesien und im Irak handelte es sich dabei um die Solidarität innerhalb einer Partei. In anderen Ländern war es die einer Gruppe von Politikern, die ihre engen

Beziehungen in der Jugend oder durch gemeinsame Erfahrungen geknüpft hatten, zum Beispiel die Militärs in Ägypten und in Syrien. Auch eine Herrscherfamilie konnte der feste Kern sein, um den sich die Anhänger scharten, die verwandtschaftliche Beziehungen oder gemeinsame Interessen verbanden. Diese Gruppen unterschieden sich in ihrem Wesen nicht so sehr, wie es den Anschein haben mag. Immer verstärkten gemeinsame Interessen wie Nachbarschaft, Verwandtschaft oder Ehen die Bindungen. Es entsprach der Tradition des Nahen Ostens und des Maghreb, daß alle Beziehungen vertieft werden, wenn sie sich in Form verwandtschaftlicher Bindungen dokumentieren.

Darüber hinaus stand den herrschenden Gruppen ein größerer und differenzierterer Regierungsapparat zur Verfügung als in der Vergangenheit. Sehr viele Männer und Frauen waren darin eingebunden oder davon abhängig und deshalb (bis zu einem gewissen Punkt) auch bereit, zur Erhaltung der politischen Macht beizutragen. Früher hatte es nur einfache und sehr begrenzte Regierungsstrukturen gegeben. Der Sultan von Marokko war bis zum Ende des neunzehnten Jahrhunderts mit seinen persönlichen Truppen und ein paar Dutzend Sekretären durch das Hoheitsgebiet gereist, hatte die Steuern eingezogen und seine Autorität demonstriert. Selbst das Osmanische Reich mit der vermutlich bürokratischsten Regierung, die es im Nahen Osten je gegeben hat, beschäftigte relativ wenig Beamte; zu Beginn des neunzehnten Jahrhunderts standen etwa zweitausend im Dienst der Zentralregierung, am Ende des Jahrhunderts waren es ungefähr fünfunddreißigtausend. Aber Anfang der achtziger Jahre gab es in Ägypten beinahe doppelt so viele Regierungsbeamte wie Industriearbeiter. In anderen Ländern herrschten ähnliche Verhältnisse. Das riesige Heer von Beamten war in vielen verschiedenen Institutionen beschäftigt, die die einzelnen Bereiche der Gesellschaft kontrollierten: im Militär, bei der Polizei, in den Geheimdiensten, Planungsbehörden, Bewässerungsämtern, Ministerien für Finanzen, Industrie, Landwirtschaft und im öffentlichen Dienst.

Der Bestand eines Regimes war mit persönlichen Interessen verknüpft; nicht nur mit den Interessen der Regierungsspitze, sondern auch mit denen von Offizieren, hohen Beamten, den Leitern von Betrieben des öffentlichen Sektors und Technokraten, ohne die eine moderne Regierung nicht funktionsfähig ist. Die meisten Regime förderten mit ihrer Politik auch die Mächtigen in anderen Bereichen der Gesellschaft: Großindustrielle, Privatunternehmer und Kaufleute im Ex- und Importgeschäft, die meist mit multinationalen Gesellschaften zusammenarbeiteten, die in der Zeit des *infitah* eine immer wichtigere Rolle spielten. Dazu zählten in einem begrenztem Maß auch die Facharbeiter in der Großindustrie, die sich in einigen Ländern wirkungsvoll gewerkschaftlich organisiert hatten. Sie kämpften erfolgreich um bessere Arbeitsbedingungen und höhere Löhne, konnten mit ihrer kollektiven Macht jedoch keinen Einfluß auf die politische Linie nehmen.

In den letzten beiden Jahrzehnten hatte sich eine neue soziale Schicht gebildet: die Wanderarbeiter, die in den Ölförderländern wohlhabend geworden waren. Von den mehr als drei Millionen Wanderarbeitern aus Ägypten, Jordanien, den beiden Jemen und aus anderen Ländern, die in Libyen, Saudi-Arabien und den Golfstaaten beschäftigt waren, hatten die meisten nicht die Absicht, sich in den Gastländern anzusiedeln. Sie waren deshalb an stabilen Regierungen interessiert, die ihre Bewegungsfreiheit garantierten, damit sie das verdiente Geld in die Heimat bringen und dort investieren konnten – meist in Grundbesitz, in den Bau von Häusern und in langlebige Konsumgüter –, und die ihr Eigentum sicherten.

Offiziere, Beamte, internationale Geschäftsleute, Industrielle und die neue Klasse der Rentiers wünschten sich deshalb relativ stabile Regime, die für den Erhalt der öffentlichen Ordnung sorgten und (trotz aller politischen Kontroversen) so gute Beziehungen zueinander unterhielten, daß der Fluß von Arbeitskräften und Geld nicht behindert wurde. Die Menschen wollten eine Wirtschaft, in der das Übergewicht im privaten und nicht im staatlichen Sektor lag und der Import von Verbrauchsgütern möglich war. Gegen Ende der siebziger Jahre erfüllten die meisten Regime diese Bedingungen; Südjemen mit seiner streng staatlich kontrollierten Wirtschaft war eine Ausnahme, und in Algerien gab es gewisse Einschränkungen, obwohl sich nach dem Tod von Boumedienne auch hier die Akzente verschoben.

Andere Bereiche der Gesellschaft wurden durch die Politik der Regierungen weniger begünstigt. Aber sie waren nicht in der Lage, politischen Druck auszuüben. Großgrundbesitzer, die in den Städten lebten und denen Kreditmöglichkeiten offenstanden, zogen hohe Gewinne aus der Landwirtschaft. Aber Kleinbauern und Pächter waren in einer schwachen Position. Inzwischen bildeten sie eine kleinere, wenn auch immer noch beachtliche Bevölkerungsgruppe, denn viele Kleinbauern waren in die Städte abgewandert. Sie produzierten einen geringen Prozentsatz des Bruttosozialprodukts und konnten die städtische Bevölkerung nicht mehr wie früher mit Nahrungsmitteln versorgen; die Städte waren inzwischen auf Importe angewiesen. In den Investitionsprogrammen der meisten Regierungen kam dieser Teil der Bevölkerung deshalb zu kurz. Insgesamt ging es ihnen wirtschaftlich sehr schlecht, aber es war schwierig, die Bauern zu kollektiven Aktionen zu mobilisieren.

In den Städten gab es ein Heer schlecht oder überhaupt nicht ausgebildeter Arbeitskräfte: die kleinen staatlichen Angestellten, ungelernte Fabrikarbeiter, alle Beschäftigten im Dienstleistungsbereich, Gelegenheitsarbeiter, fliegende Händler und die Arbeitslosen. Sie waren grundsätzlich in einer schwachen Position; der tägliche Existenzkampf nahm sie voll in Anspruch, die Konkurrenz untereinander war groß, denn das Angebot war immer größer als die Nachfrage, und deshalb zerfielen sie in viele kleine Gruppen – die Großfamilie, die Bewohner eines Viertels oder die Angehörigen derselben ethnischen oder religiösen Gemeinschaft –, um nicht in der großen, anonymen und feindseligen Stadt unterzugehen. Nur unter besonderen Bedingungen bildeten sie plötzlich eine geeinte Gruppe, die gemeinsam handelte, zum Beispiel wenn die Regierungskontrolle zusammenbrach, wenn eine akute Frage ihre unmittelbaren Bedürfnisse berührte oder ihren tiefsitzenden Gemeinschaftsgeist ansprach, wie zum Beispiel die Aufstände in Ägypten 1977 nach den Preiserhöhungen für Lebensmittel oder die iranische Revolution von 1979–80.

Ein Zeichen für die neue dominante Position der Regierungen in den arabischen Gesellschaften war die Aneignung von Gedanken, die die Gemüter der Menschen bewegten, um daraus den Anspruch legitimer Autorität abzuleiten. Eine arabische Regierung, die an der Macht bleiben wollte, mußte ihre Legitimität in drei politischen Terminologien behaupten – in der nationalistischen, in der Sprache sozialer Gerechtigkeit und der des Islam.

Als erste machtvolle Sprache entwickelte sich die des Nationalismus. Zu Beginn der achtziger Jahre gab es einige Regierungen, die während des Unabhängigkeitskampfes an die Macht gekommen waren oder sich als rechtmäßige Nachfolger der Unabhängigkeitsbewegungen bezeichnen konnten. Besonders im Maghreb galt dieser Legitimitätsanspruch sehr viel, denn dort hatten die Kämpfe mit größter Härte getobt, und die Erinnerung daran war noch immer lebendig. Beinahe alle Regierungen griffen außerdem zu einer weiteren Version der nationalistischen Sprache: dem Vokabular der arabischen Einheit. Sie leisteten ihr eine Art offizielles Treuebekenntnis und stellten die Unabhängigkeit als einen ersten Schritt auf dem Weg zur größeren, wenn nicht gar vollständigen arabischen Einheit dar; mit der Idee der Einheit verband sich die Vorstellung von einer konzertierten Aktion zur Unterstützung der Palästinenser. In den letzten Jahren hatte sich die Idee des Nationalismus erweitert: Die Machthaber beanspruchten inzwischen Legitimität aufgrund der wirtschaftlichen Entwicklung oder der Ausschöpfung aller nationalen Ressourcen (menschlicher und natürlicher) zum Wohl der Allgemeinheit.

Die zweite Sprache, die Terminologie der sozialen Gerechtigkeit, entwickelte sich in den fünfziger und sechziger Jahren. Es war die Zeit der algerischen Revolution und der Verbreitung des »Nasirismus« mit seiner Idee eines spezifisch arabischen Sozialismus, die in der National-Charta von 1962 formuliert wurde. Begriffe wie Sozialismus und soziale Gerechtigkeit wurden im allgemeinen in einem bestimmten Kontext verwendet; sie bezogen sich auf eine Reform des Grundbesitzsystems, auf eine Ausweitung der sozialen Dienstleistungen und eine allgemeine Schulbildung für Mädchen und Jungen. Aber nur in wenigen Ländern unternahm man systematische Versuche einer Umverteilung des Eigentums über hohe Einkommensteuern.

Als letzte sehr einflußreiche Sprache trat die Sprache des Islam in Erscheinung, obwohl sie natürlich nicht neu war. Bei allen, die sich als die Erben der islamischen Religion sahen, hatte schon immer die Vorstellung eines gemeinsamen Schicksals bestanden. Diese Überzeugung wurde durch historische Erinnerungen daran verstärkt, daß der Koran, die Traditionen des Propheten und die *schari'a* die richtigen Prinzipien lieferten, an denen sich ein tugendhaftes Leben ausrichten sollte. In den achtziger Jahren nahm die islamische Sprache in der politischen Auseinandersetzung jedoch einen sehr viel größeren Raum ein als zehn oder zwanzig Jahre zuvor. Dafür gab es zwei Gründe. Zum einen hatte sich das Spektrum politischer Aufgaben durch die Bevölkerungsexplosion und das Wachstum der Städte sehr schnell und in einem unvorstellbaren Ausmaß erweitert, und zum anderen machte sich der Einfluß der Massenmedien deutlich bemerkbar. Die ländlichen Zuwanderer brachten ihre eigene politische Kultur und Sprache mit in die Städte. Es kam zur Verstädterung der Zugezogenen, aber auch zur Ausbreitung des »Landlebens« in den Städten. Abgeschnitten von den verwandtschaftlichen und nachbarschaftlichen Bindungen, auf denen das Leben der Dörfer beruhte, mußten diese Menschen sich in einer Gesellschaft behaupten, deren äußere Formen ihnen fremd waren. Als Gegengewicht wirkte das Gefühl der Zugehörigkeit zu einer allumfassenden islamischen Gemeinschaft, die bestimmte moralische Werte implizierte. Die Religion gab ihnen eine Sprache, in der sie ihre Ängste und Hoffnungen zum Ausdruck bringen konnten. Wer die Massen mobilisieren wollte, mußte sich dieser Sprache bedienen. Der Islam lieferte eine wirkungsvolle Sprache der Opposition: gegen die Macht und den Einfluß des Westens; gegen alle, die diesem Einfluß dienten; gegen korrupte und untaugliche Regierungen als Instrumente privater Interessen und ohne jede Moral; und gegen eine Gesellschaft, die zusammen mit ihren moralischen Grundsätzen und ihrer geistigen Ausrichtung die Einheit verloren hatte.

Solche und ähnliche Faktoren führten zur Entstehung von Bewegungen wie die der Muslimbrüder. Ihre Führer waren gebildet und redegewandt, aber sie fanden Anklang bei den Schichten, die in den neuen Gesellschaften von Macht und Besitz ausgeschlossen waren. Die meisten Regierungen begannen, teils aus Selbstschutz, teils aus dem Wunsch heraus, breitere Schichten ihrer Nationen für sich zu gewinnen, häufiger als früher auf die Sprache der Religion zurückzugreifen. Manche Regierungen hatten sich schon immer auf den Islam bezogen, vor allem in Saudi-Arabien, das seine Gründung einer Bewegung verdankte, die dem Primat Gottes und Seines Willens unter den Völkern neue Geltung verleihen wollte. Andere Politiker ließen sich offenbar nur aus sehr pragmatischen Gründen von diesem Trend erfassen. Selbst so säkulare Machthaber wie die in Syrien, im Irak und in Algerien bedienten sich der Religion auf die eine oder andere Weise – man beschwor die Geschichte und erinnerte daran, daß die Araber die wahren Träger des Islam seien; bei der Auseinandersetzung mit Iran erinnerte der Irak an die Schlacht von Qadisiya, als die Araber den letzten Sasanidenherrscher besiegt und den Islam nach Persien gebracht hatten. In den meisten Ländern mit gemischter Bevölkerung bestimmte die Verfassung, daß der Präsident ein Muslim sein mußte; die Legitimation des Amtes beruhte also auf der Religion. Die Gesetzgebung bezog sich oft mehr oder weniger ausdrücklich auf den Koran oder die *schari'a* als ihre Grundlage. Die meisten Regierungen, die diesen Weg gingen, interpretierten die *schari'a* auf relativ modernistische Weise, um die Neuerungen zu rechtfertigen, die für Gesellschaften der modernen Welt unvermeidlich waren. Selbst in Saudi-Arabien beschwor man die Prinzipien des hanbalitischen Rechts, um Gesetze und Vorschriften zu rechtfertigen, die die neue Wirtschaftsordnung erforderte. Manche Regierungen hielten sich jedoch in einigen Punkten demonstrativ an die strengen Vorschriften der *schari'a*. In Saudi-Arabien und Kuwait blieb der Verkauf von Alkohol verboten; im Sudan wurde in den letzten Jahren von Numairis Herrschaft einem Dieb die Hand abgeschlagen, wie es die *schari'a* forderte. In anderen Ländern riefen die Regierungen die Bevölkerung zur Einhaltung des Fastens während des Ramadan auf; die Regierung in Tunesien hatte zu einem früheren Zeitpunkt versucht, vom Fasten während des Ramadan abzuraten, da es der wirtschaftlichen Entwicklung des Landes abträglich war, aber sie stieß damit auf eine breite Opposition.

Die Labilität der Regime

Gefestigte Herrschaftsgruppen in Verbindung mit einer einflußreichen Oberschicht und überzeugenden Ideen sind vielleicht eine Erklärung dafür, weshalb die Regierungen in den siebziger Jahren stabil blieben; aber bei näherer Betrachtung zeigt sich, daß jeder dieser Faktoren auch die Ursache für Schwächen war.

In den herrschenden Gruppen kam es nicht nur zu persönlichen Rivalitäten, die gegensätzliche Zielsetzungen und Uneinigkeit bei politischen Entscheidungen immer entstehen lassen, sondern auch zu strukturellen Veränderungen, als der Verwaltungsapparat wuchs und komplexer wurde. Die verschiedenen Bereiche der Regierung entwickelten sich zu separaten Machtzentren – die Partei, das Militär, die Geheimdienste und ehrgeizige Gruppenmitglieder versuchten, den einen oder andern Bereich an sich zu ziehen. Dazu kam es in beinahe allen komplexen Regierungssystemen; in einigen Fällen vollzog sich dieser Prozeß jedoch im Rahmen starker Institutionen und tief verwurzelter politischer Regeln. Wo dieser Rahmen aber fehlte, bildeten sich politische Fraktionen, und im Ringen um die Macht versuchte der Führer eines Flügels seine Konkurrenten auszuschalten, um sich den Weg in die höchste Position zu ebnen. Der Führer der Regierung konnte diese Kämpfe nur durch ständige geschickte politische Manipulation unter Kontrolle halten.

Auch die Beziehung zwischen dem Regime und der einflußreichen Oberschicht des Landes mochte sich als unsicher erweisen. In der Geschichte des Nahen Ostens läßt sich ein gewisses Schema beobachten. Die städtischen Klassen, die Reichtum und gesellschaftlichen Einfluß besaßen, wünschten Frieden, Ordnung und ein freies Wirtschaftsleben. Sie unterstützten ein Regime, solange es ihre Wünsche erfüllte, aber sie taten nichts zu seiner Rettung und akzeptierten den politischen Nachfolger, wenn er eine ähnliche Politik einzuschlagen versprach. Mitte der achtziger Jahre waren einige Regierungen in eine politisch gefährliche Lage geraten. Die Ölpreise erreichten 1981 ihren Höhepunkt; danach verfiel der Preis schnell aufgrund extremer Überproduktion, aufgrund der Energiesparmaßnahmen der Industrieländer und wegen des Unvermögens der OPEC, in Hinblick auf Preise und Förderquoten eine dauerhafte Einheitsfront zu bilden. Die Einkünfte aus dem Ölgeschäft sanken, hinzu kamen die Auswirkungen des Krieges zwischen Iran und dem Irak. Das alles hatte tiefgreifende Wirkungen auf die armen und die reichen arabischen Länder.

Wenn die mächtigen Schichten der Gesellschaft ihre Regierungen nur passiv unterstützten, lag das auch daran, daß sie bei der Entscheidungsbildung keine aktive Rolle spielten. In den meisten Regimen wurden Entscheidungen nur auf höchster Ebene und im kleinen Kreis getroffen. Die Ergebnisse waren nur wenigen bekannt. Nach der Machtübernahme neigten die führenden Köpfe einer Regierung eher dazu, sich abzusondern. Von ihren Geheimdiensten bewacht, bewegten sie sich im Kreis der Beamten und Vertrauten und traten nur selten in Erscheinung, um vor treu ergebenen Zuhörern offizielle Erklärungen und Rechtfertigungen ihrer Politik abzugeben. Der eigentliche Grund für die Kluft zwischen Regierung und Gesellschaft war jedoch die mangelnde Überzeugungskraft und das Fehlen einer wirklich einigenden Verbindung.

Sobald politische Ideen von einer Regierung übernommen wurden, liefen sie Gefahr, ihre eigentlichen Inhalte zu verlieren. Sie wurden zu Parolen, die sich durch Wiederholung abnutzten; sie hörten auf, andere Ideen in ihren Bannkreis zu ziehen und zu einer starken Konstellation zu vereinen, die gesellschaftliche Kräfte zum Handeln mobilisieren oder Macht in legitime Autorität verwandeln konnten. Dieses Schicksal war dem Nationalismus beschieden. Bei einer Bedrohung von außen flammte er immer als spontane und natürliche Reaktion auf; das zeigte sich auch im Krieg zwischen dem Irak und Iran, als Teile der irakischen Gesellschaft, von denen man hätte erwarten sollen, daß sie der Regierung eher feindlich gesonnen waren, sie unterstützten. Es war jedoch zweifelhaft, ob der Nationalismus als mobilisierende Kraft zum Handeln anspornen oder der Mittelpunkt eines Ideengebäudes sein konnte, an dem sich die soziale Ordnung orientierte. Der »Arabismus«, eine politisch geeinte arabische Nation, wurde immer dann beschworen, wenn es zu einer neuen Krise zwischen Israel und seinen arabischen Nachbarn kam. Das Stillhalten der arabischen Staaten während der israelischen Invasion läßt sich zum Teil mit der komplizierten Situation im Libanon erklären. Es war nicht unbedingt ein Vorgeschmack auf das mögliche Verhalten bei einem Krieg zwischen Israel und einem seiner anderen Nachbarn. Im allgemeinen war der Arabismus jedoch nur eine Waffe bei Konflikten der arabischen Staaten untereinander und ein Vorwand für Übergriffe eines Staates und Einmischung in die inneren Angelegenheiten eines anderen. Abd an-Nasir war nicht vergessen, der sich über die Köpfe der Regierungen hinweg direkt an die arabischen Völker gewandt hatte. Andererseits mochten stärkere menschliche Bindungen zwischen den arabischen Völkern, die dank Bildung, Auswanderung und Massenmedien entstanden, auf lange Sicht ihre Wirkung zeigen.

Von den anderen großen Ideen, der sozialen Gerechtigkeit und dem Islam ließe sich das Gegenteil behaupten. Sie büßten ihre Bedeutung nicht ein, sondern waren eher mit zuviel Bedeutung befrachtet. Sie waren als Handlungsmotive zu stark, um sich lange für die Ziele einer Regierung einspannen zu lassen. Ihre Wurzeln reichten zu weit in die Geschichte und das Bewußtsein zurück, um sie zu gefügigen Instrumenten einer Poltik zu machen.

Regierungen, die solche tief verwurzelten und machtvollen Ideen beschworen, spielten mit dem Feuer. Sie verstrickten sich in die Widersprüche und Kompromisse der Macht. Und wenn sie sich einer so wirkungsvollen Sprache bedienten, taten ihre Gegner das ebenfalls, um den Widerspruch zwischen den Worten und Taten der Machthaber aufzudecken. Sie konnten Worte wie Tyrannei und Heuchelei mit tödlicher Wirkung benutzen, denn sie hallten durch die gesamte islamische Geschichte. Sadats Ermordung 1981 und die Episode in Saudi-Arabien, als 1979 eine Gruppe fanatischer Muslime die Große Moschee in Mekka besetzte, waren Zeichen für die Kraft solcher oppositioneller Bewegungen, besonders wenn sie gleichzeitig an die soziale Gerechtigkeit und an den Islam appellierten. Dann konnte sich auch das stabilste und langlebigste Regime als äußerst gefährdet erweisen.

Und es gab die Machtwechsel nach dem Tod einer beherrschenden Gestalt oder durch Palastrevolutionen. Ein Militärputsch und landesweite Aufstände brachten 1985 Numairi, den Präsidenten des Sudan, zu Fall. Burgiba hatte sehr lange die Politik Tunesiens bestimmt, aber es gelang dem Offizier Zain al-Abidin Ben Ali, ihn zu stürzen und sein Nachfolger zu werden. Solche Ereignisse führten vielleicht zu einem politischen Kurswechsel wie im Fall von Abd an-Nasirs Nachfolger Sadat. Aber waren gewaltsamere und radikalere Veränderungen wahrscheinlich?

In einigen Ländern bestand die Möglichkeit, daß dauerhaftere und formellere Herrschaftsinstitutionen, die bei der politischen Entscheidungsfindung einen größeren Kreis einbezogen, wieder ins Leben gerufen wurden. Die gebildeten Klassen neigten im allgemeinen zu diesem Vorgehen; und sogar einige Regime kamen zu dem Schluß, das liege in ihrem eigenen Interesse. Ohne ein gewisses Maß an allgemeiner Mitwirkung konnte keine wirkungsvolle soziale und wirtschaftliche Entwicklung stattfinden, und echte Stabilität war auf Institutionen angewiesen – das heißt, auf bekannte und akzeptierte Regeln für die Übernahme, den Gebrauch und die Weitergabe der Macht.

Ob sich eine solche Veränderung vollzog, war abhängig vom Bildungsgrad, der Größe und Stärke der mittleren Klassen und dem Selbstvertrauen der Regierung. In den meisten arabischen Ländern war es unwahrscheinlich, aber in einigen gab es Hinweise darauf. In Kuwait wurde nach mehreren Jahren wieder ein Parlament eingesetzt. Es bewies eine unabhängige

Meinung und genug Macht, um von der Regierung zur Kenntnis genommen zu werden. Aber 1986 wurde das Parlament aufgelöst. In Jordanien versuchte man 1984, das seit längerer Zeit aufgelöste Parlament wieder einzusetzen. Im Libanon war trotz Bürgerkrieg die Vorstellung lebendig, daß sich in einem Parlament alle Streitigkeiten am Ende beilegen ließen und daß eine verfassungsmäßige Regierung Grundlage der Legitimität sei.

In Ägypten schien die Wiedereinführung einer konstitutionellen Regierungsform am wahrscheinlichsten. Dort gab es eine große gebildete Klasse, und ihr politisches Verständnis lag weit über dem der meisten arabischen Länder. Ägypten besaß eine soziale und kulturelle Einheit; die Erinnerung an die konstitutionelle Periode war noch lebendig, denn in den dreißig Jahren ihres Bestehens hatte in gewissen Grenzen Meinungsfreiheit geherrscht. Die Erinnerung daran war in den letzten Jahren durch den Vergleich mit der relativ geringen politischen Freiheit in der Zeit von Nasir und Sadat wieder lebendig geworden. Unter Sadats Nachfolger Husni Mubarak begann ein vorsichtiger Wandel. 1984 fanden Wahlen zur Volksversammlung statt; das Wahlsystem garantierte eine hohe Mehrheit für die Regierung, aber die Wahlen verliefen in einer Atmosphäre verhältnismäßig freier Diskussionen, und auch Mitglieder der erneuerten oppositionellen Wafd-Partei wurden in die Volksversammlung gewählt. Möglicherweise war das ein Hinweis darauf, daß sich in Ägypten eine Situation wie in der Türkei oder den lateinamerikanischen Ländern anbahnt, in der sich parlamentarische Regierungen und Militärdiktaturen abwechseln, das parlamentarische System immer wieder hergestellt wird und immer wieder gefährdet ist.

Wenn es zu radikaleren Änderungen kam, dann fanden sie in den achtziger Jahren eher im Namen einer islamischen Idee von der Gerechtigkeit Gottes in der Welt statt als wegen eines rein säkularen Ideals. Es gab nicht nur eine islamische Idee, sondern ein ganzes Spektrum von Ideen. Das Wort »Islam« hatte nicht nur eine einfache Bedeutung, sondern wurde das, was die Muslime daraus machten. Für den »traditionellen« Dorfbewohner beinhaltete der Islam alles, was er dachte und tat. Der reflektierende und engagierte Muslim sah darin eine Norm, die ihm half, sein Leben zu gestalten, und an der sich Handlungen beurteilen ließen; aber es gab mehr als eine Norm. Der Begriff »Fundamentalismus« war in Mode gekommen und bedeutete vielerlei. Es konnte sich damit die Auffassung verbinden, daß Muslime versuchen sollten, zu den Lehren und Lebensgewohnheiten des Propheten und der ersten Generation seiner Anhänger zurückzukehren. Vielleicht aber glaubte ein Fundamentalist, der Koran sei die einzige wahre Norm für das menschliche Leben. Das konnte ein revolutionärer Gedanke sein, wenn Muslime das Recht für sich beanspruchten – wie es bei dem libyschen Staatschef Qadhafi den Anschein hatte –, den Koran frei zu interpretieren. Der Begriff Fundamentalismus wurde oft aber auch auf eine Haltung angewandt, die man besser als »konservativ« bezeichnet; das heißt, der Wunsch, das Erbe der Vergangenheit zu ehren und zu bewahren, also die gesamte kumulative Tradition des Islam bis zur Gegenwart, und nur sehr behutsam und vorsichtig Änderungen vorzunehmen. Die saudische Regierung und ihre Anhänger verfolgten diesen Kurs ebenso wie das iranische Regime nach der Revolution, obwohl die kumulativen Traditionen, die sie anerkannten, sich voneinander unterschieden.

In den einzelnen arabischen Staaten herrschten die unterschiedlichsten Bedingungen. Eine islamische Bewegung konnte in einem Land etwas anderes bedeuten als die scheinbar gleiche Bewegung im Nachbarland. Die Muslimbrüder in Syrien spielten zum Beispiel nicht dieselbe politische Rolle wie die in Ägypten. Sie waren das Werkzeug der urbanen sunnitischen Opposition, die gegen ein Regime kämpfte, das mit der alawitischen Richtung identifiziert wird. Genauso bedeutete die Tatsache, daß die iranische Revolution eine bestimmte Form angenommen hatte, nicht, daß sie sich in dieser Form in anderen Ländern wiederholen würde. Zumindest teilweise läßt sich diese Revolution mit spezifisch iranischen Umständen erklären – bestimmte mächtige Klassen der Gesellschaft reagierten besonders aufgeschlossen auf religiöse Appelle. Und es gab eine religiöse Führung, die alle oppositionellen Bewegungen um sich scharen konnte; sie war relativ unabhängig von der Regierung, wegen ihrer Frömmigkeit und ihres Wissens allgemein geachtet, und sie hatte sich stets zum Sprecher des kollektiven Gewissens gemacht.

In keinem arabischen Land herrschte eine ähnliche Situation. Im Irak bildeten die Schiiten die Mehrheit; ihre Bildungsschicht hatte nicht die gleichen engen Beziehungen zu den städtischen Massen oder den gleichen Einfluß auf die Regierung wie in Iran. Die sunnitischen *ulama* befanden sich in einer weniger unabhängigen Position. Unter den Osmanen waren sie staatliche Funktionäre geworden. Sie standen der Regierung nahe und ließen sich dabei auf viele Kompromisse ein. Nach alter Tradition und der Interessenlage gab es Bindungen zum Großbürgertum der Städte. Die Führung islamischer Bewegungen lag deshalb eher in den Händen von Laien, bekehrten Angehörigen der modernen gebildeten Elite. Ihren Bewegungen fehlte die Aura der Heiligkeit, die Führer des alten und anerkannten Glaubens und Wissens umgab. Es waren miteinander konkurrierende politische Parteien. Insgesamt besaßen sie auch keine klare Gesellschafts- oder Wirtschaftspolitik. Als wichtige oppositionelle Kräfte würden sie sich vermutlich behaupten, aber höchstwahrscheinlich nicht in der Lage sein, eine Regierung zu bilden.

Ein Beobachter der arabischen oder der vielen anderen muslimischen Länder wäre Mitte der achtziger Jahre vermutlich zu dem Schluß gekommen, daß der iranische Weg zukunftsweisend sei. Aber dies wäre ein vorschnelles Urteil gewesen – selbst im Hinblick auf den Iran. Die Herrschaft der Religionsführer war in gewisser Hinsicht eine Bestätigung der Tradition, andererseits richtete sie sich aber auch gegen die Tradition. Zum alten Wissen der *ulama* gehört die Erkenntnis, daß die *ulama* sich nicht zu sehr mit der weltlichen Macht verbinden dürfen; sie sollen eine moralische Distanz von der Politik wahren, gleichzeitig aber Sorge tragen, daß die Führer der Nation auf ihren Rat hören und sich ihrem Einfluß öffnen. Es war gefährlich, die zeitlosen Interessen des Islam an das Schicksal einer vergänglichen Regierung zu knüpfen. Die Kritik zeigte sich in einem gewissen, allgemein verbreiteten Mißtrauen gegen fromme Männer, die eine zu sichtbare Rolle in weltlichen Angelegenheiten spielten: Sie waren ebenso anfällig für die Korruption durch Macht und Reichtum wie alle anderen, und womöglich waren sie keine guten Herrscher.

Vielleicht mag es auch dahin kommen, daß in einem bestimmten nationalen Entwicklungsstadium der Reiz religiöser Ideen – zumindest der von einer kumulativen Tradition geheiligten – nicht mehr so stark ist und ein anderes Ideengebäude mehr überzeugt, das auf einer Verbindung von sozialer Moral und Gesetz aufbaut, die grundsätzlich säkular ist, aber in einer gewissen Beziehung zu den allgemeinen Prinzipien sozialer Gerechtigkeit steht, die im Koran enthalten sind.

ANHANG

ANMERKUNGEN

Prolog

1 Abd ar-Rahman ibn Chaldun: *Muqaddima* (Kairo, o.D.), S. 33; nach der engl. Übers. F. Rosenthal: *The Muqaddimah* (London, 1958), Bd. 1, S. 65.

2 Ebd., S. 163; englische Übers. Bd. 1, S. 330.

3 Ibn Chaldun: *At-ta'rif bi Ibn Chaldun*, Hg. M. T. at-Tandschi (Kairo, 1951), S. 246; nach der franz. Übers. A. Cheddadi: *Ibn Khaldun: Le voyage d'Occident et d'Orient* (Paris, 1980), S. 148.

Kapitel 1

1 R. B. Serjeant: »*Haram and hawta:* the sacred enclave in Arabia«, in: A. R. Badawi (Hg.): *Mélanges Taha Hussein* (Kairo, 1962), S. 41–58.

2 F. A. al-Bustani und andere (Hg.): *Al-madschani al-haditha*, Bd. 1 (Beirut, 1946), S. 103; nach der englischen Übers. A. J. Arberry: *The Seven Odes* (London, 1957), S. 142.

3 Ebd., S. 112–13; engl. Übers. S. 147.

4 Ebd., S. 88; engl. Übers. S. 147.

5 Für diese und spätere Zitate aus Biographien des Propheten siehe A. Guillaume: *The Life of Muhammad* (London, 1955), eine Übersetzung von Ibn Ishaqs *Sira* (Leben des Propheten).

6 Koran 96: 1–8; nach der Übersetzung von Max Henning, Philipp Reclam jun. Stuttgart, 1960.

Kapitel 2

1 O. Grabar: *Die Entstehung der islamischen Kunst* (Köln, 1977), S. 52–78.

2 Muhammad ibn Dscharir at-Tabari: *Tarich*, Hg. M. Ibrahim, Bd. 7 (Kairo, 1966), S. 421–31; nach der engl. Übers. J. A. Williams: *The History of at-Tabari 27: The 'Abbasid Revolution* (Albany, New York, 1985), S. 154–57.

3 Ebd., S. 614–22; nach der engl. Übers. J. A. Williams: *At-Tabari, the early 'Abbasi Empire 1: The reign of al-Ja'far al-Mansur* (Cambridge, 1988), S. 145.

4 Al-Chatib al-Baghdadi: *Tarich Baghdad*, Bd. 1 (Kairo, 1931), S. 100ff.; nach der engl. Übers. in J. Lassner: *The Topography of Baghdad in the Early Middle Ages* (Detroit, 1970), S. 86ff.

Kapitel 3

1 R. W. Bulliet: *Conversions to Islam in the Medieval Period* (Cambridge, Massachusetts, 1979).
2 Abu t-Taiyib al-Mutanabbi: *Diwan*, Hg. A. W. al-Azzam (Kairo, 1944), S. 355–56; nach der engl. Übers. A. J. Arberry: *Poems of al-Mutanabbi* (Cambridge, 1967), S. 76.
3 Ebd., S. 322–55; engl. Übers. S. 70–74.
4 Amr ibn Bahr al-Dschahiz: »*An-nubl wa t-tanabbul wa dhamm al-kibr*«, in: C. Pellat: »Une risala de Gahiz sur le ›snobisme‹ et l'orgueil«, *Arabica*, Bd. 14 (1967), S. 259–83; dt. Übers. in C. Pellat: *Arabische Geisteswelt* (Zürich, 1967), S. 372–375.
5 Muhammad Abu Raihan al-Biruni: *Kitab tarich al-Hind* (Haiderabad, 1958), S. 5; nach der engl. Übers. E. Sachau: *Alberuni's India* (London 1988), Bd. 1, S. 7.
6 Ebd., S. 85; engl. Übers. S. 111–12.
7 Ebd., S. 76; engl. Übers. S. 100.
8 Biruni: *Kitab as-saidala fi t-tibb*, Hg. und engl. Übers.: H. M. Said (Karatschi, 1973), S. 12.
9 U. Haarmann: »Regional sentiment in medieval Islamic Egypt«, *Bulletin of the School of Oriental and African Studies*, Bd. 43 (1980), S. 55–66; Haarmann: »Die Sphinx: systematische Volksreligiosität im spätmittelalterlichen Ägypten«, *Saeculum*, Bd. 29 (1978), S. 367–84.

Kapitel 4

1 P. Crone und M. Hinds: *God's Caliph* (Cambridge, 1986).
2 Koran, 8: 20, zit. nach: *Der Koran* in der Übersetzung von Max Henning (Stuttgart 1960).
3 Muhammad ibn Idris asch-Schafi'i: *Ar-risala*, Hg. A. M. Schakir (Kairo, 1940); nach der engl. Übers. von M. Khadduri: *Islamic Jurisprudence: Shafi'i's Risala* (Baltimore, 1961).
4 Koran 26:192, 13:37.
5 Koran 7:171.
6 Ahmad ibn Abd Allah al-Isbahani: *Hilyat al-auliya*, Bd. 2 (Kairo, 1933), S. 132, 140; nach der engl. Übers. in J. A. Williams: *Islam* (New York, 1961), S. 124.
7 Muhammad ibn Ali at-Tirmidhi: *Kitab chatm al-auliya*, Hg. U. Yahya (Beirut, 1965), S. 13–32.
8 Isbahani: *Hilyat al-auliya*, Bd. 10 (Kairo, 1938), S. 79; nach der engl. Übers. in M. S. Smith: *An Early Mystic of Islam* (London, 1935), S. 243.
9 Ya'qub ibn Ishaq al-Kindi: »*Fi l-falsafa al-ula*«, in: M. A. Abu Rida (Hg.): *Rasa'il al-Kindi al-falsafiya* (Kairo, 1950), S. 103; nach der engl. Übers. in R. Walzer: *Greek into Arabic* (Oxford, 1962), S. 12.
10 Ahmad ibn al-Qasim ibn Abi Usaibi'a: *Uyun al-anba fi tabaqat al-atibba* (Beirut, 1979), Bd. 1, S. 43; nach der engl. Übers. in F. Rosenthal: *The Classical Heritage in Islam* (London, 1975), S. 183.
11 A. I. Sabra: »Der islamische Beitrag zur Entwicklung der Wissenschaft«, in: B. Lewis (Hg.): *Die Welt des Islam* (Braunschweig, 1976).

Kapitel 6

1 R. M. Adams: *Land behind Baghdad* (Chicago, 1965).
2 M. Brett: »Ibn Khaldun and the Arabisation of North Africa«, *Maghreb Review*, Bd. 4,i (1979), S. 9–16; und »The Fatimid revolution (861–973) and its aftermath in North Africa«, in: J. D. Fage (Hg.): *Cambridge History of Africa*, Bd. 2 (Cambridge, 1978), S. 631–6.
3 L. Abu Lughod: *Veiled Sentiments* (Berkeley, 1986), S. 147.

Kapitel 7

1 Ibn al-Haddsch: *Al-madchal* (Kairo, 1929), Bd. 1, S. 245–46.
2 Koran, 40:43. Der Koran in der Übersetzung von Max Henning, Reclam Vlg. Stgt., eine andere Angabe als im Original: dort 40.40; 16:97.
3 R. Le Tourneau: *Fes avant le protectorat* (Casablanca, 1949), S. 565–56.
4 Muhammad ibn Abd Allah ibn Battuta: *Rihla*, Hg. T. Harb (Beirut, 1987); engl. Übers. H. A. R. Gibb: *The Travels of Ibn Battuta*, Bd. 1–3 (Cambridge, 1958–72).

Kapitel 8

1 I. M. Lapidus: *Muslim Cities in the Later Middle Ages* (Cambridge, Massachusetts, 1967), S. 199–206.
2 M. H. Burgoyne mit D. S. Richards: *Mamluk Jerusalem* (London, 1987), S. 69.
3 Abd al-Wahhab ibn Ahmad asch-Scha'rani: *Lata'if al-minan wal-achlaq* (Kairo, 1972), S. 63.
4 Koran 4:62.
5 A. K. S. Lambton: *State and Government in Medieval Islam* (Oxford, 1981), S. 45.
6 Muhammad al-Ghazali: *Nasihat al-muluk* (Teheran, 1972), zit. in Lampton, S. 124.
7 Nizam al-Mulk: *The Book of Government or Rules for Kings*, engl. Übers. H. Darke (London, 1978), S. 9.
8 Ebd.

Kapitel 9

1 Koran 3: 106.
2 Guillaume: *Life of Muhammad*, S. 651.
3 G. E. von Grunebaum: *Muhammadan Festivals* (New York, 1951), S. 28.
4 Ibn Battuta: *Rihla*, S. 153; engl. Übers. Bd. I, S. 189.
5 Koran 3: 97.
6 Koran 9: 125.
7 C. Padwick: *Muslim Devotions* (London, 1961), S. 252.
8 Koran 12: 101.

Kapitel 10

1 Ibn Abi Zaid al-Qairawani; Hg. und französ. Übers. L. Bercher: *La Risala*, 3. Aufl. (Algier, 1949), S. 302–303.
2 A. L. Udovitch: *Partnership and Profit in Medieval Islam* (Princeton, 1970).
3 A. Layish und A. Shmueli: »Custom and *shari'a* in the Beduin family according to legal documents from the Judaean desert«, *Bulletin of the School of Oriental and African Studies*, Bd. 42 (1979), S. 29–45.
4 Burgoyne: *Mamluk Jerusalem*, S. 71–72.
5 Ibn Abi Usaibi'a: *Uyun*, Bd. 3, S. 342–344; nach der engl. Übers. in G. Makdisi: *The Rise of Colleges* (Edinburgh, 1981), S. 89–91. Dieser Abschnitt hat Makdisis Buch viel zu verdanken.
6 Ghazali: *Al-munqidh min ad-dalal*, Hg. J. Saliba und K. Aiyad, 3. Aufl. (Damaskus, 1939), S. 127; nach der engl. Übers. in R. J. McCarthy: *Freedom and Fulfilment* (Boston, 1980), S. 91.
7 Ghazali: *Faisal at-tafriqa bain al-islam waz-zandaqa*, Hg. S. Dunya (Kairo, 1961), S. 202; nach der engl. Übers. McCarthy, S. 167.
8 Ghazali: *Ihya ulum ad-din*, Teil 3, Buch 2 (Kairo, 1134/1916), Bd. 2, S. 52.
9 Ghazali: *Munqidh*, S. 132; nach der engl. Übers. McCarthy, S. 94.
10 Ghazali: *Ihya*, Teil 3, Buch 1, Bd. 2, S. 17; nach der engl. Übers. McCarthy, S. 380.

Kapitel 11

1 Al-Husain ibn Abd Allah ibn Sina: *The Life of Ibn Sina*, Hg. und engl. Übers. W. E. Gohlman (Albany, New York, 1974), S. 36–39.
2 Koran 24: 35–39.
3 Koran 8: 85.
4 Muhammad ibn Ahmad ibn Ruschd: *Fasl al-maqal*, Hg. G. F. Hourani (Leiden, 1959), S. 7; engl. Übers. G. F. Hourani: *Averroes on the Harmony of Religion and Philosophy* (London, 1961), S. 50.
5 Ebd., S. 17; engl. Übers. S. 61.
6 Muhyi ad-Din ibn Arabi: *Schadscharat al-kaun* (Beirut, 1984), S. 45; B. Furuzanfarr: *Ahadith-i Masnavi* (Teheran, 1955), S. 29. Ich verdanke diese Hinweise Dr. J. Baldick und Dr. T. Ganjei.
7 O. Yahia: *Histoire et classification de l'œuvre d'Ibn 'Arabi* (Damaskus, 1964).
8 Ahmad ibn Taimiya: *Madschmu'at ar-rasa'il al-kubra* (Kairo, 1323/1905), Bd. I, S. 307–309; franz. Übers. in H. Laoust: *Essai sur les doctrines sociales et politiques de Taki-d-Din b. Taimiya* (Kairo, 1939), S. 256f.
9 O. Yahia, Bd. I, S. 19.

Kapitel 12

1 Ahmed ibn Abd Allah ibn Zaidun: *Diwan*, Hg. K. al-Bustani (Beirut, 1951), S. 29–33.
2 Ebd., S. 48f; nach der engl. Übers. A. J. Arberry: *Arabic Poetry* (Cambridge, 1965), S. 114–117.
3 Muhammad ibn Abd al-Malik ibn Tufail: *Haiy ibn Yaqzan*, Hg. J. Saliba und K. Aiyad, 5. Aufl. (Damaskus, 1940), S. 191f; nach der deutschen Übers. J. G. Eichhorn: *Hajj ibn Jaqzan der Naturmensch* (Leipzig 1983), S. 95f.
4 Abul-Faradsch al-Isbahani: *Kitab al-aghani* (Beirut, 1955), Bd. 6, S. 294–298; nach der engl. Übers. in H. G. Farmer: *A History of Arabian Music* (London, 1929), S. 102f.
5 Ghazali: *Ihya*, Teil 3, Buch 8, Bd. 2, S. 237; nach der engl. Übers. in D. B. MacDonald: »Emotional religion in Islam as affected by music and singing«, *Journal of the Royal Asiatic Society* (1901), S. 199.
6 Ebd., S. 244; engl. Übers. S. 223.
7 Ebd., S. 249; engl. Übers. S. 229.
8 Ibn Chaldun: *Muqaddima*, S. 28; engl. Übers. Bd. I, S. 55f.
9 Ibn Chaldun: *Muqaddima*, S. 493f; engl. Übers. Bd. 3, S. 150.

Kapitel 13

1 Ibn Chaldun: *Muqaddima*, S. 183; engl. Übers. Bd. I, S. 372.
2 Ebd., S. 100; engl. Übers. Bd. I, S. 300.
3 Zit. in T. W. Arnold: *The Caliphate*, Neuauflage (London, 1965), S. 203.
4 C. M. Doughty: *Travels in Arabia Deserta*, Neuauflage (London, 1921), S. 6–8.

Kapitel 14

1 Ahmad an-Nasiri as-Salawi: *Kitab al-istiqsa*, Bd. 7 (Casablanca, 1956), S. 82–86; nach der franz. Übers. in J. Berque: *Al-Yousi* (Paris, 1958), S. 91–92.
2 Ebd., Bd. 4 (Casablanca 1955), S. 163f; nach der franz. Übers. I. Hamet: *Archives Marocaines*, Bd. 33 (1934), S. 570–572.

Kapitel 15

1 Nach der engl. Übersetzung in W. L. Wright: *Ottoman Statecraft* (Princeton, 1935), S. 117–18.
2 Zit. in Abd ar-Rahman al-Dschabarti: *Adscha'ib al-athar fi taradschim wal-achbar*, (Kairo, 1965), Bd. 4, S. 214. Ich danke Dr. K. Barbir, daß er mich auf diesen Brief aufmerksam gemacht hat.

Kapitel 16

1 Ebd., S. 285; zit. nach der deutschen Übers. A. Hottinger: *Bonaparte in Ägypten* (Zürich, 1983), S. 82.
2 Ebd., S. 348; dt. Übers. S. 164 f.
3 Übers. nach H. Inalcik, in: J.C. Hurewitz (Hg.): *The Middle East and North Africa in World Politics* (New Haven, 1977), Bd. 1, S. 269–71.

Kapitel 17

1 H.H. Jessup, *Fifty-three Years in Syria*, Bd. 2 (New York, 1910), S. 786–7.
2 J. Cambon, zit. in C.R. Ageron, *Les algeriens musulmans et la France (1871–1919)* (Paris, 1968), S. 478.

Kapitel 18

1 J.W. v. Goethe: »Aus dem Nachlass«, *Westöstlicher Divan*.
2 R. Kipling: »A Ballad of East and West«.
3 Rifa'a Rafi at-Tahtawi: *Tachlis al-ibriz ila talchis Bariz*; nach der deutschen Übers. K. Stowasser: *Ein Muslim entdeckt Europa. Die Reise eines Ägypters im 19. Jahrhundert nach Paris* (Leipzig/Weimar, 1988) S. 73–80.
4 Khair ad-Din at-Tunisi: *Aqwam al-masalik fi ma'rifat ahwal al-mamalik* (Tunis, 1867–8), S. 5; nach der englischen Übers. L.C. Brown: *The Surest Path* (Cambridge, Massachusetts, 1967), S. 74.
5 Raschid Rida: *Tarich al-ustadh al-imam asch-schaich Muhammad Abduh*, Bd. I (Kairo, 1931), S. 11.
6 Taha Husain: *Al-ayam*, Bd. 3, 19. Aufl. (Kairo, 1972), S. 3–4; nach der englischen Übers. K. Cragg: *A Passage to France* (Leiden, 1976), S. 1–2.

Kapitel 19

1 T.E. Lawrence: *Seven Pillars of Wisdom*, nach der deutschen Übers.: *Die sieben Säulen der Weisheit* (München, 1985; 1. Aufl. 1979), S. 42 f.
2 Ebd., S. 45.
3 J. Berque: *Le Maghreb entre deux guerres* (Paris, 1962), S. 60. Nach der englischen Übers. *French North Africa* (London, 1967), S. 63.

Kapitel 20

1 Abu l-Qasim asch-Schabbi, zit. nach M. M. Badawi: *A Critical Introduction to Modern Arabic Poetry* (Cambridge, 1975), S. 159.
2 Taha Husain, Antwort an Taufiq al-Hakim, *ar-Risala*, 15. Juni 1933, S. 8–9; Wiederabdruck in *Fusul fi l-adab wa n-naqd* (Kairo, 1945), S. 107–9.
3 Ahmad Schauqi, *asch-Schauqiyat*, Bd. 1 (Kairo, o. J.), S. 153–66.
4 Anbara Salam Chalidi: *Dschaula fi dh-dhikriyat bain Lubnan wa Filastin* (Beirut, 1978).
5 Ali Abd ar-Raziq: *Al-islam wa usul al-hukm*, 2. Aufl. (Kairo, 1925), S. 103.
6 Zitiert nach R. Mitchell: *The Society of the Muslim Brothers* (London, 1969), S. 30.

Kapitel 21

1 G. Tillion: *Les ennemis complementaires* (Paris, 1960); nach der engl. Übers. *France and Algeria: complementary enemies* (New York, 1961), S. 9.

Kapitel 23

1 Abdullah Laroui: *L'histoire du Maghreb: un essai de synthèse* (Paris, 1970), S. 15, 353–4; nach der engl. Übers. in R. Manheim: *The History of the Maghreb: an interpretative essay* (Princeton, 1977), S. 10, 384–5.
2 Adunis (Ali Ahmad Sa'id), zitiert in S.K. Jayyusi: *Trends and Movements in Modern Arabic Poetry* (Leiden, 1977), Bd. 2, S. 572.
3 Badr Schakir al-Saiyab: *Unschudat al-matar* (Beirut, 1960), S. 103–7; nach der engl. Übers. in S.K. Jayyusi (Hg.): *Modern Arabic Poetry* (New York, 1987), S. 432–5.

Kapitel 24

1 Department of Information, Kairo: *Maschru al-mithaq* (Kairo, 1962), S. 13 ff; nach der engl. Übers. S. Hanna und G. H. Garner (Hg.): *Arab Socialism* (London, 1969), S. 344–5.

Kapitel 26

1 A. Rifaat: *Distant View of a Minaret*, nach der deutschen Übers. von N. Naguib: *Zeit der Jasminblüte* (Zürich, 1988), S. 94.
2 *Beyond the Veil*, (London, 1985).
3 Hichem Djaït: *La personnalité et le devenir arabo-islamiques* (Paris, 1974); S. 140.
4 A. Laroui: *La crise des intellectuels arabes* (Paris, 1974); nach der engl. Übers.: *The crisis of the Arab intellectual* (Berkeley, 1976); und: *L'idéologie arabe contemporaire*, neue Aufl. (Paris, 1977).
5 Saiyid Qutb: *Ma'alim fi t-tariq* (Kairo, 1964), S. 4 f.
6 F. Rahman: *Islam and Modernity* (Chicago, 1982).

KARTEN

DIE FAMILIE DES PROPHETEN

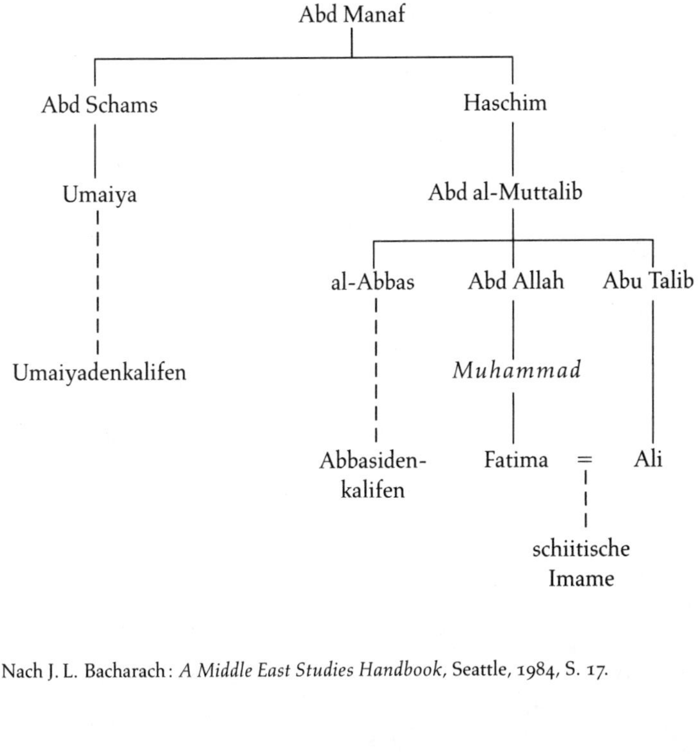

Nach J. L. Bacharach: *A Middle East Studies Handbook*, Seattle, 1984, S. 17.

DIE HASCHIMITEN

- Husain, König des Hedschaz (1916–24)
  - Ali, König des Hedschaz (1924–5)
    - Abd al-Ilah Regent des Irak (1939–53)
  - Abd Allah, Emir von Transjordanien (1923–46), König von Jordanien (1946–51)
    - Talal, König von Jordanien (1951–2)
      - Husain, König von Jordanien (1952–)
  - Faisal I. König des Irak (1921–33)
    - Ghazi, König des Irak (1933–9)
      - Faisal II. König des Irak (1939–58)

DIE SCHIITISCHEN IMAME

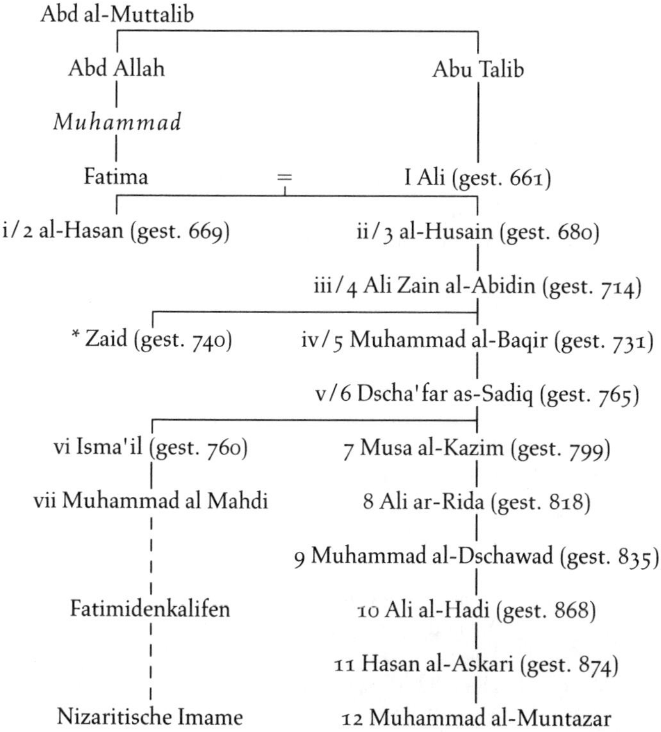

Arabische und römische Ziffern geben jeweils die Reihenfolge der von der Zwölferschia bzw. den Isma'iliten anerkannten Imame an.

* von den Zaiditen als *imam* anerkannt.

Nach: J. L. Bacharach, S. 21.

DIE KALIFEN

Die Raschidun

Die ersten vier Kalifen sind bei den sunnitischen Muslimen als *Raschidun* (die ›rechtgeleiteten‹ Kalifen) bekannt:
Abu Bakr, 632–634
Umar ibn Abd al-Chattab, 634–644
Uthman ibn Affan, 644–656
Ali ibn Abi Talib, 656–661

Die Umaiyaden

Mu'awiya ibn Abi Sufyan I., 661–680
Yazid I., 680–683
Mu'awiya II., 683–684
Marwan I., 684–685
Abd al-Malik, 685–705
al-Walid I., 705–715
Sulaiman, 715–717
Umar ibn Abd al-Aziz, 717–720
Yazid II., 720–724
Hischam, 724–743
al-Walid II., 743–744
Yazid III., 744
Ibrahim, 744
Marwan II., 744–750

Die Abbasiden

Abu l-Abbas as-Saffah, 749–54
al-Mansur, 754–75
al-Mahdi, 775–85
al-Hadi, 783–6
Harun ar-Raschid, 786–809
al-Amin, 809–13
al-Ma'mun, 813–33
al-Mu'tasim, 833–42
al-Wathiq, 842–7
al-Mutawakkil, 847–61
al-Muntasir, 861–2
al-Musta'in, 862–6
al-Mu'tazz, 866–9
al-Muhtadi, 869–70
al-Mu'tamid, 870–92
al-Mu'tadid, 892–902
al-Muktafi, 902–8
al-Muqtadir, 908–32
al-Qahir, 932–4
ar-Radi, 934–40
al-Muttaqi, 940–4
al-Mustakfi, 944–6
al-Muti, 946–74
at-Ta'i, 974–91
al-Qadir, 991–1031
al-Qa'im, 1031–75
al-Muqtadi, 1075–94
al-Mustazhir, 1094–1118
al-Mustarschid, 1118–35
ar-Raschid, 1135–6
al-Muqtafi, 1136–60
al-Mustandschid, 1160–70
al-Mustadi, 1170–80
an-Nasir, 1180–1225
az-Zahir, 1225–6
al-Mustansir, 1226–42
al-Musta'sim, 1242–58

Nach: C. E. Bosworth: *The Islamic Dynasties*, Edinburgh, 1967.

DIE WICHTIGEN DYNASTIEN

Abbasiden, 749–1258. Kalifen mit universellem Machtanspruch; Hauptstadt Bagdad.
Aghlabiden, 800–909. Tunesien, Ostalgerien, Sizilien.
Alawiden, 1631–heute. Marokko.
Almohaden (al-Muwahhidun), 1130–1269. Maghreb, Spanien.
Aiyubiden, 1169–1260. Ägypten, Syrien, Teile Westarabiens.
Buyiden (Buwaihiden), 932–1062. Iran, Irak.
Fatimiden, 909–1171. Maghreb, Ägypten, Syrien. Anspruch auf das Kalifat.
Hafsiden, 1228–1574. Tunesien, Ostalgerien.
Haschimiten des Irak, 1921–58. Irak.
Haschimiten Jordaniens, 1923–heute. Transjordanien, Teile Palästinas.
Idrisiden, 789–926. Marokko.
Ilchaniden, 1256–1336. Iran, Irak.
Mamluken, 1250–1517. Ägypten, Syrien.
Mariniden, 1196–1464. Marokko.
Moguln, 1526–1858. Indien.
Muhammad Ali und Nachfolger, 1805–1953. Ägypten.
Muluk at-tawa'if (›Parteikönige‹), 11. Jahrhundert. Spanien.
Nasriden, 1230–1492. Südspanien.
Osmanen, 1281–1922. Türkei, Syrien, Irak, Ägypten, Zypern, Tunesien, Algerien, Westarabien.
Rassiden, 9.–13. Jahrhundert, Ende des 16. Jahrhunderts–1962. Zaiditische Imame im Jemen.
Rasuliden, 1229–1454. Jemen.
Rum-Seldschuken, 1077–1307. Zentral- und Osttürkei.
Rustamiden, 779–909. Westalgerien.
Sa'diden, 1511–1628. Marokko.
Safawiden, 1501-1732. Iran.
Saffariden, 867–Ende des 15. Jahrhunderts. Ostiran.
Samaniden, 819–1005. Nordostiran, Zentralasien.

Sa'udis, 1746–heute. Zentral-, dann Westarabien.
Seldschuken, 1038–1194. Zentral- und Osttürkei.
Timuriden, 1370–1506. Zentralasien, Iran.
Tuluniden, 868–905. Ägypten, Syrien.
Umaiyaden, 661–750. Kalifen mit universellem Machtanspruch; Hauptstadt Damaskus.
Umaiyaden von Spanien, 756–1031. Anspruch auf das Kalifat.

Anmerkung: Einige Daten sind nur ungefähre Angaben, da sich manchmal schwer bestimmen läßt, wann genau die Regierungszeit einer Dynastie begann oder endete. Ländernamen geben das Machtzentrum der Dynastien an; außer im Fall moderner Dynastien werden sie im weiteren, geographischen Sinn verwandt.

Nach: T. Mostyn (Hg.): *The Cambridge Encyclopedia of the Middle East and North Africa*, Cambridge, 1988, S. 59.

HERRSCHERFAMILIEN IM 19. UND 20. JAHRHUNDERT

Die osmanischen Sultane

Selim III., 1789–1807
Mustafa IV., 1807–8
Mahmud II., 1808–39
Abdülmecid I., 1839–61
Abdülaziz, 1861–76
Murad V., 1876
Abdülhamid II., 1876–1909
Mehmed V. Reschad, 1909–18
Mehmed VI., Vahideddin, 1918–22
Abdülmecid II., als Kalif, aber nicht als Sultan anerkannt, 1922–24

Die Könige Saudi-Arabiens

Abd al-Aziz, 1926–53
Sa'ud, 1953–64
Faisal, 1964–75
Chalid, 1975–82
Fahd, 1982–

Die Dynastie Muhammad Alis in Ägypten

Muhammad Ali, *Wali* (Gouverneur) von Ägypten, 1805–48
Ibrahim, *Wali*, 1848
Abbas I., *Wali*, 1848–54
Sa'id, *Wali*, 1854–63
Isma'il, Khedive, 1863–79
Taufiq, Khedive, 1879–92

Abbas II. Hilmi, Khedive, 1892–1914
Husain Kamil, Sultan, 1914–17
Fu'ad I., Sultan, dann König, 1917–36
Faruq, König, 1936–52
Fu'ad II., König, 1952–53

Die Alawiden von Marokko

Sulaiman, Sultan, 1796–1822
Abd ar-Rahman, Sultan, 1822–59
Muhammad, Sultan, 1858–73
Hasan I., Sultan, 1873–94
Abd al-Aziz, Sultan, 1894–1908
Abd al-Hafiz, Sultan, 1908–12
Yusuf, Sultan, 1912–27
Muhammad V., Sultan, dann König, 1927–61
Hasan II., König, 1961–

GLOSSAR ARABISCHER BEGRIFFE

(Osmanische, persische oder türkische Begriffe sind als solche gekennzeichnet.)

ablaq – aiyubidischer und mamlukischer Baustil mit Steinbändern in alternierenden Farben.
achbari – Traditionarier.
adab – Gattung erbaulicher und unterhaltender Literatur.
adhan – Aufruf des Muezzins (s. muadhdhin) zum Gebet.
al-insan al-kamil – »der vollkommene Mensch«; der Prophet Muhammad.
alim (Plur. ulama) – muslimischer Gelehrter.
amal – Verwaltung, Verwaltungsbezirk.
amin al-umana – Vorsteher der Handwerke.
amir – Emir; Befehlshaber, Gouverneur, Fürst.
amir al-haddsch – Führer eines Pilgerzugs nach Mekka.
amma – Allgemeinheit.
aql – Intellekt; Vernunft; im Besitz der Verstandeskräfte.
asabiya – von Ibn Chaldun gepräger Begriff für Gemeinschaftsgeist.
aschura – 1. freiwilliger Fastentag am 10. Muharram aus frühislamischer Zeit; 2. Gedenktag der Schiiten an die Schlacht von Kerbela 680 n. Chr. und den Tod von Alis Sohn Husain.
asker (aus d. Pers.) – Soldaten, Herrscher.
auqaf – (s. waqf).
badi' – literarischer Stil mit kunstvoller Sprache und rhetorischen, antithetischen Figuren.
bai'a – Huldigungseid bei der Einsetzung oder Thronbesteigung des Khalifen.
bait al-hikma – »Haus der Weisheit«; Bibliothek im abbasidischen Bagdad des 9. Jahrhunderts.
bey; beg (türk.) – Adelstitel; militärischer Führer; Inhaber administrativer Gewalt.
bidonvilles (franz.) – spontan entstandene Stadtrandviertel armer Bevölkerungsschichten.
bimaristan (aus d. Pers.) – Stiftungshospitäler in großen Städten.
cemaat (osman.) – (aus dem Arab.: *dschama'a*, Plur. *dschama'at*); Gruppe, Gesellschaft, Gemeinschaft.
chalifa – Nachfolger, Stellvertreter des Propheten; Oberhaupt der muslimischen Gemeinde.
chan (türk.) – (s. qaisariya).
chanqa – (s. zawiya).

charadsch – Steuer auf Land oder landwirtschaftliche Erträge.
chassa – Elite.
chatib – Wortführer des Stammes; Prediger.
chutba – Ansprache des chatib von der Kanzel der Freitagsmoschee.
chuwa – Tribut, von Viehzüchterstämmen (Beduinen) gegenüber Seßhaften erhoben.
dar al-ilm – »Haus der Gelehrsamkeit«; Bibliothek im fatimidischen Kairo des 11. Jahrhunderts.
defterdar (pers., türk.) – Großschatzmeister; Verwalter der Staatseinkünfte.
devschirme (türk.) – »Knabenlese«; Aushebungen und Islamisierung von Jünglingen aus christlichen Dörfern des Balkans zu lebenslangem Dienst im Sold des Sultans.
dey (türk.) – Titel der Statthalter des Sultans und Herrscher von Algier.
dhikr – Ritual zur Anrufung des Namen Gottes, verbunden mit Körperbewegungen und Atemübungen.
dhimma – Schutzbund für Frieden, Gehorsam und Ordnung zwischen muslimischen Herrschern und nichtmuslimischen Untertanen.
diwan – Gedichtsammlung eines Dichters; oberste Verwaltungsorgane des Staates.
dschahiliya – »Zeit der Unwissenheit«; Zustand vor der Verbreitung des Islam.
dschaisch – Heerstämme; Heer, Armee.
dschallaba – traditionelles Männergewand.
dschami – Freitagsmoschee.
dschihad – »Heiliger Krieg«; Ausbreitung oder Verteidigung des Islam mit Waffengewalt.
dschinn – Geister mit Körpern aus Rauch oder Flammen.
dschizya – nach Vermögen festgesetzte Kopfsteuer für Nichtmuslime.
du'a – individuelle Anrufungen Gottes, Bittgebete.
dunum – Flächenmaß; irak. *dunum* = ca. ¼ ha.
eyalet (osman.) – Wilayet; osmanische Provinz.
fana – Vernichtung des menschlichen Willens vor dem Willen Gottes.
fatwa – formelles Rechtsgutachten eines Rechtsgelehrten oder eines mufti.
feddan – Flächenmaß, ca. 4000 m^2.
fiqh – »Einsicht«; Gesetzeswissenschaft im Islam.
ghaiba – Abwesenheit, Entrückung; Verborgenheit des Imams (= mahdi) der Schiiten.
ghazal – Gasel; arabisches Liebesgedicht, Liebesdichtung.
haddsch – Pilgerfahrt der Muslimen nach Mekka.
hadith – Mitteilungen über Aussprüche und Handlungen des Propheten.
hal, Plur. *ahwal* – »Zustand«; Gnaden- und Seelenzustände der Mystiker.
hammam – öffentliches Bad.
haqiqa – wirkliche Natur Gottes; Wahrheit.
hara – (Stadtviertel (s. a. mahalle).
haram – heiliger Bezirk, Heiligtum; vorislam.: Sitz der Götter; von Stammeskonflikten ausgeschlossene Bezirke und Siedlungen.
harim – Harem; Teil des Hauses, der ausschließlich der Familie vorbehalten ist.
hidschra – Übersiedlung Muhammads von Mekka nach Medina.
hiyal – juristische Kunstgriffe.
hubus – (s. waqf)
huddscha – Beweis, Dokument; Hoddscha: auch Titel für Kenner der Überlieferungen.

ibadat – gottesdienstliche Verrichtungen; religiöse Handlungen.

id al-adha – muslimisches »Opferfest«; »das große Fest«.

id al-fitr – »Fest des Fastenbrechens«, »das kleine Fest«; Fest am Ende des Fastenmonats Ramadan.

idschaza – schriftliche Bestätigung für das Studium einer Schrift durch einen mudarris.

idschma – Übereinstimmung; Konsens örtlicher Denkschulen.

idschtihad – Anstrengung, mit Hilfe von qiyas eine eigene Meinung zu bilden.

ihram – weißes, aus einem Stück Stoff gefertigtes Gewand der Mekkapilger; reiner Weihezustand.

ilm – religiöses Wissen; Erkenntnis, Wissen, Wissenschaft.

ilm al-kalam – dialektische Theologie (s. a. kalam)

ilmiye (türk.) – (s. arab. ulama).

imam – oberster Leiter der islamischen Gemeinde; geistes Oberhaupt von Richtungen und Schulen; Vorbeter beim rituellen Gemeinschaftsgebet.

imama – Imamat, Amt des Imam.

infitah – Politik der offenen Tür; wirtschaftliche Öffnung in Ägypten seit 1974.

intifada – Aufstand der Palästinenser in den von Israel besetzten Gebieten.

intisap (osman.) – Patronagesystem in der osmanischen Verwaltung.

iqta – Landzuteilung mit Konzession zur Steuererhebung vor allem an Militärführer.

ischraq – Ausstrahlung des göttlichen Lichts.

isnad – Überliefererkette für ein bestimmtes Ereignis.

istihsan – Methode der Rechtsauslegung nach eigenem Ermessen abweichend vom qiyas.

istislah – Argumentationsmethode nach den Erfordernissen des menschlichen Wohls.

Ithna aschariya – Zwölferschia.

iwan – auf drei Seiten geschlossener, zum Hof hin offener, mit großem Rundbogen abgeschlossener Raum.

Janitscharen – osmanische Elitetruppen nach dem devschirme-System ausgebildet.

Ka'ba – würfelartiger Bau in der Mitte der großen Moschee von Mekka. Zentrum muslimischer Gottesverehrung.

kadiasker (osman.) – Militärrichter.

kalam – Rede, Sprache; Theologie; Methode des Denkens.

kanun-name (aus d. Pers.) – Grundgesetz des Osmanischen Reiches.

karamat – Zeichen der göttlichen Gnade; wunderbare Gaben und Gnadenbeweise Gottes.

khedive (aus d. Pers.) – seit 1867 Titel der ägyptischen Vizekönige im Osmanischen Reich.

kuttab – Koranschule.

machzan – Finanzverwaltung; Zentralverwaltung des marokkanischen Regierungssystems.

madaris – (s. madrasa)

madhab (Plur. *madhahib*) – Gesetzesschulen; orthodoxer Ritus des fiqh.

madhahib – (s. madhab)

madina – Stadt; zentrale Quartiere größerer Städte.

madrasa – Schule islamischer Wissenschaften, vor allem der Rechtswissenschaft.

madschlis – 1. offizieller Empfangsraum eines Hauses; 2. Gebetsstätte der Ismailiten.

mahalle (osman.) – von arab. *mahalla*: Stadtviertel.

mahdi – »der von Gott Geleitete«; erwarteter Messias am Ende der Welt; bei den Schiiten: der »verborgene Imam«.
mahmal – zum haddsch nach Mekka gesandte, reich geschmückte Sänfte mit Holzrahmen zum Zeichen des Selbständigkeitsanspruches muslimischer Fürsten.
maktab – Koranschule (s. kuttab).
mamluk – Militärsklaven aus dem Kaukasus und Zentralasien; die Mamlukenherrscher in Ägypten 1228–1574.
maqamat – Makamen; Folge von Erzählungen in gereimter Prosa.
ma'rifa – Erkenntnis, Wissen; inneres Wissen.
maschrabiya – mit hölzernem Gitterwerk versehene Läden an den Fenstern.
masdschid – Moschee; Gebetssaal.
maulid – Geburtstag des Propheten oder eines Heiligen.
mawali – Konvertiten, die sich als Klienten arabischen Stammesführern anschlossen.
mihrab – Nische in der Moscheewand, die die Gebetsrichtung (qibla) angibt.
minbar – Kanzel in der Moschee für die Freitagspredigt.
mithaq – Bund Gottes mit den Menschen vor der Erschaffung der Welt.
mu'addschal – »aufgeschobener«, noch nicht ausbezahlter Teil des Brautgeldes.
mu'adhdhin – Muezzin.
mu'allaqat – Anthologie von Gedichten vorislamischer arabischer Dichter.
mudaraba – Commenda, Accommenda; Kreditgeschäft, Vorläufer der Kommanditgesellschaft.
mudarris – Lehrer, Inhaber eines Lehrstuhles an einer madrasa.
mudschtahid – Gelehrter; einer, der sich bemüht, seine eigene Meinung zu bilden (s. a. idschtihad).
mufti – Rechtsgutachter.
muluk at-tawa'if – »Parteienkönige«, Araber- und Berberdynastien kleinerer Reiche.
muscha – Muscha-System; periodische Aufteilung des Bodens mit bestimmten Familienanteilen.
mut'a – Ehe auf Zeit nach schiitischem Recht.
Mu'tazila – spekulative sunnitische Glaubensschule des 8. Jahrhunderts.
muwaschschah – strophisches Gedicht mit speziellem Reimmuster.
muzara'a – Teilung der Erträge zwischen Besitzer und Pächter; Halbpacht.
na'ib – Stellvertreter, Bevollmächtigter; Hilfsrichter.
na'ura, noria – Wasserschöpfrad.
naqib – Führer.
naqib al-aschraf – »Adelsmarschall« der Aliden; Oberhaupt der Abkömmlinge des Propheten (saiyid).
naqib al-yahud – Führer, Vorsteher einer jüdischen Gemeinde.
natiq – »Redner«; sieben Propheten der Siebenerschia.
padischah (pers.) – osmanischer Herrschertitel; Sultan.
qa'a – (s. madschlis, 1.)
qadi – Richter.
qaisariya – Gebäudekomplex im suq mit Läden, Werkstätten, Magazinen; auch Chan genannt.
qanat – Kanal, Wasserleitung.
qasida – metrisches Gedicht bis zu hundert Zeilen mit einem einzigen Reim.

qibla – Gebetsrichtung der Muslime.
qiyas – Analogieschluß.
qutb – Heiliger, an der Spitze der Heiligenhierarchie.
ra'is – Führer, Vorsteher.
ra'is at-tuddschar – Vorsteher, Vertreter der Kaufleute.
Ramadan – Fastenmonat im liturgischen islamischen Jahr.
raschidun – die ersten vier »rechtgeleiteten« Kalifen von Abu Bakr bis Ali.
rawi – Rezitator von Gedichten.
reaya (osman.) – »Herde«, Untertanen.
ridda – Abfall der arabischen Stämme nach dem Tod des Propheten.
sadr-i azam – (arab.: *sadr azam*); oberster Würdenträger; Großwesir des Osmanischen Reiches.
sadsch – Reimprosa (s. a. maqamat).
saiyid – Scherife; Nachfahre des Propheten.
salat – rituelles Gebet, Gottesdienst.
sancak (türk.) – türkischer Regierungs- und Verwaltungsbezirk.
sarraf – Geldwechsler; Bankier.
saum – Fasten während des Fastenmonats Ramadan.
schahada – muslimisches Glaubensbekenntnis.
schahanschah (pers.) – »König der Könige«; alter iranischer Titel.
schaich – Scheich, Stammesführer; Ehrentitel; Titel für religiöse Lehrer; Meister des spirituellen Lebens bei den Mystikern.
schaich al-islam – Ehrentitel islamischer Theologen und Mystiker; religiöser Ratgeber des osmanischen Sultans.
schari'a – kanonisches Gesetz des Islam, islamisches Recht.
scharif, Plur. *aschraf* – (s. saiyid).
schaschiya – tunesische Kopfbedeckung.
schi'at Ali – Parteigänger Alis; Schiiten.
schurta – Polizei.
schu'ubiya – persische Geistesrichtung gegen das Supremat des Arabischen; »Nationalismus der nichtarabischen Völker«.
silsila – »Kette« der Zeugen der Wahrheit vom Propheten bis an das Ende der Welt.
sipahi (türk.) – Soldat, berittener Soldat.
sunna – Praxis; richtiges Verhalten gemäß der Handlungsweise des Propheten.
suq – Markt; Stadtmarkt.
suwaiqa – kleiner Markt (s. a. suq).
taife (türk.) – (s. cemaat).
tariqa – Pfad der Berufenen in der Mystik; seit dem 11. Jahrhundert Bezeichnung der mystischen Gruppen selbst.
tasauwuf – Mystizismus; Sufismus: sich dem mystischen Leben weihen.
timar (türk.) – osmanisches System der Armeebesoldung aus Grundeinkünften; Militärdomäne.
udul – Gerichtszeugen.
ulama (s. alim); ilmiye (osman.): Korps beamteter *ulama* bei den Osmanen.
umma – Gemeinschaft der Gläubigen.
urf – allgemeiner Usus; Rechtsbrauch, Gewohnheitsrecht.

usul ad-din – Grundlagen der Religion.
usul al-fiqh – Prinzipien der Rechtswissenschaft.
usuli – Ausleger nach den Prinzipien (usul), im Gegensatz zum Traditionarier (achbari).
wadi – Flußtal; Trockenflußtal, das bei Regen Wasser führt.
wahdat al-wudschud – Begriff von Ibn Arabi: Einheit des Seins.
wali – Freund, Gefährte, Beschützer; Freund Gottes, Heiliger.
waqf (Plur. *auqaf*) – (Nordafrika: *hubs*, Plur. hubus): »Fromme Stiftung«; dauernde Festlegung der Einkünfte aus Grund- oder Immobilienbesitz für wohltätige Zwecke, wie Unterhalt von Moscheen, Schulen, Hospitälern etc.
wasi – Beauftragter; Vollstrecker des letzten Willens; bei den Schiiten: Ali, Beauftragter des Propheten.
wazir – Ratgeber des Kalifen; später: hoher Administrationstitel; heute: Minister.
wudu – die kleine rituelle Waschung.
zadschal – Strophengedicht in andalusischem Umgangsarabisch.
zakat – Pflicht des Gläubigen, Almosen zu geben; Almosensteuer.
zar – Ritual zur Beschwörung und Austreibung der Geister in Somalia, Äthiopien und Ägypten.
zawiya – Mönchszelle; kleine Moschee; Gebäude mit religiösem Charakter; Kulthaus religiöser Bruderschaften.
zulm – Unterdrückung.

BIBLIOGRAPHIE

Dies ist keine erschöpfende Bibliographie. Sie unternimmt es nicht, all die Bücher und Zeitschriftenartikel zu nennen, die ich zu Rate gezogen habe, und auch nicht alle jene, die ein an einem bestimmten Thema interessierter Leser kennen sollte. Ich habe nur versucht, Hinweise auf weiteres Lesematerial zu geben. Die meisten dieser Bücher und Artikel sind in englischer Sprache abgefaßt, aber es gibt auch einige in französischer oder arabischer Sprache, dazu das eine oder andere Buch auf deutsch, italienisch oder türkisch. Ich habe ein paar Hinweise auf die originären Quellen im Arabischen für jene Leser gegeben, die sich damit zu beschäftigen wünschen.

Die Bibliographie richtet sich nach den Teilen und Kapiteln des Buches und innerhalb jedes Kapitels annähernd nach der Reihenfolge der verschiedenen Themen, mit denen sich das Kapitel befaßt. Es ist eine kumulative Bibliographie: Bücher oder Artikel, die in Verbindung mit einem Thema genannt werden, können natürlich für ein anderes Thema später im Buch relevant sein, aber die Liste wäre zu lang geworden, hätte man sie dort wiederholt.

Die Titel werden nur soweit genannt, daß es dem Leser möglich ist, sie im Katalog einer Bibliothek zu finden. Untertitel von Büchern werden nur dann erwähnt, wenn sie den Gegenstand des Buches voller erfassen als der Titel. Wenn ein Buch in Großbritannien veröffentlicht wurde, habe ich in der Regel Titel, Ort und Datum der Publikation der britischen Ausgabe genannt. Die amerikanische Ausgabe wird sich natürlich in diesen Angaben unterscheiden.

Allgemeine Bibliographie

Nachschlagewerke

The Encyclopaedia of Islam (Leiden, 6 Bde. 1960–89).

J. D. Pearson u. a. (Hg.), *Index Islamicus 1906–1955* and regular supplements (Cambridge, 1958–).

W. H. Belan, *Index Islamicus 1665–1905* (Millersville, Pennsylvania, 1988).

D. Grimwood-Jones u. a., *An Islamic Bibliography* (Hassocks, Sussex, 1977).

J. Sauvaget und C. Cahen, *Introduction to the History of the Muslim East: a bibliographical guide* (Berkeley, 1965) [Originalausgabe: *Introduction à l'histoire de l'Orient musulman* (Paris, 1961)].

J. Bacharach, *A Middle East Studies Handbook* (Cambridge, 1984).

C. F. Bosworth, *The Islamic Dynasties* (Edinburgh, 1967).

Geographie
R. Roolvink, *Historical Atlas of the Muslim Peoples* (Amsterdam, 1957).
F. Robinson, *Atlas of the Islamic World since 1500* (Oxford, 1982).
P. Birot und J. Dresch, *La Méditerranée et le Moyen-Orient* (Paris, 1956).
J. Despois, *L'Afrique du nord* (Paris, 1964).

Historische Abrisse
M. G. S. Hodgson, *The Venture of Islam*, 3 Bde. (Chicago, 1974).
I. M. Lapidus, *A History of Muslim Societies* (Cambridge, 1988).
U. Haarmann (Hg.), *Geschichte der arabischen Welt* (München, 1987).
J. M. Abun-Nasr, *A History of the Maghrib in the Islamic Period* (Cambridge, 1987).

Islam
H. A. R. Gibb, *Islam* (Oxford, 1969).
F. Rahman, *Islam* (Chicago, 1979).
M. Ruthven, *Islam in the World* (Harmondsworth, Middlesex, 1984).
J. A. Williams (Hg.), *Themes of Islamic Civilization* (Berkeley, 1971).

Zivilisation und Kultur
J. Schacht und C. E. Bosworth (Hg.), *The Legacy of Islam*, 2. Aufl. (Oxford, 1974) [Deutsch: *Das Vermächtnis des Islams* (Zürich, 1980)].
B. Lewis (Hg.), *The World of Islam* (London, 1976) [Deutsch: *Welt des Islam* (Braunschweig, 1976)].
H. A. R. Gibb, *Studies on the Civilization of Islam* (London, 1962).
T. Khalidi, *Classical Arab Islam* (Princeton, 1985).
H. A. R. Gibb, *Arabic Literature*, 2. Aufl. (Oxford, 1963) [Deutsch: *Arabische Literaturgeschichte* (Zürich, 1968)].
G. Brockelmann, *Geschichte der arabischen Literatur*, 2 Bde. (Leiden, 1938–49).
F. Sezgin, *Geschichte des arabischen Schrifttums* (Leiden, 1967–84, wird fortges.).
R. Ettinghausen and O. Grabar, *The Art and Architecture of Islam* (London, 1987).
D. Eickelman, *The Middle East: an anthropological approach* (Engelwood Cliffs, New Jersey, 1981).
A. L. Udovitch (Hg.), *The Islamic Middle East 700–1900: studies in economic and social history* (Princeton, 1981).

Zeitschriften (mit dem Jahr der Erstveröffentlichung)
Arabica (Leiden, 1954).
Bulletin of the School of Oriental and African Studies (London, 1917).
Der Islam (Berlin, 1910).
International Journal of Middle East Studies (Cambridge, 1970).
Journal of the Economic and Social History of the Orient (Leiden, 1957).
Middle East Journal (Washington, 1947).
Middle Eastern Studies (London, 1964).
Oriente Moderno (Rom, 1921).
Revue des Études Islamiques (Paris, 1927).
Studia Islamica (Paris, 1953).

Prolog

Ibn Chalduns Muqaddima

Text: E. Quatremère (Hg.), *Les prologomènes d'Ebn Khaldun*, 3 Bde. (Paris, 1858); *Muqaddimat Ibn Khaldun* (Bulaq, 1857; Nachdrucke, Kairo und Beirut).

Englische Übers. v. F. Rosenthal, *Ibn Khaldun: the Muqaddimah*, 3 Bde. (London, 1958).

[Deutsche Teilübers. v. A. Schimmel, *Ibn Chaldun, Ausgewählte Abschnitte aus der muqaddima* (Tübingen, 1951)].

Ibn Chalduns Geschichte

Text: *Kitab al-ibar wa diwan al-mubtada wa l-khabar*, 7 Bde. (Bulaq, 1867–8); Nachdruck unter *Tarikh al-allama Ibn Chaldun*, 7 Bde. (Beirut, 1956–61).

Teilweise franz. Übers. M. de Slane, *Histoire des Berbères et des dynasties musulmanes de l'Afrique septentrionale*, 2 Bde. (Algier, 1847–51).

Autobiographie

Text: M. al-Tandschi (Hg.), *Al-ta'rif bi Ibn Chaldun wa rihlatuhu gharban wa sharqan* (Kairo, 1951); franz. Übers. A. Cheddadi, *Ibn Khaldun: le voyage d'occident et d'orient* (Paris, 1980).

Studien

Bibliographie in A. al-Azmeh, *Ibn Khaldun in Modern Scholarship* (London, 1981), S. 231–318.

A. al-Azmeh, *Ibn Khaldun: an essay in reinterpretation* (London, 1982).

M. Mahdi, *Ibn Khaldun's Philosophy of History* (London, 1957).

M. A. al-Dschabiri, *Al-asabiya wa d-daula* (Casablanca, 1971).

TEIL I
DIE ERSCHAFFUNG EINER WELT
(7.–10. JH.)

Chroniken

Ahmad ibn Yahya al-Baladhuri, *Ansab al-aschraf:* Jerusalemer Ausg., Bde. 4A, 4B, 5 (Jerusalem, 1936–); Hg. A. Duri, Bde. 3, 4i (Wiesbaden 1978–).

Al-Baladhuri, Futuh al-buldan, Hg. S. Munaddschid, 3 Bde. (Kairo 1956–7); engl. Übers. P. K. Hitti und F. C. Murgotten, *The Origins of the Islamic State*, 2 Bde. (New York, 1916–24).

Ali ibn al-Husain al-Mus'udi, *Murudsch adh-dhahab*, Hg. Ch. Pellat, 7 Bde. (Beirut 1966–79); franz. Übers. C. Barbier und P. de Courtelle, 9 Bde. (Paris 1861–77).

Muhammad ibn Dscharir at-Tabari, Kitab tarich ar-rusul wa l-muluk; Hg. M. J. de Goeje und andere, *Annales*, 15 Bde. (Leiden, 1879–1901); Hg. M. A. Ibrahim, *Tarich at Tabari*, 10 Bde. (Kairo 1960–9); engl. Übers. *The History of al-Tabari* (Albany, New York, im Erscheinen: 20 Bde., veröffentl. 1985–9).

Inschriften

M. van Berchem u. a., *Matériaux pour un corpus inscriptionum arabicorum*, Teil 1 (Ägypten), Teil 2 (Syrien), Teil 3 (Kleinasien) (Paris 1903–54), Teil 4 (Arabien) (Kairo, 1985).

E. Combe u. a., *Répertoire chronologique d'épigraphie arabe* (Kairo, in Fortsetzung: 17 Bde. 1931–82).

Münzen

M. Broome, *Handbook of Islamic Coins* (London, 1985).

Historische Überblicke

H. Kennedy, *The Prophet and the Age of the Caliphates* (London, 1986).

C. Cahen, *L'islam dès origines au début de l'empire ottoman* (Paris, 1970).

D. und J. Sourdel, *La civilisation de l'islam classique* (Paris, 1968).

C. A. Julien, *Histoire de l'Afrique du nord*, Bd. 2, durchgesehene Ausgabe R. Le Tourneau (Paris, 1956); engl. Übers. *History of North Africa* (London, 1970).

E. Lévi-Provençal, *Histoire de l'Espagne musulmane*, durchgesehene Ausgabe, 3 Bde. (Paris, 1950–3).

W. M. Watt und P. Cachia, *A History of Islamic Spain* (Edinburgh, 1965).

M. Amari, *Storia dei Musulmani di Sicilia*, 3 Bde. (Catania, 1933–9).

Kapitel 1

Eine neue Macht in einer alten Welt

Der Nahe Osten vor dem Islam

P. Brown, *The World of Late Antiquity* (London, 1971) [Deutsch: *Welten im Aufbruch* (Bergisch Gladbach, 1980)].

P. Brown, »The rise and function of the holy man in late antiquity«, *Journal of Roman Studies*, Bd. 61 (1971), S. 80–101.

J. Herrin, *The Making of Christendom* (Oxford, 1987).

J. M. Cook, *The Persian Empire* (London, 1983).

R. C. Zaehner, *The Dawn and Twilight of Zoroastrianism* (London, 1961).

I. Shahid, »Pre-islamic Arabia« in P. M. Holt u. a. (Hg.), *The Cambridge History of Islam*, Bd. 1 (Cambridge, 1970), S. 3–29.

I. Shahid, *Rome and the Arabs* (Washington, 1984).

I. Shahid, *Byzantium and the Arabs in the Fourth Century* (Washington, 1984).

I. Shahid, *Byzantium and the Arabs in the Fifth Century* (Washington, 1989).

J. Ryckmans, *L'institution monarchique en Arabie méridionale avant l'islam* (Louvain, 1951).

G. Ryckmans, »Les religions arabes preislamiques«, *Le Muséon*, Bd. 26 (1951), S. 6–61.

H. Pirenne, *Mahomet et Charlemagne* (Paris, 1937; englische Übers. *Mohammed and Charlemagne* (London, 1949) [Deutsch: *Mohammed und Karl der Große*, Neuausg. (Frankfurt/Main, 1986)].

D. Whitehouse und R. Hodges, *Mohammed, Charlemagne and the Origins of Europe* (London, 1983).

Vorislamische Dichtung

Die Mu'allaqat, mehrere Ausgaben; englische Übers. v. A. J. Arberry, *The Seven Odes* (London, 1957) [Deutsche Teilübers. v. S. Gandz, *Die Mu'allaqat* (Wien, 1913)].

R. Blachère, *Histoire de la littérature arabe*, 3 Bde. (Paris, 1952–66).

A. F. L. Beeston u. a. (Hg.), *Arabic Literature to the End of the Umayyad Period* (Cambridge, 1983).

M. Zwettler, *The Oral Tradition of Classical Arabic Poetry* (Columbus, Ohio, 1975).

T. Husain, *Fi l-adab al-dschahili* (Kairo, 1927).

A. A. Sa'id (Adunis), *Diwan asch-schi'r al-arabi*, Bde. 1–3 (Beirut, 1964–8).

Muhammad

Abd al-Malik ibn Hischam, *As-sira an-nabawiya*, 2 Bde. (Kairo, 1955); engl. Übers. A. Guillaume, *The Life of Muhammad* (London, 1957).

W. M. Watt, *Muhammad at Mecca* (Oxford, 1953).

W. M. Watt, *Muhammad at Medina* (Oxford, 1956).

M. Rodinson, *Mahomet*, 2. Aufl. (Paris, 1968); englische Übers. *Mohammed* (London, 1971) [Deutsch: *Mohammed* (Luzern, 1975)].

M. Cook, *Muhammad* (Oxford, 1983).

Muhammad ibn Umar al-Waqidi, *Kitab al-maghazi*, J. M. B. Jones (Hg.), 3 Bde. (London, 1955).

A. Caetani, *Annali dell'Islam*, 10 Bde. (Mailand, 1905–26).

M. J. Kister, *Studies in Jahiliyya and Early Islam* (London, 1980).

P. Crone, *Meccan Trade and the Rise of Islam* (Princeton, 1987).

R. B. Serjeant, »*Haram* and *hawta*: the sacred enclave in Arabia«, in A. R. Badawi (Hg.), *Mélanges Taha Hussein* (Kairo, 1962), S. 41–58.

S. P. Brock, »Syriac views of emergent Islam« in G. H. A. Juynboll (Hg.), *Studies on the First Century of Islamic Society* (Carbondale, Illinois, 1982), S. 9–21.

Der Koran

Englische Übers. v. A. J. Arberry, *The Koran Interpreted*, 2 Bde. (London, 1961). [Deutsche Übers. v. M. Henning, *Der Koran* (Leipzig, 1989)].

Commentaries: Abd Allah ibn Umar al-Baidawi, *Anwar at-tanzil*, 2 Bde. (Kairo, AH 1330/1912).

Muhammad ibn Jarir at-Tabari, *Dschami al-bayan an tu'wil ay al-Qur'an*, M. M. und A. M. Schakir (Hg.), Bde. 1–16 (Kairo, 1955–69); Engl. Übers. J. Cooper, *Commentary on the Qur'an*, Bd. 1 (Oxford, 1987).

W. M. Watt (Hg.), *Bell's Introduction to the Qur'an* (Edinburgh, 1970).

T. Izutsu, *Ethico-religious Concepts in the Qur'an* (Montreal, 1966).

F. Rahman, *Major Themes of the Qur'an* (Minneapolis, 1980).

J. Wansbrough, *Quranic Studies* (Oxford, 1977).

J. Wansbrough, *The Sectarian Milieu* (Oxford, 1978).

Kapitel 2
Ein Reich wird geschaffen

Raschidun und die Umaiyaden

J. Wellhausen, *Das arabische Reich und sein Sturz* (Berlin, 1902)

F. M. Donner, *The Early Islamic Conquests* (Princeton, 1981).

G. H. A. Juynboll (Hg.), *Studies on the First Century of Islamic Society* (Carbondale, Illinois, 1982).

H. Lammens, *Études sur le siècle des Omayyades* (Beirut, 1975).

G. R. Hawting, *The First Dynasty of Islam: the Umayyad Caliphate A.D. 661–750* (London, 1986).

P. Crone, *Slaves on Horses* (Cambridge, 1980).

T. Nagel, *Rechtleitung und Kalifat* (Bonn, 1975).

Die Abbasiden

M. A. Shaban, *The Abbasid Revolution* (Cambridge, 1970).

H. Kennedy, *The Early Abbasid Caliphate* (London, 1981).

J. Lassner, *The Shaping of Abbasid Rule* (Princeton, 1980).

D. Sourdel, *Le vizirat 'abbaside de 749 à 936*, 2 Bde. (Damaskus, 1959–60).

Kapitel 3
Die Bildung einer Gesellschaft

Das Ende der politischen Einheit

H. Busse, *Chalif und Grosskönig: die Buyiden im Irak 945–1055* (Beirut, 1969).

W. Madelung, »The assumption of the title Shahanshah by the Buyids and ›the reign of Daylam‹«, *Journal of Near Eastern Studies*, Bd. 28 (1969), S. 84–108, 168–83.

G. Hanotaux (Hg.), *Histoire de la nation égyptienne*, Bd. 4: G. Wiet, *L'Egypte arabe* (Paris, 1937).

M. Canard, *Histoire de la dynastie des Hamdanides* (Paris, 1953).

M. Talbi, *L'emirat aghlabide 184–296 / 800–909* (Paris, 1960).

Wirtschaftlicher und sozialer Wandel

M. Morony, *Iraq after the Muslim Conquest* (Princeton, 1984).

H. Djait, *Al-Kufa: naissance de la ville islamique* (Paris, 1986).

J. Lassner, *The Topography of Baghdad in the Early Middle Ages* (Detroit, 1970).

S. al-Ali, *At-tanzimat al-idschtima'iya wa l-iqtisadiya fi l-Basra* (Bagdad, 1953).

A. ad-Duri, *Tarich al-Iraq al-iqtisadi fi l-qarn ar-rabi* (Bagdad, 1945).

Ya'qub ibn Ibrahim Abu Yusuf, *Kitab al-charadsch* (Kairo, 1933); franz. Übers. E. Fagnan, *Le livre de l'impot foncier* (Paris, 1921).

M. A. Cook, »Economic developments« in J. Schacht und C. E. Bosworth (Hg.), *The Legacy of Islam*, 2. Aufl. (Oxford, 1974), S. 210–43 [Deutsch in: *Das Vermächtnis des Islams* (Zürich, 1980)].

A. M. Watson, *Agricultural Innovation in the Early Islamic World* (Cambridge, 1983).

R. W. Bulliet, *Conversion to Islam in the Medieval Period* (Cambridge, Massachusetts, 1979).

R. W. Bulliet, *The Camel and the Wheel* (Cambridge, Massachusetts, 1975).

Bauten

O. Grabar, *The Formation of Islamic Art* (New Haven, 1973) [Deutsch: *Die Entstehung der islamischen Kunst* (Köln, 1977)].

K. A. C. Creswell, *Early Muslim Architecture*, Bd. 1 (Oxford, 1969), Bd. 2 (Oxford, 1940).

R. W. Hamilton, *Khirbat al-Mafjar* (Oxford, 1959).

O. Grabar u. a., *City in the Desert: Qasr al-Hayr East*, 2 Bde. (Cambridge, Massachusetts, 1978).

Geographie

A. Miquel, *La géographie humaine du monde musulman jusq'au milieu du 11e siècle*, 2. Aufl., 3 Bde. (Paris, 1973–80).

Ali ibn al-Husain al Mas'udi, *Kitab at-tanbih wa l-aschraf*, Hg. M. J. de Goeje (Leiden, 1894/Beirut, 1965).

Abu l-Qasim Ali ibn Hauqal, *Surat al-ard* (Beirut, 1979).

Geschichte

A. ad-Duri, *Bahth fi nasch'at ilm at-tarich ind al-arab* (Beirut, 1960); engl. Übers. *The Rise of Historical Writing among the Arabs* (Princeton, 1983).

T. Khalidi, *Islamic Historiography: the histories of Mas'udi* (Albany, New York, 1975).

F. Rosenthal, *A History of Muslim Historiography* (Leiden, 1952).

Muhammad Abu Raihan al-Biruni, *Tahqiq ma li l-Hind* (Haiderabad, 1958); Engl. Übers. E. Sachau, *Alberuni's India*, 2 Bde. (London, 1988).

Literatur

J. Pedersen, *The Arabic Book* (Princeton, 1984) [Originalausgabe: *Den arabiske bog* (Kopenhagen, 1946)].

A. Hamori, *On the Art of Medieval Arabic Literature* (Princeton, 1974).

I. Abbas, *Fann asch-schi'r* (Beirut, 1959).

J. E. Bencheikh, *Poétique arabe: essai sur les voies d'une création* (Paris, 1975).

Abu Taiyib al-Mutanabbi, *Diwan* (mehrere Ausgaben); engl. Übers. A. J. Arberry, *The Poems of al-Mutanabbi* (Cambridge, 1967).

T. Husain, *Ma al-Mutanabbi* (Kairo, 1962).

R. Blachère, *Un poète arabe du 4e siècle de l'Hegire: Abou-t-Tayyib al-Mutanabbi* (Paris, 1935).

C. Pellat, *Le milieu basrien et la formation de Gahiz* (Paris, 1953).

C. Pellat, *The Life and Works of Jahiz* (London, 1969).

Regionale Identität

U. Haarmann, »Regional sentiment in medieval Islamic Egypt«, *Bulletin of the School of Oriental and African Studies*, Bd. 43 (1980), S. 55–66.

A. ad-Duri, *At-takwin at-tarichi li l-umma al-arabiya* (Beirut, 1984); engl. Übers. A. A. Duri, *The Historical Formation of the Arab Nation* (London, 1987).

Kapitel 4
Die Ausformung des Islam

Kalifat und Imamat

T. W. Arnold, *The Caliphate* (London, 1965).

W. Madelung, »Imama«, *Encyclopaedia of Islam*, 2. Aufl., Bd. 3, S. 1163-9.

A. K. S. Lambton, *State and Government in Medieval Islam* (London, 1965).

T. Nagel, *Staat und Glaubensgemeinschaft im Islam*, 2 Bde. (Zürich, 1981).

P. Crone und M. Hinds, *God's Caliph* (Cambridge, 1986).

J. C. Wilkinson, *The Imamate Tradition of Oman* (Cambridge, 1987).

Theologie

I. Goldziher, *Vorlesungen über den Islam* (Heidelberg, 1910)

H. Laoust, *Les schismes dans l'islam* (Paris, 1965).

W. M. Watt, *The Formative Period of Islamic Thought* (Edinburgh, 1973).

A. J. Wensinck, *The Muslim Creed* (Cambridge, 1982).

J. van Ess, *Anfänge der muslimischen Theologie* (Wiesbaden, 1977).

M. A. Cook, *Early Muslim Dogma* (Cambridge, 1981).

L. Gardet und M. M. Anawati, *Introduction à la théologie musulmane* (Paris, 1970).

W. Madelung, *Religious Schools and Sects in Medieval Islam* (London, 1985).

R. J. McCarthy, *The Theology of Al-Ash'ari* (Beirut, 1953).

G. Makdisi, »Ash'ari and the Ash'arites in Islamic religious thought«, *Studia Islamica*, Bd. 17 (1962), S. 37–80; Bd. 18 (1963), S. 19–39.

Shia und Ismailismus

M. Momen, *An Introduction to Shi'i Islam* (New Haven, 1985).

S. M. Stern, *Studies in Early Isma'ilism* (Leiden, 1983).

W. Madelung, *Der Imam al-Quasim ibn Ibrahim und die Glaubenslehre der Zaiditen* (Berlin, 1971).

W. Madelung, »Isma'iliyya«, *Encyclopaedia of Islam*, Bd. 4, S. 198–206.

Hadith

Muhammad ibn Isma'il al-Buchari, *Al-dschami as-sahih*, 8 Bde. (Bulaq, AH 1296/1879), 3 Bde. (Kairo, AH 1348/1930).

I. Goldziher, *Muhammedanische Studien*, Bd. 2 (Halle, 1890).

G. H. A. Juynboll, *Muslim Tradition* (Cambridge, 1983).

W. A. Graham, *Divine Word and Prophetic Word in Early Islam* (Den Haag, 1977).

Rechtslehre und Gesetz

J. Schacht, *The Origins of Muhammadan Jurisprudence* (Oxford, 1950).

J. Schacht, *An Introduction to Islamic Law* (Oxford, 1964).

P. Crone, *Roman, Provincial and Islamic Law* (Cambridge, 1987).

N. J. Coulson, *A History of Islamic Law* (Edinburgh, 1964).

Muhammad ibn Idris asch-Schafi'i, *Ar-risala*, Hg. A. M. Schakir (Kairo, AH 1357/1938); engl. Übers. M. Khadduri, *Islamic Jurisprudence* (Baltimore, 1961).

E. Tyan, *Histoire de l'organisation judiciaire en pays d'islam*, 2 Bde. (Paris, 1938–43).

Sufismus

M. Molé, *Les mystiques musulmans* (Paris, 1965).

J. Baldick, *Mystical Islam* (London, 1989).

A. M. Schimmel, *Mystical Dimensions of Islam* (Chapel Hill, North Carolina, 1975).

R. A. Nicholson, *The Mystics of Islam* (London, 1914).

R. A. Nicholson, *Studies in Islamic Mysticism* (Cambridge, 1921).

M. Smith, *Readings from the Mystics of Islam* (London, 1950).

L. Gardet und G. C. Anawati, *Mystique musulmane* (Paris, 1961).

Harith ibn Asad al-Muhasibi, *Kitab an-nufus* (Beirut, 1984).

J. van Ess, *Die Gedankenwelt des Harit al-Muhasibi* (Bonn, 1961).

Muhammad ibn Ali at-Tirmidhi, *Kitab chatm al-auliya*, Hg. U. Yahya (Beirut, 1965).

Ahmad ibn Abd Allah al-Isbahani, *Hilyat al-auliya*, 10 Bde. (Kairo, 1932–8).

L. Massignon, *Essai sur les origines du lexique technique de la mystique musulmane* (Paris, 1922).

L. Massignon, *La passion de Husayn ibn Mansour Hallaj, martyr mystique de l'islam*, 4 Bde. (Paris, 1975).

Philosophie

F. Rosenthal, *Das Fortleben der Antike im Islam* (Zürich, 1965).

R. Walzer, *Greek into Arabic* (Oxford, 1962).

M. Fakhry, *A History of Islamic Philosophy* (London, 1983).

G. F. Hourani, *Reason and Tradition in Islamic Ethics* (Cambridge, 1985).

Teil II
Arabisch-muslimische Gesellschaften
(11.–15. Jh.)

Chroniken

Izz ad-Din Ali ibn al-Athir, *Al-kamil fi t-tarich*, 12 Bde. (Kairo, 1884–5).

Ahmed ibn Ali al-Magrizi, *Kitab as-suluk li ma'rifat duwal al-muluk*, 8 Teile (Kairo, 1934–72).

Muhammad Lisan ad-Din al-Chatib, *Kitab a'mal al-alam*, Bd. 3, *Tarich al Maghrib al-arabi fi l asr al-wasit* (Casablanca, 1964).

Geographen und Reisende

Muhammad ibn Abd Allah Ibn Battuta, *Tuhfat al-nuzzar fi ghara'ib al-amsar wa'aja'ib al-safar*, hg. v. T. Harb, *Rihlat Ibn Battuta* (Beirut, 1987); englische Übers. v. H. A. R. Gibb, *The Travels of Ibn Battuta*, 3 Bde. (Cambridge, 1958/71) [Deutsche Teilübers. v. H. D. Leicht, *Reisen ans Ende der Welt*, Tübingen, 1974)].

Yaqut ibn abd Allah al-Hamawi, *Mu'dscham al-buldan*, 10 Bde. (Kairo, 1906–7).

Leo Africanus, französische Übers. v. A. Epaulard, *Jean Leon, l'Africain, Description de l'Afrique*, 2 Bde. (Paris, 1956); englische Übers. v. J. Pory, *The History and Description of Africa*, 3Bde. (London, 1896) [Deutsche Übers. von G. W. Lorsbach, *Johann Leo's des Afrikaners Beschreibungen von Afrika* (Herborn, 1805)].

Dokumente

S. M. Stern (Hg.), *Fatimid Decrees* (London, 1964).

S. M. Stern (Hg.), *Documents from Islamic Chanceries* (Oxford, 1965).

D. Little, *A Catalogue of the Islamic Documents from al-Haram al-Šarif in Jerusalem* (Beirut, 1984).

Überblick

G. E. Grunebaum, *Medieval Islam* (Chicago, 1953).

Kapitel 6
Die ländlichen Gebiete

Landwirtschaft und Bewässerung

R. M. Adams, *Land behind Baghdad* (Chicago, 1965).

J. C. Wilkinson, *Water and Tribal Settlement in South-East Arabia* (Oxford, 1977).

J. Weulersse, *Paysans de Syrie et du proche-orient* (Paris, 1946).

H. M. Rabie, *The Financial System of Egypt A. H. 564–741 / 1169–1341* (London, 1972).

T. F. Glick, *Irrigation and Society in Medieval Valencia* (Cambridge, 1970).

M. Mundy, »The Family, Inheritance and Islam« in A. al-Azmeh (Hg.), *Islamic Law: Social and Historical Contexts* (London, 1988).

Stämme und Autorität

R. Montagne, *La civilisation du désert* (Paris, 1947).

C. Cahen, »Nomades et sédentaires dans le monde musulman du moyen âge« in Cahen, *Les peuples musulmans dans l'histoire médiévale* (Damaskus, 1947), S. 423–37.

P. Dresch, *Tribes, Government and History in Yemen* (Oxford, 1989).

J. Berque, *Structures sociales du Haut Atlas* (Paris, 1978).

E. E. Evans-Pritchard, *The Sanusi of Cyrenaica* (Oxford, 1949).

A. Musil, *The Manners and Customs of the Rwala Bedouins* (New York, 1928).

W. Lancaster, *The Rwala Bedouin Today* (Cambridge, 1981).

J. Pitt-Rivers (Hg.), *Mediterranean Countrymen* (Paris, 1963).

J. G. Peristiany (Hg.), *Honour and Shame* (London, 1965).

L. Abu Lughod, *Veiled Sentiments* (Berkeley, 1986).

Kapitel 7
Das städtische Leben

Städte im allgemeinen

A. H. Hourani und S. M. Stern (Hg.), *The Islamic City* (Oxford, 1970).

I. M. Lapidus, *Muslim Cities in the Later Middle Ages* (Cambridge, Massachusetts, 1967).

Die Größe der Städte

A. Raymond, »La population du Caire de Maqrizi à la description de l'Egypte«, *Bulletin d'Études Orientales*, Bd. 28 (1975), S. 201–15.

J. C. Russell, *Medieval Regions and their Cities* (Bloomington, Indiana, 1972).

M. Dols, *The Black Death in the Middle East* (Princeton, 1977).

Wachstum und Form der Städte

Kairo J. Abu Lughod, *Cairo: 1001 years of the City Victorious* (Princeton, 1971).

J. M. Rogers, »al-Kahira«, *Encyclopaedia of Islam*, Bd. IV, S. 424–41.

Damaskus J. Sauvaget, »Esquisse d'une histoire de la ville de Damas«, *Revue des Études Islamiques*, Bd. 8 (1934), S. 421–80.

Aleppo J. Sauvaget, *Alep* (Paris, 1941).

H. Gaube und E. Wirth, *Aleppo: Historische und geographische Beiträge* (Wiesbaden, 1984).

Jerusalem M. Burgoyne und D. S. Richards, *Mamluk Jerusalem: an architectural study* (London, 1987).

Bagdad G. Makdisi, »The topography of eleventh century Baghdad«, *Arabica*, Bd. 6 (1959), S. 178–97, 281–309.

Qus J. C. Garcin, *Un centre musulman de la Haute-Egypte médiéval: Qus* (Kairo, 1976).

Sana R. B. Serjeant und R. Lewcock (Hg.), *San'a, an Arabian Islamic City* (London, 1983).

Fez R. Le Tourneau, *Fez in the Age of the Marinids* (Norman, Oklahoma, 1961).

R. Le Tourneau, *Fès avant le protectorat* (Casablanca, 1949).

Das Leben einer großen Stadt: Kairo

Ahmad ibn Ali al-Maqrizi, *Al-mawa'iz wa l-i'tibar fi dhikr al-chitat wa l-achbar*, Hg. G. Wiet, 5 Bde. (Kairo, 1911); Index: A. A. Haridi, *Index analytique des ouvrages d'Ibn Duqmaq et de Maqrizi sur le Caire*, 3 Bde. (Kairo, 1983–4).

S. D. Goitein, *A Mediterranean Society*, 5 Bde. (Berkeley, 1967–88).

E. W. Lane, *The Manners and Customs of the Modern Egyptians* (London, 1836).

Handel und Märkte

G. Wiet und A. Raymond, *Les marchés du Caire* (Kairo, 1979).

E. Wirth, »Zum Problem des Bazars«, *Der Islam*, Bd. 51 (1974), S. 203–60; Bd. 52 (1975), S. 6–46.

S. Y. Habib, *Handelsgeschichte Ägyptens im Spätmittelalter 1171–1517* (Wiesbaden, 1965).

R. Lopez, H. Miskimin und A. L. Udovitch, »England to Egypt: long-term trends and long-distance trade« in M. A. Cook (Hg.), *Studies in the Economic History of the Middle East* (London, 1970), S. 93–128.

A. L. Udovitch, *Partnership and Profit in Medieval Islam* (Princeton, 1970).

M. Rodinson, *Islam et capitalisme* (Paris, 1966); englische Übers. *Islam and Capitalism* (London, 1974) [Deutsch: *Islam und Kapitalismus* (Frankfurt/Main, 1971)].

Bevölkerung

B. Musallam, *Sex and Society in Islam* (Cambridge, 1983).

B. Lewis, *The Jews of Islam* (London, 1984) [Deutsch: *Die Juden in der islamischen Welt* (München, 1987)].

R. Brunschvig, »Abd«, *Encyclopaedia of Islam*, Bd. 1, S. 24–40.

G. Rotter, *Die Stellung des Negers in der islamisch-arabischen Gesellschaft bis zum 16ten Jahrhundert* (Bonn, 1967).

Häusliches Leben

J. C. Garcin u. a., *Palais et maisons du Caire: L'époque mamelouk (13e–16e siècle)* (Paris, 1982).

D. Waines, »Cuisine« in T. Mostyn und A. Hourani (Hg.), *The Cambridge Endyclopedia of the Middle East and North Africa* (Cambridge, 1988), S. 240–3.

Kapitel 8
Städte und ihre Herrscher

Streitkräfte

V. J. Parry und M. E. Yapp (Hg.), *War, Technology and Society in the Middle East* (London, 1975).

D. Ayalon, *Gunpowder and Firearms in the Mamluk Kingdom* (London, 1956).

D. Ayalon, *The Mamluk Military Society* (London, 1979).

Loyalitäten

R. Mottahedeh, *Loyalty and Leadership in an Early Islamic Society* (Princeton, 1980).

C. Cahen, »Mouvements populaires et autonomisme urbain dans L'Asie musulmane du moyen âge«, *Arabica:* Bd. 5 (1958), S. 225–59, Bd. 6 (1959), S. 25–56, 233–65.

Verwaltung

C. F. Petry, *The Civilian Élite of Cairo in the Later Middle Ages* (Princeton, 1981).

J. P. Nielsen, *Secular Justice in an Islamic State: mazalim under the Bahri Mamlukes* (Leiden, 1985).

R. Brunschvig, »Urbanisme médiéval et droit musulman«, *Revue des Études Islamiques* (1947), S. 127–55.

B. Johansen, »*Amwal zahira wa amwal batina:* town and countryside as reflected in the tax-system of the Hanafite School« in W. al-Qadi (Hg.), *Studia Arabica and Islamica* (Beirut, 1981), S. 247–63.

B. Johansen, »The all-embracing town and its mosques«, *Revue de l'Occident Musulman et de la Méditerranée*, Bd. 32 (1981), S. 139–61.

A. Raymond, »Espaces publics et espaces privés dans les villes arabes traditionelles«, *Maghreb Mashrek*, No. 123 (1989), S. 194–201.

Kontrolle des Landes

C. Cahen, »L'évolution de l'iqta du 9e au 13e siècle« in Cahen, *Les Peuples musulmans dans l'histoire médiévale* (Damaskus, 1977), S. 231–69.

A. K. S. Lambton, »The evolution of the *iqta* in medieval Iran«, *Iran*, Bd. 5 (1967), S. 41–50.

Politische Theorie

Ali ibn Muhammad al-Mawardi, *al-Ahkam al-sultaniya* (Kairo, AH 1298/1881); franz. Übers. E. Fagnan, *Les statuts gouvernementaux* (Paris, 1982).

Husain ibn Ali, Nizam al-Mulk, *Siyaset-name*; engl. Übers. H. Darke, *The Book of Government, or Rules for Kings*, 2. Aufl. (London, 1978).

Ahmad ibn Taimiya, *As-siyasa asch-schar'iya fi islah ar-ra'y wa r-ra'iya* (Bagdad, o. J.); franz. Übers. H. Laoust, *Le traité de droit public d'Ibn Taimiya* (Beirut, 1948).

Muhammad al-Farabi, *Ara ahl al-madina al-fadila*; engl. Übers. R. Walzer, *Al-Farabi on the Perfect State* (Oxford, 1985).

Kapitel 9
Die Wege des Islam

Säulen des Islam

G. E. von Grunebaum, *Muhammadan Festivals* (New York, 1951).

M. Gaudefroy-Demombynes, *Le pélerinage à la Mekke* (Paris, 1923).

J. Jomier, *Le mahmal et la caravanne égyptienne des pélerins de la Mecque 13e–20e siècle* (Kairo, 1953).

Ali ibn Abi Bakr al-Harawi, *Kitab al-ischarat ila ma'rifat al-ziyarat* (Damaskus, 1957); franz. Übers. J. Sourdel-Thomine, *Guide des lieux de pélerinage* (Damaskus, 1957).

R. Peters, *Islam and Colonialism: the doctrine of jihad in modern history* (Den Haag, 1979), S. 9–37.

Heilige und Sufis

J. S. Trimingham, *The Sufi Orders in Islam* (Oxford, 1971).

C. Padwick, *Muslim Devotions* (London, 1961).

J. A. Williams (Hg.), *Themes of Islamic Civilization* (Berkeley, 1971), »The friends of God«, S. 307–70.

I. Goldziher, *Muhammedanische Studien*, Bd. 2 (Halle, 1890), S. 277–378.

T. Canaan, *Mohammadan Saints and Sanctuaries in Palestine* (London, 1927).

J. S. Macpherson, *The Mawlids of Egypt* (Kairo, 1941).

E. A. Westermarck, *Pagan Survivals in Mohammedan Civilization* (London, 1933).

Mahdismus

W. Madelung, »al-Mahdi«, *Encyclopaedia of Islam*, Bd. 5, S. 1230–8.

I. Goldziher (Hg.), *Le livre de Mohamed ibn Tumart, mahdi des Almohades* (Algier, 1903).

Kapitel 10
Die Kultur der Ulama

Gesetze

L. Milliot, *Introduction à l'étude du droit musulman* (Paris, 1953).

Abd Allah ibn Abi Zaid al-Qairawani, *Risala*; Text und franz. Übers. L. Bercher, *La Risala ou Epitre sur les éléments du dogme et de la loi de l'islam selon le rite malekite* (Algier, 1949).

Abd Allah ibn Ahmad ibn Qudama, *Kitab al-umda fi ahkam al-fiqh* (Kairo, 1933); franz. Übers. H. Laoust, *Le précis de droit d'Ibn Qudama* (Beirut, 1950).
J. Berque, »Amal«, *Encyclopaedia of Islam*, Bd. 1, S. 427–8.
A. Layish und A. Shmueli, »Custom and *shari'a* in the Beduin family according to legal documents from the Judaean desert«, *Bulletin of the School of Oriental and African Studies*, Bd. 42 (1979), S. 29–45.

Schulen
G. Makdisi, *The Rise of Colleges: institutions of learning in Islam and the West* (Edinburgh, 1981).
J. Berque, »Ville et université: aperçu sur l'histoire de l'école de Fès«, *Revue Historique du Droit Français et Etranger*, Bd. 27 (1949), S. 64–117.

Biographische Werke
H. A. R. Gibb, »Islamic biographical literature« in B. Lewis und P. M. Holt (Hg.), *Historians of the Middle East* (London, 1962), S. 54–8.
Ahmad ibn Muhammad Ibn Challikan, *Wafayat al-a'yan wa anba abna az-zaman*, I. Abbas (Hg.), 8 Bde. (Beirut, 1968–72).

al-Ghazali
W. M. Watt, *Muslim Intellectual* (Edinburgh, 1963).
Muhammad al-Ghazali, *Ihya ulum ad-din*, 4 Bde. (Kairo, 1916).
G. H. Bousquet, *Ihya ouloum ed-din ou vivification des sciences de la foi: analyse et index* (Paris, 1955).
Muhammad al-Ghazali, *Al-munqidh min al-dalal*, J. Saliba und K. Aiyad (Hg.) (Damaskus, 1939); engl. Übers. R. J. McCarthy, *Freedom and Fulfilment* (Boston, 1980).
F. Jabr, *La notion de la ma'rifa chez Ghazali* (Beirut, 1958).

Kapitel 11
Divergierende geistige Strömungen

Philosophie
L. Gardet, *La pensée religieuse d'Avicenne* (Paris, 1955).
W. E. Gohlman (Hg. u. Übers.), *The Life of Ibn Sina* (Albany, New York, 1974).
Husain ibn Abd Allah ibn Sina, *Kitab al-ischarat wa t-tanbihat*, S. Dunya (Hg.), 4 Bde. (Kairo, 1957–60); franz. Übers. A. M. Goichon, *Livre des directives et remarques* (Paris, 1951).
A. M. Goichon, *Lexique de la langue philosophique d'Ibn Sina* (Paris, 1938).
Muhammad al-Ghazali, *Tahafut al-falasifa*, S. Dunya (Hg.) (Kairo, 1964).
Muhammad ibn Ahmad ibn Ruschd, *Tahafut at-tahafut*, S. Dunya (Hg.) (Kairo, 1964); engl. Übers. S. van den Bergh (London, 1954).
Muhammad ibn Ahmad ibn Ruschd, *Fasl al-maqal*, G. F. Hourani (Hg.) (Leiden, 1959); engl. Übers. G. F. Hourani, *Averroes on the Harmony of Religion and Philosophy* (London, 1961).

Ibn Arabi

Muhyi ad-Din ibn Arabi, *Fusus al-hikam*, A. Afifi (Hg.) (Kairo, 1946); engl. Übers. R. J. W. Austin, *The Bezels of Wisdom* (London, 1980).

A. E. Affifi, *The Mystical Philosophy of Muhyid Din Ibnul Arabi* (Cambridge, 1939).

O. Yahia, *Histoire et classification de l'œuvre d'Ibn 'Arabi*, 2 Bde. (Damaskus, 1964).

T. Izutsu, *Sufism and Taoism: a comparative study of key philosophical concepts* (Berkeley, 1984).

Ibn Taymiya

H. Laoust, *Essai sur les doctrines sociales et politique de Taki-d-Din Ahmad b. Taimiya* (Kairo, 1939).

Denken der Schia

H. Modarressi Tabataba'i, *An Introduction to Shi'i Law* (London, 1984).

D. M. Donaldson, *The Shi'ite Religion* (London, 1933).

E. Kohlberg, »From Imamiyya to Ithna'ashariyya«, *Bulletin of the School of Oriental and African Studies*, Bd. 39 (1975), S. 521–34.

Die Drusen

M. G. S. Hodgson, »Duruz«, *Encyclopaedia of Islam*, Bd. 2, S. 631–4.

D. Bryer, »The origins of the Druze religion«, *Der Islam:* Bd. 52 (1975), S. 47–84; 239–62; Bd. 53 (1976), S. 5–27.

N. M. Abu Izzeddin, *The Druzes* (Leiden, 1984).

Christen und Juden

A. S. Atiya, *A History of Eastern Christianity* (London, 1968).

G. Graf, *Geschichte der christlichen arabischen Literatur*, 5 Bde. (Vatikan, 1944–53).

N. Stillman (Hg.), *The Jews of Arab Lands* (Philadelphia, 1979).

F. W. Hasluck, *Christianity and Islam under the Sultans*, 2 Bde. (Oxford, 1929).

N. Slousch, *Travels in North Africa* (Philadelphia, 1927).

Kapitel 12
Höfische Kultur und Volkskultur

Gesellschaft und Kultur in Andalusien

E. Lévi-Provençal, *La civilisation arabe en Espagne* (Kairo, 1938).

T. F. Glick, *Islamic and Christian Spain in the Early Middle Ages* (Princeton, 1979).

R. I. Burns, *Islam under the Crusades: colonial survival in the thirteenth-century kingdom of Valencia* (Princeton, 1973).

Kunst und Architektur

K. A. C. Creswell, *The Muslim Architecture of Egypt*, 2 Bde. (Oxford, 1952–9).

G. Marçais, *L'architecture musulmane de l'occident* (Paris, 1954).

O. Grabar, *The Alhambra* (London, 1975).

R. Ettinghausen, *Arab Painting* (Lausanne, 1962) [Deutsch: *Arabische Malerei* (Genf 1962)].

O. Grabar, *The Illustrations of the Maqamat* (Chicago, 1984).
A. Lane, *Early Islamic Pottery* (London, 1947).
A. Lane, *Later Islamic Pottery* (London, 1971).
J. W. Allan, *Islamic Metalwork: the Nuhad es-Said collection* (London, 1982).
J. Lehrman, *Earthly Paradise: garden and courtyard in Islam* (London, 1980).
J. Dickie, »The Hispano-Arab garden«, *Bulletin of the School of Oriental and African Studies*, Bd. 31 (1958), S. 237–48.

Literatur

I. Abbas, *Tarich al-adab al-andalusi*, 2 Bde. (Beirut, 1969–71).
S. M. Stern, *Hispano-Arabic Strophic Poetry* (Oxford, 1974).
Ahmad ibn Abd Allah ibn Zaidun, *Diwan*, K. al-Bustani (Hg.) (Beirut, 1951).
Abu Bakr ibn at-Tufail, *Haiy ibn Yaqzan*, J. Saliba und K. Aiyad (Hg.) (Damaskus, 1940).
D. Goldstein (Hg.), *The Jewish Poets of Spain 900–1250* (Harmondsworth, Middlesex, 1971).
M. M. Badawi, »Medieval Arabic drama: Ibn Daniyal«, *Journal of Arabic Literature*, Bd. 13 (1982), S. 83–107.
Y. Eche, *Les bibliothèques arabes* (Damaskus, 1962).

Populäre Literatur und Romanzen

P. J. Cachia, *Narrative Ballads of Modern Egypt* (Oxford, 1988).
H. T. Norris, *The Adventures of Antar* (Warminster, Wiltshire, 1988).
H. T. Norris, *Saharan Myth and Saga* (Oxford, 1972).
A. Miquel und P. Kemp, *Majnun et Layla: l'amour fou* (Paris, 1984).
M. Mahdi, *Kitab alf laila wa laila* (Leiden, 1984).
D. B. Macdonald, »The earlier history of the Arabian Nights«, *Journal of the Royal Asiatic Society* (1924), S. 353–97.
P. Heath, »Romance as genre in *The Thousands and One Nights*«, *Journal of Arabic Literature*: Bd. 18 (1987), S. 1–21; Bd. 19 (1988), S. 1–26.

Musik

H. G. Farmer, *A History of Arabian Music* (London, 1929).
Abul-Faradsch al-Isbahani, *Kitab al-aghani*, 30 Bde. (Kairo, 1969–79).
Muhammad al-Ghazali, *Ihya ulum al-din* (Kairo, 1916), Bd. 2, S. 236–69; engl. Übers. D. B. Macdonald, »Emotional religion in Islam as affected by music and singing«, *Journal of the Royal Asiatic Society* (1901), S. 198–252, 705–48; (1902), S. 1–28.
O. Wright, »Music«, in J. Schacht und C. E. Bosworth (Hg.), *The Legacy of Islam*, 2. Aufl. (Oxford, 1974), S. 489–505 [Deutsch in: *Das Vermächtnis des Islams* (Zürich, 1980)].
O. Wright u. a., »Arabic music« in S. Sadie (Hg.), *The New Grove Dictionary of Music and Musicians* (London, 1980), Bd. 1, S. 514–39.
E. Neubauer, »Islamic religious music« in *The New Grove Dictionary of Music and Musicians*, Bd. 9, S. 342–9.
O. Wright, *The Modal System of Arab and Persian Music A.D. 1250–1300* (Oxford, 1978).

Wissenschaft und Medizin

A. I. Sabra, »The scientific enterprise« in B. Lewis (Hg.), *The World of Islam* (London, 1976), S. 181–200 [Deutsch in: *Welt des Islam* (Braunschweig, 1976)].

A. I. Sabra, »The exact sciences« in J. R. Hayes (Hg.), *The Genius of Arab Civilization* (London, 1976).

J. Vernet, »Mathematics, astronomy, optics« in J. Schacht und C. E. Bosworth (Hg.), *The Legacy of Islam*, 2. Aufl. (Oxford, 1974), S. 461–89 [Deutsch in: *Das Vermächtnis des Islams* (Zürich, 1980)].

M. Ullmann, *Die Medizin im Islam* (Leiden, 1970).

P. Johnstone, »Tradition in Arabic Medicine«, *Palestine Exploration Quarterly*, Bd. 107 (1975), S. 23–37.

Das Okkulte

L. Thorndike, *A History of Magic and Experimental Science*, Bd. 1, Teil 1 und 2 (New York, 1934).

M. Ullmann, *Die Natur- und Geheimwissenschaften im Islam* (Leiden, 1972).

G. E. von Grunebaum und R. Caillois (Hg.), *The Dream and Human Societies* (Berkeley, 1966).

Teil III
Das osmanische Zeitalter
(16.–18. Jh.)

Allgemeine geschichtliche Werke

P. Kinross, *The Ottoman Centuries: the rise and fall of the Turkish empire* (London, 1977).

S. J. und E. Shaw, *A History of the Ottoman Empire and Turkey*, 2 Bde. (Cambridge, 1976–7).

R. Mantran (Hg.), *Histoire de l'empire ottoman* (Paris, 1989).

I. H. Uzunçarsılı, *Osmanli Tarihi*, Bde. 1–4 (Ankara, 1982–3).

E. Z. Karal, *Osmanlı Tarihi*, Bde. 6–8 (Ankara, 1983).

A. K. Rafiq, *Bilad asch-Scham wa Misr 1516–1798* (Damaskus, 1968)

Kapitel 13
Das Osmanische Reich

Der Aufstieg der osmanischen Macht

P. Wittek, *The Rise of the Ottoman Empire* (London, 1971).

R. P. Lindner, *Nomads and Ottomans in Medieval Anatolia* (Bloomington, Indiana, 1983).

A. Hess, *The Forgotten Frontier: a history of the sixteenth century Ibero-African frontier* (Chicago, 1978).

A. Hess, »The evolution of the Ottoman seaborne empire in the age of the oceanic discoveries«, 1453–1525«, *American Historical Review*, Bd. 75 (1970), S. 1892–1919.

R. H. Savory, *Iran under the Safavids* (London, 1980).

F. Braudel, *La Méditerranée et le monde méditerranéen à l'époque de Philippe II*. 2. Aufl., 2 Bde. (Paris, 1966); englische Übers. *The Mediterranean and the Mediterranean World in the Age of Philip II*, 2 Bde. (London, 1972–3) [Deutsch: *Das Mittelmeer und die mediterrane Welt in der Epoche Philips II*, 3 Bde. (Frankfurt/Main 1991)].

Die Regierungsform

H. Inalcık, *The Ottoman Empire: the classical age, 1300–1600* (London, 1973).

H. Inalcık,*The Ottoman Empire: conquest, organization and economy* (London, 1976).

A. D. Alderson, *The Structure of the Ottoman Dynasty* (Oxford, 1956).

I. H. Uzunçarsılı, *Osmanlı Devletinin Teşkilâtından Kapukulu Ocakları*, 2 Bde. (Ankara, 1943–4).

I. H. Uzunçarsılı, *Osmanlı Devletinin Saray Teşkilâtı* (Ankara, 1945).

N. Itzkowitz, *Ottoman Empire and Islamic Tradition* (New York, 1972).

C. Fleischer, *Bureaucrat and Intellectual in the Ottoman Empire* (Princeton, 1986).

M. Kunt, *The Sultan's Servants: the transformation of Ottoman provincial government, 1550–1650* (New York, 1983).

O. G. de Busbecq, *The turkish Letters of Ogier Ghiselle de Busbecq*, engl. Übers. (Oxford, 1927).

P. Rycaut, *The History of the Present State of the Ottoman Empire* (London, 1675).

Osmanische Dokumente

Ö. L. Barkan, *Kanunlar* (Istanbul, 1943).

R. Mantran und J. Sauvaget, *Règlements fiscaux ottomans: le provinces syriennes* (Beirut, 1951).

R. Mantran, »Règlements fiscaux: la province de Bassora«, *Journal of the Economic and Social History of the Orient*, Bd. 10 (1967), S. 224–77.

U. Heyd, *Documents on Palestine 1552–1615* (Oxford, 1960).

R. Mantran, *Inventaire des documents d'archive turcs du Dar-el-Bey (Tunis)* (Paris, 1961).

A. Temimi, *Sommaire des registres arabes et turcs d'Alger* (Tunis, 1979).

Religion und Rechtsprechung

I. H. Uzunçarsılı, Osmanlı Devletinin Ilmiye Teşkilâtı (Ankara, 1965).

U. Heyd, *Studies in Old Ottoman Criminal Law* (Oxford, 1973).

H. Heyd, »Some aspects of the Ottoman fetva«, *Bulletin of the School of Oriental and African Studies*, Bd. 32 (1969), S. 35–56.

R. C. Repp, *The Mufti of Istanbul* (London, 1986).

R. C. Repp, »Some observations on the development of the Ottoman learned hierarchy« in N. Keddie (Hg.), *Scholars, Saints and Sufis* (Berkeley, 1972), S. 17–32.

Die Regierung der arabischen Provinzen

A. Raymond, »Les provinces arabes 16e–18e siècle« in R. Mantran (Hg.), *Histoire de l'empire ottoman* (Paris, 1989), S. 341–420.

P. M. Holt, *Egypt and the Fertile Crescent 1516–1922* (London, 1962).

P. M. Holt, *Studies in the History of the Near East* (London, 1973).

S. H. Longrigg, *Four Centuries of Modern Iraq* (Oxford, 1925).
A. M. al-Azzawi, *Tarich al-Iraq bain ihtilalain*, 5 Bde. (Badgad, 1935–36).
A. Abu-Husayn, *Provincial Leadership in Syria 1575–1650* (Beirut, 1985).
K. S. Salibi, *The Modern History of Lebanon* (London, 1965).
A. Cohen und B. Lewis, *Population and Revenue in the Towns of Palestine in the Sixteenth Century* (Princeton, 1978).
W. D. Hütteroth und K. Abdelfattah, *Historical Geography of Palestine, Transjordan and Southern Syria in the Late 16th Century* (Erlangen, 1972).

Kapitel 14
Osmanische Gesellschaften

Bevölkerung

Ö. L. Barkan, »Essai sur les données statistiques des registres de recensement dans l'empire ottoman aux 15e et 16e siècle«, *Journal of the Economic and Social History of the Orient*, Bd. 1 (1958), S. 9–36.
M. A. Cook, *Population Pressure in Rural Anatolia 1450–1600* (London, 1972).
D. Panzac, *La peste dans l'empire ottoman* (Louvain, 1985).

Handel

S. Faroghi, *Towns and Townsmen of Ottoman Anatolia: trade, crafts and food-production in an urban setting 1520–1620* (Cambridge, 1984).
S. Faroghi, *Peasants, Dervishes and Traders in the Ottoman Empire* (London, 1986).
R. Mantran, »L'empire ottoman et le commerce asiatique aux 16e et 17e siècles« in D. S. Richards (Hg.), *Islam and the Trade of Asia* (Oxford, 1970), S. 169–79.

Istanbul

H. Inalcık, »Istanbul«, *Encyclopaedia of Islam*, Bd. 4, S. 224–48.
R. Mantran, *Istanbul dans la seconde moitié du 17e siècle* (Paris, 1962).
L. Güçer, »Le commerce intérieur des céréales dans l'empire ottoman pendant la seconde moitié du 16e siècle«, *Revue de la Faculté des Sciences Economiques de l'Université d'Istanbul*, Bd. 11 (1949–50), S. 163–88.
L. Güçer, »L'approvisionnement d'Istanbul en céréales vers le milieu du 18e siècle«, ebd., S. 153–62.

Arabische Städte

A. Raymond, *The Great Arab Cities in the 16th–18th centuries* (New York, 1984).
A. Raymond, *Les grandes villes arabes a l'époque ottomane* (Paris, 1985).
A. Tamimi (Hg.), *Al-hayat al-iqtisadi li l-wilayat al-arabiya wa masadiruha fi l-ahd al-uthmani*, 3 Bde.: Bde. 1 u. 2 arabisch, Bd. 3 franz. und engl. (Zaghouan, Tunesien, 1986).
A. Abdel-Nour, *Introduction à l'histoire urbaine de la Syrie ottomane* (Beirut, 1982).

Bauten

G. Goodwin, *A History of Ottoman Architecture* (London, 1971).

J. Revault, *Palais et demeures de Tunis, 16e et 17e siècles* (Paris, 1967).

B. Maury u. a., *Palais et maisons du Caire: époque ottomane, 16e–18e siècle* (Paris, 1967).

Religion und Literatur

N. Keddie (Hg.), *Scholars, Saints and Sufis* (Berkeley, 1972).

L. W. Thomas, *A Study of Naima* (New York, 1972).

A. Abdesselam, *Les Historiens tunisiens des 17e, 18e et 19e siècles* (Paris, 1973).

J. Berque, *L'intérieur du Maghreb 15e–19e siècles* (Paris, 1978).

J. Berque, *Ulémas, fondateurs, insurgés du Maghreb* (Paris, 1982).

B. Braude und B. Lewis (Hg.), *Christians and Jews in the Ottoman Empire*, 2 Bde. (New York, 1982).

S. Runciman, *The Great Church in Captivity* (Cambridge, 1968).

G. Scholem, *Sabbatai Sevi: The Mystical Messiah, 1626–1676* (London, 1973).

Sudan

P. M. Holt und M. W. Daly, *A History of the Sudan* (London, 1988).

Marokko

Ahmad an-Nasiri as-Salawi, *Kitab al-istiqsa li achbar duwal al-maghrib al-aqsa*, 9 Bde. (Casablanca, 1954–6); franz. Übers. »Histoire des dynasties du Maroc«, *Archives Marocaines*, Bd. 9 (1906), 10 (1907), 30 (1923), 31 (1925), 32 (1927), 33 (1934).

H. de Castries, *Les sources inédites de l'histoire du Maroc de 1530 à 1845*, 26 Bde. (Paris, 1905–60).

E. Lévi-Provençal, *Les historiens des chorfa* (Paris, 1922).

J. Berque, *Al-Yousi: problèmes de la culture marocaine au 17e siècle* (Paris, 1958).

Kapitel 15

Die Veränderung des Kräftegleichgewichtes im achtzehnten Jahrhundert

Allgemeine Einführung

T. Naff und R. Owen (Hg.), *The Islamic World in the 18th Century* (Carbondale, Illinois, 1977).

Die Zentralregierung

I. Moradgea d'Ohsson, *Tableau générale de l'empire ottoman*, 7 Bde. (Paris, 1788–1924).

H. A. R. Gibb und H. Bowen, *Islamic Society and the West*, Bd. 1, Teil i (London, 1950).

N. Itzkowitz, »Eighteenth century Ottoman realities«, *Studia Islamica*, Bd. 16 (1961), S. 73–94.

R. A. Abou-el-Haj, *The 1703 Rebellion and the Structure of Ottoman Politics* (Istanbul, 1984).

M. Aktepe, *Patrona Isyanı 1730* (Istanbul, 1958).

Die arabischen Provinzen

P. Kemp, *Territoires d'Islam: le monde vu de Mossoul au 18e siècle* (Paris, 1982).

H. L. Bodman, *Political Factors in Aleppo 1760–1826* (Chapel Hill, North Carolina, 1963).

A. Russell, *The Natural History of Aleppo*, 2. Aufl., 2 Bde. (London, 1974) [Deutsch: *Naturgeschichte von Aleppo*, 2 Bde. (Göttingen, 1797–8)].

J. L. Burckhardt, *Travels in Syria and the Holy Land* (London, 1822) [Deutsch: *Reisen in Syrien, Palästina und der Gegend des Berges Sinai*, 2 Bde. (Weimar, 1823/24)].

A. K. Rafeq, *The Province of Damascus 1723–1783* (Beirut, 1966).

K. K. Barbir, *Ottoman Rule in Damascus 1708–1758* (Princeton, 1980).

K. K. Barbir, »From pacha to efendi: the assimilation of Ottomans into Damascence society 1516–1783«, *International Journal of Turkish Studies*, Bd. 1 (1979–80).

A. Cohen, *Palestine in the Eighteenth Century* (Jerusalem, 1973).

A. al-Budairi al-Hallaq, *Hawadith Dimaschq al-yawmiya* (Kairo, 1959).

A. Raymond, *Artisans et commerçants au Caire au 18e siècle*, 2 Bde. (Damaskus, 1973–4).

A. Raymond, »Problèmes urbains et urbanisme au Caire aux 17e et 18e siècles« in A. Raymond u. a., *Actes du colloque internationale sur l'histoire du Caire* (Kairo, 1973). S. 353–72.

A. Raymond, »Essai de géographie des quartiers de résidence aristocratique au Caire au 18e siècle«, *Journal of the Economic and Social History of the Orient*, Bd. 6 (1963).

Description de l'Egypte, 9 Bde. Text, 14 Bde. Ill. (Paris, 1809–28).

C. F. Volney, *Voyages en Syrie et en Egypte*, 2 Bde. (Paris, 1787).

Abd ar-Rahman al-Dschabarti, *Adscha'ib al-athar fi t-taradschim wa l-achbar*, 4 Bde. (Bulaq, 1879–80).

Arabien

C. Niebuhr, *Reisebeschreibung nach Arabien*, 3 Bde., (Kopenhagen, 1774–8).

Der Maghreb

L. Valensi, *Le Maghreb avant la prise d'Alger 1790–1830* (Paris, 1969).

M. H. Chérif, *Pouvoir et société dans la Tunisie de Husain bin 'Ali*, 2 Bde. (Tunis, 1984–6).

Muhammad ibn Taiyib al-Qadiri, N. Cigar (Hg.), *Naschr al-mathani* (London, 1981).

Ökonomischer Wandel

A. Raymond, »L'impact de la pénétration européenne sur l'économie de l'Egypte au 18e siècle«, *Annales Islamologiques* 18 (1982), S. 217–35.

R. Paris, *Histoire du commerce de Marseille*, Bd. 5: *Le Levant* (Paris, 1957).

R. Davis, *Aleppo and Devonshire Square* (London, 1967).

M. von Oppenheim, *Die Beduinen*, 4 Bde. (Leipzig/Wiesbaden, 1939–67).

A. A. Abd ar-Rahim, *Ar-rif al-misri fi l-qarn ath-thamin aschar* (Kairo, 1974).

K. M. Cuno, »The origins of private ownership of land in Egypt: a reappraisal«, *International Journal of Middle East Studies*, Bd. 12 (1980), S. 245–75.

L. Valensi, *Fellahs tunisiens: l'économie rurale et la vie des campagnes aux 18e et 19e siècles* (Paris, 1977).

Architektur und Kunst

J. Revault, *Palais et demeures de Tunis: 18e et 19e siècles* (Paris, 1971).

J. Carswell und C. J. F. Dowsett, *Kütahya Tiles and Pottery from Armenian Cathedral of St James, Jerusalem*, 2 Bde. (Oxford, 1972).

J. Carswell, »From the tulip to the rose« in T. Naff und R. Owen (Hg.), *Studies in Eighteenth Century Islamic History* (Carbondale, Illinois, 1977), S. 325–55.

Religion und Literatur

H. A. R. Gibb und H. Bowen, *Islamic Society and the West*, Bd. I, Teil II (London, 1957).

J. Heyworth-Dunne, *Introduction to the History of Education in Modern Egypt* (London, 1939).

A. Hourani, »Aspects of Islamic culture: introduction« in T. Naff und R. Owen (Hg.), *Studies in Eighteenth Century Islamic History* (Carbondale, Illinois, 1977), S. 253–76.

N. Levtzion und J. O. Voll (Hg.), *Eighteenth Century Revival and Reform in Islam* (Syracuse, New York, 1987).

J. O. Voll, *Islam: continuity and change in the modern world* (London, 1982).

Muhammad Chalil al-Muradi, *Silk ad-durar fi a'yan al-qarn ath-thani*, 4 Bde. (Bulaq, 1883).

M. H. Chérif, »Hommes de religion et de pouvoir dans la Tunisie de l'époque moderne«, *Annales ESC*, Bd. 35 (1980), S. 580–97.

Wahhabismus

H. St. J. Philby, *Saudi Arabia* (London, 1955).

H. Laoust, *Essai sur les doctrines sociales et politiques de Taki-d-Din b. Taimiya* (Kairo, 1939), S. 506–40.

Teil IV
Das Zeitalter der europäischen Imperien
(1800–1939)

Die »Östliche Frage«

M. S. Anderson, *The Eastern Question 1774–1923* (London, 1966).

J. C. Hurewitz (Hg.), *The Middle East and North Africa in World Politics*, 2 Bde. (New Haven, 1975).

L. C. Brown, *International Politics and the Middle East* (London, 1984).

Allgemeine Überblicke

M. E. Yapp, *The Making of the Modern Middle East 1798–1923* (London, 1987).

B. Lewis, *The Emergence of Modern Turkey* (London, 1961).

W. R. Polk und R. L. Chambers (Hg.), *Beginnings of Modernization in the Middle East* (Chicago, 1968).

Groupes de Recherches et d'Études sur le Proche-Orient, *L'Egypte au 19e siècle* (Paris, 1982).

Ökonomischer und sozialer Wandel
C. Issawi, *An Economic History of the Middle East and North Africa* (New York, 1982).
C. Issawi (Hg.), *The Economic History of the Middle East 1800–1914* (Chicago, 1966).
C. Issawi (Hg.), *The Fertile Crescent 1800–1914* (New York, 1988).
R. Owen, *The Middle East in the World Economy 1800–1914* (London, 1981).
S. Pamuk, *The Ottoman Empire and World Capitalism 1820–1913* (Cambridge, 1987).
G. Baer, *Studies in the Social History of Modern Egypt* (Chicago, 1969).
A. Barakat, *Tatauwur al-milkiya az-zira'iya fi Misr wa atharuha ala l-harakat as-siyasiya 1813–1914*, (Kairo, 1977).

Geistiger Wandel
N. Berkes, *The Development of Secularism in Turkey* (Montreal, 1964).
A. Hourani, *Arabic Thought in the Liberal Age* (Cambridge, 1983).

Kapitel 16
Europäische Macht und Reformregierungen (1800–1860)

Die europäische Expansion
F. Charles-Roux, *Bonaparte Governor d'Egypte* (Paris, 1936).
H. L. Hoskins, *British Routes to India* (New York, 1928).
J. B. Kelly, *Britain and the Persian Gulf 1795–1880* (Oxford, 1968).
C. A. Julien, *Histoire de l'Algérie contemporaine*, Bd. 1, 1827–71 (Paris, 1964).
R. Danziger, *Abd al-Qadir and the Algerians* (New York, 1977).

Der Tanzimat und regionale Bewegungen
Das Türkische Bildungsministerium, *Tanzimat* (Istanbul, 1940).
Cevdet Paşa, *Tezâkir*, 4 Bde. (Ankara, 1953–67).
C. V. Findley, *Bureaucratic Reform in the Ottoman Empire* (Princeton, 1980).
U. Heyd, »The Ottoman 'ulama and westernization in the time of Selim III and Mahmud II« in Heyd (Hg.), *Studies in Islamic History and Civilization* (Jerusalem, 1960), S. 63–96.
R. Clogg (Hg.), *The Movement for Greek Independence 1770–1821* (London, 1976).
L. S. Stavrianos, *The Balkans since 1453* (New York, 1958).
M. Maoz, *Ottoman Reform in Syria and Palestine 1840–1861* (Oxford, 1968).
A. Hourani, »Ottoman reform and the politics of notables« in Hourani, *The Emergence of the Modern Middle East* (London, 1981), S. 36–66.

Ägypten
A. Lutfi al-Sayyid Marsot, *Egypt in the Reign of Muhammad 'Ali* (Cambridge, 1984).
E. R. Toledano, *State and Society in Mid-Nineteenth-Century Egypt* (Cambridge, 1990).
A. R. ar-Rafi'i, *Tarich al-haraka al-qaumiya wa tatauwur nizam al-hukm fi Misr*, 14 Bde. (Kairo, 1929–51).

Tunesien
L. C. Brown, *The Tunisia of Ahmad Bey 1837–1855* (Princeton, 1974).

Marokko

J. L. Miège, *Le Maroc et l'Europe*, 4 Bde. (Paris, 1961–3).

J. L. Miège (Hg.), *Documents d'histoire économique et sociale marocaine au 19e siècle* (Paris, 1969).

Kapitel 17

Die europäischen Imperien und die herrschenden Eliten (1860–1914)

Die »Östliche Frage«

W. L. Langer, *The Diplomacy of Imperialism 1890–1902* (New York, 1951).

E. M. Earle, *Turkey, the Great Powers and the Baghdad Railway* (New York, 1966).

Die osmanische Regierung und die Provinzen

R. H. Davison, *Reform in the Ottoman Empire 1856–1876* (Princeton, 1963).

R. Devereux, *The First Ottoman Constitutional Period* (Baltimore, 1963).

R. Abu Manneh, »Sultan Abdulhamid II and Shaikh Abulhuda al-Sayyadi«, *Middle Eastern Studies* 15 (1979), S. 131–53.

C. Findley, *Ottoman Civil Officialdom* (Princeton, 1989).

E. E. Ramsaur, *The Young Turks: prelude to the revolution of 1908* (Princeton, 1957).

F. Ahmed, *The Young Turks: the Committee of Union and Progress in Turkish politics 1908–1914* (Oxford, 1969).

W. Ochsenwald, *Religion, Society and the State in Arabia: the Hejaz under Ottoman control 1840–1908* (Columbus, Ohio, 1984).

L. Nalbandian, *The Armenian Revolutionary Movement* (Berkeley, 1963).

Anfänge der zionistischen Einwanderung

W. Z. Laqueur, *A History of Zionism* (London, 1972 [Deutsch: *Der Weg zum Staat Israel* (Wien, 1975)].

N. Mandel, *The Arabs and Zionism before World War I* (Berkeley, 1976).

Ägypten

R. Hunter, *Egypt under the Khedives 1805–1879* (Pittsburgh, 1984).

Nubar Pasha, *Mémoires* (Beirut, 1983).

D. Landes, *Bankers and Pashas* (London, 1958).

J. Marlowe, *The Making of the Suez Canal* (London, 1964).

A. Schölch, *Ägypten den Ägyptern!* (Zürich, 1972).

Lord E. B. Cromer, *Modern Egypt*, 2 Bde. (London, 1908) [Deutsch: *Das heutige Aegypten*, 2 Bde. (Berlin, 1908)].

J. Berque, *L'Egypte, impérialisme et révolution* (Paris, 1963).

A. Lutfi al-Sayyid, *Egypt and Cromer* (London, 1968).

T. Mitchell, *Colonising Egypt* (Cambridge, 1988).

Sudan

P. M. Holt, *The Mahdist State in the Sudan 1881–1898* (Oxford, 1958).

M. W. Daly, *Empire on the Nile: the Anglo-Egyptian Sudan 1898–1934* (Cambridge, 1986).

Abu Bakr (Babikr) Badri, *Tarich hayati*, 3 Bde. (Omdurman, 1959–61); engl. Übers. *The Memoirs of Babikr Badri*: Bd. 1 (London, 1969), Bd. 2 (London, 1980).

Frankreich und der Maghreb

J. Ganiage, *Les Origines du protectorat français en Tunisie 1861–1881* (Tunis, 1968).

C. R. Ageron, *Histoire de l'Algérie contemporaine*, Bd. 2: 1871–1954 (Paris, 1979).

C. R. Ageron, *Les algériens musulmans et la France 1871–1919* (Paris, 1968).

E. Burke, *Prelude to Protectorate in Marocco* (Chicago, 1976).

D. Rivet, *Lyautey et l'institution du protectorat français au Maroc 1912–1925*, 3 Bde. (Paris, 1988).

Bevölkerung und ökonomischer Wandel

A. Jwaideh, »Midhat Pasha and the land system of lower Iraq«, in A. Hourani (Hg.), *St Antony's Papers: Middle Eastern Affairs 3* (London, 1963), S. 106–36.

N. N. Lewis, *Nomads and Settlers in Syria and Jordan 1800–1980* (Cambridge, 1987).

R. Aboujaber, *Pioneers over Jordan* (London, 1989).

A. Schölch, *Palästina im Umbruch 1856–1882* (Stuttgart, 1986).

B. Labaki, *Introduction à l'histoire économique du Liban: soie et commerce extérieur... 1840–1914* (Beirut, 1984).

D. Chevallier, *La société du Mont Liban à l'époque de la révolution industrielle en Europe* (Paris, 1971).

E. J. R. Owen, *Cotton and the Egyptian Economy 1820–1914* (London, 1962).

G. Baer, *Introduction to the History of Landownership in Modern Egypt 1800–1950* (London, 1962).

J. Poncet, *La colonisation et l'agriculture européenne en Tunisie depuis 1881* (Paris, 1962).

X. Yacono, *La colonisation des plaines du Chelif*, 2 Bde. (Algiers, 1955–6).

X. Yacono, »Peut-on évaluer la population de l'Algérie vers 1830?« *Revue Africaine*, Bd. 98 (1954), S. 277–307.

J. Ruedy, *Land Policy in Colonial Algeria* (Berkeley, 1967).

Sozialer Wandel

D. Quaetaert, *Social Disintegration and Popular Resistance in the Ottoman Empire 1881–1908* (New York, 1983).

L. T. Fawaz, *Merchants and Migrants in Nineteenth Century Beirut* (Cambridge, Massachusetts, 1983).

R. Tresse, »L'évolution du coutume syrien depuis un siècle« in Centre d'Études de Politique Étrangère, *Entretiens sur l'évolution des pays de civilisation arabe*, Bd. 2 (Paris, 1938), S. 87–96.

A. Mubarak, *al-Chitat at-tawfiqiya*, 4 Bde. (Kairo, 1887–9).

J. P. Thieck, »Le Caire d'après les *Khitat* de 'Ali pacha Mubarak« in Groupe de Recherche et d'Études sur le Proche-Orient, *L'Egypt au 19e siècle* (Paris, 1982), S. 101–16.

A. Berque, »Fragments d'histoire sociale« in Berque, *Écrits sur l'Algérie* (Aix-en-Provence, 1986), S. 25–124.

K. Brown, *People of Salé: tradition and change in a Maroccan city 1839–1930* (Manchester, 1976).

Kapitel 18
Die Kultur des Imperialismus und der Reform

Orientalismus

M. Rodinson, *La fascination de l'islam* (Paris, 1980); englische Übers. *The Mystique of Islam* (London, 1989) [Deutsch: *Die Faszination des Islam* (München, 1985)].

E. Said, *Orientalism* (London, 1978) [Deutsch: *Orientalismus* (Frankfurt/Main, 1981)].

A. Hourani, *Europe and the Middle East* (London, 1980).

N. Daniel, *Europe, Islam and Empire* (Edinburgh, 1966).

Erziehung

A. I. Abd al-Karim, *Tarich at-ta'lim fi Misr*, 3 Bde. (Kairo, 1945).

A. L. Tibawi, *British Interests in Palestine 1800–1801* (Oxford, 1961).

A. L. Tibawi, *American Interests in Syria 1800–1901* (Oxford, 1966).

A. L. Tibawi, *Islamic Education: its traditions and modernization into the Arab national systems* (London, 1972).

D. Hopwood, *The Russian Presence in Syria and Palestine 1843–1914* (Oxford, 1969).

H. Charles, *Jésuites missionaires dans la Syrie et le Proche-Orient* (Paris, 1929).

A. Chouraqui, *L'Alliance Israélite Universelle et la renaissance juive contemporaine 1860–1960* (Paris, 1965).

Journalismus

P. de Tarazi, *Tarich at-sahafa al-arabiya*, 4 Bde. (Beirut, 1913–33).

I. Abduh, *Tarich at-tiba'a wa s-sahafa fi Misr* (Kairo, 1949).

N. Farag, »The Lewis affair and the fortunes of *al-Muqtataf*«, *Middle Eastern Studies*, Bd. 8 (1972), S. 74–83.

Literatur

M. M. Badawi, *A Critical Introduction to Modern Arabic Poetry* (Cambridge, 1975).

S. K. Jayyusi, *Trends and Movements in Modern Arabic Poetry*, 2 Bde. (Leiden, 1977).

S. K. Jayyusi (Hg.), *Modern Arabic Poetry: an anthology* (New York, 1987).

A. Shauqi, *Asch-Schauqiyat*, 4 Bde. (Kairo, 1961).

I. Schahid, *Al-auda ila Schauqi* (Beirut, 1986).

A. Boudot-Lamotte, *Ahmad Šawqi, l'homme et l'œuvre* (Damaskus, 1977).

M. M. Badawi, *Early Arabic Drama* (Cambridge, 1988).

M. M. Badawi, *Modern Arabic Drama in Egypt* (Cambridge, 1987).

Islamische Reform

C. C. Adams, *Islam and Modernism in Egypt* (London, 1933).

N. Keddie, *Sayyid Jamal al-Din 'al-Afghani'* (Berkeley, 1972).

N. Keddie, *An Islamic Response to Imperialism* (Berkeley, 1968).

M. Abduh, *Risalat at-tauhid* (Kairo, mehrere Ausgaben); Engl. Übers. *The Theology of Unity* (London, 1966).

M. R. Rida, *Tarich al-ustadh al-imam asch-schaich Muhammad Abduh*, 3 Bde. (Kairo, 1906–31).

J. Jomier, *Le commentaire coranique du Manar* (Paris, 1954).

A. H. Green, *The Tunisian Ulama 1873–1915* (Leiden, 1978).
F. de Jong, *Turuq and Turuq-linked Institutions in Nineteenth Century Egypt* (Leiden, 1978).
B. Abu Manneh, »The Naqshbandiyya-Mujaddidiyya in the Ottoman lands in the early 19th century«, *Die Welt des Islams*, Bd. 22 (1982), S. 1–36.
O. Depont und X. Coppolani, *Les confrèries religieuses musulmanes* (Algier, 1897).
C. S. Hurgronje, »Les confrèries, la Mecque et le pan-islamisme« in Hurgronje, *Verspreide Geschriften*, Bd. 3 (Bonn, 1923), S. 189–206.
C. S. Hurgronje, *Mekka in the Latter Part of the 19th Century*; engl. Übers. (Leiden, 1931).
J. M. Abun-Nasr, *The Tijaniyya: a Sufi order in the modern world* (Cambridge, 1965).

Nationalismus

S. Mardin, *The Genesis of Young Ottoman Thought* (Princeton, 1964).
S. Mardin, *Jön Türklerin siyasî Fikirleri 1895–1908* (Ankara, 1964).
Z. Gökalp, *Turkish Nationalism and Western Civilization*, hg. u. übers. N. Berkes (London, 1959).
W. L. Cleveland, *The Making of an Arab Nationalist: Ottomanism and Arabism in the life and thought of Sati' al-Husri* (Princeton, 1971).
W. L. Cleveland, *Islam against the West: Shakib Arslan and the campaign for Islamic nationalism* (London, 1985).
S. al-Husri, *Al-bilad al-arabiya wa d-daula al-uthmaniya* (Beirut, 1960).
G. Antonius, *The Arab Awakening* (London, 1938).
S. Haim (Hg.), *Arab Nationalism: an anthology* (Berkeley, 1962).
C. E. Dawn, *From Ottomanism to Arabism* (Urbana, Illinois, 1973).
Z. N. Zeine, *The Emergence of Arab Nationalism* (Beirut, 1966).
P. S. Khoury, *Urban Notables and Arab Nationalism: the politics of Damascus 1860–1920*, (Cambridge, 1983).
J. M. Ahmed, *The Intellectual Origins of Egyptian Nationalism* (London, 1960).
I. Gershoni und J. P. Jankowski, *Egypt, Islam and the Arabs: the search for Egyptian nationhood 1900–1930* (New York, 1986).
L. C. Brown, »Stages in the process of change« in C. A. Micaud (Hg.), *Tunisia: the politics of modernization* (London, 1964), S. 3–66.
A. Laroui, *Les origines sociales et culturelles du nationalisme marocaine 1830–1912* (Paris, 1977).

Kapitel 19
Der Höhepunkt europäischer Macht (1914–1939)

Der Erste Weltkrieg und die Friedensregelung

E. Monroe, *Britain's Moment in the Middle East 1914–1956* (London, 1963).
B. C. Busch, *Mudros to Lausanne: Britain's frontier in Asia 1918–1923* (Albany, New York, 1976).
T. E. Lawrence, *Seven Pillars of Wisdom* (London, 1935) [Deutsch: *Die sieben Säulen der Weisheit* (München, 1950)].
E. Kedourie, *England and the Middle East: the destruction of the Ottoman Empire 1914–1921* (London, 1987).

M. Vereté, »The Balfour Declaration and its makers«, *Middle Eastern Studies*, Bd. 6 (1970), S. 48–76.

A. J. Toynbee, *Survey of International Affairs 1925*, Bd. 1: *The Islamic World after the Peace Conference* (London, 1927).

C. M. Andrew und A. S. Kanya-Forstner, *France Overseas: the Great War and the climax of French imperial expansion* (London, 1981).

P. Kinross, *Atatürk: the rebirth of a nation* (London, 1964).

A. Kazancigil und E. Özbudun (Hg.), *Atatürk, Founder of a Modern State* (London, 1981).

Mandate und westliche Interessen

E. Monroe, *The Mediterranean in Politics* (London, 1938).

S. H. Longrigg, *Iraq 1900–1950* (London, 1953).

P. Sluglett, *Britain in Iraq 1914–1932* (London, 1976).

M. Khadduri, *Independent Iraq 1932–1958* (London, 1960).

P. S. Khoury, *Syria and the French Mandate* (London, 1987).

M. C. Wilson, *King Abdullah, Britain and the Making of Jordan* (Cambridge, 1987).

L. Hirszowicz, *The Third Reich and the Arab East* (London, 1966 [Originalausgabe: *III Rzesza i arabski wschód* (Warschau, 1963)].

Die Palästinafrage

W. Z. Laqueur (Hg.), *An Israel-Arab Reader* (London, 1969).

J. C. Hurewitz, *The Struggle for Palestine* (New York, 1950).

Palestine Royal Commission, *Report*, Cmd 5479 (London, 1937).

W. Khalidi, *From Haven to Conquest* (Beirut, 1971).

F. R. Nicosia, *The Third Reich and the Palestinian Question* (London, 1985) [Deutsch: *Hitler und der Zionismus. Das dritte Reich und die Palästina-Frage 1933–1939* (Leoni am Starnberger See, 1989)].

K. Stein, *The Land Question in Palestine 1917–1936* (Chapel Hill, North Carolina, 1984).

Y. M. Porath, *The Emergence of the Palestinian National Movement 1918–1929* (London, 1974).

Y. M. Porath, *The Palestinian Arab National Movement 1929–1939* (London, 1977).

Ägypten

A. Lutfi al-Sayyid-Marsot, *Egypt's Liberal Experiment 1922–1936* (Berkeley, 1977).

M. Anis, *Dirasat fi thaurat sanat 1919* (Kairo, 1963).

M. H. Haikal, *Mudhakkirat fi'l-siyasa al-misriya*, 3 Bde. (Kairo, 1951–78).

M. Deeb, *Party Politics in Egypt: the Wafd and its rivals 1919–1939* (London, 1979).

Der Maghreb

J. Berque, *Le Maghreb entre deux guerres* (Paris, 1962).

R. Le Tourneau, *Évolution politique de l'Afrique du nord musulmane 1920–1961* (Paris, 1962).

A. al-Fasi, *Al-harakat al-istiqlaliya fi'l-maghrib al-arabi* (Kairo, 1948).

Ökonomischer und sozialer Wandel

H. Batatu, *The Old Social Classes and the Revolutionary Movements of Iraq* (Princeton, 1978).

C. Issawi, *Egypt, an Economic and Social Analysis* (London, 1947).

R. L. Tignor, *State, Private Enterprise and Economic Change in Egypt 1918–1952* (Princeton, 1984).

A. Dasuqi, *Kibar mallak al-aradi az-zira'iya wa dauruhum fi l-mudschtama al-misri* (Kairo, 1975).

S. B. Himadeh (Hg.), *The Economic Organization of Syria* (Beirut, 1936).

S. B. Himada, *Ah-nizam al-iqtisadi fi l-Iraq* (Beirut, 1938).

E. Davis, *Challenging Colonialism: Bank Misr and Egyptian Industrialization 1920–1941* (Princeton, 1983).

J. Beinin und Z. Lockman, *Workers on the Nile: nationalism, communism, Islam and the Egyptian working class 1882-1954* (London, 1988).

R. Montagne, *Naissance du prolétariat marocain* (Paris, 1951).

Kapitel 20

Änderungen in Lebensweise und Denken (1914–1939)

Städtisches Leben

M. Wahba, »Cairo memories«, *Encounter*, Bd. 62v (Mai 1984), S. 74–9.

A. Adam, *Casablanca*, 2 Bde. (Paris, 1968).

J. Abu Lughod, *Rabat: urban apartheid in Marocco* (Princeton, 1980).

R. D. Matthews und M. Akrawi, *Education in Arab Countries of the Near East* (Washington, 1950).

R. F. Woodsmall, *Muslim Women Enter a New World* (London, 1936).

S. Graham-Brown, *Images of Women .... 1860–1950* (London, 1988).

Literatur und Kunst

P. Cachia, *Taha Husain* (London, 1956).

T. Husayn, *al-Ayyam*, 3 Bde. (Kairo, 1929/73); englische Übers. Bd. 1: *An Egyptian Childhood* (London, 1932) [Deutsch: *Kindheitstage* (Berlin, 1985)]; Bd. 2: *The Stream of Days* (London, 1948) [Deusch: *Jugendjahre in Kairo* (Berlin, 1986)]: Bd. 3: *A Passage to France* (London, 1976) [Deutsch: *Weltbürger zwischen Kairo und Paris* (Berlin, 1989)].

T. Husain, *Mustaqbil ath-thaqafa fi Misr*, 2 Bde. (Kairo, 1938).

A. Schabbi, *Diwan* (Beirut, 1971).

G. Sadoul (Hg.), *The Cinema in the Arab Countries* (Beirut, 1966).

J. Racy, »Arab music and the effects of commercial recording«, *The World of Music*, Bd. 20 (1978), S. 47–55.

J. Racy, »Music« in T. Mostyn und A. Hourani (Hg.), *The Cambridge Encyclopaedia of the Middle East and North Africa* (Cambridge, 1988), S. 244–50.

J. Dickie, »Modern Islamic Architecture in Alexandria«, *Islamic Quarterly*, Bd. 13 (1969), S. 183–91.

Islamische Bewegungen

H. A. R. Gibb, *Modern Trends in Islam* (Chicago, 1947).

C. Geertz, *Islam Observed* (New Haven, 1968) [Deutsch: *Religiöse Entwicklungen im Islam* (Frankfurt/Main, 1991)].

R. P. Mitchell, *The Society of the Muslim Brothers* (London, 1969).

A. Abd ar-Raziq, *Al-islam wa usul al-hukm* (Kairo, 1925); franz. Übers. »L'islam et les bases du pouvoir«, *Revue des Études Islamiques*: Bd. 7 (1933), S. 353–91; Bd. 8 (1934), S. 163–222.

A. Merad, *Le réformisme musulman en Algérie de 1925 à 1940* (Paris, 1967).

W. Bennabi, *Mémoires d'un témoin du siècle* (Algier, o. J.).

E. Gellner, »The unknown Apollo of Biskra: the social base of Algerian puritanism« in Gellner, *Muslim Society* (Cambridge, 1981), S. 149–73.

K. Brown, »The impact of the *Dahir Berbère* in Salé« in E. Gellner und C. Micaud (Hg.), *Arabs and Berbers* (Paris, 1967), S. 201–15.

Teil V
Das Zeitalter der Nationalstaaten
(seit 1933)

Nachschlagewerke

Europa Publications, *The Middle East and North Africa* (London, jährlich 1948–).

Centre de Recherches et d'Études sur les Sociétés Méditerranéennes, *Annuaire de l'Afrique du Nord* (Paris, jährlich 1962–).

T. Mostyn und A. Hourani (Hg.), *The Cambridge Encyclopaedia of the Middle East and North Africa* (Cambridge, 1988).

P. Mansfield, *The Middle East: a political and economic survey* (London, 1973).

W. Knapp, *North-west Africa: a political and economic survey* (Oxford, 1977).

Statistiken

United Nations, Department of Economic Affairs, *World Economic Survey* (New York, jährl.).

United Nations, Statistical Office, *Statistical Year-book* (New York, jährl.).

United Nations, Food and Agriculture Organization, *Production Year-book* (Rom, jährl.).

United Nations Educational, Social and Cultural Organization (UNESCO), *Statistical Yearbook* (Paris, jährl.).

Länder und Regionen

P. Sluglett und D. M. Farouk-Sluglett, *Iraq since 1958* (London, 1987).

P. Marr, *The Modern History of Iraq* (London, 1985).

A. J. Cottrell u. a., *The Persian Gulf States* (Baltimore, 1980).

R. S. Zahlan, *The Making of the Modern Gulf States* (London, 1989).

F. Heard-Bey, *From Trucial States to United Arab Emirates* (London, 1982).

A. Raymond (Hg.), *La Syrie d'aujourd'hui* (Paris, 1980).

D. Hopwood, *Syria, 1945–1984: politics and society* (London, 1988).

P. Gubser, *Jordan* (London, 1983).
H. Cobban, *The Making of Modern Lebanon* (London, 1985).
N. Lucas, *The Modern History of Israel* (London, 1974).
Groupe de Recherches et d'Études sur le Proche-Orient, *L'Egypte d'aujourd'hui* (Paris, 1977).
D. Hopwood, *Egypt: politics and society 1945–1984* (London, 1986).
Centre de Recherches et d'Études sur les Sociétés Méditerranéennes, *Introduction à l'Afrique du nord contemporaine* (Paris, 1975).
M. K. und M. J. Deeb, *Libya since the Revolution* (New York, 1982).
J.-C. Vatin, *L'Algérie politique: histoire et société* (Paris, 1983).

Kapitel 21
Das Ende der Imperien (1939–1962)

Der Zweite Weltkrieg

I. S. O. Playfair u. a., *History of the Second World War: the Mediterranean and the Middle East*, 6 Bde. (London, 1954–73).
C. de Gaulle, *Mémoires de guerre*, 3 Bde. (Paris, 1954/73); engl. Übers., 3 Bde. (London, 1955/60) [Deutsch: *Memoiren*, 2 Bde. (Berlin 1955/61)].
E. L. Spears, *Fulfilment of a Mission: the Spears Mission in Syria and Lebanon 1941–1944* (London, 1977).
H. Macmillan, *War Diaries: politics and war in the Mediterranean 1943–1945* (London, 1984).
Y. Porath, *In Search of Arab Unity 1930–1945* (London, 1986).
A. M. H. Gomaa, *The Foundation of the League of Arab States* (London, 1977).

Großbritannien und der Nahe Osten

W. R. Louis, *The British Empire in the Middle East 1935–1951* (Oxford, 1984).
W. R. Louis und J. A. Bill (Hg.), *Musaddiq, Iranian Nationalism and Oil* (London, 1988).
W. R. Louis und R. Owen (Hg.), *Suez 1956: the crisis and its consequences* (Oxford, 1989).

Die Palästinafrage

W. R. Louis und R. W. Stookey (Hg.), *The End of the Palestine Mandate* (London, 1986).
M. J. Cohen, *Palestine and the Great Powers* (Princeton, 1982).
B. Morris, *The Birth of the Palestine Refugee Problem 1947–1949* (Cambridge, 1987).
A. Shlaim, *Collusion across the Jordan: King Abdullah, the Zionist movement and the partition of Palestine* (Oxford, 1988).
M. Alami, *Ibrat Filastin* (Beirut, 1949); Engl. Übers. »The lesson of Palestine«, *Middle East Journal*, Bd. 3 (1949), S. 373–405.

Frankreich und der Maghreb

C.-A. Julien, *L'Afrique du nord en marche* (Paris, 1972).
M. Bourguiba, *La Tunisie et la France* (Paris, 1954).

A. Nouschi, *La naissance du nationalisme algérien* (Paris, 1962).
M. Lacheraf, *L'Algérie, nation et société* (Paris, 1965).
A. Horne, *A Savage War of Peace: Algeria 1954–1962* (London, 1977).
J. Daniel, *De Gaulle et l'Algérie* (Paris, 1986).

Kapitel 22
Gesellschaftliche Veränderungen (Die 40er und 50er Jahre)

Wirtschaftswachstum

Y. Sayigh, *The Arab Economy: past performance and future prospects* (Oxford, 1982).
D. Warriner, *Land Reform and Development in the Middle East* (London, 1975).
Lord Salter, *The Development of Iraq* (London, 1955).
C. Issawi, *Egypt at Mid-century* (London, 1954).
C. Issawi, *Egypt in Revolution* (London, 1963).
R. Mabro, *The Egyptian Economy 1952–1972* (Oxford, 1974).
A. Gaitskell, *Gezira: a study of development in the Sudan* (London, 1959).
S. Amin, *L'économie du Maghreb*, 2 Bde. (Paris, 1966).
G. Leduc (Hg.), *Industrialisation de l'Afrique du nord* (Paris, 1952).
W. D. Swearingen, *Moroccan Mirages: agricultural dreams and deceptions 1912-1986* (London, 1986).

Landflucht

L. C. Brown (Hg.), *From Madina to Metropolis* (Princeton, 1973).
P. Marthelot, »Le Cairo, nouvelle métropole«, *Annales Islamologiques*, Bd. 8 (1969), S. 189–221.
A. Raymond, »Le Caire« in Centre de Recherches et d'Études sur le Proche-Orient, L'Egypte *d'aujourd'hui* (Paris, 1977), S. 213–41.

Architektur

H. Fathy, *Architecture for the Poor: an experiment in rural Egypt* (Chicago, 1973).
S. S. Damluji, »Islamic architecture in the modern world« in T. Mostyn und A. Hourani (Hg.), *The Cambridge Encyclopaedia of the Middle East and North Africa* (Cambridge, 1988), S. 232–6.

Kapitel 23
Nationale Kultur (Die 40er und 50er Jahre)

Erziehung

J. S. Szyliowicz, *Education and Modernization in the Middle East* (Ithaca, New York, 1973).
B. G. Massialas und S. A. Jarrar, *Education in the Arab World* (New York, 1983).
J. Waardenburg, *Les universités dans le monde arabe actuel*, 2 Bde. (Paris, 1966).
A. B. Zahlan, *Science and Science Policy in the Arab World* (London, 1980).

Geschichtsschreibung

A. Laroui, *L'histoire du Maghreb: un essai de synthèse* (Paris, 1970).
C. Zuraiq, *Nahnu wa t-tarich* (Beirut, 1959).

Literatur

J. Stetkevych, »Classical Arabic on stage« in R. C. Ostle (Hg.), *Studies in Modern Arabic Literature* (Warminster, Wiltshire, 1975), S. 152–66.

Adunis (A. A. Sa'id), *Al-athar al-kamila*, 2 Bde. (Beirut, 1971).

B. S. al-Saiyab, *Diwan*, 2 Bde. (Beirut, 1971–4).

D. Johnson-Davies (Hg. und Übers.), *Arabic Short Stories* (London, 1983).

N. Mahfuz, *Zuqaq al-midaqq* (Kairo, 1947); engl. Übers. *Midaq Alley* (London, 1974) [Deutsch: *Die Midaq-Gasse* (Zürich, 1985)].

N. Mahfuz, *Bayn-al-qasrain, Qas-al-shawq, al-Sukkariyaa* (Die »Kairoer Trilogie«); (Kairo, 1956/57); englische Übers. v. Bd. 1, *Palace Walk* (London, 1990) [englische Übers. v. Bd. 2, *Palace of Desire* (London, 1991)]

A. al-Scharqawi, *Al-ard* (Kairo, 1954).

L. Balabakki, *Ana ahya* (Beirut, 1963).

J. Dejeux, *Littérature maghrebine de langue française* (Sherbrooke, Quebec, 1980).

J. Dejeux und A. Memmi, *Anthologie des écrivains maghrebins d'expression française* (Paris, 1965).

K. Yacine, *Nedjma* (Paris, 1956).

M. Feraoun, *Le fils du pauvre* (Paris, 1954).

A. Djebar, *Les alouettes naïves* (Paris, 1967).

Islamische Bewegungen

K. M. Chalid, *Min huna nabda* (Kairo, 1950); engl. Übers. *From Here We Start* (Washington, 1953).

T. Husain, *Al-fitna al-kubra*, 2 Bde. (Kairo, 1947–56).

O. Carré und G. Michaud, *Les frères musulmans: Egypt et Syrie 1920–1982* (Paris, 1983).

O. Carré, *Mystique et politique: lecture révolutionnaire du Coran par Sayyid Qutb* (Paris, 1984).

S. Qutb, *Al-adala al-idschtima'iya fi l-islam* (Kairo, 1954); engl. Übers. S. Kotb, *Social Justice in Islam* (New York, 1970).

M. Gilsenan, *Saint and Sufi in Modern Egypt* (Oxford, 1973).

Kapitel 24
Der Höhepunkt des Arabismus (Die 50er und 60er Jahre)

Abd al-Nasir und der Nasirismus

P. Mansfield, *Nasser* (London, 1969).

R. Stephens, *Nasser* (London, 1971).

M. H. Heikal, *The Sphinx and the Commissar: the Rise and Fall of Soviet Influence in the Middle East* (London, 1978) [Deutsch: *Sphinx und Kommissar. Der sowjetische Einfluß in der arabischen Welt* (Frankfurt/Main, 1980)].

M. H. Heikal, *Cutting the Lion's Tail: Suez through Egyptian Eyes* (London, 1986).

M. Kerr, *The Arab Cold War 1958–1970* (London, 1971).

E. O'Ballance, *The War in the Yemen* (London, 1971).

E. O'Ballance, *The Third Arab-Israeli War* (London, 1972).

Politische Ideen

J. Abd al-Nasir, *Falsafat al-thawra* (Kairo, 1955); engl. Übers. *The Philosophy of the Revolution* (Kairo, 1955).

Ägypten, Informationsbüro, *Maschru al-mithaq al-watani* (Kairo, 1962).

S. A. Hanna und G. H. Gardner (Hg.), *Arab Socialism: a documentary survey* (London, 1969).

S. Botman, *The Rise of Egyptian Communism* (Syracuse, New York, 1988).

J. F. Devlin, *The Ba'th Party* (Stanford, California, 1966).

M. Aflaq, *Fi sabil al-ba'th* (Damaskus, 1959).

M. Aflaq, *Ma'rakat al-masir al-wahid* (Beirut, 1958).

M. A. al-Alim und A. Anis, *Fi th-thaqafa al-misriya* (Beirut, 1955).

L. Awad, *Thaqafatuna fi muftaraq at-turuq* (Beirut, 1974).

A. Laroui, *La crise des intellectuels arabes* (Paris, 1974).

A. Laroui, *L'idéologie arabe contemporaine* (Paris, 1977).

Kapitel 25
Arabische Einigkeit und Uneinigkeit (Seit 1967)

Krieg und Frieden mit Israel

E. O'Ballance, *No Victor, No Vanquished: the Yom Kippur War* (London, 1968).

W. B. Quandt, *Decade of Decision: American policy towards the Arab-Israeli conflict 1967–1976* (Berkeley, 1977).

W. B. Quandt, *Camp David: peacemaking and politics* (Washington, 1986).

H. Kissinger, *Years of Upheaval* (London, 1982) [Deutsch: *Memoiren 1973–1974* (München, 1982)].

J. Carter, *The Blood of Abraham* (Boston, 1985).

M. Riyad, *Mudhakkirat 1948–1975* (Beirut, 1985); engl. Übers. M. Riad, *The Struggle for Peace in the Middle East* (London, 1981).

M. H. Heikal, *The Road to Ramadan* (London, 1975).

P. Seale, *Asad of Syria: the struggle for the Middle East* (London, 1988).

Die Infitah

J. Waterbury, *The Egypt of Nasser and Sadat* (Princeton, 1983).

R. Hinnebusch, *Egyptian Politics under Sadat* (Cambridge, 1985).

M. H. Heikal, *Kharif al-ghadab*, 2. Aufl. (Beirut, 1983); engl. Übers. *Autumn of Fury* (London, 1983) [Deutsch: *Sadat, das Ende eines Pharao* (Düsseldorf, 1984)].

Y. Sayigh, *The Economies of the Arab World*, 2 Bde. (London, 1975).

J. S. Birks und C. Sinclair, *Arab Manpower: the crisis of development* (London, 1980).

M. Bennoune, *The Making of Contemporary Algeria* (Cambridge, 1988).

Das besetzte Palästina

H. Cobban, *The Palestinian Liberation Organization* (Cambridge, 1984).

M. Benvenisti u. a., *The West Bank Handbook* (Jerusalem, 1986)

D. MacDowell, *Palestine and Israel* (London, 1989).

Der Bürgerkrieg im Libanon

K. Salibi, *Cross-roads to Civil War* (London, 1976).
K. Salibi, *A House of Many Mansions* (London, 1988).
E. Picard, *Liban: état de discorde* (Paris, 1988).
Z. Schiff und E. Ya'ari, *Israel's Lebanon War* (London, 1985).
R. Khalidi, *Under Siege: P.L.O. decision-making during the 1982 war* (New York, 1986).

Der Krieg zwischen Irak und Iran

S. Chubin und C. Tripp, *Iran and Iraq at War* (London, 1988).

Kapitel 26
Aufruhr der Gemüter (Seit 1967)

Soziale Spaltungen

S. Ibrahim, *The New Arab Social Order: a study of the social impact of oil wealth* (London, 1982).
R. Owen, *Migrant Workers in the Gulf* (London, 1985).
D. MacDowell, *The Kurds* (London, 1985).

Männer und Frauen

E. Fernea (Hg.), *Women and the Family in the Middle East* (Austin, Texas, 1985).
L. Beck und N. Keddie (Hg.), *Women in the Muslim World* (Cambridge, Massachusetts, 1978).
N. Hijab, *Womanpower: the Arab debate on women at work* (Cambridge, 1988).
F. Mernissi, *Beyond the Veil: male–female dynamics in a modern Muslim society* (London, 1985).
N. Abu Zahra, »Baraka, material power, honour and women in Tunisia«, *Revue d'Histoire Maghrébine*, Nr. 10–11 (1978), S. 5–24.

Ideeller Wandel

G. A. Amin, *Mihnat al-iqtisad wa th-thaqafa fi Misr* (Kairo, 1982).
H. Hanafi, *At-turath wa l-tadschdid* (Kairo, 1980)
S. J. al-Azam, *Naqd al-fikr ad-dini* (Beirut, 1969).
H. Djaït, *La personalité et le devoir arabo-islamique* (Paris, 1974).
M. A. al-Dschabiri, *Al-chitab al-arabi al-mu'asir* (Casablanca, 1982).
M. A. al-Dschabiri, *Takwin al-aql al-arabi*, (Beirut, 1985).
F. Ajami, *The Arab Predicament* (Cambridge, 1981).

Die Wiederbehauptung des Islam
H. Enayat, *Modern Islamic Political Thought* (London, 1982).
R. Mottahedeh, *The Mantle of the Prophet* (London, 1985).
F. Rahman, *Islam and Modernity* (Chicago, 1982).
J. Piscatori (Hg.), *Islam in the Political Process* (Cambridge, 1981).
J. Piscatori, *Islam in a World of Nation-States* (Cambridge, 1986).
J. R. Cole und N. Keddie (Hg.), *Shi'ism and Social Protest* (New Haven, 1986).
G. Kepel, *Le prophète et Pharaon* (Paris, 1984).
M. Gilsenan, *Recognizing Islam* (London, 1982).
S. Uways, *Rasa'il ila l-imam asch-schafi'i* (Kairo, 1978).
S. Qutb, *Ma'alim fi t-tariq* (Kairo, 1964).

DANKSAGUNG

Ich danke Patrick Seale, der mich dazu ermutigt hat, dieses Buch zu schreiben, und der für die Veröffentlichung sorgte. Und ich bedanke mich bei den Freunden, die es in vielen Stunden gelesen, Fehler korrigiert und Verbesserungsvorschläge gemacht haben: Patricia Crone, Paul Dresch, Leila Fawaz, Cornell Fleischer, der verstorbene Martin Hinds, dessen Tod ich sehr beklage, Charles Issawi, Tarif Khalidi, Philip Khoury, Ira Lapidus, Wilferd Madelung, Basim Musallam, Robin Ostle, Roger Owen, Michael Rogers und Mary Wilson. Besonderen Dank schulde ich Paul Dresch, der meinen Gedankengängen mit bemerkenswertem Verständnis und großem Wissen folgte.

Andere Freunde und Kollegen lieferten mir Informationen, die ich brauchte. Dazu gehören Julian Baldick, Karl Barbir, Tourkhan Gandjei, Israel Gershoni und Venetia Porter.

Zutiefst dankbar bin ich Elizabeth Bullock, die mit Hingabe und Können mehrere Fassungen des Manuskripts getippt hat, und Will Sulkin und John Bodley, meinen Lektoren bei Faber and Faber. Ich danke John Flowers, der die Karten zeichnete, Brendy Thomson, die ein schwieriges Manuskript sensibel und intelligent redigierte, Bryan Abraham, der mit größter Sorgfalt die Fahnen korrigierte, und Hilary Bird, der das Register anfertigte.

REGISTER

Europäische Geschichte

Herausgegeben von Wolfgang Benz

Gerold Ambrosius
Wirtschaftsraum Europa
Vom Ende der Nationalökonomien
Band 60148

Jerzy W. Borejsza
Schulen des Hasses
Faschistische Systeme in Europa
Band 60160

Claude Carozzi
Weltuntergang und Seelenheil
Apokalyptische Visionen im Mittelalter
Band 60113

Christophe Charle
Vordenker der Moderne
Die Intellektuellen im 19. Jahrhundert
Band 60151

Werner Dahlheim
An der Wiege Europas
Städtische Freiheit im antiken Rom
Band 60105

Richard van Dülmen
Die Entdeckung des Individuums
1500-1800
Band 60122

Lucian Hölscher
Die Entdeckung der Zukunft
Band 60137

Jerzy Holzer
Der Kommunismus in Europa
Politische Bewegung und Herrschaftssystem
Band 60161

Victor Karady
Gewalterfahrung und Utopie
Juden in der europäischen Moderne
Band 60159

Ulrich Linse
Geisterseher und Wunderwirker
Heilssuche im Industriezeitalter
Band 60164

Fischer Taschenbuch Verlag

fi 1701 / 8 b

Europäische Geschichte

Herausgegeben von Wolfgang Benz

Günther Lottes
Stadtwelten
Urbane Lebensformen in der Frühen Neuzeit
Band 60124

Kaspar Maase
Grenzenloses Vergnügen
Der Aufstieg der Massenkultur 1850-1970
Band 60143

Chr. Markschies
Zwischen den Welten wandern
Strukturen des antiken Christentums
Band 60101

Wilfried Nippel
Bürger und Polis
Antike und moderne Freiheit
Band 60104

Leah Otis-Cour
Lust und Liebe
Geschichte der Paarbeziehungen im Mittelalter
Band 60107

Toni Pierenkemper
Umstrittene Revolutionen
Die Industrialisierung im 19. Jahrhundert
Band 60147

Ronnie Po-chia Hsia
Gegenreformation
Die Welt der katholischen Erneuerung 1540-1770
Band 60130

Winfried Ranke
Der Kalte Krieg
Konfrontation als Ordnungsfaktor
Band 60157

Lutz Raphael
Recht und Ordnung
Herrschaft durch Verwaltung im 19. Jahrhundert
Band 60158

Fischer Taschenbuch Verlag

fi 1701 / 7 c